Christine Christ-von Wedel

Die Äbtissin, der Söldnerführer und ihre Töchter

TVZ

CHRISTINE CHRIST-VON WEDEL

Die Äbtissin, der Söldnerführer und ihre Töchter

Katharina von Zimmern im politischen Spannungsfeld der Reformationszeit

Unter Mitarbeit von Irene Gysel, Jeanne Pestalozzi und Marlis Stähli

TVZ
Theologischer Verlag Zürich

Der Theologische Verlag Zürich wird vom Bundesamt für Kultur
mit einem Strukturbeitrag für die Jahre 2019–2020 unterstützt.

Bibliografische Informationen der Deutschen Nationalbibliothek
Die Deutsche Nationalbibliothek verzeichnet diese
Publikation in der Deutschen Nationalbibliografie; detaillierte
bibliografische Daten sind im
Internet über http://dnb.dnb.de abrufbar.

Umschlaggestaltung und Layout
Mario Moths, Marl

Illustration: Flachschnitzereien in der oberen Stube
der Fraumünsterabtei Zürich, 1507/8, Schweizerisches
Nationalmuseum

Druck
Westermann Druck Zwickau GmbH

ISBN 978-3-290-18255-7

INHALT

Geleitwort von Irene Gysel 9

Dank an Sponsorinnen und Sponsoren 13

Vorwort und Dank der Autorin 15

Einleitung 17

Teil I Rund um die Übergabe der Fraumünsterabtei 20

Die Sicht der Zimmernchronik 20

Selbstbewusste Frauen 22

Anhängerinnen Zwinglis im Kloster Königsfelden 24

Demutsbekundung 26

Die Schwestern setzen sich durch 28

Der Rat mischt sich in die Belange des Klosters ein 30

Die Klagen der Truchsessin 31

Reformatorische Schriften im Besitz Katharinas von Zimmern 32

War Katharina von Zimmern eine Leserin? 34

Zwinglis *Kurtze vnd Christenliche inleitung* 37

Zehntverweigerungen, Bilderstürme und Klosterkritik im Umfeld des Fraumünsters 40

Spott über die Stundengebete und das klösterliche Leben 42

Der Ittinger Sturm sowie Stifts- und Klosterumnutzungen 44

Das Leben im Fraumünster und die Klosterpolitik des Zürcher Rates 45

Die bedrohte Stadt 50

Ehrbare und tüchtige Leute 53

Zwingli als Prediger 54

Katharina verzichtet auf reformatorische Begründungen 57

Der Vater Johann Werner von Zimmern 60

Die Versnovelle *Der getäuschte Liebhaber* 61

Die Ächtung des Vaters 63
Herzog Ulrich von Württemberg und seine Diener 65
Die ausgehandelten Übergabebedingungen 69
Die Abfindung Katharinas für die Übergabe des Fraumünsters 70
Truchsessin Katharina von Waldburg und ihr Vogt 72
Berufung auf Frauenrechte im alten Rom 73
Das Leibgeding 74

Teil II Die ehemalige Äbtissin verbindet sich mit Eberhard von Reischach 78
Eberhard von Reischach, ein Diener vom Haus des Herzogs Ulrich von Württemberg 78
Der Huttenhandel 82
Herzog Ulrich wird geächtet und verliert sein Land 85
Ritterliche Treue 87
Das *Buch vom heiligen Wilhelm* 89
Das Soldwesen 94
Das Netzwerk des Eberhard von Reischach 96
Zwingli tritt gegen das Soldwesen auf 99
Zwinglis *Plan zu einem Feldzug* 100
Zürichs lascher Umgang mit dem Solddienstverbot 102
Unruhige Jahre in Schaffhausen 103
Loyalitätskonflikte 105
Herzog Ulrich verbündet sich mit den Bauern 106
Die Hochzeit von Sebastian Appenzeller 109
Wer war Regula Appenzeller-Schwarz? 114
Ulrich von Württemberg gibt nicht auf und Eberhard von Reischach hält an ihm fest 121

Teil III Das Ehepaar Reischach-Zimmern 124
Heirat in Schaffhausen 124
Der Aristophanes-Mythos 126
Eheleben im 16. Jahrhundert 127
Frömmigkeit und Sexualität 129
Katharinas Motto und andere Schnitzwerke 130
Verwirrende Spruchweisheiten 135
Vieldeutige Symbole 137
Liebespaar und Gottesliebe 138
Sirene und/oder Meerfee 141
Familienleben 144
Schwangerschaft und Kindererziehung 146
Tochter Anna und der Tod eines Sohnes 151

Teil IV **Konflikte und Bündnispläne** 154

Die Reformation wird infrage gestellt 154

Bauernunruhen auf der Zürcher Landschaft und Klosteraufhebungen 155

Die Täuferfrage 156

Täufer in Schaffhausen und die Gewissensfreiheit 158

Persönliche Sorgen 160

Die Zürcher Pensionenprozesse 161

Die Disputation von Baden 162

Zwingli verteidigt den Prozess 163

Das Ehepaar Reischach zieht nach Diessenhofen 164

Neue Verbindung zu Zürich 166

Der Rheinübergang 167

Zwinglis Bündnispläne 169

Unruhen in Diessenhofen 171

Zürichs Eingreifen im Thurgau 172

Das Weissenburger Erbe 173

Ungewisse Lage in Diessenhofen 175

Ein Skandal 179

Die Waldburgschwestern kommen nach Diessenhofen 180

Die Zeit der Kappeler Kriege 181

Der Erste Kappeler Krieg 182

Der erste Landfrieden 183

Ärger mit den Kindern Katharina und Anstett von Reischach 184

Wie Zürich den ersten Landfrieden auslegte 186

Zürichs Klosterpolitik in den Gemeinen Herrschaften 187

Widerstand im Kloster Katharinental 189

Zwinglis *Ratio fidei* 195

Truchsessin Katharina von Waldburg heiratet Georg Göldli 196

Aristophanes an der *Schola Tigurina* 198

Die Froschauerbibel von 1531 200

Zürich und der Abt von St. Gallen 203

Kampf um das väterliche Erbe 204

Die Schlacht von Kappel 206

Teil V **Das Leben geht weiter** 208

Nach der Schlacht von Kappel 208

Politische Kämpfe in Zürich 210

Der Kappeler Brief 213

Das Prophetenamt 215

«Gottes Wort», «machiavellische» Politik und das Zwinglibild 217
Das Wirken Heinrich Bullingers 220
Theodor Bibliander an der *Schola Tigurina* 221
Hochzeiten 223
Die Heirat der Töchter Katharinas 225
Sebastian Appenzeller 227
Hauskäufe 228
Türkenkrieg und Religionsgespräche 230
Wachsende Enkelschar 232
Patenschaft mit Jakob Ruf 233
Der Schmalkaldische Krieg und der Bettel 235
Die Nachkommen 237

Schluss 241

Anmerkungen 245

Ein Sammelband und handschriftliche Quellen, beschrieben und herausgegeben von Marlis Stähli 270
Teil I Eine Widmung von Zwingli an die Äbtissin 271
Teil II Handschriftliche Quellen zu Eberhard von Reischach 274
Teil III Handschriftliche Quellen zu Katharina von Zimmern 290
Verzeichnis der edierten Quellen 327

Literaturverzeichnis 328
Bildnachweis 340
Personenregister 342
Stammbäume 348
Zeittafel 354

GELEITWORT

Spurensuche

Es sollte ein Roman werden. Nachdem das erste Buch über Katharina von Zimmern, herausgegeben 1999 von Barbara Helbling und mir, ausschliesslich historisch gesicherte Angaben enthielt, lag es nahe, die bewegte Lebensgeschichte der letzten Äbtissin des Zürcher Fraumünsters nochmals in etwas freierer Form nachzuerzählen. Schon ihre Kinder- und Jugendzeit war abenteuerlich gewesen. Aufgewachsen in einer grossen Familie im Schloss Messkirch mit einer tatkräftigen Mutter und einem überaus begabten Vater, mehrmals vor der Pest in die Burg Wildenstein geflohen, dann durch das Unglück des Vaters aus Messkirch vertrieben, kam Katharina als Flüchtlingskind nach Weesen, wo gleichzeitig, sozusagen im Nachbarhaus, der sechsjährige Ulrich Zwingli bei seinem Oheim, Pfarrer und Dekan, unterrichtet wurde. Mit 18 Jahren wurde sie Äbtissin, nach 28 Jahren im Amt übergab sie die Abtei der Stadt, heiratete und gebar in hohem Alter noch zwei Kinder, bei der Geburt ihrer Tochter Anna war sie 47 Jahre alt. Es gibt zu Katharina von Zimmern erstaunlicherweise ganz wenige Quellen und vor allem kein Bild. Das lässt viel Raum für eine eigene Gestaltung.

Jeanne Pestalozzi, Präsidentin des Vereins Katharina von Zimmern, der das Denkmal im Kreuzgang des Fraumünsters initiiert und finanziert hat, und ich beschlossen, ein solches zweites Buch zu planen. Unser Anspruch war jedoch, dass auch in einem Roman das Umfeld Katharinas möglichst der damaligen

Realität entsprechen sollte. Wichtig schien uns, zu vermitteln, was damals gelesen und gedacht wurde, was die Menschen gesellschaftlich und politisch bewegte. Wir wollten so genau wie möglich wissen, mit wem die ehemalige Äbtissin zusammengelebt hat, welches Schicksal ihre Kinder hatten. Und dann war da ja auch die lange gehegte Vermutung, dass sie schon während ihrer Zeit als Äbtissin eine Tochter zur Welt gebracht haben könnte. Die Historikerin Barbara Helbling und ich waren bereits beim Recherchieren für das erste Buch auf entsprechende Spuren gestossen. Aber sie waren zu vage gewesen.

Nun suchten wir eine Schriftstellerin und erhielten die Zusage von der Historikerin Christine Christ-von Wedel. Sie hat die besten Voraussetzungen, dem Denken einer Frau aus jener Zeit nahezukommen, hat sie doch bereits eine lange Liste von Publikationen aus der Zeit der Reformation vorzuweisen und ist eine der fundiertesten Erasmus-Kennerinnen. Wir beschlossen jedoch, selber noch Vorarbeiten zu leisten, um der historischen Realität doch so nahe wie möglich zu kommen. Das bedeutete, nochmals Nachforschungen in Archiven aufzunehmen. Die Handschriftenkonservatorin Marlis Stähli erklärte sich bereit, uns beim Lesen der alten Schriften und mit Transkriptionen zu unterstützen.

Da waren wir nun also zu viert und tasteten uns an die Aufgabe heran, die wir uns gestellt hatten. Und erlebten eine Überraschung. In den verschiedenen Archiven fanden wir so viele Urkunden, Briefe, Rechnungen usw., dass uns eine ganze Welt aufging. Es wurde plötzlich vieles so farbig und so lebendig, dass sich ein Roman erübrigte. Wir liessen das Vorhaben fallen und beschlossen, uns erneut nur an die historischen Fakten zu halten. Christine Christ-von Wedel begann entsprechende Quellensammlungen, Briefe, Chroniken und auch die theologische und die Unterhaltungsliteratur der Zeit zu durchforsten und dann zu schreiben. Ich verbrachte Tage in den verschiedensten Archiven, Staatsarchiven und Familienarchiven, und wurde geradezu ein wenig süchtig. Jeanne Pestalozzi durchsuchte die Archive online und die Stammbäume in den gedruckten Genealogien, die aber, so stellten wir ernüchtert fest, nicht frei von Fehlern sind. Marlis Stähli transkribierte Dokumente, die wir in verschiedenen Archiven fotografieren durften, insgesamt über 100 Seiten, eine Riesenarbeit. Einige Recherchen machten wir gemeinsam und unternahmen Ausflüge nach Diessenhofen, Heidelberg und zum Reischach-Familienarchiv im Schloss Schlatt unter Krähen.

Am Schluss hat uns die Arbeit völlig in Beschlag genommen. Wir sind dabei geblieben, nur weiterzugeben, was historisch gesichert ist, was wir belegen können, und zwar aus Erstquellen. Aus Taufbüchern, Verträgen, Schirmvogtrechnungen, Briefen, Testamenten u. a. m. Es sollte eine Arbeit werden, die wissenschaftlichen Ansprüchen genügt, die aber leicht lesbar geschrieben und erzählt ist.

Das Umfeld, die Welt Katharinas, liess sich so erschliessen. Unter anderem die Rolle und das Schicksal ihres Ehemannes, die gut dokumentiert werden können, sehen wir neu. Eberhard von Reischach wird das Leben der Äbtissin vor und nach ihrer Heirat entscheidend mitgeprägt haben. Ihrerseits hat sie sich für einen Söldnerführer entschieden, der aus demselben Gebiet stammte wie sie, der bestens vernetzt war, politischen Einfluss hatte und im Hintergrund viele Fäden zog. Zum Zeitpunkt der Heirat war er jedoch in Zürich geächtet und mit dem Tod bedroht. Die beiden konnten sich nur heimlich treffen oder durch Boten absprechen. Später wurde Reischach in Zürich wieder aufgenommen. Nach seinem Tod in Kappel hat Katharina nicht wieder geheiratet und blieb 16 Jahre lang alleinstehende Witwe. Das war damals äusserst ungewöhnlich.

Auch über den Lebenslauf ihrer Töchter und Enkelkinder konnten wir einiges herausfinden. Und auch das lässt sie als Persönlichkeit in neuem Licht erscheinen. Sie selber aber bleibt erstaunlicherweise trotz allem ein Geheimnis. Ausgerechnet von ihr sind bisher keine persönlichen Briefe gefunden worden. Es geht ausserdem in den vorliegenden Schriftstücken, die wahrscheinlich ein Schreiber oder Sekretär für sie schrieb, fast ausschliesslich um Finanzen. Auch das könnte allerdings ein Hinweis auf sie selber sein. Sie war es ja, die die Abtei wirtschaftlich sanierte und neu gebaut und ausgeschmückt hat.

Es waren einzelne Schicksale, die wir verfolgen konnten, Lebensläufe, die sich ergaben. Aber wirklich spannend wurde es, als wir sie übereinanderlegten, indem wir feststellten, was alles gleichzeitig geschah, welche Personen sich zur selben Zeit am selben Ort befanden, und die Teile sich wie ein Puzzle zusammenfügen liessen. So auch zum Zeitpunkt des Zweiten Kappeler Krieges.

Momentaufnahme vor der Katastrophe vom 11. Oktober 1531

Zürich, Ende September 1531. In der Stadt Zürich herrscht grösste Anspannung. Wird es Krieg geben? Werden die Katholiken der Innerschweiz ins Zürcher Gebiet einfallen und gegen die Stadt ziehen? Oder wird Zürich wieder ein Heer einberufen wie vor zwei Jahren und den Katholiken zuvorkommen? Noch ist alles offen. Der Rat kann sich nicht entscheiden.

Katharina von Zimmern ist 53 Jahre alt, seit 7 Jahren nicht mehr Äbtissin und seit etwa 6½ Jahren verheiratet. Sie hat eine Tochter und einen Sohn geboren, das Söhnchen ist gestorben. Ihr Ehemann, der Söldnerführer Eberhard von Reischach, mindestens 67 Jahre alt, von Zürich vor Jahren zum Tod verurteilt, ist nun begnadigt und bereit, für Zürich in die Schlacht zu ziehen. Katharina ist seine zweite (oder dritte) Ehefrau, aus erster Ehe hat er drei Töchter und einen Sohn. Er ist erst seit zwei Jahren Grossvater und wird es nun nochmals. Der Sohn Anstett tauft am 26. September im Grossmünster einen kleinen Heinrich. Paten sind Meister Hans Hagnower und Magdalen Frysin. Taufen sind üppige Feste mit vielen Gästen, eine der wenigen Möglichkeiten, stolz den eigenen Status zur Schau zu stellen. Die jüngste Tochter Eberhards aus erster Ehe ist etwa 18 Jahre alt.

Katharina hat noch das Wohnrecht in der Abtei, allerdings nur noch in der oberen Etage des Hauses. Diese ist jedoch mit zwei Stuben und drei Kammern recht geräumig. Ihre eigene eheliche Tochter Anna ist ca. 5 Jahre alt.

Und dann ist da noch Regula Appenzeller, die während ihrer Äbtissinnenzeit zur Welt kam, die sie ganz besonders ins Herz geschlossen hat und die später als ihre unehelich geborene Nichte ausgegeben wird. Sie wohnt in St. Gallen und steht unmittelbar vor der Geburt des vierten Kindes Sebastian Uriel, er wird am 2. November in St. Gallen getauft werden.

Katharina von Zimmern ist aber nicht die einzige ehemalige Äbtissin, die zu dieser Zeit in Zürich weilt. Ihre Kusine, Katharina Truchsessin von Waldburg, befindet sich ebenfalls in der Stadt. Ihre Mütter waren Schwestern, die sich sehr nahestanden, da die ältere der jüngeren lange Zeit die Mutter ersetzte. Katharina Truchsessin war Äbtissin des Klosters Königsfelden, das erst vor drei Jahren von Bern übernommen worden war. Sie durfte nicht zu ihrer Familie zurückkehren und zog mit ihrer Schwester nach Diessenhofen, wo auch Katharina von Zimmern vorübergehend zu Hause war. Sie ist 61 Jahre alt, hat am 3. August, sechs Wochen vor der Schlacht bei Kappel, im Fraumünster einen engen Freund und langjährigen Kampfgefährten Eberhards von Reischach geheiratet: Georg Göldli, 65 Jahre alt. Für ihn ist es die dritte Ehe, aus erster Ehe hat er bereits einflussreiche Söhne und Töchter – eine grosse Familie. Er wohnt im Göldliturm am Hirschenplatz, im heutigen Hotel Wellenberg.

Einen Monat vor der katastrophalen Niederlage in Kappel leben zwei Kusinen in Zürich, beide ehemalige Äbtissinnen von reichen und berühmten Abteien, beide haben bereits ein bewegtes Leben hinter sich und vieles, was sie verbindet. Beide hatten einflussreiche Stellungen und heirateten gegen den Willen ihrer Familien. Die eine ist seit einigen Jahren mit Reischach verheiratet, die andere seit zwei Monaten mit Georg Göldli, beide Söldnerführer und Constaffelherren und zwischen 60 und 70 Jahre alt. Sie werden zusammen in die kommende Schlacht bei Kappel ziehen. Göldli als Hauptmann der Vorhut, Reischach als kriegserfahrener Ratgeber.

Noch ist alles gut, man hat Hochzeit und Taufe gefeiert und «Nichte» Regula erwartet ein Kind in St. Gallen. In einem Monat jedoch werden die Männer gemeinsam in die Schlacht ziehen. Reischach wird in Kappel umkommen, zusammen mit seinem Sohn Anstett aus erster Ehe, dem jungen Vater. Vor seinem kleinen Buben liegt ein beschwerliches Leben. Göldli wird des Verrats angeklagt. Man wirft ihm vor, er habe die Niederlage vierzehn Tage zuvor geplant, als er mit seinem katholisch gebliebenen Bruder Kaspar in Rapperswil zu Mittag gegessen habe. Kaspar kämpfte in Kappel auf katholischer Seite.

Für beide Frauen wird sich alles ändern.

Der kurz nach der Schlacht geborene Enkel Sebastian Uriel ist es, der uns durch seinen Besitzeintrag in einem Sammelband mit Katharina von Zimmern gewidmeten Reformationsschriften und durch zwei Grabplatten in Heidelberg auf die Spur der Geschichte der beiden Äbtissinnen gebracht hat, indem er darauf hinwies, dass die eine seine Grossmutter und demnach die andere seine Grosstante gewesen sei.

Irene Gysel

DANK AN SPONSORINNEN UND SPONSOREN

Die inhaltliche Erarbeitung und Herausgabe des Buches «Die Äbtissin, der Söldnerführer und ihre Töchter» haben ermöglicht:

In Memoriam Barbara Helbling. Mitherausgeberin und Autorin des Buches «Zürichs letzte Äbtissin, Katharina von Zimmern» 1999. Ihre Familie

In Memoriam Verena Doelker-Tobler. Die Fraumünster-Abtei bildet den historischen Hintergrund der Gesellschaft zu Fraumünster. Ihrem Mitglied Verena Doelker-Tobler waren die Erforschung der Geschichte und die kulturelle Bedeutung der Abtei ein grosses Anliegen. Gesellschaft zu Fraumünster

Schwesternschaft Diakoniewerk Neumünster, Zollikerberg

Verein Katharina von Zimmern

Else von Sick Stiftung

Ernst Göhner Stiftung

Evangelisch-reformierte Landeskirche des Kantons Zürich

Katholische Kirche im Kanton Zürich

Evangelisch-reformierte Kirchgemeinde Zürich

Katholisch Stadt Zürich

Fonds für Frauenarbeit des Schweizerischen Evangelischen Kirchenbundes

Stadt Zürich Kultur

Mit weiteren Spenden:

Max und Barbara Albers, Doris Albertin, Leni Altwegg, Berty Bauknecht-Pfister, Ursula Bez Bühler, Brigitte Brand, Claudia Bretscher Hunziker, Walter und Myrtha Briner, Ulrike Büchs, Ines Buhofer, Sonja Daeniker, Susanne Dedi Rüegg, Anne-Lise Diserens, Elisabeth Doebeli, Therese Dörflinger, Anemone Eglin, Anita Enderlin, Alfred und Christine Frühauf-Zwingli, Anna Gantert, Rita Geistlich, Doris Gerber, Karin Gimple, Hedwig Glättli, Madlonne Goldschmid, Ursula Gossweiler, Helen Gucker-Vontobel, Elisabeth Gysel, Heinz Gysel, Stephanie Gysel, Maria Hauswirth, Susanna Herold, Folma Hösch, Verena Hofer, Agnes Hohl, Maria Luisa Hoigné, Anne-Marie Holenstein, Pascale Marianne Huber, Esther Hueppi-Traber, Antoinette Hunziker-Ebneter, Maja Ingold, Brigitta Johner, Albertina Kaufmann, Jeanine Kosch, Werner und Susanne Kramer, Gertrud Kundt, Brigitte Lauffer, Hanna Lienhard, Helen Maag, Hans von Mandach, Katharina Martelli, Marianne Meier, Dora Meili-Lehner, Elisabeth Michel-Alder, Franziska Müller Tiberini, Jürg Nef, Annemarie Ott, Barbara Pestalozzi Kohler, Dietrich Pestalozzi, Rolanda Pettermand, Heidi Pomella, Elisabeth Riedweg, Edith Röösli, Alexander Rübel, Erika Rübel-Kern, Myrta Ruf, Erika Salzmann, Elisabeth Sauter, Yvonne Scheibler, Myrtha Schellenberg, Erika Schlatter, Rosmarie Schmid, Chatrina Schucany, Rudolf Semadeni, Ursula Sigg, Jaqueline de Spindler Meili, Marlis Stähli, Susanne Stamm, Monika Stocker, Monika Streuli, Lisbeth Studer, Constaffelherr Jürg Stüssi-Lauterburg, Regula und David Syz-Rübel, Elke Rüegger, Mädi Thommen, Reinhild Traitler, Klaus und Ursula Urner-Bloch, Verena Usteri, Monika Waller-Koch, Suzanne Weber, Hans und Veronika Weder, Peter und Marianne Weiss, Jeannette Wibmer, Dorothea Wiehmann Giezendanner, Susanne Wey, Wilma Willi, Monika Wolgensinger, Ariane Racine Wüest, Elisabeth Wyss, Anna Züst

Mitglieder der Gesellschaft zu Fraumünster:

Peggy Aeberli, Katharina Altherr-Pool, Regula Bauer, Ruth Buchegger, Veronika Buchegger, Heidi Deubelbeiss Horst, Nicole Gerber, Doris Gisler Truog, Daniela Haller, Meret Carola Heierle, Claudia Hollenstein, Margrit Huser, Brigitte Keller-Bachmann, Ingrid Kraft, Ursula Kugler, Silvia Kyd-Sontheim, Silvia Mathieu, Eva Messmer-Spillmann, Margit Pfäffli, Susann L. Pflüger, Ruth Schaller, Yvonne Simon, Marianne Trapletti, Brigitte Wachsmuth, Alexia Zeller, Catherine Ziegler Peter, Regula Zweifel

VORWORT UND DANK DER AUTORIN

Ein Buch wie dieses entsteht nicht aus dem Nichts. Die Arbeit der Historikerin ruht auf den Schultern anderer, insbesondere auf Quelleneditionen, die Forschungsfleiss zusammengestellt hat, aber auch auf Sekundärliteratur. Im Anhang genannt sind nur die Werke, aus denen zitiert wird oder die unbekanntere Details belegen. Vieles, was Säkular- oder Kirchenhistoriker erarbeitet haben, hat unser und eben auch mein Bild der Reformationszeit geprägt. Ohne mich in der schier unübersehbaren Forschungsliteratur dazu verorten zu wollen oder auch nur zu können (ich benutze sie nach dem paulinischen Motto: Prüfet alles und behaltet das Beste), möchte ich unter den Lebenden so unterschiedlich Forschende nennen wie Christoph Burger, Bernd Hamm, Thomas Kaufmann, Harm Klueting, Volker Leppin, Volker Reinhard, Erika Rummel, Heinz Schilling oder Hans Trapman und ihre Schüler sowie die Forschenden am Schweizerischen Institut für Reformationsgeschichte, mit denen ich mich seit Jahren austauschen kann. Ihnen wie meinen eigentlichen Lehrern, Werner Kaegi †, Hans-Rudolf Guggisberg †, Christian Meier und auch Cornelijs Augustijn †, denen ich methodisch vieles verdanke, möchte ich hier meinen Dank ausdrücken.

Recht eigentlich an diesem Werk geholfen haben durch Hinweise, klärende Gespräche oder als Korrektoren: Paul Bloesch, Reinhard Bodenmann, Tobias Christ, Kurt Dietliker, Kristina Domanski, Rudolf Gamper, René Pahud de Mortanges, Noah Regenass, Beat von Scarpatetti, Christian Sieber, Johanna Thali, Christoph Winzeler,

Renate Würsch, Rolf Zaugg, Stephanie Zellweger und als Verlagslektorin Corinne Auf der Maur.

Ohne sie alle, insbesondere aber ohne meine Mitarbeiterinnen: Irene Gysel, Jeanne Pestalozzi und Marlis Stähli, die sich unermüdlich bemühten, mir beizustehen, mich mit Fotos von Archivalien – es sind 1200 (!) –, mit Transkriptionen, genealogischen Forschungen, aber auch mit Anregungen, mit bohrenden Fragen und Kritik versahen, hätte ich dieses Buch nicht, schon gar nicht in der gewünschten Frist zum Zürcher Reformationsjahr 2019 schreiben können. Irene, Jeanne, Marlis, Euch sei herzlich gedankt!

Ein Dank von uns allen gilt dem Theologischen Verlag Zürich für die gute Zusammenarbeit und die schöne Gestaltung des Buchs sowie der Zentralbibliothek in Zürich und der Universitätsbibliothek in Basel, die uns stets hilfreich unterstützten. Insbesondere haben wir den vielen im Quellenverzeichnis aufgezählten Archiven zu danken, privaten und öffentlichen, die keine Mühe sparten, uns ihre Bestände zugänglich zu machen.

EINLEITUNG

Zürich bewahrt Katharina von Zimmern ein ehrendes Andenken. Dankbar erinnert sich die Stadt ihrer letzten Fürstäbtissin und Stadtherrin. Sie habe 1524 mit der Übergabe des Fraumünsters «eine vollständige Durchführung der Grundsätze der Reform in Zürich erleichtert und der Stadt mannigfaltige und schwere Verwicklungen erspart», so Georg von Wyss, der bedeutende Erforscher des Fraumünsterstiftes aus dem 19. Jahrhundert. Das habe schon damals der Rat anerkannt.[1] 1999 ehrten Zürcherinnen sie mit einer Publikation, die vor allem ihre Kindheit und Äbtissinnenzeit gut aufarbeitete. Darin wird der Übergabe des Stiftes als einer bleibenden Verpflichtung gedacht.[2] Es folgten 2012 weitere Beiträge zu ihrer Zeit im Fraumünster.[3] Das vorliegende Buch kann auf diesen Forschungen aufbauen und bietet darüber hinaus neue Fakten und Gesichtspunkte. 2004 wurde Katharina von Zimmern ein Erinnerungsort im Kreuzgang des Fraumünsters gewidmet. Dass Katharina von Zimmern das Fraumünster mit all seinen bedeutenden Gütern und Rechten der Stadt freiwillig übergab, darin sieht die Stadt seit 500 Jahren eine grossherzige und lobenswerte Tat. Aufsehen erregte auch Katharina von Zimmerns «kräftiger Charakter» und ihr «ungewöhnlicher Lebenslauf».[4]

Der unbestrittenen Bedeutung dieser Frau entspricht die Quellenlage keineswegs. Quellen, die über ihre eigene Lebenseinstellung und die Motive ihres Handelns Auskunft geben könnten, sind äusserst spärlich. Es sind keine Tagebücher oder autobiografische Notizen, keine vertraulichen Briefe an Freunde oder Verwandte überliefert. Erhalten sind Verwaltungsdokumente aus der Abtei,[5] Schnitzereien mit Sprichwörtern und allegorischen Darstellungen sowie drei ihr gewidmete Schriften, zwei davon integriert in eine kleine Sammlung frühreformatorischer Werke aus ihrer Äbtissinnenzeit, die Übergabeurkunde des Fraumünsterstiftes mit einer vorangegangenen Verzichtserklärung, ein Brief zum Nachlass ihrer Vorgängerin in der Abtei, der ihr später streitig gemacht wurde, und einer zum väterlichen Erbe, ein Haustausch, sowie eine Abrechnung mit testamentarischen Bestimmungen. Das ist wenig für ein Leben von 69 Jahren. Umso reicher fliessen die Quellen zu ihrer Umwelt. Das beginnt mit der grossen Zimmer'schen Familienchronik und endet in den zahlreichen Aktenstücken zur wechselvollen Geschichte Württembergs, dessen vertriebenem Herzog Katharinas Ehemann diente. Dazu kommen unzählige gedruckte und ungedruckte Quellen zur Zürcher Reformation und zum oberdeutschen Humanismus.[6] Durch diese erhalten die spärlichen persönlichen Quellen Farbe und Leben.

Es war eine vielgestaltige, verwirrende und widersprüchliche Welt, in der Katharina von Zimmern lebte. Die spätmittelalterliche Adelskultur, in der sie erzogen wurde, verlor in der bisherigen Form ihre Geltung, aber die humanistischen Werte ihres Elternhauses blühten im Bibelhumanismus neu auf. Auch die verinnerlichte spätmittelalterliche Frömmigkeit, die in Klöstern und Stiften gepflegt wurde und in der Katharina erzogen worden war, konnte sich mit reformatorischer Theologie verbinden. Das zölibatäre halbklösterliche Leben, das Katharina von ihrem 15. bis zu ihrem 46. Altersjahr zu führen hatte, lehnte Zürich jedoch mit der Reformation als widergöttlich ab. Umso höher werteten die Reformatoren die Ehe als gottgewollte Lebensform. Katharina von Zimmern heiratete denn auch gleich nach der Abteiübergabe. Bereits 47-jährig gebar sie noch zwei Kinder. Sie wählte als Mann Eberhard von Reischach, einen der herausragendsten Söldnerführer in der Region. Das Soldwesen aber war in Zürich verpönt und Katharinas späterer Ehemann wegen seiner Söldnerwerbungen 1519 in Abwesenheit zum Tod verurteilt worden. In den Kappeler Kriegen allerdings versöhnte sich Zürich mit Eberhard von Reischach, dem treuen Diener des geächteten, aus seinem Land vertriebenen Herzogs Ulrich von Württemberg, eines der umstrittensten Fürsten seiner Zeit. Katharinas Mann fiel an der Seite Zwinglis in der Schlacht von Kappel. Mit ihrem Tod zerschlugen sich die hochfliegenden aussenpolitischen Pläne Zwinglis, die die beiden Männer verbunden hatten. Erhalten blieben der Witwe Freunde und Verwandte, so ihre Kusine, Truchsessin Katharina von Waldburg, Schwester des Württemberger Statthalters, Truchsess Wilhelm von Waldburg, der im Dienste der Habsburger stand, die Ulrich von Württemberg und die Reformation bekämpften. Truchsess Wilhelms Sohn war der sogenannte Bauernjörg, Georg Truchsess von Waldburg. Der schlug die Bauernaufstände nieder, während Herzog Ulrich von Württemberg sich mit den Bauern verbündet hatte. Die Waldburgerin war wie ihre Zimmer'sche Kusine eine bedeutende Äbtissin. Sie stand bis zur Berner Reformation dem Königsfelder Kloster vor und war fest entschlossen, nicht, wie ihr Bruder wünschte, wieder in ein Kloster einzutreten. Sie heiratete den Zürcher Georg Göldli, den Freund des Ehepaars Reischach-Zimmern. Auch er war ein bekannter Heerführer. Nach Kappel war Zürich auf sich zurückgeworfen, aber auch die innenpolitischen Kämpfe um das Erbe der Reformation, in die die besten Freunde der verwitweten Katharina verwickelt wurden, waren spannend genug. Und von der theologischen Hohen Schule Zürichs gingen aufregende humanistisch-theologische Denkanstösse aus. Derweil lebte die ehemalige, gealterte Äbtissin am Neumarkt, verheiratete ihre Töchter und bekam Enkelkinder. Sie verfügte als Frau selbstständig und unbevogtet über ihr Vermögen, ein einzigartiges Recht, das sie mit der Übergabe der Abtei errungen hatte. Schon diese kurze Zusammenfassung zeigt: Es dürfte sich lohnen, weit auszuholen und sich Katharina von Zimmern von ihrer Umwelt her zu nähern, und umgekehrt ihre so widersprüchliche und an Gegensätzen reiche Zeit, die Zeit der Reformation in Zürich, neu aus ihrer Perspektive zu erschliessen.

Insbesondere können so neue Erkenntnisse zur Zürcher Klosterpolitik, zum Zürcher Soldwesen und zu den Hintergründen der Kappeler Kriege gewonnen werden. Auch wird in Umrissen eine Gruppe von einflussreichen Zürchern greifbar, welche die Grundlagen der Reformation befürworteten, aber der unduldsamen Politik Zwinglis gegenüber skeptisch blieben und erst nach seinem Tod wieder an Einfluss gewannen. Exkurse zu reformatorischen und humanistischen Werken der Zeit, aber auch zur damals immer noch lebendigen Heldenepik und zur Ratgeberliteratur werfen neues Licht auf die Motive Katharinas und ihrer Zeitgenossen, darunter auch diejenigen Zwinglis.

Die fünf Teile des Buchs umkreisen erstens die Hintergründe der Abteiübergabe durch Katharina, zweitens die Motive ihres Ehemannes und seines Dienstherrn, des Württemberger Herzogs, sowie die Württemberger Politik Zürichs, drittens den Umgang mit Sexualität und das Ehe- und Familienleben Katharinas, viertens persönliche, aber auch soziale und politische Konflikte, in die das Ehepaar Reischach-Zimmern hineingezogen wurde: die Bauernerhebungen und den Württemberger Krieg, den grossen Zürcher Pensionenprozess, Zürichs Klosterpolitik in den Gemeinen Herrschaften und die Kappeler Kriege. Der letzte, fünfte Teil widmet sich dem reformatorischen Zürich nach Kappel und der «Familienpolitik» der Witwe Katharina. So gerüstet kann der Schluss nach der Persönlichkeit Katharinas fragen.

Alle Übersetzungen aus dem Frühneuhochdeutschen und aus dem Lateinischen stammen von der Autorin. Für die wissenschaftliche Forschung runden neben einem Anmerkungsteil die am Rand des Textes mit einem Signet ➊ bezeichneten Editionen wichtiger Quellen den Band ab. Marlis Stähli hat für den Anhang die Archivalien sorgfältig transkribiert und auf eine Weise ausführlich kommentiert, so dass sie auch für Nichtspezialisten zu leben beginnen.

Rund um die Übergabe der Fraumünsterabtei

TEIL I

DIE SICHT DER ZIMMERNCHRONIK

So lobenswert aus der Sicht Zürichs die Übergabe des Fraumünsters an die Stadt durch Katharina von Zimmern war und ist, so tadelnswert war sie in den Augen ihrer Verwandten. Ein Neffe der ehemaligen Äbtissin, Froben Christoph Graf von Zimmern, hat um 1550, also kurz nach dem Tod seiner Tante, eine ausführliche Familienchronik zusammengestellt. Für ihn, der der Reformation feind war, hat sich Zürich *«der religion halben größlichen empört, also das der rath daselbst disen freien stift zum Frawenmünster eingenomen»* und *«die güeter eingezogen»*. Der Rat habe also das Stift in einer «Empörung» eingenommen. Für den graduierten Juristen Froben Christoph hatten weder ein Rat noch Kloster- oder Stiftsinsassen das Recht, über den gestifteten Besitz frei zu befinden. Denn ein Kloster- oder Stiftsgut gehörte ihnen keineswegs. Mönche und Nonnen oder Chorfrauen und Chorherren hatten nur zu Lebzeiten und, solange sie den jeweiligen Ordensregeln oder ihren gottesdienstlichen Verpflichtungen nachkamen, das Recht, die dazu gestifteten Güter zu nutzen. Eine Übernahme, wie sie Zürich mit seinen Stiften und Klöstern vollzogen hatte, war darum für den Chronisten Froben Christoph ein Gewaltakt. Er verurteilte denn auch Katharina von Zimmerns Anteil daran scharf: «Die zuvor genannte Äbtissin hat unrühmlich gehandelt. Sie hat dieses alte königliche Stift, das Kaiser Ludwig I. stiftete und erbaute, das von

Abb. 1: Die Fraumünsterabtei in Zürich um 1500 auf einer Altartafel von Hans Leu d. Ä.

verschiedenen römischen Kaisern und von Königen begabt und erhalten wurde, verlassen. Sie hat es für eine Pension der Stadt Zürich übergeben.» Er hat noch mehr an ihr auszusetzen. Sie habe ohne Wissen ihrer Brüder und gegen deren Willen sich mit einem, der ihr an Herkommen und Geburt nicht angemessen sei, sogleich vermählt. In seiner Empörung über ihr eigenmächtiges Handeln wider Recht und Tradition kann er sich eines frauenverächtlichen Ausrufes nicht enthalten: *«Aber wie die alten gesprochen, das die weiber lange klaider tragen, dargegen aber kurze sinn haben, beschaint sich in dieser handlung wol.»*[7]

Abgesehen davon, dass sie besser in der Abtei geblieben und für das Fortbestehen des Fraumünsterstiftes gesorgt hätte, ärgerte ihn dreierlei an ihrer Heirat: Ihr Ehemann, Eberhard von Reischach, sei nicht standesgemäss, denn er stamme nicht aus dem Hochadel wie die Zimmern. Aber noch schlimmer war für den Chronisten: Reischach halte sich nicht an Recht und Billigkeit. Denn er fordere ein Heiratsgut von den Brüdern Katharinas, obwohl sie auf ihr Erbteil verzichtet habe, ja, er habe in dieser Angelegenheit *«vermaint, mit aim gewalt noch etwas darvon zu bringen»*.[8] Es sei ihm also nicht recht zu trauen, er sei kein Ehrenmann. Weiter verabscheute der Chronist, dass sie ohne Wissen ihrer Brüder handelte.

Abb. 2: Zimmernchronik um 1565, rechts das Äbtissinnenwappen Katharinas von Zimmern mit den Zürcher Stadtheiligen Felix und Regula

Selbstbewusste Frauen

Da war Katharina nicht allein. Zwei ihrer Schwestern heirateten Männer, die sie selbst gewählt hatten. Die Zimmernschwestern sollen von ausgesuchter Schönheit gewesen sein. Jedenfalls rühmte ihr Neffe, sie seien besonders wohlgestaltet gewesen. Ihr Bruder hätte sie darum leicht ohne Mitgift verheiraten können, hätten sich doch bereits hochadlige Bewerber gefunden. Der Bruder aber habe zu lange gezögert. Da hätten zwei niederadlige Ritter durch *«praktiken»* und Listen die jungen hochadligen Frauen zu Heiratsversprechen bewegt.[9] Ein Heiratsversprechen aber begründete damals noch eine Ehe. Erst die nachreformatorischen frühneuzeitlichen Staaten verlangten die Einwilligung der Eltern und eine öffentliche Eheschliessung mit Kirchgang. Sie verboten die sogenannten Klandestinehen. In Zürich wurde ab 1525 der öffentliche Kirchgang für Hochzeiten gefordert. Eine Ehe sollte vor mindestens zwei männlichen Zeugen geschlossen werden und die Zustimmung der Eltern oder der Vormünder bzw. des Vogtes war dazu einzuholen.[10] Zuvor aber konnten junge Leute durch ein Eheversprechen den Willen der Eltern umgehen.

Hier stossen verschiedene Frauenbilder aufeinander. Die Zimmernschwestern nahmen sich wie viele Frauen im Spätmittelalter das Recht, selbstbestimmt zu heiraten. Ihr jüngerer Neffe aber verurteilte ganz im Sinne der aufkommenden frühneuzeitlichen Mentalität jede Selbständigkeit der Frauen. Dass die Schwestern Katharinas offenbar mit dem Einvernehmen ihrer verwitweten Mutter heirateten, machte die Sache für ihn nicht besser. Er war ganz gefangen im weit verbreiteten zeitgenössischen Frauenbild, das das weibliche Geschlecht als schwach, wenig vernünftig, verführbar und unterlegen charakterisierte. Darum habe der Mann die Frau zu leiten und zu führen.[11] Aber der Chronist Froben war in seiner Frauenverachtung durchaus nicht immer konsequent. So berichtete er stolz über die vermeintlich hohe Herkunft seiner Mutter. Sie war eine geborene Freiin von Erbach. Die Erbachs führten, wie viele Adlige, ihren Stammbaum auf Karl den Grossen zurück. Nach dieser Herkunftslegende habe ihr Vorfahr eine Tochter Karls geheiratet. Die kaiserliche Tochter Imma habe allzu lange auf ihren Verlobten, einen griechischen Prinzen, warten müssen. Sie und der noch junge Einhard, ein herausragender (nicht legendärer) Gelehrter und Ratgeber am kaiserlichen Hof hätten sich verliebt. Die Liebe habe sie «blind und verwegen» gemacht und Imma liess Einhard nachts in ihr Gemach. Während sie sich vergnügten, achteten sie nicht auf das Wetter. Als Einhard sich im Morgengrauen von seiner Liebsten davonschleichen wollte, lag überall hoher frischer Schnee. Guter Rat war teuer, wie sollte der Buhle, ohne Spuren zu hinterlassen, fortkommen? Imma fand einen Ausweg: *«als dann das weiblich geschlecht gemainlich zu allen listen und geschwindigkaiten behendt»*, so der Chronist Froben Christoph. Sie nahm ihn auf den Rücken und trug ihn durch den Schnee, sodass nur ihre Spuren zu sehen waren. So schlau das ausgedacht war, Imma hatte nicht mit dem schlechten Schlaf ihres kaiserlichen Vaters gerechnet. Der wanderte bereits zur Kapelle und sah das seltsame Paar. Er konnte seinen Zorn überwinden und verheiratete schliesslich die beiden.[12]

Aber das war für den Chronisten eben eine Tochter Karls des Grossen und der Fehltritt war schon lange her. Für die Tanten des Chronisten galten in der Mitte des 16. Jahrhunderts andere Massstäbe. Für Katharinas eigenmächtiges Handeln jedenfalls hatte Froben Christoph keinerlei Verständnis.

Katharina selbst aber pochte auf ihre Selbständigkeit. Sie betonte, als sie mit dem Zürcher Rat über ihren Verzicht auf die Abtei verhandelte, sie habe gerade nicht ihre Familie oder den in dieser Sache zuständigen Bischof um Rat gefragt.[13]

Katharina wird gewusst haben, warum sie ihre Familie und den Bischof bei der Übergabe nicht miteinbezog. Jedenfalls wenn sie das Stift tatsächlich Zürich übergeben wollte und sich nicht nur dem Druck der Stadt beugte, dann war das durchaus konsequent. Der Bischof hätte nach kanonischem Recht allenfalls einer Umnutzung unter bischöflicher Aufsicht zustimmen können.[14] Und die Familie? Ihre Brüder Johann Werner d. J. und Gottfried Werner von Zimmern konnten keinerlei Interesse haben, nach einem Austritt für die Schwester sorgen zu müssen und allenfalls das Erbe mit ihr zu teilen. Auch schlossen sich die Zimmern nicht der Reformation an. Katharina konnte von ihnen keinerlei Unterstützung erwarten, auch wenn die Familie Zimmern nicht so überzeugt zur überkommenen Kirche und zu den sie politisch beschützenden Habsburgern hielt wie ihre Vettern, die

Truchsessen von Waldburg. Auch die Waldburger hatten, wie gesagt, eine Äbtissin in der Familie, die Äbtissin des Klarissenklosters Königsfelden. Es war eine direkte und eng verbundene Kusine und Namensschwester von Katharina von Zimmern. Auch sie wird schliesslich ihr Kloster verlassen, aber im Gegensatz zu Katharina erst 1528 nach langen schwierigen und belastenden Auseinandersetzungen mit der Stadt Bern und mit ihrem Bruder, Truchsess Wilhelm von Waldburg, der bis 1525 Württembergischer Statthalter und später Obersthofmeister des österreichischen Erzherzogs Ferdinand war. Der Truchsess war wie sein Dienstherr ein erklärter und aktiver Gegner der Reformation.[15] Es lohnt sich, bevor wieder Katharina und ihre Abteiübergabe behandelt werden sollen, einen ausführlicheren Blick auf Königsfelden zu werfen.

ANHÄNGERINNEN ZWINGLIS IM KLOSTER KÖNIGSFELDEN

Das Klarissenkloster Königsfelden war 1523 von 29 Nonnen und einer Laienschwester belebt – anders als das Fraumünster in Zürich, in dem Katharina von Zimmern vor der Übergabe eher vereinsamt hauste, während die wenigen übrigen Chorfrauen meist bei ihren Verwandten weilten.[16]

Abb. 3: Kloster Königsfelden im 16. Jahrhundert

Im August 1523 gelangten Nonnen aus dem Kloster Königsfelden an den Berner Rat, der das Kloster in weltlichen Belangen gegen aussen vertrat und als Kastvogt Schirm- und Gerichtsrechte beanspruchte. Der zuständige geistliche Provinzial des Klosters und der Rat hatten den Klarissinnen vorgeworfen, sie wollten sich Freiheiten nehmen, aus- und eingehen, wie es ihnen gefalle, und so die Klausur und die Regel überhaupt missachten.[17] Das war ein naheliegender Vorwurf. Nonnen von Königsfelden hatten Zwinglis Werke studiert und eine sandte ihm gar einen Brief mit einem kleinen Gläschen Latwerge, einem aromatischen süssen Mus, das in der Medizin vielfach eingesetzt wurde.[18] Tatsächlich wollten sie Zwinglis Rat folgen und das Kloster verlassen. Truchsessin Katharina sah sich gezwungen, sich zum Sprachrohr dieser angefochtenen Nonnen zu machen – zu ihrem Leidwesen, wie sie dem Rat gegenüber erklärte oder glaubte, erklären zu müssen. Der Rat war als weltlicher Kastvogt allerdings gar nicht zuständig für Austritte. Apostasie, der Abfall vom Orden, war ein schweres geistliches Delikt, über das der Papst zu befinden hatte. Um das Kloster verlassen zu können, hätten die Nonnen, da sie bei ihrem Provinzial kein Gehör fanden, an die Kurie in Rom oder an den Bischof gelangen müssen.[19] Sie hätten allenfalls beim Bischof für eine Reform der Regel ein offenes Ohr finden können, bei der Kurie aber kaum Chancen für die Erlaubnis zum Klosteraustritt gehabt; mit guten Gründen rechneten sie sich beim Berner Rat bessere aus.

Die Äbtissin nahm zu den Vorwürfen des Provinzials am 5. September 1523 Stellung:[20] Der habe die Schwestern falsch verklagt. Sie hätten nur vorgebracht, was die Mehrzahl im Konvent gewünscht habe. Obwohl es ihnen schwergefallen sei, hätten die Schwestern die Regel bisher gern und fleissig eingehalten, denn sie glaubten, dadurch ihre Seligkeit zu erlangen und Gott besonders zu loben. Aber nun hätten sie durch Gottes Gnade und Schriftlesung gelernt, insbesondere durch den Apostel Paulus, dass sie dadurch nicht die Seligkeit erlangen könnten. Darum wollten sie sich nicht mehr damit belasten und hätten das Kapitel angerufen. – Die Äbtissin fasste hier überraschend kurz, nüchtern und klar die theologische Grundlage der reformatorischen Klosterkritik zusammen. – Sie habe, fuhr sie fort, die Klagen vor den Konvent gebracht. Entsprechende Schriften und Eingaben habe sie mitgeschickt.

Dem Rat gegenüber distanzierte sie sich von ihren reformatorisch gesinnten Konventualinnen. Ihr selbst aber und etlichen anderen sei das *«von hertzen leid»*, gestand sie. Auch stehe es ihr als Frau mit kleinem Verstand, als *«aim frowklich bild, ains klainen verstands»*, nicht zu, solch grosse Änderungen vorzunehmen. Darum habe sie die Schwestern ermahnt, vorerst nicht zu handeln, den Gottesdienst nicht zu vermindern und die Gelübde nicht zu übertreten ohne geistlichen Beistand, Rat und Wissen der Obrigkeit. Sie fügte diplomatisch an, sie wisse wohl, dass der Rat ihrem Kloster wohlgesonnen sei. Sie sei sicher, der Rat werde beschliessen, was Gott gefalle und allen Schwestern möglich sei. Vorerst stillezuhalten, hätten ihr die Schwestern zugesagt. Die Herren mögen doch bedenken, wie die *«armen gefangnen verwaisten kind»* so beschwert seien an Seele und Leib. Sie bat den Rat, eine Ratsgesandtschaft zu senden, die die Schwestern selbst anhöre und dann weise entscheide. In dieser Sache wolle sie alle ihre Äbtissinnenrechte an den Rat abtreten und so ihr Gewissen entlasten.[21]

Demutsbekundung

Für moderne Leser ist ihre Demutsbekundung, sie habe einen kleinen Verstand, auffällig. Für die damaligen Ratsherren war das kaum bemerkenswert. Frauen galten eben als den Männern körperlich und geistig unterlegen. Von dem «kurzen Sinn», den der Chronist Christoph Froben von Zimmern ihnen zusprach, war schon die Rede. Für Zwingli etwa waren Frauen zudem lüstern, verführerisch und verführbar und so abergläubisch, «dass sie selbst die Religion in einen Wahn verkehren. Darum soll man sie nur einfach lehren, ohne tiefer einzudringen.»[22] Nur wenige Humanisten hielten mit Erasmus von Rotterdam dieser tief verwurzelten Meinung Erfahrungen mit ausserordentlich klugen und gebildeten Frauen entgegen. Das weibliche Geschlecht stehe den Männern geistig kaum nach, verkündete der Humanist aus Basel, ja übertreffe sie sogar oft.[23]

Einspruch gegen die Frauenverachtung kam auch aus den Reihen der Frauen. So liess z. B. Katharina von Zimmern auf einen Deckenbalken in ihren Räumen der Fraumünsterabtei einen Spruch schreiben, der mahnt: Wer schlecht über Frauen spreche, der sei einem Esel oder Toren zu vergleichen und der wisse nicht, was seine Mutter getan habe. Man solle Frauen loben, sogar wenn das Lob nicht unbedingt der Wahrheit entspreche: *«bin der red und bin den oren bekent man den essel und den toren / item welen frouwen uibell rett / der weist nit was sin muoter tet / man sol frouwen [l]oben / es sy war oder ar logen.»*[24]

Auch wenn die Königsfelder Äbtissin in ihren Verhandlungen mit dem Rat die damals übliche Frauenverachtung gezielt einsetzte, dann hat sie sie doch kaum geteilt. Sie verstand es, das Beste daraus zu machen. Sie wollte die politische Verantwortung für oder gegen eine Klosterreform nicht tragen. Darum bat sie demütig als eine Frau mit unterlegenem Verstand: Der Rat solle entscheiden und ihr Gewissen entlasten.

So sehr der Berner Rat auf seine Macht bedacht war und mehr und mehr auch geistliche Rechte an sich zog, so wenig wollte er in dieser Frage ein Urteil fällen. Das Kloster Königsfelden stand unter dem Schutz des mächtigen Habsburg. Erzherzog Ferdinand im benachbarten Österreich verteidigte die Rechte der alten Kirche und beschirmte die Klöster. Der Bruder der Äbtissin war Ferdinands Statthalter in Württemberg. Mit dem Habsburger konnte und wollte es Bern 1523/24 nicht verderben. Auch musste der Rat befürchten, dieser und andere Stifter ausserhalb der Berner Herrschaft würden die für das Kloster gespendeten Zinsen und Abgaben einfrieren, wenn die Gottesdienste nicht mehr der Regel gemäss vollzogen würden.[25] Andererseits galt es, auf mächtige Familien von austrittswilligen Nonnen Rücksicht zu nehmen.

Abb. 4: Stifterbild des Truchsessen Wilhelm von Waldburg mit Familie in der Wallfahrtskirche auf dem Bussen, gemalt 1521

Es wundert also nicht, dass der Berner Rat, der sich nicht wie Zürich bereits vom Bischof losgesagt hatte, sich mit solch geistlicher Herrschaft nicht belasten, mit dieser *«geistlich oberkeit nützit beladen»* wollte. Die Ratsherren reichten die Verantwortung den Nonnen weiter. Die Frauen sollten selbst einen Gewissensentscheid treffen. Die Herren rieten indessen, den alten Brauch und die überkommene Regel nicht zu ändern und das Kloster nicht zu verlassen. Auf jeden Fall, betonten sie, würden sie den Klarissen, die sich verheiraten wollten, ihr zugebrachtes Gut nicht herausgeben.[26]

Truchsess Wilhelm von Waldburg, der Bruder der Königsfelder Äbtissin, war hoch erfreut über diesen Bescheid. Er bedankte sich beim Berner Rat für Schutz, Schirm und Hilfe, die der Rat seiner Schwester erwiesen habe, indem er die durch lutherische Lehren verursachte Unordnung wieder in gute Bahnen lenke. Seine Schwester habe ihm davon berichtet. Er hoffe, das Kloster werde nun weiter nach seiner guten alten Regel funktionieren.[27]

Die Schwestern setzen sich durch

Aber die «Ordnung» war nicht so leicht wiederherzustellen. Die austrittswilligen Schwestern, die wussten, was in Zürich vor sich ging, gaben nicht nach. Vielmehr wichen die Ratsherren schliesslich ihrem Druck. Um Tumult und wildes Ausreissen zu verhindern, entschlossen sie sich, Nonnen den Austritt zuzugestehen, allerdings nur im Einvernehmen mit deren Verwandtschaft und in Abrede mit dem Rat, damit das Kloster nachher ruhig und unbeschwert bleibe: *«geruwiget und unbeladen belybe»*.[28] Um mit den Verwandten verhandeln zu können, hatte der Rat schon zuvor von der Äbtissin verlangt, sie solle die aufmüpfigen Schwestern dazu anhalten, mit eigener Hand ihre Namen und die ihrer Familien aufzuschreiben. Truchsessin Katharina solle die Liste dem Rat zustellen. Er wolle denen dann schreiben und mit ihnen nach Billigkeit verfahren: *«damit wir dannathin dieselben beschriben, und mit ihnen mögen handlen das, so sich der billichkeit nach wirdt gebüren»*.[29]

Die Klarissen zeigten sich der Situation gewachsen. Sie weigerten sich, ihre Namen so auf Gedeih und Verderb, ohne jede Sicherheit preiszugeben. Sie handelten durchaus nicht als demütige Frauen *«ains klainen verstands»*. Sie misstrauten dem Rat und wollten zuvor politische Rückendeckung suchen. Sie erklärten den Ratsherren, sie müssten sich erst bedenken und mit ihrem Seckelmeister und einem anderen Herrn besprechen.[30] Damit war die Sache offenbar zunächst festgefahren. Die Schwestern mussten vorerst im Kloster ausharren. Der Rat nutzte die instabile Lage, um seine Aufsicht über das Kloster zu festigen. Er ersetzte den reformationsfreundlichen Althofmeister durch einen Mann seiner Wahl. Erstmals in der Geschichte des Klosters bestimmte der Berner Rat, und nicht die Äbtissin den Hofmeister, den obersten Verwaltungsbeamten des Klosters.[31] Derweil gelangten Familien, die die austrittswilligen Nonnen unterstützten, an den Rat.[32] Im Mai 1524 entschied die Berner Obrigkeit, den Schwestern den Austritt freizustellen, falls deren Verwandtschaft zustimme. Ihr eingebrachtes Hauptgut solle zu *«Zins geschlagen»* und dieser Zins ihnen ihr Leben lang ausgezahlt werden. Wer neu erst mit über zwanzig Jahren die Profess abgelegt habe, dürfe aber das Kloster nicht verlassen. Der Nachsatz ist entlarvend. Nach kanonischem Recht galt ein in jungen Jahren und gegen den eigenen Willen erzwungenes Gelübde als nicht bindend. Die Ratsherren wollten keine Beschlüsse ganz ausserhalb des noch gültigen Kirchenrechts fassen. Die Mehrheit des Berner Rates gab also nur bedingt und zögernd nach.[33]

Die Austrittswilligen liessen allerdings nicht so über ihre Köpfe hinweg über sich bestimmen. Sie verlangten mehr als nur den Zins ihres eingebrachten Gutes. Sie argumentierten: Im Kloster seien sie zu Lasten des Klostergutes für ihr Singen und Lesen unterhalten worden. Diesen Dienst hätten sie bisher ordentlich getan. Ihr eingebrachtes Gut sei für ihre Altersversorgung hinterlegt worden, falls sie aus Gebrechlichkeit oder wegen Krankheit den Dienst nicht leisten könnten. Sie seien aber alle gesund und ihr eingebrachtes Gut sei dazu nie gebraucht worden. Es ge-

Abb. 5: Porträt einer Klarisse, Kopie im Stile Albrecht Dürers

höre also ihnen. Dazu sollten aus ihrer Sicht auch die, deren Verwandtschaft nicht einverstanden war, die Möglichkeit haben, herauszukommen. Es müsse genügen, wenn ehrbare Menschen für sie und ihren Lebensunterhalt bürgten.[34]

Dem gemeinsamen und solidarischen Protest konnte der Rat nichts entgegensetzen. Er erklärte sich bereit, den Nonnen beim Austritt ihr zugebrachtes Gut auszuhändigen, wenn die Nonnen gleichzeitig auf alle weiteren Rechte an das Kloster verzichteten. Auf den 15. Juni 1524 ist das Dankesschreiben der austretenden Schwestern datiert. Sie dankten dem Rat, dem ihr Seelenheil genauso wie ihr irdisches Wohl am Herzen liege, dem *«nit minder unser sel heil den das zittlich anlitt»*, und versprachen, sich der Freiheit würdig zu zeigen und *«gutwillig»* zu sein.[35]

Was diese Monate für die Äbtissin, die zwischen die Fronten geriet, bedeuteten, lässt sich leicht erahnen. Auch mit der schliesslich geordneten Austrittsregelung war der Druck auf sie nicht behoben. Bereits einen Monat später wird die Äbtissin beauftragt, die verbliebenen ungehorsamen Schwestern zu massregeln. Offenbar hielten sie sich nach Sicht des Rates nicht an die Regel. Sie sollten singen und lesen, befahl er.[36]

Der Rat mischt sich in die Belange des Klosters ein

Der Rat nutzte abermals die Wirren, um seine Rechte über das Kloster auszudehnen. Er wies seinen neuen Hofmeister, den er als Kastvogt eingesetzt hatte, am 13. Juli 1524 an, keine Nonne in die Schatzkammer zu lassen.[37] Dagegen wurde offenbar interveniert. Jedenfalls heisst es bereits am 30. Juli, er dürfe die Äbtissin, die Priorin und den Schultheissen zum Aufbewahrungsort der Kirchenzierden und vor allem wohl der wichtigen Urkunden mitnehmen.[38] Der Hofmeister solle aber ein scharfes Auge auf sie haben, dafür sorgen, dass *«nützit verwarloset werde»*.[39] Der Äbtissin schlug demnach grosses Misstrauen entgegen. Tatsächlich versuchten Mönche an verschiedenen Orten, die Klostergüter vor dem Zugriff der Obrigkeiten zu retten, und brachten sie bei Nacht und Nebel in «sichere» Klöster etwa unter Habsburger Herrschaft.

Ein halbes Jahr später nahm der Rat die Schätze des Klosters ganz an sich und zwar genau in der Zeit, in der Katharina von Zimmern sich zur Übergabe des Fraumünsters entschloss. Die Klosterfrauen seien, so behauptete der Königsfelder Hofmeister, willig, ihren Klosterschatz in diesen unsicheren Zeiten der Stadt zu treuen Händen zu übergeben.[40] Es ist die Zeit der Bauernunruhen. In der Gemeinen Herrschaft Thurgau hatten bereits aufgebrachte Landleute die Kartause Ittingen abgebrannt. Sie forderten als «göttliche Rechte» Aufhebung der Leibeigenschaft, freie Pfarrwahl und Nachlass von Zehnten.[41] Die Klöster mussten weitere schwere Übergriffe gewärtigen. Die Stadt Bern versprach, den Klosterschatz gut zu verwahren und daraus weiteren Austrittswilligen unter den gleichen Bedingungen wie bisher, nur bei Stundung der Zahlungen für ein Jahr, ihr eingebrachtes Gut herauszugeben. Die verbliebenen Klosterfrauen konnten sich indessen nicht enthalten, den Ratsherren durch den Hofmeister ins Gewissen reden zu lassen: Die Schätze, insbesondere die Geschenke der Königin von Ungarn und der Österreicher Fürsten, seien dem Kloster vermacht worden. Sie sollten als Notreserve dienen, falls die Abtei in Armut geriete. Der Rat versprach denn auch, in Notzeiten die im Kloster Verbleibenden aus dem Schatz zu versorgen, und wenn das Kloster ganz abgehen sollte, ihnen einen Lebensunterhalt wie zuvor im Kloster zu ermöglichen.[42]

Im Mai 1525, ein Vierteljahr nachdem Katharina von Zimmern in Zürich die Abtei schon übergeben hatte, liess Bern die Schätze aus dem Kloster schaffen und nach Lenzburg bringen.[43]

Der Rat entmachtete die Äbtissin mehr und mehr. Er wies den Hofmeister an, die Kapitelsitzungen zu kontrollieren. Die Schwestern sollten kein *«gemein»* halten ohne sein Wissen und keine *«ussgeluffne nunn»*, also keine der ausgetretenen ehemaligen Schwestern, dürfe mehr das Kloster betreten. Die Nonnen sollten keinen persönlichen Kontakt mehr mit ihren ehemaligen Schwestern pflegen. Sogar in liturgische Regeln zu einer Jahrzeit mischte der Rat sich ein.[44] Ja, er machte sich im Juni 1525 selbst zum Provinzial. Der Rat verbot dem zuständigen Franziskanerorden, das Kloster weiterhin zu visitieren. Ausdrücklich wollte er die Abtei selbst überwachen.[45] Das alles, wohlgemerkt, bevor in Bern die Reformation angenommen worden war.

Besonders stossend muss es für die Äbtissin gewesen sein, wie der Rat sie vor anderen blossstellte. Er nahm eine Zusage für eine Pension zurück mit der Begründung, dergleichen *«cortisanery»*, was so viel wie korrupten Ämterkauf bedeutete, gebe es bei ihnen nicht mehr. Auch hätten die Frauen oder ihre Vorgängerinnen die Zusage ohne Wissen des damaligen Hofmeisters gemacht.[46]

Zu dieser Entmachtung kamen Kämpfe um Einnahmen und Rechte wie die Zehnten oder den Jagdbann, die zeigen, wie es zunehmend mühseliger wurde, die Rechte des Klosters zu behaupten. Dabei stand zwar der Rat hinter der Äbtissin, aber den Ärger nahm er ihr nicht ab.[47]

Die Klagen der Truchsessin

Die Truchsessin vermochte dem Druck, der auf ihr lastete, nicht länger zu widerstehen. Sie wandte sich zusammen mit ihrer leiblichen Schwester, der Nonne Truchsessin Walburga von Waldburg, an den Rat mit der Bitte um Entlassung, wie sie ihrem Bruder, Truchsess Wilhelm von Waldburg, schrieb. Dieser Brief ist Seite 298f. ➲ nicht erhalten, wohl aber die Kopie einer ausführlichen Antwort des Bruders vom 16. April 1526.[48] Darin reagiert der hochgebildete Statthalter Württembergs und kaiserliche Rat auf ihre Sorgen. Nach seiner Zusammenfassung schrieb sie ihm: Sie wisse nicht mehr, wie sie die Abtei länger verwalten könne. Die Leute wollten keine Zehnten und Abgaben zahlen und lästerten über das Klosterleben, sie hielten das für ganz unnütz vor Gott. Viele würden darum ihre Töchter aus dem Kloster zurückfordern und andere Schwestern wollten nicht mehr im Kloster bleiben. Ihre Autorität sei völlig untergraben, ihre Befehlsgewalt klein, aber Arbeit und Ärger gross. So könne sie Gott nicht dienen. Sie werde verächtlich wie eine Dienstmagd gehalten. Sie ernte nicht nur Undank für alle Mühe; ein Leben im Kloster unter solchen Umständen mache sie krank. Sie könne die Abtei Königsfelden wahrlich nicht länger verwalten.

Wer den Brief liest, glaubt gern, die Äbtissin habe zu Recht geseufzt, wenn sie beklagte, die Belastungen machten sie krank. Ihr Bruder gab es so wieder: *«beschwerlich beladen und abbruchig an uwer gesunthait und leben»*.

Mitleid zeigte der Truchsess indessen nicht. Demut und Leiderfahrung gehörten für ihn zum christlichen Leben einer Frau, insbesondere einer Nonne. Er erinnerte seine Schwestern in seiner Antwort an Jesu Wort aus der Bergpredigt: «Selig sind, die um der Gerechtigkeit willen verfolgt werden» (Mt 5,10) und an Maria, die sich selbst mit dem Wort: *«Ecce ancilla domini»* (Lk 1,38) demütig als Magd des Herrn bezeichnete und willig und geduldig einen schweren Weg auf sich nahm. Sein zehnseitiger Brief ist genauso gespickt mit Bibelzitaten wie die meisten Schreiben der zeitgenössischen Reformatoren, nur richteten sich seine Bibelstellen nicht gegen das Klosterleben, sie verteidigten es vielmehr. Er unterstellte seinen Schwestern, es ginge ihnen nur um Ruhm und Ansehen in der Welt und um Erdenlust und nicht um Gottesdienst. Ob das Klosterleben vor Gott nützlich sei oder nicht, das könne nur Gott selbst entscheiden. Es käme darauf an, wie man im Kloster lebe.

Wenn sie das Kloster verlassen würden, wäre das eine grosse Schande für die Familie. Er wolle dann nicht mehr ihr Bruder sein, die Schwestern würden ihm, schrieb er in der Zeit der Türkenkriege, fremder sein als eine Türkin: *«mir frombder sin dann aine us der Turcky»*, kurz – er könne sie nicht mehr als Christinnen ansehen. Er verweigerte seinen Schwestern denn auch jede Hilfe für ein Leben in der Welt. Geld könnten sie von ihm keines erwarten. Allenfalls würde er in einem anderen Kloster einen Platz für sie suchen. Sie sollten Christus anrufen, der werde sie im Kloster nicht verlassen.[49] So der Brief des Bruders. Ohne jede Unterstützung durch ihre Familie konnten die Schwestern den Austritt nicht wagen. Sie harrten vorerst noch im Kloster aus.

Katharina von Zimmern hätte von Seiten ihrer Brüder mit einer ähnlichen Antwort wie ihre Waldburger Kusinen in Königsfelden rechnen müssen. Sind doch zahlreiche entsprechende Reaktionen der Familien auf Anfragen austrittswilliger Nonnen bekannt.[50] Jedenfalls wandte sich die Fraumünsteräbtissin nicht an ihre Brüder, obwohl sie einem noch stärkeren äusseren Druck ausgesetzt war als ihre Kusine. Während nach Königsfelden die Klosterkritik von Zürich «nur» hinüberschwappte, hatte die Fürstäbtissin Katharina sie vor Ort. In Zürich predigte Zwingli bis 1522/23 gegen vermeintlich überhöhte Zinsforderungen und radikale Prediger ermunterten bis 1524 offen zu Zehnt- und Zinsverweigerungen insbesondere gegenüber Klöstern. Gleichzeitig verunglimpften sie, kräftig unterstützt von Zwingli, Heiligenbilder. Auch das schlug ein. Bilderstürme fegten durch die Region.[51]

Katharina von Zimmern konnte und wollte die Abteimauern nicht vor dieser Bewegung verschliessen. Sie hat sie nicht nur passiv erlitten. Im Fraumünster wurde reformatorisch gepredigt und Katharina hat sich auch lesend mit reformatorischem Schriftgut auseinandergesetzt.

◀ Seite 271–274

REFORMATORISCHE SCHRIFTEN IM BESITZ KATHARINAS VON ZIMMERN

1998 tauchte ein Sammelband auf mit deutschen Schriften aus der frühen Reformationszeit, erschienen zwischen 1520 und 1524.[52] Der Einband ist mit Zürcher Rollstempeln der Zeit verziert. Zwei Werke darin tragen eine handschriftliche Widmung an Katharina. Abgesehen von den beiden ihr gewidmeten Werken muss offenbleiben, ob sie die Schriften selbst anschaffte oder ob sie ihr geschenkt wurden. Ausser einer Trostschrift Luthers für Kranke[53] und Zwinglis Predigt von der ewigreinen Magd Maria[54] befassen sich die Schriften mit den praktischen und politisch rechtlichen Auswirkungen der Reformation.

Diese Themen mussten Katharina als Äbtissin mit Herrschafts- und Patronatsrechten interessieren: Sollten die Kirchen ausgeschmückt sein oder nicht? Wie war mit Priestern umzugehen, die heirateten, wie mit Gemeinden, die sich auf das göttliche Recht beriefen, wenn sie die Zehnten verweigerten? Wie sollte das Verhältnis

Abb. 6: Reformationsschriften, darunter zwei mit handschriftlichen Widmungen an Katharina von Zimmern, in einem Zürcher Einband mit Rollstempel von Urs Graf

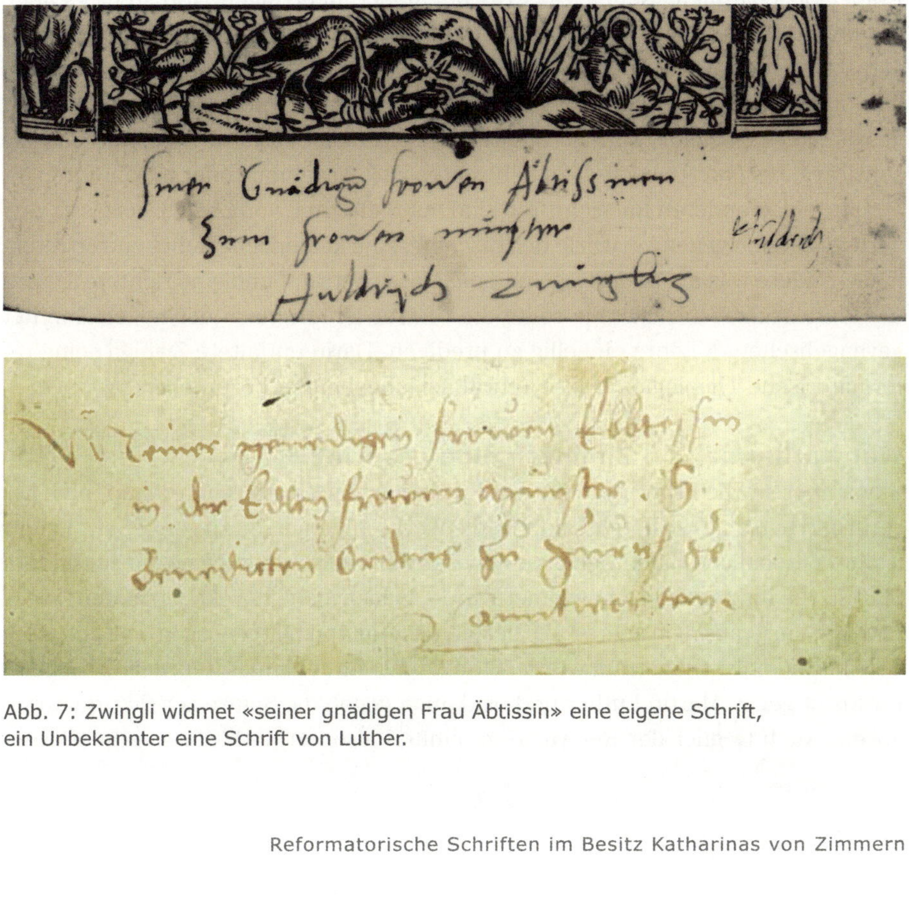

Abb. 7: Zwingli widmet «seiner gnädigen Frau Äbtissin» eine eigene Schrift, ein Unbekannter eine Schrift von Luther.

von Kirche und Obrigkeit geregelt sein? Wie verhielten sich geistliches und weltliches Recht zueinander? Was durften, was sollten die Pfarrer predigen? Das alles waren Fragen, die sie direkt angingen und die in den Schriften behandelt wurden. Der Band enthält eine Lutherschrift, die dem Papsttum und der überkommenen kirchlichen Hierarchie jede Kompetenz und Daseinsberechtigung absprach,[55] und eine, die entsprechend den Gemeinden das Recht zusprach, selbst ihre Pfarrer zu wählen und einzusetzen,[56] eine Schrift Ludwig Hätzers, des späteren Täufers, die Bilder, insbesondere Heiligenbilder als widergöttlich schmähte[57], weiter: die von Zwingli verantwortete Vermahnung an die Eidgenossen, die für die Freigabe des Priesterzölibats eintrat,[58] sowie Zwinglis *Hirt*, der die Pfarrer aufrief, mutig gegen Missbräuche der überkommenen Kirche aufzustehen und so ihre Gemeindeglieder recht zu hüten.[59] Dazu Zwinglis Schrift: Von göttlicher und menschlicher Gerechtigkeit[60] und eine Schrift Johannes Zwicks, des späteren Reformators von Konstanz, die abgesehen von eherechtlichen Fragen wie Zwinglis letztgenannte Schrift nach dem Verhältnis von geistlichem und weltlichem Recht fragte.[61] Schliesslich enthält der Band drei von Rat und Bürgermeister der Stadt Zürich verantwortete Drucke.

Einer ist von Stadtschreiber Caspar Fry unterzeichnet.[62] Mit dieser Schrift verteidigte Zürich sich bei den Eidgenossen gegen Vorwürfe, durch seine Prediger Aufruhr, Bilderzerstörungen und Zehntverweigerungen sowie Gotteslästerungen zu begünstigen. Darin konnte Katharina lesen, was der Rat im März 1524 von den Frauenklöstern hielt. Nämlich ins Hochdeutsche übertragen: «So steht es auch mit den Klosterfrauen, die man Nonnen nennt, weil sie auch *blöd* [schwach] und Menschen sind. Wir können nicht glauben, dass Gott an ihren Gelübden Gefallen hat. Und wie zum keuschen Leben nur fähig ist, wem Gott diese Gabe verliehen und geschenkt hat, scheint es uns gottgemässer, sich ehelich zu vermählen, statt dass sie sonst Ärgeres (was unbedingt zu befürchten ist) vornehmen oder durchführen.»[63]

Die beiden anderen Ratsschriften sind mit Sicherheit von Zwingli verfasst, eine verteidigte sich gegen Vorwürfe des Bischofs, eine ketzerische Lehre zu vertreten, insbesondere was die Bilderfrage und die Messe betraf,[64] und eine richtete sich an die Pfarrerschaft Zürichs. Sie sollte die Pfarrer lehren, nach der neuen Zürcher «evangelischen»[65] Lehre einhellig zu predigen. Darin entfaltete Zwingli seine reformatorische Theologie.[66] Diese Schrift sei eingehender besprochen.

War Katharina von Zimmern eine Leserin?

Zuvor aber sei die Frage gestellt: War Katharina von Zimmern überhaupt eine Leserin und hatte sie die nötige Bildung, die Werke angemessen zu verstehen? Leider ist ihre persönliche Bibliothek bis auf diesen Sammelband und eine einzige andere Schrift, die ihr persönlich gewidmet wurde, bisher nicht zu rekonstruieren. Diese andere Schrift aus dem Jahre 1519 belegt, dass ihr von Zeitgenossen eine ausgebildete Lesefähigkeit zugetraut wurde. Sie stammt von Johannes Eck, der an vorderster Front gegen Martin Luther und bald auch gegen die Schweizer Reformatoren antrat. Auch Gegner der Reformation buhlten also um Katharinas Aufmerksam-

Abb. 8: Eine Lesende, erste Hälfte 16. Jahrhundert, Jörg Schweiger zugeschrieben

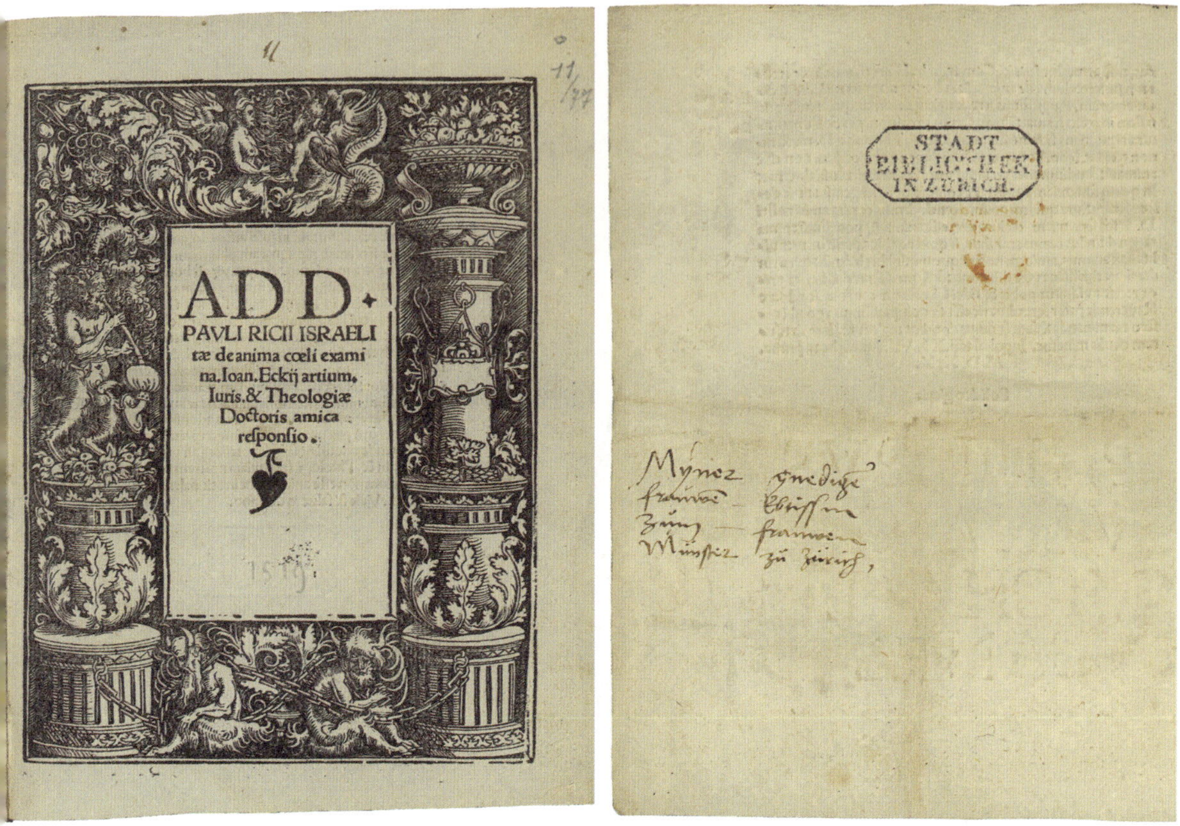

Abb. 9: Widmung an Katharina von Zimmern in Johannes Ecks Schrift über die Himmelsseele

keit. Es ging in Ecks Schrift um einen hochgelehrten philosophisch-theologischen Streit. Eck disputierte mit dem kaiserlichen Leibarzt, Paulus Ricius, darüber, ob die Annahme einer selbstbewegten Himmelsseele, wie sie die antike griechische Philosophie vertrat, mit dem christlichen Glauben zu vereinbaren sei. Johannes Eck verehrte wie Ricius Platon als grossen Philosophen, aber dessen Lehre von einer Himmelsseele wollte er ausschliessen. Der Streit wurde zum Politikum, denn Ricius appellierte an seinen Patienten, den Kaiser, der Eck Stillschweigen auferlegte. Die Schrift ist selbstverständlich lateinisch verfasst, die Widmung aber deutsch: *«Myner gnedigen frauwen Ebtissin zum frauwen Münster zu Zürich»*.[67]

Wer immer ihr die Schrift ihres schwäbischen Landsmanns dediziert haben mag, traute ihr offenbar zu, den nicht ganz einfachen Text zu verstehen und sich dafür zu interessieren. Selbstverständlich fand Ecks philosophischer Traktat keinen Eingang in den Sammelband deutscher reformatorischer Werke. Er passt indessen sehr gut zu den umstrittenen Versuchen, neuplatonische Philosophie und christliche Theologie zu harmonisieren, ohne doch die Grenzen christlichen Glaubens zu überschreiten. Auch in Zürich war das unter Zwingli und seinen Nachfolgern ein wichtiges Thema.[68]

Zwinglis *Kurtze vnd Christenliche inleitung*

Der vom Rat verantwortete und von Zwingli verfasste Text für die Prediger war sehr viel einfacher zu lesen. Es ist eine Zusammenfassung von Zwinglis wichtigsten Anliegen, die der Reformator für die Zürcher Prediger eindringlich darzulegen wusste. Zwingli setzte ein mit der Erbsündenlehre: Von Adam her sind alle Menschen sündig, das muss der Mensch zuerst erkennen. Der Mensch kann sich nicht aus seinem Sündenpfuhl retten. Er vermag aus eigenen Kräften das Gesetz, wie es das Alte Testament überlieferte, nicht zu erfüllen. Das alte Gesetz dient nur dazu, die eigene Sünde zu erkennen. Das alte Gesetz ist abgetan, der Christ steht unter der neuen Freiheit des Geistes. Allein Christus erlöst den Menschen, der Mensch vermag nichts zu seinem ewigen Heil beizutragen. Das darf aber nicht dazu verführen, sich zurückzulehnen und zu sagen: Dann kann ich ja kräftig sündigen, nein, es gilt, die gute Botschaft von Christi Leiden uns zugut anzunehmen und in seiner Nachfolge seinen Geist in uns wirken zu lassen, eben den Geist der Freiheit vom Gesetz, der den Menschen verändert und zu einem neuen gottvertrauenden Menschen macht.

Die wahren befreiten Christen erkennt man an ihren Früchten. Sind sie demütig, wirkt das der göttliche Geist in ihnen: *«beschicht uß dem inwonenden götlichen geist»*. Denn Christus war auch demütig. Sind sie besorgt um das Heil anderer Menschen, entspricht auch das Christus. Sind sie geduldig, gilt dasselbe. Denn Christus war auch geduldig. Sind sie friedfertig wie Christus, wirkt auch das Gott. Stehen sie tapfer für die Ehre Gottes ein, tat Christus das auch: *«Sind sie dapffer umb die eer gottes, Christus ist ouch also xin.»* Sind sie in Widerwärtigkeiten um der Ehre Gottes Willen fröhlich, *«ist alles von got»*.[69] Die Früchte des Geistes sind demnach für Zwingli Demut, Einsatz für das Heil der Menschen, Geduld, Friedfertigkeit, Tapferkeit und Gelassenheit. Zwinglis Theologie ist von der Rechtfertigungslehre des Apostels Paulus geprägt. Um so mehr erstaunt diese Aufzählung von den Früchten des Geistes, die stark von der paulinischen Liste nach Gal 5,22f. abweicht. Paulus schrieb: «Die Frucht des Geistes aber ist Liebe, Freude, Friede, Langmut, Freundlichkeit, Güte, Treue, Sanftmut und Selbstbeherrschung.» Bei Zwingli, das fällt auf, fehlt die Liebe als Frucht des Geistes, die bei Paulus an erster Stelle steht. Auch im Christuswort vom Weinstock, wo wie im besprochenen Zwinglitext von den Früchten die Rede ist, die Christus in seinen Jüngern vollbringt, steht die Liebe im Vordergrund. Da heisst es betont: «Bleibt in meiner Liebe!» (Joh 15,9). Bei Zwingli erinnert nur die Sorge um den Nächsten daran. Er formulierte: *«Sind sy sorgveltig [besorgt] für anderer mentschen heyl.»*

Vollends aus dem biblischen Rahmen fällt die Tapferkeit, griechisch *andreia* (wörtlich zu übersetzen mit Mannhaftigkeit). Sie kommt im Neuen Testament nicht vor. Immerhin benutzt Paulus einmal im Ersten Brief an die Korinther 16,13 das Verb *andrizesthai,* tapfer, wörtlich «mannhaft» sein, wenn er auffordert: «Seid wachsam, steht fest im Glauben, seid tapfer und stark!» Allerdings fügt er gleich bei: «Alles, was ihr tut, geschehe in Liebe.» Die Tapferkeit ist keine typisch biblische Forderung. Sie gehört zu den vier antiken Kardinaltugenden: Klugheit, Gerechtigkeit, Tapferkeit und Mässigung. Papst Gregor der Grosse verband diese mit der christlichen Trias: Glaube, Hoffnung, Liebe zu den sieben das Mittelalter beherrschenden Tugenden. Sind die Worte *«sind sie dapffer umb die eer gottes»* Zwingli, dem ungeheuer fruchtbaren Vielschreiber, in der Eile unbedacht in die Feder geflossen? Wohl kaum. Im *Hirt*, in der ebenfalls in den Sammelband aufgenommenen längeren Schrift Zwinglis für Prediger, steht der tapfere Kampf für die Ehre Gottes gegen die papsttreuen Priester, die «falschen Wölfe» und «Seelenmörder» im Vordergrund. Beugten sie sich nicht unter das Wort, dann solle der tapfere Prediger sie als Feinde betrachten und sie hassen und verlassen. *«Halt dich mannlich und sye din hertz starck»*, schreibt Zwingli gleichsam als Motto am Ende der Widmung zu diesem Werk.[70]

Wenn Zwingli tapferes Einstehen für die Ehre Gottes unter die Früchte des Geistes rechnete, dürfte das Katharina von Zimmern kaum gestört haben. Wurde sie doch in einer adligen Kultur erzogen, in der es – nicht nur für Männer[71] – galt, sich durch ritterliche Tapferkeit hervorzutun. Zwinglis «tapfere Theologie» mag sie im Gegenteil für den Reformator eingenommen haben.

Der Geist Christi befreit nicht nur, fuhr Zwingli in seiner *inleitung* fort, vom alten Gesetz, er befreit erst recht von Menschensatzungen und -lehren. Dazu gehören die Fürbitte der Heiligen, das Fegefeuer, Bilder, Kirchenzierden, Messstiftungen usw.; solche Menschenlehren sind nicht nur belanglos, sie sind Gott ein Gräuel. *«Alles, das sich uß dem leren der mentschen lasst für guot ansehen, das ist vor got ein grüwen.»* Den Bildern und der Messe, deren vermeintlichen Opfercharakter Zwingli insbesondere bekämpfte, widmete er am Ende der Schrift zwei eigene Kapitel. Zuvor schärfte er den Gehorsam gegenüber der Obrigkeit ein. Wer zum Ungehorsam aufrufe, der gehöre zu den ärgsten Feinden der Gotteslehre – *«diss sind die aller schädlichesten fyend der leer gottes»*. Allerdings dürfe die Obrigkeit nichts Widergöttliches befehlen. Sonst gelte es, Gott mehr zu gehorchen als den Menschen.[72] Schon einige Monate zuvor hatte Zwingli sich von früheren Aussagen losgesagt, die seine Hörer – gewollt oder ungewollt – durchaus zu Gehorsamsverweigerung anregten.

Mit dem Werk *Von menschlicher und göttlicher Gerechtigkeit* von Ende Juli 1523 differenzierte er zwischen menschlichen und göttlichen Vorschriften. Wegen der menschlichen Verdorbenheit könne sich die weltliche Rechtsprechung nicht ausschliesslich an den göttlichen Liebesgeboten des Neuen Testamentes ausrichten. Dennoch gelte es, ihr ausnahmslos zu gehorchen, selbst wenn es sich, wie für die Juden in der babylonischen Gefangenschaft, um eine heidnische Obrigkeit handele. Es gilt *«durch den banck hinweg. Denn Christus nimpt darum nieman von der obergkeit uß, das einer in inn gloubt.»*[73] Er eignete diese Schrift Katharina mit den Worten zu: *«Siner Gnädigen Frowen Aebtissinen // Zum Frowen muenster // Huldrych Zwinglius»*.

Von gôtlicher vñ mensch
licher grechtigkeit/ wie die zemē sehind vñ standid
Ein predge Huldrych Zuinglis. an. S.
Joanns Teuffers tag gethon/ im
M. D. XXIII.

Christus Mat. 11.
Kum̄end zů mir alle die arbeitend vnd beladen
sind/ vñ ich wil üch růw geben.

Abb. 10: Zwinglis Schrift von göttlicher und menschlicher Gerechtigkeit mit eigenhändiger Widmung an die Äbtissin

Es verwundert nicht, dass ihm viel daran lag, die Äbtissin mit dieser Schrift bekannt zu machen. Der Reformator antwortete damit auf den Vorwurf, die neue Predigt des Evangeliums rufe zu Aufruhr auf und fördere Unruhe und Ungehorsam. Er konnte argwöhnen, die Äbtissin habe ein offenes Ohr für solche Kritik. Sie hätte jedenfalls allen Grund dazu gehabt.

ZEHNTVERWEIGERUNGEN, BILDERSTÜRME UND KLOSTERKRITIK IM UMFELD DES FRAUMÜNSTERS

Dem Fraumünster wurden seit 1523 Zinsen verweigert. Erst nach einem Prozess konnte die Abtei ihren kleinen Zehnt aus Rümlang einziehen.[74] In anderen Orten, in denen das Fraumünster Grundrechte besass, liefen Bauern ebenfalls gegen die Zehntzahlungen Sturm, so in Wiedikon, Riesbach, Meilen und Fällanden.[75] Die Bauern beriefen sich dabei auf die neue evangelische Predigt: In einer Kollektivbeschwerde erklärten u. a. die Gemeinden Riesbach und Fällanden, sie seien nach dem Evangelium unterwiesen worden, dass Zehnten nichts anderes als Almosen wären – also keine verpflichtende Steuer – und ausserdem gebrauchten die Chorherren die Abgaben zu allerlei leichtfertigen Dingen, im Wortlaut: *«So wurdint si doch jetz durch das heilig Evangelium bericht und underwist, dass der Zechend nüdt anders dann ein Almuossen wern und bruchtind ettlich Chorherren sollichen Zechend zu unnütz und lichtfertigen Dingen, als man wüsste.»*[76] Tatsächlich lassen sich im Neuen Testament keine Zehntanweisungen finden, nur Aufrufe zu freiwilligen Gaben. Im Alten Testament ist zwar von Zehnten die Rede, aber nicht von Kirchenpatronen oder von durch Abteien und Stifte eingesetzten Zehntherren. Zehntverweigerungen liessen sich also durchaus mit einem engen Schriftprinzip begründen und reformatorische Prediger, auch Zwingli, zögerten nicht, die Zehnten zu verunglimpfen. Sie widersprächen dem göttlichen Recht. Erst von 1523 an begann Zwingli, Zehntabgaben als verbrieftes Recht wieder einzufordern.[77]

Dazu kamen Bilderstürme in zur Abtei gehörenden Gemeinden und im Fraumünster selbst. Im September 1523 zerstörte Niklaus Hottinger das Stadelhofer Kreuz.[78] In Wipkingen haben junge Randalierer «die Götzen», wie die Kultbilder abschätzig genannt wurden, aus der Kirche geholt, sie zerschlagen und in den See (!) geworfen. Sie behaupteten im folgenden Prozess, ohne jeden Spott und jedes Aufsehen gehandelt zu haben, aber sie trugen sie doch wohl sichtbar und ostentativ bis zum See.[79] Auch in Rümlang, Meilen, Maur und Fällanden wurden Bilder demoliert.[80] Im September 1523 landeten drei Burschen als Häftlinge «im Turm», wohl im Wellenberg, weil sie im Fraumünster gewütet hatten. Sie hatten die Ampeln vor dem Predigtstuhl heruntergelassen und einer warf sie unter die Kanzel. Das Öl lief heraus und die wertvollen Lampen zerbrachen. Darauf bespritzten sie sich mit Weihwasser und lästerten, das «ewige Licht» sei nichts anderes als «Abgötterei».

Am Abend wurden auch die Lichter in der Niklauskapelle zerstört.[81] Offenbar liess Katharina die Ampeln vor der Kanzel wieder ersetzen. Jedenfalls müssen sie wenig später im Fraumünster aufgehängt gewesen sein. Denn Ende Oktober nannte ein Hans Pfleghar die Ampeln «einen Dreck».[82] Er wurde zwar verwarnt und die Bilderstürmer wie die Zehntverweigerer bestraft, aber das schaffte den Schaden und den Ärger nicht aus der Welt.

Nicht erwischen liess sich der junge Thomas Platter, damals Gehilfe des bereits für seinen humanistischen Unterricht berühmten Fraumünsterschulmeisters Oswald Myconius. Verantwortlich für eine wohlige Wärme im Schulzimmer fehlte ihm Holz zum Heizen. Da stahl Platter kurzerhand eine Johannesstatue vom erstbesten Altar in der Fraumünsterkirche und schob sie in den Ofen. Er beschrieb es in seiner Autobiografie. Ein schlechtes Gewissen hat ihn nicht geplagt.[83] Warum auch? Predigten doch Zürcher Pfarrer, Bilder solle man nicht haben, denn die Statuen auf den Altären seien gotteslästerliche Götzen. Selbst in seiner Schrift *Wer Ursache zum Aufruhr gibt* von Ende 1524, also ausgerechnet in einer Schrift, die die Bilderstürmer und Zehntverweigerer zur Ordnung rufen wollte, verzichtete Zwingli nicht auf die wegwerfende Bezeichnung *«götzen»* und lehnte Andachtsbilder rundweg ab.[84] Platter dürfte auch die Schrift von Ludwig Hätzer bekannt gewesen sein, die Katharina in ihrem Sammelband aufbewahrte. Hätzer belegte mit unzähligen Zitaten das alttestamentliche Bilderverbot, das sich für ihn nicht nur auf heidnische Götterbilder bezog, sondern auf Bilder überhaupt. Sogar eine nüchterne Heiligenverehrung ohne Anbetung führe von Gott weg. Denn Gott habe sie nirgends geboten, vielmehr lehre Gottes Wort, Gott allein zu ehren. Bilder- und Heiligenverehrung sei gottwidrig. Hätzer folgerte, die Bilder seien Ölgötzen und Seelenmörder, weil sie die Seele von ihrem Bräutigam Christus trennen. Sie gehören ins Feuer. Er fragte: *«Sind die bild vnd ölgötzen nit mörder so sy die seelen töden vnd sy von got jrem eegmahel abfüren?»* Und folgerte: *«Huss mit jnen in ein für/ da ghört das holtz hin.»*[85] Seelenmord war nach Thomas von Aquin – und damit auch nach geltender Lehre – ein schwereres Verbrechen als Geldfälscherei, das die Todesstrafe verdiente, wie die 1532 kodifizierte sogenannte *Carolina*, die im Reich geltende Strafgerichtsordnung, dann auch bald festhielt.[86]

Die Zerstörungswut betraf eine Abtei, die noch im Jahr zuvor, also 1522, ein Pfund Silber ausgab für ein neues Vesperbild von Hans Leu d. J. mit der um ihren Sohn weinenden Maria.[87] Eine datierte Pietàzeichnung von Hans Leu ist erhalten geblieben. Diente sie vielleicht als Vorlage für den Auftrag Katharinas?

Auf jeden Fall kann sie noch einen Eindruck geben, welcher Kunst sich das Fraumünster am Vorabend der Reformation verschrieben hatte.[88] Auch für die St.-Stephan-Kapelle hat Hans Leu um 1520 ein grosses Bild geschaffen. Es zeigte das Martyrium von Felix, Regula und Exuperantius.[89] Hans Leu d. J. war am Vorabend der Reformation wohl der bedeutendste Künstler in Zürich. Er hatte bereits ein bewegtes Leben hinter sich; ausgebildet in der berühmten Malerwerkstatt seines Vaters, war er schon 1507 für das Fraumünster tätig gewesen. 1515 zog er als

Abb. 11: Pietà,
Hans Leu d. J., 1519

Söldner nach Marignano und nahm 1519 verbotene Solddienste für Ulrich von Württemberg an. Die Bilderstürme und ausbleibende Aufträge in der reformatorischen Stadt Zürich bewogen ihn, 1523 nach Luzern zu ziehen, um dort Heiligenbilder zu malen. 1526/27 kehrte der unruhige Mann nach Zürich zurück. Weil in Zürich keine kirchlichen Aufträge für Andachtsbilder mehr zu erhalten waren, verlegte er sich auf die Landschaftsmalerei. 1522 aber malte er noch im Auftrag von Katharina ein Bild mit der um ihren Sohn trauernden Maria. Ebenfalls 1522 bestellte das Fraumünster einen besonders wertvollen Wirkteppich mit Darstellungen aus dem Leben Jesu für 40 Pfund Silber.[90] Auch den Heiligenkult belebte Katharina neu: Seit 1517 beging das Fraumünsterstift neben den üblichen Feiertagen einen Katharinentag und regelmässig feierte es bis 1524 mit Öllichtern und Wachskerzen Jahrzeiten.[91]

Spott über die Stundengebete und das klösterliche Leben

Nicht nur Bilderkult und teure ewige Lichter verfielen der Kritik. Auch die Stundengebete, das Herzstück klösterlichen Lebens, verwarf kein Geringerer als Zwingli selbst mit beissendem Spott. Er veröffentlichte im Sommer 1523 seine Auslegung zu den Schlussreden der Januardisputation. Darin verhöhnte er den täglichen Psalmengesang der Nonnen. Nüchtern wiedergegeben lautet der Gedankengang: Die Nonnen verständen gar nicht, was sie singen. Der Einwand, es sei doch gut, Gott vor den Menschen zu loben, sei sinnlos. Denn Gott allein sei gut. Psalmensingen könnte darum nur gut sein, wenn es von Gott käme, der aber habe es in der Heiligen Schrift nirgends angeordnet. Vielmehr habe Christus geboten, allein im Kämmerlein zu beten. Dass ein solcher Gedankengang eine Stadt wie Zürich zu Klosteraufhebungen und -schändungen bewegen konnte, ist nur schwer verständlich. (Danach müsste ja auch, nähme man Zwingli beim Wort, das gemeinsame Gebet im Gottesdienst, das Zwingli keineswegs abschaffte, verboten sein.) Wer indessen die emotionale Wortwahl und den die Hörer direkt ansprechenden Satzbau auf sich wirken lässt, der wird nachvollziehen können, wie mitreissend Zwingli predigte. Der Reformator schrieb: «*Hie hilfft ghein widerbefftzen [dagegen Argumentieren] mit dem korgsang der psalmen, das der hundertest nit verstat, ich gschwig der sengelnurren [Singnärrinnen], der nonnen, die durch die gantzen welt hin nit einen verß der psalmen, die sy mönend [vor sich herbrummen], verstond. Sott es aber nit guot sin, sprechend sy, das man da vor allen menschen gottes lob singt? Antwurt: Zeyg mir an, das es guot sye, so will ich dir glouben, es sye guot. Gott ist allein guot und ein einiger bronn [Brunnen, Quelle] alles guoten [Math 19,17 / Jer 2,13]. Ist nun das psalmenmurmlen guot, so muoß es von got kummen. Das zeig mir an, wo got sölch mönen, brögen [unverständliches Plappern] und murmlen angesehen hab. Sich, so stast wie die katz vor dem kürsiner [Kürschner]; denn du findest das widerspil, das dich got in din kämerlin hat geheissen gon und da an eim heimlichen ort mit dinem himmelschen vatter reden, der werde dich wol sehen, hören und gewären [Math 6,6].*»[92] Im Fraumünster gehörten die Stundengebete zu den selbstverständlichen Pflichten. Chorfrauen mögen sie bisweilen nur nachlässig oder auch widerwillig gesungen haben; die Gottesdienste überstanden aber alle Krisenzeiten und alle Reformen. Auch Katharina hat sich darum gekümmert. Mit den wenigen Chorfrauen, die zudem oft auf Reisen waren, war es freilich schwierig, einen schönen Gesang zu gewährleisten. Damit dennoch wenigstens zu Weihnachten der Chor voll erklingen konnte, holte Katharina 1519 eigens Sängerinnen aus dem Kloster Selnau, die aushalfen.[93]

Was hat Katharina mit Zwinglis Kritik angefangen? Leuchtete ihr ein, was der Reformator positiv dagegensetzte? Vieles spricht dafür. Er empfahl, die Stundengebete durch eine Lesung der Psalmen mit anschliessender Auslegung zu ersetzen, damit die Mönche und Nonnen verständen, was der Heilige Geist ihnen durch die alten Gebete und Gesänge sagen wolle.[94] Anders als Leo Jud im Oetenbacher Kloster konnte Zwingli im Fraumünster unangefochten predigen.[95] In seinen Freitagsgottesdiensten legte er am Markttag in der Abteikirche den Psalter aus.[96]

Zwingli begnügte sich allerdings nicht damit, die Stundengebete zu verspotten. Er verurteilte das klösterliche Leben grundsätzlich. Frauenklöster nannte er in seiner Schrift *Von menschlicher und göttlicher Gerechtigkeit*, die er Katharina 1523 widmete, «Gefängnisse der Gewissen».[97] Den Oetenbacher Nonnen hatte er schon 1522 zugerufen: «Meint ihr, nur ihr könntet in euren Klöstern und Kutten Christus finden und niemand höre ihn ausser euch? Ja, niemand hört seine Lehre schlechter als ihr!»[98] Im Spätherbst 1524, als Katharina darüber nachdachte, ob sie die Abtei übergeben sollte, schrieb Zwingli seine Schrift *Wer Ursache gebe zu Aufruhr*. Er schrieb sie angesichts der Zehntverweigerungen, Bilderstürme sowie bedrohlicher Tumulte, in denen die Bauern die Aufhebung der Leibeigenschaft forderten. Darin verurteilte er zwar die Aufstände, nahm aber keineswegs die eigene Klosterpolemik zurück oder mässigte sie auch nur. Im Gegenteil, er verschärfte sie noch! Am Aufruhr seien nicht etwa die Bauern schuld, nein, neben den Fürsten seien insbesondere die Mönchsorden und die Äbte, die sich schamlos bereicherten, die Ursache. Nicht nur seien Mönchsorden eine «Heuchelei» und werde in den adligen Stiften Gottes Wort missachtet. Nein, in den Klöstern werde gehurt und geprasst und so das Gut der Armen geraubt.[99] Zwingli dürfte entsprechend, ja, wahrscheinlich noch deftiger gepredigt haben. Von einem Kollegen, dessen Predigt vom Sommer 1523 in Verhören aktenkundig wurde, heisst es, er habe von der Kanzel herab anschaulich über ihm bekannte Praktiken der Selbstbefriedigung in Nonnenklöstern erzählt.[100] Solche Klosterkritik fiel auf fruchtbaren Boden. Aus den Zürcher Konventen traten Mönche und Nonnen aus. Im Kloster Oetenbach wollten im Sommer 1523 bereits zwei Drittel der Schwestern die Klausur verlassen.[101] Schon 1522 war es zu Drohungen gegenüber Klöstern gekommen.[102]

Der Ittinger Sturm sowie Stifts- und Klosterumnutzungen

Am 18./19. Juli 1524 plünderten aufgebrachte reformatorisch Gesinnte im Thurgau die Kartause Ittingen. Angeführt wurden sie von unter Zürichs Niedergerichtsbarkeit stehenden Stammheimern. Nach der Verhaftung eines aus der Sicht der Altgläubigen aufrührerischen Pfarrers auf Burg bei Stein am Rhein rotteten sich seine Anhänger zusammen und aus anderen Dörfern liefen ihnen immer mehr Bauern zu, die mit den drückenden Abgaben und ihrem unfreien Status unzufrieden waren. Den Pfarrer konnten sie nicht befreien. Frustriert begannen sie, Keller und Fischteiche der Kartause Ittingen zu plündern. Nachdem genug Weinfässer ausgetrunken waren, ging die Kartause in Flammen auf.[103] Ein Basler Chronist schrieb über die sich seit Sommer 1524 zusammenschliessenden Bauern im Schwarzwald und im Hegau: Nichts war vor ihnen in den Pfarrhäusern, Klöstern oder Adelshöfen sicher, nichts *«das dan pfaffen, munchen, nunen oder edellütten zuhört»*.[104] Zwar haben nach neuesten Erkenntnissen die Bauern viel weniger geplündert als bisher angenommen und im Gegensatz zu den sie bekämpfenden Armeen im Jahre 1525 keine eigentlichen Mordkommandos ausgeführt.[105] Aber die Angst war gross und Gerüchte durchzogen das Land. Mönche und Nonnen fürchteten nach dem Ittinger Sturm neue Übergriffe. Tatsächlich kam es im April 1525 zu einem Sturm auf das Kloster Rüti im Zürcher Oberland.[106] Die Klosterkritik, wie sie Zwingli und andere vertraten, schlug mehr und mehr ein. Klosteraustritte nahmen zu und es kam zu ersten Umnutzungen von Stiften.

So erbat Zwingli für das Grossmünsterstift bereits im September 1523 vom Rat eine neue Ordnung nach Gottes Wort, *«mit der regel der helgen gschrift [...] wie das allernächst bi der leer und regel Christi unsers Herren sin mag»*.[107] Von Tagzeiten, Chorgesang und Messelesen ist in der gewünschten Ordnung keine Rede. Zehnten und Zinsen usw., die dem Grossmünster bisher zustanden, sollten dagegen nicht angetastet werden. Zwingli wollte sie umnutzen. Für Taufen, Sakramente, Totengedenken und Gräberlohn wollten die Chorherren keine Abgaben mehr heischen. Nur wer einen Grabstein wolle, müsse ihn selbst berappen. Sie wollten niemand mehr anhalten, bei Totengedenken Kerzen aufzustecken, aber sie wollten sie noch zulassen, wenn sie auf eigene Kosten angeschafft wurden.

Die Zehnten für die Seelsorger seien unter die Aufsicht des Rates zu stellen – das kam der ratsherrlichen Klosterpolitik entgegen. – Weil viele Geistliche nichts geleistet hätten, könne ihre Zahl vermindert werden. Darum seien Pfründen von Verstorbenen vorerst nicht wieder zu besetzen. Aus diesen ausgesetzten Pfründen solle eine theologische Schule finanziert werden. – Tatsächlich wurde bald mit solchen Geldern die berühmte Zürcher *Prophezei*, aus der die *Schola Tigurina* hervorging, von Zwingli gegründet. – Der Schulmeister solle besser entlöhnt werden als bisher und gute Pfarrer erziehen, bis die jungen Leute den Vorlesungen der theologischen Schule, also der späteren *Prophezei*, folgen könnten. Das Grossmünsterstift wolle geeignete Prediger aufs Land schicken. Es solle nur noch Pfarrer und keine Chorherren und Kapläne mehr geben. Wer sich nicht gut halte, sei abzusetzen, aber kranke und alte Chorherren seien ordentlich zu versorgen. Bleibe nach diesen Aufgaben noch Geld übrig, solle es an das Spital und an Arme verteilt werden. Zwei vom Propst und Kapitel und zwei vom Rat Abgeordnete sollten dieses Geld verwalten.[108] In einem vor den 19. September 1524 zu datierenden Schreiben Seite 292–294 ➲
wünschten auch Propst Heinrich Brennwald und das Kapitel des Chorherrenstifts Embrach vom Rat eine Neuordnung, nach der sie als Pfründer dem Wort Gottes gemäss leben könnten.[109]

Die Klosterpolemik ermunterte zu wegweisenden Umnutzungen; zugleich gab sie den sozialen Forderungen der Bauern neue Nahrung und ermutigte sie, sich gegen die klösterlichen Grundherren zu erheben. Auch förderte sie ganz entschieden eine Ratspolitik, die sich schon seit dem 14. Jahrhundert mehr und mehr zunächst in weltliche, seit dem Ende des 15. Jahrhunderts auch in geistliche Klosterbelange einmischte.[110]

Das Leben im Fraumünster und die Klosterpolitik des Zürcher Rates

Die Ratsherren der spätmittelalterlichen Stadt wollten nicht nur Missbräuche und Sittenverfall in Klöstern eindämmen, sie wollten auch keine Institutionen in ihrer Stadt dulden, die sich ihrer Rechtsprechung und ihrer Oberherrschaft entzogen. Die Sonderrechte der Klöster, die sich nicht an den Lasten der Stadtgemeinschaft beteiligten, schränkten sie ein. Das war eine gesamteuropäische Entwicklung. Zürich aber war besonders geschickt und erfolgreich in seiner Klosterpolitik.[111] Nicht in allen Klöstern seiner Herrschaft, aber im Fraumünster, im Grossmünster und im Kloster Embrach konnte die Stadt sich bereits 1479 in den Papstmonaten ein Präsentationsrecht für die Pfründen sichern. In den Papstmonaten, den ungeraden Monaten, also im Januar, März, Mai usw., stand dem Papst das Recht zu, freigewordene Pfründen einem Geistlichen zu verleihen. Nun konnte die Stadt in diesen Monaten die begehrten Stellen mit Bürgersöhnen besetzen.[112]

In die Wirtschaft des Fraumünsters regierte der Rat mit Pflegern mächtig hinein und drängte 1493 – gerade in der Zeit, in der die Chorfrauen Katharina und ihre Schwester auf das Leben in der Abtei vorbereiteten – auch auf eine geistliche Reform. Aufhorchen lässt, dass er damit weder den Bischof noch einen Benediktiner oder eine Nonne, sondern eine Laiin und Verwandte der Chorfrauen, Gräfin Berta von Sulz, geb. von Hewen, beauftragte. Aber auch ihre Vorschläge für ein engeres Gemeinschaftsleben und eine strengere Klausur waren den Stiftsdamen zu asketisch, insbesondere bemängelten sie, die Reformen verstiessen gegen das alte Herkommen, *«wider des Stiffts fryheit und loblich harkomen»*. Der Rat entschied daraufhin, dem Stift seine alten Freiheiten weiter zuzugestehen.[113]

Bezog sich das auf ein von Papst Innozenz VII. 1406 bestätigtes älteres Recht? Danach haben die «Töchter in Christo» im Fraumünster mit seinem weltlichen Kapitel die Stundengebete nach der Regel oder Gewohnheit des Heiligen Benedikt gehalten, aber «kein Ordensgelübde abgelegt», weder nach der Regel des Benedikt noch einer anderen. Sie durften die Abtei wieder verlassen und heiraten.[114] Wenn Katharina sich wie die meisten ihrer Vorgängerinnen seit dem 13. Jahrhundert als Äbtissin des Zürcher Gotteshauses *«sanct Benedicten ordens»* bezeichnete,[115] so hat sie damit noch nicht erklärt, die Abtei halte sich an alle Vorschriften der Ordensregel mit strenger Klausur, Ordenstracht und engem Gemeinschaftsleben. 1493 hiess es zwar, das Stift habe vor 60 Jahren die Benediktinerregel angenommen. Damals, also um 1433, regierte Anna von Hewen. Sie war Äbtissin von 1429 bis 1484. Ihr wurde 1444 manches nachgesagt, so, sie habe allerlei politisch unerwünschte Reden geführt und sie habe ein Kind geboren.[116] Sicher überliefert ist: sie ass Schweinefleisch, während die Benediktinerregel Fleisch von Vierbeinern verbot.[117] Die Frauen erhielten zudem eine persönliche Pfrund ausgezahlt, die Benediktinerregel aber liess kein Privateigentum zu.[118] Auch sah sich der Bischof 1470 gezwungen, die Abtei zu reformieren. Neu angeordnet wurde: eine Klausur, ein Verbot für Männer, sich im Kloster aufzuhalten, eine Kleiderregel, eine gemeinsame Küche und ein gemeinsamer Schlafsaal.[119] Offenbar wurde also die Benediktinerregel zuvor nicht eingehalten. Diese Reform von 1470 setzte sich, wenn überhaupt, nicht lange durch. Unter Annas Nachfolgerin Sibylla von Helfenstein bezeichnete die Kurie 1485 unter Papst Innozenz VIII. die Abtei als eine Säkularkirche mit Kanonissen, also mit weltlichen Stiftsdamen.[120]

Das Fraumünster war mit solch freiem Umgang von Klosterregeln in guter Gesellschaft. 1439 klagte der Benediktiner Johannes Trithemius: «Ich finde viele, die sich zur Regel des Vaters Benedikt bekennen, aber ich sehe wenige, die nach dessen Weisung leben.»[121] 1493 sollte sich Berta von Sulz das Säckinger Damenstift zum Vorbild nehmen. Das bezog sich insbesondere auf die Öffnung der Abtei auch für Niederadlige.[122] Was die Regel betrifft, zeigt sich in Säckingen dasselbe zweideutige Bild wie im Fraumünster. Die Säckingerinnen bekannten sich selbst je nachdem zu einer Ordensregel, die Abtei wurde vom Papst aber als weltliches Stift – also zu keinem regulierten Orden gehörig – bezeichnet. Auch die Säckinger Stiftsdamen verfügten wie die im Fraumünster über persönliches Eigentum, das sie auch vererben konnten.[123]

Die *«Dominae»*, die Damen der Fraumünsterabtei fühlten sich, das ist sicher, 1493 nicht als Nonnen. Sie fühlten sich als Chorfrauen und verpflichteten sich nur, ehrbar zu leben und die Gottesdienste zu fördern.[124] 1406 hatte Papst Innozenz den Stiftsdamen auch zugestanden, zwar nicht grelle Farben, aber doch ortsübliche weltliche Kleidung zu tragen aus weissen, schwarzen, grauen und sogar rötlichen Stoffen. Allerdings gab es nach dem Rechnungsbuch auch «Kutten», für die das Stift aufkam, so auch bei der Einkleidung Katharinas und ihrer Schwester.[125] Diese Kutten trugen die Chorfrauen sicher für die Stundengebete und die Gottesdienste, aber – wenn die Lebensweise von 1406 noch galt – kaum ausserhalb der Kirche. Ob die Damen sich dann allerdings bei ihren Ausflügen und Reisen so dezent und schön kleideten wie die junge Frau, die Niklaus Manuel malte, muss offenbleiben.

Abb. 12: Junge Frau, Niklaus Manuel 1518

Ein Erlass der Kurie von 1503, der die Frauen der Abtei nochmals als «Kanonissen» bezeichnet, spricht jedenfalls für ein weltliches Auftreten. Kanonissen trugen ihren Habit nur zu den Gottesdiensten.[126]

Übrigens nahmen es auch viele regulierte Nonnen mit den Kleidervorschriften nicht so genau. Den Selnauer Zisterzienserinnen mussten 1514 «unordentliche Kleider, Farben und weltliche Zierden» verboten werden, insbesondere ausgeschnittene Mäntel, Röcke und Blusen, wie sie weltliche Damen trugen. Auch das Tanzen sollten sie sein lassen und Fremden ihre Badestube nicht öffnen.[127] Acht Jahre später hatten zwei Schwestern unerlaubt das Kloster verlassen. Das aber ging ihren Mitschwestern zu weit. Sie wollten ihnen nicht verzeihen und sie nicht wieder in ihren Konvent aufnehmen, auch nicht auf dringende Bitten, ja Befehle des Rates hin.[128] Katharina dachte da offenbar grosszügiger. Sie nahm die beiden Schwestern, die *«Frowen Ringlerin beden»*, 1522 auf und wies ihnen die übliche Pfrund zu.[129] So entlastete sie den Rat von der Sorge um die beiden Klosterfrauen.

Diese Grosszügigkeit Katharinas spricht nicht nur dafür, dass sie über adlige Vorurteile erhaben war – die Selnauer Schwestern gehörten nicht dem Hochadel an –, sie spricht auch für eine kanonische Lebensweise, desgleichen die drei Jahre, die zwischen der Aufnahme der Schwestern Zimmern und ihrer Einkleidung verstrich. In Kanonissenstiften war eine dreijährige Karenzzeit üblich, während Benediktinerinnen nur ein Jahr lang Novizinnen blieben. Das könnte auch erklären, warum Katharina sich 1524 als einzige in der Abtei lebende Chorfrau ausgab, obwohl die beiden Selnauer Schwestern damals im Fraumünster lebten. Die wohnten erst zwei Jahre dort. Tatsächlich entsprach zur Zeit Katharinas das Leben in der Abtei ziemlich genau dem der Kanonissenstifte und kaum mehr der ursprünglichen Benediktinerregel. Wie die Benediktinerinnen sangen zwar die Kanonissen die sieben Gebetszeiten und legten grossen Wert auf Abteischulen und eine gute Bildung der Stiftsdamen. Kanonissen mussten sich über genügend Lateinkenntnisse und Kompetenz im Chorgesang ausweisen, bevor sie eingekleidet wurden. Mit dem Chorgesang und dem Schulwesen aber sind die eindeutigen Gemeinsamkeiten mit der Benediktinerregel schon aufgezählt. Kanonissen lebten nicht in einer strengen Klausur, sie konnten wie die Zürcher Stiftsfrauen reisen, Verwandte besuchen und Gäste empfangen, sie verzichteten nicht auf eigenen Besitz, sie hatten ihre Pfrundeinkünfte und Leibrenten. Sie assen und schliefen nicht gemeinsam, sie lebten und kochten mit Dienstboten in ihren eigenen Wohnungen und hielten sich dabei nicht an die besonderen benediktinischen Fastenregeln. Sie legten kein Keuschheitsgelübde ab. Allein die Äbtissinnen hatten bei ihrer Einsetzung dauernde Ehelosigkeit zu geloben.[130] Katharina hat also sicher ein Keuschheitsgelübde abgelegt.

Der Reformversuch von 1493, der die «Benediktinerabtei» ein wenig näher an die benediktinische Regel gerückt hätte, scheiterte.

Festzuhalten ist zu dem Reformversuch: Es war der Rat, der handelte, während 1470 noch ein entsprechender Reformversuch vom Bischof ausgegangen war.[131] Als weltlicher Kastvogt hatte der Rat Rechte über die Klöster schon im 14. Jahrhundert an sich gerissen, nun gebärdete er sich auch als geistlicher Hirte über das Wohl und Wehe des Fraumünsters. Katharina anerkannte denn auch in ihrer Übergabeurkunde gut zwanzig Jahre später den Rat als Vogt über die Abtei. Als solchem habe ihr Vater sie, als er sie in das Stift brachte, ausdrücklich nicht dem Kapitel, sondern dem Bürgermeister und dem Rat Zürichs als *«vögten und schirmherren»* des Fraumünsters anvertraut.[132] Mit den Vogteirechten, die der Rat sich zuschanzen konnte, stellte er allerdings die Stifte und Klöster oder ein klösterliches Leben als solches nicht infrage. Auch gingen die Stifte und Klöster damit nicht in seinen Besitz über, sondern sie waren nur seiner weltlichen Oberherrschaft unterstellt. Nun lehnten Zwingli und Luther in eingängigen Schriften wortgewaltig das klösterliche Leben ganz ab. In Predigten und kurzen aufrüttelnden Flugblättern verbreiteten ihre Anhänger ihre Ideen erfolgreich unter den Laien. Das erlaubte den Obrigkeiten, sich weitreichendere Ziele zu stecken. Jetzt konnten sie, unterstützt von den Reformatoren und vielen empörten Bürgern und Bauern, Klöster und Stifte als unabhängige, der Kirche unterstellte Institutionen Seite 296 ➲ aufheben. Sie konnten sie als rein weltliche Verwaltungseinheiten weiterführen und einige ihrer Aufgaben wie Schul- und Armenwesen unter eigener Regie übernehmen. Das war das Zürcher Modell. An anderen Orten beschlagnahmten Obrigkeiten das Klostervermögen und verleibten es der Staatskasse ein. Wie sehr die Zürcher Klosterpolitik Zustimmung unter den Bürgern der Stadt und auf der Landschaft fand, zeigen die Antworten der Gemeinden und Zünfte auf den Vortrag des Rates vom 20. November 1524.

Da forderten die Gemeinden Riesbach und Hirslanden die Ratsherren auf, klösterliche Freiheit einzudämmen, *«dass ir darzuo wöllint tuon fürderlich, dass die suppenesser in den klösteren wider und für abgestellt werdent»*. Denn dort würden allerlei Intrigen angezettelt. Der Rat solle die Klosterzellen für Bettler freigeben. Ähnliche Töne kamen aus der Schuhmacher- und insbesondere der Schneiderzunft. Sie befürchteten allerlei Unheil aus den Klöstern. Insbesondere müsse der Rat verhindern, dass die Mönche die Klostergüter veräusserten. Sie sollten den Armen vorbehalten bleiben. Der Rat solle *«sölliche güeter recht verordne[n]»*.[133] Der Rat hatte denn auch bereits am 3. Mai 1524 eine Kommission eingesetzt, die «Ratschläge und Ordnungen betreffend die Klöster und die Armen zu Handen meiner Herren» stellen sollte.[134]

Katharina hat sich mit ihrer Verzichtserklärung ganz in den Dienst der ratsherrlichen Politik gestellt, soweit diese auf die Übernahme der Abteigüter mit allen Seite 295f. ➲ zugehörigen Rechten zielte. Sie sah ihre Übergabe ganz bewusst als Grundlage für weitere Klosteraufhebungen, die der Rat daraufhin bei weniger angesehenen Klöstern mit besserer Befugnis an die Hand nehmen könne: *«das ain stat von Zürch ir fürnemen gegen andern derglichen, die dannocht in minderer achtung siegend, dan ir gnad, dester mit besseren fuogen enden mögend.»*[135] Sie handelte ausdrücklich dem Rat zuliebe, der diese Übergabe, wie sie betonte, unbedingt wolle: *«wie dan sy, die von Zürich, vermeinend, allerkreftigest beschehen söll und möge.»*

Sie tat es eigenmächtig, sie als «letzte und einzige» Chorfrau. Tatsächlich lebte 1524 keine der Stiftsdamen in der Abtei, nur die beiden «Ringlerinnen», die sie aus dem Kloster Selnau aufgenommen hatte, wohnten mit ihr im Fraumünster.[136] Auch habe sie, betonte Katharina, die *«gewaltsame»* zur Übergabe. Sie gab zwei Gründe dafür an, dem Rat zu willfahren: So ihre Dankbarkeit gegenüber der Stadt, die ihr stets wohlgesonnen gewesen sei. Sie dürfte dabei daran gedacht haben, wie die Stadt sie, die verarmte Adlige, mit ihrer Schwester im Fraumünster aufgenommen und ihre Wahl zur Äbtissin gegenüber einer Gegenkandidatin unterstützt hatte.[137] Der zweite Grund, den sie in der Verzichtserklärung angab, war Ruhe oder Frieden: *«umb ruowen willen beiden tailen»*. Das kann nur heissen: Um ihrer eigenen Ruhe und um der Ruhe des Rates und der Stadt Zürich willen.

Die bedrohte Stadt

Nicht nur der Hass und Druck auf die Klöster war bedrohlich. Auch die Lage auf der Landschaft und in der Stadt selbst war beängstigend. Der Rat – das beunruhigte auch die Gemeinden auf dem Land – war zerstritten. Zugleich drohte Krieg unter den Eidgenossen. Zürich preschte mit seinen reformatorischen Änderungen vor und setzte sich damit über Beschlüsse des Kaisers und der Tagsatzung hinweg. Deren Mandate forderten, die «lutherische Sekte» bis zu einem Konzil zu unterdrücken und solange keine Änderungen für eine – auch von den Gegnern der *Reformation* gewünschte – *Reform* vorzunehmen.[138] In Zürich aber lehrte Zwingli, ein Konzil sei nicht entscheidend, denn die Schrift allein könne das kirchliche Leben regeln. Jeder und jede, die sich der Schrift unterordne, dürfe als Prophet auftreten.[139] Das war nicht nur seine Privatmeinung. Der Grosse Rat war ihm nach den Disputationen von 1523 gefolgt und hatte gegen den Bischof entschieden. Fastenbrüche bestrafte die Zürcher Obrigkeit nicht mehr, Bilder hatte sie in der Stadt (noch nicht auf dem Land) bereits offiziell entfernt und sie liess Heiraten von Priestern zu.

Zürich verärgerte die Eidgenossen nun auch mit einer neuen antikaiserlichen Politik und gleichzeitiger Unterstützung der aufständischen Bauern ausserhalb seines eigenen Hoheitsgebiets. Die Tagsatzung diskutierte am 8. November 1524, Zürich den üblichen Bundesschwur zu verweigern, und zeigte sich besorgt über Zürcher Rüstungen. Man fasste auch militärische Gegenmassnahmen ins Auge.[140]
◀ Seite 295 Zürich aber öffnete am 18. November 1524 Herzog Ulrich von Württemberg, dem vom Kaiser Geächteten, seine Tore und beherbergte ihn bis zum 30. November. 1519 hatte der Schwäbische Bund den Herzog aus seinem Land vertrieben und die Herrschaft Württemberg an den Kaiser verkauft. Truchsess Wilhelm von Waldburg, der Bruder der Königsfelder Äbtissin, amtete als Habsburger Statthalter in Württemberg. Ulrich selbst besass nur noch linksrheinische Gebiete wie die Grafschaft Mömpelgard (Monbéliard) und einige kleinere burgundische Herrschaften, dazu

auf Zeit die schier uneinnehmbare Feste Hohentwiel im Hegau. In Basel, das ihn ins Bürgerrecht aufgenommen hatte, verkehrte er mit dem Reformator Oekolampad. Dessen Freund, dem feurigen Reformator Guillaume Farel, hatte er in Mömpelgard eine Predigtstelle verschafft. Er paktierte jetzt, das war ein offenes Geheimnis, mit den reformatorisch gesinnten, aufständischen Bauern im Schwarzwald und im Hegau, um sein Land wieder zu erobern. Auch verhandelte er mit der vorderösterreichischen Stadt Waldshut. Auch Waldshut hatte sich unter Balthasar Hubmaier der reformatorischen Bewegung angeschlossen. Dort sammelten sich Bauern und für Ulrich von Württemberg angeworbene Söldner aus der ganzen Eidgenossenschaft, insbesondere aber aus Zürich und dem Thurgau. Der Zürcher Rat hatte zwar diesen militärischen Zuzug nicht offiziell erlaubt, aber er unternahm auch nichts dagegen. 1520 hatte Zürich noch geraten, Ulrich von Württemberg aus der Eidgenossenschaft auszuweisen,[141] jetzt aber war der reformatorisch gesinnte Herzog ein interessanter Bündnispartner für die Stadt. Zwingli äusserte am 19. Januar 1525 gegenüber Vadian, es sei besser, den Herzog Ulrich als den Kaiser als Nachbarn zu haben, denn, so seine Überlegung, dem sei man überlegen und den könne man beherrschen (*Caesarem facilius est non habere vicinum, quam eum [Ulrich von Württemberg], quem possis superare*).[142] Schon im Oktober 1524 hatte Zwingli Oekolampad anvertraut, er wolle mit dem Herzog über wichtigste Dinge in Verhandlungen treten.[143]

Bisher war Zürich Papst und Kaiser treu gewesen. Es hatte sich in der Eidgenossenschaft Feinde gemacht, weil es 1521 den Beitritt zu einem grossen Hilfs- und Soldbündnis mit Frankreich ablehnte. Frankreich, das in Oberitalien mit dem Kaiser um die Vorherrschaft rang, zahlte ebenso wie der Kaiser gut für die Werbung von Soldaten. Schweizer Söldner kämpften denn auch auf beiden Seiten, vermittelt von kaiserlich oder französisch gesinnten «Pensionenherren». Zwingli war als Papstfreund und Gegner von Soldbündnissen mit Frankreich nach Zürich gekommen und hatte sich 1521 damit beim Rat durchgesetzt. Jetzt jedoch verschrie Zwingli den Papst als Antichristen und Zürich schien sich mit Ulrich von Württemberg zu verbünden. Ulrich von Württemberg aber stand im Dienst von Frankreich und war im Begriff, sein Land vom Kaiser zurückzuerobern. Damit verstiess Zürich aus der Sicht seiner Eidgenossen gegen die 1511 verabschiedete Erbeinung, einer Vereinbarung zwischen der Eidgenossenschaft und dem Kaiser. Dieser «ewige» Vertrag sah zwar keine Hilfsleistungen vor, enthielt aber eine Nichtangriffsklausel. Auf jeden Fall verstiess Zürich gegen die Politik der Inneren Orte und die Mehrheit der verbündeten Stände, die sich – auch um sich gegen die Reformation zu schützen – mehr und mehr Österreich anschlossen. Alles schien auf einen Krieg innerhalb der Eidgenossenschaft hinauszulaufen. Zwingli schrieb seinen *Plan für einen Feldzug*[144] und die Ratsherren sahen sich gedrängt, sich der Treue ihrer Untertanen zu versichern. In einer Anfrage vom 20. November 1524 an die Gemeinden und Zünfte verteidigten sie ihre Politik und bezichtigten die Eidgenossen, sie zu verleumden. Nachdem sich die Bauern 1489 im Waldmannhandel gegen die Stadt erhoben hatten, hatte der Rat in bedrohlichen Situationen die Meinung seiner Untertanen auf dem Land eingeholt. So auch jetzt.

Die Antworten zeigen, wie bedroht die Stadt und wie instabil die Reformation noch war. Die Gemeinden auf der Landschaft fürchteten den Krieg und mahnten dringend zum Frieden. Sie stellten die reformatorische Bewegung nicht infrage, beklagten aber die Uneinigkeit im Glauben und in den kirchlichen Bräuchen. Die Bilderfrage, so Oberwinterthur, führe auf der Landschaft allenthalben zu Streit, darum solle der Rat einen klaren Entscheid fällen, ob er die Bilder behalten wolle oder nicht, und dann die Bilder *«gar hinweg tuon oder aber gar in der kilchen lassen»*.[145] Alle Gemeinden wollten treu beim Wort Gottes bleiben. Was das aber für die Messe und die Bilder hiess, blieb für viele offen. So wünschte Zollikon in der Mess- und Bilderfrage, damit nicht die einen dahin und die anderen dorthin lospreschten, *«dass ein einigkeit in der mess, dem gotts wort und [den] bilderen angsehen wurde, damit nit einer hie hinus, der ander dert usi füere»*.[146]

Das Vertrauen der Landschaft in die Stadt war gestört. Die Eglisauer fragten sich, ob sie sich noch auf die Stadt verlassen könnten. Einige Gemeinden, so auch Wiedikon, fürchteten, die Stadt würde ihnen im Kriegsfall die Tore schliessen und sie der Soldateska überlassen. Eine weitere mit dem Fraumünster verbundene Gemeinde, Riesbach, forderte die Ratsherren zu Massnahmen gegen die Klöster auf. Ähnliche Töne kamen aus der Stadt, wo die Zünfte befragt wurden. Die Schneiderzunft schlug dem Rat vor, die Klostergüter nicht den Mönchen zu überlassen, damit sie nicht verloren gingen. Der Rat solle die Güter recht ordnen. Er solle die Vermögenswerte für die Armenpflege bestimmen, damit *«man den armen des fürderlicher ze hilf komme»*.[147] Die Zünfte, die sich ausführlicher zur Reformation äusserten, so die Schuhmacher, Schneider, Kämbel oder Schiffleuten, wollten sie weiter vorantreiben und die Messe abschaffen. Sie unterstützten auch den Zuzug von Zürcher Söldnern nach Waldshut. Denn die Unseren – gemeint sind die Söldner, die sich von Ulrich von Württemberg anwerben liessen – seien um des Gotteswortes willen, um die Glaubensbrüder zu schützen, ausgezogen: *«um des luteren und göttlichen worts willen zuo inen geloufen, sie darbi ze schirmen und inen zuo recht [ze] helfen.»*[148] Sie schlugen vor, bei den Eidgenossen zu fordern, die sollten ihrerseits ihre Söldner aus Italien zurückbeordern. Erst wenn diese die Ihren abgemahnt hätten, dann könne der Rat entscheiden, ob er die Zürcher aus Waldshut zurückbeordern wolle. Dagegen rieten die Gemeinden auf dem Land, die Söldner von Waldshut zurückzurufen, um so einen Krieg in der Eidgenossenschaft zu verhindern.

Die Unruhe auf dem Land und auch in der Stadt beschäftigte die Ämter. So forderte Zollikon, die Unruhestifter aus der Stadt sollten bestraft werden, während das Neuamt die Zwietracht zwischen dem Grossen und Kleinen Rat direkt ansprach. Daraus könne nur Unheil entstehen: *«darus zuo besorgen syge, dass aller unrat darus entspringe»*.[149] Mehr drohend als mahnend machten sie ihren Gehorsam von der zu schaffenden Eintracht im Rat abhängig. Sie forderten Einigkeit innerhalb der Räte, damit die Ratsmandate auch befolgt würden. Dann wollten sie Leib und Gut für Gottes Wort und die Obrigkeit einsetzen: *«so wöllten si die sin, so ir lib und guot zuo dem gottswort und zuo iren Herren und oberen und einer stadt Zürich setzen wöllten […].»*[150] Von aussen sah sich Zürich bedroht durch die Bauernunruhen und die Feindschaft der Eidgenossen, im Inneren durch Uneinigkeit. Es gab durchaus Gegner Zwinglis. Das waren nicht nur bewahrende Kräfte, die am bisherigen Glauben hingen. Mit der beginnenden Täuferbewegung spaltete sich auch die reformatorische Partei.

In dieser bedrohlichen und schier ausweglosen Situation musste die freiwillige Übergabe des Fraumünsterstiftes für alle Teile gleichsam ein Geschenk des Himmels sein. Sie stellte die reformatorisch Vorwärtsdrängenden zufrieden, besänftigte aber auch Reformationsgegner im Rat, die nicht die gottesdienstlichen Änderungen, aber doch die Machtpolitik gegenüber der Kirche billigten. Der rein pekuniäre Gewinn dürfte sowieso willkommen gewesen sein, nachdem der Rat auf Pensionen für Söldnerwerbungen verzichtet hatte. Die Pensionen, die offiziell in die städtische Kasse geflossen waren, machten vor 1521 40 % der Staatsgelder aus.[151] Jedenfalls konnte Katharina hoffen, mit der Übergabe der Abtei Stadt und Landschaft Zürich zu befrieden.

EHRBARE UND TÜCHTIGE LEUTE

Katharina erklärte in ihrer Übergabeurkunde, sie habe sich mit ehrbaren und tüchtigen Leuten, *«mit erlicher, fromer lüten»*, besprochen und dann «nach bestem Wissen auf die Würde der Abtei und des genannten Gotteshauses verzichtet und entsagt». Die Stadt könne die Abtei nun nach ihrem Willen und Gefallen verwalten *«von uns und allermengklichen von unnßer wegen»* ungehindert und unangefochten.[152]

Wer waren diese «ehrbaren Leute»? Sicher nicht ihre Brüder, auch nicht der zuständige Bischof und auch nicht die mit Zürich zerstrittenen Eidgenossen, das machte Katharina von Zimmern in ihrer Erklärung deutlich. Sie habe bewusst darauf verzichtet, sich mit ihnen abzusprechen, denn das «hätte der Stadt Zürich und Ihrer Gnaden selber gar bald grossen Unfrieden und Unglück bringen können. Dies aber wolle Ihre Gnaden, soweit das in ihrem Vermögen stehe, verhindern und für die Stadt Zürich tun, was dieser lieb und nützlich sei.»[153]

Wer aber waren dann die ehrbaren und tüchtigen Leute? Die Forschung hat bisher in diesen Leuten Zwingli und seinen Anhänger Heinrich Engelhard gesehen. Er war der Leutpriester des Fraumünsters, der den Predigt- und Seelsorgedienst für den umliegenden Pfarrsprengel zu übernehmen hatte. Katharina hatte den Ratsherrensohn Engelhard Ende Oktober 1496, ein Vierteljahr, nachdem sie zur Äbtissin gewählt worden war, an die Abtei geholt.[154] Dass sie mit diesem Humanisten und Förderer der Zürcher Reformation Kontakt hatte, ist unbestritten. Engelhard amtete regelmässig im Fraumünster und war recht eigentlich Katharinas Pfarrer. Entsprechendes gilt für Zwingli. Mit Zwingli verkehrte sie auch in privaten Angelegenheiten. Zwingli vermittelte im Juli 1524 die Hochzeit eines jungen St. Gallers namens Sebastian Appenzeller mit einem jungen Mädchen, das die Äbtissin mit einer Mitgift ausstatten wollte. In einem überlieferten Brief von Zwingli an den Reformator St. Gallens, Joachim Vadian, der seinerseits Sebastian Appenzeller protegierte, rühmte Zwingli die Äbtissin als eine «Parteigängerin Christi», die ihnen darum kaum etwas abschlagen würde.[155] Auch war sie, wie gesagt, mit Zwingli als Prediger vertraut.

Zwingli als Prediger

Wie und was verkündigte Zwingli in seinen Predigten? Seine Gegner klagten, er nutze die Kanzel für Polemik und wiegle das Volk auf.[156] Eine seiner Predigten von 1522, mit der er sich an die Oetenbacher Klosterfrauen wandte, hat Zwingli im Nachhinein niedergeschrieben. Er hat sie länger ausgearbeitet und sicher auch daran gefeilt. Polemisch ist sie auch in dieser Form, allerdings nur bedingt volksnah. Auf den modernen Leser wirkt sie ermüdend mit ihren nicht enden wollenden biblischen Beispielen. Es ist die Predigt *Von der Klarheit und Gewissheit des Wortes Gottes*, die Zwingli mit Ratsunterstützung den Dominikanerinnen im Oetenbachkloster aufdrängte. Die Ratsherren hätten diese Predigt durch ihn, einen Weltpriester, gegen die Regel angeordnet, um auch den eingeschlossenen Nonnen das Evangelium zugänglich zu machen.[157] Es gelte auf Gottes Wort zu hören, rief Zwingli den Verschleierten zu, auf diese «gewisse Botschaft, Antwort und Zusicherung». Da steht «Christus mit offenen Armen vor dir und lädt dich ein mit den Worten, die er in Matthäus 11 [28] spricht: Kommt her zu mir alle, die ihr mühselig und beladen seid, ich will euch Ruhe geben.»[158] Das war ein Lieblingswort von Zwingli. Er setzte es als Motto auf das Titelblatt seiner Druckschriften und drückte damit sein mitreissendes Gottvertrauen aus.

Die Hauptaussage seiner Oetenbacher Predigt liegt aber nicht in dieser tröstlichen frohen Botschaft. Wie Perlen muss der Leser die Trostworte in einer langen Kette von Belegen und Argumenten suchen, die dazu dienten, Zwinglis Verständnis der Heiligen Schrift als das einzig richtige zu erweisen. Dagegen könnten seine Gegner, die Anhänger der überkommenen Kirche, mit ihren Traditionen und ihrer Hierarchie die Stimme Christi nicht hören «inmitten der Pracht ihrer Pferde, der Diener, der Musik und des Triumphgeschreis».[159] Nicht nur Päpste und Bischöfe mit ihrem zur Schau gestellten Reichtum, auch Konzilsväter, Lehrer an den Universitäten und Mönche und Nonnen in den Klöstern seien auf Abwegen. Denn sie alle folgten Menschenlehren. Menschenlehren aber seien nicht nur im Gegensatz zu «Gottes Wort» von Irrtum entstellt, sie beleidigten Gott. Zu solch gottwidrigen Menschenlehren zählte Zwingli insbesondere Belege aus den Werken der Kirchenväter, Konzilsbeschlüsse und Ordensregeln.[160] Das wurde zu einer Grundüberzeugung der frühen Reformation: Nur was in der Bibel ausdrücklich angeordnet ist, darf in der Kirche gefordert werden. So konnten die Reformatoren gleicherweise das Papstamt, den Priesterzölibat, die Heiligenverehrung, Fastengebote und grosse Teile des kirchlichen Rechts bekämpfen. Freilich wussten auch Zwinglis Gegner Schriftbeweise vorzubringen, die der Reformator dann in den beiden Zürcher Disputationen auf seine Weise zerpflückte.

Den auf der Hand liegenden Einwand, woher die Menschen denn wissen sollten, ob der Neuerer Zwingli oder nicht doch seine Gegner Recht hätten mit ihrer Schriftauslegung, die die Tradition respektierte, diesen Einwand nahm Zwingli auf und antwortete darauf, es sei Gottes Geist, der die Menschen belehre und ihnen Gewissheit schenke. Wem diese Gewissheit nicht zuteil werde, der sei «verstockt».[161] Zwingli berief sich dazu auf seine eigene Erfahrung. Er sei in seiner Jugend in den Wissenschaften vorangekommen, aber erst als er sich selbst gedemütigt und den eigenen Verstand und die gelehrte Philosophie beiseitegelassen habe und sich seit sieben oder acht Jahren (Zwingli war damals 29 Jahre alt) nur noch vom «Wort Gottes» leiten lasse, da sei ihm die Schrift auf einmal klargeworden: «Ihr seht: das ist ja ein gewisses Zeichen, dass Gott mich leitet. Denn aufgrund meines kleinen Verstandes hätte ich nie dahin kommen können. Ihr versteht jetzt, meine Überzeugung beruht nicht auf Einbildung, sondern darauf, dass ich mich selbst demütigte.»[162]

Der von Zwingli hochgeschätzte Bibelhumanist Erasmus von Rotterdam berichtete von einer ähnlichen Erfahrung, gleichfalls mit 29 Jahren. Er habe nach eifrigen Studien wie Sokrates erkannt: Ich weiss, dass ich nichts weiss.[163] Er zog daraus freilich andere Konsequenzen: Ihn führte diese Erfahrung zu mehr Zurückhaltung und Selbstkritik. Er entwickelte einen christlichen Skeptizismus, den er insbesondere im Herbst 1524 in seiner berühmten Schrift über den freien Willen gegen Martin Luther breiter begründet hat. Darin erklärte Erasmus: Was die biblischen Autoren klar und eindeutig von Gottes Willen und seinem Kommen in die Welt in Jesus Christus verkündeten, das sei gewiss zu glauben und das Leben danach einzurichten. Aber vieles sei im biblischen Zeugnis eben nicht eindeutig, vielmehr widersprüchlich. Auch sei vieles in der damaligen Zeit, als die biblischen Texte entstanden, passend gewesen, aber nicht mehr im 16. Jahrhundert. Alles, was die Bibel nicht ausdrücklich verlange oder begründe, als Menschenwerk und widergöttlich abzulehnen, sei unsinnig. Die Reformatoren müssten mit einem solch ausschliessenden Schriftprinzip, wie sie es lehrten, auch die Trinitätslehre ablehnen, denn es werde in der Bibel nirgends ausdrücklich erwähnt, dass der Heilige Geist Gott sei. Um ihn von seinem engen Schriftprinzip abzubringen, hatte Erasmus das schon Guillaume Farel, dem Reformator, den Ulrich von Württemberg nach Mömpelgard geholt hatte, entgegengehalten – freilich erfolglos. Zwingli hatte er beschwörend gefragt: Was das denn für ein Geist sei, auf den er und andere sich beriefen.[164] So sehr Zwingli Erasmus als Erneuerer der biblischen Botschaft bewunderte, so wenig liess er sich auf dessen christlichen Skeptizismus ein. Gerade die ungebrochene Gewissheit, von Gottes Geist bewegt das ewige untrügliche Wort Gottes widerspruchsfrei auslegen zu können, dürfte Zwinglis Predigten so mitreissend gemacht haben. Seine Glaubensgewissheit erlaubte ihm, die biblische Botschaft mit scharfer, oft persönlicher Polemik zu vermischen und unbeirrt durch mögliche Zweifel die Zürcher Kirche grundlegend zu erneuern.

Katharina konnte wöchentlich seine auf dem Schriftprinzip beruhenden Predigten hören. Wie hat sie sie gehört? Hat sie sich an den Ausfällen gegen das klösterliche Leben gefreut, die ihr wenig später erlaubten, das Stift ohne Gesichtsverlust, ja in Ehren zu verlassen und als Äbtissin zu heiraten? Hat sie die oft beissende und beleidigende Polemik – wie Oskar Farner gut vierhundert Jahre später – als eine berechtigte Kritik verstanden, ja als eine notwendige Kritik an der menschlichen Verdorbenheit in den Klöstern, die um des Evangeliums willen aufgedeckt werden musste?[165] Oder hat sie daran Anstoss genommen? Hat sie vielleicht über allzu heftige Polemik den Kopf geschüttelt und doch dankbar die auf Christus zentrierte, von Ängsten vor Tod, Hölle und Fegefeuer befreiende Botschaft Zwinglis gehört? In der ihr gewidmeten Schrift formulierte er sie so: Christus «der unschuldig war, hat für uns schuldige Sünder den Tod erlitten. Er bezahlte uns zugut für die so schöne Gerechtigkeit Gottes, der sonst kein Mensch genügen könnte. Er hat für uns verdient, dass wir zu Gott kommen können aus seiner freien Gnade und Gabe. Wer das hört und glaubt und nicht daran zweifelt, der wird selig.»[166] Liess sie sich von Zwingli mitreissen?

Vieles spricht dafür, sie habe kritisch die Worte Zwinglis abgewogen. Jedenfalls liess sie auch andere Prediger im Fraumünster zu Wort kommen, so im Sommer 1522 Franz Lambert, einen durchreisenden Franziskaner. Der war durchaus reformgesinnt, blieb aber damals noch seinem Orden treu und hielt an der überkommenen Kirche fest. Der «lange, gerade Barfüsser» predigte, wie der Chronist Bernhard Wyss berichtet, *«zum Frowenmünster im chor vor dem fronaltar uf eim sessel sitzende»*. Da er kein Deutsch konnte, sprach er lateinisch, das er hervorragend beherrscht habe. Bei seiner letzten, der vierten Predigt über die Fürbitten Mariens und der Heiligen, kam es zu einem kleinen Eklat: Zwingli habe ihn unterbrochen mit dem Ruf: «Hier irrst du, Bruder.» Was die Äbtissin davon hielt, berichtet Wyss leider nicht. Aber Chorherren vom Grossmünster hätten Lambert daraufhin zu einer Disputation mit Zwingli bewegen können. Der für Zwingli eingenommene Chronist erzählt von einem glänzenden Triumph des Zürcher Reformators. Zwingli habe auf der ganzen Linie gesiegt und Lambert für die Reformation gewonnen. Ein eigenhändiger Brief Zwinglis ergibt freilich ein anderes Bild. Zwingli berichtete wenig später: Franz Lambert habe mit ihm über die Anbetung der Heiligen und ihre Fürbitte gestritten. Der Franziskaner habe jedoch keinen Schriftbeweis dafür erbringen können, dass die Heiligen für uns bitten. Er habe sich anschliessend nach Basel begeben, wo er die Sache ganz anders darstelle. Darum warnte nun Zwingli einen Basler Freund vor «dem Esel in der Löwenhaut», also vor einem dummen Esel, der sich als mächtiger Löwe aufspielt.[167]

Der Esel in der Löwenhaut geht auf eine Fabel Aesops zurück. Mit solchen Zitaten aus der klassischen Antike, die Zwingli gern gebrauchte, erwies er sich als begeisterter Humanist. Es blieb nicht bei schmückenden klassischen Metaphern, Zwingli verschrieb sich einer Theologie, die die Antike weitherzig mit dem Christentum verband. Angeregt durch den Neuplatonismus aus Florenz, sah er in den grossen antiken Philosophen von Gottes Geist inspirierte Denker.[168] Platon und Seneca hätten aus der Quelle des göttlichen Wesens und Geistes getrunken, erklärte er.[169] In Werken, die er 1530 dem Kaiser und 1531 dem französischen König widmete, ging er noch wesentlich weiter. Da versetzte er auch antike Helden und Politiker zu Christus in den Himmel und sprach ihnen die ewige Seligkeit zu: Er listete für Franz I. eine Reihe von «Heiligen», «Tüchtigen» und «Weisen» auf, die der kriegerische König einmal im Himmel antreffen werde: «Die beiden Adam, den Erlösten und den Erlöser», gemeint sind der aus dem Paradies vertriebene erste Mensch Adam und Christus selbst, der Erlöser, der zweite Adam, nach Röm 5,12–19. Es geht weiter mit Gerechten aus der Bibel: «Abel, Henoch, Noah, Abraham, Isaak, Jakob, Juda, Moses, Josua, Gideon, Samuel, Pinehas, Elia, Elisa, Jesaja und die jungfräuliche Mutter Gottes, von der [Jesaja] weissagte, David, Hesekiel, Josia, [Johannes] der Täufer, Petrus und Paulus». Darauf folgen: «Hektor [der trojanische Held], Theseus [der mythische Überwinder des Minotaurus], Sokrates, Aristides [ein frühchristlicher Philosoph], Antigonus [Nachfolger Alexanders des Grossen], Numa [Pompilius], Camillus [römischer Feldherr und Diktator], die Catonen und Scipionen» sowie schliesslich rühmliche Vorfahren des französischen Königs: «Ludwig [wohl der Fromme], Philipp [wohl der Schöne, der Gegner von Papst Bonifaz VIII.] und Pipin».[170] Eine solche Mischung von alttestamentlichen Anführern und Propheten, von Christus selbst, von christlichen Glaubenshelden und antiken Kämpfern, Philosophen, Staatsmännern und Feldherren und dazu noch rühmlichen Vorfahren des angesprochenen Königs musste auf adlig-humanistische Kreise attraktiv wirken. Dass Zwingli in seinen Fraumünsterpredigten keine Worte gefunden hätte, die eine Frau wie Katharina von Zimmern ansprachen, lässt sich kaum denken. Jedenfalls konnten Zwingli und Engelhard, anders als Lambert, der wieder abreiste, im Fraumünster ihr Schriftprinzip verkündigen, mit dem sie das Abteileben mit seinen Stundengebeten bekämpften. Es liegt also nahe, sie als die Berater Katharinas zu sehen.

Katharina verzichtet auf reformatorische Begründungen

Dennoch sind Zweifel an ihrem Einfluss berechtigt. Schon allein, dass Katharina die Namen in ihrer Übergabeurkunde nicht nannte, ist verdächtig. Warum sollte sie ihren Leutpriester und den Prediger des Grossmünsters als Ratgeber für ihren Gewissensentscheid nicht nennen? Es gibt noch weitere Gründe, zumindest neben ihnen auch nach anderen Gesprächspartnern zu suchen. Denn in ihrer Urkunde fehlt jede Spur von reformatorischer Klosterkritik oder ein Hinweis auf eine gewünschte Umnutzung der Abtei zugunsten der Armen.

Katharina von Zimmerns Kusine in Königsfelden hatte schon 1523 zur Verteidigung der ihr anvertrauten Nonnen, die aus dem Kloster austreten wollten, die reformatorischen Argumente gegen die Klosterregeln geltend gemacht.[171] Zwingli hatte für das Grossmünster von der Regel der Heiligen Schrift gesprochen, die für Klöster und Stifte zu gelten habe,[172] und auch die Embracher Chorherren bezogen sich im Herbst 1524 auf das Schriftprinzip, als sie darum baten, die traditionellen klösterlichen Gottesdienste und Gebetszeiten aufgeben und durch neue «evangelische» ersetzen zu dürfen. Sie wollten allerdings dabei das Stift nicht verlassen und ihre Pfründen weiter beziehen. Sie schrieben in ihrer Eingabe zum Kirchendienst im Stift: *«wider die anndren dye Ordnung der kilchenn* Seite 292–295 *brüch anntreffennde, dermaß sy dann bishar verbracht sinnd, steyt das göttlich wortt heytter»*. Die bisherigen Bräuche widersprächen also dem Gotteswort. Darum wollten sie von ihren Satzungen befreit werden. Das Singen, Lesen, Messehalten, Stundengebete und Totengedenken, das alles solle neu nach dem Evangelium eingerichtet werden, *«nach ordnung des Evangeliums gericht»*, damit es zur Ehre Gottes und zum Nutzen des Nächsten ausgeführt werde.[173] Sie machten das reformatorische Schriftprinzip, das in den Zwanziger Jahren alles, was nicht in der Schrift geboten war, als gottwidrig bezeichnete, für ihren Entscheid gegen das traditionelle Stiftsleben geltend; und sie wollten die Güter für das Armenwesen einsetzen.[174]

In Katharinas Verzichtserklärung und in ihrer Übergabeurkunde suchen Lesende aber vergeblich nach solcher oder einer anderen reformatorischen Begründung. Es ist nur vage davon die Rede: Sie habe ihr Gewissen entlastet, *«unßer gewüssne und conscienz entladen»*, und sich «Ehre und Lob Gottes zu Herzen genommen», und dazu erklärend heisst es: wie ja billig jeder Christ in der festen Hoffnung stehen soll, sein Leben nach göttlicher Ordnung gestalten zu können, *«göttliche ordnung ze volbringen»*. Das ist so allgemein formuliert, dass es jede Christin von sich behaupten konnte. Auf Polemik gegen Ordensregeln oder klösterliches Leben verzichtete Katharina von Zimmern ganz. Dazu passt, dass sie, wie Zwingli schrieb, «zur Partei Christi» gehörte.[175] Aber an die antiklösterliche und reformatorische Theologie Zwinglis erinnert nichts, weder in der Verzichtserklärung, noch in der Übergabeurkunde. Das ist so erstaunlich, dass Historiker Reformatorisches gern hineinlasen, angefangen mit Heinrich Bullinger, Zwinglis Nachfolger. Er schrieb etwa 50 Jahre nach der Übergabe, Katharina habe die Bedingung daran geknüpft, das Stift zur Ehre Gottes und zum Heil der Seelen zu reformieren und die Güter für die Armen zu verwenden: *«mit dem geding, das ein ersammer radt, sömlichs alles verbessern vnd reformieren, zue Gottes eer, der Seelen heyl, und armen zue trost vnd hilff verwenden sölle.»*[176] In der Übergabeurkunde aber ist von keiner Bedingung die Rede, da heisst es, Katharina übergebe den Bürgermeistern, dem Rat und den Bürgern von Zürich die Abtei, so dass diese sie verwalten können *«nach irem willen und gefallen und als si gott dem allmechtigen darumb antwurt geben wellent»*.[177]

Seite 295f. Die Stadt könne also nach ihrem Willen und Gefallen, wie sie es vor Gott verantworten könne, damit umgehen. Wären Zwingli und Engelhard ihre einzigen und

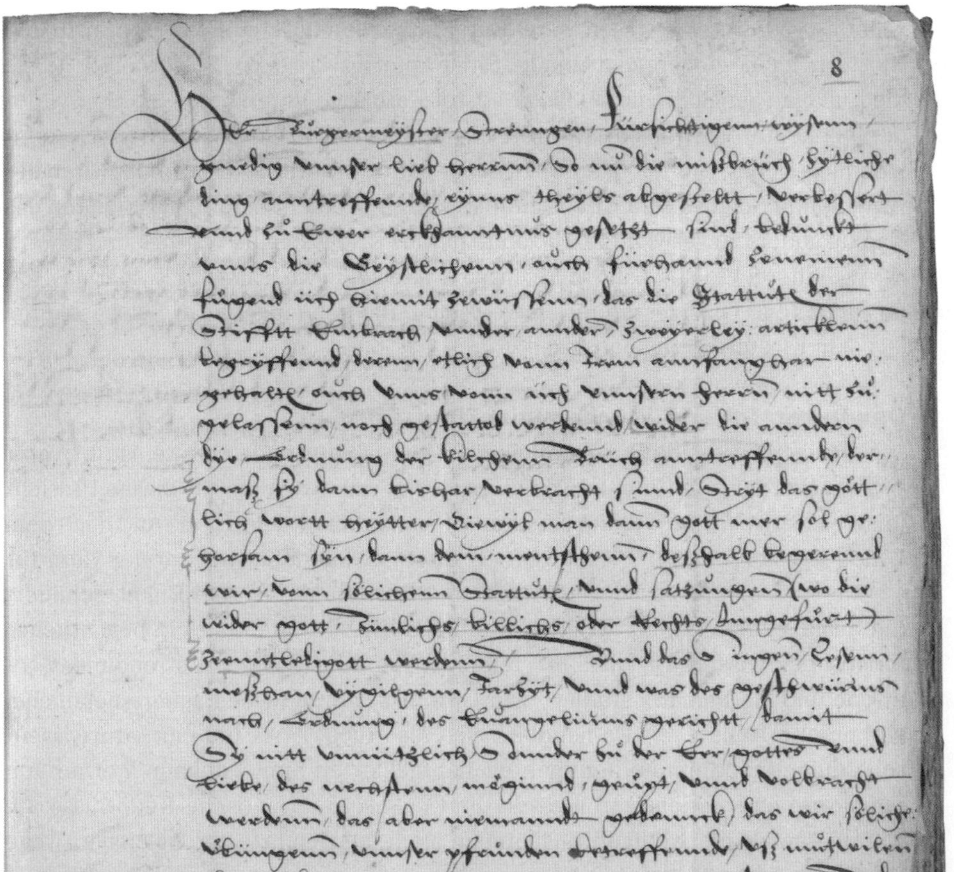

Abb. 13: Embracher Chorherren begründen die gewünschte Neuordnung der Gottesdienste mit der heiligen Schrift.

Seite 293f. ➤

wichtigsten Berater gewesen, hätte Katharina zweifellos deren Schriftprinzip und Klosterpolemik eingebracht und im Sinne reformatorischer Klosterpolitik genau die Auflagen gemacht, die Bullinger später Katharina unterstellte. Sie aber verlor darüber kein Wort. War sie zu realistisch, um solche Auflagen zu machen? Eines ist jedenfalls sicher: Der Rat finanzierte mit den Klostergütern nicht nur das Kirchen-, Armen- und Schulwesen. Er beschränkte sich auch nicht darauf, in Notzeiten das Kapital anders zu verwenden. Er zahlte daraus Kriegsanleihen zurück und erwarb Herrschaftsrechte und Landvogteien, so u. a. Wädenswil. Kurz vor Katharinas Tod im Jahre 1546 beschlossen die Herren sogar, die neu eingeführte Ratsbesoldung aus dem Klostergut zu finanzieren.[178]

Der Vater Johann Werner von Zimmern

Die einzige Person, die Katharina in der Übergabeurkunde nannte, ist ihr Vater Johann Werner von Zimmern. Weil, heisst es da: «wir dann in dieser Hinsicht unseres Herrn Vaters Willen bedenken». Sie glaubte also, im Sinne und nach dem Willen ihres bereits 1496 verstorbenen Vaters zu handeln. Was war der Vater für ein Mann? Der Chronist Froben Christoph von Zimmern, sein Enkel, schildert ihn uns als einen gut ausgebildeten Adligen. Er verfügte über ein beachtliches juristisches Wissen. Er hatte in Freiburg, Wien und Bologna Astronomie, Geometrie und Mathematik studiert. Der Chronist nannte diese Fächer «heimliche, verborgene Künste».[179] Es handelte sich also nicht etwa um ein naturwissenschaftliches Studium im heutigen nachaufgeklärten Sinne. Johann Werner von Zimmern eignete sich astrologische und magisch hermetische Kenntnisse an, wie sie damals mit wenigen Ausnahmen auch die Gelehrtesten betrieben. Vage Einwände dagegen, etwa von Erasmus, konnten die Vorherrschaft des magischen Weltbildes, dem auch noch hundert Jahre später Isaak Newton anhing, nicht brechen.[180] Nach dem Urteil des Chronisten war Johann Werner der Hermetik allerdings ganz verfallen und konnte, auch als er verarmt war, nicht von alchimistischen Künsten lassen, obwohl sie ihn noch um sein letztes Geld gebracht hätten.[181] Johann Werner trat in württembergische und österreichische Dienste. Er weilte viel und gern am württembergischen Hof.[182] Nach einem heftigen, tätlich endenden Wortwechsel mit seinem Vater ritt Johann Werner von Zimmern 1483 «zur Busse» mit anderen Adligen und einem kleinen Gefolge auf eine Pilgerfahrt nach Jerusalem. Auf dem Berg Zion habe er, so der Chronist Froben Christoph, mit grosser Andacht die Messe und Zeremonien vollzogen und sich zum Ritter schlagen lassen. Dabei verpflichtete er sich, den christlichen Glauben zu fördern, Witwen und Waisen zu beschützen, dem Kaiser sowie christlichen Königen und Potentaten beizustehen. Er versprach, sich nicht mit den Türken zu verbünden und die orientalischen Kirchen zu unterstützen, die die heiligen Stätten mit grössten Schwierigkeiten unter heidnischer Herrschaft pflegten.[183] Unter seinem Gefolge war der gebildete Kleriker Felix Fabri, der ihn später als einen glänzenden, humanistisch geschulten Mann beschrieb: er sei klug, von ausserordentlich eleganten Sitten und ein gelehrter Lateiner gewesen.[184] Wie sein Vater gehörte er zum Rottenburger Humanistenkreis um die Pfalzgräfin Mechthild.[185] Nach dem Tod des Vaters 1483 übernahm Johann Werner die Herrschaft Zimmern und führte mit Frau und Kindern ein durchaus standesgemässes und – anders als sein Vater – auch verschwenderisches Leben. Da wurde viel gedichtet, gelesen und musiziert. Johann Werner soll, *«auf allen instrumenten nit wenig, sonder hoch erfaren und geiebt»* gewesen sein.[186] Seine Bücher, die heute im Besitz der Österreichischen Nationalbibliothek sind, bezeugen seine bedeutende Bildung.[187] Seine Sammlung umfasste theologische Werke, insbesondere Katechetisches und Erbauliches, Juristisches zum kanonischen, römischen und deutschen Recht und viel Literarisches, Gesellschafts- und Liebesromane, Epen, Fabeln, Fastnachtsspiele und Lieder jeder Gattung.[188]

Die Versnovelle *Der getäuschte Liebhaber*

Katharinas Vater dichtete auch selbst. Eines seiner eigenen Werke, eine Versnovelle, hat der Chronist Froben Christoph überliefert. Ihr Herzstück bildet eine aus Boccaccios *Decamerone* übernommene Erzählung. Diese siebte Novelle des sechsten Tages, dargeboten von Philippa, ist schnell erzählt. Ein Ehemann ertappt seine Frau in den Armen eines Jünglings. Nur mit Mühe kann er sich zurückhalten, die beiden zu erschlagen. Aber er klagt die Frau des Ehebruchs an. Statt zu fliehen, wie ihr ihre Freunde raten, stellt sie sich der Gerichtsverhandlung. Der Gerichtsherr belehrt sie über die Lage. Auf Ehebruch der Frau stehe der Tod. Aber er lässt ihr noch eine Hintertür offen; nur wenn sie gestehe, könne er sie verurteilen. Sie geht nicht weiter darauf ein. Im Gegenteil, sie verleugnet ihre Liebe nicht. Stolz erklärt sie, sie habe sich dem Liebhaber sogar mehrmals hingegeben, um dann vor zahlreichem Publikum zu einer Schimpftirade anzusetzen: Das Gesetz sei ungerecht. Denn vor dem Gesetz sollten alle gleich sein. Die Todesstrafe für Ehebruch gelte aber nur für die Frauen, obwohl diese viel besser als die Männer viele befriedigen könnten. Es habe denn auch keine einzige Frau diesem Gesetz zugestimmt, es sei nur von Männern aufgestellt worden. Dann bittet sie um eine Gnade. Die wird ihr gewährt. Der Richter, wünscht sie, soll ihren Mann fragen, ob sie dem Gatten nicht immer zu Willen gewesen sei. Als der Mann dies bejaht, fragt sie, was sie denn, wenn er seine Lust befriedigt habe, mit dem Rest ihrer Lust anfangen solle. Solle sie sie etwa den Hunden vorwerfen? Da sei es doch besser, einen Edelmann zu befriedigen. Die Zuhörer lachen, der Richter verurteilt sie nicht, der gehörnte Ehemann trägt den Spott davon und die Bewohner ändern das Gesetz. Boccaccio gab dem Leser bereits in der Einleitung, also bevor er die Geschichte widergab, eine Interpretation. Es ging ihm weder um Frauenrechte noch um freie Liebe. Der Sinn sei: «[D]ie Redegewandtheit ist eine treffliche Begabung, aber ich halte sie für besonders anerkennenswert, wenn man sie einzusetzen versteht, wo es notwendig ist.» Das habe die Dame, von der in der Geschichte die Rede sei, vortrefflich verstanden.[189]

Was machte nun Johann Werner von Zimmern, Katharinas Vater, aus dieser schon zuvor ins Deutsche übersetzten Geschichte in seiner volkssprachlichen Reimdichtung: *Der getäuschte Liebhaber*? Er bettete sie in eine ausladende Novelle ein – übrigens soll es einer der ersten novellistischen Versuche in deutscher Sprache sein.[190] Die Hauptfigur ist eine junge Bürgerin in der Nähe von Aachen, auch sie ist überaus redegewandt, aber sie setzt ihre spitze Zunge nicht ein, um offen zu ihrer Liebe zu stehen (nur einmal wird sie sich verplappern), sie setzt sie ein, um alle zu täuschen. Sie täuscht ihren viel älteren Ehemann genauso wie den Icherzähler, der sich auf einer Reise Knall auf Fall in sie verliebt. Sie selbst liebt einen Mönch. Der aber spielt überhaupt keine Rolle in den 1072 Versen, die von Zwiegesprächen und inneren Monologen leben. Er spricht kein Wort. Er wird nur von den beiden männlichen Protagonisten beobachtet, wie er sich mit der begehrenswerten Frau vergnügt. Der Ehemann weiss also, dass seine Frau ihn betrügt, und der verliebte Reisende muss damit rechnen, dass die Begehrte ihn zum Narren hält, wenn sie ihm Erhörung und Treue verspricht. Dennoch halten beide an ihrer Liebe fest. Glaubt der Ehemann ihr, wenn sie redegewaltig behauptet, er habe nach zu viel Wein sie und den Mönch bei verbotenem Tun nur halluziniert? Wohl kaum, zumal sie sich im Wortgefecht schon verplappert hat. Als der Ehemann ihr nachts im gemeinsamen Bett vorhielt, er habe ja den Mönch auf ihr liegen gesehen, da erwiderte sie aufgebracht und keck, das sei nicht wahr, sie habe vielmehr auf dem Mönch gelegen – eine Stellung, die bei Frauen, die untertänig zu sein hatten, natürlich für besonders anstössig galt. Sie belügt ihren Gatten nicht nur, sie täuscht auch noch vor, aus Trauer und Verzweiflung über seinen Argwohn zu sterben. Das alles beobachtet der verliebte Reisende durch ein Loch in der Wand aus seiner benachbarten Herberge. Der Ehemann, voll Sorge um das Leben der geliebten jungen Frau, ist bereit, ihr zu vergeben. Es kommt zur Versöhnung und zur Liebesszene. Mit Genugtuung sieht der verliebte Reisende, dass die hübsche junge Frau dem alten Ehemann ihre Hingabe nur vortäuscht. Aber die Frau will noch mehr als Versöhnung. Sie fordert Freiheit. Sie erzählt ihrem verliebten Gatten die Geschichte von Boccaccios Philippa, die sie, um ihr mehr Gewicht zu verleihen, Platon in den Mund legt – nochmals eine Täuschung für den gebildeten Leser. Der Ehemann bedenkt sich und ist dann bereit, ihr die Schlüsselgewalt und alle Freiheiten zuzugestehen. Das versteht der verliebte Lauscher und Lochgucker nicht etwa als Warnung, nein, er wirbt am anderen Morgen weiter um die Frau. Sie verspricht, ihn zu erhören, sobald der Ehemann ausser Haus sei. Aber statt ihn, wie verabredet, zu empfangen, täuscht sie vor, der Gatte sei zurückgekehrt. Was aber muss der Verliebte durch das Loch in der Wand sehen: Es ist nicht der Ehemann, der bei ihr liegt, es ist der Mönch. Nur mit Mühe können die Reisegefährten den Getäuschten dazu überreden, den Ort zu verlassen, wo er, der Frau verfallen, nur gefoppt werden könne. Und da gibt es dann nochmals eine Überraschung. Der verliebte Reisende, so erfährt der Leser am Schluss, kehrt heim zu seiner Ehefrau.[191]

Johann Werner von Zimmern gab anders als Boccaccio keinerlei Hinweis, wie seine Novelle verstanden werden soll. Es ist dem Leser überlassen, sie nur als lustigen Schwank zu konsumieren oder sie als Beispiel zu sehen für Weiberlist oder für die Macht der Liebesbegierde, der niemand widerstehen könne, oder für die irdische Welt, in der alles auf Täuschung beruhe und die Menschen sich nur zu gern täuschen lassen. Er kann sich selbstverständlich auch mit Johann Werners Enkel, dem Chronisten Froben Christoph, über die Verdorbenheit der damaligen Zeit erregen.[192] Johann Werner von Zimmern selbst aber verzichtete innerhalb seiner Erzählung auf jedes Urteil über die Verhältnisse oder die einzelnen handelnden Personen. Moralisieren war offenbar nicht seine Sache.

Wenn der erhörte Liebhaber in der Novelle ein Mönch ist, so darf daraus nicht auf einen reformatorischen Eifer, sondern allenfalls auf den zeitgenössischen Antiklerikalismus geschlossen werden, der für ganz Europa und auch für die Familie von Zimmern gut belegt ist.[193] Wie der Chronist den Vater Katharinas schildert, hat er sich durchaus um ein ordentliches Kirchenwesen in seiner Herrschaft gesorgt und ein verlottertes Dominikanerkloster zur Ordnung gerufen.[194] Aber von vorreformatorischen Ideen des 1496 Verstorbenen ist nichts überliefert, dagegen, wie die Novelle zeigt, durchaus von frühhumanistischen. Die dürfte Katharina als Kind mit wachen Sinnen eingesogen haben.

Die Ächtung des Vaters

Adlige wie die Zimmern, die einen grösseren Wirkungskreis suchten oder nicht über genügend Einkünfte aus der ererbten Herrschaft verfügten, nahmen fremde Dienste an. Wie sein Vater trat Johann Werner in den Dienst von Herzog Sigismund von Tirol. Er konnte als geschickter Diplomat reichlich politische Erfahrung sammeln, musste aber auch am eigenen Leib erleben, wie verheerend Unfrieden und Uneinigkeit sein können. Sein Dienstherr war kinderlos; Johann Werner von Zimmern wurde in die Erbstreitigkeiten hineingezogen, die mit diplomatischem Geschick allein nicht zu schlichten waren. Als dessen Rat verfiel er der Reichsacht. Sein Land und Vermögen wurden konfisziert, und er musste fliehen. Mithilfe von Freunden, insbesondere des berühmten Humanisten Albrecht von Bonstetten, kam er in die Schweiz nach Weesen. Der hochgebildete Bonstetten war Dekan in Einsiedeln und verfasste historische Werke, u. a. eine Biografie von Niklaus von Flüe. Er war mit Johann Werner von Zimmern verwandt und befreundet. Katharinas Vater hatte ihm Zugang zum Hof von Herzog Sigismund vermittelt. Jetzt konnte Bonstetten sich revanchieren. Er verschaffte der Familie nicht nur eine Bleibe in der Schweiz; er hatte einen Bruder in Zürich und konnte offenbar durch sein Ansehen und seinen Einfluss den beiden älteren Töchtern seines verarmten Freundes die Aufnahme ins Fraumünster vermitteln.[195]

Vor diesem Hintergrund berief sich Katharina auf den Willen ihres Vaters, als sie das Stift der Stadt *«umb ruowen willen»* übergab.[196] Nicht reformatorisches, sondern politisches Handeln passte zu Johann Werner von Zimmern und ein freier Umgang mit Traditionen, Sitten und Gesetz. Es war ausgesprochen klug von der Äbtissin, zu betonen, ihr Vater habe sie ins Fraumünster gegeben. Sie deutete damit an, nicht sie habe den Entscheid zum Eintritt gefällt, sondern ihr Vater. Katharina spricht nicht von Zwang, aber sie wälzt doch die Verantwortung von sich auf ihren Vater. Er habe sie in die Abtei gegeben, *«in das vermelt gotzhus geton»*. Damit nicht genug: Er habe sie nicht dem Kapitel übergeben. Sie sei dem Rat der Stadt Zürich als dem Schirmherrn des Fraumünsters anvertraut worden: *«doch nit den herren vom cappittel unsßers gotzhus und stifft, besonder den strengen, vesten, fürsichtigen, ersamen und wisen burgermaistern und rate der statt Zürich, unsern lieben herren und fründen»*.[197] Der Rat aber, das machte sie in der Verzichtserklärung deutlich, wünsche die Übergabe. Ihr Gewissensentscheid beschränkte sich demnach darauf, dem Willen ihres Vaters und des Rates gemäss zu handeln. Wohl habe sie selbstständig entschieden, nachdem sie sich mit ehrenwerten Leuten beraten habe. Aber die letzte Verantwortung liege bei ihrem Vater und dem Rat. Die beiden Urkunden zeigen ein Doppelgesicht: Einerseits entspricht die Argumentation der frühneuzeitlichen Mentalität, nach der Frauen sich dem väterlichen und obrigkeitlichen Willen zu beugen haben, andererseits wird hier nochmals die ganze Machtfülle einer Fürstäbtissin ausgespielt: *«Wir, Katherina von gottes gnaden äptissin»*, so beginnt die Übergabeurkunde und die Verzichtsurkunde nennt sie *«die hochwirdig fürstin und frow frow Kathrina geporne fryn von Zimern äpptissin usw. und regiererin»*.[198] Beide Aktenstücke weisen auf ihre *«macht»* und *«gewaltsame»*. Als sich Katharina im Dezember 1524 in ihrer Urkunde auf ihren Vater und den Rat als Schirmherren berief, war der Frieden in Zürich aufs Höchste gefährdet. Wenn sie mit ihrer Übergabe politisch dem Rat dienen und Frieden stiften wollte, konnte sie sich zu Recht auf ihren Vater berufen. Aber

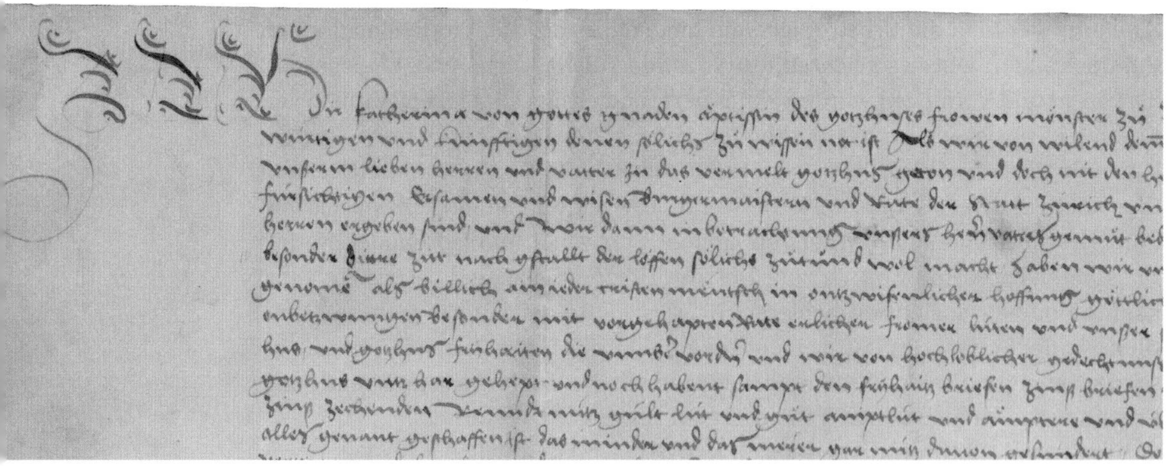

Abb. 14: Mit «Wir, Katherina von gottes gnaden äptissin» beginnt die Übergabeurkunde der Fraumünsterabtei vom 8. Dezember 1524.

sie dürfte dem Vater auch entsprochen haben, wenn sie auf ein Urteil über das Leben in der Abtei oder über die reformatorische Bewegung verzichtete.

Herzog Ulrich von Württemberg und seine Diener

Wer aber konnten ausser Zwingli und Engelhard die genannten ehrbaren Leute sein, mit denen sie sich beraten hatte? Ihr Vater kam nicht mehr infrage, er war 1496 gestorben.

In Zürich war gerade Herzog Ulrich von Württemberg mit zwölf Begleitern eingeritten – geächtet und aus seiner Herrschaft vertrieben wie einst ihr Vater. Mit ihm und seiner Entourage musste Katharina sich von ihrer familiären Herkunft her verbunden fühlen. Werner von Zimmern, ihr Grossvater, war von 1460 bis 1474 Württembergischer Landhofmeister gewesen; als solcher hatte er den Vorsitz im Hofgericht und im Hofrat und vertrat je nachdem den Landesherrn. Es war der bedeutendste Posten am Hof.[199] Ihr Vater Johann Werner wurde als Württembergischer Lehnsträger zu ehrenvollen Hofämtern herangezogen und besuchte bei und mit dem damaligen Herzog Eberhard im Barte Turniere. So durfte er an der Hochzeit des bayrischen Herzogs die Frau des Landesherrn begleiten.[200] Wie ihre Vorväter suchten auch ihre beiden Brüder Gottfried Werner und Wilhelm Werner den Württemberger Hof auf und waren von Ulrich herzlich aufgenommen worden. Gottfried Werner trat in württembergischen Dienst, folgte dem Herzog aber nicht in die Verbannung.[201]

Herzog Ulrich von Württemberg lag viel an einem einigen und ihm wohlgesonnenen Zürich und auch an Frieden innerhalb der Eidgenossenschaft. Er hatte denn auch gleichzeitig einen weiteren Getreuen nach Baden gesandt, um durch ihn die Tagsatzung für sich zu gewinnen. Dort weilte auch ein Gesandter des französischen Königs. Der warb ebenfalls für Frieden in der Eidgenossenschaft. War doch die Schweiz ein Reservoir für ihre Rekrutierungen. Frankreich benötigte die Schweizer Söldner in den italienischen Kriegen. Der geächtete Ulrich von Württemberg, ein Verbündeter des französischen Königs, hatte dieselben Interessen.[202] Hätte er doch im Falle eines innereidgenössischen Krieges nicht mit Schweizer Söldnern rechnen können für die Rückeroberung seines Landes, die er mit grosser Energie betrieb.

Ulrichs Gesandter war ein erfahrener Diplomat – er hatte schon oft erfolgreich dem Herzog an der Tagsatzung gedient[203]– musste freilich Ende 1524 besondere Schwierigkeiten überwinden. Denn Ulrich galt nun als Parteigänger der Reformation und als Parteigänger der aufständischen Bauern. Offenbar gelang es dem geschickten Unterhändler, die Eidgenossen weiterhin für Ulrich einzunehmen, aber ihre Ängste konnte er ihnen nicht ausreden. «Es wird aber», gaben sie ihm mit auf Seite 297f. ➲ den Weg, «dem Gesandten dabei bemerkt, der Herzog möge sich hüten, in unsern Landen Unruhen zu erregen oder Angehörige der Eidgenossen aufzuwiegeln und hinwegzuführen, indem man solches nicht dulden würde.»[204] Zurecht fürchteten die Tagsatzungsabgeordneten einen Krieg zwischen dem mit dem Kaiser vereinigten Schwäbischen Bund und Ulrich von Württemberg. Einen Krieg an ihrer

Grenze in einem Gebiet, mit dem sie Handel trieben und auf dessen Kornerträge sie angewiesen waren, wollten sie unbedingt verhindern. Sie verweigerten sich darum Soldverträgen sowohl mit dem Schwäbischen Bund als auch mit dessen Gegner, Herzog Ulrich. Eidgenossen hinwegzuführen, das dürfte aber gerade der geheime Auftrag des herzoglichen Gesandten gewesen sein. Er sollte Söldner für Ulrichs Heer werben. Kamen für Ulrich doch der Bauernaufstand und der erneuerte Kampf zwischen Kaiser Karl V. und Franz I. um Italien wie gerufen. Eine bessere Gelegenheit, sein Land zurückzuerobern, war kaum zu erwarten. Im Januar 1525 war es bereits offenkundig: Herzog Ulrich ritt durch die Bauernlager und Schweizer, insbesondere Zürcher Zuzüger, sammelten sich in der Nähe des Hohentwiels unter zwei Feldhauptleuten; einer davon war Ulrichs Gesandter vor der Tagsatzung.[205]

Dieser Tagsatzungsgesandte war nun niemand anderer als Eberhard von ◀ Seite 297f. Reischach, Katharinas künftiger Ehemann, den sie «kurz» nach der Übergabe des Fraumünsters heiratete.[206] Zu seinen besten Freunden, die ihn auch in seinen Werbungen für Herzog Ulrich unterstützten, gehörten die Zürcher Ratsherren Georg Göldli, Ammann des Fraumünsters, und Hans Escher, der die Äbtissin in Rechtsfragen beriet.[207] Ein weiterer Getreuer Ulrichs war Georg von Hewen, er war mit Katharina von Zimmern und ihrer Kusine, Truchsessin Katharina von Waldburg, über die Familien Lupfen und Hohenlohe verwandt.[208] In diesen Kreisen und deren damals durchaus politisch mächtigen Netzwerken von Soldunternehmern in Zürich und Bern zumindest auch die Berater Katharinas zu suchen, ist nicht ganz abwegig. Katharinas Argumente für die Übergabe entsprechen keineswegs der reformatorischen Klosterpolemik, aber sie entsprechen den politischen Plänen, die Herzog Ulrich und seine Getreuen im Einklang mit dem Zürcher Rat (und auch mit Zwingli) betrieben, nämlich Ruhe und Frieden in der Eidgenossenschaft. War ihr Netzwerk in Zürich bekannt – und damit ist bei der damals höchstens 6000 Einwohner zählenden Stadt zu rechnen –, dann konnte Katharina mit ihrer Übergabe zugleich die Zürcher zufriedenstellen und den Rat gegenüber ihren «tüchtigen und ehrbaren» Beratern günstig stimmen, zumal sie den Ratsherren freie Disposition über die Stiftsgüter liess. Wer nimmt nicht gern eine Schenkung zur freien Verfügung an? In Katharinas Übergabeurkunde ist, es sei nochmals wiederholt, nicht von Armenpflege oder Schulen die Rede, obwohl die Abtei beidem bisher diente und in der reformatorischen Propaganda und auch in den Forderungen der Gemeinden und Zünfte die Klostergüter ausdrücklich dafür genutzt werden sollten. Katharina aber übergab das Stift zum freien Gebrauch der Politiker. Sie appellierte nur an deren Gewissen, die Vermögenswerte nicht zu veruntreuen.[209]

Herzog Ulrich war am 23. November 1524 vor dem kleinen und grossen Rat ◀ Seite 295 aufgetreten. Er soll den Zürchern allerhand zugesichert haben. Er wolle, würde er sein Land wiedererhalten, mit Zürich einen ewigen Bund schliessen. Das würde für Zürich bedeuten, es könnte in einem Kriegsfalle mit einem grossen militärischen Zuzug rechnen. Darüber hinaus war selbstverständlich Zürich auch an guten Handelsbeziehungen interessiert. Von den württembergischen Klöstern soll auch die

Rede gewesen sein. Ulrich werde sie aufheben und die Klostergüter nutzen, um die Abgaben der Untertanen zu erleichtern und seine Schulden zu bezahlen.[210] Er hatte viele Gläubiger in der Schweiz. Zweierlei hätten die Ratsherren ihm zugesagt, berichtete Rudolf von Ehingen, ein Kundschafter für den Württemberger Statthalter: Sie wollten mit etlichen Städten verhandeln, damit er wieder zu seinem Land käme, und sie wollten ihm *«irre knechtt loffen lassenn»*, also nichts gegen Werbungen von seiner Seite unternehmen. Ehingen wusste auch zu erzählen: Der Herzog habe unter grossem Zulauf in der damals vornehmen Herberge zum Roten Haus (heute an der Marktgasse 17) Bankette gegeben und sei in Zwinglis Gottesdienste gegangen. Zwingli habe eine Kriegspredigt gehalten: *«sonderlich ain bredigt gethon wie man kriegen soll»*.[211] Heinrich Bullinger, der Nachfolger Zwinglis, sprach in seiner späteren Reformationsgeschichte von dem Verdacht gegen Zwingli, er habe dem Herzog zu seinem Rückeroberungskrieg, der Söldnerwerbung einschloss, geraten. Bullinger versuchte den Reformator davon reinzuwaschen. Als Gegenbeweis nannte er: Zwingli habe sich auf der Kanzel öffentlich dagegen verantwortet.[212] Es spricht indessen alles für den Verdacht, insbesondere Zwinglis *Plan zu einem Feldzug*, der gerade in dieser Zeit entstand.[213]

Am 30. November verliess der geächtete Württemberger Herzog Zürich und ging nach Schaffhausen, von wo aus Eberhard von Reischach seine Werbungen betrieb. Ebenfalls am 30. November gab Katharina von Zimmern ihre Verzichtserklärung ab. Es liegt nahe, nicht nur eine zeitliche Koinzidenz, sondern auch einen abgesprochenen Zusammenhang zwischen ihrem und Ulrichs Vorhaben zu sehen. Auch lassen die Quellen mehr als nur vermuten, Ulrich habe seine Pläne mit Zwingli abgestimmt. Bullinger und der schon zitierte gegnerische Informant erklärten einhellig, Herzog Ulrich habe sich mit Zwingli besprochen. Auch Zwingli selbst sprach später von einem Besuch bei Herzog Ulrich zu dieser Zeit.[214]

Die gegnerischen Informationen gingen an den württembergischen Statthalter der Habsburger. Das war niemand anderer als Truchsess Wilhelm von Waldburg, der Vetter von Katharina von Zimmern und Bruder der Königsfelder Äbtissin.[215] Truchsess Wilhelm war sich der Gefahr, die von Herzog Ulrich für die habsburgische Regierung in Württemberg ausging, schon seit 1521 bewusst. Er riet, sich seiner gewaltsam «zu bemächtigen».[216] Am 5. Dezember 1524 hatte die Württemberger Regierung einen besorgten Brief nach Zürich geschrieben. Sie befürchtete, Ulrich werbe Söldner in der Eidgenossenschaft, um sein Land zurückzuerobern. In ihrer Antwort vom 14. Dezember behaupteten die Zürcher frech, sie wüssten von dergleichen nichts.[217] Zwei Tage zuvor, am 12. Dezember, hatten die Zürcher Tagsatzungsabgeordneten erklärt, sie könnten in keinen Beschluss gegen Ulrich von Württemberg einwilligen.[218] Am 1. Januar 1525 reiste ein Bote aus Zürich zu Herzog Ulrich. Es war Rudolf Collin. Er hatte, von der Reformation begeistert, seine Chorherrenpfründe in Beromünster aufgegeben und war im Februar 1524 nach Zürich gezogen. Er kam zunächst bei Oswald Myconius unter, dem humanistischen Lehrer an der Fraumünsterschule und einem der engsten Freunde Zwinglis. Collin

Abb.15: Bewaffneter liest eine Bekanntmachung, Urs Graf, 1523.

begann das Seilerhandwerk zu erlernen, zog aber bereits im Oktober mit einem Fähnlein von Zürcher Freischärlern nach Waldshut, um der reformierten, mit Herzog Ulrich verbündeten Stadt gegen Österreich beizustehen.

In Briefen verteidigte er den unerlaubten Zug nach Waldshut vor dem Rat. Dadurch, so rühmte er sich später, habe er sich gleichgesinnte Gönner in Zürich verschafft. Er hoffte im Januar, Herzog Ulrich in Mömpelgard zu finden, traf aber unterwegs auf dessen Gesandten in Waldshut, der ihn nach Solothurn wies, das ebenfalls mit Ulrich im Bunde war. Dort habe er mit dem Herzog «die ihm anvertrauten Pläne zur Rückeroberung von dessen Land besprochen», so der damals noch junge Mann in seiner späteren Autobiografie.[219] In Zürich gab es demnach eine starke und politisch einflussreiche Partei, die im Einverständnis mit Zwingli am Jahresende 1524, als Katharina von Zimmern das Fraumünsterstift der Stadt übergab, an der Wiedereroberung des Herzogtums durch Ulrich von Württemberg interessiert war, in ihm also einen Verbündeten suchte.

DIE AUSGEHANDELTEN ÜBERGABEBEDINGUNGEN

Der Zürcher Rat hat Katharina eine unvergleichlich hohe Rente, ein sogenanntes Leibgeding, zugesprochen und sie erhielt das Recht, weiterhin in der Abtei zu wohnen und unbevogtet über ihr Vermögen zu verfügen. War es die Unterstützung der herzoglichen Kreise, die Katharina erlaubten, ausserordentlich gute Bedingungen für ihre Resignation auszuhandeln? Dem scheint entgegenzustehen, dass 1527/28 ihre Kusine, die Königsfelder Äbtissin, sehr viel schlechter abgefunden wurde, als sie ihr Kloster verliess. Denn es waren angesehene «Diener vom Hause» Herzog Ulrichs, also ihm vertraglich verbundene, ergebene Getreue, die sie vor dem Berner Rat vertraten: Katharina von Zimmerns Gatte, Eberhard von Reischach, weiter ihr Verwandter Georg von Hewen und als Vogt der Zürcher Ratsherr und Advokat Hans Escher, drei alte Kriegskameraden schon aus dem Schwabenkrieg und verschworene Freunde Ulrichs.

Dazu kam Sigmund von Hohenlohe. Eine seiner Schwestern war mit Georg von Hewen verheiratet und ein Bruder heiratete wenig später eine Tochter von Truchsess Georg von Waldburg. Dieser Sigmund von Hohenlohe, Domdechant aus Strassburg, war eng verwandt und verschwägert mit Ulrich von Württemberg, mit dem Savoyer Herrschaftshaus und mit dem französischen König. Für Franz I. hatte er 1527 Söldner geworben, woraufhin ihn der Kaiser geächtet hatte. Erst 1530 wurde er wieder von der Acht gelöst.[220]

Sigmunds Verwandtschaft mit Herzog Ulrich und dem französischen König mag ihn in Zürich empfohlen haben, denn Zürich näherte sich Frankreich gerade wieder an. Zwingli widmete schon 1525 Franz I. seinen grossen *Kommentar zur wahren und falschen Religion*. Bern aber hatte 1527/28, als ihre Verwandten für die Königsfelder Äbtissin verhandelten, kaum Interesse an Württemberg, es engagierte sich im Westen der Eidgenossenschaft. Die Verwandtschaft mit dem Haus Savoyen wird Sigmund von Hohenlohes Ansehen in Bern eher geschadet haben. Bern hatte 1526 mit Genf einen Burgrechtsvertrag geschlossen. Seit 1527 stand Bern Genf bei im Kampf gegen den «Löffelbund», einer Vereinigung von Adligen, die Genf wieder unter die Herrschaft von Savoyen bringen wollte. Hat die Königsfelder Äbtissin ihre Berater und Helfer schlecht ausgesucht? Sie hatte wohl keine andere Wahl. Ihre nächsten Verwandten im Mannesstamm, ihr Bruder, Wilhelm Truchsess von Waldburg, und ihr Neffe, Truchsess Georg, der oberste Feldhauptmann Ferdinands im Bauernkrieg, waren eindeutige Parteigänger und Getreue der Habsburger und der römischen Kirche. Sie hätten den Rat der nun reformierten Stadt Bern sicher nicht milder gestimmt. Sigmund von Hohenlohe, der Domdechant, der gerade eine Lutherpredigt übersetzt hatte und in seinem *Creutz büchlin* von 1525 für eine Stiftsreform eingetreten war, konnte durchaus als Förderer der Reformation gelten. Dazu hatten Reischach, Hewen und Escher Freunde unter den immer noch einflussreichen Berner Soldherren. So war denn auch das Leibgeding der Truchsessin von Waldburg zwar viel niedriger als das ihrer Kusine, aber immer noch wesentlich höher als die Leibgedinge anderer ehemaliger Berner Nonnen. Auch war die Situation Ulrichs im Jahre 1527 kaum vergleichbar mit der Ende 1524. 1527 stand Ulrich keineswegs im Begriff, sein Herzogtum zurückzuerobern, er weilte mehr oder weniger mittellos als Flüchtling beim Landgrafen von Hessen. Bern hatte keinen Grund, auf die Vertreter der Königsfelder Äbtissin aus politischen Gründen besondere Rücksicht zu nehmen, allenfalls wollten die Berner Ratsherren die erfolgreichen Soldunternehmer und Freunde von Reischach nicht ganz vergraulen. Dagegen hatte Zürich im November 1524 grosses politisches Interesse an einem Bündnis mit dem der Reformation zugetanen Herzog Ulrich. War er doch ein erklärter Gegner Habsburgs und der mögliche künftige Herrscher über Württemberg.

Die Abfindung Katharinas für die Übergabe des Fraumünsters

Die Bedingungen, die Katharina aushandeln konnte, scheinen für die damalige Zeit geradezu einzigartig. Der Rat nahm sie in den *«schutz und schirm»* der Stadt, also in das Bürgerrecht auf. Er sicherte ihr dabei zu, sie habe *«vollen gwalt und macht»* über ihr Vermögen. Sie könne es «hingeben, verordnen, verschaffen und vermachen» und zwar von *«unss und menglichem unverhindert»*.[221] Das hiess, der Rat ermöglichte ihr, unbevogtet zu handeln.

Wohl wurde die Abhängigkeit der Frau im Vergleich zum Mittelalter im 15. Jahrhundert gelockert und erst im 16. und 17. Jahrhundert wieder verstärkt. Dennoch scheint diese Regelung für Zürich im Jahr 1524 ausserordentlich. Gemeinhin konnten Frauen ohne einen Vogt z. B. kein Haus kaufen und auch kein gültiges Testament aufsetzen. Katharinas Bruder Gottfried Werner kam 1547 gar nicht auf die Idee, er könne mit seiner Schwester über das väterliche Erbe ohne einen *«verordnete[n] vogt»* verhandeln.[222] So sind es denn auch bei den Handänderungen ihrer leiblichen Tochter Anna jeweils Vögte, die als Vertragspartner auftreten: Beim Verkauf des Mohrenkopfes, eines Hauses am Neumarkt 13, war es der Vogt, der 1548 im Namen von Anna von Mandach, geb.

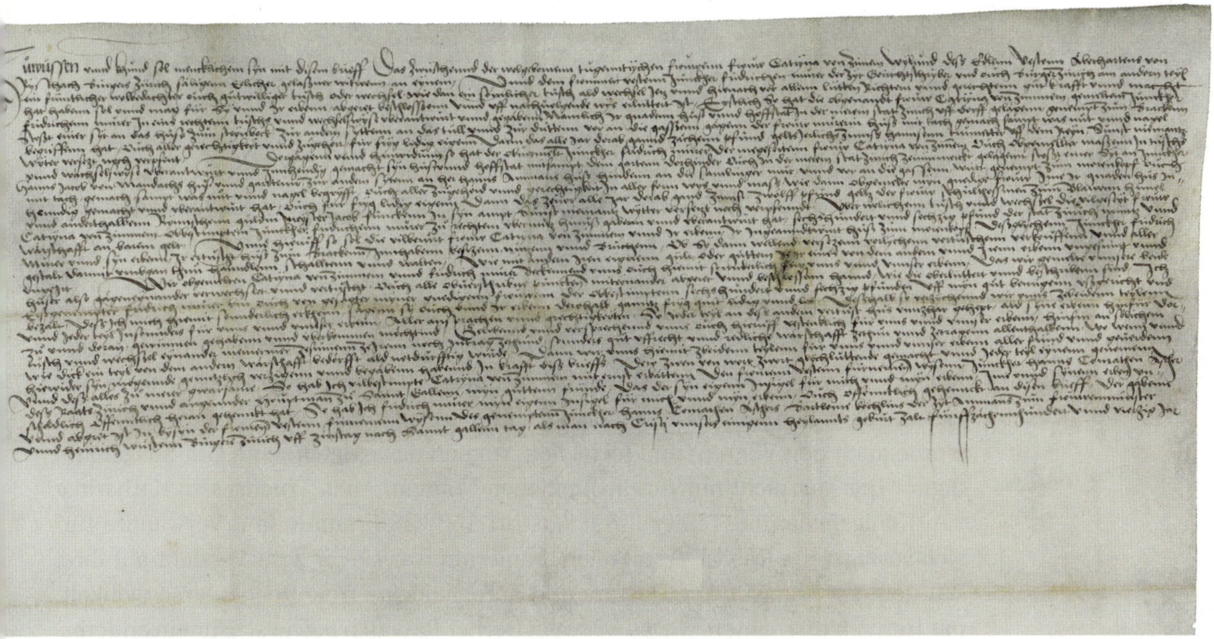

Abb. 16: Ohne Vogt tauscht Katharina im Jahre 1540 das Haus zum Bracken gegen den Mohrenkopf.

Reischach den Handel abschloss: Er sprach als Vogt in eigenem Namen und die Verkäuferin kommt nur indirekt vor: *«Ich Hanns Rümeli des Raths zu Zürich bekenn unnd thun khund allermengklichem offembar mit disem brieff, das ich als ein rechter wüssenthaffter vogt»*, so beginnt die Urkunde und sie endet: *«So hab ich obgenanter Hanns Rümeli als ein rechter wüssennthaffter vogt vilgenanter miner vogtfrowen Anna von Manndach für die selb unnd alle ir erben, ouch für mich inn vögtlicher wyß, […], min eigen insigel, offennlich gehennckt an disen brieff»*.[223]

Seite 320f. ►

Acht Jahre zuvor tauschte Annas Mutter, die ehemalige Äbtissin Katharina Reischach-Zimmern, ihr Haus zum Bracken gegen eben diesen Mohrenkopf, den sie ihrer Tochter später vermachte. Sie handelte ohne Vogt im eigenen Namen. Der Tausch fand statt zwischen *«der wolgebornenn tugenntrychen frouwenn frouw Catryna von Zimern wylund deß edlenn vesten Aeberhartens von Ryschach Burgers Zürich säligenn eelicher gelaßner witwenn an eynem, unnd dem frommen vestenn Junckher Fridrichenn Murer der zyt gerichtschryber und ouch burger Zürich am andern teyl»*. In der ganzen Urkunde wurde Katharina gleichwertig neben Friedrich Murer genannt. Allerdings siegelte sie nicht selbst, aber sie betonte, sie habe «einen Freund» – nicht etwa einen Vogt – gebeten, für sie zu siegeln: *«So hab ich vilbestimpte Catryna von Zimmern mit ernst erbättenn den fromenn vestenn fürnemen wysenn Junckher Hans Conrathen Äscher deß Raats Zürich unnd angennder houptman zu Sannt Gallenn myn*

Seite 315f. ►

guttenn fründe, das der syn eigenn insigel für mich unnd myn erbenn, ime unnd synenn erben unschädlich, offenntlich heran gehennkt hat».[224]

War Friedrich Murer nicht so ganz wohl dabei, mit einer unbevogteten Frau den Tausch zu besiegeln oder wollte die Witwe Katharina sich ganz einfach die Anschaffung eines Siegels ersparen? Ihr Äbtissinnensiegel konnte sie nicht mehr benutzen und, solange ihr Mann lebte, brauchte sie kein eigenes Siegel. Jedenfalls handelte sie ohne Vogt.

Truchsessin Katharina von Waldburg und ihr Vogt

Wie Tochter Anna für den Hausverkauf benötigten auch die Nonnen in Königsfelden für ihren Austritt aus dem Kloster Verwandte oder Vögte, die für sie eintraten, das wurde schon gezeigt.[225] Nicht nur mussten diese den Austritt bewilligen, es wurde auch den Vögten, und nicht den Nonnen das eingebrachte Gut ausgehändigt.[226] Das galt nicht nur für die einfachen Nonnen. Auch Truchsessin Katharina von Königsfelden liess über ihren Austritt 1527/28 Freunde und Verwandte für sich verhandeln. Das ist erstaunlich, immerhin war sie bis zum Verzicht auf ihre Würde noch Äbtissin des Klosters und durchaus eine freie Rechtspersönlichkeit mit Herrschaftsrechten.[227] Das war dem Berner Rat auch bewusst. Für ein anderes Rechtsgeschäft bestand er darauf, sie müsse selbst und in eigener Verantwortung siegeln, so am 15. Januar 1528. Da heisst es in einer Anweisung an den vom Rat bestimmten Hofmeister: Er solle einen Kauf abschliessen mithilfe der Äbtissin und sie solle ihn auch besiegeln: *«Dan sy ouch mit ir und des gotshus sigell den louff beschliessen soll, des sy allein uffzogen, domit vor ir entfrömbdung des gotshus sachen versichert [...].»*[228] Erst anschliessend dürfe er ihr ihr Eigentum ausliefern. Ich nehme an, es handelte sich dabei um einen den Schein des Rechts wahrenden Kauf der Klostergüter durch den Rat, wie ihn Bern später immer wieder praktizierte, um sich so die Abgaben ausserhalb seines Herrschaftsgebiets weiterhin zu sichern.[229] Die Sache mag sich hingezogen haben, jedenfalls konnte die Äbtissin erst im Mai Königsfelden verlassen.[230]

Seite 299f.

Bei ihrem Austritt aber anerkannte der Rat die Äbtissinnenrechte der Truchsessin keineswegs. Es scheint ihr nichts anderes übrig geblieben zu sein, als sich dem Diktat der Berner Herren zu beugen. Sie hatte sich ja schon im April 1526 beklagt, sie werde wie eine Dienstmagd behandelt.[231] Am 16. Dezember 1527 verlangten die Berner Ratsherren, die zuvor schon mit ihren Anwälten, den genannten Getreuen Ulrichs von Württemberg, die Austrittsbedingungen besprochen hatten, sie müsse Männer von Zürich zum Besiegeln kommen lassen.[232] Sie erklärte darauf in einer Urkunde vom 1. März 1528 ihren Austritt *«mitt gunst, wüssen unnd wyllen»* ihrer Freunde und Anwälte und *«ouch mitt hannd unnd gwallt des ersamen Hannsen Äscher, burgers zu Zurich, mins recht gegebnen vogts, dem ich ouch in disenn sachenn von minenttwegen zu handlenn völlingen gwallt geben hab».*[233]

Berufung auf Frauenrechte im alten Rom

Dieser Vogt war der bereits erwähnte Soldunternehmer Hans Escher. Er hatte Katharina von Zimmern in ihrer Äbtissinnenzeit als Advokat und Redner gedient.[234] Er war ein hochgebildeter und erfolgreicher Rechtskonsulent und ein Freund und Kriegskamerad Eberhard von Reischachs.[235] War er es oder war es die Truchsessin selbst, die sich nicht enthalten konnte, dem Rat eine kleine Lektion zu erteilen betreffend Frauenrechte, die im alten Rom die der Eidgenossenschaft weit übertrafen? Die Austrittsurkunde beruft sich auf Rechte und Freiheiten, die der römische Gesetzgeber den Frauen verliehen habe: *«besunders des rechten oder fryheytt, so [..., unleserlich, vr?liancz/lianus?] der römsch gesetzgeber wyblichem geschlecht verlychen hatt».*[236]

Der Hinweis auf die Freiheit der Römerinnen war durchaus sinnvoll. Frauen hatten im kaiserlichen Rom verschiedene Rechte. Im *Prooemium* der *Institutiones* fanden gebildete Juristen die Bestimmung: Nach dem Tod des *pater familias*, des Vaters, sind Töchter, genauso wie ihre Brüder, die bis dahin der Gewalt des Vaters unterstanden, frei.[237] Nun war der Vater von Truchsessin Katharina schon 1504 gestorben. Sie wäre also nach dem im 16. Jahrhundert von humanistischen Juristen viel bewunderten römischen Recht frei gewesen, selbst über ihren Austritt und die Bedingungen zu bestimmen. So sehr römische Rechtsvorstellungen in den Gesellschaften des 16. Jahrhunderts an Einfluss gewannen, so wenig setzten sich deren Vorschläge zur Besserstellung der Frauen durch. In den Kreisen um die beiden Äbtissinnen aber und bei diesen selbst fielen sie offenbar auf fruchtbaren Boden. Truchsessin Katharina musste zwar auf Geheiss von Bern einen Vogt beiziehen, aber sie fasste die Urkunde doch im eigenen Namen ab. Es ist nicht der Vogt, der spricht. Sie beginnt: *«Ich Katherin Trucksässen von Waltpurg äpptissin zu Kungsfellden thun kund unnd bekänn offenlich mitt disem brieff [...].»*[238] Ob die beiden Äbtissinnen nun das im März 1524 erschienene lateinische Kolloquium des «Bestsellerautors» Erasmus von Rotterdam *Abbatis et Eruditae* gelesen hatten oder nicht, sie standen der gelehrten Dialogpartnerin jedenfalls an Selbstbewusstsein kaum nach. Die verkündigte stolz: Es gebe Frauen, die mit jedem Mann wetteifern könnten. Wenn die Männer sich nicht vorsähen, dann würden die Frauen bald auf die Katheder steigen.[239]

Entsprechend selbstbewusst leitete denn auch Katharina von Zimmern als noch regierende Äbtissin ihre Übergabeurkunde ein: *«Wir, Katharina, von gottes gnaden äptissin des gotzhus Frowenmünster zuo Zürich [...].»* Anders als ihre Kusine im Januar 1527/28 im Berner Gebiet konnte sie im Dezember 1524 in Zürich auch selbstständig siegeln: *«Und des alles zuo warem urkund unser obgeschribner fryen uffgab und end unßer wirde der apty haben wir unßer äptlich insigel zuosampt unßerm secrettinsegel [...] an diesen brieff tuon hencken [...].»*[240]

Der Rat wird kaum versucht haben, sie davon abzuhalten, sonst hätte er ihr sicher nicht zugestanden, auch weiterhin unbevogtet zu handeln. Er wird vielmehr

Abb. 17: Äbtissinnensiegel und Secretsiegel der Übergabeurkunde vom 8. Dezember 1524

dankbar gewesen sein, offiziell keinerlei Verantwortung für diese erste Übergabe
◀ Seite 292–294 eines Stiftes tragen zu müssen. Die Embracher Chorherren hatten ihr Stift nicht übergeben, sie führten es zunächst «nur» mithilfe des Rates einer neuen Nutzung zu. Dasselbe gilt für das Grossmünster oder für das Kloster Allerheiligen in Schaffhausen.[241] Hier aber wurde gegen weltliches und kirchliches Recht eine der überkommenen Kirche unterstehende selbstständige Stiftung bedingungslos in weltliche Hände gelegt und ihre geistliche Bestimmung aufgehoben. Das war ein ungeheurer Rechtsbruch, der Rat wird dabei seine Hände gern in Unschuld gewaschen haben. In Basel, wo man am 1. Februar 1525 die Gelegenheit wahrnahm, ebenfalls ein erstes Mal ein reiches Stift, das Chorherrenstift St. Leonhard, zu übernehmen – drei Jahre bevor die Stadt die Reformation einführte –, stand der Rat zu seiner Initiative, aber er brachte allerhand fadenscheinige Begründungen vor und die Chorherren hatten auch noch gewisse geistliche Dienste zu leisten. Das schlechte Gewissen ist in der Basler Urkunde deutlich zu spüren.[242]

Das Leibgeding

◀ Seite 296f. Der Zürcher Rat honorierte die Übergabe des Fraumünsters auch materiell äusserst grosszügig. Katharina erhielt ein Leibgeding. Das Leibgeding ist eine jährliche Aus-

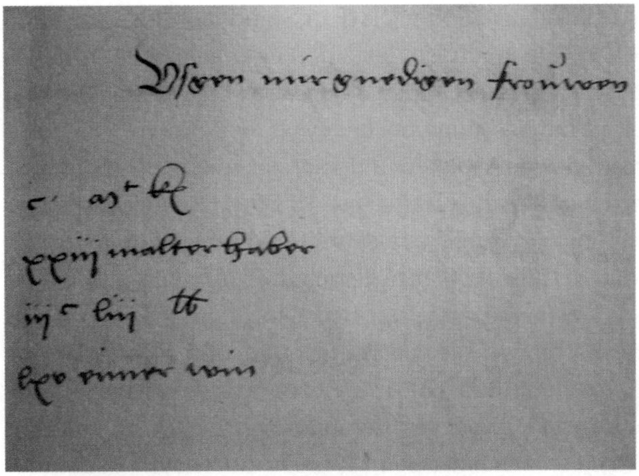

Abb. 18: Eintrag zum jährlich ausbezahlten Leibgeding für Katharina Reischach-Zimmern im Rechnungsbuch des Fraumünsters von 1536

Abb.19: Zürcher Taler und Batzen, geprägt 1526

zahlung, heute würde man von einer Pension sprechen. Ihr Leibgeding umfasste das lebenslängliche Wohnrecht in der Abtei und:

100 Mütt Kernen [Getreide]
23 Malter Hafer
353 Pfund [Silbergeld]
65 Eimer Wein.[243]

Schon als Äbtissin bezog sie ein hohes Leibgeding, weitaus höher als das der Chorfrauen, aber es war immer noch wesentlich niedriger als das nun mit der Übergabe ausgehandelte:

50 Mütt Kerne
20 Malter Hafer
50 Eimer Wein
140 Pfund [Silbergeld]
dazu noch dreissig Fastnachtshühner und 30 Zehntenhühner.

Weiter erhielt sie Naturalien aus dem Pfrundvermögen von 22 Mütt Kernen, 6 Malter Hafer und 6 Eimer Wein.[244] Hatte die Äbtissin dieses Vermögen für die als Verwalterin der Abtei und als Chorfrau geleisteten Dienste bezogen, so erhielt sie jetzt das wesentlich höhere Leibgeding – abgesehen von der Übergabe – ohne jede Verpflichtung.

Leibgedinge richteten sich durchaus auch nach dem Stand der Bedachten. So erhielt ihre gleichfalls vornehme Kusine in Königsfelden ebenfalls ein stattliches Leibgeding, aber es betrug doch «nur» 100 Gulden ohne Naturalien und ob die aus-
Seite 294, 298 bezahlt würden, wenn sie ausser Landes ginge, sei ungewiss.[245] Der erste Vorschlag für die Embracher Chorherren, der noch als Pfrundersatz bezeichnet wurde, war gerade einmal: 100 Mütt Kernen, 10 Malter Hafer und 10 Pfund Silbergeld.[246] Der Rat muss bald eingesehen haben, wie wenig attraktiv ein solches Einkommen war, jedenfalls, wenn Mönche damit aus ihren Klöstern gelockt werden sollten. Dem Rat aber lag daran, die Klöster zu leeren. So erhielten Ordensbrüder in den späteren Zwanziger Jahren in Zürich: «32 Pfund Bargeld, 6 Mütt Kernen und 6 Eimer Wein». Später wurden sie etwas grosszügiger bedacht. Der Bezug wurde verdoppelt, sie wurden aber auch für Arbeiten wie Brotbacken herangezogen.[247] Die ehemaligen Oetenbacher Schwestern erhielten zunächst beim Austritt überhaupt kein Leibgeding, nur ihr eingebrachtes Gut bekamen sie zurück. Das war auch schon vor der Reformation üblich, wenn ein Kloster verlassen wurde. Nach Eingaben der Schwestern diskutierte der Rat 1531 über ein einheitliches Leibgeding für sie. Es sollte «5 Gulden Bargeld, 4 Mütt Getreide und 3 Eimer Wein» betragen. Aber die Ratsherren konnten sich auch dazu nicht entschliessen. Die ehemaligen Nonnen bekamen gar nichts, allenfalls sollten bedürftige unterstützt werden.[248]

Die ausserordentlich hohe Abfindung, die Katharina von Zimmern erhielt, zeigt, wie dankbar und erleichtert der Rat war. Die Übergabe des Fraumünsters war ein Präzedenzfall, der dem Rat erlaubte, nun zügig seine Klosterpolitik, die letztlich auf eine Aufhebung aller Klöster hinauslief, zu verfolgen. Entsprechendes galt in Basel. Der Prior des schon genannten Leonhardstiftes erhielt ebenfalls ein bedeutend höheres Leibgeding als üblich, aber immer noch weniger als die Fraumünsteräbtissin. Er bekam 128 Gulden,[249] vier Saum (ein Saum entsprach in etwa einem Eimer) Wein und vier Vierzel (der Vierzel entsprach ungefähr dem Mütt) Korn. Auch dieser Prior, Lukas Rollenbutz, dürfte eine entscheidende Rolle bei der ersten spektakulären Stiftsübergabe in Basel gespielt haben. Rollenbutz stand mit Zwingli in Kontakt. Er stammte aus einer Zürcher Familie. Sein Bruder Mathes war Chorherr am Grossmünster.[250] Die Chorherren des Leonhardstiftes mussten sich mit kleineren Leibgedingen begnügen. Sie erhielten gerade noch halb so viel wie ihr Prior, aber mit 64 Gulden immer noch sehr viel mehr als in Zürich an Mönche ausgezahlt wurde, ganz zu schweigen von den Nonnen.[251]

Hätte Katharina tatsächlich, wie ihr Neffe, Chronist Froben Christoph, behauptete, auch anders handeln können? Wäre es möglich gewesen *«diz alt, künigclich gestift»* nicht zu verlassen,[252] im Fraumünster zu bleiben und die Abtei mit ihren Rechten und Privilegien über die Reformation hinaus zu retten? In den Gemeinen Herrschaften konnten überlebende Konvente nach dem Zweiten Landfrieden wieder in ihre alten Klöster zurückkehren, so ins Katharinental bei Diessenhofen.[253] Für Zürich, wie für andere an der Reformation festhaltenden Gebiete, ist das undenkbar. Es gab Nonnen, die bis zum Lebensende ausharrten; berühmt ist Caritas

Pirckheimer in Nürnberg. Aber so treu sie auch am Klosterleben festhielten, sie konnten ihre Klöster und Stifte nicht retten, die Aufhebungen allenfalls hinauszögern. Und was waren die Bedingungen, unter denen sie lebten? Sie mussten die Bilder aus ihrer Kirche entfernen, die ewigen Lichter löschen und die Kirchenzierden und Messgewänder hergeben. An das Singen der Tagzeiten und an Messfeiern war nicht mehr zu denken. Einer der wenigen Berichte von Frauenhand aus dem Jahre 1528 aus St. Gallen lässt erahnen, was das für Betroffene bedeutete: Eine Begine berichtet, wie der ganz im Sinne der Zürcher Reformation handelnde Rat von St. Gallen sie und ihre Gemeinschaft zwang, Kerzen und Ampeln zu löschen und die Kirchenzierden zu veräussern. «Mit was für Betrübnis wir das hörten, das weiss Gott, mein Herr, wohl und unsere Herzen», seufzte sie und *«Das gott erbarm»*, als sie die Altäre entblössen mussten. Schliesslich hatten sie auch noch ihren Habit auszuziehen und weltliche Kleider zu tragen. Sie konnten es nicht ohne Tränen. Sie taten es *«mit inenklichem wainen»*.[254]

Katharina zog es vor, die Abtei zu übergeben, bevor es zu solchen Massnahmen durch den Rat kam, und gleichzeitig Ruhe und Frieden in der Stadt zu fördern. Sie konnte dabei ausserordentlich gute Bedingungen aushandeln.

Die ehemalige Äbtissin verbindet sich mit Eberhard von Reischach

TEIL II

EBERHARD VON REISCHACH, EIN DIENER VOM HAUS DES HERZOGS ULRICH VON WÜRTTEMBERG

Nach der Übergabe des Fraumünsters hätte Katharina mit ihrem Leibgeding durchaus standesgemäss und sorgenfrei, ja als reiche Frau und Bürgerin in Zürich leben können. Aber sie entschied sich, Zürich zu verlassen und Eberhard von Reischach (vor 1463–1531) zu heiraten.

Seite 289, 292

Katharina heiratete nicht wie so viele ehemalige Nonnen einen Geistlichen, sie heiratete auch keinen ruhig sein Land verwaltenden Adligen oder einen stillen Bürger, sie heiratete einen umtriebigen Diplomaten und Krieger im Dienste des geächteten Herzogs von Württemberg.[255] In Zürich war Reischach vor allem als Soldunternehmer bekannt. Er hatte sich 1499 im Schwabenkrieg von Zürich als Söldnerführer anheuern lassen und im Hegau, seiner Heimat, für die Eidgenossen gekämpft – wohl sehr erfolgreich. Die Stadt dankte ihm für seine Dienste mit dem Bürgerrecht. Sie schenkte es ihm. Der von Haus aus verarmte Adlige[256] muss sich schnell in der Stadt integriert haben. Über eine Klara von Reischach, die seine Tante gewesen sein soll, hatte er Verbindungen zur Familie Schwend und über die Schwends wieder zu zahlreichen Junkerfamilien in Zürich und Schaffhausen.[257] Offenbar wurde er herzlich in ihrem Kreis aufgenommen. Er war jedenfalls bereits 1503 mit Verena Göldli, dem einzigen überlebenden Kind des

Zürcher Ritters Lazarus Göldli, verheiratet.[258] Die junge Frau hatte ein grosses Erbe zu erwarten. Lazarus Göldli hatte wichtige Vogteien bekleidet, am Ende die Reichsvogtei, und hatte 1489 an vorderster Front Bürgermeister Waldmann gestürzt.[259] Durch seine Frau Verena stand Reischach ihren Vettern, den ebenfalls bedeutenden Ratsherren Kaspar, Renward und Georg Göldli nahe. Die hatten mit ihrem Vater, dem ehemaligen Bürgermeister Zürichs, Heinrich Göldli (den seinerzeit Waldmann gestürzt hatte), zusammen mit Reischach im Schwabenkrieg gekämpft und als Söldnerführer Karriere gemacht. Ihre Schwester, also eine Kusine von Verena, war Dorothea Göldli, die zweite Frau von Bürgermeister Marx Röist. Die Familie Göldli war mit dem Fraumünster verbunden. Georg Göldli gehörte bis zur Übergabe zu den Amtleuten des Fraumünsters.[260] Nicht nur Eberhard von Reischach, auch Katharina hatte Beziehungen zu dieser Familie.

Reischach wird bereits 1501, also ein Jahr nachdem ihm das Bürgerrecht geschenkt wurde, in der vornehmen Konstaffel als Stubengeselle genannt.[261] 1502 gab er sich mit Standesgenossen dem adligen Jagdvergnügen hin und es kam dabei zu einem Streitfall wegen eines Vogelfangs im Winterthurer Wald. Die Stadt Zürich setzte sich dabei erfolgreich für ihren neuen Bürger ein.[262] 1508 geriet Reischach in einen schweren Konflikt mit der Stadt,[263] dennoch trat

Abb. 20: Herzog Ulrich von Württemberg, gemalt im Stil Lukas Cranachs d. Ä.

Zürich spätestens 1512 wieder energisch für ihn ein. Die Burg Hohenkrähen wurde nach einem Landfriedensbruch in einer Strafaktion gegen Eberhards Neffen Benedikt von Friedingen angezündet und brannte aus. Eberhard hatte dort Güter eingelagert. Obwohl er sich während der «Raubritterfehde» auf der Burg befand und selbst in höchstem Masse verdächtig war, konnte die Stadt eine Entschädigung für ihn erwirken.[264] – Er war integriert.

Reischach muss vor Frühjahr 1511 in den Dienst des Herzogs Ulrich von Württemberg getreten sein. Er wird bei den solennen Feierlichkeiten zur Hochzeit des damals jungen und glänzenden Fürsten als Hauptmann der Ehrenwache genannt.[265] Als «Diener vom Haus» war er gegen ein jährliches Gehalt verpflichtet, im Kriegsfalle seinem Dienstherrn Soldaten zuzuführen. Er benötigte dazu ein intaktes Beziehungsnetz, mit dem er Tausende von Söldnern anwerben konnte.[266] Aber er diente Ulrich auch als Diplomat und Beamter. 1511 ist er dessen Vogt in Reichenweier (Riquewihr) im Oberelsass, und seit 1512 Gesandter in der Eidgenossenschaft und beim französischen König.[267] 1513 wirbt er Truppen an für Ulrichs Zuzug nach Hochburgund.1518 überträgt ihm Ulrich die wichtige Vogtei Tübingen. Briefe von Herzog Ulrich an seinen Dienstmann bezeugen eine enge Vertrautheit. Sie sind formlos und doch auf ihre Art herzlich. So redet ihn Ulrich am 20. Juni 1516 an: *«Unsernn grus zuvor, Lieber getruwer, wir haben din schrybenn [...]»*[268]

Abb. 21: Herzog Ulrich redet Eberhard von Reischach 1516 als seinen «Lieben, Getreuen» an.

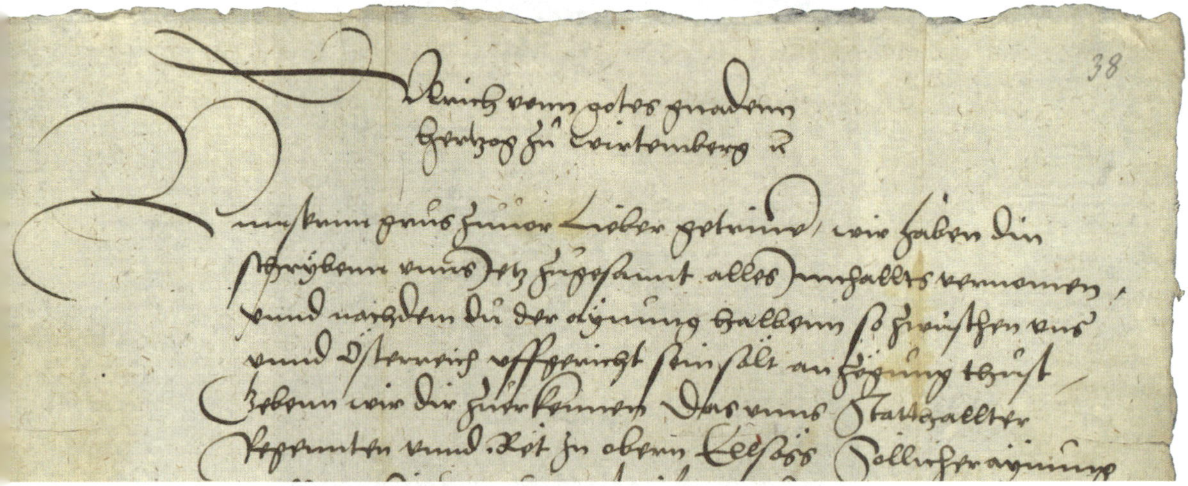

Ähnlich am 27. Januar 1525: *«Unnsern grus zuvor, lieber besonnder, wir schreiben hieneben einem Ratt zu Solothurn, wie du vernemen wirst, gnedigklich begerennd, du wollest in sollichem vleis furwennden, damitt es versorgtt werd. Deß wir dann dir one das vertruwen unnd gnedigklich erkhennen wollenn. Datum Schaffhusen, Fritag nach Vincentius anno xxvto Ulrich Hertzog zu Wirttenberg»*[269]

Es scheint, an der Vertrautheit der beiden habe sich über die Jahre hin nichts geändert, obwohl Eberhard von Reischach durchaus Grund gehabt hätte, an seinem Herrn zu zweifeln und den Dienst zu quittieren. Denn die herrlichen Zeiten, als der vielseitig begabte junge Anwärter auf die Württemberger Landesherrschaft, vom König Maximilian, dem späteren Kaiser, geliebt und gefördert, grosse Hoffnungen im Land weckte, diese Zeiten waren längst vorbei. Damals hatte Maximilian die ehrenvolle Verlobung des jungen elfjährigen Eitel Heinrich, erst später Ulrich genannt, mit Sabina, einer erst sechsjährigen Nichte des Bayernherzogs, eingefädelt. Auch hatte der König ihn statt seines unfähigen Onkels als Nachfolger eingesetzt – zunächst unter der Regentschaft eines Landschaftsrates. Aber schon 1498 erklärte Maximilian den 16-Jährigen für volljährig. Ulrich begann seine Regierungszeit mit aufsehenerregenden militärischen Erfolgen. Er war ein tapferer und kühner Kämpfer, der sich im Schlachtengetümmel nicht schonte. Erst Jahre später, nämlich 1511, feierte Herzog Ulrich seine Hochzeit mit Sabina von Bayern. Nach allen Berichten passten die beiden Ehegatten schlecht zusammen, denn beide seien jähzornig und eigensinnig gewesen, die gross gewachsene, stattliche Sabina ebenso wie ihr stolzer fürstlicher Gatte.[270] Die bayrische Prinzessin scheute sich denn auch vier Jahre nach der Hochzeit nicht, ihren Gatten bei den herzoglichen Räten zu verklagen.[271]

Seite 298

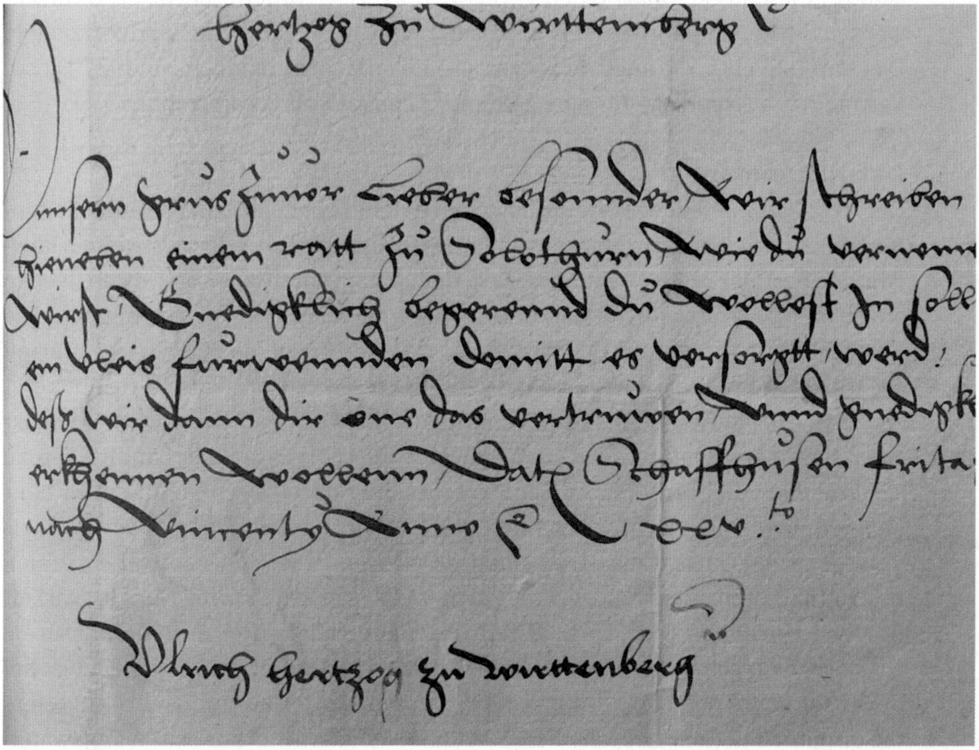

Abb. 22: 1525 spricht Herzog Ulrich Eberhard von Reischach sein besonderes Vertrauen aus.

Die Hofhaltung war glänzend und ausgelassen, daran fehlte es nicht. Jagden, Turniere und Feste mit herausragender Musik wechselten einander ab. Es ging hoch her. Auf dem Tübinger Landtag von 1514 beschwerten sich die Stände über Gotteslästerung, ehebrecherische Liaisons und Saufgelage am Hof [272]– der Herzog selbst soll allerdings nicht getrunken haben.[273] Herzog Ulrich konnte nach den militärischen Siegen sein Land vergrössern. Ein Bündnis mit der gesamten Eidgenossenschaft misslang, aber der Württemberger erneuerte doch 1509 mit acht Orten, darunter Zürich, einen Vertrag. Gegenüber seinem Förderer, dem Kaiser Maximilian, zeigte er jedoch wenig politisches Fingerspitzengefühl und trat 1512 aus dem vom Kaiser dominierten Schwäbischen Bund aus.[274]

Ulrich belastete nicht nur seine guten Beziehungen zum Kaiser, auch im Inneren seines Herzogtums gärte es. Ulrichs verschwenderische Hofhaltung und die Kriegszüge brachten das Land an den Rand des Ruins. Die Landbevölkerung revoltierte, es kam zum Aufstand des sogenannten «Armen Konrad».[275] Derweil handelten Politiker wie der Vogt Konrad Breuning im Namen der Ämter und Städte unter kaiserlicher Vermittlung mit dem Herzog den Tübinger Vertrag aus, um das Land vor einem Bankrott zu bewahren. Die Ämter und Städte verpflichteten sich darin als «Landschaft», einen Grossteil der Schulden abzutragen. Dagegen gestand der Herzog ihren Vertretern zu, über Krieg und Frieden zu entscheiden sowie über ausserordentliche Steuern und Verpfändungen von Landesteilen. Ein Untertan konnte erstmals einen geregelten Prozess fordern, bevor er verurteilt werden durfte, und durfte unter gewissen Bedingungen aus dem Land fortziehen. Das waren Rechte, die auch den revoltierenden Bauern entgegenkamen.[276] Dieser Vertrag hätte Grundlage für eine zukunftsträchtige Politik sein können.

Der Huttenhandel

Der Herzog zog es jedoch vor, auf seine Souveränität pochend, den neu aufgeflammten Aufstand der Bauern grausam niederzuschlagen und ohne Prozess seinen langjährigen besten Freund und Vertrauten, den Stallmeister Hans von Hutten, wegen angeblichen Verrats und Vertrauensbruchs als «Femerichter» zu erstechen.[277] Die Femegerichte waren seit Ende des 15. Jahrhunderts hoch umstritten. Sie führten sich selbst auf die Zeit Karls des Grossen zurück. Nachzuweisen sind sie aber erst seit dem 13. Jahrhundert. Sie waren in einer Zeit schwacher staatlicher Strukturen ein Instrument, um der Rechtlosigkeit zu steuern und den Landfrieden zu sichern. Jeder Kläger, der bei Kapitalverbrechen nachweisen konnte, ihm oder anderen werde das Recht von seinem Gerichtsherrn vorenthalten, konnte an das Femegericht gelangen, das sich dann des Falles annahm. Zunächst auf Westfalen beschränkt, übte es mit seinen Freigrafen und Freischöffen seine Gerichtsbarkeit im ganzen Reich aus. Die Feme hatte ihre eigenen geheimen Regeln und Strukturen. Grundsätzlich gab es aber ordentliche Gerichtsverfahren. Der Kölner Erzbischof berief seit Mitte des 15. Jahrhunderts Freigrafen mit jeweils sieben Freischöffen, die öffentlich tagten. Aber die Feme kannte auch ein zwar nur selten angewandtes, aber dennoch überall gefürchtetes Notrecht. Nur drei Freischöffen konnten als Notgericht bei einer «handhaften», also offenkundigen Tat den Täter ohne Gerichtsverfahren hinrichten.[278] Solche Kompetenz konnte leicht zu Missbräuchen führen. So gerieten die Femegerichte von zwei Seiten her unter Druck: Sie wurden zum einen als heimliche, rechtsbeugende Gerichte verschrien. Angesichts eines Femegerichts, das dem Grossonkel von Katharina von Zimmern 1455 gedroht hatte, klagte der Chronist Froben Christoph von Zimmern: Viele fragwürdige Leute seien nach Westfalen gezogen und hätten sich ein Freischöffenamt ergattert, um damit ungestraft ihren Feinden das Leben zu nehmen. So seien viele aus Neid heimlich hingerichtet worden: *«haimlichen erhenckt» und «jamerlich umb ir leben komen»*.[279] Dazu kam zum anderen der Druck der Territorialherren. Die wollten keine fremden Gerichte in ihren Gebieten dulden. So hat auch Herzog Ulrich sich vom Kaiser die Freiheit von den Femegerichten für Württemberg beurkunden lassen.[280] Zudem machte das 1495 eröffnete Reichskammergericht ein übergeordnetes Recht überflüssig.

Wenn Ulrich von Württemberg sich nun 1515 auf das Femerecht berief, um den Totschlag an seinem Stallmeister Hans von Hutten zu rechtfertigen, so war das ein höchst fragwürdiges Argument. Denn der Herzog handelte allein, er zog die obligatorischen zwei anderen Notschöffen nicht bei, und der Vertrauensbruch, wie er ihn geltend machte, war durchaus kein handfestes Verbrechen. Er hätte den Stallmeister schon des Ehebruchs mit seiner Frau überführen müssen, um daraus eine todeswürdige Straftat zu machen. Er aber beschuldigte in seinem Verteidigungsschreiben den Getöteten nur ganz allgemein der Ehrlosigkeit. Die Verwandten des Ermordeten stellten denn auch mit der gewandten Feder ihres Vetters Ulrich von Hutten den Tod von Hans von Hutten als einen gemeinen, hinterhältigen Mord dar und forderten von Kaiser und Reich Rache.[281] Herzog Ulrich sei abzusetzen. Zudem warnten sie, dieses Verbrechen könnte unter den Fürsten Schule machen. Es sei eine Art Präzedenzfall, mit dem die Landesherren künftig Übergriffe gegen tüchtige Adlige und andere unschuldige Menschen verteidigen könnten. So versuchten sie erfolgreich, selbstbewusste Adlige gegen Ulrich zu mobilisieren.[282] Es hätten sich denn auch nach der Tat, wie die Gegner erklärten, achtzehn adlige Diener vom Herzog losgesagt: *«frumm Grauen, Herrn und andere des Adels söhls Mordtß halben urlaub vom Mörder genomen haben»*.[283] Eberhard von Reischach war nicht darunter.

Der Kaiser versuchte zunächst, Herzog Ulrich zu decken. Aber die Familie Hutten liess sich nicht so leicht abweisen. Eine Flugschrift, ein Brief, ein Ausschreiben, eine ausgearbeitete lateinische Rede jagte die andere mit immer skandalöseren Vorwürfen gegen den Herzog.[284] Der habe, so deutete Ulrich von Hutten in seiner zweiten Rede gegen den Herzog an, Hans von Hutten ermordet, um seine ungeliebte Frau loszuwerden. Er habe ihr Ehebruch mit dem armen Opfer vorwerfen und auch sie ermorden wollen.[285] Auch Herzog Ulrich hatte in seiner Verteidigung eine Frau ins Spiel gebracht, freilich ohne einen Namen zu nennen. Sein Stallmeister,

Hans von Hutten, habe ihn als Frauenschänder verschrien und verleumderisch behauptet, er habe einer ehrbaren Dame gedroht, sie zu schlagen, wenn sie ihm nicht willfährig wäre.[286] Die Hutten glaubten, die Identität der Hofdame nicht verschweigen zu müssen. In ihrem vierten Ausschreiben, das sich an alle Fürsten und Geistlichen, den ganzen Adel und alle Städte und Gemeinden richtete, erklärten sie, Herzog Ulrich habe mit der Ehefrau des Ermordeten ein Verhältnis gehabt. Weil der ihm seine Frau nicht überlassen wollte, habe er ihn umgebracht.[287] Dass der Herzog die schöne und wohl auch kluge Frau seines Stallmeisters schätzte und sich oft und gern mit ihr unterhielt, hatte der später getötete Ehemann selbst bezeugt, allerdings ohne es für verdächtig zu halten. Keiner der Beteiligten hat ihr oder Ulrich in den veröffentlichten Anschuldigungen Ehebruch vorgeworfen, weder der Ehemann noch der Vater der Hofdame. Ihr Vater, Ulrichs Erbmarschall Konrad von Thumb, verliess auch nach der Tat den Hof nicht.[288] Ebenso wenig warf Ulrichs Ehefrau, Sabina von Bayern, ihrem Gatten Ehebruch vor, obwohl sie schon vor dem Tod Huttens danach trachtete, sich von ihm zu trennen.[289] Bald darauf aber setzte sie es in die Tat um.[290] Sie floh aus Württemberg zu ihren Brüdern nach Bayern, was den Herzog nochmals schwer belastete.

Hatten beide oder auch nur eine der Frauen tatsächlich direkt etwas mit dem Fall Hutten zu tun oder wurden sie von den Parteien nur instrumentalisiert? Für die Hutten'sche Familie war klar: Die schändliche und ehebrecherische Liebe des Herzogs zur Frau seines Stallmeisters trieb ihn zur Mordtat. Der Herzog beteuerte, Hutten habe sich ihm gegenüber treulos verhalten. Eine anonyme spätere Quelle behauptete: Herzog Ulrich habe schon länger einen allzu engen Umgang seiner Gemahlin Sabina mit seinem Stallmeister Hans von Hutten beargwöhnt. Auf der Jagd habe er bei Hutten einen Ring Sabinens gesehen. Tags darauf habe er ihn erstochen.[291] Dichter wie Wilhelm Hauff und Friedrich Schiller haben diese Version Jahrhunderte später übernommen und so den Herzog entschuldigt. Die Freunde des Herzogs mögen diese oder ähnliche Geschichten durchaus schon kurz nach der Tat verbreitet haben. Jedenfalls beschwerte sich Sabina von Bayern bei Kaiser und Reich über ehrverletzende Äusserungen aus ihrer und des Herzogs nächster Umgebung.[292]

Was haben die beiden Äbtissinnen Katharina von Zimmern und Truchsessin Katharina von Waldburg von der Sache gehalten? Gehört davon, das darf vorausgesetzt werden, haben sie sicher. Haben sie Ulrich von Württemberg als Frauenschänder und Mörder verurteilt? Oder haben sie wie Hauff und Schiller geglaubt, der Herzog habe wohl übereilt gehandelt, aber doch mit einigem Grund seinen Stallmeister erstochen? Haben sie die Frauen als unschuldig in die Sache hineingezogen bemitleidet oder gar deren vermeintlichen Mut zu einer unerlaubten Liebe bewundert? Was hielten sie von Sabina von Bayern, die für ihre eigene Reputation kämpfte, aber auch für ihre eigene Macht und die Zukunft ihres erst wenige Wochen alten Sohnes? Sabina liess sich aktiv in die bayrische Politik einspannen, die Herzog Ulrich des Landes verweisen und Sabina als Regentin für ihren Sohn einsetzen wollte.[293] Keine Quelle gibt über die Gedanken der Äbtissinnen Auskunft. Sicher aber hat sich der Neffe der Königsfelder Äbtissin, Georg Truchsess von Waldburg, zunächst nicht von Ulrich von Württemberg losgesagt. Erst nach einem glänzenden Angebot des bayrischen Herzogs, des Bruders von Sabina, hat er 1519 die Seite gewechselt, von dann an aber erbarmungslos gegen Herzog Ulrich gekämpft.[294] Dagegen hat sich Eberhard von Reischach, der spätere Gatte von Katharina von Zimmern, auch dann und später nicht von ihm getrennt, obwohl Ulrich von Württemberg mehr und mehr Anlass zu Kritik bot. Er schritt nun «von Gewalttat zu Gewalttat».[295]

Herzog Ulrich wird geächtet und verliert sein Land

Auf Druck Bayerns und der Familie Hutten sah sich der Kaiser gezwungen, Herzog Ulrich zu massregeln: Ulrich von Württemberg sollte, um die Gegenseite zufriedenzustellen, für sechs Jahre ein Landesregiment mit städtischen und adligen Vertretern und einem kaiserlichen Regimentsrat anerkennen, wie schon zu Zeiten seines Onkels und wie während seiner Jugend. Dazu sollten beide Seiten auf alle feindlichen Handlungen verzichten. Die entsprechenden Akten interessierten auch die Familie Reischach. Sie liessen die einschlägigen Verträge kopieren und bewahrten sie in ihrem Archiv auf.[296] Ulrich aber hielt sich nicht zurück. Er zerstörte Schlösser der Adligen, die seiner Frau zur Flucht verholfen hatten. Schlimmer noch, er ging gegen das Landesregiment vor. Er liess unter fadenscheinigen Vorwänden die einflussreichsten Herren des Regiments anklagen. Nach durch Folter erpressten Geständnissen wurden sie wegen Hochverrats hingerichtet, unter ihnen so weitsichtige Politiker wie Konrad Breuning, der massgeblich den Tübinger Vertrag ausgehandelt hatte.

Das erregte Aufsehen auch am kaiserlichen Hof. Die Geduld des Kaisers war am Ende. Er klagte Ulrich von Württemberg nun an, ehrlos, unmenschlich und wie ein Tyrann zu handeln, seine Taten seien: *«unerbar»*, *«unmenschlich»* und *«Tirannisch»*, so in einem Schreiben an das Landesregiment. Darin forderte er im Juli 1518 die Landschaft auf, die grausame Folterei abzustellen.[297] Das Landesregiment bestand noch nominell, war aber praktisch ausgeschaltet und machtlos. Herzog Ulrich regierte mit seinem rechtsgelehrten Kanzler Dr. Ambrosius Volland, der mit seinem Landesherrn – wie damals andere Kanzler auch – rücksichtslos eine frühabsolutistische Territorialherrschaft errichten wollte. Sie suchten Unterstützung beim französischen König und bei den Eidgenossen, wo Eberhard von Reischach an vorderster Front für Ulrich von Württemberg und gegen den Kaiser auftrat.[298]

Kaiser Maximilian starb am 11. Januar 1519. Ulrich und sein Kanzler nutzten das Interregnum, um die Reichsstadt Reutlingen einzunehmen und ihrer Landesherrschaft einzugliedern. Damit brachten sie den Schwäbischen Bund gegen sich auf. Alle schwäbischen Reichsstädte waren alarmiert. Sie waren sofort bereit, für Reutlingen, ihre Bundesgenossin, einzustehen. Sie und Bayern rüsteten nun gemeinsam zum Krieg. Herzog Ulrich bot seine Landsleute auf und getreue Diener vom Haus wie Eberhard von Reischach, Albrecht von Landenberg und Georg von Hewen warben in der Schweiz – trotz Verbotes der Tagsatzung – Tausende von Knechten an mit ihren Hauptleuten, darunter Renward und Georg Göldli aus Zürich und Berner aus Ratsherrenfamilien wie Hans Ziegler, Ludwig Diesbach und Kaspar von Mülinen.[299] Die Eidgenossenschaft, die in Zürich tagte, liess sich jedoch vom Schwäbischen Bund überreden, ihre Knechte ernstlich zurückzurufen.[300] Damit war der Krieg entschieden; allein mit dem schlecht ausgerüsteten Landsturm konnte Ulrich sein Land gegen die gut gerüsteten Truppen des Bundes nicht halten. Er musste fliehen. Sein erster Versuch, das Land zurückzuerobern, scheiterte kläglich.

Der siegreiche Bund bot 1520 das Herzogtum den Habsburgern gegen gutes Geld an. Die Habsburger griffen zu, obwohl nach Reichsverfassung ein Reichslehen dem Fürstenhaus nicht entzogen werden durfte. Truchsess Wilhelm von Waldburg wurde 1521 definitiv als Statthalter von Württemberg eingesetzt. Ulrich von Württemberg war nun ein Herzog ohne Land; nur die recht unbedeutenden linksrheinischen Gebiete blieben ihm. Und Eberhard von Reischach? Er floh nach Schaffhausen, wo seine Eltern das Bürgerrecht erworben hatten. Er wurde als hauptschuldiger Werber angeklagt, in Zürich in Abwesenheit zum Tod verurteilt und zum Todfeind der Stadt erklärt. Er konnte Zürich nicht mehr betreten und sein Vermögen wurde konfisziert.[301] Auch in die Gebiete des Schwäbischen Bundes konnte er sich nicht mehr wagen. Den Getreuen Ulrichs, darunter Eberhard von Reischach und auch Katharinas Verwandten, Georg von Hewen, drohten dort Blendung oder Enthauptung.[302]

Dennoch hat sich Eberhard von Reischach nicht von Ulrich von Württemberg losgesagt. Er setzte sich bereits 1522 wieder nachdrücklich bei den Eidgenossen für Ulrich ein.[303] Das ist erstaunlich. Es hätte nahegelegen, den Dienstherrn zu wechseln. War er doch ein «guter Landsknecht». Das habe er nicht nur im Schwabenkrieg, das habe er auch in den Kämpfen um die Vorherrschaft in Italien bei Neapel bewiesen. Albrecht von Landenberg, sein späterer guter *«geselle»*[304] und «Kollege» im Dienste Ulrichs, bescheinigte es ihm 1503 bereitwillig, während er damals noch als Gegner in einem Prozess gegen Eberhard von Reischach auftrat.[305] Reischach hätte leicht einen anderen Arbeitgeber finden können und Dienstwechsel waren durchaus üblich. Es gab denn auch Gerüchte, er habe 1524 dem Deutschen Orden zuziehen wollen.[306] Wilhelm von Waldburg, der Bruder der Königsfelder Äbtissin, wechselte zwischen dem Herzog von Mailand, den Herzögen von Sachsen, dem Schwäbischen Bund und am Ende zu den Habsburgern. Dazwischen feierte auch er mit seiner Gemahlin die Hochzeit Ulrichs von Württemberg als dessen «vertrauter Oheim» mit.[307]

Dienstwechsel waren also durchaus üblich, aber nicht ehrenvoll. Der Zimmer'sche Chronist Froben Christoph «verwunderte» sich, dass die Truchsessen sich gegen Ulrich «gebrauchen» liessen, obwohl der sich zuvor ihrer «getreulich und mit allen Gnaden» angenommen habe.[308] Katharinas Bruder, Gottfried Werner von Zimmern, verweigerte sich solcher Untreue und verzichtete auf verlockende Angebote von Habsburger Seite. Eingedenk der *«guetthatten und gnaden, im in seiner jugent von herzog Ulrich von Würtemberg beschehen»* habe er nicht gegen ihn handeln und nicht in kaiserliche Dienste treten wollen.[309] Allerdings setzte er sich auch nicht mehr für Ulrich ein. Er konnte sich als Herr über beträchtliche Ländereien solche Zurückhaltung auch leisten. Das war bei Eberhard von Reischach oder bei Albrecht von Landenberg, der bei den Eidgenossen wegen seiner Werbungen für den Herzog mit einer Busse von 300 Gulden davonkam, kaum der Fall. Albrecht von Landenberg allerdings verliess Ulrich und schloss im April 1520 mit dem Kaiser einen Vertrag. Der Kaiser nahm ihn für zehn Jahre in seinen Dienst mit dem beträchtlichen Jahresgehalt von 400 Gulden.[310] Eberhard von Reischach aber blieb Ulrich treu. Er, der vom Alter her hätte dessen Vater sein können, verliess im Unglück den viel jüngeren Herzog nicht.

Ritterliche Treue

Treue, so oft sie auch verraten wurde, war durch das Mittelalter hindurch und weit darüber hinaus ein hohes und anerkanntes Ideal. Herrschaft und Untertanen besiegelten ihre Treue Jahr für Jahr mit Eiden. Die Treue musste gegenseitig sein, sie zu brechen, galt als schändlich insbesondere für Ritter – und Eberhard von Reischach war ein Ritter. Wie Franz I., *«le roi chevalier»*, wird er den Rittertitel mit Stolz getragen haben. Die Heldenepen, Artusromane und Tugendspiegel aus dem hohen Mittelalter wurden im 16. Jahrhundert immer noch eifrig gelesen und auch neu im Druck aufgelegt. Zu den bekanntesten Werken dieser Gattung gehörten das *Schachzabelbuch* von Kunrad von Ammenhausen und der *Willehalm*, ursprünglich eine unvollendete Kreuzzugsdichtung von Wolfram von Eschenbach, beruhend auf älteren französischen Vorlagen. Später erhielt das Epos bedeutende Zusätze, die mit ihren konventionelleren Formen ausgesprochen beliebt waren. Beide Werke wurden um 1475 im Umfeld des Fraumünsters abgeschrieben, der *Willehalm* in einer späten überarbeiteten Form in Prosa als *Buch des heiligen Wilhelm*.[311] Die Vorlagen dazu, das Fragment *Willehalm* von Wolfram von Eschenbach, die einleitende Vorerzählung *Arabel* von Ulrich von dem Türlin sowie die Fortsetzung, den *Rennwart* von Ulrich von Türheim, konnte Katharina ebenso wie das *Schachzabelbuch* schon als junges Mädchen in der Bibliothek ihres Vaters lesen.[312]

Das *Schachzabelbuch* bietet Regeln für den Ritter. Die üblichen Rittertugenden fehlen nicht; er soll den Schwachen, insbesondere den Frauen zu Hilfe eilen.[313] Vor allem aber muss er weise, beständig und treu sein. Weise sein heisst da, beständig beten und gottesfürchtig und voll Gottvertrauen sein Schwert gebrauchen.[314] Die Treue gilt dem Reich und dem Fürsten, dem der Ritter unterstellt ist. Er soll für sie nicht nur seine Leistungskraft, nein, er soll auch sein Leben für sie einsetzen.

Die todesbereite Treue wird verglichen mit einem in Gold gefassten Edelstein, der dem Gold erst seinen Wert verleiht. Die Treue ist *die* Rittertugend, die alle

Abb. 23: Ritter, Tod und Teufel, Albrecht Dürer 1513

anderen überstrahlt.[315] Als Beispiel solch ritterlicher Tugend steht eine Geschichte: Der Ritter Onulfus und sein Schiltknecht setzen ihr Leben für ihren Herrn ein. Sie retten ihn mit allerlei Listen und Täuschungsmanövern vor einem Meuchelmord, den der Langobardenkönig aufgrund übler Verleumdungen anordnete. Der Herr konnte fliehen, der treue Ritter und sein Knappe aber werden gefangen, verhaftet und verhört. Der König befragt seine Räte, wie der Ritter und sein Schiltknecht bestraft werden sollen. Die Räte überbieten sich darin, grausame Hinrichtungsarten zu empfehlen. Der König aber entgegnet: Die Angeklagten seien nicht des Todes, sie seien im Gegenteil aller Ehren würdig. Denn sie waren ihrem Herrn treu:

«beide den herren und den kneht menglich billich eren soll
das hant si verdienet wol mit ir grossen truewen sicherlich».[316]

Die im 15. Jahrhundert weit verbreitete Geschichte könnte gleichsam als Parabel für Eberhard von Reischach geschrieben worden sein. Auch er stand unter grosser Gefahr seinem Herrn bei. Er setzte im Kampf für Ulrich von Württemberg sein Leben ein. Dazu riskierte er als Ulrichs Gesandter und Werber seinen guten Ruf in der Eidgenossenschaft. Er freilich fand keinen so gnädigen Richter wie der langobardische Ritter. Er wurde zum Tode verurteilt, allerdings nicht ans Messer bzw. ans Richtschwert geliefert. Er konnte – ausser in Zürich – ungehindert weiter in der Eidgenossenschaft als treuer Diener für seinen Herrn tätig sein.

Das *Buch vom heiligen Wilhelm*

Auch der *Willehalm* und seine späte Version das *Buch vom heiligen Wilhelm* thematisieren die mittelalterliche Treue, und zwar in allen ihren wichtigsten Facetten: Treue zwischen dem Dienstherrn und seinem Diener, Treue innerhalb der Familie, insbesondere zwischen Mann und Frau, und Treue gegenüber Gott. Die letzte, die Glaubenstreue, werteten der Dichter Wolfram von Eschenbach und seine Fortsetzer und Überarbeiter am höchsten.

Die mittelalterliche Literatur kannte indessen auch Beispiele, in denen die zwischenmenschliche Treue, wenn nicht die Glaubenstreue, so doch alle christliche Ethik überbietet und verletzt. In den Bearbeitungen der *Amicus und Amelius*-Legenden, so etwa in Konrads von Würzburg *Engelhard*, verlangt die Freundschaftstreue höchst fragwürdige Handlungen, am Ende gar eine unmenschliche Tat. Da haben sich zwei Gesellen ewige Freundschaft geschworen und das fordert von dem einen, für den schuldig gewordenen Freund betrügerisch an dessen Stelle ein Gottesurteil auszufechten, und von dem anderen, den am Aussatz erkrankten Gesellen mit dem Blut seiner eigenen Kinder einzustreichen und ihn so zu retten. Den Freunden verlangt das Treueideal also wechselseitig Betrug und Kindsmord ab und beide führen die Taten auch aus. Dass schliesslich die Kinder dank Gottes Eingreifen, nur durch eine schmale Narbe am Hals gezeichnet, wieder leben, macht die Erzählung für heutige Leser kaum geniessbarer. Konrads von Würzburg deutsche Version des *Amicus-Amelius*-Stoffes ist nur schlecht überliefert.[317] Das ändert aber nichts daran, dass der Stoff selbst ausserordentlich beliebt war und vom 11. bis ins 17. Jahrhundert immer wieder bearbeitet wurde.[318] Bibelkundige erinnert die verstörende Handlung an die Geschichte von Isaaks «Opferung» (Gen 22,1–19), die ja auch glücklich endet. Aber da wird der Gehorsam gegenüber Gott geprüft, und die Pointe der Geschichte ist, dass der Engel Gottes am Ende verbot, Isaak zu opfern. Dagegen geht es in Konrads von Würzburg *Engelhard* um eine Freundschaftsprobe unter Menschen, und Gottes Gebote werden verletzt.

Anders im *Buch vom heiligen Wilhelm,* der späteren *Willehalm*-Bearbeitung. Da muss die zweite, nach Ulrichs Arabel konzipierte Hauptfigur, also eine Frau, gerade um der Glaubenstreue willen die Treue gegen ihre Familie verraten. Sie ist eine «heidnische» Königin. Wilhelm, der im treuen Ritterdienst gegen das Heer der Nichtchristen tapfer kämpft, wird gefangengenommen. Trotz Ketten und Kerkerhaft kann er am feindlichen Hof die Aufmerksamkeit der Königin gewinnen, ja mehr noch: Er kann sie zum Christentum bekehren. Interessant genug ist, welche Worte die entscheidenden sind, die sie zum Glaubenswechsel anregen. Zunächst bekennt der Christ sich, obwohl sein Gott ihm Leiden schickt, zu eben diesem Gott (auch wenn der sich also vermeintlich als grausam oder schwach erweist). Entscheidend aber ist ein Mariengebet, in dem Wilhelm die jungfräuliche Geburt Jesu anspricht und von ihm bekennt: «Der hat durch meinen Willen viel gelitten, denn er ist für mich gestorben am Kreuz und hat mich und alle Menschen erlöst vom ewigen Tod.» Die Königin fragt erstaunt nach der Jungfrauengeburt, wie die möglich sei. Wilhelm geht nicht darauf ein, sondern antwortet mit einer kleinen heilsgeschichtlichen Belehrung von der Erschaffung der Welt, vom Sündenfall, von Christi Leiden und Tod zur Erlösung der Menschen und von seiner Auferstehung.[319]

Der Prosabearbeiter von Wolframs von Eschenbach Vorlage[320] straffte die theologischen Passagen Wolframs und bot so eine ansprechende Laientheologie am Vorabend der Reformation. Wilhelm entkommt mit der Königin und ihren Getreuen, die gleichfalls bekehrt werden. Sie lassen sich taufen. Die heidnische Ehe Kyburgs ist nach dem Kanonischen Recht ungültig, darum kann Kyburg, so der neue christliche Name der Königin, nun ihren Retter Wilhelm heiraten und mit ihm auf dessen Burg ziehen. Problematisiert wird nicht die Treue gegenüber ihrem ersten Mann, aber die Treue gegenüber ihrer Herkunftsfamilie – die Treue, die Katharina von Zimmern aus der Sicht ihres Neffen brach, wenn sie gegen den Willen und zur Schande ihrer Familie die Abtei übergab und einen Niederadligen heiratete. Dagegen berief sie selbst sich bei der Übergabe auf ihren Vater, verstand sich also als treue Tochter.[321]

Im *Buch vom heiligen Wilhelm* will der königliche Vater seine Tochter zu sich zurückholen. Er bietet ein grosses Heer auf. Wilhelm reitet von seiner Burg fort, um Hilfe zu suchen. Derweil kommt der «heidnische» Vater mit seiner Armee und belagert die Burg. Er versucht, seine Tochter zunächst friedlich wieder zu sich und zum Glauben ihrer Väter zurückzurufen. Kyburg aber will von dem Gott nicht lassen, der für sie in den Tod ging. Auch will sie ihrem Gatten Wilhelm treu bleiben.

Der Vater klagt verzweifelt über seine Tochter, die ihrer *«selden»*, ihrem Haus untreu geworden sei. Sie sei ihm so *«lieb, das ich fur dich in den tod gienge»*, ruft er ihr zu. Er mahnt sie, sie solle ihre Brüder und ihren Sohn, ihren ersten Gatten und das ganze Geschlecht ehren und zu ihnen zurückkehren.[322] Kyburg aber lässt sich nicht erweichen, zieht sich einen Harnisch an und bewaffnet sich, um in der grössten Not die Burg mit wenigen Mannen gegen die Heere ihres Vaters und ihres «heidnischen» Ehemannes zu verteidigen. Die Stadt geht in Flammen auf, aber die Burg kann sich halten, bis Wilhelm mit einem Christenheer zurückkehrt. Es kommt zu schrecklichen Kampfszenen mit vielen Toten. Die trauernden Überlebenden tröstet ein Geistlicher: Die Feinde könnten den treuen Kriegern den Leib töten, nicht aber die Seele. Die Kampfgesellen sollten nicht um sie trauern, denn ihre Seelen ständen vor Gottes Angesicht im ewigen Leben: *«die Cristinen die sind nit ze klagen, won ir selen synd vor gocz angesicht in dem ewigen leben»*.[323] Aus der Gewissheit des ewigen Lebens zieht Wilhelm als Gottesstreiter sein Vertrauen. Gott verlasse sie nicht, erklärt er seiner Frau Kyburg zum Abschied vor der Schlacht gegen eine Übermacht. Gott sei und bleibe barmherzig. Er und seine Getreuen stritten für Gottes Ehre. Gott werde helfen, wenn er es wolle, wolle er es nicht, so lasse er den Leib verderben, behalte aber die Seele: *«Gott lat uns nitt. Er ist als erbarmherczig, als er ie ward; so ist unser stritten nutt dan umb die ere gocz. So helf uns, ob er wöll; will er des nüd, so las er recht den lib verderben, behalt allein die selen.»*[324]

Wie ein Abglanz davon mutet die Martyriumsbereitschaft von Reformatoren wie Zwingli und Luther an, die gern für ihren Glauben sterben wollten.[325] Auch Luthers Kampfeslied, *Ein feste Burg*, scheint von solch ritterlichen Werten geprägt mit den Zeilen: «Nehmen sie den Leib, Gut Ehr Kind und Weib: Lass fahren dahin, sie haben's kein Gewinn. Das Reich muss uns doch bleiben.»[326] Erst recht scheint Zwinglis Drängen zum Glaubenskrieg um der Ehre Gottes willen in dieser Tradition des Kampfes gegen die «Ketzer» zu stehen.[327]

Von den vielen blutigen Szenen im *Buch vom heiligen Wilhelm* sei ein Zweikampf um den wahren Glauben hervorgehoben. Der Streiter Rennwart besiegt den Muslim, der daraufhin bekennt: Der Christengott sei stärker, und die Taufe begehrt.[328] Das Besondere ist nun, dass der Kämpfer für Christus selber noch nicht getauft ist. Er ist der Bruder Kyburgs, der als Kind nach Europa verkauft wurde. Zunächst kämpft er eifrig für die Christen. Aber er verzweifelt am Christenglauben, als sein kampfesmüder Herr und Gefährte Wilhelm nach gewonnener Schlacht sich auf seine Burg zurückzieht, um auszuruhen, und ihn allein die letzten noch nicht Besiegten verfolgen lässt. Da hat für ihn Wilhelm, sein christlicher Herr, an ihm die Freundestreue verraten. Nur seiner Schwester Kyburg, die mutig ihm nach auf das Schlachtfeld reitet, gelingt es schliesslich, ihn wieder für die Christen zu gewinnen. Er verzeiht Wilhelm, wird getauft und zum Ritter geschlagen.[329]

Die Ritter in diesem Epos kämpfen treu für ihren Glauben und zur Ehre Gottes, der für sie am Kreuz starb. Das Werk verehrt Gott als den Leidenden, und

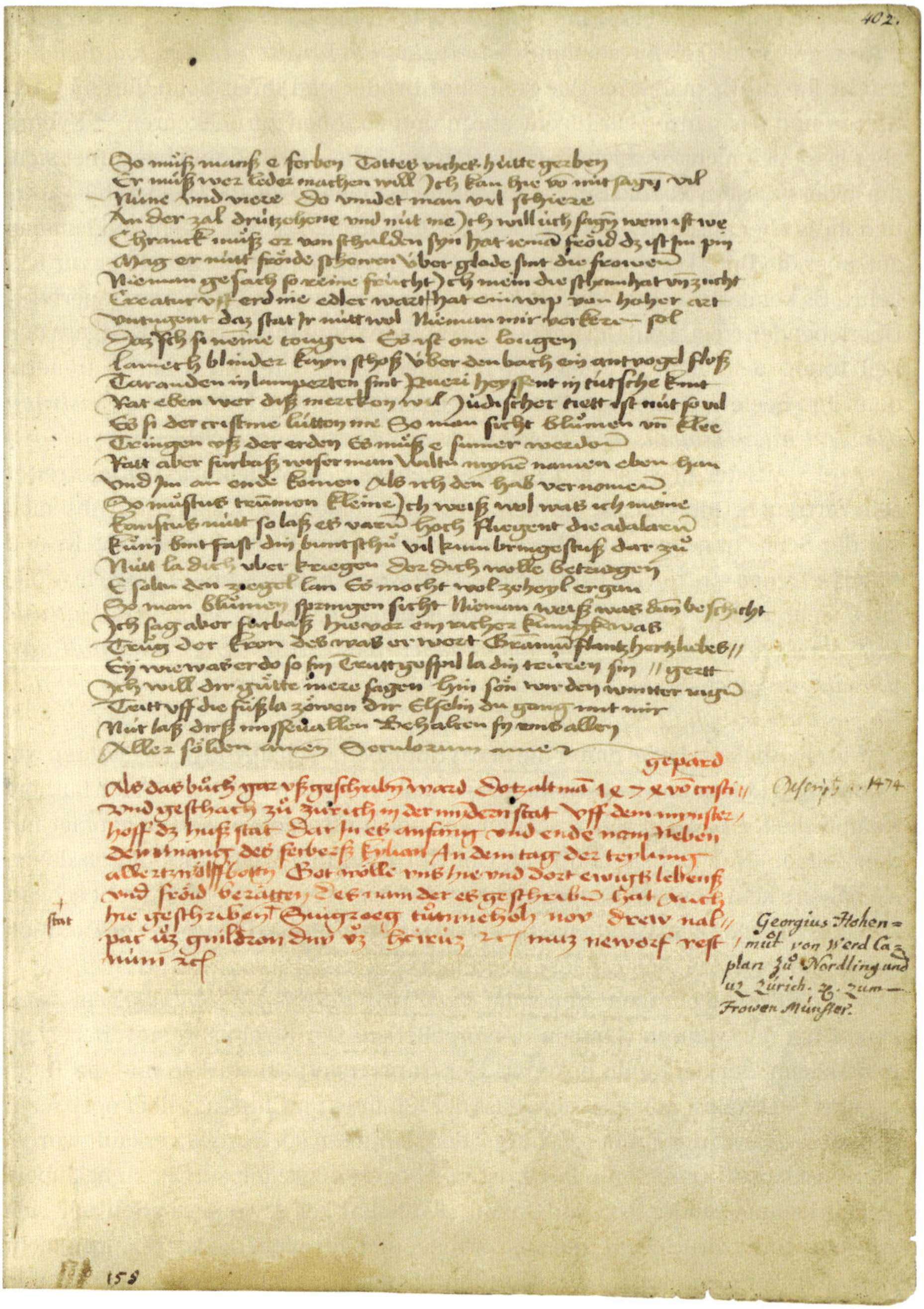

Abb. 24: Ende des Schachzabelbuchs aus einem Sammelband mit Texten in deutscher Sprache, 1474–1478. Eintrag des Schreibers Georg Hohenmut aus Donauwörth, Kaplan in Nördlingen und am Fraumünster, jedes Wort von hinten nach vorn zu lesen: «Suigroeg toumnehoh […] hciruz muz neworf retsnum». Geschrieben im Haus des Färbers Kilian auf dem Münsterhof im Zürcher Niederdorf.

nicht als den Kämpfenden, dennoch kommen keinerlei Zweifel auf, ob es sinnvoll und passend sei, für diesen Gott das Schwert zu ziehen. Solange es gilt, für das Reich, den angestammten Fürsten oder den Gesellen, so ausdrücklich im *Schachzabelbuch*,[330] oder um des wahren Glaubens und Gottes Ehre willen Gewalt anzuwenden, solange soll der Ritter tapfer dreinschlagen. Dann ist der Krieg gerecht, so die Lehre, die bis weit in die Neuzeit hinein auch Offensivkriege bei «gerechtem» Kriegsgrund im christlichen Abendland nicht infrage stellte. Einreden von Humanisten wie Erasmus von Rotterdam verklangen ungehört.

Das *Buch vom heiligen Wilhelm* kennt zwar noch keine grundsätzlichen Überlegungen zu einer Kriegskonvention, aber es mahnt doch zu einem ritterlichen Umgang mit den feindlichen Gefallenen und Verwundeten. Die Feinde dürfen nach der Schlacht ihre Verwundeten heimnehmen und pflegen und auch die Toten auf ihre Schiffe verladen, um sie nach ihrem Ritus zu begraben. Auch soll der Feind nicht einfach unbesehen abgemurkst werden. Ist der Muslim im Nahkampf überwunden, so soll der christliche Sieger ihm das Leben schenken, allerdings nur, wenn er bereit ist, sich taufen zu lassen. – Der Glaube entscheidet über Leben und Tod. Über Krieg und Frieden bestimmt er auch bei Zwingli. Entsprechend wird Zwingli den Krieg gegen die katholischen Orte fordern. Nur wenn sie die aus seiner Sicht «freie» evangelische Predigt zulassen, dann will er auf einen kriegerischen Einmarsch verzichten, sonst tapfer dreinschlagen.[331]

Die Elite des 16. Jahrhunderts las nicht nur die neueste humanistische und reformatorische oder antireformatorische Literatur, auch solche ritterlichen Dichtungen blieben lebendig. Sie wurden nachgedruckt und waren weit verbreitet. Ritterliche Ideale wie kämpferisches Eintreten für den wahren Glauben und Treue gegenüber den Fürsten begeisterten immer noch. Die Kreuzzugsepik vertrat Werte, die – wie verwässert auch immer oder wie bewusst oder unbewusst – die Gesellschaft prägten, ganz abgesehen davon, dass auch die Humanisten ganz selbstverständlich Treue einforderten.[332] Das Wort Treue war so beliebt und allgegenwärtig, dass sich Briefpartner gern ehrenvoll mit «Getreue» anredeten. Ulrich von Württemberg benutzte z. B. diesen Ehrentitel in seinen Anschreiben an die Eidgenossen.[333]

1506 bis 1508 errichtete die Äbtissin Katharina von Zimmern einen Neubau. Über die Tür ihres Prunkgemaches im Obergeschoss liess sie diesen Spruch einschnitzen: *«driw ist ein gascht/ wem si wirt, der heb si fast»*, also Treue sei ein Gast, wem sie zuteilwerde, der solle sie festhalten. Danach ist Treue ein Geschenk, über das man nicht einfach verfügen kann. Wie ein Gast kann sie durch die Tür eintreten, aber sie kann auch draussen bleiben. Bei wem sie eintritt, der, so mahnt der Spruch, lasse sie nicht wieder ziehen, der umsorge sie, damit sie gern verweile. Die Treue, die Eberhard von Reischach dem Herzog von Württemberg hielt, könnte Katharina durchaus beeindruckt haben. Aber Eberhard von Reischach war nicht nur ein treuer Gefolgsmann seines Herrn, er war eben auch ein berüchtigter Söldnerführer.

DAS SOLDWESEN

Zürich hatte Eberhard von Reichach als Söldnerführer verurteilt, weil er gegen das ausdrückliche (allerdings zunächst nicht durchgesetzte) Verbot der Eidgenossen und Zürichs in grosser Zahl Söldner geworben hatte. Die Zahl der tatsächlich Mobilisierten ist in der Forschung bisher umstritten.[334] Nach einer von Reischach selbst aufgestellten Liste waren es 13'900 und dazu kamen noch freie Einzelsöldner.[335] So viele Reisläufer mobilisieren konnte er nur dank einer ausserordentlich guten Vernetzung.

Das Staatsarchiv Zürich bewahrt eine weitere Liste, auf der ein Schreiber die

◀ Seite 274–283

«erwirdigen edlen strenngen vesten fursichtigen ersamen fromen und wysen herren unnd gsellen, die mir Eberhart von Ryschach von Zurich den ochsen inn das bad geschenckt habend» eintrug, also Eberhards Freunde, die ihm während seines Badeurlaubs «einen Ochsen» schenkten. Das war ein Jahr zuvor, im Jahre 1518.[336] Solche Geschenke sind auch sonst belegt. Einflussreichen Männern bezeugte man so Respekt und sicherte sich zugleich ihr Wohlwollen und ihre Freundschaft. Denn der Ochse wurde selbstverständlich sofort geschlachtet und gemeinsam verzehrt.[337] Eineinhalb Tage lang habe Reischach die Gesellen in allen Ehren ausgehalten. So konnten die Beteiligten ihre Beziehungen untereinander und zu dem Beschenkten vertiefen. Wie denn überhaupt Geschenke und Gaben sowie gemeinsame Festessen damals wie heute als politisches «Schmiermittel» dienten.[338]

Die Liste beeindruckt nicht nur wegen der schieren Menge der Freunde, die ihn beschenkten – es waren 51 –, sondern auch durch die Namen selbst. Es sind Namen aus der politischen und geldaristokratischen Elite von Zürich und auch einige aus Schaffhausen sind dabei, insbesondere Männer, die wie Reischach im Soldwesen engagiert waren, oder doch als Hauptleute mitzogen.[339] Dass unter der politischen Elite Zürichs so viele Söldnerführer waren, ist kein Zufall. Militärische Führungserfahrung galt als Eintrittskarte für eine politische Karriere. Neben dieser «Ochsenliste» hat Eberhard von Reischach noch eine zweite mit eigener Hand aufgezeichnet.[340] Sie enthält 33 Namen. Auch Frauen sind darunter, so eine Nonne Barbel in Diessenhofen, die er Schwester nennt. Es könnte eine leibliche Schwester Eberhards gewesen sein oder eine auch sonst bezeugte Familienangehörige aus einer anderen Linie der Familie Reischach.[341] Offenbar stand sie ihm nahe. Ein Suederis Schwend und dessen Frau schenkten ihm eine Schachtel Zuckererbsen, ein besonderes Zuckerkonfekt in Form von Erbsen. Zucker war damals ein höchst luxuriöses, aus Nordafrika eingeführtes Handelsgut. Es muss sich um den Suederis Schwend handeln, der zeitweise wegen allzu verschwenderischer Lebensführung unter Kuratel stand.[342] Das Geschenk passt dazu. Der Apotheker Hans war offenbar noch verschwenderischer, jedenfalls besonders spendabel. Er schenkte gleich zwei Schachteln Zuckererbsen. Eine «Dom[in]a» Boner brachte einen Pomeranzenkuchen und eine Magd Adelheid einen Fisch. Ebenfalls auf der Liste steht der Bürgermeister Röist. Auch Namen von Adligen aus

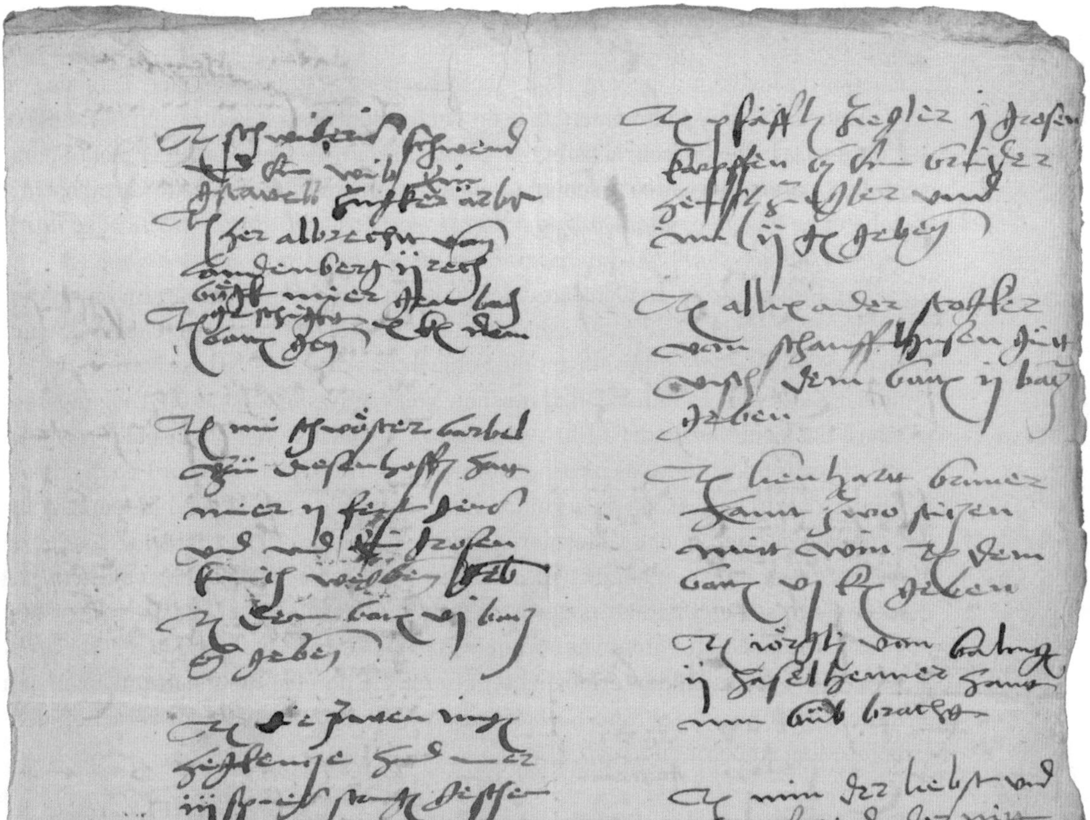

Abb. 25: Letzte Seite aus der eigenhändigen Liste Eberhard von Reischachs zu den Geschenken, die ihm 1518 ins Bad gesandt wurden.

Reischachs Umfeld tauchen auf, so Albrecht von Landenberg. Dieser tritt nicht mehr wie 1503 als Prozessgegner auf, er bringt als ein guter Freund einen Rehbock mit. Eberhards Jagdkumpane von 1503, der verwegene Soldunternehmer, Thomas von Wellenberg, schenkt ihm einen grossen Lachs. Schliesslich kommt ein besonderer Eintrag: Da habe ihm sein liebster und bester Freund, dessen Namen er nicht nennt, ehrlich mancherlei Gutes geschenkt, und zwar einfach so – ohne jede Verpflichtung habe er es gegeben: *«Item min der liebst und best fründ der nitt names hautt mier erlich geschengkt so mengerleig gutts dings unnott zebeschriben»*

Der Eintrag erinnert nicht an einen kalt berechnenden Soldunternehmer, der, wie zeitgenössische Kritik seinesgleichen nachsagte, Menschen aus Eigennutz und Gier wie ein Metzger grausam auf die Schlachtbank führt. Erasmus hatte es so formuliert: «Da gibt es unter den deutschen Völkern [gemeint sind die Eidgenossen] eines, das seine besondere Ehre dareinsetzt, möglichst viele Menschen mit dem Eisen abzuschlachten. Das ist schon an sich unnatürlich, aber es wird noch abstossender dadurch, dass sie es verführt durch den Sold tun, so wie ein Metzger für irgendeinen Lohn in einer Metzgerei angestellt wurde.»[343] Der Eintrag Eberhards erinnert eher an einen herzlichen, zu tiefer Freundschaft fähigen Mann. Es dürfte diese Seite seines Charakters gewesen sein, die Reischach zu einer erfolgreichen Diplomatie befähigte, ihm weitherum Vertrauen erwarb und dem aus verarmtem Niederadel Stammenden ermöglichte, in erster Ehe eine der reichsten Erbinnen Zürichs und in zweiter Ehe Katharina von Zimmern mit nicht zu verachtendem Leibgeding zu heiraten.

Das Netzwerk des Eberhard von Reischach

Die Listen bezeugen, Reischach, der erst 1500 Zugezogene, war 1518 in Zürich ein gesellschaftlich anerkannter Mann. Sein Netzwerk bewährte sich auch über Zürich hinaus. Ihm gelang es, viele helfende Werber für seinen Dienstherrn, Herzog Ulrich, zu begeistern. 1519, noch vor der Reformation, konnte Zürich – genauso wie anderen Orten der Eidgenossenschaft – wenig an einem Bürgerkrieg in unmittelbarer Nähe gelegen sein, war die Schweiz doch wirtschaftlich eng mit Württemberg verflochten. Der Rat hatte dagegen grösstes Interesse daran, das Soldwesen zu kontrollieren, das heisst, nur noch in seinem Namen ergangene Werbungen zuzulassen. Dennoch warb Reischach 1519 höchst erfolgreich, so erfolgreich, dass Söldnerführer sich selbst bei ihm meldeten und er Ungeeignete zurückweisen konnte.[344]

◀ Seite 283–288
Die erhaltene Liste der von ihm in Dienst Genommenen nennt 32 Namen aus der ganzen Schweiz, darunter so erfahrene Hauptleute wie Renward Göldli, Werner von Meggen und Albrecht vom Stein und so angesehene Berner wie Kaspar von Mülinen und gleich fünf Angehörige der Familie Diesbach. Sie führten ihm meist je 300, drei auch 500 Söldner zu, im Ganzen versprachen sie ihm 9'900. Dazu hatte Reischach selbst für sein eigenes «Fähnlein» 1'000 Mann verpflichten können und Georg Göldli, der reiche Vetter seiner Frau, hatte allein 3'000 Landsknechte, die der Kaiser nicht bezahlt hatte, ab- bzw. angeworben.[345]

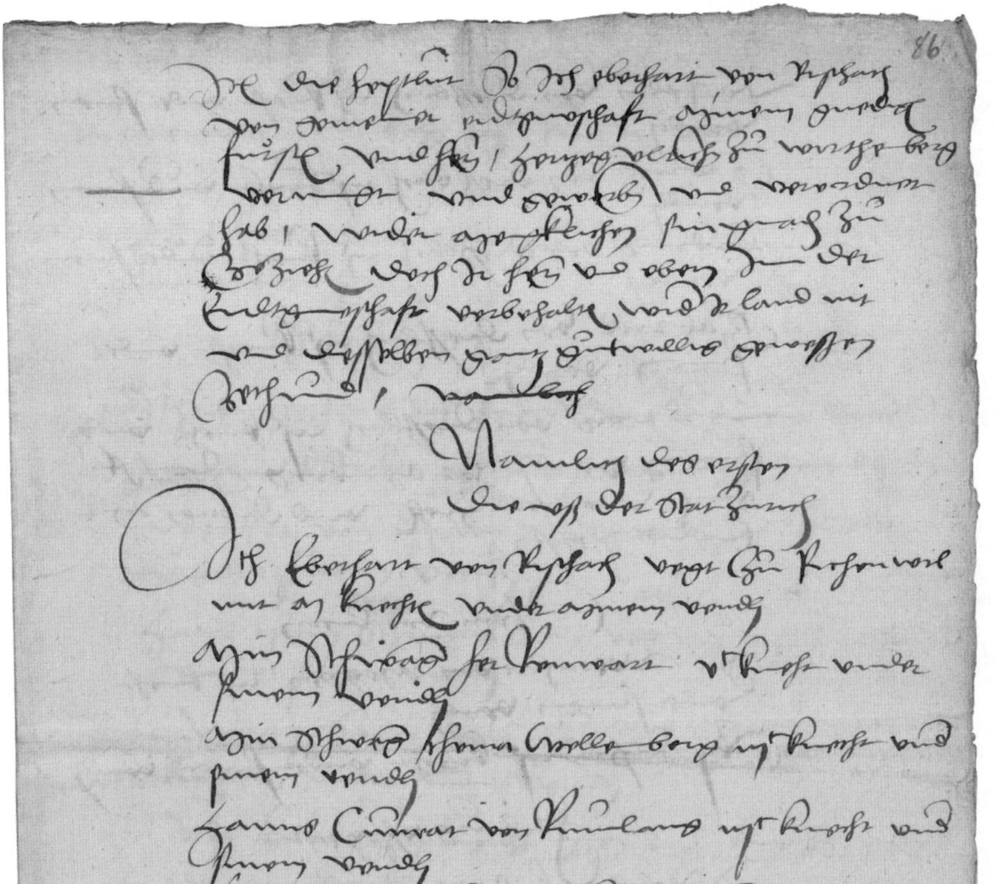

Seite 285f.

Abb. 26: Eigenhändige Söldnerliste Eberhard von Reischachs aus dem Jahr 1519

Abb 27: Urs Graf, Anwerbung von Söldnern auf einer Zunftstube um 1521. Drohend erscheint bereits der Tod.

Seit dem Ende des 15. Jahrhunderts und noch verschärft seit den verlustreichen Schlachten bei Novara (1513) und Marignano (1515) mehrte sich die Kritik am Soldwesen. Es war zu Aufständen gekommen, nachdem Schweizer Söldner, die einen auf der Seite des Kaisers, die anderen auf der Seite Frankreichs, in Schlachten aufeinandergestossen waren. Der Hass richtete sich gegen das Werbegeschäft. Mit «Pensionen», also regelmässigen hohen Geldzahlungen, lobbyierten ausländische Gesandte für ihre Fürsten und Kriegsherren. Die «Geschenke» gingen oft ganz offen an den Rat einer Stadt, aber auch heimlich an Politiker oder auch an einflussreiche Geistliche; so erhielt Zwingli bis 1520 eine «heimliche» Pension des Papstes. Diese heimlichen Zahlungen waren besonders umstritten. Heimlich wurde geradezu zu einem Schimpfwort mit der Bedeutung: böse, lasterhaft, giftig.[346] Andererseits waren die mit gutem Gold bezahlten Werbelizenzen eine begehrte Einnahmequelle für die Obrigkeiten. In Zürich sollen sie, wie schon erwähnt, vor 1521 bis 40 % der Gesamteinnahmen ausgemacht haben. Auch die viel geringeren Soldzahlungen an Offiziere und durch sie geworbene einfache Söldner waren noch bedeutend genug. Für viele Städter und Landbewohner waren sie überlebenswichtig, ganz abgesehen von der Reise- und Abenteuerlust, die zum Reislauf lockten. Reislaufverbote wurden denn auch zugleich kritisiert und doch ständig übertreten, und zwar von Angehörigen aller Schichten. Entsprechend ambivalent war der Umgang Zürichs mit dem Soldwesen.[347]

Bei den Werbungen für Ulrich von Württemberg vor 1519 waren eindeutig «heimliche» Gelder geflossen und es handelte sich keineswegs um von der Tagsatzung erlaubte Solddienste. Zunächst allerdings liessen die Eidgenossen die Sache laufen, erst als sie das ganze Ausmass erkannten, griffen sie durch. Sie riefen ihre Untertanen unter Androhung der Todesstrafe zurück und drohten Herzog Ulrich, falls er die Schweizer Söldner nicht entlasse, mit Krieg. Dass es sich um verbotene Werbungen gehandelt hatte und Strafen zu gewärtigen waren, war Eberhard von Reischach und seinem «Gesellen» Albrecht von Landenberg durchaus bewusst, genauso wie Ulrich von Württemberg. Nachdem seine Sache, eben gerade, weil die Schweizer ihn verlassen hatten, verloren war, schrieb Ulrich kurz vor seiner Flucht aus Württemberg noch am 4. April 1519 einen Bittbrief an die «getreuen Seite 288f. ➲ Eidgenossen», sie sollten doch Reischach und Landenberg sowie den weiteren Hauptleuten aus der Eidgenossenschaft sicheren Geleitschutz bieten.[348] Nun, die Orte waren nicht bereit, auf Strafen zu verzichten. Über die Hauptleute verhängten sie die angedrohten Todesurteile, allerdings wurden nur in Bern zwei wirklich vollzogen. Die Stadt Zürich begnügte sich mit kurzen Verhaftungen, mit Geldstrafen, Freisprüchen und Begnadigungen. Nur den geflohenen Eberhard von Reischach, als den Hauptverantwortlichen, der mit «heimlichem» Geld die Hauptleute verführt hatte, begnadigte der Rat nicht. Die Stadt hat sich aber auch nicht bemüht, seiner habhaft zu werden, was an der Tagsatzung zu reden gab.[349] Sie hatte freilich bald andere Sorgen. Im Sommer und Herbst wütete die Pest. Zürcher liessen sich auch in Zukunft vom Soldwesen nicht abhalten. Sie blieben weiter als Söldnerführer tätig und gingen allen Verboten zum Trotz in französische Dienste, so Rudolf Rahn und Renward Göldli, der Vetter von Eberhard von Reischachs Frau.[350]

Zwingli tritt gegen das Soldwesen auf

Die Diskussionen um das Soldwesen, verbunden mit einer Parteinahme für Frankreich oder Papst und Kaiser und bald auch für oder gegen die Reformation verstummten nicht. Zwingli wandte sich im Mai 1522 in einer *Ermahnung an die Schwyzer* scharf gegen die Pensionen, also gegen die Jahrgelder, welche die fremden Fürsten, insbesondere die Habsburger, Kaiser Karl und Erzherzog Ferdinand von Österreich, sowie der französische König Franz I. grosszügig an einflussreiche Personen verteilten. Zwingli, der sich als Gegner der Franzosenpartei bis 1520 noch Pensionengelder vom Papst hatte auszahlen lassen, sandte jetzt den Schwyzern ein flammendes Plädoyer gegen den Solddienst überhaupt. Nach der verlustreichen Schlacht von Bicocca (im April 1522) kritisierten auch mehr und mehr Innerschweizer das Bündnis mit den Franzosen und mancher neigte der Reformation zu. Zwingli benutzte die Gelegenheit, für seine evangelische Lehre zu werben und das Soldwesen in fremden Diensten zu verunglimpfen. Es beschwöre den Zorn Gottes auf die Eidgenossenschaft herab. Gott strafe die Habgier, die dahinterstecke,[351] Gesetz und Recht würden durch die fremden Potentaten unterdrückt[352] und das Reislaufen verderbe die Sitten von Männern wie Frauen: «denn die Unseren sind noch nie aus fremden Kriegen heimgekehrt, ohne neue Kleider für sich und ihre Frauen mitgebracht zu haben oder Speisen und unmässige Getränke oder neue Flüche. Was sie Lasterhaftes sehen, das übernehmen sie gern. […] Alle Frauenzucht nimmt ab und verliert an Kraft. Ist eine Frau doch von Natur aus schwach und giert nach Zierden, Kleidern und Schmuck. […] Man verweichlicht in der Wollust, denn ein angenehmes Leben will niemand verlassen. Wer ein grosses Einkommen hat, so sagt man, stirbt nicht gern.» Die Verweichlichung seines Heeres habe Hannibal um seinen Sieg gebracht. Er habe ein Heer von Männern nach Capua geführt, aber nach einem luxuriösen Winterlager nur noch ein Heer von Weibern weggeführt.[353] Zwinglis Ermahnung schien bei den «männlichen» Schwyzern zunächst auf fruchtbaren Boden zu fallen. Sie erliessen ein Verbot gegen *«miedt und gaben»*, also gegen die heimlichen Pensionengelder und gegen illegalen, nicht von der Obrigkeit angeordneten Reislauf. Sie hoben indessen das Verbot bald wieder auf.[354] Auch Zürich erliess ein scharfes Pensionenverbot.[355] Im Mai 1524 in seiner *Ermahnung an die Eidgenossen* und insbesondere nach der Niederlage von Pavia 1525 schlug Zwingli nochmals in die gleiche Kerbe. Die fremden Gelder säten nur Eigennutz und der *«gemeine nutz»*, das Gemeinwohl, bleibe auf der Strecke. Die Pensionenherren trieben die Söldner wie Metzger zur Schlachtbank und bereicherten sich schamlos.[356]

Hat also Katharina mit der Wahl ihres Ehemannes, Eberhard von Reischach, die Werte der Reformation verraten, obwohl sie den Glaubenswechsel mit der Übergabe des Fraumünsters mächtig förderte?

Es lohnt sich, genau hinzuschauen. Was verurteilte Zwingli? Zwingli war kein Pazifist im modernen Sinne, nicht einmal auf der Linie des von ihm verehrten Erasmus von Rotterdam, der in allergrösster Not eine kriegerische Verteidigung zulassen wollte. Wehrlose vor Tod und Gefangenschaft zu bewahren, das war für Erasmus der einzige Grund, um zu Waffengewalt zu greifen. Der Rotterdamer konnte nicht genug betonen, wie grausam und schädlich jeder Krieg sei, und riet den Obrigkeiten, lieber auf Herrschaftsrechte zu verzichten, als einen Krieg zu riskieren.[357] Für die versuchte Rückeroberung Württembergs durch den angestammten Herrscher, Herzog Ulrich, hatte er keinerlei Verständnis. Für ihn war dessen Einfall in sein Land ein ruchloser Krieg. Der Herzog habe ihn 1519 geradezu «gewissenlos» angefangen.[358] Erst nachdem die Türken Ungarn erobert hatten und 1529 vor Wien standen, konnte Erasmus sich zu einem Ratschlag zum Türkenkrieg entschliessen. Der Ratschlag unterschied sich allerdings sehr von Zwinglis *Plan zu einem Feldzug* von 1524. Nach Erasmus sollte die Zivilbevölkerung geschont werden, Plündern kam nicht infrage und selbst den Kombattanten gegenüber forderte Erasmus alle erdenkliche Milde.[359]

Zwinglis *Plan zu einem Feldzug*

Anders Zwingli: Seinen *Plan zu einem Feldzug* habe er zur Ehre Gottes und dem Evangelium zugute, *«zuo eer gottes und zuo guotem dem euangelio Christi»* entworfen, erklärte er Ende 1524. Denn er glaubte, in der damaligen Krisensituation müsse Zürich zum Kampf gerüstet sein. Die Inneren Orte wollten mit Zürich den Bündnisschwur nicht erneuern, weil aus ihrer Sicht Zürich mit seinen kirchlichen Reformen die Ehre Gottes verletzte. Zugleich bildete sich innerhalb Zürichs nicht nur eine gegenreformatorische, sondern auch eine innerreformatorische radikalere Partei gegen Zwinglis Fraktion. Jetzt, folgerte der Reformator, bleibe Zürich nichts anderes übrig, als «sich ritterlich zu wehren oder Gottes Wort zu verleugnen».[360] Die ritterliche Wehr unter Gottes Wort verbot für ihn weder einen Offensivkrieg, noch Eroberungen, noch Kriegslisten. Sogar die Gefangennahme von Frauen und Kindern der feindlichen Politiker empfahl Zwingli.[361] Die Gefangennahme von Frauen und Kindern unter eine «ritterliche» Wehr zu rechnen, dürfte auch den Zeitgenossen schwergefallen sein. Galt es doch für Ritter gerade, die Wehrlosen zu schützen. Einen kleinen Rest von Ritterlichkeit mag eine Leserin wie Katharina von Zimmern in der Anweisung gefunden haben, die Dörfer der Gegner nur in Brand zu stecken, wenn die selbst auch Feuer gelegt hätten.[362] Aber das erinnert doch mehr an das *tit for tat* der Postmoderne. Auch das Plündern will Zwingli nach gewonnener Schlacht erlauben. Dagegen verbot sogar die Feldordnung des Schwäbischen Bundes von 1523 Beutemachen und Brandschatzen und mahnte, die Zivilbevölkerung, insbesondere Frauen, zu schonen. Diese Feldordnung war sicher stark von Truchsess Georg von Waldburg, dem später berüchtigten Bauernjörg, geprägt.[363] Dass im Bauernkrieg unter der Führung dieses Truchsessen, des nahen Verwandten der beiden Katharinen, dann doch in grossem Stil geplündert und gebrandschatzt wurde, sei nicht verschwiegen. Aber die Bestimmungen sind doch bemerkenswert und zeigen, dass es – zumindest in der Theorie – nicht nur bei Erasmus von Rotterdam – auch anders ging. In der Praxis freilich schonten die Soldaten die Bevölkerung nicht. Zwinglis Pläne könnten so als realistisch beurteilt werden.

Was Zwingli vorschwebte, war ein Glaubenskrieg, in dem sich auch die Nachbarn für oder gegen den Zürcher Glauben zu entscheiden hätten. Neutralität, *«still ze sitzen»*, könne es nicht geben, *«sidmal* [zumal] *es den glouben treffen wil»*.[364] Wenn die kleinen Städte Diessenhofen und Kaiserstuhl nicht willig wären, ihre Rheinübergänge zu sperren, dann solle man ihnen androhen, ihre Städte zu zerstören. In Schaffhausen solle ein Detachement die Brücke nachts heimlich niederreissen.[365] Bei allen Gegnern – innerhalb der Eidgenossenschaft und in kaiserlichen Landen – solle Zwietracht gesät und insbesondere gemeinsame Sache mit den aufständischen Bauern gemacht werden, so mit den Allgäuern, Vorarlbergern und Tirolern. Ihnen sei Freiheit und Selbstverwaltung zuzusichern.[366]

Eine solche Zusicherung sollten indessen die Zürcher Untertanen, die doch zum Krieg aufgeboten werden sollten und Gut, Leib und Leben einzusetzen hatten, nicht erhalten. Sie seien im Gegenteil durch Klagen über die Gegner zum Kampf zu motivieren und dann zu fragen, ob sie zu Gottes Wort und zu Stadt und Land Zürich ständen, also dem Krieg zustimmen wollten. Wer sich dem entziehen wolle, dem solle der Rat unter gewissen Bedingungen «erlauben», innerhalb dreier Tage wegzuziehen. Der Rat sollte also die Kriegsgegner verbannen und des Landes verweisen. Die Bleibenden seien auf den Krieg einzuschwören, aber ausdrücklich nicht in die Kriegspläne einzuweihen.[367]

Zu Zwinglis Kriegsplänen gehörte auch eine entsprechende aussenpolitische Diplomatie. Die Anweisung, wie dem Kaiser, das war jetzt Karl V., die Glaubenspolitik Zürichs zu erklären sei, endet mit der Drohung, dass der Sieg nicht in der Hand des Menschen, sondern in Gottes Händen liege und Zürich allfällige «Intrigen gebührend strafen würde, sodass sie dem Kaiser nur Spott eintragen könnten». Dagegen sei der französische König mit freundlichen Entschuldigungen wegen des 1521 ausgeschlagenen Bündnisses gnädig zu stimmen. Er sei davon zu überzeugen, Krieg in der Eidgenossenschaft könne ihm nur schaden. Er solle darum die Miteidgenossen zurückhalten,[368] also Zürich allein handeln lassen. Wie schon erwähnt, näherte sich Zürich 1524 durchaus im Sinne von Zwingli wieder Frankreich an.

Zwinglis Kriegsplan forderte zum Landesaufgebot auf. Er handelte nicht von Soldverträgen, aber es können doch dazu Schlüsse gezogen werden. Der Plan zeigt, welche Praktiken für Zwingli ein «gerechter», insbesondere ein «Glaubenskrieg» erlaubte, nämlich: Alles, was dem Feind schaden könne. Warum – werden die zahlreichen Söldnerführer im Zürcher Rat sich gefragt haben – sollten dann nicht auch Söldner eingesetzt werden, wenn die Söldner für eine «gerechte» Sache und die richtige Partei kämpften?

Zürichs lascher Umgang mit dem Solddienstverbot

Wie schon erwähnt: Für Zwingli und den Zürcher Rat war offenbar Ende 1524 und Anfang 1525 die Rückeroberung Württembergs ein gerechtes Kriegsziel. Ohne Söldnertruppen war das aber für einen Herzog ohne Land nicht zu erreichen und augenscheinlich warb der Herzog auch in ihrem Gebiet Söldner. Zwingli und die Mehrheit des Rates waren bereit, das zu dulden,[369] denn für diesen Krieg sprachen durchaus gute Gründe: die Wiedereinsetzung des angestammten Fürsten, die Schwächung des kaiserlichen Hauses und Glaubensfeindes und die Einführung der Reformation in Württemberg. Erst als die Eidgenossenschaft darüber zu zerbrechen drohte, wurde der Druck auf Zürich so gross, dass es einknickte und mit den anderen Eidgenossen seine Söldner zurückrief.

Die reformatorische Ablehnung der Solddienste und Pensionen war offenbar nicht so absolut, wie gern behauptet wird. Es gab durchaus Ausnahmen. Zwingli selbst setzte sich im Januar 1531 in Bern für Jakob May, einen notorischen Söldnerführer, ein, der auch für Herzog Ulrich von Württemberg geworben hatte. Es war die Zeit zwischen den Kappeler Kriegen, als Zwingli Bündnisse mit Ulrich von Württemberg und dem französischen König gegen den Kaiser anstrebte. «Ich meine», schrieb er da, «öffentliche Pensionen oder Geld, das zur Erhaltung des Friedens gegeben wird, sind in keiner Weise abzuschaffen.» Sie seien als ein Tribut zu betrachten. Mit Horaz erklärte er: *«Est modus in rebus»*, es sei ein Mass in den

Dingen und alles habe seine Grenze. Er forderte, auch in der Frage der Solddienste und Pensionen masszuhalten. Geschenke an Politiker, als die die Pensionen offiziell galten, seien nicht grundsätzlich auszuschlagen. Sogar König Salomon habe Geschenke von der Königin von Saba angenommen.[370]

Entsprechendes hat Reinhard Bodenmann für das Jahr 1546/1547 während des Schmalkaldischen Krieges nachgewiesen. Da standen Zürcher Söldner, darunter Wolfgang Lavater, ein Sohn des Bürgermeisters, den bedrängten Protestanten bei und wurden nicht bestraft, und Heinrich Bullinger, der wie sein Vorgänger Zwingli Soldverträge grundsätzlich ablehnte, billigte den Krieg und den Zuzug gegen die «Feinde des Evangeliums». Offizielle Zurückhaltung auferlegte den Zürchern auch im Schmalkaldischen Krieg einzig die Angst vor einem innereidgenössischen Bürgerkrieg.[371] – Auch das reformatorische Zürich heiligte eben immer wieder die Mittel durch den sprichwörtlichen guten Zweck und bestätigte auch ein anderes Sprichwort: Keine Regel ohne Ausnahme.

Wie schon 1519 war auch 1525, nach dem erneuten Versuch Ulrichs, sein Land zurückzuerobern, der Zürcher Rat ausgesprochen lasch in der Bestrafung der Söldnerführer. Ein Exempel statuiert wurde wieder nur an einem Hauptmann. Der allerdings war nicht nur als Söldner schuldig geworden. Er hatte auch Zwingli als Schelm, Ketzer, Verräter und Seelenmörder geschmäht und damit die Politik des Rates verunglimpft. Es kam also ein weiteres Verbrechen hinzu. Gegnerschaft gegen Zwingli und damit gegen die Ratspolitik spielte auch im grossen Reisläuferprozess von 1525/26 die Hauptrolle. Vor allem wartete Zwingli, der ihn ins Rollen brachte, bis Oktober 1526 mit seinen Anschuldigungen, die sich insbesondere auf Sachverhalte bezogen, von denen er nach seiner eigenen Aussage bereits 1524 durch Ulrich von Württemberg erfahren hatte.[372] Dagegen kam ein Rudolf Collin völlig ungeschoren davon, ja wurde bereits Anfang 1526 von Zwingli als Griechischlehrer an die *Schola Tigurina* berufen, obwohl er sogar noch nach dem Abzug der Söldner den Herzog auf dessen Flucht begleitet hatte und nachher nochmals zu ihm auf den Hohentwiel reiste. Wer sich wie Collin treu für Herzog Ulrich eingesetzt hatte, war in Zürich also durchaus wohlgelitten.[373] Warum sollte Katharina nicht ebenso über Eberhard von Reischach denken?

UNRUHIGE JAHRE IN SCHAFFHAUSEN

Reischach dürfte, nachdem Katharina das Fraumünster der Stadt übergeben hatte, den Besuch von Herzog Ulrich in Schaffhausen vorbereitet haben. Dort zog Ulrich, so der zeitgenössische Chronist Hans Stockar, sein Geschütz zusammen und machte sich – wie zuvor in Zürich – mit köstlichen Banketten Freunde in der Stadt. Abgestiegen war er im Kloster Allerheiligen.[374]

Das Benediktinerkloster war seit Mai 1524 in ein Chorherrenstift umgewandelt worden, die ehemaligen Mönche waren nicht mehr an die Klausur gebunden und konnten Aufgaben in der Welt wahrnehmen. In der älteren reformatorischen Geschichtsschreibung sind der Abt und seine Mönche die Handelnden, die sich so als reformatorisch gesinnt ausgewiesen hätten.[375] Der Ratsherr und Säckelmeister, also der «Finanzchef» der Stadt, Hans Stockar, sah das anders. Gemäss ihm machten die Ratsherren aus den Mönchen Chorherren und zogen ihnen die Kutten aus: *«Uff di zitt machten min heren ain brobst und korheren im münster und dettend die münchen us den kutten, und ain wuderbarlich [ding] mit dem k[l]oster, verkart sych.»*[376] Die Ratsherren, nicht die Mönche, seien also nach Stockar, der selbst der Reformation kritisch gegenüberstand, die Handelnden gewesen. Die Klosterumwandlung dürfte eher der Machtpolitik des Rates und einem Reformhumanismus geschuldet sein, wie ihn Erasmus vertrat, der 1522 auf einer Durchreise ehrenvoll von den Ratsherren Schaffhausens empfangen worden war.[377] Die vertraglich geregelte Umwandlung des Klosters zeigt gut die Lage Schaffhausens Ende 1524, Anfang 1525. Das klösterliche Leben gaben die Kapitularen nicht ganz auf. Sie bedienten die Pfarreien und sangen die Stundengebete. Sie wohnten auf dem Klosterareal und hatten eine gemeinsame Trinkstube. Sie feierten Messe und zwar ausdrücklich: *«alles lut und inhalt der göttlichen schrift halben»*.[378] Der Propst besorgte das «Korporationsvermögen». Die Herrschaftsrechte fielen an die Stadt; der ehemalige Abt und jetzige Probst sowie seine bisherigen Mönche, jetzt Chorherren, erhielten aber eine Anzahl von Zinsen, die sie selbst verwalteten. Die Stadt dehnte ihre Herrschaft über das Kloster aus. Es war eine Reform des Klosters, aber keine Reformation. Nach der Schaffhauser Reformation von 1529 wird der Vertrag denn auch kassiert und das Kloster ganz aufgehoben. Die damalige Regelung genügte den reformatorischen Anforderungen nicht mehr.

Gleichzeitig mit der Umwandlung des Klosters hatte Schaffhausen eine grosse Anzahl Feiertage abgeschafft. Diese Politik erinnert an die in Basel zur selben Zeit.[379] Die beiden Rheinstädte mischten sich selbstbewusst in das Kirchenwesen ein, sie waren an Reformen interessiert; die Mehrheit der Ratsherren wollte aber keine Reformation, sie wollte durchaus ein zeitgemässes Kirchenwesen im erasmischen Geist, duldete aber keine radikalen Massnahmen. Schaffhausen liess zunächst seinen «Reformator» Sebastian Hofmeister in der städtischen Kirche St. Johann und auch aus Zürich geflohene Täufer in Hallau gewähren. Nachdem es aber zu Bilderstürmen gekommen war, griff der Rat ein. Er schrieb in einem Mandat Messfeiern und Fasten als zwingend vor und bestrafte die Bilderstürmer. Nach einem Aufruhr der Rebleute im August 1525 konnte sich Hofmeister nicht mehr halten. Er wurde verbannt. Als Ulrich von Württemberg in Schaffhausen auftrat, konnte Hofmeister aber noch unbehelligt predigen. Die Stadt verfocht damals eine offene, «tolerante» Religionspolitik. Ulrich von Württemberg fand dort Unterstützung für seine Wiedereroberungspläne. Auch der Chronist Stockar, einer der Gesellen auf Eberhard von Reischachs Liste von 1518, liess sich nicht nur in Allerheiligen vom Herzog bewirten, er liess sich auch für ihn anwerben.

Loyalitätskonflikte

Noch begnügte sich Ulrich damit, sein Geschütz zusammenzuziehen, Söldner zu werben und die Gärung im Herzogtum zu beobachten. Dort fand er unter den reformatorisch Gesinnten mehr und mehr Anhänger. Die Regierung unterstand, wie gesagt, dem habsburgischen Statthalter Truchsess Wilhelm von Waldburg, dem Vetter Katharinas und Bruder der Königsfelder Äbtissin. Er bezog die Landschaft in die Entscheide ein und sorgte für solide Finanzen. Er nahm auch eine Kirchenreform an die Hand. Geistliche sollten Wirtshäuser meiden und ihre Konkubinen bei Strafe entlassen. Eine neue Gebührenordnung für kirchliche Amtshandlungen richtete sich gegen Missbräuche. Aber Truchsess Wilhelm unterdrückte zugleich die lutherische Bewegung. Das schürte Unmut. Längst hatte sich der Widerstand der Anhänger Luthers und Zwinglis auch politisch formiert. Auf dem schwäbischen Bundestag erklärten die württembergischen Gesandten, es sei offensichtlich: Unter dem Schein evangelischer Freiheit habe die Bevölkerung den Gehorsam aufgekündigt und Herzog Ulrich habe sich mit dem ungehorsamen «Pöbel» verbündet: *«Es seye offenbar, wie leyder aller Unterthanen Gemüther gegen ihren Obrigkeiten aufgebracht seyen und sowohl durch die Lutherische Phantasey, Irrsal und Unterweisung, als auch ohne diese Lehre für sich zu Unruhen und Widerwillen geneigt seyen und unter angemaßtem evangelischem Schein der Freyheit die Bürde des Gehorsams abzulegen. Herzog Ulrich seye in der letzten Noth und habe so leicht keine andere Hoffnung seine Absicht zu erreichen, als daß er […] sich einen Anhang unter dem Pöbel mache, […]»*[380] Herzog Ulrich von Württemberg selbst versprach eine echte Reformation, wie sie Luther und Zwingli propagierten. Mehr und mehr Württemberger waren bereit, ihm wieder zu seiner Herrschaft zu verhelfen.[381] Auch unter den Eidgenossen konnte Eberhard von Reischach für den eine Reform versprechenden Ulrich erfolgreich werben.

Die politische Lage dürfte Katharina von Zimmern stark beschäftigt haben, standen ihr doch beide Seiten nahe: Herzog Ulrich und seine Getreuen, aber auch der württembergische Statthalter, ihr Vetter Truchsess Wilhelm von Waldburg und dessen Neffe Georg. Georg sollte Württemberg militärisch gegen einen möglichen Einfall des Herzogs schützen. In die politischen und die Glaubensfragen mischten sich persönliche Loyalitäten. Die Waldburger waren die nächsten Verwandten ihrer alternden Mutter, Margarete von Zimmern geb. von Oettingen. Margaretes ältere Schwester Anna hatte Truchsess Johannes d. Ä. von Waldburg geheiratet. Nach dem Tod ihrer Eltern nahm Anna die jüngere Margarete zu sich. Katharinas Mutter blieb im Hause Waldburg und hat die Geburt und die ersten Lebensjahre des späteren Statthalters Truchsess Wilhelm von Waldburg und Katharinas, der Königsfelder Äbtissin, dort miterlebt. Die Waldburger hielten Katharinas Mutter wie ein eigenes Kind und richteten auch deren Hochzeit aus.[382] Auch mit den Württemberger Herzögen war die Familie Katharinas von Zimmern seit alters eng verbunden und Ulrich galt nach den Begriffen der Zeit als der «natürliche Herr» des Herzogtums, selbst wenn die Acht zu Recht über ihn verhängt war. Dazu war er in Zürich wohlgelitten, dem sich die ehemalige Äbtissin verpflichtet fühlte, und sie war im Begriff, seinen Diener vom Haus, Eberhard von Reischach, zu heiraten.

Herzog Ulrich verbündet sich mit den Bauern

Auch wenn sie sich für Ulrichs Seite fest entschlossen haben sollte, tauchte ein neuer Loyalitätskonflikt auf. Politisch verband sich Ulrich mit den Bauern, die eine Gesellschaftsreform forderten. Sie pochten auf das «göttliche Recht», das die Herrschaftsrechte des Adels und damit die Privilegien ihrer Familie und des Adels überhaupt infrage stellte. Sie aber und ihr Gatte entstammten dem Adel. Zu den Hauptforderungen der Bauern gehörten: Die Wahl der Pfarrer und die Verwaltung der Zehnten durch die Gemeinde, also die Abschaffung der adligen Patronatsrechte, dazu die Abschaffung der Leibeigenschaft und der Erbschaftssteuer und aus bäuerlicher Sicht willkürlicher Rechtsprechung der adligen Grundherren sowie des adligen Jagdprivilegs. Das evangelische Liebesgebot sollte die Grundlage des Zusammenlebens und jeder Form von Herrschaft bilden. Standesunterschiede mussten damit nicht aufgehoben sein, aber es wurde doch an ihnen gerüttelt. Wenig später, im März 1525, nahmen die Bauern ihre Postulate in ihre berühmten *Zwölf Artikel* auf. Die sandten sie den Reformatoren, Luther, Melanchthon und Zwingli, und bewiesen damit, wie ernsthaft sie sich auf die Bibel beriefen, im festen Glauben, im Sinne der Reformation zu handeln. Bekanntlich haben die Reformatoren sie abgewiesen, nicht ohne die Obrigkeiten an ihre Pflichten gegenüber den Untertanen zu mahnen, so besonders eindringlich Zwingli. Aber sie erklärten doch in der Sache hart und unerbittlich: Untertanen haben zu gehorchen, nicht zu fordern.

Abb. 28: Aus dem Titelblatt zur Selbstverpflichtung der Bauern in der Christlichen Vereinigung vom 7. März 1525

Anders Ulrich von Württemberg, er konnte die sogenannten Bauernhaufen aus dem Hegau und dem Schwarzwald dazu bewegen, mit ihm gemeinsame Sache zu machen. Sie sammelten sich Ende Januar 1525 in der Nähe seiner festen, schier uneinnehmbaren Burg Hohentwiel, wie die Waldburger alarmiert berichteten.[383] Schon zwei Jahre zuvor erging eine Warnung aus Württemberg an Zürich, Herzog Ulrich sammle Bauern in der Eidgenossenschaft. Bei der Hochzeit von Reischachs Freund und Katharinas Verwandten, Georg von Hewen, mit Elisabeth von Hohenlohe sei es zu einer gefährlichen Demonstration gekommen. An dieser Hochzeit wollten sich, so ein Bericht,[384] «Knaben» unter die jungen Männer mischen, die nach altem Brauch die Braut einholten. Sie hätten eine Fahne mit dem Bundschuh bei sich. Der Bundschuh, die typische bäuerliche Fussbekleidung im Gegensatz zum eleganteren Schnallenschuh oder zum festen Stiefel der Ritter, war seit Ende des 15. Jahrhunderts das Zeichen, unter dem sich in ganz Oberdeutschland, insbesondere auch im Elsass und in der Eidgenossenschaft Bauern gesammelt hatten und wieder sammelten. Trotz blutiger Unterdrückung fanden sie sich zum Schrecken der Obrigkeiten immer wieder zu Tausenden zusammen, um gegen übergrosse Steuerlasten und willkürliche Rechtsprechung zu protestieren. Die Angst vor neuen Ausbrüchen war gross und entsprechend empört spricht der Bericht von *«böß listigkeit»* und *«brattigk»*. Die Fahne zeige neben dem Bundschuh eine Sonne und die Aufschrift: Wer frei will sein, der zieh zu diesem Sonnenschein, *«welhen frey woll sein der zwih for zu disem sonnenschein»*.[385] Es ging also nicht nur um Steuern und Gerichtspraxis, die Bewegung, die hinter der Fahne stand, wollte Freiheit und Aufhebung der Leibeigenschaft.

Seite 290 ➲

Abb. 29: Fahne mit dem Bundschuh, Ausschnitt aus einem Holzschnitt, Petrarca 1532

Die Bauern standen freilich nicht allein mit ihrer Sicht, dass jede Form von Unfreiheit dem Evangelium widerspreche. Niemand Geringerer als Erasmus von Rotterdam hatte ihnen längst Recht gegeben. Er hatte die Mächtigen 1516 gemahnt: «Da die Natur alle Menschen als Freie geboren hat und die Knechtschaft naturwidrig ist, was sogar die heidnischen Gesetze zugestehen, überlege dir doch einmal, wie unpassend es ist, wenn ein Christ die Herrschaft über Christen beansprucht. Wollen doch nicht einmal die Gesetze sie zu Sklaven machen und hat sie doch Christus von jeder Form der Knechtschaft erlöst. [...] Wie absurd ist es, die als Sklaven zu halten, die Christus durch dasselbe Blut erlöste, in eine gemeinsame Freiheit einsetzte, mit dir zusammen mit denselben Sakramenten nährt und zum selben Erbe der Unsterblichkeit berief! Solltest du jene unter das Joch der Knechtschaft führen, die mit dir denselben Herren und König haben, Jesus Christus?»[386] – Von solch humanistischem oder einem sozialen Verständnis für die Forderungen der Bundschuh-Bewegung verrät die Zürcher Quelle von 1522 nichts. Hinterhältig, heisst es, wollten sich die Aufrührer unbemerkt im Hochzeitszug sammeln, um von Frauenfeld aus mit wehendem Panier Herzog Ulrich auf dem Hohentwiel zuzuziehen.

Zwar verteidigten sich Georg von Hewen und ein weiterer Beschuldigter aus dem Kreis um Herzog Ulrich vor der Tagsatzung, sie hätten mit der Sache nichts zu tun.[387] Aber der Verdacht blieb: Wer zu Herzog Ulrich hielt, hielt zugleich auch zu den Freiheit fordernden Bauern. Anfang 1525 war es denn auch eindeutig: Ulrich verband sich mit den Bauern und hiess ihre Forderungen gut. Das mag manchen Parteigänger Herzog Ulrichs abgeschreckt haben. Jedenfalls hat Sigmund von Zwickhoff, den Ulrich zusammen mit Reischach zum Feldhauptmann ernannt hatte, sich vom Herzog losgesagt, als dieser Ende April 1525 nicht nur mit den Bauern zusammenspannte, sondern auch bereit war, deren Artikel zu beschwören. Bei solchem Regiment könne er, Zwickhoff, ihm nicht nützen.[388] Der Verfassungsentwurf der Bauern «zum Schutz der evangelischen Freiheit» hätte den Herzog, hätte er mit den Bauern gesiegt, einem paritätisch besetzten Regimentsrat aus Bauern, Bürgern und Adligen unterstellt. Seine Macht über alles, «was Land und Leute betrifft», wäre stark eingeschränkt worden. Nur mit Zustimmung eines Rates hätte er handeln können.[389] Einen Vertrag mit den Befürwortern einer solchen Verfassung zu schliessen, war für den Ritter Sigmund von Zwickhoff nicht akzeptabel. Auch der treue, bei Zwingli wohlgelittene Rudolf Collin verliess den Herzog, als der «mit den Bauern einen Vertrag besiegelte». Hätten sich doch die Bauern «zu der Zeit in ganz Deutschland verhängnisvoll verschworen».[390]

Noch hatte Ulrich von Württemberg keine Bauernartikel angenommen, aber er warb bereits im Januar 1525 von Schaffhausen aus um die Gunst der Landleute. Er versprach, sie zu unterstützen, und hoffte, mit ihrer Hilfe wieder als Herr in Stuttgart einziehen zu können. Auf jeden Fall würden die Bauern, das war auch Zwinglis Überlegung, die antireformatorische kaiserliche Partei schwächen und verdienten darum Unterstützung. Wie dachte Katharina über die Freiheitsrufe und die soziale

Lage der Bauern? Hatte sie Verständnis für sie wie etwa der Schaffhauser Chronist und Ratsherr Hans Stockar, der wenig später unter Reischach für Herzog Ulrich kämpfte? Er schrieb im Nachhinein über die zu Tausenden mit ihren Familien hingeschlachteten Bauern im Sundgau: Sie seien kein Kriegsvolk gewesen, vielmehr arme, fromme Leute, die sich elend mit Zittern und Zagen mit Korn- und Weinbau ernährt hätten.[391] Und was befürchtete oder wünschte Katharina für Württemberg? Hoffte sie auf eine friedliche Lösung auch für Württemberg, wie sie eine in Zürich mit ihrer Abteiübergabe eben erst zu fördern versucht hatte? Leider ist nichts überliefert, was uns darüber Auskunft geben könnte.

Die Hochzeit von Sebastian Appenzeller

Etwas besser informiert sind wir durch zwei Briefe über ihre Ansichten in einem privaten Konflikt, der sie und auch Zwingli Ende Januar 1525, sechs Wochen nach der Abteiübergabe, beschäftigte, als Herzog Ulrich mit den Hegauer und Stühlinger Bauernhaufen verhandelte. Zwingli hatte bereits im Juni/Juli 1524, also noch vor der Abteiübergabe, wohl seinem Freund, dem St. Galler Reformator Vadian, zuliebe als Heiratsvermittler zwischen Sebastian Appenzeller und einer in Zwinglis Briefen namenlosen jungen Frau gewirkt, die von Katharina von Zimmern ausgestattet wurde. Er schrieb: «Gnade und Friede im Herrn. Du zwingst mich, geliebter Vadian, in Mitten des Getöses von so vielen Aufgaben zum Patron und Dienstleister einer Hochzeit zu werden, jedoch nicht unwillig. Was nämlich könnte es sein, das ich dir nicht schuldete? Und wer wollte verneinen, dass die Ehe etwas sehr Heiliges ist? Allerdings sollten wir unterdessen darauf achten, nichts zu unternehmen, wovon wir einst sagen müssen: Das hätte ich nicht geglaubt. Ich habe also diese Aufgabe arglos angepackt, obwohl ich auf keine Erfahrung pochen kann, die in der Tat, wenn irgendwo, dann bei dieser Angelegenheit nötig ist. Pochen kann ich nur auf deine Uneigennützigkeit und Redlichkeit. Stelle dir nämlich vor, es wäre auch nur ein schändlicher Hauch bei einem der beiden Verlobten, was für eine grosse Gefahr, glaubst du, würde später daraus entstehen. Hinzu kommt, wie es überhaupt vorwitzig ist, zu spionieren, hielt ich es für hässlich, hier nachzuschnüffeln und dort zu disputieren, vor allem für das Mädchen verdächtigend. Und doch ist dies keine unbedeutende Angelegenheit, könnte doch eine umfassende Zwietracht oder gar Scheidung folgen. Das sehen wir ja häufig und selbst die Gesetze erlauben es.»[392] Zürich war eben dabei, sein eigenes Ehegericht durchzusetzen. Die von Zwingli stark beeinflusste neue Ehegesetzgebung liess in harten Fällen nicht nur die Trennung, sondern gegen das bisher geltende kanonische Recht auch eine spätere Wiederverheiratung nach der Scheidung zu, eine noch lange umstrittene Praxis.[393]

Zwingli fuhr in seinem Brief fort: «Ich habe jedoch zunächst mit der Äbtissin *[domina]* selbst verhandelt. Denn sie gehört zur Partei Christi und würde es als Verbrechen ansehen, uns irgendetwas zu verweigern oder wiederum ohne Rücksprache grundlos etwas Neues abzumachen. Das Ergebnis in dieser Angelegenheit ist darum, die Sache hängt von uns, Vadian und Zwingli, ab, aber unter folgenden

Bedingungen: Vor allem müssen wir die Lebenssituation des Menschen in Erfahrung bringen: wovon er seinen Lebensunterhalt bestreiten will, wie gross sein Erbe sein wird, ob er ein Haus besitzt und ob er dem Mädchen das Heiratsgut wieder verabfolgen könnte. Ihr Heiratsgut beträgt etwas weniger als 500 Gulden, davon fallen schätzungsweise 200 auf Kleider und andere weibliche Zierden. Die Äbtissin liebt das Mädchen zärtlich, ja, so zärtlich, dass sie es zuvor vielen verweigerte. Jetzt, wo du und ich darum bitten, glaubt sie, es nicht abschlagen zu können.» Zwingli betonte weiter im Brief, er kenne den Bräutigam Sebastian Appenzeller nicht so genau. Er müsse sich dabei auf Vadian verlassen. Auf keinen Fall dürften sie darüber in ein schlechtes Gerede kommen. Die Äbtissin sei ihm besonders entgegengekommen. «Leute, die mit der Äbtissin näher verbunden sind, erklären, sie sei einem Rat noch nie so willig gefolgt.» Offenbar galt die Mitvierzigerin als eigenständige, vielleicht auch etwas eigenwillige Frau. «Dieses Vertrauen», betonte Zwingli, «dürfen wir keineswegs, auch nicht ein klein wenig verraten.» Vadian solle darum alles genauso wie geplant ausführen. Im Übrigen habe Sebastian ihm, Zwingli, gesagt, «er wolle nur darum eine Frau heiraten, um sich aus dem Kriegsgetümmel zu befreien». Das wünschten auch die Äbtissin und das Mädchen vor allem. Zwingli befürchtete, die Ehe würde scheitern, wenn der Bräutigam sich wieder mit dem Kriegsgeschäft einliesse. Die Äbtissin zöge es vor, wenn die jungen Leute in Zürich Wohnsitz nähmen. Gingen sie nach St. Gallen, dann käme sie dort öfter auf Besuch.[394] Zwingli warb also für einen Krieger aus St. Gallen bei Katharina von Zimmern um ein junges Mädchen, das die noch amtierende Äbtissin besonders liebte, mit einer ansehnlichen Mitgift ausstattete und nicht gern weggab.

Wer war dieser Sebastian Appenzeller? Er hatte als Schweizer Gardist (also als päpstlicher Söldner) in Rom Karriere gemacht. Er wurde zum *scriba*, zum Schreiber der Garde und erhielt doppelten Sold, nämlich acht Kronen und zwei Amtskleider für zwei Kronen, so berichtet sein Freund Johannes Rütiner.[395] Offenbar konnte er sich gut Sympathien erwerben und war durchsetzungsfähig, jedenfalls hat er sich ein einträgliches Kirchenamt, eine Pfründe im St. Gallischen Berg, ergattert. Die Pfründe war allerdings schon vom St. Galler Abt einem anderen Kandidaten versprochen worden, der nach seinen Qualifikationen sehr viel geeigneter war. Denn der war Priester, während Sebastian Appenzeller keine Weihen vorweisen konnte. Es kam 1520 zum Streit vor der Tagsatzung. Sebastian Appenzeller machte dort geltend, die Pfründe sei in einem Papstmonat frei geworden, die Neuverleihung habe also dem Papst zugestanden. Er, Sebastian Appenzeller, habe dem Papst lange gedient, damit er seine Verwandten mit Pfründen versorgen könne. Obwohl die Übertragung von kirchlichen Ämtern an Nichtgeweihte und die Pfründenvergabe durch Rom in der Eidgenossenschaft wie im ganzen Reich[396] hoch umstritten war, wies die Tagsatzung Sebastian Appenzeller doch nicht ganz zurück. Erst an der nächsten Sitzung wollten die Herren besprechen, wie mit der vorreformatorischen Praxis der Kurie, in Ausnahmefällen Laien mit geistlichen Ämtern zu begaben, umzugehen sei. Die Parteien sollten sich, entschieden sie vorerst, vor dem Abt von St. Gallen vergleichen. Käme es allerdings zu keiner Einigung, wollten sie sich für den Gegenkandidaten einsetzen.[397] Offenbar kam es zu einem Vergleich, jedenfalls wurde die Tagsatzung in diesem Fall nicht mehr tätig.

Dass Sebastian Appenzeller noch einen weiteren päpstlichen Gnadenerweis erhalten habe, scheint weniger glaubhaft. Im St. Galler Geschlechterbuch heisst es: Er habe sein Wappen geändert aufgrund eines Wappenbriefes, den Hadrian VI. ihm um 1529 verliehen habe.[398] Hadrian starb allerdings schon im September 1523 und es sieht dem persönlich höchst integren Papst, der versuchte, die Kurie zu reformieren, nicht ähnlich, solche Gnadenerweise zu erteilen. Im Übrigen ist für den Gardisten in Rom nur noch ein Streit belegt mit dem bekannten Gegner Luthers, Zwinglis und Oekolampads, Dr. Johannes Eck, diesem hochgebildeten und streitbaren Doktor der Theologie, dessen Schrift über die Himmelsseele Katharina besass und der 1519 in Leipzig Luther und 1526 in Baden Oekolampad in die Enge trieb. Sebastian Appenzeller focht gegen ihn allerdings nicht mit Worten und Argumenten, sondern mit Brachialgewalt im Wirtshaus *«zur gloggen»* in Rom. Eck habe die Eidgenossen geschmäht. Daraufhin habe Sebastian Appenzeller ihn *«geroufft vnd geschlagen»*, berichtete Bullinger später anlässlich der Badener Disputation.[399]

Für diesen Gardisten machte nun Zwingli den Brautwerber. Die Sache war offenbar heikel. Zwingli gestand, er habe darauf verzichtet, weitere Erkundigungen über das Mädchen einzuziehen. Das könne nur dem Ruf der jungen Frau schaden. Zwischen den Zeilen ahnt der Leser ein Geheimnis, das besser verschwiegen bliebe. Auch in Bezug auf den jungen Mann ist nicht alles transparent. Zwingli müsse sich da auf Vadian verlassen. Die Initiative für diese Hochzeit ging offenbar nicht von der Äbtissin oder gar von der jungen Frau aus. Katharina von Zimmern willige nur ein, weil sie Zwingli und Vadian entgegenkommen wolle und ihnen vertraue, obwohl, das macht der Brief auch deutlich, Zwingli nicht zu ihren engeren Bekannten oder gar Freunden zählte. Andere seien näher mit ihr verbunden.

Die Hochzeit wurde über den Kopf des Mädchens hinweg arrangiert, eine Praxis, die Anfang des 16. Jahrhunderts durchaus umstritten war. Immerhin wurde die junge Frau bei der Abrede zwischen Zwingli und der Äbtissin wohl zugezogen. Denn Zwingli weiss zu berichten, auch sie, nicht nur die Äbtissin, lege besonderen Wert darauf, dass Sebastian Appenzeller seine militärische Karriere abbreche. Aber Zwingli nennt die Ehekandidatin im Gegensatz zu Sebastian Appenzeller nie mit Namen. Das wird auch in einem folgenden Brief so sein und das spricht Bände. Zwingli mag Gründe gehabt haben, ihre Herkunft zu verschweigen, aber er hätte sie doch immerhin beim Taufnamen nennen können. Sie selbst ist offenbar für ihn nicht von Belang. Es scheint, Zwingli lag viel an diesem Sebastian Appenzeller und daran, das Vertrauen der Äbtissin ein halbes Jahr vor der Übergabe des Stiftes nicht zu verlieren.

Die Sache war, wie befürchtet, nicht ganz ohne Haken, das macht der zweite Brief deutlich. Am 19. Januar 1525 sah sich Zwingli gezwungen, bei Vadian nochmals auf die Heirat zurückzukommen. Dabei hatte er, wie schon angedeutet, durchaus andere Probleme zu meistern. Denn gerade jetzt brachte die Zürcher Politik, die Herzog Ulrich gegen Habsburg unterstützte, der Stadt den Ruf ein, mit den aufrührerischen Bauern zu paktieren. Das und die Abschaffung der katholischen Riten machten Zürich in der Eidgenossenschaft unmöglich. Viele erwarteten einen innereidgenössischen Bürgerkrieg. In dieser Lage hatte Zwingli dem Rat in seinem *Plan zu einem Feldzug* zu engen Bündnissen mit der Stadt St. Gallen und den Gemeinen Drei Bünden geraten.[400] Jetzt machte er sich auch selbst daran, sie für Zürich zu gewinnen. Am 14. Januar schrieb er an die Drei Bünde[401] und in seinem Brief vom 19. Januar empfahl er Vadian, dem einflussreichen St. Galler Ratsherrn, den Herzog von Württemberg. Aber die Feindschaft der meisten Orte gegen Zürich war nicht das einzige Problem, das Zwingli bedrängte. Die Bauernunruhen in der vorderösterreichischen Nachbarschaft und im Hegau, die Zwinglis Partei nicht ungern sah, förderten auch die Unruhe auf der Zürcher Landschaft. Zwingli hatte *Wer Ursache zum Aufruhr gibt* eben erst publiziert. Seine Zeilen dazu im gleichen Brief an Vadian lassen ahnen, wie schwer die Schrift ihm gefallen war. Er gestand dem Freund: «Gelehrte empfehlen sie in Briefen so, dass es mich aufregt. Die Toren behaupten nämlich ernsthaft, etwas Nützlicheres sei noch nirgends erschienen. Ich behandle es zwar härter. Jedoch, wer sollte es schliesslich nicht sehen, dass, was ich dort behandle, schon immer ans Licht getragen wurde. Aber das Bissige gilt vielleicht bei ihnen als wertvoll. Das ist sicher, wir wollen lieber von Anderen als von uns all das ausgesprochen hören, was gefährlich ist.»[402] Es war in der Tat gefährlich, die eigenen Bauern, die auch Zwingli noch unlängst zu Zehntverweigerungen aufgerufen hatte, nun auf Gehorsam einzuschwören und im nahen Ausland die Bauern zum Aufruhr aufzumuntern. Zugleich radikalisierten sich einige seiner ehemaligen Freunde. Sie machten mit dem reformatorischen Schriftprinzip in einer Weise ernst, die dem politisch denkenden Zwingli zu weit ging. Insbesondere lehnten sie jeden Waffendienst ab und verweigerten die Kindertaufe, weil sie in der Bibel nur Hinweise auf eine Glaubenstaufe fanden. Zwar hatte Zwingli den Rat mit seinen Argumenten zur Kindertaufe überzeugt. Der verordnete, die Eltern hätten ihre Kinder innert acht Tagen zu taufen, andernfalls würden sie des Landes verwiesen. Aber, wie Zwingli Vadian anvertraute, seine Gegner und insbesondere Konrad Grebel, Vadians Schwager, beharrten auf ihrem Standpunkt.

Zwingli war also aufs Äusserte gefordert. Dennoch nahm er sich Zeit, im Brief vom 19. Januar nochmals auf Sebastian Appenzeller und seine Verbindung mit der von Katharina protegierten jungen Frau zurückzukommen. Sebastian Appenzeller, so hätten andere der «Äbtissin» hinterbracht, sei nicht so vermögend, wie er behauptet habe. Vor allem aber halte sie ihn nicht für verlässlich. Er habe zuvor erklärt, er könne unmöglich in Zürich wohnen, das erlaubten seine Geschäfte nicht, und nun wolle er doch in Zürich bleiben. Sie befürchte, es stecke eine List dahinter. Darum bittet Zwingli Vadian dringend, bei Sebastians Vater vorstellig zu werden. Der solle ihn nach St. Gallen zurückholen; «Es ist besser, auf die Herrin Rücksicht zu nehmen, als sie zu verdriessen.» Es lag also Zwingli viel daran, sich auch nach der Abteiübergabe gut mit Katharina von Zimmern zu stellen. Zwingli liess im Brief die ehemalige Äbtissin verächtlich von einem *«negociatiunculum»*, von einem Geschäftlein, Appenzellers sprechen.[403] Sie hatte allen Grund dazu. Sebastian Appenzeller taucht verschiedentlich in Quellen auf, aber nie mit einem bedeutenden eigenen Geschäft, obwohl er aus einer geachteten St. Galler Ratsfamilie stammte und später auch Zunftämter innehatte.[404] Er ist ständig für andere, für Vadian, aber auch für Zwingli unterwegs. Er diente als Zuträger und Informant für die Schweizer Reformatoren. Im September 1524 berichtete er von der Tagsatzung in Baden, im Dezember ist er in Rom.[405] Ein «ruhiges und stilles Leben in aller Gottseligkeit und Ehrbarkeit» (I Tim 2,2), wie es der Philipperbrief anmahnte und sich die Äbtissin für den Gatten der jungen Frau offenbar wünschte, führte er gewiss nicht.

Zwinglis zweiter Brief vom 19. Januar 1525 macht nicht deutlich, ob das junge Paar im Januar schon verheiratet war oder nicht. Ich nehme es an. Sonst hätte Katharina das so herzlich geliebte Mädchen kaum in die Ehe mit einem jungen Mann geschickt, gegen den sie bereits misstrauisch war, und der auch neues Misstrauen wecken musste; es sei denn, sie hätte Gründe gehabt, die junge Frau möglichst schnell unter die Haube zu bringen. Dann hätte indessen Zwingli geflunkert, als er im Juli von vielen Freiern sprach. Oder hatte die Umworbene sich Knall auf Fall in den sicher schneidigen Gardisten verliebt und konnte sich bei Katharina durchsetzen? Ein wichtigeres Indiz für die bereits vollzogene Hochzeit ist das Beharren darauf, Sebastian müsse sich in St. Gallen aufhalten. Es wäre kaum verständlich, wenn das Paar nicht bereits verheiratet in St. Gallen gewohnt hätte. Jedenfalls haben sich die beiden früher oder später vermählt und zogen nach St. Gallen. Ihr Wohnsitz dort ist durch die nach der Reformation seit 1527 angelegten Taufbücher gut belegt. «Basti Appenzeller» und «Regula Schwarzin» (Schwarzin ist eine weibliche Form für Schwarz) liessen 1527, 1529, 1530 und 1531 Kinder taufen.[406]

Seite 271f. ➲

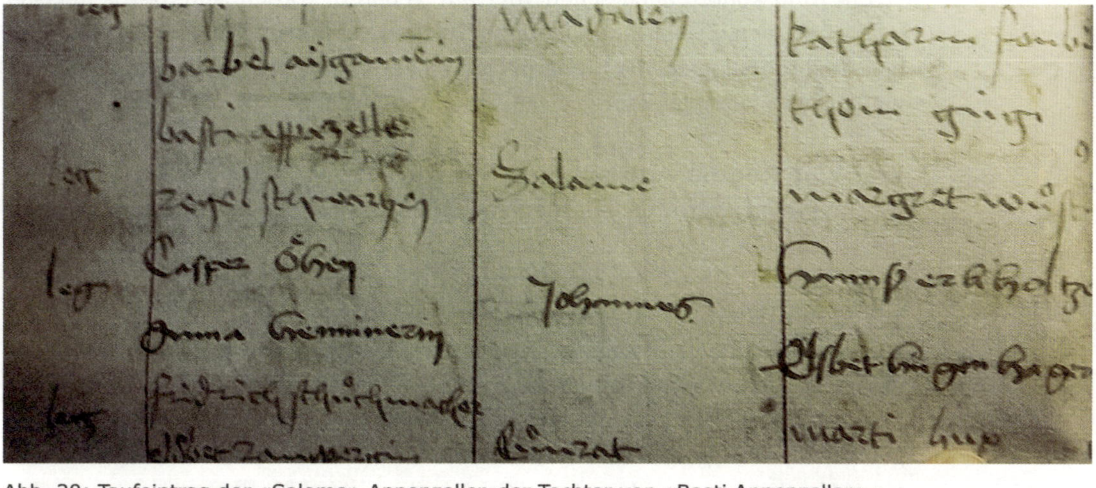

Abb. 30: Taufeintrag der «Salome» Appenzeller, der Tochter von «Basti Appenzeller» und «Regel Schwartzin», 1530

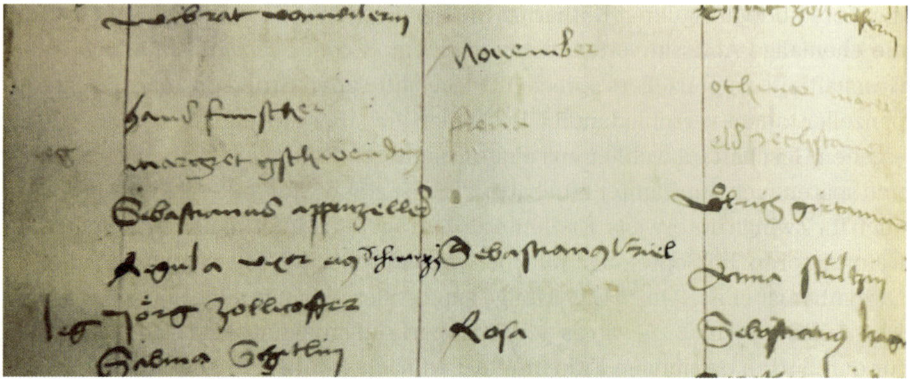

Abb. 31: Taufeintrag des Sebastian Uriel Appenzeller, des Sohnes von «Sebastianus Appenzeller» und «Regula uxor eius», nachgetragen: «Schwarzin», 1531

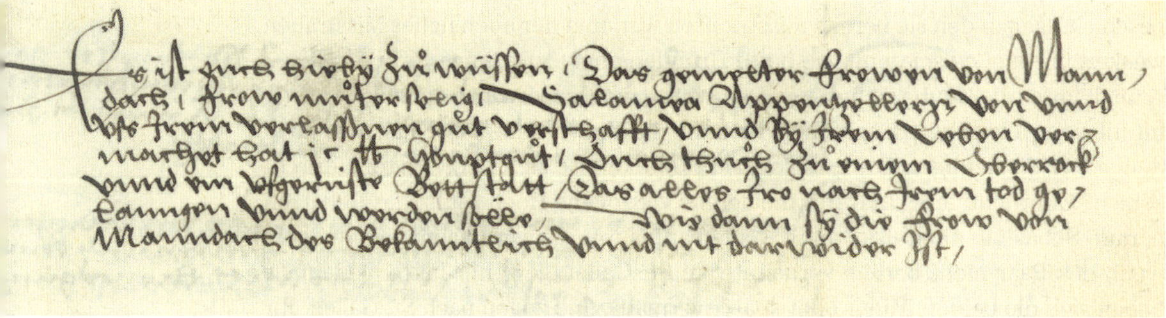

Seite 318

Abb. 32: Verfügungen zugunsten Salomea Appenzellers in der Abrechnung über das Erbe von Katharinas Tochter Anna, 1548

Ein Kind könnte auch schon vor 1527 geboren worden sein, bevor Register geführt wurden. Zwei Kinder überlebten sicher. Sie sind auch später aktenkundig: eine Tochter Salomea, die Katharina mit einem Vermächtnis bedachte,[407] und der gut belegte pfälzische Rat Sebastian Uriel Appenzeller.

Wer war Regula Appenzeller-Schwarz?

Die Taufbücher verraten den Namen der jungen Frau: Regula Schwarz. Wer war diese besondere, diese geliebte junge Frau, mit deren Kindern Katharina in Beziehung blieb? Die ehemalige Äbtissin bedachte Regulas Tochter Salomea mit 100 Pfund Hauptgut, einer Bettstatt und mit Tuch zu einem Oberrock.[408] Das spricht für eine enge Beziehung. Auch der 1531 geborene Sohn Sebastian Uriel nannte später etwas aus Katharinas Erbe sein Eigen. Der Sammelband mit frühreformatorischen Schriften, von denen zwei handschriftlich Katharina von Zimmern gewidmet waren, ging in seinen Besitz über. Er vermerkte darin: *«Ex libris Sebastianj Urielis Appenzellerj Sangallensis, Anno MDLV.»*[409] Regulas Sohn reihte ihn also im Alter von 24 Jahren in seine Bibliothek ein.

Seite 271–274

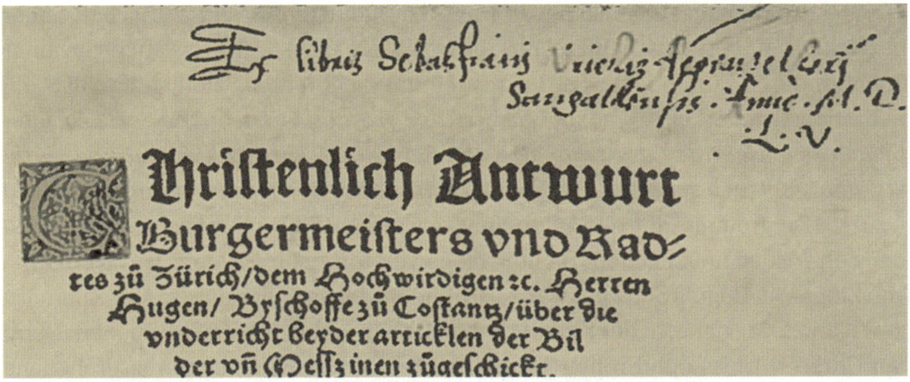

Christenlich Antwurt Burgermeisters vnd Radtes zů Zürich/dem Hochwirdigen ⁊c. Herren Hugen/ Byschoffe zů Costantz/über die vnderricht beyder artickeln der Bil der vñ Messz inen zůgeschickt.

Abb. 33: Besitzeintrag Sebastian Uriel Appenzellers im Sammelband mit Katharina von Zimmern gewidmeten Reformationsschriften

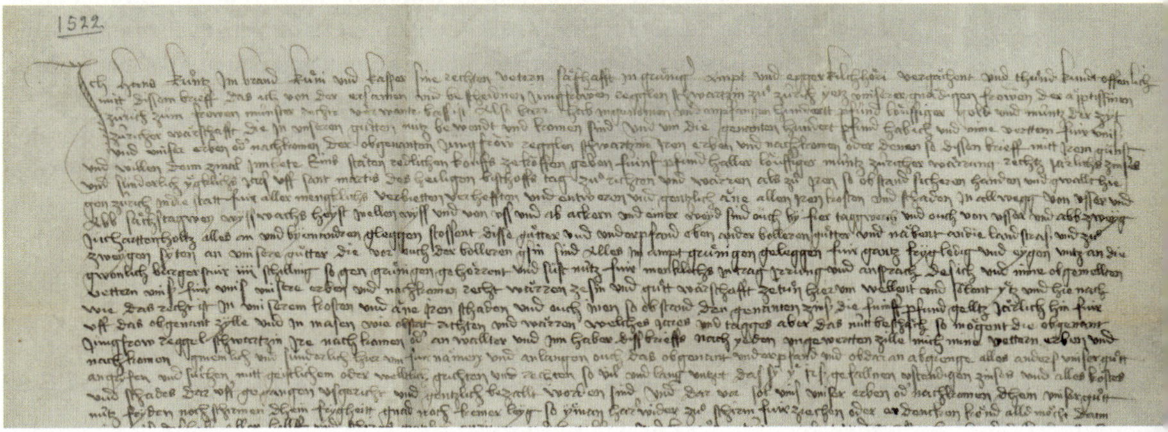

Abb. 34: Die Verwandte der Äbtissin, Regula Schwarz, kauft 1522 Land.

Eine Urkunde über einen Landkauf von 1522 nennt eine Regula Schwarz in Verbindung mit Katharina von Zimmern. Sie spricht von der Käuferin als von der ehrsamen und bescheidenen *«Regglen Schwartzin zu Zürich»* und weist sie aus als *«unserer gnaedigen frowen der Äpptissinen Zurich zum frowen münster rechte verwante bass»*, also der Äbtissin richtige Verwandte, auch erfährt der Leser, dass sie eine *«Jungfrow»*, eine unverheiratete junge Frau sei.[410]

Seite 290–292

Die Urkunde blieb im Fraumünster. Regula Schwarz muss also entweder im Stift gewohnt haben, oder die Äbtissin nahm die Urkunde, mit der ihr Besitzer die Zinsen beanspruchen konnte, an sich. Sie wurde dann offenbar vergessen. War Regula vielleicht das namenlose «froewli», bei dessen Ankunft die Abtei 1521 ein Bettgestell und Tuch zu einem Laubsack kaufte und dazu noch teuren Käse: *«10 ß umb ziger und käss da das fröwlj kam»*. Und gleich noch weitere Ausgaben für Fisch und Wein: *«Da das fröwli kam, jtem ein lib 2 ß umb fisch, 7 ß umb elsesser.»*[411] Offenbar wurde nicht gespart, als das namenlose Fräulein in der Abtei erschien.

1550 hat Vadian in einem Brief an Heinrich Bullinger die Verwandtschaft näher Seite 271f. bezeichnet. Er spricht von Regulas Sohn Sebastian Uriel und weiss auch von einer Tochter, die in Zürich lebe. Es dürfte sich um die Tochter Salomea handeln. Zu Sebastian Uriel erklärte Vadian: *«Er ist der fro äbtissin von Zimern säligen bruoders lediger dochter sone, die den Sebastian Appenzeller zuor ee ghabt etc., hat noch ain schwöster Zürich und ist gar ain frommer, armer jüngling [...].»*[412] Der fromme, mittellose Jüngling, er war seit 1539 Vollwaise,[413] sei demnach der Sohn einer unehelichen Tochter eines verstorbenen Bruders von Katharina von Zimmern. Regula Schwarz wäre also eine Bastardin eines der Brüder Zimmern gewesen. Es lag nahe, in der Zimmernchonik nach einem Hinweis zu suchen. Denn der Chronist Christoph Froben hatte keinerlei Hemmungen, über aussereheliche Verbindungen und Bastarde der Herren von Zimmern zu sprechen. Von Bruder Gottfried Werner erwähnte er nicht nur die Kinder, er erwähnte sogar die Namen der Mütter.[414] Eine Schwarzin oder eine Regula findet sich in der Chronik nicht. Dagegen glaubte Sebastian Uriel später behaupten zu dürfen, es fliesse nicht nur Zimmer'sches Blut in seinen Adern, er stamme auch von einem Reischach ab. Ist dem zu trauen?

Sebastian Uriel Appenzeller machte seinen Weg. Seine erste Ausbildung erhielt er unter der Aufsicht von Vadian in St. Gallen.[415] Er ging später nach Basel[416] und studierte in Tübingen Jura. Die Nachschrift einer juristischen Vorlesung blieb erhalten.[417] Er soll unter Franz Konrad von Sickingen, einem kurpfälzischen Marschall und kaiserlichen Reichskriegsrat, Sohn des berühmten streitbaren Franz von Sickingen, rühmlich gekämpft haben. Sicher nachzuweisen ist er seit 1574 als Rat und Haushofmeister der Pfalzgrafen Ludwig und Johann Casimir in Heidelberg.[418] Er gehörte zur Delegation, die 1578 zwischen den zwei zerstrittenen, die Pfalz regierenden Brüdern vermittelte. Der ältere, Pfalzgraf Ludwig, der von Heidelberg aus den grössten Teil der Kurpfalz regierte, war streng lutherisch, während Johann Casimir im kleinen südlichen Landesteil in seiner Residenz Neustadt 1578 eine reformierte Hochschule gründete und Reformierten aus den anderen Landesteilen Zuflucht gewährte. Nicht genug damit, er war 1567 und 1575/76 den Hugenotten in Frankreich und 1578 den Calvinisten in Holland gegen die Spanier zu Hilfe geeilt. Dennoch konnten die Räte der Brüder, unter ihnen Sebastian Uriel Appenzeller auf Seiten Ludwigs, eine Toleranzvereinbarung für die beiden getrennten protestantischen Kirchen aushandeln. «In Sachen des Gewissens, der Religion oder Confession soll keiner dem andern in dessen Gebiet etwas vorschreiben. Jeder soll bei seinen Geistlichen und Untertanen das ärgerliche Condemniren und Verketzern der Confession des andern soviel möglich abschaffen (unbeschadet der Freiheit der Theologen ihre Lehre vorzutragen und schriftlich zu verteidigen)» – ein Vertrag, der an den zweiten Kappeler Landfrieden erinnert. Der hinderte Johann Casimir freilich nicht daran, nach dem Tod des Bruders unter seiner alleinigen Regentschaft in der wieder vereinigten Pfalz das reformierte Bekenntnis für alle durchzusetzen.[419] Mit der Schweiz blieb Sebastian Uriel Appenzeller in Kontakt. Er erwarb im thurgauischen Egnach am Bodensee die schöne Luxburg, einen repräsentativen Herrschaftssitz.[420]

Herrschaftlich wirkt auch der Grabstein, den er 1586 seinem Töchterlein in der Heidelberger Peterskirche setzen liess. Er war mit den Wappen ihrer Vorfahren geschmückt. Die Wappen sind verschwunden, aber die Familiennamen erhalten, darunter auch «GRAVEN VON ZIMERN».[421] Seite 271f.

Abb. 35: Wappenbeischrift auf der Grabplatte der 1586 verstorbenen Anna Maria Appenzeller

Auch die Grabtafel des pfälzischen Rates selbst ist heute noch in Heidelberg zu sehen. Dort sind ebenfalls die vier Wappen entfernt. Das wertvolle Material wurde wahrscheinlich später in den Pfälzer Kriegen zu Kanonenkugeln eingeschmolzen. Der ehemalige Kämpfer, den Pfalzgraf Casimir 1588, noch ein Jahr vor dessen Tod, zur Musterung von Truppen aussandte, hätte vielleicht Verständnis dafür gehabt. Jedenfalls prangt Sebastian Uriel martialisch in voller Ritterrüstung auf seiner Grabplatte.[422] Die Namen zu den Wappen sind auch hier erhalten: APPDENZELL, dann kaum leserlich O[.]MEN und auf den vertikalen Steinen rechts gut zu lesen REÜSCHACH und GRAFEN VON ZIMMERN. Diese Steine erwecken allerdings den Eindruck, sie seien später erneuert worden.[423] Eine Familie Ohm oder Ohem hat es in St. Gallen gegeben, sie war sehr angesehen, starb aber im 16. Jahrhundert aus. Eine der letzten Töchter könnte die Grossmutter von Sebastian Uriel gewesen sein. Wie aber steht es mit Reischach? Der Grabstein behauptet, Appenzeller stamme nicht nur von der Familie Zimmern, sondern auch von der Familie Reischach ab. Ob, wie nach dem Brief Vadians anzunehmen wäre, das entfernte Zimmernwappen einen Bastardfaden zeigte, der die uneheliche Abkunft hätte kenntlich machen sollen, muss offenbleiben. Auf dem späteren Grabstein der Tochter Elisabeth ist ein Reischachwappen ohne Bastardfaden zu sehen.

Ob nun ehelich oder nicht, eine Verbindung eines Zimmern mit einer Reischach oder einer Zimmern mit einem Reischach kommt in der Zimmernchronik und auch im Oberbadischen Geschlechterbuch nur einmal vor. Das ist die Ehe der ehemaligen Fürstäbtissin Katharina von Zimmern mit Eberhard von Reischach. Ihre eheliche Tochter Anna oder der frühverstorbene Sohn können jedoch nicht ein Elternteil von Sebastian Uriel sein, sie waren bei seiner Geburt 1531 noch Kinder. Der Grabstein gibt fälschlich 1533 an, aber das ändert nichts, da waren sie höchstens sieben

Seite 271f.

Abb. 36: Grabplatte von Sebastian Uriel Appenzeller, rechts: die beiden Wappenbeischriften der rechten Seite im Detail: REÜSCHACH und GRAFEN von ZIMMERN, 1589

Jahre alt. Wäre Regula Schwarz, die Mutter von Sebastian Uriel Appenzeller, von Eberhard von Reischach gezeugt, müsste sie in der Stiftszeit von Katharina von Zimmern zur Welt gekommen sein, oder Katharina hätte sie unter der Aufsicht ihrer Eltern bereits mit 13 Jahren empfangen. Hat Sebastian Uriel Appenzeller sich da einen feinen Stammbaum zusammengeschwindelt? Oder hatte er Recht?

Vieles spricht dafür, dass er von der Äbtissin und Eberhard von Reischach abstammte. Es würde erklären, warum der Brautwerber Zwingli in den Briefen an Vadian den Namen der Braut für Sebastian Appenzeller, den Vater des Pfälzer Rates Sebastian Uriel, nie nannte und nicht näher nachforschen wollte.[424] Es würde auch erklären, warum Katharina so schnell nach der Übergabe Eberhard von Reischach heiratete und mit Ende Vierzig noch zwei gesunde Kinder gebären konnte. Eine Erstgeburt in diesem Alter ist ohne moderne Fertilisationsmedizin nicht ausgeschlossen, jedoch sehr unwahrscheinlich. Aber spricht nicht allzu viel gegen eine Abstammung von Sebastian Uriel von Katharina von Zimmern und Eberhard von Reischach? Sollten Katharina von Zimmern und Eberhard von Reischach die Grosseltern von Sebastian Uriel Appenzeller gewesen sein, dann hätten sie seine Mutter Regula wohl gezeugt, während Katharina als gut beleumdete Äbtissin im Fraumünster in Zürich residierte, als geachtete Stadtherrin an Prozessionen auftrat und sich wahrscheinlich dabei würdevoll auf einem Sessel durch die Stadt tragen liess.[425] Dass in Zürich niemand etwas merkte, spricht jedoch nicht unbedingt dagegen. Die Äbtissin konnte leicht für längere Zeit die Abtei und die Stadt verlassen. Eberhard von Reischach aber war sicher von ca. 1500 bis 1513 mit Verena Göldli verheiratet. Ob sie seine erste Frau war, ist nicht sicher. 1503 wird Verena Göldli als Reischachs Frau genannt.[426] 1504 hatten sie bereits zwei Kinder.[427] 1513 wurde sie im Testament des ehemaligen Bürgermeisters Heinrich Göldli, bedacht, der 1514 starb.[428] Regula, die Mutter von Sebastian Uriel, war bereits 1524 eine Heiratspartie und hatte, dürfen wir der Angabe Zwinglis trauen, zuvor schon verschiedene Bewerber. Zwar wurden junge Mädchen der Oberschicht im 16. Jahrhundert oft sehr früh verheiratet, aber selten unter zwölf Jahren. In Zürich gebot ein Ratsbeschluss von 1498, die Tochter müsse das zwölfte Altersjahr vollendet haben, bevor sie heiraten dürfe. Ihre Geburt nach 1513 kann somit ausgeschlossen werden.

Wäre Sebastian Appenzellers Ehefrau Regula, während Eberhard von Reischach mit Verena Göldli verheiratet war, von ihm mit Katharina von Zimmern gezeugt worden, dann wäre sie nicht nur eine Bastardin, und ihre Mutter hätte die Keuschheitsgelübde gebrochen, sie wäre auch noch die Frucht eines Ehebruchs und zwar eines doppelten. Denn Unkeuschheit einer Äbtissin wurde ebenfalls als «Ehebruch» gewertet und erschwerend kam die *«schwächung»*[429] einer Jungfrau hinzu. Seitensprünge von Ehemännern dürften in Zürich in der Zeit vor den Sittengesetzen der Reformation allenfalls als zu tolerierende «Kavaliersdelikte» betrachtet worden sein (von Frauen hingegen keinesfalls – im Falle des Ehebruchs einer Gattin ging der Ehemann straflos aus, wenn er sie tötete, die Gattin sollte dagegen, so die wohlgemeinten Ratschläge an die Frauen, den Ehebruch des Mannes grosszügig übersehen). Und wie stand es mit geistlichen Frauen? Sie selbst mochten für ihre Fehltritte gute Gründe in der Literatur der Zeit finden,[430] aber die Gesellschaft vergab ihnen kaum. Adlige Väter standen in ihren Herrschaften meist zu ihren Bastarden. Ganz anders in den Städten, dort galten Illegitime als «unehrlich».[431] Nach der Reformation ahndeten die Obrigkeiten auch einen Ehebruch des Mannes hart. Keuschheitsgelübde galten in protestantischen Landen nicht mehr, aber Hurerei wurde umso strenger verfolgt.[432]

Was kann da die Familie Appenzeller gegen Ende des 16. Jahrhunderts in der reformierten Pfalz veranlasst haben, auf eine Herkunft von Eberhard von Reischach

◀ Seite 272

Abb. 37: Rechts: Wappen mit den wachsenden Löwen der Familie Appenzeller und den Eberköpfen der Familie Reischach auf der Grabplatte eines Landas-Enkels von Sebastian Uriel Appenzeller

und Katharina von Zimmern öffentlich anzuspielen? Die Familie hätte durchaus auch auf die im Adel üblichen vier Wappen verzichten können. Es gibt Beispiele von Grabtafeln im Heidelberger Umfeld mit nur zwei Wappen,[433] ganz abgesehen von wappenlosen. Allerdings gehörte zur wirklich angesehenen Adelsschicht nur, wer auf eine längere adlige Herkunft verweisen konnte, mindestens die vier Grosseltern mussten adlig sein. Es war also durchaus begehrt, vier adlige Wappen auf dem Grabstein zeigen zu können. Andererseits galt eine illegitime Herkunft in reformierten Landen als höchst anstössig. Immerhin hatte Sebastian Uriel wohl noch zwei unverheiratete Töchter.[434] Eine Herkunft von einer mit einer Äbtissin ehebrecherisch gezeugten Grossmutter hat ihre Heiratschancen kaum erhöht. Die Familie Appenzeller konnte nicht damit rechnen, dass in Heidelberg nichts über die letzte Fürstäbtissin und ihren Mann bekannt war. Die Beziehungen der reformierten Städte waren in den 80er Jahren durchaus rege. Insbesondere die Heidelberger Peterskirche mit dem Grabstein dürfte als Universitätskirche von Zürcher Studenten oft besucht worden sein, und der eine oder andere mag sich an Erzählungen über die alte Äbtissin erinnert und die Jahreszahlen ein wenig berechnet haben.[435] Auch wurde in adligen Familien, insbesondere anlässlich einer Hochzeit, eifrig Ahnenforschung betrieben. Offenbar schämte sich im puristischen reformierten Milieu des ausgehenden 16. Jahrhunderts die Familie Appenzeller nicht, eine solche illegitime, ja ehebrecherische Herkunft stolz zur Schau zu stellen und in Stein gehauen für die folgenden Jahrhunderte aufzubewahren. Sie müssen Gründe dafür gehabt haben. Der einleuchtendste wäre: Sebastian Uriel, Sohn der im St. Galler Taufbuch genannten Regula Schwarz, stammte über diese Regula tatsächlich von Eberhard von Reischach und Katharina von Zimmern ab.

Ulrich von Württemberg gibt nicht auf und Eberhard von Reischach hält an ihm fest

Am 23. Februar 1525 wurde klar, es kommt zum Krieg um Württemberg – zu einem Bürgerkrieg, der vom sogenannten Bauernkrieg nicht zu trennen ist. Ulrich zog mit seinem vereinigten Heer von wohl 6'000 angeworbenen Schweizern, 300 Reitern sowie zahlreichen aufständischen Bauern unter dem Befehl der beiden Feldhauptleute Eberhard von Reischach und Sigmund von Zwickhoff vom Hohentwiel los, um in Württemberg einzufallen. Dort verbanden sich seine Truppen mit Landeskindern aus allen Schichten.

Ob Sebastian Appenzeller sich den Söldnern von Ulrich von Württemberg anschloss, ist nicht überliefert. Aber vieles spricht dafür. Er war jedenfalls bald nachher in Schaffhausen und liess sich über die Hintergründe des Schweizer Abzuges aus. So erfolgreich der Feldzug von Ulrich begann – nach zwei Wochen nahm Ulrich bereits Balingen ein –, er endete fatal. Denn die Eidgenossen, auch Zürich, riefen nun ihre Untertanen ernsthafter zurück, nachdem in der verlustreichen Schlacht von Pavia viele Landsleute beim Kampf zwischen dem Kaiser und dem französischen König um die Vorherrschaft in Italien gefallen waren.[436] Auch konnte der Herzog den versprochenen Sold nicht zahlen. Von 15'000 hätten nur 3'000 bei Herzog Ulrich ausgeharrt und seien mit ihm vor Stuttgart gezogen, weiss Stockar zu erzählen.[437] Nun konnte der gegnerische Feldhauptmann, Truchsess Georg von Waldburg, die in Pavia entlassenen, kampfgeübten Landsknechte anwerben. Damit nicht genug. Abgesandte der Tagsatzung erschienen im Lager und drohten den letzten Schweizern, wenn sie nicht umkehrten, mit schweren Strafen. Darüber hinaus verhandelten sie mit dem Schwäbischen Bund. Die Schweizer waren nicht mehr zu halten. Herzog Ulrich musste einsehen, ein weiterer Kampf hätte nur Verluste und ein unsinniges Gemetzel gebracht. Er und seine letzten Getreuen verliessen Württemberg fluchtartig. Nicht einmal das schwere Geschütz nahmen sie mit.

Mancher Eidgenosse, mag den von der Tagsatzung befohlenen Rückzug als Schmach empfunden haben. Insbesondere in Schaffhausen gab es Unmut. Sebastian Appenzeller verbreitete, die Tagsatzungsherren hätten sich mit Geld, also mit verpönten heimlichen *mieth und gaben*, durch den kaiserlichen Abgesandten für den Verrat an Herzog Ulrich kaufen lassen. Weder der kaiserliche Gesandte noch die Tagsatzungsherren wollten das auf sich sitzen lassen. Sie fühlten sich in ihrer Ehre verletzt. Sebastian Appenzeller sollte verhaftet und verhört werden. Sein Vater konnte das verhindern. Sein Sohn Sebastian, so erklärte er vor der Tagsatzung, habe nur widergegeben, was er im Wirtshaus in Schaffhausen gehört habe.[438] Das war im April 1525, als Herzog Ulrich sich mit den Württemberger Bauernhaufen vertraglich verband.

Der Sieg über Ulrich im März 1525 hatte die Habsburger Regierung in Württemberg nicht gestärkt, im Gegenteil, es kam überall zu Erhebungen und mancher wünschte sich den Herzog zurück. Allerdings waren längst nicht alle Bauern und alle ihre Anführer herzoglich gesinnt, was ihre Kraft schwächte. Zunächst allerdings vereinigten sie sich in ihrem Willen, dem Land eine friedliche Ordnung zu erkämpfen. Sie bewaffneten sich und konnten in grossen Teilen Württembergs eine Art provisorische Regierung einrichten. Die Akten ihrer Kanzlei sind erhalten.[439] Sie zeugen vom Willen der Aufständischen, eine geordnete Regierung einzurichten. Sie durften sich zu Recht rühmen, wie sie am 23. April 1525 nach Stuttgart schrieben: *«Gott dem allmechtigen zu Lob»* und *«allen zu schutz und schirm und befridung [...] ain recht Cristanlich und fridlich Regiment»*, also eine friedliche, christliche Ordnung einrichten zu wollen.[440] Jetzt entstand auch der Verfassungsentwurf, den sie Herzog Ulrich vorlegten, von dem schon die Rede war.

Nach Anfangserfolgen konnten sie sich jedoch trotz Unterstützung durch die Ritter Ulrichs und die Stühlinger und Hegauer Haufen gegen das neu bestens aufgerüstete Heer unter Truchsess Georg von Waldburg nicht halten. In der Schlacht von Böblingen, treffender zu bezeichnen als «Massaker von Böblingen», liessen am 12. Mai 1525 Tausende Bauern ihr Leben. Wieder floh Herzog Ulrich mit den Seinen zurück auf den Hohentwiel. Truchsess Georg von Waldburg wandte sich nun gegen die anderen Aufstandsgebiete und verrichtete da sein effizientes, aber grausames Werk: nach Metzeleien unter den schlecht bewaffneten Bauernhaufen folgten Plünderungen, Brandschatzungen, Strafgelder, Folter und Hinrichtungen der vermeintlich Schuldigen. Der Winterthurer Chronist Laurencius Bosshart, der den Bauern durchaus nicht wohl gesinnt war, klagte, sie seien niedergeworfen und erschlagen und etliche lutherische Pfarrer ohne Urteil und Recht aufgehängt worden: *«on urteil und recht an die est gehennkt»*.[441] Umsonst baten die Hegauer Aufständischen Herzog Ulrich um Hilfe.[442] Er suchte jetzt andere, diplomatische Wege, sein Land wieder zu erlangen.

Bereits im August sandte er seinen Kanzler Johann von Fuchsstein zusammen mit Eberhard von Reischach und Georg von Hewen zu einer habsburgischen Delegation, mit der sie verhandeln sollten. Sie verlangten dort kurzweg die Herausgabe des Herzogtums. Herzog Ulrich ging immer aufs Ganze. Er hielt unerschütterlich daran fest, ihm stehe die Regierung in Württemberg zu. War es diese Hartnäckigkeit, dieser feste Wille, der ihm immer wieder neue Sympathien und auch Vertrauen einbrachte, zumal er sich Mitleid erregend als zu Unrecht seines Landes beraubter Fürst darzustellen wusste? So schrieb er im Februar 1525, als er sich wegen seiner Werbung verteidigen musste, an den Rat nach Zürich, er wirke nur, was er vor Gott, vor sich selbst und vor seinen Untertanen schuldig sei zu tun, zumal seine Untertanen unter den Habsburgern tyrannisch und unchristlich regiert würden. Es sei doch schicklich und natürlich sogar unter Türken und Heiden, geschweige

Abb. 38: Schlachtfeld, Urs Graf 1521

denn unter Christen, wenn wehrhafte Zürcher – angeblich ohne sein Zutun – begehrten, ihm als einem wider Gott und Ehre recht armen verjagten Fürsten wieder zu seinem Vaterland und zu seinem Recht zu verhelfen: *«unns als einem wider gott, eer und recht armen verjagtten fursten zu unnsernn vatterlannd recht unnd billicheitt zu verhelffen»*.[443]

Nicht nur Getreue wie Eberhard von Reischach und Georg von Hewen hielten an ihm fest, auch nüchtern rechnende Handelsherren in Basel, Solothurn oder Luzern, die ihm gutes Geld mit der Grafschaft Mömpelgard [Montbéliard] als Pfand anvertrauten. Seine Persönlichkeit muss sie überzeugt haben. So gern sich die städtischen Politiker die Grafschaft Mömpelgard gesichert hätten, politisches Kalkül allein kann es nicht gewesen sein. Denn Ulrich war ein säumiger Zahler und die Aussicht auf die Grafschaft eher vage. Sie haben sie auch nicht erhalten.

Die Verhandlungen mit den Habsburger Gesandten kamen zu keinem Ergebnis. In der Eidgenossenschaft hatte Reischach bessere Erfolge. Am 14. September 1525 verteidigte er den Herzog vor der Tagsatzung wegen «Verdächtigungen».[444] Am 3. Oktober schickte der Herzog einen Geheimsekretär zu Zwingli und bat den Reformator, ihm zu vertrauen wie dem Herzog selbst. Der Sekretär solle Zwingli etwas vom Herzog Ulrich mitteilen. Leider wird nicht deutlich, worum es ging. Aber sicher ist: Auch nach dem Debakel und offenbar allerlei Verdächtigungen konnte Ulrich die Beziehungen zu Zürich wiederaufnehmen.[445] Wie weit Reischach oder gar Katharina von Zimmern dabei für ihn lobbyierten, ist nicht mehr auszumachen. Jedenfalls hatte Reischach für Ulrich vorerst nur diplomatische Aufgaben zu erledigen.

Das Ehepaar Reischach-Zimmern

TEIL III

HEIRAT IN SCHAFFHAUSEN

Eberhard von Reischach dürfte nun, wenn er nicht für seinen Herzog unterwegs war, meist in Schaffhausen gewesen sein, wo er drei Gulden Steuern zahlte und als Besitzer *«von huis und wingutt»* ausgewiesen ist.

Sein Haus lag nach dem Steuerbuch gegenüber dem Ochsenhof in der Nähe des Klosters Allerheiligen, heute wohl Restaurant «Thiergarten».[446] Dort dürften Eberhard von Reischach und Katharina von Zimmern im Jahre 1525 geheiratet haben. So überliefert es der im Übrigen gut unterrichtete Chronist Christoph Froben von Zimmern. Er berichtet, Katharina habe kurz nach der Übergabe des Fraumünsters im Jahre 1525, in *«kurzer zeit hernach»*, geheiratet.[447] Auch Bernhard von Wyss nennt in einem Atemzug das Datum der Übergabe des Fraumünsters und der Hochzeit. Er weiss auch, dass Katharina nach Schaffhausen zog, weil Eberhard von Reischach wegen der verbotenen Söldnerwerbung von 1519 nicht nach Zürich kommen durfte. Allerdings verlegt er fälschlich die Übergabe vom 8. Dezember 1524 um einige Wochen in das Jahr 1525. Er schrieb: *«Und also hat nun frow Catharina von Zimbern, die letst äbtißin zum Frowenmünster im nechsten jar darvor [er sprach vorher vom Jahr 1526, nennt also hier das Jahr 1525] all ir gerechtigkeit der statt von Zürich übergeben und von inen ein merkliche provision ald libgeding in lebenlang darfür angenomen und sich mit junker*

Abb. 39: Der Thiergarten auf dem Merianplan der Stadt Schaffhausen von 1642

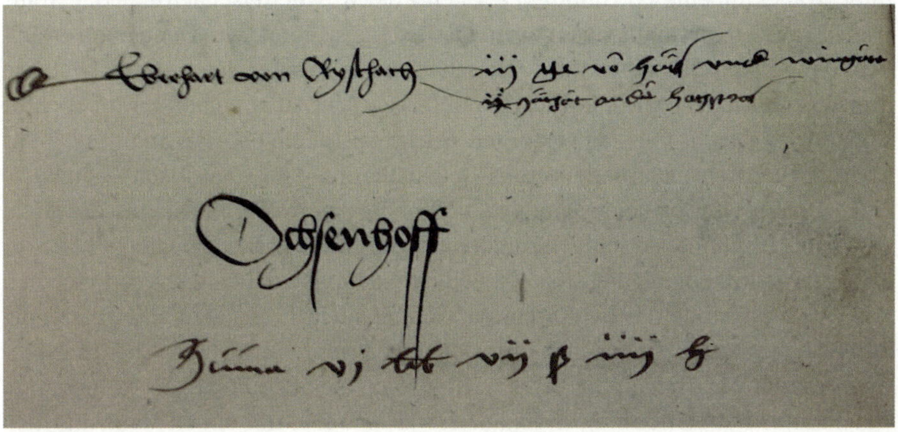

Abb. 40: Eberhard von Reischach zahlt in Schaffhausen Steuern.

Äberlin von Rischach eelich vermächlet und zuo im gen Schaffhußen zogen. Denn er nit dorft gen Zürich komen darum, daß er über ir gebott knecht und houptlüt zum Wirtenberger gfürt.»[448] Bullinger berichtete später, sie habe im Abteihof gewohnt, bis sie sich mit Eberhard von Reischach vermählt habe.[449] Die Hochzeit hat demnach wahrscheinlich Anfang 1525 in Schaffhausen stattgefunden.

Ist dabei viel Wein geflossen, wie bei der Hochzeit des Chronisten Hans Stockar, der ebenfalls ein Weingut besass? Stockar beschrieb seine Hochzeit in Schaffhausen Ende 1526 mit der Tochter des Bürgermeisters Peyer so: Sein Freund Urban Jüntalar, wie er ein Gegner der Reformation, hatte für ihn um Elisabeth Peyer, die Tochter des Schaffhauser Bürgermeisters geworben. Stockar ging danach zusammen mit Jüntalar und seinem Vetter und Kameraden im Württemberger Feldzug, Thomas Spiegelberg, in das Brauthaus, um mit dem Vater die Geldfragen zu regeln. Grosszügig erhielt die Braut aus reichstem Hause eine hohe Mitgift von 800 Gulden. Nachdem das Geschäft mit Handschlag abgemacht war, liess Hans Stockar sich seinen langen Bart, der bis über die Herzgrube reichte, abschneiden. Mit glattem Kinn und Wangen ging er wieder ins Haus des Bürgermeisters und anverlobte sich die Braut mit zwei Ringen. Eine Woche darauf, am 5. Dezember kam Elisabeth in sein Haus. Stockar berichtet: Nachts legte man uns zusammen und die Hochzeit währte drei Tage. Es kamen oft auf einmal 30, 40, 50 und auch 60 Gäste, wahrscheinlich waren Eberhard von Reischach und Katharina von Zimmern darunter. 300 (wohl Gulden) habe ihn das Fest gekostet. Erst anschliessend, am Thomastag, am 21. Dezember, bestätigte das Paar seine Ehe abends in der Kirche.[450]

Haben Eberhard und Katharina von Reischach-Zimmern auch so solenn und aufwendig mit vielen Freunden geheiratet? Oder haben sie als nun wirklich nicht mehr junge Leute, sie war über Mitte vierzig, er Anfang sechzig, lieber ruhig für sich allein oder nur mit wenigen besten Freunden ihren Bund gefeiert? Wieder einmal muss die Antwort offenbleiben.[451]

Und wie stand es mit ihrer Ehe, was bedeutete sie ihnen? Warum haben sie geheiratet? War es nur eine «Vernunftehe»? Suchte der Witwer Reischach eine Hausfrau? Seine Frau Verena Göldli muss vor August 1519 gestorben sein. Denn dann erhielt der Sohn Anstett das Muttergut.[452] Reischach war also schon länger verwitwet. Die drei älteren Kinder waren in Klöstern untergebracht, aber seine jüngste Tochter Anna war vielleicht noch zu versorgen. Suchte er für sie eine Stiefmutter?[453] Für Eberhard von Reischach bedeutete es – jedenfalls unter reformatorisch Gesinnten – einen Prestigegewinn, eine Zimmern und ehemalige Fürstäbtissin als Gattin zu gewinnen. Er konnte so seine Verbindungen zu Zürich stärken, vielleicht hoffte er auch auf eine Begnadigung. Ihr Leibgeding dürfte allemal willkommen gewesen sein. Aber wie stand das bei Katharina? War sie nicht Fraus genug, selbstständig durchs Leben zu gehen und sich über den neuen reformatorischen Ehedruck hinwegzusetzen wie Margarete Blarer in Konstanz, die allem Drängen, zu heiraten, widerstand? Für Katharina von Zimmern war eine Ehe mit einem Mann aus dem Niederadel, dazu noch einem geächteten, kein Prestigegewinn. Dass sie auf äusseren Druck hin eine Vernunftehe mit Eberhard von Reischach einging, ist kaum glaubhaft. Wenn es also Liebe war, was für eine Liebe war es? War es ein vornehmlich geistiges Zusammenklingen? Wie sah ihr Eheleben aus? Wie standen die beiden zur Sexualität? Eine Annäherung an diese Fragen könnte auch Licht auf die Frage werfen, ob Regula Schwarz tatsächlich ihr Kind war.

◀ Seite 289, 292

Der Aristophanes-Mythos

Über die Liebe wurde insbesondere in Italien neu diskutiert, seit Marsilio Ficino im 15. Jahrhundert Platons *Symposion* mit den Dialogen über die Liebe übersetzt und interpretiert hatte. Darin legt Platon dem Dialogpartner Aristophanes folgenden Mythos in den Mund. Der zunächst androgyne Mensch, der Weibliches und Männliches in sich vereint habe, sei von Zeus in Mann und Frau gespalten worden. Denn diese androgynen Giganten wurden den Göttern zu stark und zu gefährlich. Seither sehnten Mann und Frau sich nach ihrem zweiten Teil. Sie versuchten, ihre erste starke Natur wiederherzustellen und aus zweien eins zu machen. Träfen die beiden Menschen, die zusammengehören, aufeinander, dann könnten sie nicht voneinander lassen und seien auch bereit, die Ehe zu brechen.

Ficino diente Platons *Symposion* dazu, eine asexuelle «platonische Liebe» zu propagieren. Ihm folgten auf dem Fusse Kritiker, die die körperliche Liebe mit der geistigen verbanden, ja eine rein geistige Liebe als unnatürlich zurückwiesen. In Norditalien entbrannte unter Renaissancedenkern eine Diskussion über Liebestheorien, die auch in anderen Ländern bekannt wurde.[454] Freilich musste nicht erst der Aristophanes-Mythos übersetzt werden, um die Macht der Liebe zu thematisieren. Die mittelalterliche Literatur kannte manche Variante des nicht zu überwindenden Begehrens. Am berühmtesten ist das Epos *Tristan und Isolde*, ein Stoff, der unzählige Male bearbeitet wurde und auch im 15. und 16. Jahrhundert noch verbreitet war.[455] Im Tristan ist es nicht der Aristophanes-Mythos, der die unbezähmbare Liebe erklärt und gleichsam rechtfertigt. Es ist ein Liebestrank. Die Konsequenz aber ist die gleiche: Sie können nicht voneinander lassen. Isolde ist mit König Marke verheiratet. Ihre Liebe ist eine verbotene, wie die Liebe der Priester, die zur Zeit Katharinas allenthalben auch vor aller Augen ausgelebt wurde. Die Reformatoren sprachen offen aus, was viele im 16. Jahrhundert dachten. Die Macht der Sexualität sei kaum zu unterdrücken, eine zölibatäre Lebensweise zu fordern, sei unmenschlich, ja teuflisch.[456] Aber nicht nur die verbotene aussereheliche, auch die legitime eheliche Liebe war im 16. Jahrhundert ein viel diskutiertes Thema.

Eheleben im 16. Jahrhundert

Die durch die Ehe begründeten Kleinfamilien gewannen im Spätmittelalter an Bedeutung gegenüber der Grossfamilie und die Ehelosigkeit, ein klösterliches, zölibatäres Leben, hatte an Attraktivität verloren. Schon vor der Reformation leerten sich die Klöster und Stifte, wofür das Fraumünster ein gutes Beispiel ist. Die jungen Leute forderten nicht nur Liebesehen, die neuen Wirtschaftsformen, vorindustrielle Handwerksbetriebe und grössere Mobilität boten vielen auch die Möglichkeit, tatsächlich unabhängig von der Familie und selbstbestimmt zu heiraten. Auch die Priester lebten trotz Zölibatgebots schon vor der Reformation in eheähnlichen Verhältnissen und in protestantischen Landen wurde der verheiratete Pfarrer schnell zur Regel. Die Kleinfamilie galt im 16. Jahrhundert als *die* passende Lebensform und als Basis für Ruhe und Ordnung im Gemeinwesen. Das schrie geradezu nach neuen Formen des Ehelebens.

Der Markt überquoll denn auch von Ehelehren. Hier seien nur zwei einschlägige Werke vorgestellt, eines von Erasmus von Rotterdam und ein kurzer, für die Zeit typischer Traktat, der Albrecht von Eyb zugeschrieben wurde, und wohl um 1475 entstand. Er erschien gleich mehrfach zwischen 1495 und 1520 im Druck.[457] Eybs Traktat vertritt gegenüber der damals immer noch gültigen kirchlichen Lehre eine «moderne» Sicht. Die Ehe wird keineswegs gegenüber dem zölibatären Leben abgewertet, sie sei im Gegenteil gottgewollt. Denn Gott habe zwei Geschlechter geschaffen und ihnen aufgetragen, sich zu mehren. Auch habe Christus an der Hochzeit zu Kana die Ehe geehrt. In den Eheschluss sollten beide Gatten einwilligen. Die Ehe diene nicht nur dazu, Unkeuschheit zu vermeiden, sie diene der Gemeinschaft, sie sei die Grundlage, auf der ein segensreiches Zusammenleben der Menschen gedeihen könne. Durch sie werde das Land bebaut, würden Städte und Häuser errichtet und gemehrt, ja der Frieden bewahrt, Streit und Krieg verhindert, gute Freundschaft gefördert und die Menschheit überhaupt erhalten. Entsprechend positiv sah sie der Autor: Die Ehe sei *«ain frölich/ lustberes/ süß ding»*.[458]

Das entsprach dem neuen ehefreundlichen Geist des späten Mittelalters und der frühen Neuzeit. Aber dem entsprach auch mit dem hohen Mittelalter eine starke Hierarchisierung in der Ehe zugunsten des Mannes: Der beliebte Traktat *Von dem eelichen standt* betonte zwar, die Ehefrau sei zu respektieren, auch zu lieben, aber mit Mass. Der Mann habe nie zu vergessen, dass er das Haupt sei. Er solle über die Frau herrschen, allerdings auch dabei das rechte Mass halten.[459] Sei die Frau indessen widerspenstig, dann habe er sie, nützten Ermahnungen nichts, auch körperlich zu strafen. Zunächst solle er sie morgens im Bett mit einer Gerte schlagen, werde sie dann immer noch nicht willfährig, sie mit einem Prügel von einem Mispelbaum durchbleuen: *«besich dir vmb ainen brügel von ainem nespelbaum damit smirb ir die lenden»*.[460]

Gegen solche Prügelei setzte Erasmus ein originelles Kolloquium. Er wandte sich nicht wie Eyb an den Mann und fragte nicht, wie der Mann sich seine Frau zu einer braven, gehorsamen Gattin erziehen solle.[461] Erasmus wandte sich an die Frau und riet ihr, wie sie umgekehrt ihren Mann zähmen könne. Zunächst führte Erasmus noch ganz im Sinne mittelalterlicher Schwankliteratur eine streitbare Ehe vor. Die junge Frau erzählt, wie es zu Handgreiflichkeiten kam und der Mann mit einem Prügel auf sie losging. Sie blieb indes nicht passiv, sie wehrte sich bewaffnet mit einem Stuhl. Glücklich wird sie freilich in dieser Ehe nicht. Eine Freundin rät ihr denn auch, ganz anders vorzugehen, nämlich den Mann durch Liebe zu gewinnen. Das lehrten die üblichen Ehelehren auch, so auch der besprochene Traktat Eybs,[462] aber Erasmus kehrte dabei das Verhältnis zwischen Mann und Frau um: Die Frau soll den Mann zu einem willfährigen Werkzeug erziehen, sie soll ihn sich gefügig machen, sie soll ihn wie «Elefanten und Löwen» zähmen, «die sich nicht durch Gewalt bändigen lassen». Denn wie kein Tier, so sei auch kein Mann so wild oder gefährlich, dass er nicht «durch Liebesdienste gezähmt» werden könnte. Erasmus blieb im Genre. Die Beispiele für die Liebesdienste erinnern wieder an die Schwankliteratur. Die Frau soll sogar die Kupplerin machen, wenn ihr Mann eine andere begehre. Dem Bibelhumanisten ging es natürlich nicht darum, die Herrschaft nun ernsthaft der Frau zuzuschanzen, sondern darum, zu gegenseitiger Rücksichtnahme, zu *«mutuum obsequium»* zu ermahnen.[463]

Er hat denn auch in seiner 1526 erschienenen grossen *Institutio matrimonii*, seiner *Ehelehre*, die Ehe als höchste Form der Freundschaft beschrieben. Die Frau solle dem Manne eine *«socia»*, eine Partnerin, sein und der Mann solle sie entsprechend behandeln. Dass die Frau nach Paulus dem Mann untertan sein soll, hat der Humanist nicht als anachronistisch wegdiskutiert, aber relativiert, indem er auch die folgenden Verse beachtete, nach denen der Mann die Frau wie Christus lieben soll: Der kam, nicht um zu herrschen, sondern um zu dienen, betonte Erasmus. Die gegenseitige Liebe soll alles versüssen.[464] In der Ehe soll der Mann die Frau so «lieben und umfangen, dass ein gleichwertiges Freundschaftsbündnis und keine Herrschaft» aus ihrer Verbindung wachse.[465]

Sein Kolloquium konnte allerdings auch anders verstanden werden. Fünfzig Jahre später nahm Johann Fischart die ironischen Zähmungsratschläge von Erasmus ernst und forderte von der Frau eine geradezu übermenschliche Anpassungsfähigkeit und Unterordnung unter den Mann. Auch der protestantische Pastor Paul Rebhuhn liess sich von Erasmus nicht beirren und riet 1546 wieder, die Frau durch Schläge gefügig zu machen.[466] Dennoch gab es durchaus auch Paare, die eine partnerschaftliche Ehe führten. Ein Hauptmann und Diplomat aus dem weiteren Kreis um Eberhard von Reischach, der Berner Ludwig von Diesbach, bezeugte in seiner Lebensbeschreibung eine tiefe Liebe zu seiner Gattin. Er hat sich mit ihr über wichtige Geschäfte und über seine Karriere ausgetauscht; und der Tod seiner Frau hat ihn schwer getroffen.[467] Er führte durchaus eine partnerschaftliche Ehe, wie Erasmus sie anmahnte. Das gilt auch für das Ehepaar Reischach. Katharina berichtete später in einem Brief, sie habe sich mit ihrem Mann über ihr Erbe beraten.[468] Auch, dass Eberhard von Reischach sich energisch für die Kusine seiner Frau, für ein Leibgeding der Truchsessin Katharina von Waldburg, einsetzte,[469] bezeugt einen partnerschaftlichen Umgang. Denn in Bern konnte sich der Diplomat und Lobbyist für seinen Dienstherrn damit gewiss keine Freunde schaffen, aber er erwies seiner Frau und ihrer Verwandten einen Freundschaftsdienst.

Frömmigkeit und Sexualität

Nicht nur in Bezug auf die Machtverhältnisse in der Ehe widersprach Erasmus dem Traktat *Vom eelichen standt*, auch in Bezug auf die Sexualität. Im Traktat erfuhren die Interessierten: Wer die *«Eelaystung»* betreibe, um Hurerei zu vermeiden und um Kinder zu zeugen, der begehe keine Sünde. Wer sie aber um der Lust willen betreibe, der sündige, der begehe die Todsünde der Wollust.[470] Selbst Martin Luther erklärte in seiner Schrift *Vom ehelichen Leben* von 1522 am Ende: die körperliche Liebe sei nicht ohne Sünde: *«keyn ehepflicht on sund geschicht»*.[471] Dabei pries er die Sexualität als zur Natur des Menschen gehörig. Denn Gott habe den Menschen als Mann und Frau geschaffen und ihm den Auftrag gegeben, sich zu mehren. Wer wie Mönche und Nonnen sich dagegen auflehne, der lehne sich gegen Gottes Willen auf, kurz der sündige. Das einzige Heilmittel sei die Ehe.[472] Die bereits vom Kirchenvater Augustin begründete Lehre von der mit dem Zeugungsakt verbundenen Erbsünde blieb zäh in den Köpfen hängen. Mit Erasmus die Sexualität nicht mit Sünde zu verbinden und als heilig zu preisen, wagte kaum jemand. Er ermunterte dagegen in seinem *Encomium matrimonii,* seinem Lob der Ehe, zu einem lustvollen sexuellen Leben. Er schrieb das kleine Werk schon 1498, veröffentlichte es aber erst 1518, vorsichtshalber zusammen mit einem Lob der zölibatären Lebensweise, das freilich im Gegensatz zum Ehelob jedes begeisternden Schwunges entbehrte. Die Vorsichtsmassnahme nützte ihm nichts. Sein engagiertes Eintreten für Sexualität ohne Sündenangst beschwor einen Sturm der Entrüstung herauf.[473] Zwingli hat in seinem Kampf gegen den Zölibat die unüberwindliche Kraft der sexuellen Begierde betont[474] und in der Ehe eine gottgewollte Institution gesehen, die die Sexualität in geordnete Bahnen lenken soll. Um der teuflischen Versuchung zu widerstehen, Hurerei oder Ehebruch zu betreiben, und damit die Begierde nicht vom Gebet ablenke, solle man heiraten.[475]

Wie gingen die Eheleute Katharina und Eberhard mit ihrer Sexualität um? Persönliche Aufzeichnungen, Liebesbriefe oder gar vertrauliche Tagebücher sind keine vorhanden. Aber auch zu dieser Frage gibt es Anhaltspunkte. Um sein Beziehungsnetz als Söldnerführer aufzubauen, musste Eberhard von Reischach zumindest lebensfroh und grosszügig sein. Ein mürrischer Asket hätte kaum so viele Freunde gefunden. Die mit den Bad-Geschenken verbundene Geselligkeit lässt schon einiges erahnen, dazu seine Teilnahme am Glückshafen. 1504 hatte Zürich zu einem grossen Fest, zu einem Freischiessen, eingeladen mit einem Glückshafen, einer Art Lotterie. Die Liste der Teilnehmer ist erhalten. Reischach trug sich nicht nur einmal ein: zu finden ist er mit seiner damaligen Frau Verena Göldli, mit seinem Ross Blass, mit seinem Hund Han, mit Freunden und Verwandten. Er verstand es nicht nur zu festen, er verstand es auch, sich mit Humor an einer Festverlosung zu beteiligen.[476]

Und Katharina? Gibt es Fingerzeige, die auf ihren Charakter und damit auch auf ihre Sicht der Liebe weisen? Ja, durchaus. Sie stammen aus ihrer Äbtissinnenzeit. Es sind das ihr Motto und die im 16. Jahrhundert beliebten Sprichworte, die sie in die Decken der Korridore im Fraumünster schnitzen liess zusammen mit den allegorischen Friesen in ihren Stuben. Sie verraten viel über ihre Person, über ihre Frömmigkeit, über ihre Bildung und ihren Humor und in Verbindung damit nicht zuletzt auch über ihre Einstellung zur Sexualitat, aber sie verraten sie nur indirekt. Scheinbare Umwege und Exkurse sind nötig, um sich über sie Katharinas Person zu nähern, aber der Aufwand lohnt sich.

KATHARINAS MOTTO UND ANDERE SCHNITZWERKE

In den Jahren 1506–1508 errichtete Katharina einen neuen Trakt im Fraumünster, in dem sie die Korridore mit Sprüchen und ihre Stuben mit Flachschnitzereien schmückte.[477] Auch liess sie stolz die Wappen ihrer Eltern, Zimmern und Oettingen, über einer Tür anbringen mit einem Motto darüber. Es besteht aus einem N und darunter stehen die Buchstaben: WW V WW. Was bedeuteten sie? Naheliegend war, in der Zimmernchronik und in der Bibel oder in Wappensprüchen oder Sprichwörtern der Zeit nach Leitsätzen zu suchen, die sich so abkürzen liessen. Die Suche war erfolglos. Da führte ein Eintrag in einem Manuskript aus dem Jahre 1504 auf die Spur. Die Handschrift mit dem beliebten Passionstraktat des Heinrich von St. Gallen scheint dem Einband nach aus dem Zisterzienserinnenkloster Lichtenthal zu stammen. Darin fand sich ein Signet mit den Buchstaben WW V WW. Das V ist mit einem Herzen umrahmt, aus dem ein blutendes T-Kreuz wächst. Darüber die Buchstaben IvN – Jesus von Nazareth.

Abb 41: Motto Katharinas von Zimmern, geschnitzt 1507/8

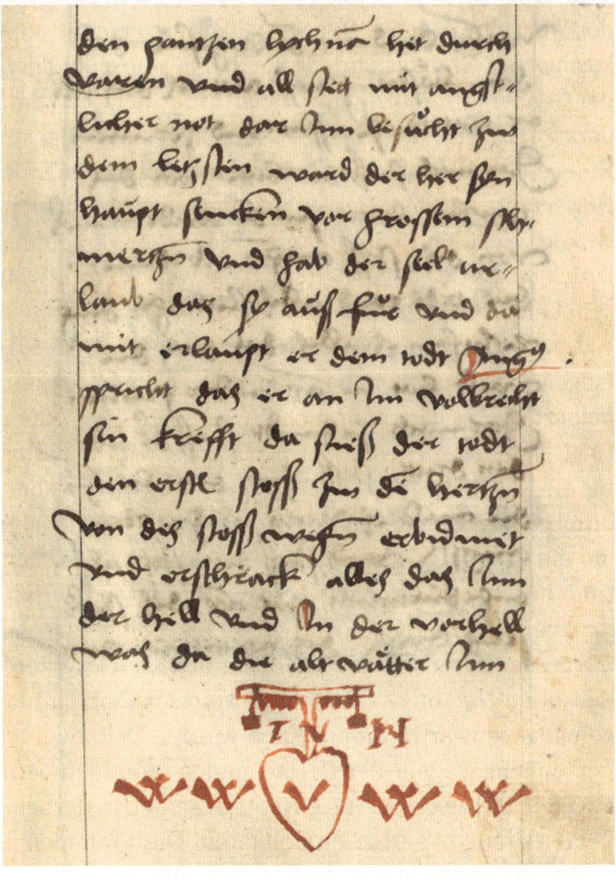

Abb. 42: Signet mit den Buchstaben WW V WW in einer Abschrift des Passionstraktates von Heinrich von St. Gallen, Anfang 16. Jahrhundert

Die Textstelle behandelt den Todesstoss Christi am Kreuz.[478] Heinrich von St. Gallen beschrieb detailreich und geradezu in den Folterqualen schwelgend das Leiden Christi am Kreuz, so auch kurz vor dem Lanzenstoss die vier legendären Nagelwunden Jesu. Der Stoss in das Herz Jesu und die Nagelwunden waren ein überaus beliebtes Andachtsthema. Sie wurden als die Fünf Wunden Christi zusammengefasst und waren allgegenwärtig, sogar in Flüchen sind sie überliefert. Ludwig von Diesbach habe, als 1519 die von Reischach geworbenen Söldner zurückgerufen wurden, seinem Ärger über die Tagsatzungsherren so Luft gemacht: *«dass sy gotz fünf wunden lyden und schand daheim hinter dem Ofen, si sygent in räten oder usserthalb […].»*[479]

Viele Holz- oder Metallschnitte vom Ende des 15. Jahrhunderts sind überliefert, die das verwundete Herz gemeinsam mit den durchbohrten Händen und Füssen des Gekreuzigten zeigen, so ein anonymer Holzschnitt, der zwischen 1460 und 1475 zu datieren ist.

Solche abstrahierenden Darstellungen des Herzens und der Nagelwunden Jesu waren bis weit ins 16. Jahrhundert hinein verbreitet. Sie sollten der persönlichen Andacht dienen und der Glaubensvergewisserung. In Heinrichs von St. Gallen Text entspringt den Nagelwunden ein Strom vom Blut Jesu, der alle Sünden der Welt hinwegspült. Der Stoss ins Herz erschüttert sogar die Hölle. Er ist ein kosmisches Ereignis und das Leiden des unschuldigen Christus ein «Rauchfass der Gnaden».[480] Auf einem Einblattdruck der Zeit zum Heiligen Herzen erinnern daran die Worte aus Phil 2,10: In dem Namen Jesu sollen sich beugen all derer Knie, die im Himmel und auf Erden und unter der Erde sind. Auf einem anderen Holzschnitt mit dem Herzen und den vier Wundmalen fliessen aus der Lanzenwunde (nach Joh 19,34) Blut und Wasser zur Vergebung der Sünden. Ein weiterer Druck belehrt: Die Wunden seien die Waffen Jesu.[481] Mit anderen Worten: Durch sein Leiden erlöste Christus die Welt.

Um an die Kreuzesleiden Jesu zu erinnern, bedurfte es nicht unbedingt eines langen Traktates oder eines Bildes. Die kleine Zeichnung im Passionsmanuskript belehrt uns, es genügten auch Buchstaben. IvN – oder auch nur N wie bei Katharina – standen für Jesus, den Nazarener, V für den Stoss ins Herz und die vier W für die Nagelwunden, die fünf Wunden zusammen aber für die Erlösung der Welt durch Gottes Leiden am Kreuz. Verbunden damit waren Andachtsmeditationen, die die Frommen in *compassio*, in Mitleid, zerfliessen liessen und die Hinrichtung in aller Grausamkeit vergegenwärtigten. Christi Leiden überbot alle nur denkbaren körperlichen und seelischen Schmerzen.

Dieses Versenken in Christi Not am Kreuz richtete sich an Menschen einer Zeit ohne Narkotika (abgesehen vom Alkohol), in der Folter und Hinrichtungen allgegenwärtig waren. Auch wurden Delinquenten und Aussenseiter oder persönliche Gegner der Herrschenden öffentlich verhöhnt und gebrandmarkt. Möglich, dass sich perverse Naturen an den in derbem Realismus geschilderten Leiden Jesu voyeuristisch ergötzten. Die Frommen aber suchten darin Trost.

Abb. 43: Der auferstandene Christus mit den fünf Wunden erscheint einer Nonne, anonym, Ende 15. Jahrhundert

Abb. 44: Andachtsbild mit den fünf Wunden Jesu und dem Jesuskind im Herzen, anonym, 2. Hälfte 15. Jahrhundert

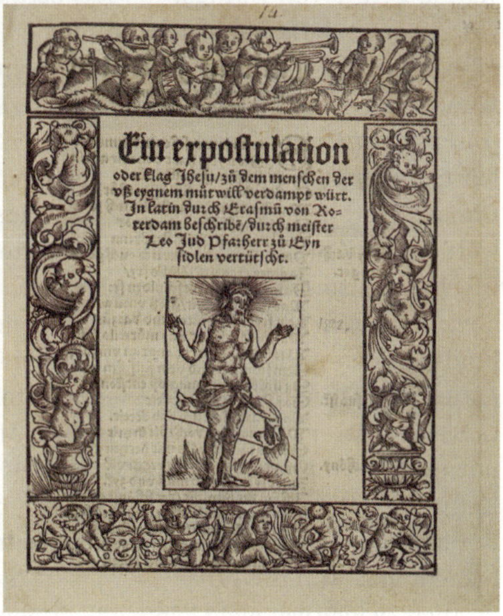

Abb 45: Titelbild zur Expostulatio des Erasmus von Rotterdam in der Übersetzung von Leo Jud, Zürich 1522

Was auch immer sie an unerträglichen Schmerzen erleiden mussten, wie sie auch geschmäht und gefoltert werden mochten, Christus war an ihrer Seite. Er hatte noch mehr erlitten und er schenkte nach allem Leiden Erlösung.

Die Fünf-Wunden-Frömmigkeit nahm Christi Menschwerdung ernst. Es war der Mensch Christus, der mit seinem Leibe litt und auch mit seinen körperlichen Schmerzen die Menschheit erlöste. Es war eine Frömmigkeit, die Körperliches nicht ausschloss, die gerade den leidenden Körper Christi verehrte und auf eine emotionale Antwort zielte bis hin zu Tränen des Mitleids, also einer körperlichen Reaktion. Darin unterschied sie sich von der Theologie Zwinglis, der sich 1530[482] ausdrücklich gegen solche Leute wendete, die auf «fleischliche» Weise Christi Tod bedächten und glaubten, sie folgten Gott, wenn sie den sterbenden Christus bemitleideten und sich zu Tränen rühren liessen. Es käme allein darauf an, zu bedenken, warum Gott seinen Sohn am Kreuz hingab – nämlich, damit alle, die an ihn glauben, gerettet werden.[483] Zwingli trennte «Fleisch» und «Geist», Leiblichkeit und Spiritualität scharf. Gottfried Locher sprach geradezu von einer «antimateriellen Spiritualität Zwinglis», die zu einem grossen Teil Luthers und Zwinglis unterschiedliches Abendmahlsverständnis erkläre.[484]

Dennoch ist die Fünf-Wunden-Frömmigkeit durchaus auch mit reformierter Theologie zu verbinden. Denn, wie schon zitiert, auch sie legt Wert auf die sogenannte Satisfaktionslehre. Christus ist nicht irgendein bemitleidenswerter Märtyrer, sein Tod erlöst von Sünden und errettet die Welt. 1522 hatte Leo Jud, angeregt von Zwingli, die *Expostulatio*, ein Christusgedicht von Erasmus, übersetzt. Es erschien in Zürich bei Froschauer. Auf dem Titelholzschnitt prangt Christus als auferstandener Schmerzensmann. Deutlich sind die fünf Wunden zu erkennen.[485] Dies Titelbild ziert auch die Schrift *Von göttlicher und menschlicher Gerechtigkeit* von 1523, die Zwingli Katharina widmete. Es lehrt: Die Fünf Wunden konnten auch mit dem verherrlichten auferstandenen Christus verbunden werden. Für Erasmus waren sie dann zu Edelsteinen geworden, die Christi Leib nicht verunehrten, sondern schmückten.[486] Auch der Bibelhumanismus eines Erasmus liess sich also mit Katharinas Motto verbinden, obwohl auch Erasmus Leidensmeditationen nicht empfahl. Weit aber sind die Fünf-Wunden-Andachtsformen von der mittelalterlichen Reliquienfrömmigkeit entfernt. Sie benötigten keine Kreuzsplitter oder Fetzen vom Lendentuch Christi. Sie benutzten, um Christi Leiden den Menschen zugut zu vergegenwärtigen, nur einfache, abstrahierende Bilder oder sogar nur ein paar Buchstaben wie Katharina. Was sie – ebenso wie die Theologie eines Erasmus – mit manchen Formen der Reliquienfrömmigkeit verband, war nur, dass sie alles andere als leibfeindlich waren.

Auch Zwingli war nicht leibfeindlich, aber für ihn war es undenkbar, Leibliches und Geistliches zu vermischen. Darum musste er die Realpräsenz im Abendmahl ablehnen. Christi Leib war gestorben und der Auferstandene in den Himmel entrückt. Sein Leib konnte nicht im Abendmahl gegenwärtig sein. Nur geistig im

Glauben war er auf Erden zu fassen.[487] Die Trennung von Leib und Geist prägte auch sein Eheverständnis. Für Zwingli war die Ehe von Gott geboten, aber sie hatte keinen geheimnisvollen geistlichen Sinn, keine sakramentale Würde, die wie bei Erasmus ein Glaubensgeheimnis abbilden konnte, ja für Erasmus auf das tiefste Glaubensgeheimnis, die Verbindung von Gott und Mensch in Jesus Christus wies. Wie sich in der Menschwerdung Gottes «unauflöslich das Himmlische mit dem Irdischen, das Ewige mit dem Sterblichen, das Sichtbare mit dem Unsichtbaren» verband, so verbinden sich für den Humanisten im lebenslänglichen Ehebund Mann und Frau.[488] Das eine wies für ihn auf das andere und Christi Leiblichkeit heiligte auch die leibliche Liebe.

Die Fünf-Wunden-Andachten, die zugleich zu Tränen über den leidenden Christus rührten oder auch den Verherrlichten verehrten, in die Christusnachfolge riefen und zum Staunen und zur Freude über die Erlösung anleiteten,[489] deuten auf ein typisches Merkmal der Zeit. Grausamkeit, inniges Mitleiden, tiefe Religiosität sowie hemmungslose Freude und Lust verbanden sich in kräftigen Naturen zu einer überbordenden Lebensfülle. Katharina von Zimmern dürfte eine so starke Persönlichkeit gewesen sein. Wenn Katharina sich in der Abtei die fünf Wunden Christi als Motto für ihre Wohnräume aussuchte, so blieb sie damit durchaus im Rahmen spätmittelalterlicher Frömmigkeit, aber sie wählte ein Motto, das auf den Kern christlicher Theologie wies, auf die Erlösung der Welt durch den Tod Jesu Christi, und das die Leiblichkeit Christi ernst nahm.

Verwirrende Spruchweisheiten

Katharina liess ihr Motto durchaus nicht irgendwo anbringen. Es prangt gleichsam als Titel über einer der Türen der unteren Stube, in deren Fries passende Christussymbole geschnitzt sind, die auf Leiden und Auferstehung des Gottessohnes weisen. Ein zweites Mal liess sie das Motto anbringen bei einem passenden Spruch im oberen Gang. Zwei der Sprüche, die die Decke im Gang ausschmückten, wurden schon genannt: *«driw [Treue] ist ein gascht/ wem si wirt, der heb si fast»* und *«bin der red und bin den oren bekent man den essel und den toren / item welen frouwen uibell rett der weist nit was sin muoter tet / man sol frouwen [l]oben / es sy war oder arlogen»*.

Zu ihnen treten zwei weitere hinzu. Ein Sinnspruch scheint recht konventionell. Er handelt vom Reden und Schweigen. Reden sei gut, jedenfalls, wenn recht geredet werde. Aber auch Schweigen sei eine Kunst. Zu viel zu reden, schaffe Unwillen. Wer nicht gut zu reden wisse, der solle lieber schweigen: *«reden ist guot, wer im recht duot / schwigen ist ein kunst / ze vil reden machdt ungunst / wer nit wol reden kann, dem stat schwigen wol an»*. Schon die Antike wertete Schweigen höher als Reden und das Mittelalter folgte ihr darin. Passend für ein Stift war der Spruch allemal und als Mahnung angebracht. Wurde doch übles Schwatzen hinter Klostermauern besonders beklagt. Der Strassburger Domdechant Sigmund von Hohenlohe, der schon als Helfer und Verwandter der Königsfelder Äbtissin und als Schwager von Georg von Hewens Frau begegnete, schrieb 1525 in seinem *Creutz büchlin: «Dann kein offen ort ist/ darinn so vil lugen vnnütze meren/ nachred vnnd schamper [schändliche] red getriben»* werde wie in den Stiften.[490] Wenn das schon für Chorherren galt, wie viel mehr nach damals gängiger Meinung in Frauenstiften. Geschwätzigkeit, so in ungezählten Texten, war geradezu gleichzusetzen mit dem weiblichen Geschlecht.

Aber wie passt das zum Spruch, der sich gegen das zeitgenössische, verächtliche Frauenbild richtet? Wer schlecht über Frauen rede, sei ein Narr und wisse nicht, was seine Mutter getan habe. Frauen solle man loben, ob es nun wahr sei oder erfunden. Vieles spricht dafür, das Lob des Schweigens in Zusammenhang zu stellen mit diesem und dem letzten, eindeutig gesellschaftskritischen Spruch: *«gewalt und gunst du kanst die kunst / das ietz das edell recht muos sin din knecht»*. Zu diesem Spruch, der gewalttätige Rechtsbeugung beklagt, hat Katharina nochmals ihr Motto setzen lassen. War der Kreuzestod Christi nicht ein Justizmord? Wurde der Heiland der Welt nicht von Mächtigen falsch angeklagt? Der Hinweis auf sein Leiden war hier durchaus passend und ebenso der Hinweis auf Katharinas persönliches Schicksal. Schmerzhaft hatte es die Familie Zimmern erlebt. Der Vater war aufgrund fragwürdiger Vorwürfe geächtet und die Familie gewaltsam aus ihrem Erbe vertrieben worden. Wenn Katharina zu diesem Spruch ihr Motto von den Wunden Christi setzen liess, so hat sie den Spruch auch mit sich verbunden.

Nicht nur bei Christi Tod und bei der Ächtung Johann Werners von Zimmern wurde Recht gebeugt, allenthalben war es schwer, gegen die Mächtigen das «edle Recht» durchzusetzen. Über willkürliche Rechtsprechung klagten nicht nur die Bauern. Als Fürstäbtissin freilich gehörte Katharina selbst zu den Mächtigen und Begünstigten; dem Fraumünster standen Herrschafts- und Gerichtsrechte zu. Wer zu Besuch kam, mag nachdenklich geworden sein, wenn er oder sie diesen kritischen Vers las. Pikant aber wurden die Sprüche, wenn die Zeit blieb, sie im Zusammenhang zu lesen und sich allerlei dabei zu denken. Katharinas Sprüche nennen den korrumpierenden Gebrauch von Gewalt und Gunst eine Kunst, genauso wie das vielgepriesene Schweigen. Beide verlangen demnach wie ein Handwerk eine grosse Fertigkeit, ein Können. Wenn Frauen geraten wurde, in Gesellschaft zu schweigen, dann nicht, weil sie aus der Sicht der Zeitgenossen die besondere Kunst des Schweigens gut beherrschten, sondern damit sie sich nicht blamierten und die «klugen» Reden der Männer nicht durch ihre «Albernheiten» störten. Gewöhnlich wird gut Reden als Kunst bezeichnet. Dass Schweigen eine Kunst sei, ist seltener zu lesen, und es erinnert an das Verschweigen, das zum «Handwerk» gehörte, wenn gerade das *«edell recht»* gebeugt wurde. So verpflichteten sich z. B. die Zürcher Ratsherren 1519 im umstrittenen Prozess gegen Eberhard von Reischach zum gegenseitigen Stillschweigen.[491] Im Übrigen sei, so der Spruch – wieder konventionell – auch Reden gut, vor allem, wenn es recht geübt werde, etwa, so der andere Spruch vom Reden, wenn es einem Frauenlob gelte. Da soll durchaus nicht geschwiegen, sondern geredet werden, sogar wenn es erfunden ist. Dann aber dürfte es sich um eine Schmeichelei handeln, die um Gunst buhlt.

Nicht dass die Sprüche völlig aus dem Rahmen der im 16. Jahrhundert so beliebten Spruchweisheiten fielen, aber in ihrer Zusammenstellung scheinen sie doch durchaus originell. Sie lassen die Sentenzen schillernd und mehrdeutig werden. Das entspricht der Anlage der bekanntesten Sprichwörtersammlung der Zeit, der *Adagia* von Erasmus, die von 1500 an erschienen. Immer wieder machte der bewunderte Humanist in seinen Kommentaren auf verschiedene Deutungen aufmerksam. Ein Sprichwort, es stammt von Terenz, hat die im frühen 16. Jahrhundert bei den Gebildeten so gern hervorgehobene Vieldeutigkeit zum Thema: *Quot homines, tot sententiae*. Wie viele Menschen, so viele Meinungen. Dazu zitierte Erasmus nochmals Terenz: «Jeder hat seine eigene Weise» und nach Persius seien nicht nur die Menschen verschieden, ganz verschieden oder buntfarbig sei auch die Anwendung der Dinge: *«rerum discolor usus»*. Erasmus beschränkte sich nicht auf antike Autoritäten. Auch der Apostel Paulus habe viele Meinungen zugelassen.[492] Die Silben der Sprüche im Fraumünster waren nicht nur im Stil der Zeit auf den Balken verwirrend ineinander verschlungen, sie sollten die Gäste, die sich auf sie einliessen, wohl auch spielerisch verwirren. So konnten sie sich auf das vorbereiten, was sie in den repräsentativen Stuben erwartete.

Vieldeutige Symbole

Die Friese in den getäferten Zimmern bestanden aus allegorischen Darstellungen. Viele waren den Zeitgenossen geläufig. Schon in der Spätantike hatte der *Physiologus,* eine frühchristliche «Naturlehre», die Grundlage für zahlreiche allegorische Deutungen von Naturerscheinungen gelegt und fromme Gemüter hatten sie im Mittelalter erweitert und neu gedeutet. So kannten sicher alle, die damals in Katharinas Räume traten, die gezeigten geistlichen Symbole der «Amtsstube» mit den Wappen von Katharinas Eltern und ihrem Motto.[493] Sie sahen mit Ausnahme von einer diebischen Katze im Fries lauter Christussymbole, passend zum Motto über der Tür, das auf die fünf Wunden Jesu wies: Käuzchen, Pelikan, Phönix, Hirsch und Löwe. Das nachtaktive Käuzchen kann auf Christus weisen, der die Gläubigen aus der Finsternis in das Reich Gottes führt. Wird es, wie in diesem Fries, von Vögeln verfolgt, dann deutet es auf den verfolgten Christus und sein Leiden.[494] Der Pelikan sollte, wohl weil dessen Halsfedern sich in der Brutzeit rötlich färben, seine erschlagenen Jungen mit seinem Blut wieder zum Leben erweckt haben. Er stand für den Sohn Gottes, der durch sein vergossenes Blut am Kreuz den Menschen ewiges Leben schenkt.[495] Der Phönix gab sich nach dem *Physiologus* selbst zum Brandopfer dar und erstand wieder aus der Asche. So war auch er ein Bild für den sein Leben hingebenden

Gottessohn und für den Auferstandenen.[496] Der Hirsch galt als Drachentöter und entsprach so Christus, der den Teufel überwindet.[497] Auch der Löwe stand für Christus, denn die Offenbarung nennt ihn den «Löwen aus Juda». Weil der Löwe nach dem *Physiologus* seine totgeborenen Jungen durch seinen Atem belebe, wies er auf den, der die Menschen vom Tode erlöst. Aber der *Physiologus* kennt auch noch weitere Deutungen des Löwen auf Christus hin. So verwische er z. B. seine Spuren mit dem Schwanz, wie Christus in seiner Niedrigkeit seine Hoheit verbarg.[498]

Der Löwe ist also schon in seiner Christussymbolik vieldeutig. Doch der Löwe konnte und kann für noch mehr stehen. Wer kennt nicht den Löwen als Wappentier und als Symbol eines weltlichen Herrschers oder auch einer Äbtissin? Auch die Familie Zimmern führte einen Löwen in ihrem Wappen. Und kann der Löwe nicht auch den Teufel darstellen, der nach dem ersten Petrusbrief umhergeht «wie ein brüllender Löwe»?[499] So werden auch Käuzchen und Eule je nachdem mit Sünde oder mit Magie und Hexen verbunden.[500] Allegorische Darstellungen sind und waren nicht eindeutig. Das wussten die Menschen des 16. Jahrhunderts gut. Der beliebteste Roman von der Spätantike bis in die Neuzeit, der *Alexanderroman*, spielte geradezu mit dieser Vieldeutigkeit. So habe der Perserkönig Darius dem jungen in sein Reich eingebrochenen Alexander eine Peitsche, einen Ball und Gold gesandt. Mit der Peitsche solle Alexander Zucht lernen. Mit dem Ball solle der Kindliche spielen und mit dem Gold seine und seiner Armee Rückreise finanzieren, liess Darius ausrichten. Alexander deutete alle Symbole um. Mit der Peitsche werde er die Perser in die Sklaverei treiben, der Ball stehe für den Erdkreis, den er bald regieren werde, und das Gold für den Tribut, den Darius ihm dann zu zahlen habe.[501]

Liebespaar und Gottesliebe

Ebenso vieldeutig wie die Geschenke im Alexanderroman scheinen einige der Darstellungen auf Katharinas Fries in der oberen Stube zu sein, die der Kunstgeschichte bis heute Rätsel aufgeben, weil sie keine Parallelen dazu findet und weil sie so ausgesprochen weltlich anmuten. Tatsächlich versetzen das Liebespaar, die sogenannte «Badeszene», Landsknechte und modisch gekleidete Damen die Betrachter eher an einen Fürstenhof oder in eine reiche Stadtgesellschaft als in eine Abtei.[502] Nun, das bis dahin unverstandene Blütenkind konnte ich schon 1999 als göttliche Liebe, als das segnende Jesuskind im Blütenkelch deuten.[503] Es erinnert auch an die «Wurzel Jesse» oder das Reis aus dem Baumstumpf Isai nach Jesaja 11,1, eine beliebte Metapher, die auf Christus hin ausgelegt wurde, so auch im immer noch bekannten Weihnachtslied: Es ist ein Ros entsprungen, das allerdings erst am Ende des Jahrhunderts durch einen Druck nachzuweisen ist.[504] Die Kunsthistorikerinnen, die sich weiter mit dem Fries beschäftigt haben, hat die Deutung auf den segnenden Salvator offenbar überzeugt. Sie haben inzwischen auch andere Belege dazu gefunden.[505] Ein weiterer ikonografisch

Abb. 46: Fries in der oberen Stube des Fraumünsters, 1507/8

Abb. 47: Detail: Das segnende Jesuskind in der Blüte

viel näherer Beleg ist ein Neujahrswunsch, in dem das segnende Christuskind sich aus einer Blüte erhebt.[506] Weniger überzeugt hat die Kunsthistorikerinnen der Vorschlag, die aussergewöhnliche Szene darum herum als Einkleidung oder Übergabe in die Abtei zu lesen und autobiografisch auf Katharina und ihren Vater zu deuten, eine Übergabe, wie sie entsprechend für ein Fenster in Königsfelden aus dem 14. Jahrhundert erwogen wird.[507] Wie dem auch sei, das Kind im Blütenkelch lässt sich jedenfalls auch geistlich verstehen.[508]

Das trifft ebenso für weitere Details des so weltlich anmutenden Frieses zu, sogar auf die Badeszene, wenn sie tatsächlich auf ein Badehaus weist: Ein frivoles nacktes Paar wärmt sich da am Feuer, über dem ein riesiger Kessel mit ebenfalls riesiger Schöpfkelle hängt, beide scheinen auf jeden Fall zu gross für einen Suppentopf. Szenen aus dem Badehaus könnten heute und konnten wohl auch im 16. Jahrhundert Bibelkundige mit Bezug auf Epheser 5,26 mit der Taufe verbinden. Dort spricht Paulus vom Wasserbad in Verbindung mit dem Wort, mit dem Christus seine Kirche gereinigt hat. So bietet die kleine Schrift von Thomas Murner: *Ein andechtig geistliche Badenfart* aus dem Jahr 1514 auf der Titelseite eine Badeszene. Allerdings füllt dort eine himmlische Hand den Zuber und ein lesender Geistlicher sitzt daneben. Anders als in Katharinas Schnitzwerk ist die Zuordnung eindeutig.[509] Das reizende Liebespaar im Fries, das als Titelbild gewählt wurde, erinnert gleich an den vorhergehenden und auch die folgenden Verse des Epheserbriefes, wo die Liebe des Mannes zur Frau mit der Liebe von Christus zu seiner Gemeinde verglichen wird, oder auch an das Verständnis der geistlichen Frauen als Bräute Christi. Die Landsknechte können auf die *militia Christi* weisen, auf die häufig benutzte Metapher von der geistlichen Waffenrüstung des Christen mit dem Schwert und Schild des Glaubens und dem Helm des Heils, nochmals aus dem Epheserbrief (6,14–17). Ein Bild, das Erasmus 1503 in seine berühmte Erbauungsschrift, das *Enchiridion,* aufgenommen hatte. Da verpflichtet sich der christliche Ritter durch die Taufe seinem Anführer Christus im Kampf gegen alle widergöttlichen Kräfte. Die Anspielungen auf den Epheserbrief sind bei Erasmus handgreiflich, nicht nur die Waffenrüstung, auch das *lavacrum aquae*, das Wasserbad nach Eph. 5,26, wird aufgerufen. [510] Zwingli wird das martialische Bild zwanzig Jahre später aufnehmen und immer wieder vom «Hauptmann Christus» sprechen.[511]

Dennoch konnten und dürfen, ja sollen wohl diese Szenen, auch wenn sie eine Abteistube zierten, zugleich irdisch sinnlich gelesen werden. Menschen des frühen 16. Jahrhunderts werden sie zugleich weltlich und geistlich verstanden haben, ohne darin einen Widerspruch zu sehen. Die eine Bedeutung wies auf die andere. Für Erasmus von Rotterdam konnte, wie gesagt, ein Liebespaar das höchste Glaubensgeheimnis der Verbindung von göttlicher und menschlicher Natur in Christus abbilden. Um das zu verdeutlichen, schreckte Erasmus durchaus nicht vor sexuellen Anspielungen zurück und spricht in diesem Zusammenhang mit dem Hebräerbrief 13,4 vom *«thorus immaculatus»*, vom unbefleckten Ehebett. Wie sich in Christus die Naturen verbinden, aber nicht vermischen, so vereinigen sich *(copulari)* die Geschlechter, ohne vermengt zu werden.[512] Allegorien sind für viele Deutungen offen, und geistliche und weltliche Interpretationen auseinanderzureissen, ist anachronistisch. Um gleich noch einmal Erasmus zu zitieren: Er hatte 1503 in seinem *Enchiridion* geschrieben: Die ganze Welt sei ein Kloster, und in seinem 1509 konzipierten Bestseller, dem *Lob der Torheit*, verband er tiefsinnige Theologie mit weltlicher Satire und höchst frivoler Erotik.[513] Damit ist das Thema genannt, mit dem angesichts der Sirene im Fries auch für die Schnitzereien in Katharinas Stube zu rechnen ist, und genau das Thema, das hier interessiert: Liebe und «Sexualität» und was sie Katharina bedeuteten?

Sirene und/oder Meerfee

Gemeinhin werden Sirenen, jedenfalls in klösterlicher Umgebung, negativ gedeutet. Mit gutem Recht. Dazu dient wieder der *Physiologus* als Quelle. Da heisst es etwa in der illuminierten Berner Handschrift, die um 900 entstand: «Die Sirenen [...] sind todbringend, sie rufen euch im Meer auf verschiedene Weise, damit die Schiffer, während sie zuhören, verführt werden.»[514] Der gelehrte Dominikaner Vinzenz von Beauvais erklärte Mitte des 13. Jahrhunderts in seinem *Speculum*

Abb. 48: Die Sirene im Fries von 1507/8

naturale, das später auch gedruckt wurde: Die Sirenen haben einen menschlichen Oberkörper und einen Fischleib. Aber es gebe auch vogelartige – eine Erinnerung an die *Odyssee*. Die Sirenen verführten die Schiffer durch ihren Gesang, sängen die Getäuschten und Unwissenden in den Schlaf und frässen sie dann auf, es sei denn, man habe sich die Ohren gut verstopft. Nach Isidor von Sevilla seien sie nicht Ungeheuer, sondern Dirnen, die die Vorübergehenden betörten und ins Elend brächten.[515]

Aber schon die Antike kannte neben den Verderben bringenden Sirenen der *Odyssee* auch liebliche Nymphen und Nereiden, die Schiffsbrüchige retteten und für Gerechtigkeit und Frieden sorgten. Auch diese Tradition lebte weiter. Die mittelalterliche Literatur ist voll von Meer- oder Wasserfeen, die auch verführen, aber zu beglückender Liebe, und die nebenbei noch ein Füllhorn an begehrten Gaben wie Reichtum, Macht und Ansehen ausschütten.

Katharina kannte sicher die Geschichte der schönen Melusine, die weitverbreitet war, und die auch der Familienchronist Christoph Froben von Zimmern mehrfach zitierte.[516] Der Berner Thüring von Ringoltingen, Schwiegervater von Ludwig von Diesbach, dessen Familie Eberhard von Reischach verbunden war,[517] hatte die breit ausgeschmückte Wappensage der Familie Lusignan aus dem 14. Jahrhundert 1456 in eine deutsche Fassung gebracht. In dieser Form ist sie in zahlreichen Handschriften und späteren Drucken überliefert. Die Wappensage übernimmt viele Motive der mittelalterlichen Meerfrauensagen. Das wichtigste ist der Tabubruch. Es geht immer um die Intimsphäre der Meerfee und um ihr Geheimnis, in das niemand einzudringen hat. Entweder darf sie der Mann nicht nackt sehen, oder er muss ihr einen Freiraum gewähren, wo er sie allein und ungestört lässt, so auch in der Wappensage der Lusignan. Da hat der junge, arme Ritter Reymund unbeabsichtigt seinen Ziehvater bei einem Jagdunfall getötet und weiss nicht ein noch aus. An einer Quelle trifft er auf eine bezaubernde Frau, die schöne Wasserfee Melusine. Sie tröstet ihn: Das alles sei nach Gottes Willen geschehen. Sie erweist sich als gute Christin und er schenkt ihr Glauben. Sie verspricht ihm, ihn glücklich zu machen, wenn er sich an eine einzige Bedingung hält. Er darf ihr am Samstag nicht nachspionieren. Der junge Mann schwört, sich an das Tabu zu halten, aber er wird das Versprechen brechen, was ihm grosses Leid und herben Schmerz bringen wird, denn, so verrät der Dichter schon zu Anfang, er verliert darüber die Meerfee, *«sin schoene vnd aller liebsten frouwen»*.[518] Noch ist es freilich nicht so weit. Sie macht ihn zu einem reichen Mann und Herrn über grosse Ländereien, schenkt ihm viele bedeutende Kinder und liebt ihn innig. Von der Hochzeitsnacht verrät der Dichter: *«so lebtent die zwey so früntlich mit ein ander dz melusina der selben nacht eins iungen sunes swanger wart»*.[519] Sie liebten sich also so zärtlich, dass sie noch selbige Nacht einen Sohn zeugten. Dahinter steht die zeitgenössische Vorstellung, sexuelle Befriedigung fördere die Fruchtbarkeit.

Reymund hat allen Grund, seiner Frau zu trauen und sich seines Glückes zu freuen. Aber er kann es nicht lassen, er spioniert ihr nach, dringt in ihr Geheimnis ein und entdeckt dabei ihren Fischleib. Diesen Tabubruch verzeiht sie ihm noch, aber er plaudert das Geheimnis der Melusine auch noch aus. Da verlässt sie ihn in grosser Trauer, aber nicht, ohne ihren geliebten Mann zum Abschied zu segnen, und nicht, ohne nachts zurückzukehren, um heimlich ihre jüngsten Kinder liebevoll zu wärmen und zu stillen. Es ist also durchaus nicht alles verloren. Das Geschlecht, das Reymund mit Melusine gegründet hat, lebt weiter. Die Söhne, so Thüring von Ringoltingen, werden grosse und mächtige Könige, Fürsten, Ritter und Herren und ebenso ihre Nachkommen.

Nicht nur die Lusignan haben eine Meerfee in ihren Familienstammbaum aufgenommen. Auch die Zimmern haben ihre Fischweibchensage. In der Chronik ist zu lesen: Ein Freiherr von Zimmern sei über das Meer gezogen, um gegen die Ungläubigen zu kämpfen. Dort hätten er und zwei andere Ritter bei einem Ausflug am Gestade einen herrlichen Platz gefunden. Auf einmal hätten sich drei wunderschöne Frauen aus dem Meer erhoben. Die Herren seien zu ihnen geritten, hätten sie gegrüsst und sich freundlich mit ihnen unterhalten. Die Meerfrauen hätten die drei *«dermaßen [...] beredt»*, dass sie sie heirateten und bei ihnen blieben. Von diesem Zimmern sei eine besondere Linie entsprossen. Offenbar war das die Linie, aus der Katharina stammte. Jedenfalls weiss der Chronist auch zu erzählen: Katharinas Mutter habe, wenn sie sich über allerlei Unfug ihres Mannes oder ihrer Söhne entrüstet habe, die Abstammung von der Meerfee dafür verantwortlich gemacht: *«Diese oder jene mängel»*, habe sie ausgerufen, *«kommen noch von der merfaiin here»*.[520]

Wenn Katharina der Sirene eine Krone aufsetzen liess, hat sie wohl jeden, der die Familiensage kannte, an die schöne Orientalin erinnern wollen, die ihr verliebter Vorfahr nach einem anregenden Gespräch am Meer begehrt und geheiratet habe. Wer wollte, mochte die Sirene als gefährliche, Verderben bringende Verführerin sehen, vor der es sich zu hüten gelte. Wer es anders wollte, der konnte sie in der Umgebung von Badeszene und Liebespaar auch anders lesen. Eines ist sicher, Katharina liebte es, mit Inhalten zu spielen und sie verwirrend zu vermischen. Sie scheute nicht vor sexuellen Andeutungen zurück. So erwies sie sich durchaus als würdige Tochter ihres Vaters, der die frivole Dichtung *Der getäuschte Liebhaber* geschrieben hatte. Die Stube mit ihrem mehrdeutigen Fries versetzt in die Zeit relativer sexueller Freizügigkeit, als die Badehäuser und Bordelle noch nicht geschlossen wurden und die Frauen der Renaissance selbstbewusst ihre Reize in körperbetonenden, schönen Kleidern zur Schau stellten.[521]

Als der reformatorische Rat Zürichs knapp zwanzig Jahre später begann, die Sinnenfreude bereits wieder durch strengere Sittenmandate einzudämmen, dürfte Eberhard von Reischach mit Katharina von Zimmern durchaus keine prüde Frau geheiratet haben. Sie hat ihm denn auch mit bald fünfzig Jahren noch zwei Kinder geschenkt. Einiges spricht auch für ein enges Vertrauensverhältnis des Paars, wie es die Geschichte vom Tabubruch des Reymund Lusignan anmahnte. Und schon allein die beruflich bedingten vielen Abwesenheiten ihres Mannes dürften Katharina Freiräume gewährt haben.

FAMILIENLEBEN

Wie lebten die Reischachs in Schaffhausen und wenig später in Diessenhofen? Sicher in einem herrschaftlichen Haushalt: Wie früher in Zürich wird Eberhard von Reischach auch in Schaffhausen einen oder mehrere Knechte und Mägde angestellt haben und Katharina Dienerinnen wie schon im Fraumünster.[522] Auch ein Sekretär gehörte wohl zum Haushalt.[523] Katharina stand einem adligen Haus vor. Es war das Haus eines Söldnerführers und Diplomaten, ein Haus, zu dem Geselligkeit und Gastfreundschaft gehörten. Auch eine Wirtschaft gehörte dazu. Reischach versteuerte in Schaffhausen einen Weinberg.[524] Katharina hatte die Dienerschaft anzuleiten, für Vorräte, für eine gute Küche, für Wohnlichkeit, Wärme mit Kaminfeuern und duftenden Kräutern (gegen den allgegenwärtigen Gestank in Städten der frühen Neuzeit), kurz für eine einladende Atmosphäre zu sorgen und, da sind sich alle Ehelehren einig, ihren Ehemann zu beglücken. Sie hatte für ihre neue Rolle ein Vorbild in ihrer noch lebenden Mutter, Margarete von Zimmern, geb. von Oettingen (1458–1528), die im Hause Waldburg aufgewachsen war. Der Chronist Christoph Froben von Zimmern verrät viel über sie.

Er schildert Margarethe von Oettingen als eine gewinnende Persönlichkeit und eine gute Hausfrau. Sie konnte sich schnell die Achtung und Liebe ihrer Schwiegereltern erringen. Die Schwiegermutter verwöhnte die Jahr für Jahr Schwangere mit besonderen Leckerbissen.[525] Auch der Schwiegervater blieb ihr besonders zugeneigt, obwohl er grösste Schwierigkeiten hatte mit seinem Sohn Johann Werner, ihrem Ehemann. Der bald verwitwete alte Herr übergab Johann Werner schon zu Lebzeiten die Herrschaft Messkirch und überliess ihm auch seinen Ratssitz in Innsbruck. Aber er konnte darüber nicht froh werden. Der Sohn war ihm zu leichtsinnig und zu verschwenderisch. Statt sich um die Geschäfte zu kümmern, ging er lieber jagen. Es kam zu immer heftigeren Zusammenstössen, einmal fast zum Totschlag. Im Zorn zog Johann Werner seine lange Stichwaffe gegen den Vater. Anwesende Gäste konnten ihm in den Arm fallen. Um dem Vater aus den Augen zu kommen, der ihm das nicht vergessen konnte, trat er seine schon erwähnte Pilgerreise ins Heilige Land an. Er liess die wieder schwangere Frau mit ihren Kindern zurück.[526] Bald darauf rief der Schwiegervater Margarete an sein Totenbett, denn er hatte zu ihr ein besonderes Vertrauen, wie der Chronist versichert. Er bat sie, die Bussgebete, die er aus Schwäche vor dem nahen Ende nicht mehr sprechen konnte, für ihn zu beten: *«ußer sonderm vertrawen, so er allwegen zu ir gehept»*.[527] Der Chronist weiss etwas von einer Erscheinung des Toten zu berichten, die Margarete erschreckte.[528] Dass sie das schwierige Verhältnis von Vater und Gatte belastete und sie noch über den Tod des Vaters hinaus beschäftigte, erstaunt nicht.

Sie war nun allein für die gesamte Herrschaft und Familie zuständig. Wegen einer Seuche zog sie aus Messkirch auf die Burg Wildenstein, bewältigte also einen schwierigen, hastigen Umzug.[529] Als der Ehemann aus dem Heiligen Land zurückkehrte, nun Herr des gesamten Erbes, da hielt das Paar Hof mit einer guten

Anzahl wohlgerüsteter Knechte und Pferde, mit Feldtrompetern und Musikern, mit einer eigenen Falknerei und Jägern. Margarete hatte also neben der Erziehung der Kinder einen riesigen Haushalt zu führen. Dennoch blieb ihr Zeit, mit ihrem Mann spazieren zu gehen, wenn er einmal zu Hause und nicht bei seinem Dienstherrn, Herzog Sigismund, weilte. Auf solchen kleinen Ausflügen habe er auf ihren Wunsch hin zuweilen Schlangen beschworen. Sie seien dann hervorgekrochen, hätten um das Paar einen Kreis gebildet und gezüngelt, aber nie hätte sie eine gebissen. Was immer von der Erzählung zu halten ist, es gehörte wohl eine ordentliche Portion Mut dazu, dem oft jähzornigen Gatten bei seinen Zähmungskünsten und sonst zu vertrauen.[530]

Die Herrlichkeit dauerte nur vier Jahre. Katharina war zehnjährig, als der Vater geächtet wurde. Auch in den schwierigen folgenden Jahren bewährte sich Margarete als umsichtige Hausfrau und Mutter. Sie konnte Wertsachen des Messkircher Haushaltes bei Nacht und Nebel auf Burg Wildenstein führen lassen und sie so für ihre Kinder retten.[531] Aber die Herrschaft Messkirch konnte sie nicht halten. Der Widersacher ihres Mannes, Graf Haug von Werdenberg, drang gewaltsam ins Schloss des geächteten Gatten, dessen Herrschaftsrechte er übernahm. Er liess, als sie mit ihren acht weinenden Kindern nicht weichen wollte, Betten und Kisten aus dem Fenster werfen und fragte höhnisch, ob sie auf dem Boden schlafen wollten. In dieser Lage rettete sie dem Widersacher das Leben. Ein junger, geistig zurückgebliebener Bursche, den sie mitleidig in den Haushalt aufgenommen hatte, versteckte sich mit einer Axt. Er drang, um die geliebte Pflegemutter zu rächen, auf den Grafen ein. Sie aber konnte ihn mit ihrer Autorität zurückrufen, *«welches er [der Graf] doch umb sie oder ire kinder nihe verdienet»*, kommentierte der Chronist: Der Werdenberger habe das wirklich nicht verdient, habe er sich doch hinterhältig und betrügerisch die Herrschaft angeeignet.[532] Befürchtend, der Graf wolle ihre Söhne ins Kloster stecken, konnte sie die beiden ältesten in Frauenkleidern heimlich aus Messkirch führen und beim Landgrafen von Hessen in Sicherheit erziehen lassen.[533]

Schliesslich floh sie mit den anderen Kindern zum Onkel ihres Mannes. Der nahm die Familie freundlich auf, bis der geächtete Ehemann 1491 in Weesen Frau und Kindern ein zwar dürftiges, aber doch ein sicheres Zuhause bieten konnte. Immerhin wohnten sie im Herrenhaus auf dem Bühl. Zur gleichen Zeit lebte übrigens Zwingli als Schüler zwischen 1489/90 und 1494 im benachbarten Pfarrhaus bei seinem Onkel. Möglich ist, dass das junge Fräulein Katharina mit dem sechs Jahre jüngeren kleinen Schüler Bekanntschaft schloss. Die Zimmernschwestern wurden wohl 1491 ins Fraumünster aufgenommen und 1494, nach drei Jahren, als Chorfrauen eingekleidet.[534] In Weesen musste die Mutter mit wenigen Mitteln ein Haus führen. Ihre jüngeren Söhne konnte sie bei Freunden oder Verwandten unterbringen. Offenbar verstand sie es zusammen mit ihrem Mann, auch im Unglück Freunde zu finden und zu erhalten. Dass Katharina und ihre Schwester Anna im Fraumünster unterkamen, war das Verdienst des bewährten Humanistenfreundes und entfernten Verwandten, Albrecht von Bonstetten.[535] Der Chronist Christoph Froben von Zimmern war sichtlich beeindruckt von seiner Grossmutter, die in elf Jahren tapfer zehn Schwangerschaften ertrug, und die auch von Verwandten und Freunden ihrer Schwiegereltern verehrt wurde.[536] Bei dieser tapferen und umsichtigen Mutter konnte Katharina lernen, in Freud und Leid eine Familie durch Güte und kluges Wirtschaften zusammenzuhalten. Der Haushalt, den sie nun zu führen hatte, dürfte weniger bedrängt gewesen sein als der in Weesen, aber auch nicht so verschwenderisch wie der Messkirchner, bevor der Vater geächtet wurde.

Schwangerschaft und Kindererziehung

Eberhard von Reischach und Katharina von Zimmern waren für damalige Begriffe betagt. Dennoch haben sie nicht auf die Zeugung von Kindern verzichtet. Das Paar hat den von der Kirche verpönten, aber wohl durchaus verbreiteten *coitus interruptus* nicht, jedenfalls nicht erfolgreich angewandt. Verhütung galt seit Jahrhunderten im Christentum als Sünde und wurde von katholischen Priestern genauso wie von protestantischen Predigern abgelehnt. Geschlechtsverkehr war aus der Sicht der Theologen nur zur Zeugung von Kindern erlaubt. Über solch asketische Enge mag das Ehepaar sich mit renaissancehafter Sinnenfreude hinweggesetzt haben, aber verhütet haben sie nicht. Katharina ist in ihrem bereits hohen Alter nicht vor den Gefahren des Gebärens zurückgeschreckt.

Der Gefahren waren viele, schon bei der Geburt und auch im Kindbett. Kaiserschnitte wurden kaum durchgeführt und das Kindbettfieber war gefürchtet. Mindestens jede zehnte Frau soll im 16. Jahrhundert an einer Geburt oder bald darauf gestorben sein.[537] Wie noch heute, waren Komplikationen bei älteren Frauen sicher häufiger, also die Geburt noch gefährlicher. Das traurige Schicksal von Frauen und Müttern, die an der Geburt verbluteten oder im Kindbett starben, hat jede erwachsene Frau im 16. Jahrhundert in ihrer Umgebung miterlebt. Die Frauen kannten sicher nicht die von der Forschung errechneten Statistiken, aber sie hatten Freundinnen und Verwandte, die die Geburt nicht überstanden hatten.

Nach allem, was über sie bekannt ist, war Katharina von Zimmern eine tapfere Frau. Die Übergabe des Stiftes spricht für sich, aber auch körperlich muss sie mutig gewesen sein. Sie hat in ihrer Äbtissinnenzeit Sättel zerritten; die Rechnungen weisen Ausgaben für neue aus.[538] Frauen ritten damals im Damensitz mit beiden Beinen auf einer Seite. Das erforderte hohe Körperbeherrschung. Der Damensattel des 16. Jahrhunderts bot wenig Halt. Unfälle waren häufig. Eine Reiterin musste geschickt und kühn sein. Katharina hat nicht nur der gefährlichen Reiterei gefrönt, sie hat sich auch noch mit 47 Jahren und später den Strapazen und dem Risiko von Geburten ausgesetzt.

Was wussten Frauen über Schwangerschaft, Geburt und Säuglingspflege? Katharina und die von ihr geliebte Regula Appenzeller, die in denselben Jahren gebaren, dürften sich das greifbare Wissen angeeignet haben. Weit verbreitet war das Werk des Wormser Arztes Eucharius Rösslin von 1513 mit dem schönen Titel

Abb. 49: Zyklus zu Schwangerschaft und Kinderpflege in der Zürcher Handschrift des Heinrich von Laufenberg, 1480

Jch trag ein kind in minem lyb
Vnd won hie als ein schwanger wyb

Jr hond mich nun verstanden wol
Wie man sich nun halten sol
Nun han ich mich genomen an
Syd ich nit von den frowen gesagt han
Mit götlicher hilff ein lere gen
Die inen ist gůt zů iren regimen

Jch han geboren ein kindlin zart
Vnd bedarff das man min wol wart

Jch spiß vnd soug das kinde myn
Nach der natur vnd notturfft sin

Jch han min kind erzogen zart vnd schon
Vnd wolt es gern zů schůl lassen gon
Vnd bit üch durch got vnd ere
Das ir min kind trülich wöllent lere
Liebe frow ich wil es gern leren
Vnd min bestes zů im keren

Abb. 50: Holzschnitte von Urs Graf zu Schwangerschaft und Kindbett im ersten in Zürich gedruckten Buch von 1508

Der schwangeren Frauen und Hebammen Rosengarten. Es fasste die damaligen Kenntnisse gut lesbar zusammen; 1522 war bereits die dritte Auflage erschienen und es erschienen noch lange weitere. 1554 griff der Zürcher Stadtchirurg Jakob Ruf in seinem *Trostbüchlein* darauf zurück, konnte aber das alte Werk nicht vom Markt verdrängen.[539]

Ob Katharina und Regula sich Rösslins Buch anschafften oder nicht – unter Frauen der Zeit sollen sich medizinische Werke schlecht verkauft haben[540] –, sie werden doch das Wichtigste daraus gewusst haben. Denn vieles haben Frauen auch mündlich tradiert. Sicher war das, was mit Vorschlägen des beliebten älteren *Regimen sanitatis* von Heinrich von Laufenberg übereinstimmte, längst Allgemeingut. Der Freiburger Priester hatte seinem astrologischen Kalendarium mit Diätratschlägen und einfachen Lebensregeln in Knittelversen 1429 zwei Abschnitte zu Schwangerschaft und Kinderpflege angefügt. Ein Zürcher Druck in Auszügen nahm sie 1508 auf.[541]

Das Werk von Eucharius Rösslin war nicht nur «moderner» und ausführlicher, es war auch «wissenschaftlicher». Es führt seine Leserinnen in das Thema ein mit einem Abschnitt über die Gebärmutter und Fruchtblase, worin das Kind liegt. Dann beschreibt es die natürliche, leichte Geburt.[542] Gleich darauf folgt ein beängstigendes Kapitel über verschiedenste Komplikationen, insbesondere die Lagen des Kindes, und später ein weiteres, das die Hebammen anweist, durch Einführen der Hand in den Mutterleib das Kind, wenn nötig, zu drehen.[543] Schon die Vorstellung allein, eine Hand könnte in ihrem Unterleib herumfuhrwerken, muss Leserinnen erschreckt haben, ganz abgesehen von den Kapiteln über die Gefahren vor und nach der Geburt, über Totgeburten oder über die Rettung des Kindes aus dem Leib der an der Geburt gestorbenen Mutter.[544] Solches Hintergrundwissen bot Laufenberg nicht. In seinen Reimen geht es nur um das angemessene Verhalten der Schwangeren. Interessanterweise kannten beide Autoren auch psychologische Komplikationen; Heinrich von Laufenberg warnte vor Schrecken und Sorgen und Eucharius Rösslin vor allzu grosser Traurigkeit. Manche Ratschläge entsprechen den heutigen. So sollte die Schwangere vor der Geburt allfällige Entzündungen bekämpfen und für Stuhl sorgen. Vor allem sollte sie sich gut ernähren. Die Diät richtete sich nach der medizinischen Säftelehre. Rösslin empfahl fette Bouillon, insbesondere von feisten Hennen oder Kapaunen und auch guten Wein. Auch Laufenberg erlaubte Geflügel und hatte nichts gegen Wein in Massen einzuwenden. Galt Wein doch als gesünder als das oft verseuchte Wasser. Um eine Fehlgeburt zu verhindern, sollten, so Rösslin, Magere viel essen, aber keine Völlerei betreiben, und Dicke sich mässigen.[545] Zu Beginn der Wehen rieten beide zu Bewegung; die Gebärenden sollten Treppen auf- und niedersteigen.[546] Rösslin empfahl, laut dabei zu rufen, eine spätere Ausgabe schlug auch vor, zu singen. Ein Rat, der sicher Ängste vertreiben half. Der Wormser Arzt gab genaue Anweisungen für den Geburtsvorgang: Die Hebamme setzt die Frau auf einen Gebärstuhl und polstert ihren Rücken gut aus. Ist kein Stuhl zur Hand, wird sie sie in eine sitzende Stellung

Abb. 51: Vor und nach der Geburt, aus einer Ausgabe von Eucharius Rösslins Rosengarten von 1530

bringen. Sie setzt sich vor sie, salbt den Ausgang, belehrt die Gebärende, spricht ihr mit sanften Worten gut zu, stärkt sie mit Speis und Trank – eine Anweisung, die auf oft lange Geburten weist – und ermahnt sie, mit eingezogenem Atem zu pressen.[547]

Beide Autoren belehren über Kinderpflege. Sie raten, das Kind selbst zu säugen. Es solle aber nicht «übersäugt» werden. Das Kind zwei- bis dreimal am Tag anzusetzen, genüge. Ob die Mütter sich daran hielten? Nun, Ratschläge, Regeln und Gesetze sind das eine, die Praxis das andere. Rösslin räumt denn auch ein, dem Kind lieber öfter wenig, als einmal zuviel zu geben.[548] Brauche es eine Amme, dann sei sie sorgfältig auszusuchen, auch auf sittliche Qualitäten sei zu achten.[549] Stillende sollten gut essen. Die Stillende soll sich nicht überarbeiten. Um die Milchleistung anzuregen, kannte Rösslin Rezepte wie diese: Gerstensaft mit einem Quäntchen gedörrter, gepulverter Regenwürmer oder Kuhbutter in Wein oder zerstossener Bergkristall mit viel Zucker, Bergkümmel und Anis. Dass sie befolgt wurden, wage ich zu bezweifeln, das letzte konnten sich jedenfalls nur sehr reiche Leute leisten.[550] Laufenberg empfahl mit Rösslin gute Ernährung, so Weissbrot, Fleisch, Mandeln, Reis und Lattich, dazu guten Weisswein, kurz alles, was der Frau guttue. Gegen zu wenig Milch hat er einfachere Ratschläge als Rösslin: Kichererbsen und Bohnen oder Milchbrei.[551] Das Kind sei zwei Jahre lang zu stillen.[552] Tatsächlich wurden Kinder oft noch länger gestillt, denn die Muttermilch bewahrte sie vor vielen gefürchteten, oft tödlichen Krankheiten. Viele Kapitel im Büchlein des Arztes Rösslin handeln denn auch von den verschiedensten schweren und leichten Kinderkrankheiten und empfehlen Mittel dagegen, so auch ein Rezept gegen beängstigende Träume.[553] Im Gegensatz zu Laufenbergs einfachem Gedicht war Rösslins Buch ein umfassender medizinischer Ratgeber rund um Geburt und Kinderpflege, dem für die Laien noch ein Glossarium angehängt war. Es dürfte der gebildeten Katharina eher entsprochen haben als Laufenbergs volkstümliche Knittelverse.

Hat Katharina sich mit der innig geliebten Regula Appenzeller über ihre Hoffnungen als angehende Mutter ausgetauscht? Haben die beiden Frauen ihre Ängste geteilt, vor denen auch Mutige kaum gefeit waren? Wie hat Katharinas Ehemann auf die Schwangerschaften reagiert, wie die noch junge Stieftochter Anna, wie die schon erwachsenen Stiefkinder in ihren Klöstern: Barbara in Berau, Katharina in Diessenhofen und der Sohn Anstett in St. Blasien? Möglicherweise haben Anstett und Katharina schon damals das Kloster verlassen wollen. Jedenfalls haben beide 1530 geheiratet, während Barbara in Berau blieb.[554] Hatte Katharina in Schaffhausen oder seit 1527 in Diessenhofen Nachbarinnen und Freundinnen, die sie, wie es üblich war, neben der Hebamme bei der Geburt unterstützten und sie bei der Kinderpflege berieten? Konnte Katharina Regula bei deren Geburten besuchen oder Regula sie bei den ihrigen? Gewünscht haben die Frauen es sich sicher.

Tochter Anna und der Tod eines Sohnes

Der Chronist Christoph Froben von Zimmern berichtet: Katharina habe Eberhard von Reischach einen Sohn geboren, der schon in der Jugend starb und eine Tochter Anna, die den Edelmann von Mandach heiratete. Der Chronist erweist sich als gut unterrichtet. Die Heirat der Tochter Anna ist gut belegt. Darum ist auch seine Angabe zu dem früh verstorbenen Sohn glaubhaft, obwohl keine andere bekannte Quelle von ihm spricht.[555]

Katharina und Eberhard haben das Schicksal ungezählter Eltern ihrer Zeit geteilt und ein Kind in der Jugend durch den Tod verloren. Dass in Zeiten und Gebieten hoher Kindersterblichkeit das Abschiednehmen leichter fiel oder falle und weniger um die Kinder getrauert werde, ist eine längst widerlegte Legende.[556] Theodor Bibliander, Theologe an der *Schola Tigurina* in Zürich, klagte nach dem Tod seines ersten Kindes im Jahre 1536, «mir ist nie Schmerzlicheres zugestossen.» Und er tröstete sich mit der Vorstellung: «Das Kind ist in den Himmel entrückt worden, damit es nicht von der Welt besudelt werde und verderbe.»[557] – Bonifacius Amerbach war völlig gebrochen nach dem Tod seiner kleinen Tochter, die er «so sehr liebte und an der er solche Freude hatte». Erasmus glaubte vierzehn Tage später, ihn ermahnen zu müssen, seinen Schmerz zu mässigen.[558] Ludwig von Diesbach berichtete von seiner Kusine, die gerade ein weiteres Kind erwartete, sie habe einen zehnjährigen Sohn verloren. Darüber sei sie aus Kummer gestorben.[559]

Die Zeitgenossen von Katharina und sicher auch sie selbst trauerten nicht weniger um ihre Kinder als Eltern heute.

Katharina wird nach dem Tod des Sohnes sich ganz der Erziehung der kleinen Tochter Anna gewidmet haben. Interesse an einer soliden humanistischen Ausbildung darf bei der ehemaligen Äbtissin vorausgesetzt werden, hatte sie doch mit Oswald Myconius an die Lateinschule des Fraumünsters einen ausgewiesenen, humanistisch ausgerichteten Lehrer geholt, der mit seinen Schülern Erasmustexte las.[560] Auch hat sie das Schulgebäude grosszügig erneuern lassen.[561] Humanistische Ratgeber wie Ludovico Vives und Erasmus empfahlen auch für Mädchen eine hochwertige Bildung. Vives betonte, von Mädchen sei alles Frivole fernzuhalten, was den Lesestoff, auch den damals geschätzten der klassischen Antike, sehr einschränkte. Ritter- und Liebesromane kamen sowieso für ihn nicht infrage. Die begrenzte literarische Bildung war für Vives kaum ein Problem, denn aus seiner Sicht sollten Frauen in Gesellschaft verschämt schweigen und wissenschaftliches Studium traute er ihnen nicht zu. Die Mädchenerziehung diente ihm vor allem dazu, die vielen vermeintlichen Schwächen und Mängel des weiblichen Geschlechtes ein wenig auszugleichen. Auch Erasmus legte insbesondere bei den Mädchen Wert auf Schamhaftigkeit, empfahl aber für die Frauen dieselbe humanistische Erziehung wie für die Jungen, also eine umfassende Kenntnis der antiken Schriftsteller, Übung in den alten Sprachen und rhetorische Fähigkeiten. Denn für ihn sollte die Frau, wo sich Gelegenheit bot, durchaus mutig auch in Männergesellschaft reden und, falls die Männer versagten, tapfer auf die Politik Einfluss nehmen.[562] Strebten Katharina und Eberhard für die Tochter eine solche Bildung an, musste Katharina sie selbst unterrichten, was Erasmus dringend empfahl,[563] oder es musste ein tüchtiger Hauslehrer engagiert werden. Es gab nicht überall Schulen und an den wenigen, die Mädchen offenstanden, konnten sie nur Basiskenntnisse in Lesen, Schreiben und Rechnen erwerben. Die Lateinschulen waren Jungen vorbehalten.

Eine humanistische Ausbildung begann schon mit drei bis vier Jahren; sie sollte aber, so Erasmus, spielerisch sein. Die Rute sei ganz aus dem Kinder- und Schulzimmer zu verbannen und die Kinder seien ihrem Alter gemäss zu fördern. Um Lesen und Schreiben zu lernen, könne man den Kindern Kuchen in Buchstabenform backen. Dürfen sie den richtig erkannten Buchstaben essen, dann werden sie bestimmt das ABC schnell lernen, erklärte Erasmus.[564] Vielleicht hat Katharina mit der kleinen Anna Buchstabenkekse geformt. Als Anfangslektüre riet Erasmus zu bebilderten Büchern und zu kurzen ansprechenden Texten, insbesondere zu den Fabeln des Aesop. Der Humanist empfahl zur Übung selbstständige Nacherzählungen des Gelesenen. Später kam der ganze antike Kanon hinzu und natürlich und vor allem sollten von klein auf die biblischen Geschichten gelesen werden.[565] Das Neue Testament hatte Erasmus selbst in Paraphrasen zeitgerecht nacherzählt. Der Zürcher Theologe Leo Jud hatte in den zwanziger Jahren schon Teile davon übersetzt. Die Gesamtübersetzung erschien erst 1541. Erasmus' *Paraphrasen* waren «Bestseller». Ob Katharina sie bald einmal mit ihrer heranwachsenden Tochter auf Latein las, bleibe dahingestellt. Sollte Anna Latein lernen, so standen ihr die brandneuen Kolloquien des Erasmus zur Verfügung. Die lehrten zugleich flüssiges Latein und christliche-humanistische Lebensweisheit und behandelten auch Frauenthemen. Zur Erziehung einer jungen Adligen gehörte selbstverständlich auch das Singen zur Laute, das Lesen der beliebten Heldenepen, die Erasmus allerdings nicht empfahl, Kenntnisse über die Herkunftsfamilien, aber auch über die Weltgeschichte, und Unterricht im Tanzen und Reiten sowie Praxis in der Haushaltsführung und medizinische Basiskenntnisse, insbesondere Kräuterkunde.

Abb. 52:
Zwei vornehme junge Mädchen mit Schnur und Jagdfalke, Jörg Schweiger nach 1520

Konflikte und Bündnispläne

TEIL IV

DIE REFORMATION WIRD INFRAGE GESTELLT

Die Übergabe des Fraumünsterstiftes brachte der Stadt Zürich nicht die erhoffte Ruhe. Auch die Bauern der Zürcher Landschaft begehrten nun auf. Sie begnügten sich nicht mehr mit einzelnen Zehntverweigerungen, Bilderstürmen oder aufrührerischen Reden. Gewaltausbrüche häuften sich. Einer betraf einen nahen Freund der Reischachs, Georg Göldli. Ende März 1525 beanspruchten Bauern von Eglisau das Fischereirecht, das allein dem Vogt, Hans Schwytzer,[566] zustand.

Ein Dutzend Bauern fischte am Zusammenfluss von Glatt und Rhein. Als der Vogt sie vertreiben wollte, solidarisierten sich 200 Landleute mit ihnen und erklärten, Gott habe Wasser, Feld und Fischerei für frei erklärt. Der Vogt kam nicht gegen sie auf und musste weichen. Zürich schickte daraufhin den bewährten Ratsherren Georg Göldli zu den Bauern, er sollte, so der Chronist Johannes Stumpf, «freundlich mit ihnen verhandeln». Den Bauern aber stand der Sinn nicht nach Verhandlungen. Sie bewarfen ihn mit Steinen, einer soll ihn lebensgefährlich am Kopf getroffen haben: *«das man meynt, er müest syn sterben»*.[567] Im Mai 1525 forderten die Zürcher Bauern wie ihre Leidensgenossen im Schwarzwald, im Hegau oder in Württemberg die Aufhebung der Leibeigenschaft, die Aufhebung des Frondienstes, das Recht, Pfarrer ein- und abzusetzen und über den Zehnten für ihre Kirchgemeinde selbst zu bestimmen, freie Jagd und freien Fischfang, freien Handel, bessere

Abb. 53: Ein Bauer, Urs Graf um 1512

Rechtsprechung und Erleichterung der Abgaben. Auch sollten, so die Zürcher Untertanen, keine Mannslehen mehr vergeben werden, mit anderen Worten, sie wollten keine Grundherren mehr dulden, sie wollten frei sein. Sie forderten weiter, die Klostergüter sollten in ihren Gemeinden bleiben und nicht an die Stadt gehen.[568] Der Rat ging nur auf eine Forderung ein. Er versprach, die Leibeigenschaft und damit verbundene kleine Abgaben aufzuheben.[569] Das war politisch klug, denn die Aufhebung der Leibeigenschaft hatte grossen Symbolwert, aber wenig politische und finanzielle Konsequenzen.

Bauernunruhen auf der Zürcher Landschaft und Klosteraufhebungen

Die Landleute liessen sich jedoch nicht so abfertigen. Obwohl schon Mitte Mai 1525 die Bauern in Böblingen und Zabern vernichtend geschlagen worden waren, sammelten sich die Zürcher auf der Landschaft Anfang Juni erneut. Die Stadt musste das Schlimmste befürchten. Am 12. Juni bevollmächtigte der Rat eine Kommission, darunter Georg Göldli, der sich offenbar wieder erholt hatte, die Stadt militärisch nach bestem Wissen und Gewissen zu versehen. Der Rat befürchtete eine Belagerung durch Tausende Bewaffnete und rief den Notstand aus.[570] Er konnte jedoch seine Bauern geschickt hinhalten und auf bessere Zeiten hoffen, trieb doch Truchsess Georg von Waldburg die benachbarten Haufen im Süddeutschen mehr und mehr in die Enge. Die Abgesandten der Zürcher Landschaft taktierten denn auch schon im Juni sehr vorsichtig; sie schoben alle Schuld auf die Prediger. Die hätten sie aufgerufen, die Zehnten zu verweigern. Als es Ende August zur endgültigen Regelung kam, die den Bauern keine Erleichterung brachte, wagten sie nicht mehr aufzumucken. Inzwischen hatte Truchsess Georg von Waldburg auch die Hegauer Bauern besiegt und verhängte grausame Strafen über sie.[571] Wie immer Katharina von Zimmern zu den Bauern stand, ob sie mit ihnen bangte oder sie mit Zwingli und dem Rat verurteilte, die ehemalige Äbtissin dürfte erleichtert gewesen sein, für die aufständischen Gemeinden keine Verantwortung mehr zu tragen. Wie sehr ihre Kusine, immer noch Äbtissin in Königsfelden, darunter litt, bezeugt der Brief an ihren Bruder vom Frühjahr 1526. In diesen unruhigen Zeiten könne sie das Kloster nicht verwalten, klagte sie. Die Bauern seien unwillig und verachteten sie und das Klosterwesen überhaupt.[572]

Der Rat griff sofort nach der Übergabe des Fraumünsters auf alle Klostergüter in seinem Herrschaftsgebiet zu. Nach einer Notiz zur Inventarisierung der Fraumünsterabtei war bereits am 9. Januar 1525 einiges aus dem Stift verkauft, darunter zwei schwarze und zwei schwach vergoldete Kerzenstangen sowie zwei seidene Fähnlein.[573] Zu Ostern wurde die Messe in Zürich ganz abgeschafft. Das Herzstück der Gottesdienste, die Katharina drei Jahrzehnte lang im Fraumünster gefeiert hatte, gab es nicht mehr und Kirchengesang und Orgel verstummten. Hat Katharina das – noch in der Abtei lebend – miterlebt oder war sie bereits nach Schaffhausen gezogen? Gehört davon hat sie sicher, ebenso von den Massnahmen, die das Kloster Oetenbach betrafen. Die Schwestern sollten, so der Rat, über den «wahren» Gottesdienst belehrt werden und die Zeit, die sie mit gottwidrigen Stundengebeten vergeudet hätten, nun für nützliche Arbeit verwenden. Immerhin konnten sie in ihrem Kloster bleiben, während die Selnauer Schwestern zu ihnen versetzt wurden. Der Rat legte ihnen nahe, zu heiraten, aber von einer Abfindung war keine Rede. Sie sollten nur das eingebrachte Gut erhalten.[574] Katharina durfte sich sagen, sie habe richtig entschieden, indem sie solchen Zwangsmassnahmen zuvorkam.

Die Täuferfrage

Ob sie nun schon in Schaffhausen oder noch in Zürich lebte, neben der Bauern- muss sie auch die Täuferfrage beschäftigt haben, denn mancher, gerade der bedeutendsten frühen sogenannten Täufer,[575] wirkte in beiden Städten.

Bereits Mitte Januar beschloss der Zürcher Rat, eine öffentliche Disputation mit den Täufern abzuhalten. Es ging ihm dabei nicht um Wahrheitsfindung. Der Rat wusste im Voraus, dass die Ablehnung der Kindertaufe eine Irrlehre sei: *«Als dann etlich verirrter meinung redend, man solle die jungen kind nit toufen»* beginnt der Aufruf an die Täufer, ihre «irrtümliche Meinung» mit dem Wort Gottes zu verteidigen.[576] In der folgenden Woche gebot der Zürcher Rat denn auch, alle Kinder müssten getauft werden.[577] Zwei Tage darauf verhörten die Ratsherren Zeugen über eine Hauspredigt von *«Andres uf den krucken»*. Es handelte sich dabei um den Zürcher Buchhändler Andreas Castelberger. Er vermittelte die lutherischen Schriften aus Basel nach Zürich, insbesondere auch an Zwingli.[578] Er dürfte auch die Lutherschriften in Katharinas Sammelband nach Zürich gebracht haben. Er hatte einen eigenen Bibellesekreis gegründet. Dazu gehörten bekannte Teilnehmer am Fastenbruch von 1522 und Freunde aus der *Sodalitas* von Zwingli, aus dem gelehrten Kreis, der sich um den Reformator gesammelt hatte, namentlich Konrad Grebel, Felix Mantz und Simon Stumpf, drei ehemalige enge Verbündete Zwinglis. Die Vorlesungen des gebildeten Buchhändlers waren beliebt, mehr und mehr Zürcher hörten ihm zu, sodass der Kreis in immer grössere Räume umziehen musste.[579] Dürfen wir den Zeugen glauben, vertrat Castelberger grundsätzlich eine durchaus gut reformatorische Theologie: Er sprach über den Römerbrief und berief sich dabei auf frühere Predigten von Zwingli. Insbesondere machte er mit Beispielen klar, dass alle Menschen Sünder seien. So habe auch Zwingli erklärt, wenn eine Frau sich über eine Dirne erhebe und sie als loses Weib beschimpfe, dann sei sie vor Gott gerade so schuldig wie die Hure selbst. Auch sei vor Gott kein Unterschied, ob einer Wucher treibe und von seinem Reichtum nichts mitteile, oder ob ein armer Mann aus Not für seine Kinder Essen stehle. Auch wer in den Krieg ziehe und für Geld ehrenwerte Leute abschlachte, ohne dass ihn die Not dazu zwinge, sei nicht besser als ein Mörder. Kein Wunder, dass ein Zeuge erklärte, für ihn habe Castelberger genauso gepredigt wie Zwingli: *«dann M. Uolrichen [Zwinglis] und des Andresen [Castelbergers] ler[e] uf ein schrot ushin gangint»*.[580]

Zwingli und der Rat beurteilten das anders. Sie glaubten solche Privatverkündigung nicht dulden zu dürfen, zumal sich die Täufer ebenso wie die aufständischen Bauern auf das reformatorische Schriftprinzip beriefen. Zwingli und die Ratsherren sahen darin einen Angriff auf ihre Autorität. Zwingli warf denn auch den ehemaligen täuferischen Freunden vor, sie lehnten jede Obrigkeit ab: dass sie *«sich der oberkeit entsägen möchtind»*.[581] Tatsächlich lehnten sie den Gebrauch des Schwertes, also die Blutsgerichtsbarkeit ab. Auch meinten einige, ein politisches Amt sei mit einem ernsten Christentum nicht vereinbar, und insbesondere verweigerten sie Waffendienst und Eidesschwüre. Beides forderten die Obrigkeiten von ihren Untertanen. Zu Widerstand gegen die Obrigkeiten haben die Zürcher Täufer indessen nicht aufgerufen.

Deutlich sichtbar unterschieden sich diese Gegner Zwinglis vom Reformator, wenn sie die Glaubenstaufe forderten und die Kindertaufe als nicht biblisch ablehnten. Damit brachten sie die Reformatoren in Erklärungsnot, denn tatsächlich ist die Kindertaufe im Neuen Testament nicht, jedenfalls nicht ausdrücklich belegt. Die Reformatoren mussten gegenüber den Täufern ihr Schriftprinzip einschränken. Um doch noch mit der Schrift argumentieren zu können, setzte Zwingli die alttestamentliche Beschneidung mit der Kindertaufe gleich und erklärte nun neu, es sei eben nicht alles in der Schrift bezeugt, was Gottes Willen entspreche. So stände auch nirgends etwas von Frauen beim Abendmahl, und doch sollten sie es nehmen. Nicht von ungefähr verteidigte er sich dazu erregt. Die Täufer würden

Zeter und Mordio schreien und einwenden, gegenüber den «Päpstlern» hätte er doch immer wieder betont, die «Pfaffen» ehrten Gott vergeblich mit Menschengeboten und, was nicht im Wort begründet sei, habe keine Gültigkeit. Er rede nicht mit einer Zunge. Zwingli wendete ein, sie verständen das nicht. Das betreffe nur Äusserliches. Den Täufern ging es nicht nur um den äusseren Taufritus, sondern um ihre Glaubenstaufe, wobei sie auf der Reihenfolge der Christusworte nach Mt 28,19 beharrten: Lehret alle Völker und taufet sie. Erst seien die Kinder zu lehren und, kämen sie daraufhin zum Glauben, später zu taufen. Die Taufe, wie sie das Neue Testament bezeuge, sei ein individuelles Bekenntnis zum Glauben. Eine Taufe, die von einer politischen Gemeinschaft abhing, eine Taufe auf obrigkeitlichen Befehl also, lehnten sie als widersinnig ab. Zwingli aber beharrte darauf, in einer christlichen Stadt seien alle, auch die Kinder, in die christliche Gemeinschaft aufzunehmen. Er verlangte von den Täufern ein eindeutiges Bibelwort, das die Kindertaufe verbiete.[582] – Ein gefährliches Argument! Denn danach wäre alles erlaubt, was in der Bibel nicht ausdrücklich verboten ist. Mit demselben Argument verteidigte denn auch Johannes Eck die Messfeier nach überkommenem Ritus gegenüber den Reformatoren.[583]

Oekolampad wählte in Basel einen anderen Ausweg. Für ihn stand die Kindersegnung Jesu mehr im Vordergrund als bei Zwingli. Er bezichtigte die Täufer der Lieblosigkeit, weil sie die Kinder aus der Gemeinschaft ausschlössen. Schon dass sich die beiden eng befreundeten Reformatoren nicht auf eine gemeinsame Strategie einigten, deutet auf die Schwierigkeit, vor der sie standen. Denn um den überkommenen Gottesdienst, das Klosterleben und die Messfeier zu beseitigen, waren sie, das haben die Täufer durchaus richtig gesehen, auf ein ausschliessendes Schriftprinzip angewiesen, jedenfalls verzichteten sie dabei nicht darauf.[584] Seit Anfang Februar 1525 wurden Täufer in Zürich verhaftet und verbannt.[585] Allerdings schreckte der Rat bis 1527 noch vor Hinrichtungen wegen Aufruhrs zurück.

Täufer in Schaffhausen und die Gewissensfreiheit

Einige der Vertriebenen tauchten 1525 in Schaffhausen auf. Der Schaffhauser Rat duldete damals verschiedene Glaubensrichtungen nebeneinander. In Hallau konnten die Täufer unter grossem Zulauf predigen und eine bedeutende Gemeinde gründen. Sie versuchten den Schaffhauser Reformator Sebastian Hofmeister von ihrer Lehre zu überzeugen, ja glaubten ihn auf ihrer Seite.[586] Der allerdings sagte bereits im April in Zürich gegen die Täufer aus.[587] Er hatte sich ganz der Argumentation von Zwingli angeschlossen. Mit dem politisch motivierten Aufstand der Rebleute endete die Duldsamkeit des Rates; er wies im August die Täufer zusammen mit Sebastian Hofmeister aus Schaffhausen aus. Wie vergiftet die Atmosphäre unter den ehemaligen gemeinsamen Kämpfern für das wahre Evangelium war, zeigen die Zürcher Verhörprotokolle, die allerdings Täufergegner verfassten. Danach haben sich die Parteien gegenseitig die übelsten Behauptungen unterschoben. Zwingli habe Ehebruch begangen und wolle Grebel und seine Gesellen töten. Auch habe er selbst gegen alle Zinsen und Zehnten gepredigt. So hätten nach Zeugenaussagen die Täufer Zwingli angeklagt. Zwingli trat selbst als Ankläger und zugleich als Zeuge auf. Er bezichtigte umgekehrt die Täufer, sie wetterten gegen Zinsen. Sie wollten eine Separatkirche der Sündlosen errichten und verlangten von den Zürcher Prädikanten, die sollten ihre Predigten von ihnen kontrollieren lassen. Einer, Simon Stumpf, habe gar erklärt, man solle alle Pfarrer töten. Selbstverständlich wiesen beide Seiten diese Anklagen als Unterstellungen zurück.[588]

Wie dachten Katharina Reischach-Zimmern und ihr Ehemann über die theologischen Auseinandersetzungen? Haben sie Zwingli als kompetenten Theologen und mitreissenden Prediger gewürdigt? Haben sie seinen Kampfesmut bewundert, mit dem er um seines Glaubens und um des «Evangeliums» willen hart gegen seine ehemaligen Freunde vorging? Billigten sie seine Abkehr von früheren radikaleren Forderungen als weisen politischen Pragmatismus? Unterstützten sie seinen Versuch, seine so befreiende Theologie von der Rechtfertigung mithilfe des Rates als verbindlich für alle politisch durchzusetzen? Oder standen sie, was die Freiheit des Evangeliums betrifft, mehr auf der Seite des Täufers Jakob Hottinger, der im August 1525 zu Protokoll gab: Gottes Wort sei frei. Es stände keiner Regierung zu, gewaltsam darüber zu gebieten: *«dann dheiner [keiner] oberkeit zuostannde, das gots wort mit ihrem gwalt zuo handhaben, diewil doch dasselbig fryg sige.»* Er dachte dabei insbesondere an den Zürcher Rat.[589]

Wie haben die Reischachs über die Kindertaufe gedacht, wie über das Verständnis des Abendmahles, über das nun auch der innerprotestantische Streit ausgebrochen war? Haben solche theologischen Fragen der Zeit das Ehepaar im Innersten bewegt, oder haben sie sie als Pfaffengezänk abgetan und sich mit Erasmus darüber empört? Kurz zuvor hatte Erasmus in einem Gutachten für den Basler Rat Gewissensfreiheit in Glaubensfragen gefordert und eine tolerante Politik angemahnt, die den bürgerlichen Frieden im Auge haben sollte, ein Gutachten, das durchaus Erfolg hatte. Bis Frühjahr 1529 hat der Basler Rat allen den Glauben freigestellt, *«mencklichen des gloubens gefryett»*.[590] Er hat Messfeiern und evangelische Predigtgottesdienste nebeneinander geduldet.[591] Zur Erklärung des schon genannten Adagiums *Quot homines, tot sententiae* – wie viele Menschen, so viele Meinungen – fügte der Bibelhumanist Erasmus bereits 1518 einen kleinen Absatz ein. Schon in der früheren Fassung hatte sich Erasmus auf Paulus berufen, der von vielerlei Meinungen schreibe. Die Formulierung dazu lehnt sich an Röm 14,5 an, wo Paulus in der Gemeinde verschiedene Fastenvorschriften zulassen wollte. Erasmus dachte wohl zugleich auch an den ersten Timotheusbrief, worin Paulus mahnte, der Glaube wachse aus der Liebe, und vor Zänkereien warnte. 1518 ergänzte der Bibelhumanist sein Adagium so: Wenn sich die Theologen doch das zu Herzen nähmen, «dann gäbe es heute nicht so viele Kämpfe über nichtige Problemchen. Es gibt nämlich gewisse Fragen, die, ohne die Frömmigkeit zu verletzen, ignoriert werden können.»[592]

Und wie stand das Ehepaar zu den politischen Konsequenzen, die Eberhard von Reischach direkt betrafen? Haben sie über den Pazifismus der Täufer diskutiert und sich überlegt gegen ihn entschieden? Hat Reischach mit Überzeugung einen Glaubenskrieg bejaht, oder hat er, als er 1529 und 1531 mit Zwingli gegen die katholischen Orte in die Schlacht zog, nur einen weiteren Dienst mit der Waffe für Ulrich von Württemberg und für Zürich als politisches Gemeinwesen geleistet?[593] Dass Katharina und Eberhard die Fragen nicht zur Kenntnis nahmen, das ist auszuschliessen, denn sie waren in aller Munde, aber das Ehepaar hat uns kein Zeugnis hinterlassen, wie es darüber dachte.

Persönliche Sorgen

Zu den Problemen dieser Krisenzeit, die alle betrafen, traten ihre persönlichen. Eberhard von Reischachs Dienstherr, Ulrich von Württemberg, war bankrott. Er hat im Spätsommer 1526 die Herrschaft Mömpelgard und alle Burgundischen Besitzungen mit Vorkaufsrecht an seinen Bruder Georg abgetreten und erhielt dafür eine Rente von 3'500 Gulden, die bei seinen eingegangenen Verpflichtungen offenbar nicht weit reichte. Sein Vetter, Landgraf Philipp von Hessen, nahm den Geächteten an seinem Hof auf.[594] Auch familiäre Sorgen beschäftigten das Ehepaar. Eberhard bat seinen Verwandten Bilgeri aus der Linie Reischach zu Hohenstoffeln, sich einzusetzen für einen gemeinsamen Vetter, einen Sohn von Hans Lienhard aus der Linie Reischach zu Grüningen. Hans Lienhard stand wie Eberhard im Dienste des Herzogs Ulrich von Württemberg. Er galt als tüchtig und willensstark, aber auch als ausserordentlich grausam. Er habe im Jahr 1518, so wurde herumgeboten, aus Eifersucht eigenhändig seine schwangere Frau und deren vermeintliche Komplizen, einen reisigen Knecht und eine ebenfalls schwangere Magd, umgebracht.[595] Eberhard schien nun das Schlimmste für dessen Sohn zu befürchten. Er schrieb dem gemeinsamen Vetter besorgt, der wisse ja wohl, wie Lienhard und dessen Sohn miteinander ständen. Es sei unbedingt nötig, sich ins Mittel zu legen, damit der Vater von seinem Zorn ablasse.[596] Tatsächlich scheint der Sohn später seinen Weg gemacht zu haben. Er wurde Hauptmann, heiratete zweimal und trat in den Dienst des Kaisers und des Markgrafen von Brandenburg. Ulrich von Württemberg belehnte ihn mit einer Herrschaft.[597]

Auch Katharina hatte familiäre Sorgen. Ihre beiden Kusinen, die Truchsessinnen Katharina und Walburga von Waldburg, harrten schwer angefochten im Kloster Königsfelden aus, wie der oben besprochene Brief ausweist.[598] Hat Katharina von Zimmern ihren Kusinen geraten, aus dem Kloster auszutreten? Sicher hat sie mit ihnen auf eine freundliche Antwort auf deren Hilferuf gehofft und war mit ihnen enttäuscht, als der Bruder einen Austritt der Schwestern strikt ablehnte und zu keinerlei Unterstützung bereit war.[599]

Die Zürcher Pensionenprozesse

Zugleich zogen dunkle Wolken über den Freunden in Zürich auf. Renward Göldli, Bruder von Georg Göldli und ehemaliger Söldnerführer unter Eberhard von Reischach, war schon im Februar 1523 als französischer Pensionenempfänger verurteilt und sein Vermögen eingezogen worden.[600] Im August ging der Rat gegen dessen Bruder Kaspar vor. Der Prozess zog sich bis Juli 1525 hin. Immer wieder hatte Kaspar Göldli um freies Geleit gebeten, um sich verteidigen zu können. Es wurde ihm nicht gewährt. Die Verurteilung beruhte auf tendenziösen Zeugenaussagen, zumal die Delikte schon Jahre zurücklagen.[601] Ähnliches mussten nun weitere Freunde Reischachs befürchten. Im folgenden Jahr, im Oktober 1526, begann in Zürich der grosse Pensionenprozess, in dem, abgesehen vom Hauptangeklagten Jakob Grebel, dem freigesprochenen Felix Brennwald und Konrad Baumann, alle weiteren Angeklagten zum Kreis um Reischach gehörten und die meisten auf seinen Listen von 1518 und 1519 vorkommen. Das erstaunt nicht. Denn der Prozess richtete sich insbesondere gegen die Konstaffelherren, also Zunftgenossen von Eberhard, und gegen Hauptleute. Es waren dies Thomas Wellenberg, Stoffel Bodmer, Onofrius Setzstab, Rudolf Rahn, Cornel Schulthess, Heinrich Rubli und als Verdächtiger Pfäffli Ziegler. Dazu kamen Hans Leu, der Maler, dem Katharina noch 1522 einen Auftrag erteilt hatte, und Hans Peter Wellenberg, der ebenfalls mit ihnen verbunden war.[602]

Abb. 54: Feldhauptmann mit Wellenbergwappen, 16. Jahrhundert

Die Disputation von Baden

Vorangegangen war im Mai 1526 die Badener Disputation. Sie war für die Reformatoren und die reformierte Stadt Zürich ein Fiasko. Die Innerschweizer Orte hatten zur Disputation aufgerufen, nachdem Johannes Eck, der bekannte Gegner Luthers und Zwinglis, sich dazu anerboten hatte. Er setzte sich seit Jahren engagiert für die römische Kirche und gegen die Reformatoren ein. Die katholische Mehrheit der Tagsatzungsorte hoffte, mit dieser Disputation ein für alle Mal die Glaubensfrage zu lösen, damit endlich wieder Einigkeit in der Eidgenossenschaft herrsche. Zürich hatte Zwingli nicht nach Baden gesandt. Johannes Oekolampad, der sich in Basel mit seiner Reformation noch nicht durchgesetzt hatte, trat an vorderster Front gegen den brillanten Disputator Johannes Eck an.

Eck konnte ihn bald in die Enge treiben. Oekolampad dachte wie Zwingli über die herkömmliche Messfeier: Sie beruhe auf menschlichen Vorschriften und die Wandlung werde von den «Messpfaffen» nicht nur als eine Vergegenwärtigung von Christi Opfertod, sondern selbst als ein wirksames Opfer verstanden. Die Messfeier sei darum abzuschaffen und durch ein evangelisches Abendmahl zu ersetzen. Das Sakrament sei eine Erinnerungsfeier an Christi Tod, in der Gottes Sohn nicht leiblich, sondern nur für den Glaubenden geistig gegenwärtig sei. Eine Wandlung gebe es nicht. Die Messe mit Gabendarbringung und Wandlung sei gottwidrig. Sie sei nicht in der Bibel belegt. Sie sei Menschentand. Eck verlangte daraufhin von Oekolampad, er solle eine Bibelstelle beibringen, die die Messe als Repräsentation des Opfertodes Christi, wie sie seit Jahrhunderten gefeiert wurde, verbot. Das konnte Oekolampad selbstverständlich nicht. Als er konterte, Eck solle eine Stelle zitieren, die die Messe gebiete, konnte Eck sich schulterzuckend zurückziehen und erklären, er vertrete kein enges – in der Fachsprache «negatives» – Schriftprinzip. Ihm genügten Konzilsbeschlüsse seiner Mutter Kirche. Eck gewann auf der ganzen Linie, nur elf der anwesenden Geistlichen stimmten für Oekolampads reformatorische Sicht, 84 für Eck und die überkommene Kirchenlehre.[603]

Zürich sah sich mehr und mehr in die Enge getrieben und Zwingli musste um sein Reformationswerk fürchten. Denn die Tagsatzung verlangte nun, gestützt auf den Ausgang der Badener Disputation, Zürich müsse die Messfeiern wiedereinführen. Als dann noch das vage Gerücht herumgeboten wurde, es seien Zürcher, die die Tagsatzung zu diesem Beschluss bewegt hätten, glaubte Zwingli, er dürfe und müsse zu einem Schlag gegen echte und vermeintliche Gegner in Zürich ausholen. Er selbst schilderte den nach den Protokollen höchst fragwürdigen und auch in Zürich umstrittenen Prozess gegen die «Pensionenherren». Selbst seine treuen Freunde Wolfgang Capito (1478–1541), Reformator in Strassburg, und Oekolampad entsetzten sich, als sie davon hörten. Zwingli verteidigte bei ihnen sein Vorgehen Ende Dezember 1526.

Zwingli verteidigt den Prozess

Er berichtete zunächst über das aus seiner Sicht verheerende Ergebnis der Badener Disputation. Die Tagsatzung verlange nun, Zürich solle in seinem Gebiet Messfeiern wieder zulassen. Dieser Beschluss, so habe ein Tagsatzungsbote Zwingli hinterbracht, wäre nicht gefasst worden, wenn ihn nicht Zürcher «durch schweigende Bitten» gegen den Willen von Zwinglis Anhängern erkämpft hätten. Das habe ihn, Zwingli, zum Handeln gezwungen. Alle Umstände habe er erwogen und «es schien: Dieses Geschwür von Pensionenherren, oder besser, Verrätern und hinterhältigen Verordneten, sei ordentlich aufzustechen, besonders zumal alle gewiss sehen können, wie durch klingende Münzen alle Entscheide in den Kommissionen korrumpiert werden. Auch lassen sich dadurch die Pensionäre verführen, sich dem Evangelium zu widersetzen und so den Fürsten zum Schaden des Vaterlandes zu helfen.» Für Zwingli waren sie eine «Catilinarische Bande», Vaterlandsverräter wie der berühmte Gegner Ciceros in Rom. Sie hätten es jeweils gefeiert, wenn die Kirche in Schwierigkeiten geraten sei. Schon Cicero und Sallust belegten die Bestechlichkeit solcher Leute und die Leute selbst hätten gezeigt, dass sie mehr als Feinde zu fürchten seien. Da «ich gestehe es, bin ich gegen die Niederträchtigkeit hartnäckig dreingefahren». Er habe gegen sie gepredigt. Die Verräter hätten auf Beweise gepocht. Aber «wer sei so dumm und so sorglos, dass er bei einem so grossen Verbrechen Schiedsrichter zuliesse? Durch Foltern nämlich [...] soll der Verräter befragt werden, aber niemand dürfe gefoltert werden, ohne dass gegen ihn irgendwelche Indizien vorlägen.» Er, Zwingli, habe aber von einem Brief und auch sonst allerlei gewusst.

Offenbar hörten seine Anhänger im Rat auf ihn. Sie hätten nämlich, so fährt der Reformator fort, eine Art Diktatur errichtet, nicht wie in Rom die eines Einzelnen, sondern elf vornehme Leute bestimmt, die die Verbrecher befragen und die Sache erledigen sollten. Man habe Verdächtiges gefunden. Die Belastungszeugen hätten aber nicht aussagen wollen. Denn die Leute fürchteten sich angesichts des Richtschwertes. Doch «Grebel, ein vornehmer Mann von höchster Autorität bei uns und Vater von Konrat Grebel, der der Anführer der Wiedertäufer war, wurde enthauptet, weil er vom Kaiser, vom Franzosen und vom Papst mehr als 1500 Gulden angenommen hat unter dem Vorwand, sie seien für seinen Sohn bestimmt.» Andere hätten, empört sich Zwingli, fliehen können.[604]

Der Brief spricht für sich und die Verhörakten, soweit sie erhalten sind, geben dasselbe Bild. Die Beweise gegen die Angeklagten standen auf tönernen Füssen.[605] Die Hinrichtung Grebels war selbst unter Anhängern Zwinglis umstritten. Der Rat machte eine schnelle Kehrtwende. Er sprach die meisten weiteren Verhafteten wieder frei oder stellte die Verfahren ein. Er strafte nur Hans Escher und Hans Peter von Wellenberg, und auch sie vergleichsweise milde. Hans Escher hatte er aus dem Rat ausgeschlossen, nahm ihn aber ein Jahr später wieder auf.[606]

DAS EHEPAAR REISCHACH ZIEHT NACH DIESSENHOFEN

1527 schien in Zürich wieder ein für die Freunde der Reischachs toleranteres Klima zu herrschen. So mochte Eberhard planen, sich in Diessenhofen anzusiedeln, in der Gemeinen Herrschaft Thurgau, zu deren regierenden Ständen auch Zürich gehörte. Einiges sprach für Diessenhofen: Es lag nahe zum Hohentwiel, zum Einfallstor nach Württemberg für Herzog Ulrich. Diese Burg war der einzige Trumpf in Ulrichs Hand, den er noch für seine politischen Pläne einsetzen konnte. Die Feste galt als militärisch uneinnehmbar. Die Kaiserlichen versuchten denn auch nicht, sie ihm mit Waffengewalt zu entreissen. Sie versuchten, sie durch Verrat zu erringen. Die Mannschaft, die Herzog Ulrich dort hielt, unter Hans Heinrich von Reischach, einem Neffen von Eberhard,[607] sollte bestochen werden. Auch bemühten sich Katharinas Vetter, der Truchsess Wilhelm von Waldburg, und seit 1525 dessen Sohn Georg, den Vorbesitzer, Hans Heinrich von Klingenberg, den Herzog Ulrich in seiner ewigen Geldnot nicht ordentlich bezahlt hatte, auf die kaiserliche Seite zu ziehen. Aber da die kaiserliche Seite auch nicht im Geld schwamm, gelang alles nicht recht. Immerhin verlangte der Verkäufer nun entschieden Geld oder die Burg zurück. Er war Bürger von Schaffhausen und so setzte sich auch die Stadt für ihn ein.[608] Der Herzog versuchte weiter, ihn hinzuhalten. Georg von Hewen und Eberhard von Reischach aber bezahlten schliesslich ihren Anteil an der Bürgschaft, was sie dem Herzog 1527 anzeigten.[609] Diese leidige Angelegenheit mag die Reischachs mit bewogen haben, aus Schaffhausen weg- und nach Diessenhofen umzuziehen. Denn sie dürften nun in grössten Geldsorgen gewesen sein. Die Summe, für die Eberhard gebürgt hatte, betraf ein Vermögen: 12'300 Florin, die der Herzog nicht aufbringen konnte oder wollte.[610] Eberhard aber war offensichtlich bereit, auch finanziell für seinen Herrn einzustehen und ihm die Burg zu retten, in deren Nähe er nun zog. In der Luftlinie ist Diessenhofen nur gut zehn Kilometer vom Hohentwiel enfernt. Dazu verfügte die kleine Stadt über eine Rheinbrücke, verband also den Hohentwiel mit der Eidgenossenschaft.

Auch persönliche Gründe sprachen für Diessenhofen. Die Familie Reischach war mit der Stadt verbunden. Sie hatten dort eine Pfründe gestiftet.[611] Im Kloster Katharinental vor den Toren der Stadt lebten Eberhards Tochter Katharina aus seiner ersten Ehe und wohl auch noch seine ältere Kusine oder auch leibliche Schwester Barbel sowie ganz sicher zwei junge Kusinen, Töchter Bilgeris, bei dem Eberhard sich für den Sohn des grausamen Hans Lienhard eingesetzt hatte.[612] Dieser Lienhard von Reischach hatte sich übrigens um 1520 auch um das Wohnrecht in Diessenhofen bemüht.[613] Die kleine von selbstbewussten Ratsherren regierte Stadt mit ihrem Rheinübergang muss für Diener vom Haus Herzog Ulrichs attraktiv gewesen sein. Auch Eberhards Geselle Georg von Hewen hat sich dort aufgehalten[614] und Albrecht von Landenberg, sein alter Freund, hatte 1518 den Oberhof erworben.[615] Damals stand auch er im Dienste des Herzogs Ulrich. Er

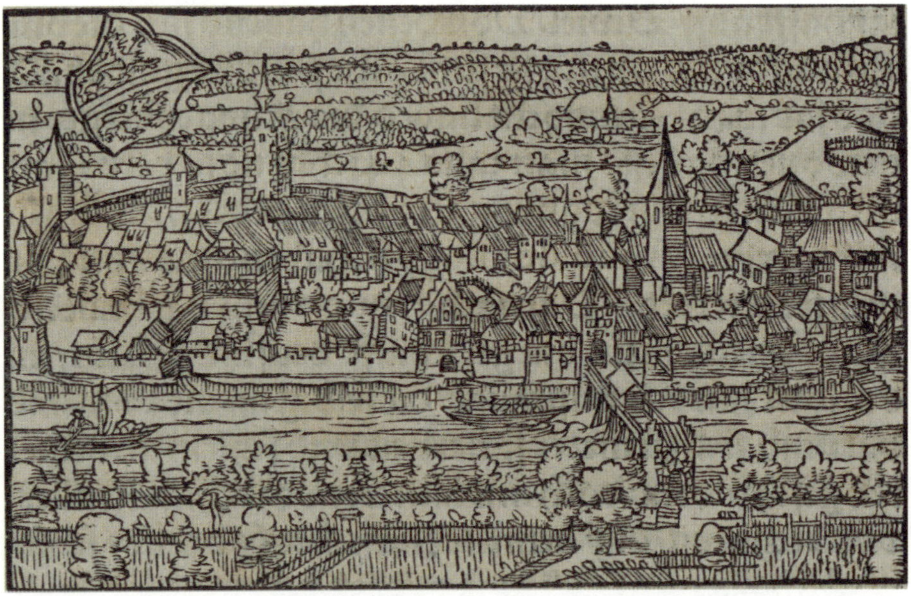

Abb. 55: Diessenhofen, Holzschnitt aus der Stumpf-Chronik von 1548

liess 1527 sein schönes Haus gerade mit Narrenzügen und passenden Sprüchen ausmalen.[616] Die Freude an und das Spielen mit der Torheit, die schon in einem Spruch im Fraumünster und im *Encomium Moriae* von Erasmus begegneten, waren 1527 in den Kreisen um Katharina immer noch beliebt.

Auch die Familie Zimmern hatte Beziehungen zu Diessenhofen. Kurz bevor Ende Oktober 1460 die Stadt von den Eidgenossen erobert wurde, hatte Herzog Sigismund von Österreich Katharinas Grossvater, Werner von Zimmern, die Vogtei Diessenhofen samt Klöstern, Dörfern, Steuern, Zöllen, Weingarten und Fischrechten verpfändet. Das hiess, Werner von Zimmern konnte diese Einnahmequellen nutzen. [617] Mit der Eroberung durch die Eidgenossen gingen diese Rechte an die Stadt über, die dafür in verwirrenden Transaktionen, welche den Preis hochtrieben, die stolze Summe von 6210 Gulden entrichtete. Bei den Zimmern blieb die Erinnerung an Diessenhofen lebendig. Sie behaupteten noch 1599, Diessenhofen stehe ihnen als österreichisches Lehen zu. Bis 1739 trug die Stadt an der grossen Schuldsumme, die ihr aus dem Zimmer'schen Handel erwachsen war. Ende 1460 hatte die Eidgenossenschaft mit der Eroberung des Thurgaus und schliesslich auch Diessenhofens den Schuldbrief als neuer Gläubiger übernommen. Diessenhofen hatte innerhalb des Thurgaus eine besondere Stellung. Es huldigte nicht nur den sieben Orten, die die Landesherrschaft im Thurgau innehatten,[618] sondern zugleich auch Bern und Schaffhausen, die an seiner Eroberung beteiligt gewesen waren. Im Gegenzug erneuerte der thurgauische Landvogt der sieben Orte die zur Stadt gehörigen Lehen. Abgesehen von der mehr formellen Lehenshoheit war die Stadt frei. Ihr unterstand die hohe und niedere Gerichtsbarkeit.[619] Auch das dürfte sie attraktiv gemacht haben.

Neue Verbindung zu Zürich

Im Januar 1527 streckte Eberhard von Reischach Fühler nach Zürich aus. Als Todfeind der Stadt war es ihm seit 1519 verwehrt, sich in Zürcher Herrschaftsgebiet aufzuhalten. Mit Bern hatte Reischach sich schon zuvor verständigt. Er gelangte denn auch an den Zürcher Rat nicht direkt, sondern über Berner Freunde und über Zwingli. Offenbar war die Beziehung zwischen seiner Frau Katharina und Zwingli nicht so eng, dass sie zwei Jahre nach der Abteiübergabe noch hoffen konnte, bei Zwingli etwas erreichen zu können. Es war Zwinglis Schwager, der Berner Ratsherr Leonhard Tremp, der sich an den Reformator wandte. Er schrieb, Eberhard von Reischach werde eine Bitte an die Zürcher Ratsherren richten und er, Tremp, ersuche Zwingli, diese Bitte zu unterstützen, rede doch Reischach über Zwingli und den Zürcher Rat nur Gutes.[620] Wenig später ging ein Schreiben von Reischach nach Zürich. Es hat keine Adresse, dürfte aber an Zwingli gerichtet gewesen sein. Reischach teilt darin mit, der Berner Ratsbote befördere einen Brief an den Zürcher Rat mit dem Inhalt: Er, Reischach, habe, nachdem Zürich ihn wegen des Württemberger Zuges von 1519 verurteilt habe, die Stadt Zürich und deren Herrschaftsgebiet nicht mehr betreten. Jetzt hätten ihn aber die sieben Orte, die zusammen mit Zürich die Gemeine Herrschaft Thurgau regierten, als Hintersassen in Diessenhofen angenommen. Nun bitte er den Zürcher Rat, ihn dort zu dulden. Wenn sie ihn auch die Stadt Zürich nicht betreten lassen wollten, so sollten sie ihm doch erlauben, sich in ihrem Herrschaftsgebiet aufzuhalten. Er verspreche, keine Söldner gegen ihren Willen zu werben.[621] Eberhard von Reischach versprach also keineswegs vom Söldnergeschäft zu lassen, er versprach nur, in Diessenhofen nicht gegen den Willen des Zürcher Rates zu werben. Das genügte dem Rat. Zürich entsprach der Bitte des Söldnerführers.

Zwingli dürfte daran interessiert gewesen sein, dem Freund des geächteten Württemberger Herzogs entgegen zu kommen. Denn jetzt nahmen seine grossen Bündnisziele, die er schon in seinem *Plan zu einem Feldzug* von 1524 skizziert hatte, Form an.[622] Die politische Lage schien sie in unerwarteter Weise zu begünstigen. Nach dem Sieg über Franz I. in Italien konnten die Habsburger ihre Herrschaft über das Reich ausbauen. Kein deutscher Fürst konnte ihrer Machtfülle auch nur annähernd etwas entgegensetzen. Die grösseren deutschen Territorialherren sahen das mit zunehmendem Misstrauen. Mit den Habsburg feindlichen evangelischen Ständen verbanden sich jetzt mehr und mehr auch der überkommenen Kirche treue Fürsten, die nicht an einem starken kaiserlichen Einfluss oder an einem mächtigen Österreich interessiert waren.

Diese Lage wusste Zwingli für sein grosses antikaiserliches Bündniswerk zu nutzen. Darin spielte Herzog Ulrich eine bedeutende Rolle, zumal er seit Januar 1527 am Hof des protestantischen Landgrafen Philipp von Hessen weilte, der die antikaiserliche Partei im Reich anführte. Der Verkehr zwischen Zwingli und Ulrich von Württemberg war denn auch nie abgebrochen. Ulrich wandte sich jeweils, bevor er durch seinen Kanzler an den Zürcher Rat gelangte, an Zwingli.[623] Zwingli seinerseits nannte den Herzog in einem vertraulichen Brief an Oekolampad: *Dux Wirtembergensis noster,* unser Württemberger Herzog.[624] Je vertraulicher und enger Zwingli und Herzog Ulrich sich miteinander für die Rückeroberung Württembergs und gegen die Habsburger verbanden, desto wichtiger musste für die Zürcher auch der Schweizer Verbindungsmann des Herzogs, Eberhard von Reischach, werden.

Der Rheinübergang

Wo die Reischachs in Diessenhofen wohnten, ist bisher nicht zu belegen. Sicher ist indes, dass sie sehr bald versuchten, den Unterhof als Lehen zu erhalten: In den Eidgenössischen Abschieden heisst es unter dem Datum vom 4. November 1527: «Eberhard von Reischach der ältere, wohnhaft zu Dießenhofen, zeigt an, es befinde sich dort ein Lehen, das den acht Orten zustehe, aber einer Frau geb. von Randeck [= Randegg][625], des Hans von Schellenberg zu Hüffingen Ehefrau, von einem Landvogt im Thurgau und Wolf von Winkelsheim, als einem Lehensträger, sei verliehen worden; es möge aber jenem Vogte unbekannt gewesen sein, daß dies ein Schild- oder Mannlehen ‹gewesen› und deßhalb einer Frau nicht könne verliehen werden; dadurch könnten nun die Eidgenossen Gefahr laufen, die Lehenschaft zu verlieren, darum bitte er dringend, man möchte ihm, in Betracht daß er schon bei vierzig Jahren in der Eidgenossenschaft wohne und Leib und Gut zu den Eidgenossen gesetzt, dieses Lehen gnädiglich verleihen, dabei anerbietet er sich, die Kosten eines allfälligen Rechtsstreites mit dem von Schellenberg selbst zu tragen.» Der Landvogt im Thurgau habe geschrieben, nach dem Lehenbuch handle es sich tatsächlich um ein Schild- und Mannlehen. Die Sache soll darum an der nächsten Tagsatzung verhandelt werden.[626] Das Geschäft wurde zwar tatsächlich

Abb. 56: Unterhof in Diessenhofen aus der Stumpf-Chronik von 1548

weiterhin verhandelt, aber es kam zu keiner neuen Lehensübertragung, obwohl Bern Reischach «für seinen Teil» mit dem Unterhof bereits im Oktober 1527 belehnt hatte. Die Mehrheit der Orte aber war durchaus nicht bereit, Berns Vorpreschen zu dulden. Ihnen lag nichts daran, die Habsburger zu verärgern.[627]

Das Argument, die Eidgenossenschaft könne Gefahr laufen, das Lehen zu verlieren, weil es an eine Frau übergegangen war, dürfte ein vorgeschobenes Argument gewesen sein. Es entsprach zwar den Tatsachen, 1520 hatte darum die Tagsatzung die Belehnung zunächst abgelehnt. Seither schwelte ein Streit mit Diessenhofen, aber Schellenbergs Frau war offenbar in das Erbe eingetreten. Jedenfalls bestätigte die Eidgenossenschaft dem Schellenberger 1522 die zugehörigen Fischereirechte.[628] Im hohen Mittelalter war die Belehnung von Frauen noch umstritten, weil sie den damals üblichen mit dem Lehen verbundenen Waffendienst nicht leisten konnten. Aber es waren immer wieder Frauen ausdrücklich belehnt worden. Längst war auch üblich geworden, Lehen zu vererben und, wenn wie hier bei den Randegg der letzte männliche Erbe gestorben war, es auch an Töchter weiterzugeben. Diese hatten dann einen Mann mit den Lehnsverpflichtungen zu beauftragen, was offenbar mit Wolf von Winkelsheim geschehen war.

Ganz andere Überlegungen dürften für die, die mit Zürich an einem Bündnis mit Ulrich von Württemberg interessiert waren, im Vordergrund gestanden haben. Diessenhofen mit seiner Rheinbrücke war für sie ein strategisch äusserst wichtiger Ort. Die Eidgenossen hatten denn auch schon 1474 den Lehnsträger dazu verpflichtet, die Burg ihnen, den Eidgenossen, in gefährlichen Zeiten für ihre Mannschaft zu öffnen. Auf eigene Kosten hätten er oder seine Erben stets einen Wächter zu halten und auch innerhalb der Mauern, die die Burg von der Stadt trennten, Diessenhofen zu schützen.[629] Zwingli hatte 1524 die Bedeutung der Rheinbrücke in Diessenhofen bei einem allfälligen Waffengang gegen die Habsburger hervorgehoben.[630] Mit Herzog Ulrich als Verbündetem bot Diessenhofen auch die Brücke zum Hohentwiel und damit zum Einfallstor nach Württemberg. Seit April 1529 tauchen in den Quellen Entwürfe für einen Burgrechtsrechtsvertrag zwischen Zürich und Ulrich auf, ein Vertrag, an dem später, so die Hoffnung Zwinglis, auch die anderen Burgrechtsstädte, so insbesondere Bern, Strassburg, Basel, Konstanz und dazu Hessen beteiligt werden sollten. Ulrich verpflichtete sich darin, den Hohentwiel für die Verbündeten zu öffnen.

Auch gegenseitige militärische Hilfe war vorgesehen. Pläne dazu dürften schon zuvor geschmiedet worden sein.[631] Nun besass aber Hans von Schellenberg dank dem Erbe seiner Frau die für diese Pläne wichtige Burg Diessenhofen. Schellenberg war, wie er Anfang 1531 den Eidgenossen selbst eingestand, den Habsburgern als deren Lehnsträger verpflichtet. Der Kanzler Herzog Ulrichs, Johannes von Fuchsstein, hielt ihn für einen so gefährlichen Gegner, dass er dessen dem Hohentwiel nahegelegene Burg Staufen 1531 kurzerhand besetzte.[632] Wolf von Winkelsheim, den die Schellenbergs in das Lehen eingesetzt hatten, war bei den Reformierten ebenfalls «berüchtigt». Er hatte in Mailand auf päpstlicher und kaiserlicher

Abb. 57: Der Hohentwiel, Ende 17. Jahrhundert

Seite gegen die Eidgenossenschaft gekämpft und 1525 einen der Zürcher Lehre folgenden Pfarrer vor der Tagsatzung angeschwärzt.[633] Zwingli und Herzog Ulrich musste alles daran liegen, die Burg Diessenhofen in ihre Hände zu bekommen.

Zwinglis Bündnispläne

Die Bündnispläne[634], die geschmiedet wurden, reichten weit über die Burgrechtsverträge hinaus. Zwingli konnte von 1527 an über Philipp von Hessen und Ulrich von Württemberg Kontakte zu Venedig und zu König Zápolya, dem Gegner der Habsburger in Ungarn knüpfen. Selbstverständlich wurde auch der alte Gegner des Kaisers, der französische König Franz I., mit einbezogen. Dabei leistete Sigmund von Hohenlohe, der Freund und Verwandte der beiden Katharinen, aber auch des französischen Königs und Herzog Ulrichs, gute Dienste. Während die Türken unter Süleyman I. sich Ungarn unterworfen hatten und 1529 vor Wien standen, das Reich also aufs äusserste bedroht war, warb Zwingli unermüdlich für seine grosse antikaiserliche Koalition. Reischach diente dabei als Vermittler von Nachrichten aus dem Hegau. So erreichte Zwingli Ende September 1529 von Eberhard von Reischach ein Zettel, der offenbar in Eile geschrieben war. Reischach hielt sich nicht mit Höflichkeitsfloskeln auf. Er teilte knapp die neuesten Nachrichten über den Zug der Türken vom gefallenen Ofen (gemeint ist Buda, das heute in Budapest aufgegangen ist) Richtung Wien mit. Ferdinand könne, habe ein österreichischer Bote berichtet, seine Soldaten nicht zahlen. 3000 seien zu seinem Gegner in Ungarn, Johann Zápolya, übergelaufen. Weiter informierte Reischach Zwingli über eine Reise des kaiserlichen Vizekanzlers. War es doch wichtig, möglichst viel über Schachzüge des Kaisers zu erfahren.[635]

Gleichzeitig versuchte Philipp von Hessen, die Protestanten zu einen, und lud Zwingli, Oekolampad und Luther zu einem Gespräch über die Sakramentsfrage nach Marburg. Bekanntlich waren Zwingli und Oekolampad nicht bereit, ihr symbolisches Abendmahlsverständnis aufzugeben, trotz allem Drängen Philipps. Der Landgraf machte geltend, dieser innerprotestantische Streit sei der Hauptgrund, warum die Päpstlichen nicht einlenkten, denn die argumentierten, die Protestanten seien ja selbst nicht einig. Zwingli und Oekolampad wollten ihre Abendmahlslehre, die sich heute bei den meisten Christen durchgesetzt hat, nicht opfern – auch nicht, um die Bündnispläne zu fördern, die Zwingli so am Herzen lagen. Zwingli wagte es sogar kühn, den immer noch schwankenden Landgrafen nach dem Gespräch aufzufordern, die Zürcher Lehre in seinem Territorium gegen die Lutheraner durchzusetzen.[636] – Später folgte der Landgraf Luthers Bekenntnis.– Luther andererseits hatte sowieso schon zu Beginn des Gesprächs erklärt, er wolle bis zum Ende seines Lebens bei seinem Abendmahlsverständnis bleiben. Er sei nicht nach Marburg gekommen, um darüber zu disputieren, sondern nur, um seinen Glauben zu bekennen.[637] Unter diesen Umständen konnte das Kolloquium bei allen Gemeinsamkeiten der Reformatoren die tiefe Kluft zwischen Luther und Zwingli nicht überbrücken. Da half auch das Drängen Philipps von Hessen und Ulrichs von Württemberg nicht. Zwingli bat, so ein Bericht, beim Abschied fast weinend, Luther möge ihm seine Freundschaft trotz der Meinungsverschiedenheit nicht entziehen – bekanntlich umsonst. Luther sagte als Letztes: «Bittet Gott, *ut resipiscatis*» – dass ihr wieder zur Einsicht kommt. Worauf Oekolampad antwortete: «Bittet auch Ihr, denn Ihr habt es gleichermassen nötig.»[638]

Die antikaiserliche Politik Zwinglis war äusserst riskant, immerhin waren die Habsburger die mächtigsten Fürsten Europas und hatten viele Anhänger. Zürich wurde von den katholischen Ständen der Eidgenossenschaft mit Argusaugen beobachtet, genauso wie Philipp von Hessen von den Kaisertreuen im Reich. In den einschlägigen Briefen chiffrierten Zwingli und der Landgraf die Namen, ausser die Briefe enthielten für Uneingeweihte nur ganz Unverfängliches. Alles geheim zu halten, erwies sich zunehmend als schwierig. Philipp überliess gern Zwingli die Verantwortung für die heiklen Verhandlungen mit Venedig, Tirol und Graubünden: *«Wie aber solche handelung in geheym (als die notturfft erfordert) zu endt zu bringen sey, stell ich in euer weyter bedencken, mir das anzuzeygen, doch ist meyn bytt, in grosser geheym mit umme zu gehen»*, schrieb er im Februar 1530. Im August war er ausgesprochen besorgt. Gerüchte seien bereits in Umlauf. Dreimal mahnte er im gleichen Brief zur Geheimhaltung. Auch bitte Herzog Ulrich, ihm nur noch chiffriert zu schreiben.[639] Wahrscheinlich wurden besonders kompromittierende Informationen Eberhard von Reischach anvertraut. In Quellen heisst es, er werde einen Brief schreiben, oder die Antwort solle über ihn gehen.[640]

Eberhard von Reischach war nicht der einzige Informant und Vermittler, dessen sich Zwingli und seine Freunde bedienten. Darunter sind auch zu rechnen Sebastian Appenzeller und Rudolf Collin, der sich 1525 Herzog Ulrich angeschlossen hatte und jetzt an der *Schola Tigurina* lehrte. Collin begleitete Zwingli nicht nur an die Berner Disputation, er sollte Anfang Februar 1529 in Feldkirch die Verhandlungen zwischen Erzherzog Ferdinand und den fünf Inneren Orten[641] ausspionieren, im September 1529 ging er mit nach Marburg, im Dezember 1529 wurde er nach Venedig gesandt und im August 1531 zu König Franz I., um sich dort für Ulrich von Württemberg einzusetzen.[642] Sebastian Appenzeller, der junge Mann, dem Zwingli 1524 bei Katharina als Brautwerber gedient hatte, und der dann auch ihre geliebte Regula heiratete, hatte sich schon damals an der Tagsatzung detaillierte Informationen über die gegnerische Glaubenspartei verschafft. Zwischen 1527 und 1530 berichtete er an Vadian über die Lage in Bern, über die politischen Pläne der Innerschweizer und über Unruhen in Basel. Er trieb sich an Tagsatzungen herum. Er überbrachte Botschaften nach Zürich von Verhandlungen der Innerschweizer mit Österreich in Feldkirch, aus Waldshut sowie von den Reichstagen 1529 in Speyer und 1530 in Augsburg. Dort konnte er allerhand über die Verhandlungen der Fürsten in der Türkenfrage hören.[643] Eingebunden in dieses Netz von hochbrisanten politischen Nachrichten hätten sich die Reischachs in Diessenhofen sicher nicht gelangweilt, auch wenn sich dort keine anderen Auseinandersetzungen und Skandale abgespielt hätten.

Unruhen in Diessenhofen

Der Rat von Diessenhofen war genauso wie andere Städte gewillt, seine Rechte über die Kirche auszudehnen und dafür auch den religiösen Aufbruch, der von Zürich herüberschwappte, zu nutzen. Keineswegs wollten die Ratsherren sich von den regierenden Orten in die städtischen Patronatsrechte hineinreden lassen. Sie stellten 1524 einen von der Tagsatzung zuvor abgesetzten Priester wieder an, so klagte der Landvogt, Joseph Amberg (Montanus). Dieser Priester soll behauptet haben, «die von Zürich seien die rechten wahren Christen und auf dem rechten Wege und dafür zu loben, daß sie die Bilder abthun und verbrennen; die von Dießenhofen sollen das Gleiche thun und jeden todt stechen, der es ihnen wehren wollte; und ferner, es wäre besser, einen nackten Bauern auf den Altar zu stellen, als die Bilder darauf zu lassen; keine größere Ketzerei wäre je auferstanden als die Messe; die ‹herrgottfresser› sollte man zu tod schlagen [...]»[644] Was daran wahr war, bleibe dahingestellt.

Auch versuchte der Diessenhofer Rat durchaus, dem Dominikanerinnenkloster Katharinental Gerichtsrechte und Privilegien zu entziehen. Andererseits unternahm er offenbar nichts, um Nonnen, die das Kloster 1524 verlassen hatten, zu ihrem eingebrachten Gut zu verhelfen, während Zürich sich für Magdalena Schalt, eine der Nonnen, einsetzte.[645] Albrecht von Landenberg und der Landvogt berichteten an Tagsatzungen im Sommer 1525 empört, ein Pfarrer lese keine Messe mehr und der Rat wolle drei Pfründen nicht neu besetzen. Dabei hatte die Stadt noch im Januar erklärt, sie halte am Bisherigen fest.[646] Ein Jahr später, im Sommer 1526, sah sich die Tagsatzung gezwungen, die Diessenhofer zu ermahnen, sie sollten das Kloster, das unter der Schirmherrschaft der acht alten Orte stand, bei seinen Freiheiten lassen, ihre Räte wie vor alters bestellen und sich nach der Mehrheit der Orte richten.[647] Kurz, sie sollten keine Neuerungen einführen und nicht auf die Stadt Zürich hören, die den reformatorisch Gesinnten grosse Versprechungen machte. Der Rat war in einer schwierigen Position. Schon die Grenzlage mit habsburgischen Gebieten in nächster Nachbarschaft und die exponierte Rheinbrücke auferlegten ihm Zurückhaltung. Andererseits agierte in der Stadt eine starke reformatorische Partei, die von Zürich unterstützt wurde. Als die Reischachs nach Diessenhofen kamen, war – ähnlich wie in Schaffhausen – durchaus nicht klar, welche Partei obsiegen würde, oder ob beide Glaubensrichtungen nebeneinander bestehen könnten. Die Lage verhärtete sich jedoch schnell.

Zürichs Eingreifen im Thurgau

Nachdem Bern Anfang 1528 endgültig zur Reformation übergetreten war, gingen die Zürcher, gestützt auf das politische Übergewicht der beiden Städte, ohne Rücksicht auf alte Rechte in der Gemeinen Herrschaft Thurgau und im benachbarten Rheintal vor. Ein gewaltsamer Übergriff machte den Anfang. Er betraf den Landweibel Marx Wehrli aus Frauenfeld, einen überzeugten Anhänger der überkommenen Kirche, der als hoher Beamter für den Landvogt die Beschlüsse der sieben regierenden Orte im Thurgau durchzusetzen hatte. Er war unvorsichtig genug, sich auf der Durchreise zur Tagsatzung in Zürich in eine Diskussion über Glaubensfragen einzulassen. Ein Zürcher bestritt, ganz im Sinne zwinglischer Theologie, die Gegenwart Christi im Abendmahl und führte aus Sicht Wehrlis geradezu gotteslästerliche Reden. Wehrli verklagte ihn bei der Tagsatzung. Das war eine lebensgefährliche Anzeige. Alle Stände richteten wie seit alters Gotteslästerer hin, nun die Inneren Orte auch evangelisch Gesinnte, die den Reliquienkult ablehnten und über Maria und die Heiligen oder eben auch über das heilige Sakrament spotteten. Zürich sorgte dafür, dass der Verklagte gewarnt und nicht belangt wurde. Dagegen setzte es Wehrli auf dessen Rückreise gefangen. Zürich versuchte, auch anderes Belastendes gegen ihn zu finden, und machte schliesslich mit ihm kurzen Prozess und enthauptete ihn.[648]

Im Thurgau missachtete Zürich die gemeinsam gefassten Beschlüsse der sieben Orte und verhandelte direkt mit reformwilligen Dörfern über den Kopf des Landvogtes hinweg. Es ermunterte sie, die Kirchenzierden auszuräumen, das Kirchengut an sich zu nehmen und nur noch Pfarrer, die nach Zürcher Lehre predigten, einzustellen und sie mit dem eingezogenen Kirchengut zu bezahlen. Ebenso überging es die Rechte des Abtes im St. Gallischen.[649] In Zürich durfte niemand mehr Messe hören, ja, wer am Freitag nach katholischer Sitte Fisch ass, wurde bereits gebüsst, Ratsherren gar aus dem Rat gestossen, so Heinrich Rubli, ein Freund der Reischachs.[650] Im Thurgau verlangten die Zürcher dagegen, die Obrigkeit, also die regierenden sieben Orte dürften nicht über die Religion urteilen. Darüber müssten die Gemeinden bestimmen. In den Gemeinden solle gemehrt werden, ob sie den

Zürchern oder den anderen folgen wollten. Zunächst folgte Arbon dem Zürcher Werben, dann Steckborn und Ermatingen und im Rheintal Rorschach und Altstätten. Auch im Toggenburg gärte es.[651] Der Abt von St. Gallen klagte bei der Tagsatzung. Ein Krieg in der Eidgenossenschaft schien unvermeidbar. Die Thurgauer wurden noch mehr erschreckt durch das Gerücht, die Inneren Orte wollten die Habsburger ins Land holen. Die katholischen Stände sandten eine Abordnung in den Thurgau und riefen die Vorsteher der Gemeinden zusammen. Sie stellten ihnen vor, ein Einmarsch fremder Truppen sei nicht zu erwarten und sie sollten treu beim alten Glauben bleiben. Uneingeladen sandte auch Zürich Abgeordnete an die Versammlung. Die schürten wieder den Verdacht, die Inneren Orte paktierten mit Habsburg, um den neuen Glauben zu unterdrücken, und sie präsentierten sich klug als Schirmer des wahren Glaubens und als Schutzmacht dörflicher Freiheiten und Rechte gegen Übergriffe des Landvogtes.[652]

Das Weissenburger Erbe

Im Herbst 1528 muss Katharina Reischach-Zimmern ein Brief aus Zürich erreicht haben. Ihre Antwort vom 25. November 1528 ist erhalten. Demnach hat der Rat sie nach Zürich bestellt, wo sie sich verantworten sollte wegen «fahrender Habe», die sie von ihrer Vorgängerin, der Äbtissin Elisabeth von Weissenburg, 1496 übernommen hatte. Der damit heraufbeschworene Vorwurf, sie habe sich unrechtmässig bereichert, hat sie getroffen. Sie betonte: Sie habe das Erbe *«unansprechig erhalten»*. Niemand habe es ihr streitig gemacht. Das Erbe habe sie nach altem Herkommen übernommen. Sie habe darum mit solch einem Vorwurf keineswegs gerechnet: *«Und wiwol ich mich dohär dheines [keines] anfechtens als des mynen, uss altem harkhomen an mich gewahsen, niemermer versehn hett [...]»*, habe sie sich doch immer und überall überaus willfährig gezeigt: *«an alln orten geneigter wilfarung ungesparts vlys allzit gespürt erfunden»*. Sie sei indessen eigens nach Zürich gereist, um die betreffenden offenbar wertvollen Gegenstände, es dürfte sich wohl um Silbergeschirr oder Ähnliches gehandelt haben, «Stück für Stück» vorzuzeigen und sich aufgrund eines Verzeichnisses zu verantworten. Aber offenbar konnten sich die ratsherrlichen Pfleger der nun städtischen Abtei nicht endgültig mit ihr einigen. Sie drang darum darauf, um übler Nachrede vorzubeugen, einen neuen Verhandlungstag anzusetzen.[653]

Hier trafen zwei Rechtsauffassungen aufeinander. Katharina machte das «alte Herkommen» geltend, auch habe sie *«uss göttlichem Verhengn [Erlaubnis, Gnade] eehmaln darinn enndtlich [zuverlässig oder förmlich, aber auch definitiv] gehandlt»*.[654] Hatte sie schon in der Übergabeurkunde darauf verzichtet, die Ordensregel und das kanonische Recht zu verpönen, so pochte jetzt die Tochter des humanistisch gebildeten Juristen implizit auf den römischen Rechtssatz: *nulla poena sine lege*, ohne ein zur Zeit der Handlung geltendes Gesetz dürfe niemand bestraft werden. Sie habe «ehemals» nach damals geltender «göttlicher Erlaubnis» gehandelt. Dagegen waren nach neuer reformatorischer Lehre kanonische Rechte oder darauf fussendes Herkommen einer Abtei in Zürich nicht nur seit Ende 1524 hinfällig, sondern sie verstiessen, weil sie sich auf keine biblische Vorschrift stützen konnten und zur Zeit der Apostel nicht galten, seit eh und je gegen unveränderliches göttliches Recht, das allein auch damals hätte massgeblich sein sollen. Die Pfleger dürften sich durchaus im Recht gefühlt haben, wenn sie das weissenburgische Erbe zurückverlangten.

Katharina wies mit ihrem Pochen auf das Herkommen auf den Wandel der Zeiten und damit auf eine wesentliche Erkenntnis des christlichen Humanismus: Gottes Wort wirkt in der Geschichte in sich wandelnden Denkweisen und Umständen. Erasmus hatte erklärt: Zwar ist «das Gesetz Gottes immer dasselbe, so wie Gottes Willen unwandelbar ist, verschieden aber ist es ausgeformt je nach Zeiten und Personen».[655] Was zur Zeit der Apostel galt, müsse nicht in derselben Form auch im 16. Jahrhundert gelten. «Wie alles unter den Sterblichen hat auch die Kirche ihren Anfang, ihr Wachstum und ihre Vollendung. Sie jetzt plötzlich zu den Anfängen zurückzurufen, ist unsinnig. Es ist, als würde man einen erwachsenen Menschen zur Wiege und zum Kinderlallen zurückziehen. Zeit und Umstände bringen vieles vom rechten Wege, vieles verwandeln sie zum Besseren.»[656] Solche Erkenntnis bewahrte Erasmus vor einem einseitigen Verdammen vergangener Glaubensformen und stand hinter seinem Ruf, verschiedene Glaubensrichtungen nebeneinander zu dulden.[657]

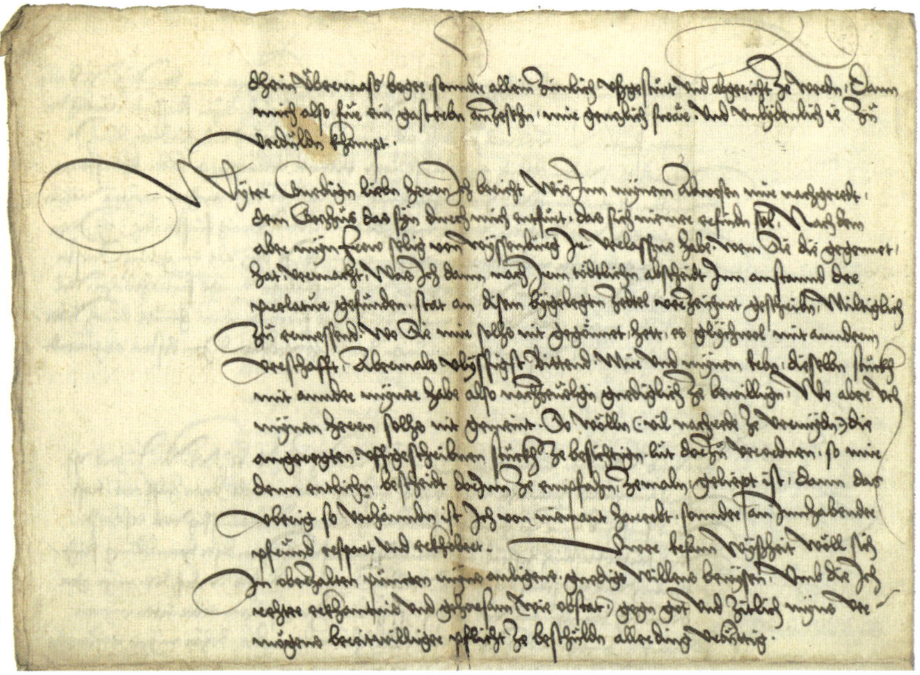

Seite 313

Abb. 58: Katharina von Reischach-Zimmern beklagt sich beim Zürcher Rat über üble Nachrede. Brief von der Hand eines Schreibers

Der Streit um das Weissenburger Erbe blieb in der Schwebe. Später, wahrscheinlich erst 1531, kam Katharina nochmals auf die Angelegenheit zurück. Sie beklagte sich, ihr werde in ihrer Abwesenheit nachgeredet, sie habe das Gotteshaus um das Seinige gebracht. Der Rat solle endlich die fraglichen Stücke besichtigen und die Verleumdungen ein für alle Mal aus der Welt schaffen. Alles Übrige, bemerkte sie dabei, habe sie nicht geerbt, sondern selbst aus ihren Pfründen «erspart und errungen».[658] Seite 311–313

Die Briefe zeigen Katharina als selbstbewusste Frau, die das Ihre zu verteidigen wusste, sei es nun die materielle Habe, die sie nicht einfach herausgeben wollte, oder ihren guten Ruf und sie zeigen sie auch als humanistisch gebildete und klug argumentierende Frau.

Ungewisse Lage in Diessenhofen

1528 spitzte sich die Lage im Thurgau immer mehr zu. Viele Gemeinden entfernten die Bilder aus ihren Kirchen, verkauften die Kirchenzierden, zogen die kirchlichen Zehnten, Renten und Zinsen selbst ein und nahmen das Geld in eigene Verwaltung. Der Reichenauer Abt klagte, die Gelder würden nicht einmal, wie Zürich es vorschrieb, für die kirchlichen Angelegenheiten und die Armenpflege, sondern durchaus auch für andere Belange eingesetzt.[659] Auch erhielten die noch lebenden Stifter der Kirchenzierden ihre Kleinodien nicht zurückerstattet, was der Zürcher Rat seinen städtischen Mitbürgern zugebilligt hatte. Im Thurgau aber deckte er die Rückforderungen nicht.[660]

Aus dem Kloster Katharinental in Diessenhofen schrieben die beiden Töchter von Bilgeri von Reischach Ende Oktober 1528 aufgeschreckt an ihren Vater auf der Burg Hohenstoffeln. Sie seien, klagten sie, vom Schaffhauser Bürgermeister Hans Ziegler gewarnt worden, Zürcher würden nach Diessenhofen kommen und man wisse nicht, was sie im Schilde führten. Sie baten ihren Vater um Rat, ob sie ihre Sachen per Schiff nach Schaffhausen flössen lassen und wie sie sich selbst verhalten sollten. Sie seien in grossen Ängsten und bitten um Geld.[661] Seite 300

Wenige Tage später geht ein zweiter Brief ab an ihren Vater: Sie danken ihm für das Geld, das er gesandt habe. Sie würden täglich wohl zehnmal gewarnt. Viele Frauen hätten ihren Hausrat nach Schaffhausen gebracht. Sie selbst hätten das noch nicht getan, aber doch ihre Wertsachen auf Rat des Bürgermeisters dorthin gesandt. Der Vater solle melden, ob sie zu ihm auf den Hohenstoffeln weitergeschickt werden sollten. Es sei eine Zürcher Delegation in der Stadt gewesen, vor allem um den Diessenhofer Rat zu bitten, den Schwäbischen Bund nicht in die Stadt zu lassen. – Der Schwäbische Bund war kaiserlich gesinnt. – Auch zum Oberländer Aufstand im Bernbiet äusserten sich die Nonnen und zeigten sich recht gut informiert. Eberhard von Reischach sei tags zuvor von der Tagsatzung in Baden zurückgekehrt, habe aber dort einen Reisigen, einen bewaffneten Knecht, zurückgelassen, der nun ganz neue Nachrichten habe: So wehrten sich, was gut belegt ist, die Simmentaler gegen den neuen Berner Glauben: sie ständen – mit Seite 301

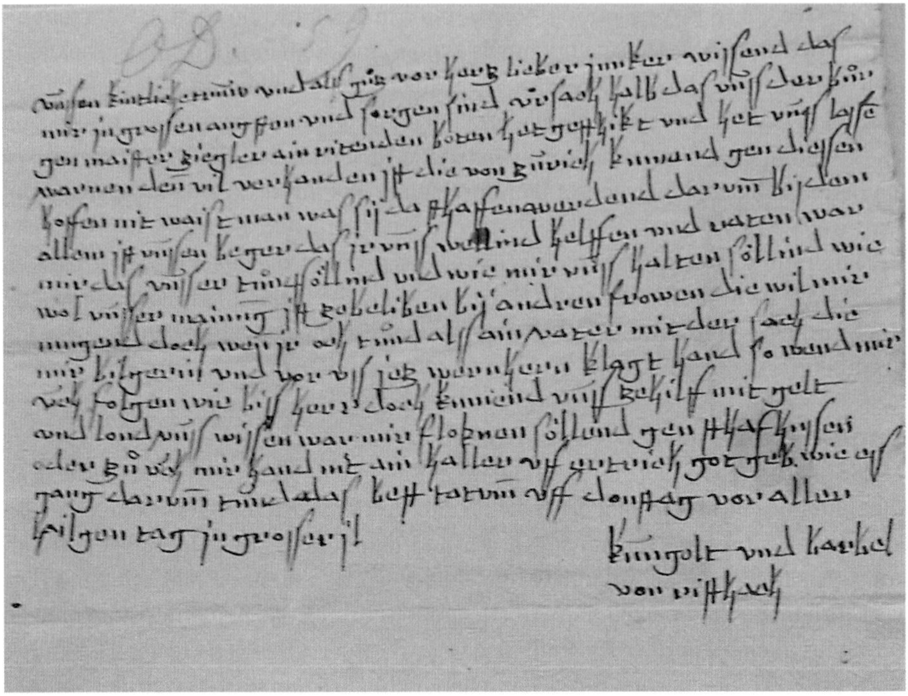

Seite 300

Abb. 59: 1528 bitten die Nonnen Küngold und Barbara von Reischach ihren Vater um Hilfe.

den Worten der Nonnen – gegen «den teuflischen Glauben» auf. Die Zürcher wollten den Bernern zu Hilfe eilen und kamen dann doch nicht, wie die Schwestern selbst korrigierend anmerkten. Bekanntlich brach der Aufstand, der von den Innerschweizern nur halbherzig unterstützt wurde, Ende Oktober/Anfang November 1528 schnell zusammen; davon aber wussten die Nonnen noch nichts. Am Ende des Briefes beklagen sie ihre Lage. Die Evangelischen bedrängten sie mehr und mehr, weil sie nicht von ihrem Glauben lassen wollten. Sie müssten gar fürchten, das Kloster könne angezündet werden: *«[…] unsseri nachburen, si sind so gar übel an uns, das mier nit von unserm globen wend ston, inen ist umm unsseri selen, mier mussend besorgen, das si uns das schloster an zündind.»*[662]

Seite 301

Noch hatte das Kloster Rückhalt bei der Mehrheit der Diessenhofer Ratsherren. Der Rat erklärte im Dezember 1528 der Tagsatzung: «Sie wollen beim alten Glauben verharren und alle diejenigen, die den neuen Sekten anhangen, strafen wie bisher; es sei jedoch ihre dringende Bitte, daß die Eidgenossen sich friedlich mit einander vertragen möchten; könnten sie selbst etwas dafür thun, so solle es an ihrem Eifer nicht fehlen; wenn aber keine Vermittlung zu Stande käme und ein Krieg deswegen ausbräche, so möchte man sie ihrer Schwäche wegen in Ruhe lassen und ihnen gestatten, die Stadt zu schützen.»[663]

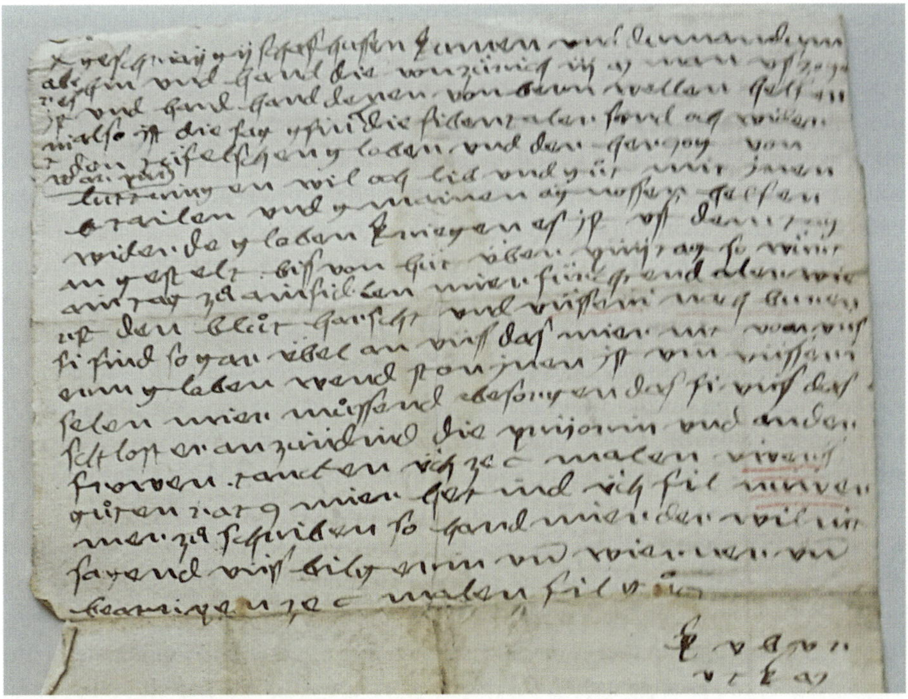

Seite 301

Abb. 60: Die Katharinentaler Nonnen fürchten im Herbst 1528, ihr Kloster werde angezündet.

Sie standen mit solch «konservativer» und zu «Neutralität» neigender Sicht mehr und mehr allein im Thurgau. Von Zürich gedeckte Übergriffe in geistliches Recht mehrten sich und die Landbewohner traten immer fordernder auf. Der Landvogt der Gemeinen Herrschaft klagte an der Tagsatzung im Februar 1529, die Thurgauer verweigerten den Gehorsam. Die Verbote des Zutrinkens, zur Eindämmung von Trunkenheit, Verbote gegen das Fluchen und das Reislaufen würden allenthalben übertreten, Beamte bedroht, die geschuldeten Fastnachtshühner von den Leibeigenen nicht gebracht, Gerichtskosten verweigert. Er sei seines Lebens nicht mehr sicher und bitte um Bogenschützen, damit er sich durchsetzen könne.[664] Zürich deckte die Thurgauer und ging in die Gegenoffensive. Es klagte den aus Zug stammenden Landvogt Stocker des Ehebruchs und der Hurerei an. Aus dessen Sicht war das eine üble Verleumdung. Seine Frau sei mit den Kindern im Einvernehmen mit ihm und seinen Herren in Zug nach Hause zurückgekehrt, weil sie im «ketzerischen» Thurgau nicht mehr leben wolle. Für die häuslichen Arbeiten habe er darum eine junge Frau eingestellt. Er habe aber keinen Umgang mit ihr. Offenbar konnte er sich nicht erfolgreich gegen die Beschuldigungen zur Wehr setzen. Er wurde mit dem ersten Landfrieden im Juni abgesetzt.[665]

Erstaunlich genug hoffte der Diessenhofer Rat noch im Januar 1529, bei seinen Zürcher Kollegen auf Verständnis zu stossen, als sich hinter seinem Rücken, allerdings unterstützt vom Schultheissen Hans Wepfer, eine Gruppe von Bürgern an Zürich wandte. Der Rat schrieb an seine Kollegen in der Limmatstadt, sie wollten beim «alten Herkommen» bleiben. «Sie erkennen indessen wohl, dass einige Personen unter ihnen seien, welche das Gewissen anders leite; diese werden sie ungehindert und ungestraft dabei bleiben lassen, indem sie erachten, dass im Glauben niemand solle gedrängt werden; so haben sie auch bisher jedem die Freiheit gelassen.» Dazu habe man sich gemeinsam verpflichtet vor den fünf Orten. 24 Personen aber hätten sich nachts getroffen und eine Botschaft an Zürich geschickt. Sie hätten dann immer wieder eine Gemeindeversammlung verlangt. Schliesslich habe man ihnen nachgegeben. Da sei dann gemehrt worden und ein Mehr von drei bis vier Händen für die Zürcher Lehre sei herausgekommen. Die Räte hätten daraufhin beschlossen, einen Prädikanten für die Mehrheit zu suchen. Das hätten die «Aufrührer» nicht hinnehmen wollen und selbst einen Prediger angestellt. Auch hätten sie erklärt, sie hätten von Zürich den Befehl, sechs Männer zu wählen, die den Rat und den Prädikanten beobachten und alles nach Zürich melden sollten. «Verhielte es sich wirklich so, was man nicht glaube, so würden nun diese Rottierer herrschen» und ohne Zweifel «am allerkrümmsten» regieren, und damit jede Ordnung zugrunde gehen.[666] Der Diessenhofer Rat glaubte also, mit dem Hinweis auf Rottierer Unterstützung von Zürich gegen die Evangelischen zu finden. Sie fanden sie nicht, im Gegenteil, die Evangelischen korrespondierten weiter mit Zürich und setzten einen von Zürich gewünschten Prediger durch.[667]

Seite 302f.

Ein weiterer undatierter Brief der Schwestern Reischach gibt die Stimmung im Kloster wieder. Ihnen Nahestehende, darunter Albrecht von Landenberg, der alte Freund Reischachs, jetzt in kaiserlichem Dienst, hätten ihnen geraten, den Hegauer Adel anzurufen. Die Hilfe sei noch nie nötiger gewesen. Bis am Johannestag (24. Juni), so hätten sie gehört, wollten die Diessenhofer die Bilder und die Messe abschaffen, jetzt sagten sie sogar, der Johannestag könne schon vor Ostern sein. (Ostern fiel im Jahr 1529 auf den 28. März). Etliche glaubten, die Evangelischen wollten ihre Bilder schon vor dem Palmsonntag verbrannt haben. Wenn sie die der Pfarrkirche verkohlt hätten, dann würden sie auch die im Kloster verbrennen und das Gestühl zerschlagen. Sie seien gar aufrührerisch. Der Prädikant taufe nicht nach herkömmlichem Ritus und predige über nichts anderes mehr als über «unsere Kutten». Die Angst ist in dem Brief handgreiflich. Der einzige Hoffnungsschimmer war der Hegauer Adel, den ihrerseits die aufrührerischen Diessenhofer fürchteten. Aus Angst würden die Diessenhofer wohl ihre Rebberge auf der anderen Rheinseite nicht selbst bebauen, schrieben die Schwestern.[668]

Die Nonnen sorgten sich zu Recht. Bereits am 17. März 1529 räumte die Gemeinde gegen den Willen der Ratsmehrheit in der Pfarrkirche die Bilder aus. Die Ratsherren fanden sich mit der Lage ab, zumal nun Kaplanei- und Pfarrpfrundgelder in die Stadtkasse flossen. Das Kloster blieb nicht von Gewaltakten verschont. Die Geschichte des Konvents zwischen 1529 und 1532 wird meist nach einer späteren Chronik dargestellt.[669] Hier seien allein die zeitnahen Erstquellen benutzt. Das Bild, das sie bieten, ist dramatisch genug. Im Mai gelangte an die Tagsatzung folgende Klage: Ins Kloster Katharinental seien Diessenhofer eingebrochen und hätten Bilder und Altäre zerschlagen, «wiewohl sie keine Gerechtsame haben, sondern das Gotteshaus laut besiegelter Briefe dem Schirm der acht Orte [also neben den im Thurgau regierenden sieben Orten auch Bern] anvertraut ist».[670] Zürich dagegen wolle das Kloster und die hohe und niedere Gerichtsbarkeit gegen die Mitregenten in der Gemeinen Herrschaft der Stadt übergeben und seine Tagsatzungsboten erklärten, man solle den Nonnen nicht glauben, sondern sie, die Zürcher, anhören. Als die Verordneten aus der Limmatstadt aber gehört werden sollten, waren sie schon weggeritten.[671] Die Lage in der Eidgenossenschaft wurde immer gespannter. Die katholischen Orte verlangten von Zürich und Bern, sie sollten sich erklären, ob sie den Frieden halten wollten.

Die Diessenhofer beschwerten sich in Zürich über die Klosterfrauen. Sie hätten ihnen nichts zuleide getan und sie keineswegs bedroht. Das Kloster liege in ihrer hohen und niederen Gerichtsbarkeit, behaupteten sie. Sie hätten die Nonnen ersucht, das Ihrige nicht zu *«entflöchnen»*, also nicht auszulagern, damit es nicht heisse, sie wohnten unter Räubern. Sie hätten auch anerboten, die Vorräte unter ihren Schutz zu nehmen. Das habe alles nichts geholfen. Die Frauen hätten Wein, Korn, Vieh und ihre Habe weggeführt, wohl ins Ausland. Sie, die Diessenhofer, hätten das Vieh wieder eingeholt und den Nonnen Recht geboten. Die hätten es abermals weggeschafft, als ob sie unter Heiden sässen. Jetzt sei das Haus leer. Der Landvogt habe drei Dominikanerinnen mit nach Baden genommen. Sie wollten da wohl Klage gegen die Stadt erheben. Zürich antwortete den Diessenhofern ermutigend: Sie sollten zuversichtlich sein. Sie wollten sie betreffend Kloster wohl entschuldigen und verteidigen.[672] Ende Mai berieten die fünf Orte, ob sie das nach Schaffhausen ausgelagerte Katharinentaler Klostergut dort fortnehmen könnten.[673]

Ein Skandal

In diesen Zeitraum muss der Skandal um die Nonne Katharina von Reischach gefallen sein. Seite 302 ➲ Über die Tochter von Eberhard aus seiner Ehe mit Verena Göldli weiss ihre Verwandte Barbara, die Tochter von Bilgeri von Reischach, an ihren Bruder, Bilgeri d. J., zu berichten: Eberhards Tochter klage überall, ihr Vater gebe ihr nicht einmal das Nötigste. Sie habe ihn richtig in Verruf gebracht, er habe *«ain grossen unglibf darvon bracht»*. Sie habe es so lange getrieben, bis sie jemand zu ihm geschickt hätten. Der Vater habe ihr nichts vorenthalten wollen, hätte sie aber vorerst nicht auszahlen können. Er habe jedoch durchaus dafür gesorgt, dass sie keinen Mangel leide. Da habe sie sich beim alten Wellenberg beklagt, der habe ihr 10 Gulden geben wollen, wenn sie im Kloster bleibe. Die wolle er von Eberhard wieder einziehen, wenn der «den Schaden» gesehen hätte. Sie habe sich einen Mann aus Wurmlingen genommen, der im Kloster Knecht in der Backstube gewesen sei. Der, so habe Barbel gehört, besitze nichts. Man habe viel mit ihr versucht, um sie im Kloster zu halten, aber es habe nichts geholfen. Auch der Vater und die anderen

Seite 302

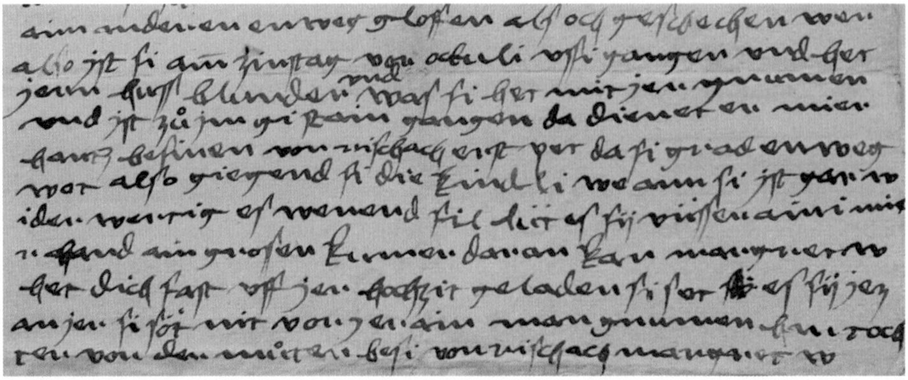

Abb. 61: Ihre Mitschwestern berichten über die Nonne Katharina von Reischach, Eberhards Tochter, die ein Kind erwartet.

Freunde hätten es aufgegeben. Denn hätte man sie zurückgehalten, so wäre sie mit einem anderen Mann davongelaufen. So sei sie am dritten Fastensonntag mit ihrem Hausrat zu ihm nach Stein am Rhein gegangen, wo er diene. Die Nonne Katharina war, so ihre Kusine, bereits hochschwanger: *«also gie[n]gend si die kindli we ann»*. Sie sei gar widerwärtig, fuhr Barbara im Brief tief bekümmert fort, und viele würden glauben, es sei eine von uns: *«si ist gar wider wertig, es wenend fil lüt, es sy unssen aini, mir hand ain grossen kumer daran kan [gehabt].»*[674]

Die Waldburgschwestern kommen nach Diessenhofen

Bekümmert werden auch Vater und Stiefmutter gewesen sein. Kam es gar zu ernsten Auseinandersetzungen? Hat Katharina von Zimmern ihre Stieftochter Katharina verteidigt? Verstand sie die junge Frau, die bereit war, den Ruf des Vaters zu schädigen, um nur aus dem Kloster zu gelangen und heiraten zu können? Jedenfalls wird sie der Skandal um die Stieftochter belastet haben. Getröstet haben mag sie die Gegenwart ihrer Kusinen, ihrer Namensschwester Katharina, Truchsessin von Waldburg, und deren Schwester Walburga. Die Truchsessinnen hatten im Mai 1528 das nun säkularisierte Kloster Königsfelden verlassen. Die beiden scheinen bei den Reischachs Zuflucht gesucht zu haben. Jedenfalls sind sie bald nachweislich in Diessenhofen. Barbara von Reischach weiss im Brief an den Bruder zu berichten, die Königsfelderinnen hätten sie an einem Sommertag im Kloster besucht.[675] Anfang September 1529 schrieben die Waldburger Schwestern aus der kleinen Rheinstadt an ihren Bruder, Truchsess Wilhelm. Anfang Januar 1530 beauftragen sie während eines Aufenthaltes in Zürich den Schultheissen Hans Wepfer aus Diessenhofen als ihren Abgesandten.[676]

Seite 302, 304f., 307

Ihre Lage war ganz ungewiss, seit sie im Mai 1528 Königsfelden verlassen hatten, wie der Brief vom September 1529 deutlich zeigt. Darin danken die Schwestern Truchsess Wilhelm von Waldburg für das Anerbieten, ihnen eine «gebührliche» Unterkunft zu verschaffen. Aber das genüge nicht. Sie müssten ihn bitten, sie auch finanziell zu unterstützen. Denn das kleine Leibgedinge, das die Familie ihnen mit dem Klostereintritt zugedacht habe, und die Zinsen von ihrem eingebrachten Gut betrügen zusammen nur 55 Gulden. Ob Bern die 100 Gulden, die Eberhard von Reischach, Georg von Hewen und Sigmund von Hohenlohe für sie hätten *«erjagen mügen»*, je auszahlen würde, wenn sie das Land verliessen, das sei unter den Zeitumständen ganz ungewiss: *«so wir uns der landsartt usserten, ob uns disen löffen nach sölich libgeding volgen wurd, ist gantz ungewis»*. Eines aber sei sicher: Sie wollten nicht wieder in ein Kloster, wie der Bruder wohl erwarte und wünsche, da sie ja aus dem Kloster *«gedrungen»* worden seien. Sie erklärten: *«des gemüts wir je nit sind»*. Sie wollten vielmehr, da Gott es so über sie verhängt habe, in Freiheit, nach ihrem freien Willen in allen Ehren leben. Sie wünschen: *«besunder diewil der almechtig die ding also über uns verhengt hatt, in fryem willen zu beharen, doch mitt der hilff Gotz sömlichen willen nit anders bruchen, dan nach eren zu leben»*. Sie bitten darum den Bruder dringend um eine ordentliche und vertraglich geregelte Ausstattung.[677] Was würde der Bruder, ein frommer Katholik, der inzwischen als kaiserlicher Reichserbtruchsess und Obersthofmeister Ferdinands in Wien lebte, den Schwestern antworten, die beim Diener seines Erzfeindes, Ulrich von Württemberg, Zuflucht suchten? Auch da gab es also Sorgen. Aber die Kusinen konnten sich doch gegenseitig Mut zusprechen. Es war auch sonst kein einfaches Jahr. Sommer und Herbst waren kalt und verregnet, der Wein *«vß der massen surr, vngut, vnd vngesund»*. Wie immer in schlechten Jahren kam es zu einer grossen Teuerung und dazu trat seit Ende 1528 endemisch der «englische Schweiss» auf, eine heute unbekannte damals meist tödlich endende Krankheit.[678] Katharina hatte wahrscheinlich bereits (oder auch noch)[679] zwei kleine Kinder. Wie wird sie um deren Gesundheit gebangt haben! Und nun zog Eberhard von Reischach, an die 70 Jahre alt, im Juni wieder ins Feld. Denn nun machte Zürich mobil.

DIE ZEIT DER KAPPELER KRIEGE

Das aggressive Vorgehen Zürichs und Berns im Thurgau, aber auch im Gasterland und in St. Gallen hatte die Atmosphäre in der Eidgenossenschaft mehr und mehr vergiftet. Jetzt wurden auch die Burgrechtspläne und -verträge Zürichs bekannt.

Daraufhin schlossen die Inneren Orte ihrerseits einen Vertrag mit Erzherzog Ferdinand von Österreich. Die Eidgenossenschaft war gespalten. In der Aussenpolitik und im Glauben drifteten die Stände auseinander und die ländlichen Inneren Orte fürchteten die Übermacht der Städte. Tatsächlich spielte Zürich immer mehr die wirtschaftliche und militärische Stärke der Burgrechtsstädte aus. Jetzt verlangte es die Anerkennung der Reformation in der ganzen Eidgenossenschaft mit freier evangelischer Predigt in allen Ständen, also auch in den Inneren Orten. Die hatten ihrerseits schon 1524 in Beckenried beschlossen, gemeinsam beim herkömmlichen

Glauben zu bleiben und die «lutherische, zwinglische, hussische, irrige, verkehrte Lehre in allen unseren Gebieten und Herrschaften auszureuten, zu wehren, zu strafen und niederzudrücken, soweit es in unserem Vermögen steht».[680]

Auf beiden Seiten konnten sich Gemässigte nicht durchsetzen. Für die Mehrheit der tonangebenden Protestanten und Katholiken in der Eidgenossenschaft kam Toleranz nicht infrage. Für sie galt in Zürich wie in den Inneren Orten der jeweils andere Glaube als Ketzerei und Gotteslästerung, die Gottes Strafgericht über Land und Leute bringen würde. Entsprechend glaubten die Schwyzer sich im Recht, als sie einen «ketzerischen» Prädikanten gefangen nahmen, der nicht nur im mit Glarus gemeinsam regierten Gasterland, sondern auch auf Schwyzer Boden «gotteslästerlich» predigte. Trotz Einspruchs von Zürich richteten sie ihn hin. Für Zwingli und seine Anhänger war das ein Kriegsgrund.[681] Die auf Frieden drängenden Gegner im Rat hatten einen schweren Stand. Eindrücklich mahnte der Berner Ratsherr Niklaus Manuel die Zürcher, Gottes Wort weise die Menschen zu Frieden und Einigkeit. Der Glaube lasse sich nicht mit Gewalt erzwingen: *«So wist gottswort nit anders dann frid und einigkeit»* und: *«wahrlich man mag mit spiess und halbarten den glouben nit ingeben»*.[682] Die Mehrheitsmeinung im Zürcher Rat war gemacht. Die Ratsherren wollten den Krieg.

Der Erste Kappeler Krieg

Zürich erklärte am 8. Juni 1529 den fünf Inneren Orten den Krieg[683] und zog am 9. Juni aus. Die Berner, mit Zürich verburgrechtet, folgten nur zögernd. Ulrich von Württemberg aber bot sofort seine und seiner Freunde Hilfe an.[684] Sein Diener vom Haus, Eberhard von Reischach, zog den Zürchern zu. Er dürfte unter dem *«fry fennlj»*, mit dem Freischarenzug, unter der Hauptmannschaft seines Freundes Georg Göldli, geritten sein.[685]

Sicher trafen bald in Diessenhofen beruhigende Berichte ein. Denn es kam zu keiner Schlacht. Die Truppen verbrüderten sich. Bullinger beschrieb das später so: «Viele tapfere Gesellen der fünf Orte nahmen einen grossen Milchtopf, stellten ihn auf die Grenze in die Mitte und riefen den Zürchern zu, sie hätten eine gute Milchsuppe, aber keine Brocken. Da liefen redliche Gesellen der Zürcher hinzu mit Brot und brockten es hinein. Jeder lag auf seiner Seite am Boden und sie assen die Milchsuppe zusammen.»[686] Ob solche oder ähnliche legendär wirkende Erzählungen schon 1529 nach Diessenhofen drangen, ist fraglich. Besser überliefert ist, wie Heinrich Wyssenbach, der Reischach 1518 im Bad besucht und beschenkt hatte, sich rühmte, den Unterwaldner Boten im Feld einen Trunk gebracht zu haben. Auch habe er den Feinden gesagt, er würde sich lieber nicht mit ihnen schlagen.[687] Sicher ist: Viele Ausgezogene waren nicht zum Kämpfen motiviert.

Das spielte den Vermittlern in die Hände. Die Innerschweizer waren angesichts der Zürcher und Berner Übermacht sowieso geneigt, nachzugeben – ein Zeitgenosse spricht, sicher übertreibend, von 30'000 gegenüber 9'000 Bewaffneten.[688] Die Zürcher Fusstruppen waren dem Aufgebot nur widerwillig gefolgt. Sie fanden in Hauptmann Hans Escher, dem Freund der Reischachs, einen Fürsprecher. Er drang auf einen raschen Frieden.[689] Da konnte Zwingli lange seine Ratsherren mahnen, sie sollten «um Gottes Willen etwas Tapferes» tun[690] und Frieden nur unter seinen Bedingungen schliessen. Insbesondere sei die freie evangelische Predigt in der ganzen Eidgenossenschaft durchzusetzen, Pensionen seien ganz abzuschaffen und die Verursacher des Krieges, die «Häupter und Pensionärer» in den fünf Orten seien zu bestrafen, ihr Vermögen einzuziehen und daraus 3'000 Kronen Kriegsentschädigung zu fordern.[691] Unter dem Druck Berns und des kriegsunwilligen Heeres stimmte schliesslich der Zürcher Rat einem Kompromissfrieden zu, der stark von den Bernern geprägt war: Am 25. Juni war er beschlossen und die Vermittler konnten die Friedensartikel tags darauf ausarbeiten.

Der erste Landfrieden

Zwinglis Forderung nach freier evangelischer Predigt auch in den Inneren Orten wurde fallengelassen; vermittelnde Berner Politiker wie Niklaus Manuel – auch er war übrigens ein erfahrener Krieger, – die mit Leuten wie Hans Escher verhandelten, setzten sich durch. Sie lehnten Glaubenszwang ab. Allerdings dachten sie noch nicht an Minderheitenschutz, jedenfalls gewährte ihn der erste Kappeler Landfrieden nicht. Der entscheidende erste Artikel erklärte zwar, niemand solle zum Glauben gezwungen werden, aber er gestand auch der Mehrheit einer Gemeinde zu, über die Konfession auf ihrem Gebiet zu entscheiden: In den Zugewandten Orten und Landvogteien, so der Beschluss, solle, wo die Messe abgeschafft und die Bilder verbrannt oder ausgeräumt seien, niemand an Leib, Ehre oder Gut bestraft werden; wo aber die Messe und andere Zeremonien noch vorhanden seien, da solle kein Zwang angewendet und kein Prädikant hingeschickt werden, es sei denn die Mehrheit der Gemeinde beschliesse es. Solange es den Gemeindegliedern gefalle, solle es dabei bleiben und niemand solle den Glauben des Anderen anfeinden.[692] Zürich konnte zufrieden sein mit dem Erreichten. Nicht nur sind die Friedensartikel schon in den Formulierungen durchtränkt von evangelischem Geist, die durchgeführte Reformation in den Städten war nun vertraglich anerkannt und in den Gemeinen Herrschaften sollten nicht mehr die regierenden Orte mit Mehrheitsentscheid über den Glauben befinden, sondern mit einfachem Mehr die Gemeinden.

Die Banner kehrten sofort heim. Bereits am 26. Juni erreichten sie Zürich, unter ihnen Eberhard von Reischach. Bullinger berichtete später: Reischach, der seit 1519 in grosse Ungnade gefallen sei, habe sich unterdessen in Diessenhofen ehrlich und verständig gehalten, er sei überhaupt ein aufrichtiger und untadeliger Mann: *«wie er dann ein tugendsammer redlicher man was»*. Auch habe er den Zürchern *«vil lieb und dienst»* erwiesen. So sei er auch jetzt für sie auf eigene Kosten ins Feld gezogen. Die Stadtväter liessen ihn aber nicht durch das Rennwegtor einreiten, ohne dem Söldnerführer ihre Kriegssatzung und das Mandat gegen die heimlichen Pensionen vorzulesen. Die musste er zuerst beschwören. Auch Stumpf weiss, Reischach habe sich in Diessenhofen *«gar still und fründtlich gehalten»*. Er sieht ihn aber nüchterner als Bullinger: *«er und ander pandyten [Verbannte]»* seien begnadigt worden.[693] Die Stadt hiess eine Reihe ausgewiesener Söldner, die den Zürchern zugezogen waren, nun wieder willkommen.

Ob Reischach wirklich auf eigene Kosten für Zürich ins Feld gezogen war oder indirekt für Ulrich von Württemberg, dem er ja als Diener vom Haus Truppen zu stellen hatte, bleibe dahingestellt. Auf jeden Fall nahmen in der Folge die oben geschilderten Bündnispläne mit Ulrich von Württemberg mehr und mehr Gestalt an und Eberhard von Reischach konnte nun für Verhandlungen auch in Zürich selbst vorstellig werden. Er konnte in der Stadt wieder ein und aus gehen. Am 1. November 1529 stand er in Zürich Pate.[694]

Ärger mit den Kindern Katharina und Anstett von Reischach

◀ Seite 306, 311

Der Ärger mit Tochter Katharina war noch nicht ausgestanden. Sie intrigierte weiter gegen ihren Vater und das zog nun Kreise bis nach Zürich. Am 8. November 1529 schrieb Konrad Luchsinger, ein in Stein am Rhein als Pfleger eingesetzter Zürcher Ratsherr, an Zwingli. Der Reformator solle sich doch bei Eberhard von Reischach für die Tochter einsetzen. Zwingli täte gut daran, denn, weiss Luchsinger zu berichten, das Paar betrage *«sich früntlich mitt ir arbeitt»*.[695] Es gab also auch ein freundliches Zeugnis über die junge Frau, die wenige Monate später am 9. April 1530 keinen Wurmlinger, sondern einen Ulrich Hammer geheiratet hat, der – jedenfalls nach dem Oberbadischen Geschlechterbuch – aus Tettingen stammte. Eine Tochter Anna Hammer ist belegt.[696] Ihr Vater beurteilte sie weniger freundlich als der Pfleger in Stein, wie der Vertrag zeigt, mit dem er sie am 12. November 1529 endgültig ausstattete. Die Abrede dazu wird schon getroffen worden sein, bevor Zwingli auf den Bittbrief aus Stein reagieren konnte. Denn zuvor musste für Tochter Katharina ein Vogt aufgeboten werden und als Vermittler Eberhards Gesellen Georg Göldli und Hans Escher. Eberhard rechnete offenbar mit Schwierigkeiten.

Der Vertrag sah vor: Die Tochter solle wie bisher die Einkünfte aus einer Pfründe des Klosters geniessen können. Diese Pfründe war freilich noch für sie zu sichern. – Erst im Januar 1532 nach dem zweiten Kappeler Landfrieden wurde sie ausgesteuert.[697] – Der Vater selbst überschrieb seiner Tochter Katharina liegende Güter, aus denen ihr jeweils fünf Gulden Zinsen zufliessen sollten. Es folgt ein Absatz, der deutlich das Misstrauen des Vaters widerspiegelt. Da heisst es: *«und sol sy nit macht oder gewalt haben solich hoptgut anzugriffen»*. Sie darf also das Hauptgut nicht angreifen, nur über die Zinsen kann sie verfügen. Ursprünglich war angefügt, ausser in existenzieller Not: *«es tüege dan iro libs not»*. Das aber ist durchgestrichen und am Rand verbessert durch: *«on des vatters wüses und willen, sy mag sich halten, er will sin hand offen han»*.[698] Das Hauptgut blieb also bedingungslos ihm unterstellt. Ohne des Vaters Wissen und Willen durfte die Tochter nichts veräussern. Er werde sich aber, halte sie sich gut, durchaus zugänglich zeigen. Mit anderen Worten, er traute ihr oder ihrem Mann nicht und behielt sich die Verfügungsgewalt über ihre Ausstattung vor.

Abb. 62: Bild einer Dame von 1530 des Zürcher Malers Carl von Aegeri

Inzwischen hatte auch Sohn Anstett sein Kloster verlassen. Er heiratete im April 1530 Anna Schmid,[699] die Tochter des ehemaligen Bürgermeisters Felix Schmid, eines alten Kameraden Eberhard von Reischachs aus dem Schwabenkrieg. Auch waren sie 1508 zusammen in einen Prozess verwickelt gewesen. Eberhard hatte Anna Schmids Bruder in dessen Jugend gefördert.[700] Dennoch konnte er sich keineswegs für diese Ehe begeistern. Das kam sogar am 7. Juli 1530 vor den Zürcher Rat. Der verordnete den Seckelmeister und den Stadtschreiber, sie sollten sich bei Eberhard von Reischach für Anstett verwenden, der *«wider seines Vaters willen geheiratet hat»*.[701] Waren es die Geldsorgen, die Eberhard umtrieben und ihn verbittern liessen? Musste er doch nun auch noch den Sohn versorgen? Und das, nachdem er erst 1527 als Bürge für Ulrich von Württemberg eine hohe Summe gezahlt hatte. Jedenfalls schrieb er am 9. Juli 1531 an Benedict May[702], er könne ihm nur einen Teil des geschuldeten Geldes zahlen, weil seine Kinder ihr Muttergut von ihm verlangt hätten. Er habe sie darum ordentlich ausgeschimpft: *«mine kind hand mier der nechst verschinen wuchen min segkell aber gar glaertt, um ier mütterlich gut. Hob sy darum gar us gwissenn»*.[703] Drohte das gute

Seite 311 ➤

Verhältnis, das die Reischachs nun nach Zürich neu aufgebaut hatten, wieder an diesen Familienstreitigkeiten zu zerbrechen? Darauf deutet nichts, aber unangenehm genug dürfte der öffentlich gewordene Hader gewesen sein, in einer Zeit, in der die Menschen ausserordentlich auf persönliche Ehre bedacht waren.[704]

Gleichzeitig müssen für Katharina Reischach-Zimmern und ihre Kusinen, die ehemalige Äbtissin und die ehemalige Nonne aus Königsfelden, die nun einsetzenden Gewaltakte gegen das Diessenhofer Kloster Katharinental belastend gewesen sein. Diese Gewaltakte gingen von Zürich aus, das über den Kopf der fünf Orte hinweg im Einvernehmen mit Glarus im Thurgau einen ihnen genehmen Landammann eingesetzt hatte. Der neue Landvogt aus Zug, Heinrich Zigerli, war nicht der Mann, Zürichs Vorgehen etwas entgegenzusetzen.

Wie Zürich den ersten Landfrieden auslegte

Die Zürcher legten den ersten Landfrieden auf ihre Weise aus, das zeigte sich sehr schnell. Sie erklärten, der erste Artikel erlaube die freie evangelische Predigt auch in der Innerschweiz. Denn es sei im Artikel nur die Rede von Gewalt, die nicht angewendet werden dürfe, nicht von freier Predigt. Bei ihnen freilich seien die erlassenen Reformationsmandate zu achten, das sei ja auch in den Artikeln festgehalten. Die fünf Orte aber hätten sich das im Friedensvertrag nicht ausbedungen, also gelte es für sie nicht.[705] Zürichs Mandate jedoch verboten freie Religionsausübung. Es waren nicht nur Messfeiern in Zürich untersagt, Zürcher durften auch auswärts keine Messen besuchen; dagegen drohte der Rat seinen Bürgern und Untertanen, die dem reformierten Gottesdienst nicht beiwohnten, mit empfindlichen Strafen: *«Welche das nitt thuond, söllent von der gmeind usgeschlossen, wünn und weyd beroubt sin oder an sinen lib gestrafft werden»*, so der Winterthurer Chronist Laurencius Bosshart.[706] Wer sich in Dingen, die die Seele und das Gewissen betreffen, die *«die seel und conscientz belangend»* von der Kirchgemeinde absondere, solle auch von der Nutzung weltlicher Güter ausgeschlossen sein, er solle *«ouch vonn der selben* [Gemeinde] *inn niessung anderer gemeinschafften zytlicher dingen abgesündert sin»*, so das Mandat vom März 1530.[707] Die Zürcher büssten, wie schon gesagt, im Januar 1529 sogar Bürger, die am Freitag ein gemeinsames Fleischessen auf der Zunft verweigerten und ostentativ Fisch gegessen hatten. Wie es 1529 mit der Glaubensfreiheit in Zürich bestellt war, zeigt ein Zusatz im Urteil über diese Fischesser. Felix Wyss, einem bekannten Fürsprech Zürichs, wurde untersagt, weiterhin vor dem Rat zu plädieren, weil er *«bi etlichen sitze und sich vil uss der geschrift berüeme und anzeige […] das minen Herren missfellig, ouch irem ansehen und gebotten widrig sye»*.[708] Ihm wurde also vorgeworfen, in einer Runde mit der Heiligen Schrift über den Glauben und die Politik zu diskutieren. Tatsächlich gesetzeswidrige Tatbestände lagen offenbar keine vor. Der versierte Jurist wird sich auch davor gehütet haben. Das heisst: Kritische Reden, auch wenn sie sich auf die Heilige Schrift beriefen, ahndete nun der Zürcher Rat.

Solch intolerante Haltung war damals durchaus nicht die einzig mögliche. Es gab in der Schweiz auch andere Ratsbeschlüsse. Vom Willen des Diessenhofer Rates ebenfalls im Januar war schon die Rede: Sie wollten beim «alten Herkommen» bleiben, aber alle, die ihr «Gewissen anders leite», «ungehindert und ungestraft» lassen. Der Basler Rat stand im Januar 1529 unter grösstem Druck. Die evangelische Mehrheit der zünftigen Bürger forderte ein Verbot der Messe wie in Zürich oder Bern, aber es gab auch eine bedeutende, zum Widerstand bereite katholische Minderheit. Ein Bürgerkrieg drohte auszubrechen. Der Rat aber beharrte auf seiner bisherigen freiheitlichen Glaubenspolitik. Er beschloss: *«Dass niemand die sinen, wib, kind oder dienst, zuo der mesz und glouben zwingen sölle»*, wie ein Berner Bote missbilligend berichtete. Freilich musste der Basler Rat sich wenig später der bewaffneten Mehrheit beugen, die genau das durchsetzte: einen Glauben für eine Stadt.[709] Glarus aber konnte die Duldung beider Konfessionen nebeneinander durch alle Kämpfe hindurch durchhalten.[710] Wo Zürich das Sagen hatte, gab es jedoch keine Glaubensfreiheit. Nicht umsonst hiess es aus dem Thurgau, Zürich wolle bei allen seinen Glauben durchsetzen. Zürich versuchte zu beschwichtigen, das sei keineswegs der Fall; die Gerichtsherren im Thurgau hätten beschlossen, «niemand zu dem einen oder andern Glauben zu zwingen».[711] Die Zürcher wussten demnach genau, wie umstritten ihre Glaubenspolitik war.

Ebenso einseitig wie die Artikel zur Glaubensfreiheit interpretierte Zürich die Artikel zu den Abstimmungen in den Gemeinen Herrschaften, zum sogenannten Mehren. In der zum Kloster gehörigen Gemeinde Muri hatten die Anhänger Zürichs nach bewährtem Muster schon vor dem Ersten Kappeler Krieg eine Abstimmung über den Glauben verlangt. Die Leute von Muri hatten aber entgegen den Erwartungen Zwinglis mit 140 gegen 70 Hände eindeutig gegen Zürich gestimmt und für den Abt Laurentius von Heidegg, der als ein humanistisch und liberal gesinnter Geistlicher beliebt war. Um den Einzug des gegnerischen Unterwalder Landvogtes, Anton Adacker, zu verhindern, hatten die Zürcher am 6. Juni 1529 Muri besetzt. Sie liessen unter den Augen des bewaffneten Fähnleins und, wie die Gegner sagten, mit allerhand zugelaufenem Volk nochmals stimmen. Diesmal mit Erfolg. Nach dem Landfrieden bezweifelten der Abt und die katholische Partei das Ergebnis. Sie forderten einen neuen Wahlgang. Die Angelegenheit kam vor die Tagsatzung. Die Zürcher erklärten dazu Anfang Oktober 1529: Das Mehr sei durch den Landfrieden bestätigt. Auch könne nur gemehrt werden, wenn die Gemeinde dies wolle, sei aber abgestimmt worden und hätte sich die Mehrheit für das Gotteswort entschieden, dann «habe es ohne alle Weigerung dabei zu bleiben.»[712]

Zürichs Klosterpolitik in den Gemeinen Herrschaften

Die Klöster hatte der Erste Landfrieden nicht behandelt. In einem wahrscheinlich von Zwingli verfassten, sicher von Zwingli mitverfassten Ratschlag beschloss Zürich am 23. Oktober in den Gemeinen Herrschaften so vorzugehen: Äbten, Mönchen und Nonnen solle die Macht entzogen werden und, um Unruhe zu verhindern, seien die Klöster den Eidgenossen zu unterstellen: «*das man die abbt, munch unnd nunnen nit meer regieren lassen, sunder umb meerer ruowen willen die clöster zuo unnser Eydtgenossen handen nemmen*». Die Insassen seien auszukaufen oder mit Leibgedingen abzufertigen, je nachdem, wie man sich mit ihnen verständigen könne. Weltliche Beamte sollten die Klöster verwalten. Dazu seien vorerst die Klostergüter durch Verordnete aufzunehmen. Das Klostergut solle später für die Ausbildung junger Pfarrer benutzt werden, also wohl an die Hohe Schule nach Zürich gehen.[713] Ausserdem unterstützte Zürich Bern, Freiburg und Solothurn in dem Begehren, in den Gemeinen Herrschaften als Kastvögte über die Klöster mitzubestimmen.[714]

Der zeitgenössische katholische Chronist Johannes Salat seufzte: Die «Sektierer» seien mit den Vertragsbestimmungen umgegangen, als ob die Gebote und Verbote nur die Altgläubigen binden sollten, sie selbst aber in allen Dingen handeln und vorgehen könnten «ganz nach ihrem Willen und Gefallen». Auch hielten sie sich nicht an Tagsatzungsbeschlüsse. Entsprechend urteilte auch Alfred L. Knittel, der offizielle Chronist der reformierten Kirche des Kantons Thurgau im Jahre 1929: «Zürich hatte nun die Gewalt und lehnte einen Anspruch auf die freie Ausübung des alten Bekenntnisses ab. Über Proteste der mitregierenden Orte ging es einfach hinweg [...]».[715]

Am 1. November 1529 besprach die Tagsatzung ein Gesuch des Hegauer Adels. Die Hegauer forderten, die Nonnen in Katharinental zu schirmen und sie «in ihren stiftungsmässigen Gottesdiensten fortfahren zu lassen». Um des Friedens willen wollten die Abgeordneten an der Tagsatzung die Sache an der nächsten Sitzung besprechen.[716]

Offenbar glaubten die Nonnen und ihre Hegauer Fürbitter, der katholische Ritus ◀ Seite 306f. könne in Diessenhofen erhalten bleiben. Jedenfalls schrieb ein Hans von Reischach – es könnte Hans Knobloch, ein Neffe von Eberhard gewesen sein – am 6. Dezember 1529 als Patronatsherr, er wolle die Kaplanei des St.-Anna-Altars in der Pfarrkirche mit Johannes Sigg besetzen. Sigg hatte in Basadingen gegen die evangelische Lehre gekämpft.[717] Hans von Reischach vertraute also immer noch darauf, er könne in Diessenhofen einen Reformationsgegner anstellen. Immerhin war es im Oktober zu einer Übereinkunft gekommen, in den Thurgauer Klöstern keine Änderungen vorzunehmen.[718] Dennoch klagte bereits am 14. Dezember der Thurgauer Landvogt in Luzern, Zürich habe die Feldbacher Klosterfrauen genötigt, sich mit einem «Pfaffen» abzufinden, der eine ausgetretene Nonne von Feldbach geheiratet habe, oder den Zehnten in Ellikon fahren zu lassen. Auch berufe Zürich gegen das Verbot des Landvogtes eine Synode ein. Der von Zürich eingesetzte Landammann habe das entsprechende Mandat unerlaubt mit dem landvögtischen Siegel ausgehen lassen. An der Synode wolle Zürich den zwinglischen Glauben für alle durchsetzen. Tatsächlich war die Synode bereits im Namen der Landgemeinde und unter dem Vorsitz Zwinglis zusammengetreten. Wer sich verweigern wollte, dem drohte das Einladungsschreiben den Verlust der Pfründe an. Der Synodaleid forderte von den

Geistlichen, das Evangelium und Gottes Wort nach dem Alten und Neuen Testament und nach der Lehre Zürichs und der Burgrechtstädte zu predigen. Ein Eid, sich allein auf die Bibel zu gründen, genügte Zürich nicht mehr. Der Landvogt klagte weiter: Die Katharinentalerinnen seien gewarnt worden, die Thurgauer wollten sie «überfallen und zwingen, die neue Lehre anzunehmen». Den Ittingern hätten die Zürcher die Zehnten aus dem Zürichbiet gesperrt. Mönche und Nonnen nötigten sie, ihre Kutten abzulegen, obwohl doch der Landfriede freie Glaubensausübung gestatte und die Messe niemand verboten werden solle.[719]

Anfang Januar 1530 beschwerte sich der Landvogt erneut: Die Thurgauer wollten dem Kloster Ittingen einen Pfarrer mit Frau und Kindern aufzwingen. Zürich habe die Feldbacherinnen erpresst, entlaufenen Nonnen, bzw. ihren Vögten Geld zu zahlen. Die Thurgauer handelten eigenmächtig und beriefen ohne ihn eine Landsgemeinde ein. Zugleich gelangte auch der Vater der Reischachschwestern aus Katharinental an die Tagsatzung: «Der Junker Bilgeri von Rischach meldet, er habe im Namen der Ritterschaft und des Adels im Hegau auf dem letzten Tage im Thurgau von den acht Orten den Abschied [Beschluss] erlangt, den ihm Meister Thumisen von Zürich eingehändigt, in dem Sinne, dass man die Frauen des Gotteshauses Dießenhofen bei ihren Freiheiten und ihrem Glauben wolle bleiben lassen.» Die Frauen seien ganz einhellig in ihrem Glauben, sie wollten ihn nicht aufgeben. Sie seien den Diessenhofern und Thurgauern nichts schuldig und nicht verwandt. Sie seien *«hoch gefryt»*. Sie hätten auch nie einen Leutpriester gehabt, nur ihr eigenes Wesen. Sie hätten die acht Orte als Schirmherren angenommen. Dennoch seien «vor einigen Tagen Abgeordnete von Zürich samt dem Abt von Cappel und einigen Thurgauern in das Kloster gekommen und haben da unschicklich geredet und dem gedachten Abschied zuwider gehandelt. Er bitte für die Frauen um Schutz.»[720] Die Zürcher brachten dagegen vor, die Landvögte bedrückten in den Vogteien die Leute wegen des Gotteswortes. So hätten auch die Diessenhofer geklagt.[721]

Im Februar scheinen sich die Dominikanerinnen nochmals an die Schirmorte Seite 307 ➲ gewandt zu haben; jedenfalls schickten Barbara und ihre Schwester Küngold von Reischach ihrem Bruder neu geweihte Kerzen und frisch gebackene «krepfly» und mahnten ihn, nach Baden zu reiten und ja den Brief an die Eidgenossen nicht zu vergessen. Sie seien in grosser Angst, aber sie dächten keineswegs daran, sich zu ergeben.[722]

Widerstand im Kloster Katharinental

Am 10. März 1530 bitten Thurgauer Gerichtsherren Zürich, die Klosterfrauen im Katharinental zu ermahnen. Denn die weigerten sich, sich mit «den Thurgauern im Gotteswort zu vergleichen». Nütze das nichts, dann würden sie, die Thurgauer, die Nonnen zum Gehorsam zwingen, sofern Zürich sie schütze.[723] Nun suchte Zürich Hilfe in Bern und sandte Boten in die Aarestadt. Die sollten ausrichten: Es sei nicht länger zu dulden, dass die Klosterfrauen in Diessenhofen immer noch in den Kutten steckten und auf ihrem Wesen beharrten. Die Berner sollten am Ostermittwoch eine Gesandtschaft in den Thurgau verordnen mit Vollmachten und «Gewalt» in allen Streitfragen, insbesondere in Bezug auf das Kloster Diessenhofen, das dem göttlichen Wort widerstrebe. Dazu befuge sie der Landfrieden. Denn werde jetzt nicht gehandelt, dann würde das Kloster verderben – *«zuo grund gan»* – und es sei leicht auszudenken, was dann mit den anderen Klöstern geschehen werde, *«so der gmein man zuosamenkompt»*. Zürich fürchtete also, die Klöster mit ihrem reichen Klostergut könnten seinem Zugriff entgleiten und die Klöster in einem Volksaufstand zerstört werden.[724] Der Berner Rat liess sich überzeugen. Die Städte schickten zusammen eine Viererdelegation ins Katharinental, aber die konnte nichts ausrichten. Die Klosterfrauen, meldeten die Ratsherren Jacob Werdmüller und Ulrich Funk nach Zürich, beriefen sich auf ihre Rechte und appellierten an die Tagsatzung. Die Hegauer stärkten ihnen den Rücken. Alle Vorhaltungen und Drohungen prallten an ihnen ab. Sie seien geradezu frech und widerspenstig. Die Diessenhofer wollten einen der ihren als Pfleger im Kloster sehen. Davon aber rieten Werdmüller und Funk ab.[725]

Am 29. April verschob die Tagsatzung die Verhandlungen über das Diessenhofer Dominikanerinnenkloster auf die nächste Zusammenkunft.[726] An der Tagsatzung vom 16. Mai kam es zu offenem Streit, insbesondere, weil Zürich die Ehegerichtsbarkeit im Thurgau beanspruchte. Auch hatte es in St. Gallen den neugewählten Abt vertrieben, und der Zürcher Schirmvogt beanspruchte die äbtischen Rechte. Die Angelegenheit der Katharinentaler Nonnen ging unter.[727] Jetzt handelten die Zürcher und Berner zusammen mit Glarus und Solothurn. Barbara von Reischach schrieb an ihren Vater über die «Gewalt», die wider alles Recht an ihr und ihren
◀ Seite 308f. Schwestern geübt worden sei. Betrübter sei sie in ihrem Leben nie gewesen. Sie hätten ihnen einen Hofmeister gesetzt, der Tag und Nacht bei ihnen ein und aus ginge und alle Zinsen einzuziehen habe. Alles Klagen habe nichts genützt. Inzwischen war die Priorin zusammen mit der Subpriorin, wohl Barbaras leiblicher Schwester Küngold, und der Schaffnerin zunächst nach Schaffhausen und später zu Benediktinerinnen nach Engen im Hegau geflohen. Die flüchtigen Nonnen hätten gegen Recht und Ehre gehandelt, hätten die Eindringlinge geschimpft. Nun sollten die verbliebenen Schwestern die Ämter neu besetzen, sonst würden die Herren ihnen weltliche Verwalter aufzwingen. Der Konvent habe die geflüchteten Schwestern verteidigt; es seien ehrliche, fromme Frauen. Die Nonnen hätten die Herren angefleht, ihnen eine Frist von drei Wochen zu gewähren. Im Solothurner Seckelmeister, Urs Starck, hätten die Klosterfrauen einen Fürsprech gefunden.

In Solothurn waren 1530 die Reformierten in der Überzahl, aber die Stadt hatte sich nicht für die Reformation entschieden. Beim Einsetzen von weltlichen Klosterpflegern in den Vogteien aber wollte auch die «neutrale» Stadt mitreden. Der Solothurner erwirkte für den Konvent eine Frist von drei Wochen.

Dann aber, so Barbaras Brief, wolle die Delegation zurückkehren. Hätten die Frauen die Ämter dann nicht neu besetzt, so würden die Herren ihnen weltliche Verwalter aufdrängen. Die Geflüchteten sollten das Klostergut zurückbringen und

Abb. 63: Dominikanerin,
Hans Holbein d. Ä., um 1504

alle die Ordenstracht ablegen, sonst sollten sie abwarten, wie es ihnen erginge, fügten die Eindringlinge drohend hinzu: *«oder warten, was inen darnach gang»*. Einzig Johannes Bleuler von Zürich habe ihnen kein böses Wort gegeben. Der Diessenhofer Schultheiss, Hans Wepfer, flehte Barbara an, sie solle die Geflohenen bewegen, mit dem Klostergut zurückzukommen, *«er tu es by demm lyden Gotz imm besten»*, er rate also bei dem Leiden Gottes so zum Besten, Barbara allerdings sah das anders: *«der tüffel vergelt imm»*, kommentierte sie.[728]

Ende Mai kamen die Herren wieder, diesmal nicht allein, sondern *«mit fast [sehr] fil lüten»*. Barbara, deren Brief den Tag schildert, schätzte sie auf 100 Personen. Sie läuteten zu einer reformierten Predigt und forderten den Konvent auf, mit ihnen in die Kirche zu gehen. Die Ordensfrauen weigerten sich. Die Männer sprachen daraufhin die Nonnen einzeln an, wer wolle, solle sich zu ihnen stellen. Sie hatten auch damit keinen Erfolg. Da seien sie *«zornig»* geworden. Sie wussten offenbar nicht ein noch aus und wandten sich schliesslich an Georg von Hewen und Eberhard von Reischach. Sie hofften wohl, zu diesen nahverwandten Adligen hätten die Schwestern mehr Vertrauen. Aber auch die konnten nichts ausrichten. Seite 309f.

Da versuchten die Herren es mit Betrug und List: Sie riefen eine Nonne in einen Raum, bedrängten sie *«mit fil trüw worten und tischbentieren [disputieren]»*, den Habit abzulegen. Als sie sich weigerte, führten sie sie abgesondert von den anderen hinaus. Der nächsten Nonne aber erklärten sie, die erste habe sich vom Orden losgesagt. So machten sie es mit einer nach der anderen. Aber auch das nützte nichts. Nur eine junge Novizin, die letzte, die sie befragten, habe ihnen geglaubt und «freiwillig» ihr Ordenskleid abgelegt. Die Antworten der Nonnen habe der Zürcher Ulrich Funk protokolliert. Leider sind die Protokolle bisher nicht zu finden. Barbara berichtete dazu, sie hätten fast alle dasselbe gesagt, nämlich: Sie wollten keinen Pfaffen anhören. Die hätten früher gelogen und würden wohl auch weiter lügen. Ausserdem seien die Reformierten unter sich uneinig. Wenn sie einig würden, dann würden sie sie auch anhören. Sie beriefen sich aufs Recht. Sie unterständen den acht Schirmorten, denen würden sie folgen. Daraufhin hätten die Herren behauptet, sie seien im Namen der acht Orte da und das Recht sei auf ihrer Seite, freilich ohne die Nonnen damit erweichen zu können.

Schliesslich hätten die Herren sie wieder einzeln zu sich geholt und sie nochmals bedrängt und als sie sich weigerten, habe der Berner Delegierte ihnen das Ordenskleid gewaltsam ausgezogen. *«Also het der Negili von Bern uns allen den orden abton, mier wiset tallame wol, wie aim ist, den man zum tod verurtailt, denn grimmer folck ist uns nieme zehanden gangen.»*[729]

Gern glaubt, wer den Brief heute liest, dass die Nonnen sich ohne den gewohnten Schleier und das Schultertuch wie zum Tode Verurteilte vorkamen. Wieder haben nach Barbaras Zeugnis die Herren die Nonnen belogen und behauptetet, die anderen Nonnen hätten sich ergeben. Nun hatten sie ja mit den entwendeten Kutten sogar ein vermeintliches Beweisstück in Händen, aber die Nonnen blieben fest.

Ihre Beharrlichkeit hat ihre Gemeinschaft sicher gestärkt und gab ihnen Halt in dem, was folgte. Dem Kloster wurde nun eine neue Ordnung aufgezwungen. Schultheiss und Rat von Diessenhofen berichteten am 27. Mai 1530 an Zwingli: Boten von Zürich, Bern und Glarus hätten das Kloster reformiert und sie bäten um einen Prädikanten für die Klosterkirche.[730] Ihre Beschlüsse über das Kloster sind erhalten: Die Dominikanerinnen dürfen keine Ordenstracht mehr tragen. Bei Verlust ihrer Pfründen wird ihnen befohlen, keine Kutten, Schleier und Hauben zu tragen und ihre weissen Überröcke einzufärben. Alle Bilder, Statuen, Mess- oder Gesangbücher und Altargemälde sind auszuräumen. Singen, Läuten usw. sei wie zu Bern und zu Zürich abzustellen. Die Nonnen müssen die evangelische Predigt besuchen, nur Krankheit entschuldige. Die Predigtgottesdiente sind bei offenen Türen zu feiern, damit auch Laien teilnehmen können. Den Klosterfrauen wird verboten, jemand um des Glaubens willen zu hassen, auch spielen dürfen sie nicht. Sie hätten einen Prädikanten zu unterhalten, den die Herren für sie aussuchen. Der alte Schaffner erhält den Schlüssel zur Klausur. Die Frauen sollten allen Unwillen gegenüber den Diessenhofern vergessen. Da die Priorin, Subpriorin und Schaffnerin nicht zurückgekehrt seien, seien ihnen Statthalter verordnet.[731]

Die Nonnen riefen die fünf Orte um Hilfe an. Ihnen klagen sie am 29. Mai ihre Not: «Nun sind wir in grossen Ängsten und Nöten. Wir wissen nicht, wie wir uns

Seite 310 ▶

Abb. 64: Barbara von Reischach berichtet über die gewaltsame Reformation des Klosters Katharinental im Mai 1530.

halten sollen [...]». Sie fragen an, ob sie im Kloster bleiben oder zu den Priorinnen und der Schaffnerin ziehen sollen. «Denn es ist ein grosses schweres Kreuz, diese Reformation, die sie uns gaben.» Sie wollten das neue Wesen nicht annehmen.[732] Einige, aber nicht alle Nonnen flohen aus dem Kloster. Am 5. Juni antwortete Seite 310 Schaffhausen ihnen auf die Bitte um Geleit, sie hätten in Schaffhausen keinen Geleitschutz nötig.[733] Es gelang ihnen, wenigstens Teile ihrer Wertsachen in Sicherheit zu bringen, trotz der Mahnung Zürichs, Berns, Glarus' und Solothurns an den Landvogt, dafür zu sorgen, dass aus den Klöstern nichts weggeführt, den Klöstern aber auch nichts «gehandreicht» werde. Alle Einkünfte sollten in die Hände der von ihnen verordneten Klostervögte fliessen. Der Schaffner von Katharinental klagte dennoch: die Frauen hätten alle Wertsachen aus dem Kloster geschafft. Auch zögen sie vom Hegau aus die Einkünfte ein.[734]

Was ging in den beiden ehemaligen Äbtissinnen des Fraumünsters und Königsfeldens und der ehemaligen Nonne Walburga vor, die diese Gewaltakte aus nächster Nähe miterlebten? Aufgewühlt haben muss sie, wie ihre Verwandten und Bekannten behandelt wurden. Haben sie sich mit ihnen empört, hatten sie Mitleid mit ihnen oder haben sie nicht verstanden, warum die Nonnen sich so beharrlich weigerten, mit der neuen Lehre in eine neue Freiheit zu gehen? Haben sie ihnen gar geraten, lieber am Klosterleben festzuhalten, als gegen den Willen ihrer Verwandten den Orden aufzugeben und ohne Schutz, Schirm und ordentliches Auskommen verlassen in der Welt zu stehen?

Hätte Katharina von Zimmern so geraten, dann wohl gegen den Willen ihres Ehemannes. Denn Eberhard von Reischach diente Zwingli nicht nur in dessen Bündnispolitik mit Ulrich von Württemberg, er unterstützte auch den Kampf gegen den Abt von St. Gallen. Dieser Kampf ging in erster Linie um die Herrschaft über die äbtischen Gebiete, richtete sich aber auch gegen das Klosterleben. Zürich begründete sein Vorgehen gegen die Fürstabtei so: Weil Klosterregeln widergöttlich seien, könne der Abt keine Herrschaftsrechte beanspruchen. Reischach warnte die Zürcher vor Machenschaften, die auf einen möglichen Vergleich der Parteien hinausliefen. Die Äbtischen hätten eine hohe Zürcher Delegation abfangen wollen, um mit ihr zu einer Übereinkunft zu kommen.[735] Wie gesagt: Die Zürcher zogen Eberhard von Reischach und Georg von Hewen im Streit mit den Nonnen in Diessenhofen hinzu. Sie konnten glauben, mit Reischach einen grundsätzlichen Verfechter ihrer Klosterpolitik mit der Vermittlung zu beauftragen. Erfolgreich war Reischach bei den Nonnen in Katharinental indessen nicht. Offenbar waren die Schwestern im Kloster in eine intakte und sie tragende Gemeinschaft eingebunden und sie stellten die überkommenen Frömmigkeitsformen nicht infrage.

Wie die beiden Katharinen deren Widerstand beurteilten, ist nicht überliefert. Dagegen ist die Sicht des Zwingli treuen Winterthurer Chronisten Bosshart bekannt. Er schrieb: Die acht Orte [!] hätten mit einer *«ersamen bottschafft»* das *«unwesen»* abgestellt. *«Do hand sich die wyber gar unbillich mit vil ungeschickten worten gewidret; aber nach vil zanggs, so man mit inen in einer gmeind gehept und nütt gehollfen, hat man eine nach der anndren genommen in ein gemach, inen den wiler [Nonnenschleier], schappert [Schulterkleid der Ordensgeistlichen] und allen orden abgenommen, daby ein anndre ordnung inen fürgeschriben [...], nammlich das gottwort trüwlich hören [...]».*[736] Die Nonnen hätten sich also unbillich, das heisst rechtswidrig gewehrt und man habe ihnen nach langem Streit ihre Ordenstracht abgenommen und ihnen eine neue Ordnung gesetzt, insbesondere, dass sie das Gotteswort treulich hören. Nach Bullingers späterem Bericht von 1564 waren die Nonnen *«kybig»*, also boshaft, und sie hätten sich unterstanden, eine Schwester zu bestimmen, die *«inen den allten glouben, alls sy inn namptend, larte»*. Die Klosterfrau hätte mit viel ungeschickten Worten diesen alten Glauben gelehrt, sodass, behauptete Bullinger, das Landvolk sie verbrannt hätte, wenn Zürich es nicht hätte zurückhalten können.[737]

Und Zwingli selbst? Hat er sich von dem Vorgehen seiner Anhänger im Kloster Katharinental distanziert, einem Vorgehen, das an die gewaltsamsten Klosterreformen des 15. Jahrhunderts erinnert? Auch da befragten Reformer die Frauen einzeln und abgesondert und griffen je nachdem tätlich durch.[738] Nichts deutet darauf hin, Zwingli habe die Art bemängelt, wie das Kloster reformiert wurde. Er hatte auch andere Sorgen. Der Kaiser hatte nach Augsburg einen Reichstag einberufen. Zwingli war nicht, wie erhofft, von Philipp von Hessen dazu eingeladen worden. Die Verhandlungen mit Venedig kamen nicht vom Fleck, ebensowenig die Bündnispläne mit den süddeutschen Städten. Es war von Rüstungen der Habsburger gegen die Protestanten die Rede. Dazu schienen die Burgrechtspläne zu scheitern und von den Inneren Orten befürchtete er einen Überfall. Gerade versuchte er, Bern zu einem erweiterten Bündnis auch noch mit der französischen Krone zu bewegen. Seine politischen Pläne griffen immer weiter aus.

Zwinglis *Ratio fidei*

Auch seine Theologie erhielt eine neue weitere Dimension. Als sich die Hoffnungen auf ein Konzil zerschlugen, schien es geraten, wie die Lutheraner auch ein Bekenntnis von reformierter Seite für den Reichstag einzureichen. In aller Eile machte sich Zwingli im Juni 1530 daran in der Hoffnung, seine Lehre werde reichsrechtlich anerkannt.[739] In diesem Bekenntnis steht nicht wie in Zwinglis früheren Schriften der Kampf gegen die überkommene Kirche im Vordergrund. Hier versuchte Zwingli, Kaiser Karl zu beweisen, dass das Zürcher Kirchenwesen in der wahren alten katholischen Tradition stehe. So bilden denn auch das Apostolische und das Nicänische Glaubensbekenntnis das Fundament der kurzen Bekenntnisschrift *Ratio fidei*. Auffällig ist dabei, wie sehr Zwingli die sogenannte Satisfaktionslehre betonte und wie universal er sie jetzt verstand: Gott, der zugleich barmherzig und gerecht ist, rettet die gefallenen und sündigen Menschen. Die haben es nicht verdient; er müsste sie verdammen. Aber er sendet seinen Sohn, Gott und Mensch zugleich, Jesus Christus. Der nimmt als unschuldig Leidender das Gericht auf sich. So tut er der Gerechtigkeit Gottes Genüge und bringt zugleich Gottes Barmherzigkeit zu den Menschen. Gott gab uns seinen Sohn, wie sollte er uns mit ihm nicht alles schenken, fragt Zwingli mit Paulus. Christus wurde uns gleich und ganz der Unsrige. «Das», so Zwingli, «sind die Quellen und die Kraftströme des Evangeliums».[740] Diese Tat Christi gelte allen Menschen. Das erweist Zwingli mit Versen aus dem ersten Korintherbrief, 15,20–22. Da heisst es: «Nun aber ist Christus von den Toten auferweckt worden, als Erstling derer, die entschlafen sind. Da nämlich durch einen Menschen der Tod kam, kommt auch durch einen Menschen die Auferstehung der Toten. Denn wie in Adam alle sterben, so werden in Christus auch alle zum Leben erweckt werden.» Dazu erklärt der Reformator: Wenn Adams Sünde das *ganze* Menschengeschlecht dem Tod und der Verdammnis preisgeben konnte und Christus durch sein Sterben nicht die *ganze* Menschheit lebendig machen und aus der Verdammnis erlösen würde, dann wäre die Erlösungstat Christi dem verderblichen Werk Adams nicht gewachsen und das Wort des Paulus nicht wahr.

Darum, so folgerte Zwingli, sollten wir auch die Kinder der Heiden an Gottes Barmherzigkeit teilhaben lassen. Auch sie seien gerettet. Die Erwählung Gottes sei frei und nicht vom Glauben abhängig.[741] Nicht dass Zwingli nun Gericht und Hölle wegargumentierte.[742] Aber sie stehen bei ihm ganz im Schatten der Güte Gottes, die alles überstrahlt. Luther hat solche zur Allversöhnung neigenden Lehren verdammt; sie entsprachen nicht seiner, sie entsprachen der Theologie von Erasmus von Rotterdam.[743] Sie hätten bei Karl V. durchaus Gehör finden können, hatten Erasmusverehrer doch an dessen Hof grossen Einfluss. Der Kaiser aber hat die Schrift gar nicht gelesen. Er lehnte es ab, sie entgegenzunehmen.

Ob Katharina von Zimmern diese lateinische Schrift las, ist nicht sicher, aber doch anzunehmen. Sie wurde sofort gedruckt. Entsprechende Predigten wird sie bestimmt gehört haben. Jedenfalls muss die von Zwingli verbreitete Botschaft von Gottes allumfassender Gerechtigkeit und Barmherzigkeit, die im Leiden Christi aufscheinen, eine ehemalige Äbtissin berührt haben, die sich im Kloster über die Wappen der Eltern ein Motto hatte schnitzen lassen, das auf die fünf Wunden und damit auf die Erlösung durch Christi Tod und Leiden wies.

Truchsessin Katharina von Waldburg heiratet Georg Göldli

Im folgenden Jahr heiratete am 3. August 1531 die ehemalige Königsfelder Äbtissin, Katharina Truchsessin von Waldburg, Reischachs Freund und Vetter seiner ersten Frau, den Ratsherren und Hauptmann Georg Göldli im Fraumünster.[744]

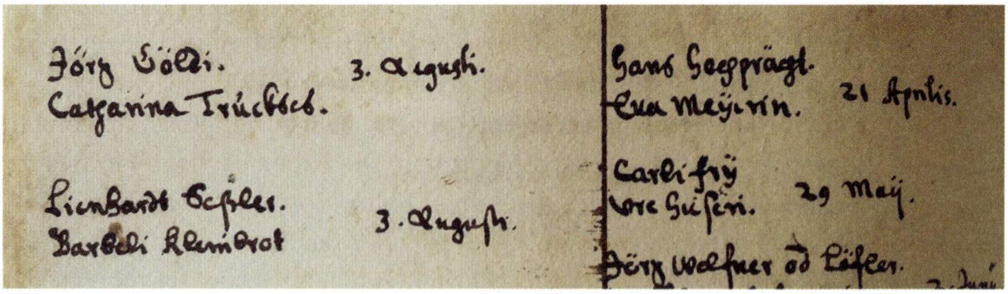

Abb. 65: Heiratseintrag der ehemaligen Äbtissin von Königsfelden mit Georg Göldli im August 1531

Beide hatten ein stattliches Alter. Sie war um 1470 geboren, war also etwa 61 Jahre alt. Er kam 1466 auf die Welt, war also 65. Sie wurde seine dritte Frau. Er war bereits Grossvater und hatte von seiner ersten Frau, Emerita Mötteli von Rappenstein, die wie die Göldli aus einer adlig-junkerlich lebenden, reich gewordenen Kaufmannsfamilie stammte, fünf noch lebende Kinder und drei angeheiratete Schwiegerkinder.[745] Zwei Söhne hatte Georg Göldli für den geistlichen Stand bestimmt. Joachim erhielt mit nur 17 Jahren die Pfründe in Berg bei Rheinau, trat sie aber 1524 an einen Nachfolger ab, um zu heiraten.[746] Dagegen hat sein Bruder Herkules die Anwartschaft auf die Chorherrenstelle in Konstanz erst 1525 erlangt und sie 1527 angetreten, also erst, als Zürich seine Klöster und Stifte bereits als widergöttlich säkularisierte. Zwei Brüder Georg Göldlis hatten als erklärte Gegner von Zwingli Zürich verlassen. Das muss Georg Göldli bei den Freunden des Reformators verdächtig gemacht haben. Dennoch konnte Zürich nicht auf seine Dienste verzichten. Auch mag seine zweite Heirat mit der ehemaligen Oetenbacher Nonne, Anna Keller, im Grossmünster am 25. April 1529 seinem Ruf als verlässlicher Anhänger der Reformation wieder aufgeholfen haben,[747] stand Anna Keller doch Zwingli nahe. Sie hatte 1526 Zwinglis Sohn Wilhelm zur Taufe getragen.[748] Eben erst hatte Georg Göldli die Zürcher Truppen im Müsserkrieg angeführt. Gian Giacomo Medici, der sogenannte Müsser, war ins Veltlin eingebrochen. Die Zürcher eilten den Bündnern zu Hilfe. Göldli hat erfolgreich die Burg Musso am Comersee erobert.[749] Als Mitglied des Kleinen Rates bekleidete er verschiedene wichtige Ämter, er war Vogt, Zeug-

Abb. 66: Der Göldliturm, später «zum Wellenberg» in Zürich, Emil Schulthess, Feder, laviert, 1836

herr, Bauherr und Pfleger im Almosenrat. Georg Göldli gehörte zu den reichsten Junkern in Zürich. Er verfügte 1530 über ein Barvermögen von 6'400 Gulden. Ab 100 Gulden galten Zürcher als wohlhabend, ab 500 Gulden bereits als reich und ab 5'000 Gulden als «sehr reich».[750]

Hat die Kusine der Truchsessin, Katharina von Zimmern, die Hochzeit arrangiert? Sicher hat sie sich darüber gefreut. Nun blieben die Königsfelderinnen in ihrem Kreis und waren zudem bestens versorgt. Die Truchsessin wird sicher im vornehmen Göldliturm in Zürich am Hirschenplatz an der Niederdorfstrasse (heute Hotel Wellenberg) gewohnt haben. Wann Katharina von Zimmern wieder nach Zürich zog, wo sie in der Abtei nach wie vor Wohnrecht besass, ist ungewiss.

Aristophanes an der *Schola Tigurina*

Zu dieser Zeit spielte in Zürich nicht nur die Klosterpolitik und der Kampf gegen das «papistische Unwesen», der Kampf gegen Messfeiern, Heiligenverehrung, Fastengebote und Ordensregeln eine Rolle. Zürich war dank der Initiative Zwinglis zu einem Zentrum biblischer und humanistischer Gelehrsamkeit geworden. Zwingli hatte die Gründung der *Schola Tigurina* schon 1523 ins Auge gefasst; im Sommer 1525 nahm sie dann tatsächlich ihren Lehrbetrieb auf. Dort erhielten die Schüler und Studenten eine Ausbildung nach dem Konzept von Erasmus. Wie in Löwen (Louvain) entstand nun auch in Zürich ein Drei-Sprachen-Kolleg. Gleichsam als Vorstufe für die Arbeit mit den biblischen Texten lernten die Schüler neben Latein die biblischen Sprachen Griechisch und Hebräisch und wurden in die antike Literatur und Philosophie eingeführt. Herzstück der Schule waren biblische Vorlesungen, die der theologischen Aus- und Weiterbildung dienten, aber auch für weitere Interessierte geöffnet wurden. In Zürich sah das so aus: Für die alttestamentlichen Texte, die fortlaufend gelesen wurden, begann der Hebräischlehrer, das war seit 1525 Konrad Pellikan, mit dem hebräischen «Urtext» und erklärte ihn philologisch und auch theologisch auf Lateinisch. Pellikan war ein ehemals enger Freund und wie Zwingli und Leo Jud grosser Verehrer von Erasmus.[751] Dann las Zwingli den griechischen Text aus der Septuaginta, der griechischen Version des Alten Testamentes, und gab seine Interpretation ebenfalls für die lateinkundigen Theologen. Es folgte der Prädikant von St. Peter, Leo Jud, Zwinglis engster Mitstreiter, mit einer deutschen Auslegung für die breitere Öffentlichkeit.[752]

Die Sprachlehrer beschränkten sich nicht auf Grammatik und Vokabeln, sie vermittelten den Schülern eine breite humanistische Bildung. Sie lasen mit ihnen die Kolloquien von Erasmus und antike Klassiker, wie der Rotterdamer es empfohlen hatte. Dazu gehörten Komödien etwa von Plautus oder Terenz, die die Schüler oft auch aufführten. In Zürich wagten sich im Januar 1531 die Griechischlehrer Jakob Ammann und Rudolf Collin, der bereits als Söldner, Diplomat und Informant erwähnt wurde, sowie Georg Binder zusammen mit weiteren Gelehrten Zürichs sogar an eine griechische Komödie, die in griechischer Sprache gegeben wurde. Schüler waren höchstens drei beteiligt, darunter aber sicher der begabte, später berühmt gewordene Stadtarzt Konrad Gessner. Zwingli soll eigens eine Musik zu dem Stück komponiert haben.[753] Es handelte sich um *Plutos* von Aristophanes. Auch soll noch die Geschichte von Nausikaa aus der Odyssee dramatisiert worden sein.[754]

Plutos kann den abstrakten Begriff «Reichtum» bezeichnen, aber auch den Gott des Reichtums. In Aristophanes' *Plutos* tritt der von Zeus geblendete Gott des Reichtums selbst auf. Er spendet blind seine Gaben, sie fallen darum auch Gaunern, Verbrechern und Betrügern zu. Durch ein Orakel dazu animiert, verhelfen zwei wackere Freunde dem alten blinden Gott wieder zu seinem Augenlicht. Die Armut versucht, das zu verhindern. Wenn Plutos sehend allen Menschen gleichen Reichtum verteilte, wer würde dann noch nach Kunst und Weisheit streben, gibt die Armut zu bedenken und empfiehlt Kargheit, Mässigung und Rechtschaffenheit. Aber die Freunde hören nicht auf sie und huldigen weiter dem sehenden Reichtum, der seine Gaben nun nicht, wie von der Armut prophezeit, an alle verteilt. Er verweigert sie dem Sykophanten, dem Erpresser; aber im Übrigen wirft er recht grosszügig und leichtfertig damit um sich.

Aristophanes' Sozialsatire ist alles andere als sittsam. Haben die Zürcher das Stück ungekürzt mit seinen deftigen erotischen Anspielungen deklamiert? Hatten sie davon gehört, wie Luther über frivole Komödien dachte? In der ersten Hälfte der 30er Jahre soll er zu römischen Komödien gesagt haben: Die Schüler sollten sie spielen, um dabei Latein zu lernen. Wer alles Zotige verbieten wolle, müsse auch die Bibellektüre verbieten.[755] Oder galt für die Verantwortlichen Zwinglis Überzeugung von 1523? Zwingli erklärte damals wohlgemut, ein «durch Unschuld und Glauben bewehrtes Herz» könne die leichtfertigen und zu Begierden reizenden Dichtungen der Alten unversehrt überstehen.[756] 1526 freilich erklärte er, ein guter Dichter wie Pindar sei nützlich. Schlechte Dichter aber, die nach der Art der Possenreisser alles heruntermachten, die empfehle er nicht, sie seien wie die Pest zu fliehen.[757] Offenbar galt Aristophanes nicht als Possenreisser. Aber es bleibt die Frage, ob nicht manches gestrichen wurde in der deftigen Szene, in der eine geile Alte verspottet wird. Falls die Regisseure nichts strichen, dann diente vielleicht als Gegenmittel die dramatisierte Begegnung von Odysseus mit der klugen und selbstbestimmten, aber auch scham- und tugendhaften Nausikaa nach Homer.

Auf jeden Fall war *Plutos* keine schlechte Wahl für eine Aufführung zwischen den Kappeler Kriegen, passte doch die Sozialkritik von Aristophanes bestens zur Zürcher Polemik gegen die Innerschweizer «Pensionenfresser» und auch zum ersten Zürcher Bibeldrama der Reformationszeit, dem Lazarus, das nach einer Pause bis 1529 die Phase der spätmittelalterlichen Mysterien- und Fastnachtsspiele ablöste. Im weitausholenden Bibeldrama allerdings war die Kritik am Reichtum eindeutig. Nichts erinnerte an Aristophanes' Witz und Zweideutigkeit und auch nichts an die neue reformatorische Polemik gegen die Werkgerechtigkeit. Die Quintessenz ist gut traditionell, Gott erbarmt sich der Mildtätigen:

«Habend jr gespyßt die armen
Wirt Gott sich üwer erbarmen.»[758]

Entsprechend sollte nach dem lateinischen Prolog, den Rudolf Collin zum *Plutos* dichtete, auch Aristophanes' Komödie Tugend und Arbeitsmoral heben. Plutos beglücke nur die Guten und Bescheidenen. Wer jetzt noch Plutos' Gaben entbehre, der übe sich fleissig in Bescheidenheit.[759]

Gern wüssten wir mehr über die Aufführung. Wer verstand die griechischen Dialoge voller Anspielungen? Selbst für Zwingli, der dabei war, ist das zu bezweifeln. Bekanntlich waren seine Griechischkenntnisse nicht über alle Zweifel erhaben. Er hat erst von 1517 an weitgehend im Selbststudium Griechisch gelernt.[760] Es nötigt grössten Respekt ab, wie der Willensstarke so zu doch erstaunlichen Griechischkenntnissen kam, die ihm neue exegetische Einsichten ermöglichten. Aber Aristophanes mündlich vorgetragen zu verstehen ist wohl selbst für die meisten heute bestens ausgebildete Gräzisten schwierig. Bekamen die Zuhörer Verstehenshilfen geboten, mündlich oder schriftlich? Wer sass im Publikum? Die Aufführung fand in der Lese- oder Vorlesungsstube des Grossmünsterstiftes statt.[761] Sie war nicht öffentlich, aber ein grosses Spektakel, das behauptet jedenfalls der Prolog. Waren auch die ehemaligen Äbtissinnen geladen? Haben sie sich das Spektakel nicht entgehen lassen? An Nausikaa, die dem schiffbrüchigen Odysseus, der sich nur mit Buschwerk seine Blösse bedecken konnte, mutig entgegentrat, hätten sie wohl ihre Freude gehabt.

Die Froschauerbibel von 1531

Beeindruckt haben wird sie die Hauptarbeit an der *Schola Tigurina*, für die das Griechisch- und Hebräischlernen die Voraussetzung bot: die exegetische Arbeit, die in der Bibelübersetzung ins Deutsche gipfelte. 1531 erschien beim Drucker Christoph Froschauer davon die schönste Frucht: eine aufwendig gedruckte Zürcher Vollbibel in deutscher Sprache mit Illustrationen.

Die Zürcher Übersetzer, allen voran Leo Jud, konnten auf frühere reformatorische Übertragungen, insbesondere von Luther zurückgreifen, haben aber doch selbstständig gearbeitet, gestützt auf die philologisch-theologischen Vorlesungen an der *Schola Tigurina*.[762]

Schon in vorreformatorischer Zeit waren deutsche Vollbibeln im Druck erschienen. Der Mentelin-Bibel von 1466 aus Strassburg folgte bald die berühmte, reich bebilderte Kölner Bibel von 1478/1479. Die Nachfrage im Adel und im Bürgertum war gross. Wer lesen und sich ein Buch leisten konnte – und das konnten dank der neuen Drucktechnik immer mehr –, der wollte die heiligen Texte auch selbstständig zu Hause studieren; für die Drucker war es ein lukratives Geschäft. Der Zürcher Drucker Froschauer hat von 1522 an zunächst neue Testamente mit dem Luthertext und dann auch Drucke mit einzelnen alttestamentlichen Büchern herausgegeben. Seit 1529/30 legte er die ersten Vollbibeln, übersetzt aus den hebräischen und griechischen Originalsprachen, auf. Die deutschen Vorgängerbibeln, Voll- oder auch Teilausgaben vor 1522, beruhten auf der *Vulgata*, dem seit Jahrhunderten eingeführten lateinischen Text, der dem heiligen Kirchenvater Hieronymus zuge-

Abb. 67: Titelholzschnitt von Hans Leu d. J. zur Zürcherbibel von 1531

schrieben wurde. Humanisten wie Lorenzo Valla (um 1405–1457), Faber Stapulensis (um 1450–1536) oder Erasmus von Rotterdam hatten auf Fehlübersetzungen in der *Vulgata* hingewiesen und Neuübersetzungen aufgrund der Originalsprachen gefordert und zum Teil auch geliefert. Erasmus' berühmtes griechisch-lateinisches Neues Testament erschien 1516. Es bot den Reformatoren ihre Textgrundlage. Eine dreisprachige Gesamtausgabe der Bibel, hebräisch, griechisch und lateinisch aus Alcalá, war von 1522 an auch nördlich der Alpen auf dem Markt. Die *Schola Tigurina* griff für das Alte Testament darauf zurück. Für die Übersetzung standen ihr frühere Teilübersetzungen ins Deutsche, insbesondere von Luther, zur Verfügung. Die Zürcher bemühten sich um grösstmögliche Nähe zum hebräischen und/oder griechischen Grundtext. Die Vollbibeln Froschauers von 1529/30 waren erschwingliche und handliche Ausgaben ohne Illustrationen.

Nun kam, gedruckt in Gebäuden des säkularisierten Barfüsserklosters,[763] die bis heute viel bewunderte prächtige Folioausgabe von 1531 heraus. Sie richtete sich an ein Publikum mit bibliophilen Neigungen, das die Schönheit der Holzschnitte würdigen konnte und bereit war, dafür auch einen hohen Preis zu zahlen. Sie kostete nämlich dreieinhalb Gulden, was etwa dem halben Monatslohn eines Pfarrers entsprach. Hans Holbein d. J. hat das Alte Testament illustriert. Sein Ruhm war längst über Basel hinaus gedrungen, wo Erasmus und sein Kreis den begabten Maler förderten. Er hatte bereits in Frankreich und in England Furore gemacht. Von Hans Leu d. J. stammt der Titelholzschnitt zum Alten Testament. Er hatte als Söldner unter Eberhard von Reischach gekämpft und Katharina von Zimmern hatte ihm als Äbtissin Aufträge erteilt. Aber auch ohne diesen Bezug hätte das Ehepaar Reischach-Zimmern genauso wie das Ehepaar Göldli-Waldburg die Bibel wohl angeschafft. Es dürfte in den angesehenen Familien Zürichs zum guten Ton gehört haben, diese Bibel zu besitzen, auch wenn bereits andere Bibelausgaben in ihren Bücherschränken standen. Die teuren illustrierten Foliobibeln fanden reissenden Absatz. Froschauer rühmte vor Vadian: *«Hab sy ouch kum mögend binden, sind alle verkoufft»*.[764] Die Auflage soll 3'000 Exemplare umfasst haben.[765]

Nicht nur die Illustrationen richteten sich an ein kunstsinniges, gebildetes Publikum. Auch das Vorwort sprach humanistisch Gesinnte an. Die Forschung hat sich den Kopf darüber zerbrochen, wer es geschrieben habe, und spricht es nun wieder Zwingli selbst zu.[766] Wer auch immer den Text verfasst hat, er ist zu grossen und den theologisch bedeutendsten Teilen «erasmisch». Die Gedanken stammen aus den Einleitungsschriften zum Neuen Testament, insbesondere aus der *Paraclesis* des Rotterdamers und aus dessen *Enchiridion*. Immer wieder enthält das Vorwort mehr oder weniger wörtliche Übersetzungen. Nur kurze apologetische Einleitungs- und Schlussworte, ein antipäpstlicher Einschub und die Zusammenfassungen der biblischen Bücher sind nicht deutlich an Erasmustexte angelehnt. Der oder die Verfasser haben denn auch Erasmus neben dem Kirchenvater Augustin als einzige Autorität genannt.[767]

Aus der Zusammenstellung von erasmischen Bildern und Beispielen ist ein für Gebildete und sicher auch für die ehemaligen Äbtissinnen ansprechender Text entstanden. Er ruft eindringlich zu einer frommen Bibellektüre auf. Die Lesenden sollen Gott um den heiligen Geist bitten, der allein die Schrift öffnen könne. Sie sollen sich der heiligen Schrift mit einem freien, reinen und demütigen Gemüt nähern. Stiessen sie auf etwas, das sie nicht verständen, dann sollten sie die Schrift nicht schelten. Sie sollten bedenken, dass sie vielleicht etwas nicht richtig begriffen, es sei vielleicht auch an einen Druckfehler zu denken. – Da ging Erasmus wesentlich weiter als das Zürcher Vorwort und zweifelte auch die Verlässlichkeit der Manuskripte an, auf denen sein griechischer Text beruhte. – Wenn die Lesenden, so das Vorwort weiter, über Stellen stolperten, in denen Gott zornig sei oder ihn etwas gereue, oder wenn Christus den Jüngern gebiete, zwei Schwerter zu kaufen, und doch auch geboten habe, dem Bösen nicht zu widerstehen, sondern auch die andere Backe zum Schlag hinzuhalten, dann solle der Glaube und die Liebe die Stellen miteinander versöhnen.[768] – Das Beispiel von den Schwertern und dem Backenstreich dürfte im Zürich zwischen den Kappeler Kriegen besonders aktuell gewesen sein. – Das Vorwort forderte weiter auf, Bibelworte nicht aus dem Zusammenhang zu reissen, sondern sie in den Kontext zu stellen. Sie seien auch nicht blind auf sich selbst zu beziehen, sondern es sei zu fragen: Wann, von wem, zu wem, wie und in welchen Zeiten und Umständen ein Wort oder Textteil gesprochen oder geschrieben worden sei. Für diesen «quellenkritischen» Ansatz nennen die Zürcher Augustin und Erasmus ausdrücklich.[769] Nach antipäpstlicher Polemik verteidigt das Vorwort wieder mit Erasmus das Übersetzen in die Volkssprache[770] und nach den Inhaltsangaben zu den biblischen Büchern folgt mit wörtlichen Übertragungen aus Erasmus' lateinischer *Paraclesis* das schöne Lob auf Christus: «Alles, was der Mensch begehren mag, findet er in der Lehre Christi. Wollen wir etwas lernen: Hier ist der Lehrmeister Christus. Suchen wir eine Form oder Regel für unser Leben, die finden wir hier am vollkommensten. Suchen wir Arzneien gegen die schweren Begierden und Anfechtungen des Fleisches, hier finden wir die gewissesten und heilsamsten. Willst du das schwache und träge Gemüt ermuntern, so lies die Heilige Schrift. Da findest du lebendige und kräftige Funken. Willst du dein Gemüt von den Beschwerden und Mühen entlasten, beruhigen und erfreuen, dann machst du das am besten, indem du die Schrift liest. Christus hat verheissen, er wolle bei uns sein bis zum Ende der Welt, das erfüllt er am allermeisten in der Schrift. Darin lebt er noch, atmet und spricht mit uns nicht weniger als zu der Zeit, da er noch bei den Menschen wohnte.»[771]

Die Zürcher Bibel mit ihrem Bemühen um philologische Sorgfalt und grösstmögliche Textnähe führte die noch junge Tradition des Bibelhumanismus zu einem Höhepunkt. Die Erfahrungen mit den Bauern auf der Landschaft und den Täufern, die aus der Bibellektüre anderes herauslasen als die Reformatoren und die Ratsherren, hinderten die Zürcher nicht daran, die Bibel unter den Laien zu verbreiten. Beschäftigt aber hat sie das Problem. Sie konnten sich nicht enthalten, in ihrem Vorwort am Ende zu schreiben: «Und wenn es auch etliche gibt, die das Lesen der Schrift missbrauchen zu ihrem Vorteil, zu Geiz, Gehässigkeit und für ihre Begierden, die fleischliche Freiheit daraus ableiten und andere Leute lehren, die Wahrheit zu bekämpfen, soll uns das doch nicht daran hindern, gute Bücher zu drucken und zu lesen.»

Zürich und der Abt von St. Gallen

Der Thurgau war nur *ein* «Schlachtfeld» der Zürcher gegen den päpstlichen Glauben. In der Fürstabtei St. Gallen war das Jahr des Zürcher Schirmvogtes abgelaufen und nun verwehrten die Zürcher, dem turnusgemässen Luzerner Nachfolger einzuziehen. Zürich glaubte, sich zusammen mit Glarus als rechtmässigen Herrn der Fürstabtei ausgeben zu dürfen. Denn die Gotteshausleute, so verteidigte Zürich sich an der Tagsatzung, hätten sich im Glauben mit ihnen gleichförmig gemacht. Sie hätten sie gebeten, sie zu schirmen gegen den Abt. Der habe sich dem Mehr seiner Untertanen widersetzt und sich unterstanden, das «Papsttum zu erhalten». Könne er indessen seinen «vermeintlichen Mönchsstand» nach der Heiligen Schrift als christlich und gerecht erweisen, dann wollten sie seine Rechte gern schützen. Der Abt aber habe darauf nie geantwortet. Er sei hinter ihrem Rücken ausser Landes geflohen und habe das Eigentum der Abtei im Wert von 200'000 Gulden *«unerbarlich»* entführt. Als Landflüchtiger falle der *«vermeint Abt»* nicht unter den Landfrieden. Weil die Luzerner und Schwyzer aber dem Abt, der von seiner Kutte nicht lasse, wieder zu seiner Herrschaft verhelfen wollten, hätten die Zürcher der Bitte der Gotteshausleute nachgeben müssen. Sie beharrten darauf, die Fürstabtei weiter zu verwalten. Wenn die Inneren Orte einen Hauptmann ins St. Gallische schicken wollten, sei ihnen das unbenommen, solange dieser den Zürcher Hauptmann als «Haupt und Herren» anstelle des Abtes anerkenne und sich ihm unterwerfe.[772]

Zürich konnte sich solch eine Sprache erlauben, weil die Stadt, anders als die übrigen Eidgenossen, es darauf ankommen liess, einen Krieg heraufzubeschwören. Eine starke Partei, die sich um Zwingli scharte, arbeitete geradezu auf einen Krieg hin. Dass die Innerschweizer keine «freie evangelische Predigt» nach Zürcher Verständnis zuliessen, war für sie Kriegsgrund genug. Da konnten die Innerschweizer noch so sehr darauf pochen, auch bei ihnen werde das Evangelium gelesen, und im Übrigen habe der Landfrieden jedem Ort freigestellt, seinen Glauben zu leben. Die Mehrheit in den Zürcher Räten glaubte an ihr Recht und ihre Pflicht, für «das Evangelium» kämpfen zu müssen. Wer zum Frieden mahnte, hatte einen schweren Stand. Einflussreiche Ämter, insbesondere der Zuzug zum Heimlichen Rat, blieben den Friedensfreunden verwehrt. Kriegstreiber führten das grosse Wort. Freunde des Ehepaars Reischach-Zimmern, wie Georg Göldli und Hans Escher, gehörten nicht zu den Befürwortern eines innereidgenössischen Krieges.[773] Zu welcher Partei die Reischachs selbst neigten, wissen wir nicht. Sicher aber ist, Reischach unterstützte als Herzog Ulrichs Diener die riskanten aussenpolitischen Pläne Zwinglis und das Ehepaar machte sich die politische Stimmung zunutze. Nachdem die Pensionenprozesse und eine neue Kriegsordnung viele erfahrene Krieger aus der Stadt verdrängt hatten, mussten kampferprobte Hauptleute in der Stadt erwünscht sein. Jedenfalls konnten die Reischachs im Rat mit freundlichem Entgegenkommen rechnen.

Kampf um das väterliche Erbe

So wandte sich Katharina im Kampf um ihr väterliches Erbe erfolgreich an die Ratsherren. Katharina hatte, wie die meisten Chorfrauen auf ihr Erbe verzichtet. Schon seit 1528 hatte das Ehepaar versucht, die Gebrüder Zimmern zur Herausgabe eines Heiratsgutes zu bewegen. Als Äbtissin hatte Katharina freundschaftlich mit ihrer Familie verkehrt,[774] seit der Übergabe der Abtei und der Heirat Katharinas aber scheint die Beziehung schwer belastet gewesen zu sein. Die Reischachs wandten sich jedenfalls nicht direkt an Katharinas Brüder. Sie bedienten sich des Verwandten und Freundes Georg von Hewen. Der wurde im Jahre 1528 bei den Brüdern schriftlich und mündlich vorstellig für das Ehepaar, das durch die bezahlte Bürgschaft für Herzog Ulrich sicher finanziell schwer angeschlagen war. Zunächst freilich hatte Hewen keinen Erfolg. Ein Jahr später, im April 1529, bat er um ein Treffen zwischen Hans Werner und

◀ Seite 303f., 317f., 321–323

Gottfried Werner von Zimmern mit Eberhard von Reischach und befreundeten Vermittlern, damit sie über das Heiratsgut verhandeln könnten.[775] Ob es damals zu einem Treffen kam, ist nicht überliefert. Der Chronist, Christoph Froben von Zimmern, weiss zu berichten, die Brüder hätten Reischach auf sein Drängen nicht viel geantwortet und sich auf den Erbverzicht verlassen. Eberhard aber habe mit Gewalt gedroht.[776] Hat er auf eine Wiedereinsetzung von Herzog Ulrich und auf entsprechende Druckmittel gesetzt oder wäre an eine spontane Fehde zu denken? Das erste Mal wäre es nicht gewesen, dass Reischach sich an Landfriedensbruch beteiligt hätte. Die Landesherren bemühten sich, Fehden zu unterdrücken, aber Adlige suchten immer noch für sich selbst Recht oder gaben vor, für ihr gutes Recht zu kämpfen. Eberhard von Reischach war nicht nur 1512 an einer Fehde seines Neffen Benedikt von Friedingen beteiligt gewesen; er soll sich auch schon 1483 in diesem Umfeld an «Mord und Totschlag» beteiligt haben.[777] Vielleicht bezeichnete der Chronist auch das Einschalten von Zürich als «Gewalt».

Sicher ist: Katharina bat den Zürcher Rat, sich bei ihren Brüdern für ihr Erbe einzusetzen. Seite 311–313 ➲ Wie in der Übergabeurkunde machte sie einleitend geltend, ihr Vater habe sie der Fürsorge und Obhut des Rates von Zürich anvertraut, als er sie ins Fraumünster gegeben habe. Der Rat habe sich ihrer und ihrer Schwester denn auch getreulich angenommen. Darum nun wende sie sich auch jetzt an ihn. Sie argumentierte: Ihre Brüder würden ihr ihr Heiratsgut unrechtmässig vorenthalten. Ihre Brüder hätten sie vor etwa zwanzig Jahren mit allerlei Versprechungen zum Erbverzicht überredet zugunsten eines Leibgedings von 20 Gulden. Der Chronist weiss das Jahr: 1509. Katharina hat sich also nicht wie ihre Schwester schon 1488 und auch nicht 1496, als ihr Vater sie dringend darum bat, zu einem Erbverzicht durchgerungen.[778] Sie sprach ihn erst aus, als die Familie wieder rehabilitiert war und die Brüder eben das Erbe ihres verstorbenen Onkels unter sich teilten. Damit verfügten sie neu überhaupt erst über ein eigenes Erbe und waren auch in der Lage, für den Verzicht im Gegenzug etwas zu leisten.[779] Aber nach Katharina haperte es mit der Gegenleistung. Die ehemalige Äbtissin erklärte gegenüber dem Rat, die Brüder hätten ihr wohl ein Leibgeding versprochen, es aber nie ausgezahlt. Sie hätten sich also nicht an die Verabredung gehalten. Darum glaube sie nun ihrerseits, auch nicht mehr an ihren Erbverzicht gebunden zu sein. Sie sei darum mit ihrem Ehemann übereingekommen – es habe sie *«beidersits rätig und gut beducht»* –, ein angemessenes Heiratsgut zu fordern. Die Brüder seien indessen nur bereit gewesen, ihr künftig die damals verabredete Leibrente zu zahlen. Sie aber wolle nach Recht und Billigkeit auf ihrer Forderung bestehen, den Erbverzicht also nicht mehr anerkennen. Insbesondere aber wollte Katharina als rechtmässige Erbin ihres Vaters anerkannt sein. Es sei für sie unerträglich, sich als «Gasterbin», als eine nicht zur Familie gehörende Erbin anzusehen: *«Dann mich also fur ein gasterbn anzesehn mir gentzlich swär und unlydenlich je ze verduldn* Seite 313 ➲ *khempt.»*[780]

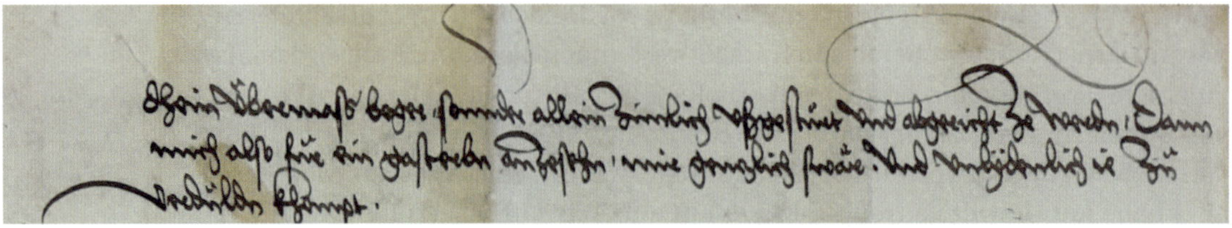

Abb. 68: Katharina von Reischach-Zimmern bittet den Zürcher Rat, sich für ihr väterliches Erbe einzusetzen. Sie wolle keine Gasterbin sein.

Dass Katharina den Rat um Hilfe bat, lag nahe. Zürich unterstützte ausgetretene Nonnen, wenn sie sich um ihr väterliches Erbe bemühten.[781] Tatsächlich hat sich der Rat für sie eingesetzt. Nachdem Eberhard von Reischach am 12. September 1531, Seite 313f. etwa einen Monat vor der Schlacht von Kappel, die Sachlage auch noch persönlich dem Rat dargelegt hatte, sandten die Zürcher Herren gleichentags einen Brief an die Brüder Hans Werner und Gottfried Werner von Zimmern mit der Bitte, Katharina ein Heiratsgut auszurichten.[782] Der Ratsbrief zeigt: Die Reischachs waren 1531 vor der Schlacht von Kappel für Zürich bedeutende Leute, so bedeutend, dass der Rat sich für sie einsetzte.

Die Schlacht von Kappel

Bern sträubte sich gegen die Kriegspläne aus Zürich, aber seine Empörung wuchs, als die Innerschweizer den Bündnern im Müsserkrieg nicht zu Hilfe eilten. Die Berner glaubten fälschlich mit Zürich, der lokale Angriff des Müssers, des mailändischen Söldnerführers, im Veltlin sei der Beginn einer grossen kaiserlichen Abrechnung mit dem «neuen» Glauben und die Innerschweizer ständen auf der Gegenseite. Dennoch war Bern nicht bereit, den Bundesschwur mit einem Kriegseinfall in die Innerschweiz zu brechen. Als Kompromiss einigten sich die Berner Ratsherren mit Zürich auf eine Proviantsperre. Zwei unfruchtbare Jahre hatten die Teuerung schon hinaufgetrieben. Zürich und Bern hofften nun, die Bevölkerung in der Innerschweiz durch Hunger zum Aufruhr anzustacheln und dadurch die katholischen Obrigkeiten schnell zum Einlenken zu bewegen. Das Ziel Zürichs war nach wie vor: freie Evangelische Predigt im Sinne Zwinglis. Die Hoffnung trog. Die aufgebrachte Landbevölkerung der fünf Orte rebellierte nicht gegen ihre Regierungen und empörte sich nicht über die «Pensionenfresser». Sie sann im Gegenteil auf Rache an Zürich und Bern. Während die Zürcher und Berner Landleute ihre Herren in der Stadt zum Frieden mahnten, drängten die Innerschweizer Untertanen zum Krieg. Obwohl sie militärisch schwächer waren und sich auf die Hilfe des Kaisers nicht verlassen konnten, erklärten ihre Regierungen schliesslich den Krieg.

Bekanntlich machte Zürich viel zu spät mobil. Zunächst liess es gar nicht das Hauptbanner unter Rudolf Lavater, sondern nur ein «Fähnlein» unter Georg Göldli, dem frischgebackenen Ehemann der Truchsessin Katharina von Waldburg, nach Zug ziehen.[783] Eberhard von Reischach und sein Sohn Anstett werden erst später mit dem Hauptbanner geritten sein, mit dem auch Zwingli marschierte. Sie fielen wie der Reformator in der Schlacht von Kappel am 11. Oktober 1531.[784] Der Verlauf der Schlacht ist bestens dokumentiert, aber über die näheren Todesumstände von Eberhard von Reischach und seinem Sohn ist noch weniger bekannt als über die von Zwingli.[785] Ob Reischach tatsächlich, wie Anshelm berichtet, vor der Schlacht «kundig und kriegserfahren» zusammen mit Zwingli zu einer anderen Aufstellung hinter dem Graben geraten hatte, bleibe dahingestellt, erst recht, ob das die Katastrophe verhindert hätte.[786] Eine Katastrophe war es nicht nur für Katharina, die ihren Mann und ihren Stiefsohn verlor und allein mit den beiden Töchtern, ihrer noch kleinen Tochter Anna und der älteren gleichnamigen Stieftochter Anna, zurückblieb. Die Schlacht bei Kappel und die folgende Schlacht am Gubel waren auch eine Katastrophe für Zürich. Die zahlenmässig unterlegenen, aber viel wagemutigeren Innerschweizer hatten die Evangelischen zweimal besiegt. Über 1'000 Zürcher waren gefallen.

Abb. 69: Die Schlacht von Kappel aus der Stumpf-Chronik von 1548

Das Leben geht weiter

TEIL V

NACH DER SCHLACHT VON KAPPEL

Schnell verbreitete sich die Nachricht, Zürich sei bei Kappel geschlagen worden. Thomas Platter schilderte farbig, wie die Nachricht davon am Abend nach Zürich kam: Es war in der Dämmerung, eben wurden die Lichter angezündet, da läuteten die Glocken Sturm. Platter erwischte im Haus von Myconius, dem Schullehrer am Fraumünster, eine Hellebarde und einen Degen und lief mit den erschreckten Bürgern zur Sihlbrücke. Wer sich schon bewaffnet hatte, überquerte den Fluss und marschierte Richtung Albis. Bald kamen ihnen die ersten Verwundeten entgegen. Es war ein schrecklicher Anblick. Viele bluteten; einem hingen aus offenen Wunden Eingeweide heraus, mancher hatte nur noch eine Hand, andere mussten ihre Köpfe stützen. War Katharina damals in Zürich? Ist auch sie mit den Töchtern zur Sihlbrücke gelaufen? Hat sie die Blessierten gesehen und der kleinen Anna schnell die Augen verdeckt, um ihr die schreckliche Szene zu ersparen? Oder weilte sie noch in Diessenhofen oder bei der hochschwangeren Regula Appenzeller in St. Gallen?

Ob sie nun in Zürich war oder nicht, gehört hat sie sicher von den Verwundeten. Platter berichtete, er wäre am liebsten bei deren Anblick mit anderen Freiwilligen in die Stadt zurückgeflohen. Aber Soldaten versperrten ihnen den Weg. So zog er zum Albis. Dort trafen die Freiwilligen auf Reste des Zürcher Banners, aber niemand ordnete oder verpflegte sie. Platter kehrte wieder um. Als er in

Myconius' Haus trat, fragte der Schulmeister: «Wie ist es gegangen? Ist Zwingli umgekommen?» Platter antwortete: «Ja, leider.» Darauf rief Myconius verzweifelt aus, dann wolle er nicht mehr in Zürich bleiben.[787] Ob Platter oder verwundete Rückkehrer bereits am 12. Oktober auch die traurige Kunde von Eberhard und Anstett von Reischachs Tod nach Zürich brachten, ist nicht überliefert. Vielleicht blieben Katharina Reischach und ihre Kinder noch länger im Ungewissen. Vielleicht wohnten sie noch in Diessenhofen und erhielten erst dort die Todesnachricht. Wie hat Katharina getrauert? Hätte sie ihrem Mann gern eine Kerze angezündet oder gar eine Seelenmesse singen lassen?

Das war in Zürich und in Diessenhofen nicht mehr möglich. Selbst wenn ihr Mann zu Hause gestorben wäre, hätte er nur ein anonymes Grab auf dem Friedhof bekommen. Denn in Zürich gab es keine Grabsteine mehr und Totenriten waren verboten; nur ein kurzes Gebet in der Kirche war erlaubt. Das Gebet galt nicht dem Verstorbenen, denn der ruhe in Gott und bedürfe keiner Fürbitte mehr.[788] Dennoch war auch einem Reformator wie Bullinger wichtig, von einem Grab Angehöriger zu wissen. In seinem *Diarium*, seinem Tagebuch, hielt er genau fest, wo sein Vater nahe beim Eingang des Grossmünsters beerdigt wurde.[789]

Über die Bestattung der Gefallenen in Kappel berichtet Bullinger, der Rat habe beschlossen, sie auf Kosten der Stadt begraben zu lassen. Darauf seien einige Männer und Frauen dorthin gezogen und hätten grosse Gruben ausgehoben. 383 Gefallene hätten sie so bestattet und pro Leichnam 4 Batzen Lohn erhalten.[790] Hat sich Katharina an die in Stein gehauenen Gräber ihrer Vorfahren erinnert, an die Familiengruft in Messkirch, an die Totengebete, die ihre Mutter für den Grossvater verrichtete und die aufwendigen Totenfeiern und Jahrzeiten zu Hause in ihrer Kindheit, aber auch im vorreformatorischen Zürich in ihrer Äbtissinnenzeit?[791] Hat sie, wenn sie an die Todeswunden ihres Mannes dachte, in den Wunden Christi und im Gebet Trost gefunden? Hat sie ihre Lieben bei Christus aufgehoben gewusst und mit den Reformatoren den Tod als einen fröhlichen Übergang in den Himmel verstanden? Hat sie zum Trost und, um sich aufzurichten, Psalmverse gesummt, die sie im Fraumünster lateinisch gesungen hatte und sicher auswendig kannte, etwa Ps 37,5: «Befiehl dem Herrn deine Wege und hoffe auf ihn. Er wird's wohl machen.»?

Noch in Diessenhofen wohnhaft oder schon in Zürich erfuhr Katharina sicher auch von der Geburt des kleinen Sebastian Uriel Appenzeller in St. Gallen. Das war der spätere Pfälzer Rat, der laut seinem Grabstein ein Nachfahre von Katharina von Zimmern und Eberhard von Reischach war.[792] Er wurde am 2. November 1531 getauft.[793] Vielleicht nahm Katharina in St. Gallen an der Tauffeier teil. Die Mutter des kleinen Sebastian Uriel, Katharinas geliebte Regula, konnte sich nicht lange an dem Neugeborenen und ihren anderen kleinen Kindern freuen. Sie muss an der Geburt oder bald darauf gestorben sein. Möglicherweise hat Katharina schon zusammen mit der Nachricht von der Geburt auch die Todesnachricht bekommen. Jedenfalls heiratete Regulas Mann Sebastian Appenzeller im Juli 1533 ein zweites Mal.[794] Katharina von Zimmern hat mit Eberhard von Reischach und

Regula Appenzeller auf jeden Fall zwei ihr sehr nahestehende, geliebte Menschen kurz hintereinander verloren.

Politische Kämpfe in Zürich

Spätestens jetzt wird sie mit der kleinen Anna – vielleicht auch mit der erwachsenen Stieftochter Anna – nach Zürich gezogen sein, wo sie erst Weihnachten 1536 auf das Wohnrecht im Fraumünster verzichtete. Solange wird sie in den alten Äbtissinnenräumen im ersten Stock gelebt haben.[795]

In Zürich hatte sie einflussreiche Freunde, die ihr helfen konnten, den Nachlass ihres Mannes zu ordnen. An erster Stelle ist Hans Escher zu nennen, der nach den verlorenen Schlachten in Kappel und am Gubel Hans Rudolf Lavater als Oberbefehlshaber ablöste und die Friedensverhandlungen für Zürich führte.

Auch lebte hier ihre Kusine Katharina geb. Truchsessin von Waldburg, die gerade erst den guten Freund, Georg Göldli, geheiratet hatte. Göldli kehrte nach Zürich zurück, allerdings in seinem Ruf schwer geschädigt. Für Zwinglis Anhänger war klar: Der Reformator, der der Stadt als guter Hirte den wahren Glauben verkündigt hatte, war nicht schuld an der Niederlage. Aber wer dann? Es lag nahe, die militärischen Führer zur Verantwortung zu ziehen. Lavater warfen viele Zürcher vor, er

Abb. 70: Kirche und Abteigebäude des Fraumünsters, in dem Katharina bis 1536 Wohnrecht hatte. Seit 1537 wurden die oberen Stuben für das neue Alumnat umgenutzt.

sei feige geflohen und habe nicht den richtigen Ton mit den «Milizionären» gefunden. So habe er die Niederlage mit verursacht. Gegen Göldli waren die Anklagen schwerwiegender: Er habe Zürich verraten. Er habe sich vor der Schlacht mit seinen Brüdern Kaspar und Renward getroffen. Beide Brüder hatten wegen Pensionenprozessen Zürich verlassen und standen nun auf Innerschweizer Seite. Es hiess, Georg Göldli habe mit ihnen gemeinsame Sache gemacht und die Zürcher vorsätzlich dem Verderben preisgegeben. Der Rat sah sich zu einer Untersuchung gezwungen. Er rief die Hauptleute zurück und ernannte Hans Escher zum Oberbefehlshaber. Der Rat sprach Lavater und Göldli schnell von allen Vorwürfen frei. Sie hätten «das Beste getan». Nach heutigem Forschungsstand war die Anklage gegen Göldli tatsächlich aus der Luft gegriffen.[796] Aber das Gerücht liess sich nicht mehr unterdrücken. Es wurde durch die sofort einsetzende Zwingliverehrung wohl bestärkt und am Leben erhalten. Jedenfalls schrieb Thomas Platter um 1566: Georg Göldli sei überführt worden, er habe die Zürcher verraten und aus der Stadt weichen müssen.[797] Überführt wurde er nicht und er verliess, wohl der üblen Nachrede müde, Zürich aus freien Stücken.[798]

Er erwarb das Bürgerrecht im damals reformierten Konstanz und hat dort 1533 ein herrschaftliches Anwesen, den Tettikoferhof, erworben.[799]

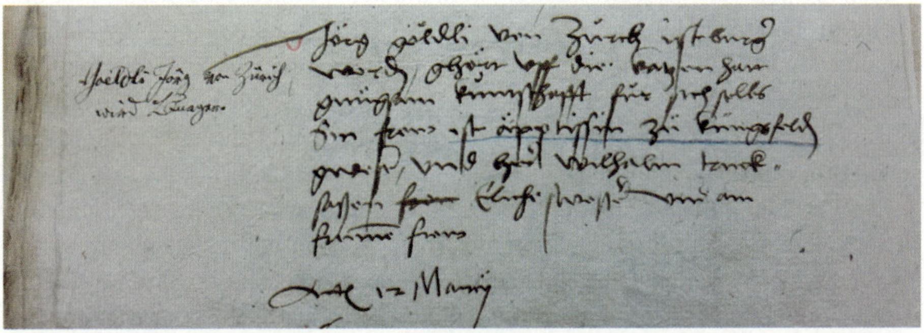

Abb. 71: Eintrag ins Konstanzer Bürgerbuch zu Georg Göldli und seiner Frau, der ehemaligen Äbtissin von Königsfelden, 1533

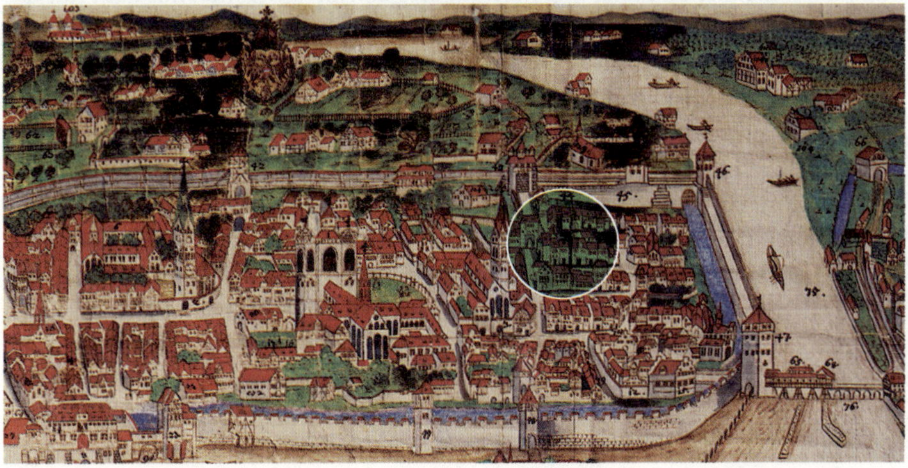

Abb. 72: Der Tettikoferhof, Wohnhaus von Georg Göldi und Katharina von Waldburg 1533–1537. Vogelschau von Konstanz um 1600, vermutlich von Nikolaus Kobalt

Zunächst aber wohnte er noch mit seiner Frau im Göldliturm in Zürich. Dort werden heftige Reden gewechselt worden sein, insbesondere wenn auch Hans Escher zugegen war. Der Zwinglifreund Johannes Stumpf charakterisiert ihn in seiner Chronik als Gegner der Kappeler Kriege und als unzuverlässig, was den evangelischen Glauben betrifft: *«Der waß nun mer zum friden dan zum krieg geneigt, ouch dem nüwen evangelischen glouben, darumb dan der krieg merteyls syn übung hat, nit zum allergünstigosten.»*[800] Auch berichtet er, Hans Escher habe während der Friedensverhandlungen den Hauptleuten der fünf Orte zuliebe ein Kind aus der Taufe gehoben. Ein Anführer der Zürcher Landleute, die Frieden gefordert hatten, ein Bauer aus Thalwil, hatte die «Obristen» der Inneren Orte zu Gevatter gebeten. Hans Escher vertrat sie bei der Taufe. Zu dem versöhnenden Akt des Bauern bemerkte Stumpf kritisch, das habe vielen missfallen, als ob der Bauer nicht genügend Zürcher hätte als Paten anfragen können.[801]

Die gern kolportierte, unglaubliche Geschichte, wie Hans Escher gedroht habe, Leo Jud, den überlebenden Pfarrer von St. Peter und Mitstreiter Zwinglis, zu erstechen, weil der den mühsam erreichten Frieden geschmäht habe, hat Stumpf nur in einer handschriftlichen Erstversion erzählt, sie aber nicht in seine gedruckte Chronik aufgenommen. Auch Bullinger bringt sie nicht. Das hinderte Historiker freilich nicht, sie als Tatsache zu berichten. Danach hätten der Bürgermeister und Rat ihren obersten Feldhauptmann und Friedensunterhändler nicht selbst empfangen und den bei den Truppen überaus Beliebten von einem Ratsknecht erfolgreich unter Druck setzen lassen. Er habe erst nach langem Zögern und bedroht von hinzugelaufenen Bürgern beschworen, er werde Jud nichts antun.[802] Offenbar hat schon Stumpf das bei näherem Hinsehen nicht mehr geglaubt.

Die Erzählung zeigt aber deutlich die brodelnde und aufgeregte Stimmung, in der solche Gerüchte herumgeboten wurden. Der Rat hat dagegen bereits fünf Tage nach dem Friedenschluss vom 16. November Escher und weiteren Verantwortlichen in einer Urkunde bestätigt, sie hätten zu «Lob, Ehr und Nutzen» der Stadt allen möglichen Fleiss angewendet und im Einvernehmen mit dem Rat das unter den gegebenen Umständen Beste ausgehandelt.[803] War doch die Lage vor dem Friedensschluss ausgesprochen prekär. Die Truppen rebellierten; Desertionen häuften sich. Insbesondere die durch ihre Grenznähe besonders gefährdeten Gemeinden am See waren nach zwei verlorenen Schlachten nicht mehr bereit, für die Stadt gegen ihre unmittelbaren Nachbarn in den Krieg zu ziehen. Sie drohten, sich von Zürich zu lösen und den fünf Orten zu schwören. Die Stadt musste sich dem Widerstand schliesslich beugen.

Die Gruppe um die reformierten Pfarrer, die sich dem aus ihrer Sicht schmählichen Frieden entgegenstemmten, konnte sich nicht durchsetzen. Sie konnte den Friedensschluss nur hinauszögern und verschlimmerte so die Lage, sahen doch die ersten Friedensangebote für die besiegten Protestanten eine vorteilhaftere Version vor. Nicht nur katholische Minderheiten hätten die Erlaubnis haben sollen, einen Priester anzustellen, auch protestantische Minderheiten hätten einen Prediger berufen dürfen; das Pfrundgut sollte jeweils geteilt werden.[804] Als die Seegemeinden bereit waren, sich von Zürich zu lösen, mithin Zürichs Schwäche offenbar wurde, verschärften die siegreichen fünf Orte den Artikel wie folgt: Gemeinden, die bereits protestantisch sind, dürfen bei ihrem Glauben bleiben. Katholiken aber können eine Abstimmung neu begehren und eine katholische Minderheit kann die Gemeindeteilung verlangen. Den Protestanten steht das gleiche Recht nicht zu.[805]

Für Pfarrer wie Leo Jud und ihre Freunde war das unannehmbar. Noch schlimmer war: Im Vertrag wurde der katholische Glaube als wahrer, unbezweifelbarer Glaube bezeichnet: Die fünf Orte dürfen *«by irem waren ungezwyfelten christenlichen glouben»* bleiben.[806] Viele Pfarrer sahen das Werk Zwinglis wanken und fühlten sich verraten, ja fürchteten, die politischen Gegner wollten sie und den reformatorischen Glauben auslöschen. Wenn Hans Escher auch kaum Leo Jud erstechen wollte, so wird die ehemalige Äbtissin von ihm doch allerhand kritische Reden über die Pfarrerschaft zu hören bekommen haben.

Platter berichtet, wie heimziehende Schwyzer in Zürich Unterkunft suchten. Mancher Zürcher fürchtete, die Innerschweizer kämen nicht mit friedlichen Absichten. Die Feinde von gestern wollten vielmehr mithilfe von verräterischen Mitbürgern, deren es nur zu viele gebe, morden und brennen und insbesondere den bekannten Freunden und Helfern Zwinglis, Pfarrer Leo Jud und Schulmeister Oswald Myconius, ans Leben. Tatsächlich habe denn auch der treulose «Klotz-Escher», wie seine Gegner Hans Escher nannten, sie in die Stadt geführt und ihnen gewaltsam Herberge geschaffen. Die Schüler von Myconius hätten ihren Lehrer in einem anderen Haus verstecken müssen und Platter habe sich mit ihm ins gleiche Bett gelegt, mit einer Hellebarde ihn schützend.[807] Bei Bullinger klingt es anders und glaubwürdiger: Es sei zu einem bewaffneten Auflauf der argwöhnischen Bürger gekommen vor dem Rathaus und dem Rennwegtor. Der Rat schickte eine Abordnung, um die Bürger zu beruhigen. Mit den Innerschweizern sei ein Friede geschlossen worden, erklärten die Räte, niemand müsse sich fürchten. Die Menge aber wurde immer aufgeregter und einige Empörte stiessen *«allerley selzamer fräffner* [frevlerische] *reden»* aus, so dass der Rat später etliche Bürger verhaftete. Die Ratsherren sahen sich gezwungen, der bedrohlichen Versammlung entgegenzukommen. Sie schlugen vor, die Schwyzer vor den Toren der Stadt an der Sihl unterzubringen. Hans Escher wurde als erfahrener Diplomat gebeten, diesen Verstoss gegen das Gastrecht den Schwyzern beizubringen.[808] Sicher ist, die Stimmung in der Stadt war und blieb aufgeheizt.

Der Kappeler Brief

Die Kompromisse, die die Stadt mit der Landschaft schliessen musste, waren wesentlich bedeutsamer als die mit den Bürgern. Dort begehrten nicht die getreusten Anhänger Zwinglis auf, sondern empörte Bauern. Sie gaben der Pfarrerschaft und dem Heimlichen Rat die Schuld am Krieg und an der Niederlage. Der sogenannte Heimliche Rat bestand aus einer wechselnden Gruppe von Ratsherren um Zwingli, die grossen Einfluss auf die Politik ausgeübt hatten. Am 28. November sandte die Landschaft einen Forderungskatalog an den Rat, mit dem sie sich für die Zukunft vor einem eidgenössischen Bürgerkrieg absichern wollte. Tatsächlich verabschiedete der Rat am 9. Dezember 1531 den sogenannten Kappeler Brief. Danach durfte er ohne Zustimmung der Landgemeinden keine Bündnisse mehr abschliessen und keinen Krieg anfangen. Die Pfarrer wurden vom erneuerten Rat überwacht, insbesondere sollten sie Frieden halten, auf alles Schmähen und Hetzen verzichten und sich nicht mehr in weltliche Händel einmischen.[809] Die Untertanen auf dem Land setzten sich gegen die ratsherrliche Obrigkeit durch und erkämpften sich wichtige Rechte. Jetzt waren sie erfolgreicher als in den Bauernunruhen von 1525. Der Heimliche Rat wurde abgeschafft, einige Ratsherren entfernt und der Einfluss der Pfarrerschaft zurückgebunden. Bis zum ersten Villmerger Krieg von 1655 hielt der fragile Frieden in der konfessionell getrennten Eidgenossenschaft.

Eine Kirchweihfeier von 1533 erneuerte die Freundschaft zwischen den konfessionell gespaltenen Orten. Von Zug und aus der übrigen Eidgenossenschaft seien sie nach Zürich gekommen. Auf der Rüdenzunft schenkten die Zürcher ihnen den Ehrenwein ein. Sie führten sie mit Trommeln und Pfeifen durch die Stadt, erwiesen ihnen grosse Ehre und trieben viel Hoffart, berichtet Johannes Stumpf.[810]

Die offene Feindschaft des Landvolkes musste das Misstrauen gegen kritische Bürger in der Stadt noch mehr schüren. Wilde Gerüchte kursierten. Die Messe solle wiedereingeführt werden, hiess es.[811] Auch sammelten sich erneut Täufer in Zürich. Zwei waren nicht bereit, zu widerrufen und wurden hingerichtet.[812] Der Rat sah sich zu einem neuen Reformationsmandat gezwungen. Es zeigte ein Doppelgesicht: Taufe und Abendmahl wurden nun zum verpflichtenden Sakrament für alle erklärt. Sie begründen und erhalten, führte der Rat aus, die Gemeinschaft in der Stadt. Wer anderswo an einer Messfeier teilnehme und kommuniziere, der vergehe sich gegen die Stadtgemeinschaft und werde verbannt. Denn, so formulierte das Mandat: Die Messfeier sei ein «Missbrauch», der das Leiden Christi schmälere. Ein Vorwurf, den die Inneren Orte nicht hinnehmen wollten. Es kam zum Mandatsstreit und die Zürcher mussten am Ende das Mandat einziehen.[813] Andererseits zeigte der Rat in dieser umstrittenen Reformationsordnung doch Kompromissbereitschaft: Wer sich stille halte und nicht gegen die Zürcher Konfession auftrete, der solle nicht behelligt werden. Verweigere er die Teilnahme am Abendmahl, so werde er zu keinen Ämtern zugelassen, aber er könne in der Stadt bleiben und seinen Geschäften nachgehen.[814]

War somit eine stille Messe heimlich zu Hause am Privataltar möglich? Pfarrer Leo Jud glaubte das offenbar. Jedenfalls beschuldigte er den Rat, die Messe zu dulden und überhaupt den päpstlichen Glauben zu fördern. Der Rat sah sich gezwungen, sich gegen einen ganzen Katalog von Klagen zu verteidigen, die Jud auf der Kanzel gegen ihn erhoben hatte, um Zwinglis Erbe zu schützen: Der zweite Kappeler Frieden sei unchristlich, mit ihm habe der Rat den päpstlichen Glauben bekräftigt. Auch habe er evangelisch gesinnte Männer aus dem Rat ausgeschlossen und zuvor Verstossene aufgenommen. Tatsächlich hatte der Rat ja auf die Klage der Gemeinden hin einige als Kriegstreiber verschriene Heimliche Räte ersetzt.[815] Der Rat habe vieles versprochen, aber wenig gehalten, sich insbesondere nicht für vertriebene evangelische Pfarrer eingesetzt. Für den Rat besonders ehrverletzend, klagte Jud, die Herren hätten sich wie Falschspieler verhalten. Der Rat verteidigte sich ausführlich gegen die Anschuldigungen: Vor allem hätten die aufreizenden Predigten der Pfarrer dazu geführt, dass der für Zürich so günstige erste Kappeler Landfriede nicht gehalten habe. Der zweite Kappeler Friede aber auferlege ihnen Rücksichten. Anders als Jud glaubten die Ratsherren, die alte Politik Zürichs als Vorkämpfer und Schirmherr der Evangelischen in der Eidgenossenschaft und darüber hinaus sei nicht mehr möglich. Im Übrigen erinnerten die Ratsherren ihren Pfarrer immer wieder an das Gebot der Feindesliebe und an die von Christen geforderte Vergebungsbereitschaft. Sie haben schliesslich Leo Jud verwarnt, wie sie zuvor ihren neuen Pfarrer am Grossmünster, Heinrich Bullinger, verwarnt hatten. Die Geistlichen sollten sich nicht in die politischen Geschäfte einmischen, sondern allein das Evangelium verkündigen.[816] Aber sie haben ihre Pfarrer nicht gestraft. Die Geistlichkeit konnte weiter für ihre Sicht einstehen und insbesondere das Erbe von Zwingli verteidigen.

Das Prophetenamt

Schon im Januar 1532 hatte Bullinger am Karlstag im Grossmünster vor allen Pfarrern von Stadt und Landschaft Zürich eine programmatische Rede gehalten, die bereits einen Monat später im Druck erschien. Er betitelte sie *De prophetae officio*, über das Amt des Propheten.[817] Ein Prophet war für ihn nicht ein Seher in die Zukunft, er war ein Exeget, ein humanistisch gebildeter, vom heiligen Geist bevollmächtigter Ausleger der Schrift. Der Prophet, so Bullinger, verkündigt Gnade und Gericht Gottes und ruft so mahnend die bürgerlich-kirchliche Gemeinde samt ihrer Obrigkeit zu einem christlichen Leben und Handeln auf. Ihm ist die Autorität verliehen, über das sittliche Verhalten der Gläubigen zu urteilen und sie, wenn nötig, aus der Gemeinde auszuschliessen. Mutig soll er zur Liebe aufrufen, Lieblosigkeit strafen und gütig Gottes Gnade verkündigen, die Christus durch sein Leiden für alle Menschen erworben hat. Dazu gehöre auch Kritik an einer unchristlichen Politik. Kritik üben zu dürfen, das hatte sich Bullinger, bevor er die Berufung als Pfarrer ans Grossmünster annahm, erfolgreich ausbedungen. Dieses kritische Prophetenamt übertrug Bullinger allen Pfarrern Zürichs.

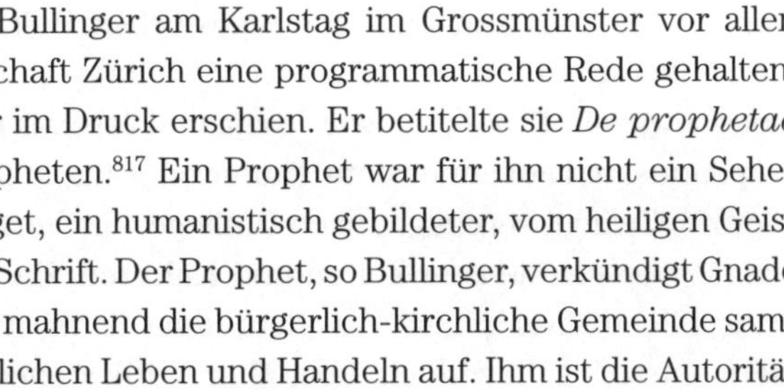

Abb. 73: Bildnismedaille für Heinrich Bullinger, geprägt von Jakob Stampfer 1542

So würden sie in der Nachfolge Huldrych Zwinglis stehen, des grossen und unerreichbaren Vorbildes für alle Verkünder des Wortes Gottes. Alle Kritik am Reformator fegte Bullinger zur Seite. Zwingli war für ihn *der* Prophet schlechthin: «bei den Rhetoren der Heiden wurde kein vollkommener Redner gefunden, aber unser Zwingli durchlief eine so umfassende prophetische Bildung, dass du nichts bei ihm hinzu wünschen könntest. Auch wenn du seinen Lebenswandel betrachtest, wirst du nichts finden, was unerfreulich oder nicht ehrenhaft wäre. Die Welt wird kaum einen menschenfreundlicheren oder heiligeren Menschen sehen, wenn du die Sitten des Mannes prüfst, oder einen klügeren, wenn du auf die Verwaltung der höchsten Angelegenheiten achtest.»[818]

Zwinglis weitherum kritisierte, den Krieg nicht scheuende Politik und seinen Tod mit der Waffe in der Hand auf dem Schlachtfeld glorifizierte Bullinger: Nicht «die Zügellosigkeit seines Temperamentes» habe Zwingli in den Kampf getrieben, sondern ein unantastbares Edikt. «Er wurde nämlich von denen getötet, denen er sich mit seinem ganzen Leben hingegeben hatte, um sie von Pensionen, Kriegen, Luxusleben und ihren schlimmsten Vorhaben auf den Weg der Gerechtigkeit zurückzuführen. Dies ist der wahre Grund für das Sterben dieses allergerechtesten Mannes, wenn auch andere andere Gründe für seinen Tod vorbringen.» Niemand solle Anstoss an seinem «erbärmlichen Tod» nehmen, seien doch die «weisesten Männer» eines erbärmlichen Todes gestorben. Bullinger stellt Zwingli in eine Reihe mit antiken Denkern und Dichtern wie Sokrates und Aischylos, Homer und Euripides sowie mit Propheten wie Jesaja und Jeremia und christlichen Märtyrern wie Stephanus und Johannes dem Täufer oder mit heiligen Kriegern wie den Makkabäern.[819] Zwingli vereinigte nach Bullinger die Vorzüge all dieser herausragenden Männer verschiedenster Zeiten und Kulturen. Damit wächst er über das übliche menschliche Mass hinaus. Aus dem Reformator, der alles Menschliche von Irrtümern entstellt sah, wird ein über aller Kritik stehender Kirchenvater Zürichs.

Was hat Katharina von Reischach-Zimmern von solchem Zwinglilob gehalten, was die Göldlis, was ein Hans Escher, sie, die von seinen Anhängern als Verräter verschrien wurden, oder Hans Konrad Escher, der jüngere «Freund» Katharinas, der 1540 für sie siegelte? Hans Konrad hatte 1526 Dorothea Grebel geheiratet, kurz nachdem ihr Bruder Konrad als Täufer in Zürich zu lebenslanger Haft verurteilt worden war. Der Bruder war bald nach der Flucht aus dem Gefängnis gestorben und ihr Vater hatte auf eine höchst fragwürdige Anklage von Zwingli hin die Todesstrafe erlitten. Die Ehe von Hans Konrad Escher und Dorothea Grebel scheint überaus glücklich gewesen zu sein. Jahr für Jahr gebar Dorothea ihrem Mann ein Kind, so auch 1531 und 1532.[820] Was haben der junge Familienvater und seine Frau gedacht, wenn sie bei Zwinglis Nachfolger, dem obersten Pfarrer Zürichs, gleichsam *ex cathedra* gesprochen, lasen, an Zwinglis «Lebensführung» sei nichts zu finden, das «unerbaulich» oder «unziemlich» gewesen sei. Ihr und ihrer Freunde Urteil wird wohl weniger begeistert ausgefallen sein, aber Verräter waren sie nicht. Jedenfalls ist kein Aktenstück bekannt, das sie des Verrats überführt. Göldli wich aus der Stadt und die beiden Escher haben ihrer Heimat weiter in politischen Ämtern gedient. Zu Hans Escher hatte der Rat so grosses Vertrauen, dass er ihn verschiedentlich verordnete und sogar in eine Kommission berief, die Bürgerrechtsgesuche von zuvor Verbannten zu prüfen hatte.[821]

Und Katharina? Wie hat sie nach Kappel Zwingli beurteilt? Hat sie sich an Zwinglis *Kurze christenliche Einleitung* von 1523 erinnert, die in «ihren» Sammelband frühreformatorischer Schriften eingebunden ist? Dort hiess es, alle Menschen müssten sich als Sünder erkennen, und keiner könne Gutes wirken, solange er auf Erden lebe: *«Denn all die wyl* [solange] *wir in dem lychnam* [Leibe] *wonend, so gebirt der ererbt präst* [die Erbsünde] *für und für böse frücht.»* Wie Adam wissend und gross, ja Gott gleich habe sein wollen, so sei auch noch heute jeder Mensch eigennützig und ehrgeizig. Er strebe nach Ehre, Ruhm, Macht, Reichtum und Ruhe. Er sei selbstgefällig und wolle, dass die Arbeit und Mühe der anderen ihm diene. *«Da hilfft kein leugnen.»* Was der Mensch Gutes tue, sei allein von Gott gewirkt. Auch wenn ein Mensch das Evangelium angenommen habe und sich ganz auf Christus verlasse, so sündige er doch täglich, *«so fallt er dennocht täglich in sünd»*. Der wahre Christ werde sich von der Sünde abwenden und in der Liebe Christi leben, aber er verfehle sich dann doch immer wieder.[822] Hat Katharina diese reformatorische Erkenntnis verinnerlicht und auch auf Zwingli angewandt? Hat sie in ihm beides gesehen: den begnadeten Reformator und einen sündigen Menschen mit all den Widersprüchen, die auch einem Christen anhangen?

«Gottes Wort», «machiavellische» Politik und das Zwinglibild

Manch einer in Zürich kritisierte Zwingli, bejahte aber die Reformation grundsätzlich. Überliefert ist die Eingabe eines Ungenannten an den Rat, die mit den Pfarrern hart ins Gericht ging und doch loyal, jedenfalls alles andere als «verräterisch» war. Ein gebildetes und äusserst bibelfestes Ratsmitglied muss sie geschrieben haben. Der Autor blendete bis in die ersten Reformationsjahre zurück. Damals hätten die Prediger zugleich «Gottes Wort» und «menschliche Freiheit» verkündigt und dabei erklärt, nach Gottes Wort brauche kein Zehnt gezahlt zu werden. Dabei hätten sie allerdings nach Ansicht des Schreibenden wichtige Bibelverse ausser Acht gelassen. Auch hätten sie die Kindertaufe infrage gestellt und, statt dem Bürgermeister heimlich mögliche fehlbare Pensionsempfänger anzuzeigen, hätten sie öffentlich manch biederen Mann verdächtigt. Allerlei Aufrührer habe die Stadt mit offenen Armen empfangen, wenn sie nur behauptet hätten, sie seien um des göttlichen Wortes willen vertrieben, und zugleich manch reichen Zürcher aus der Stadt gewiesen. Auf den Kanzeln seien die Proviantsperre und der Krieg gefordert worden. Dergleichen, so der unbekannte Ratsherr, sei seines Wissens nicht in der heiligen Schrift zu finden, ja, widerspreche Gottes Wort. Das Evangelium lehre, die Feinde zu lieben und zu beten: «Vergib uns unsere Schuld, wie wir vergeben unseren Schuldigern (Mt 5,12).» Auch stehe geschrieben, die Rache sei Gottes (Röm 12,18).

Der Autor beschränkte sich nicht auf so naheliegende biblische Belege gegen die kriegstreibende Politik, die in die Niederlage führte. Er klagte auch über die gute Bezahlung der Prediger in Zürich und über ihren grossen Einfluss auf die Politik: Wahre evangelische Prediger in der Nachfolge des Paulus machten *«nit partheien»*, sie mischten sich nicht in die Regierungsgeschäfte und in Ratswahlen. Sie verkündigten allein Christus: *«Sy begerten nit reth mit herren ze sein, und die reth setzen und zu entsetzen nach irem gefallen, sonder verkündtend allein den Herren Christum, das wahr gnadenpfand.»* Dagegen hätten in Zürich die Prediger bestimmt, wer im Gericht und im Rat sitzen solle. Wer zum Heimlichen Rat gehalten habe, der habe als guter evangelischer Mann gegolten, die politischen Gegner aber habe man verunglimpft.

Ist das nicht ein neues Papsttum, *«ein neüw bapstum»*, fragte der Autor. Erregt beklagte er weiter, die Prediger hätten Vertrauliches aus dem Rat sofort in die Öffentlichkeit getragen. Ihr Wirken habe den Rat tief gespalten. *«Dannenher wir einanderen, wie die hund angefaren hand, ein anderen in die red gefallen [...].»* Keiner habe sich mehr getraut, einen guten Rat zu geben, aus Angst, er werde, passe es dem Prediger nicht, von der Kanzel herab als gottlos verrufen.

Jetzt, so forderte der Autor, solle der Rat in sich gehen, allen Neid und Hass beiseitelassen, damit mit Gottes Hilfe wieder Vertrauen wachse und die Räte barmherzig miteinander umgingen und einander vergäben. Seine Pfarrerschelte richtete sich keineswegs gegen eine evangelische Predigt oder die reformatorischen Mandate, sie richtete sich gegen aus seiner Sicht hoffärtige, aufrührerische und parteiische Predigten und pharisäische Pfarrer. Er riet: *«Und bleibend voraus bei dem wahren wort Gottes und allen christenlichen mandaten, und lassend die pfarrer ald predigcanten nit herren sein und nichts destominder das wort Gottes trüwlich verkündigen.»* Der Rat solle also bei Gottes wahrem Wort und bei seinen Mandaten bleiben, aber die Pfarrer von der Regierung fernhalten. Er solle weiter nach Frieden, nicht nach Krieg trachten und die Rache Gott anheimstellen. Die Früchte des Geistes seien Liebe, Friede, Freundlichkeit, Geduld, Mut, Frömmigkeit, Güte, Vertrauen, Sanftmut und Beherrschung. Der Autor zitiert hier Paulus (Gal 5,22). Die Niederlagen seien eine Strafe Gottes für die Sünden. Jetzt heisse es, Gott zu vertrauen, der die Seinen nie verlassen habe, *«er ist der recht trost, das wahr gnadenpfand»*. Der Autor befürchtet, die Zürcher hätten nur zum eigenen Nutzen, wegen der Kloster- und Kirchengüter, um *«der Gottes gaben, clösteren und sunst güterkouflenen»* willen das Evangelium angenommen. Es gelte umzukehren, aufrührerische, verlogene Leute zu strafen und Witwen und Waisen zu beschirmen, die Armen vor den Reichen, aber auch die Reichen vor den Armen zu schützen, *«beschützend den armen vor dem reichen, und den reichen vor dem armen»*. Weder ausbeutende Oligarchie noch eine Herrschaft der Strasse solle in Zürich regieren, sondern ein mässigender Rat von *«ersamen und bescheidnen»* Leuten.[823]

Es gab in Zürich nicht nur eine eingeschworene reformatorische Partei und verräterische Verleumder der Prediger und ihrer Anhänger, es gab auch ernstzunehmende Kritiker der Kriegspolitik Zwinglis, die als fromm und gegenüber der Stadt als loyal zu bezeichnen sind. Zu ihnen gehörte gewiss der anonyme Autor dieser Eingabe und eine entsprechende Haltung darf im Kreis um Katharina von Zimmern vermutet werden. Diese vermittelnde Gruppe hatte in Zürich durchaus Gewicht. Das schon genannte Mandat von 1532, das die Abstinenz vom Abendmahl zuliess, atmet ein Stück weit solchen Geist und die Verteidigung des Rates gegenüber den Predigern wirkt fast wie von derselben Hand wie die anonyme Eingabe, wenn sie den Pfarrern aufträgt, weiter Gottes Wort zu verkündigen, aber ohne Polemik. Sie wirft ihnen vor, durch ihre Predigten zum Zweiten Kappeler Krieg aufgehetzt zu haben, und mahnt, zu vergeben und die Feinde zu lieben.[824]

Und wo stand Katharina selbst in diesem politischen Gerangel? Wenn Jud und Bullinger Zwingli von aller Schuld an einer verfehlten Politik freisprachen, ja, seinen Tod als Märtyrertod für die gute Sache des Evangeliums und als eine Folge seines Gehorsams gegenüber dem Rat priesen, dann verklärten sie zugleich den Tod ihres Ehegatten und Stiefsohnes. Katharina mag es den Prädikanten gedankt haben. Hat sie sich, stellt sich die Frage, daraufhin ganz und ausschliesslich dem Kreis der Zwingliverehrer angeschlossen? Nichts deutet darauf hin. Sie bezeichnete 1540 Hans Konrad Escher als ihren besonderen Freund und sie stand Pate in den Kreisen vornehmer Familien Zürichs, die sich keinen Namen als glühende Anhänger der Reformation oder Parteigänger Bullingers gemacht haben. Unter den Paten und Vätern sind diese Namen: Schultheiss und Ratsherr Jakob Meiss, der nach ihrem Tod von 1548 bis 1554 Landvogt in Eglisau wurde,[825] dann Zunftmeister zur Weggen Hans Meyer, Ratsherr Hans Stoller, Achtzehner vom Rüden, und der junge Ulrich Bleuler, später Zunftmeister zu Schneidern. Dass Katharina als Witwe ins Stübli der Konstaffel aufgenommen wurde, wo sich die Zwinglikritiker häuften, sollte allerdings nicht überbewertet werden. Auch die Witwe Zwinglis, Anna Reinhard, wurde aufgenommen. In der Konstaffel sammelten sich die Witwen, die keiner anderen Zunft angehörten.[826] Aber Katharina bewegte sich weiter in den Kreisen ehemaliger bekannter Söldnerführer und Freunde ihres Mannes. Was sie über Zwingli dachte, bleibt ihr Geheimnis. Gewiss hat sie mit ihrem Mann nicht daran Anstoss genommen, dass er zur Waffe griff und Krieg als ein Mittel der Politik betrachtete. Auch die Verbindung zu Herzog Ulrich von Württemberg hat ihr Mann nicht nur gebilligt, sondern tatkräftig unterstützt. Dieses Bündnis aber war das erste und wichtigste Puzzleteil in der über die Schweiz hinausgreifenden Bündnispolitik Zwinglis. Sicher, später führte Landgraf Philipp von Hessen die antikaiserliche Politik an, aber auch für Philipp galt als oberste Priorität: Herzog Ulrich soll in sein Land zurückkehren und es reformieren.

Ein Zeitgenosse, Niccolò Machiavelli (1469–1527), hatte im fernen Italien kühn erklärt: Erfolgreich lasse sich auf dieser Erde, wo jeder Fürst, aber auch jede Republik zuerst an sich selbst denke, nicht mit den Grundsätzen christlicher

Liebe politisieren. Der Fürst, so in Machiavellis berühmtem *Il principe,* müsse die «Grösse» haben, auch grausam sein zu können. Ausdrücklich verteidigte der Florentiner die Brutalität Cesare Borgias (um 1475–1507). Den Papstsohn, der sich, kräftig unterstützt von seinem Vater auf dem Heiligen Stuhl, mit Kühnheit und Tatkraft, aber auch mit Betrug und unsäglichen Grausamkeiten in der Romagna ein Fürstentum erkämpft hatte, verurteilte Machiavelli keineswegs. Er berichtete selbst, wie Cesare Borgia seinen grausamen, aber zuverlässigen und loyalen Statthalter aus Berechnung zweiteilen und auf dem Markt mit dem noch blutigen Messer ausstellen liess.[827] Die Rücksichtslosigkeit und Brutalität dieses Emporkömmlings bewunderte ein Machiavelli, der selbst ein glühender Befürworter republikanischer Staatsformen war.

Machiavellis Werke waren noch nicht gedruckt, sie zirkulierten nur in Handschriften unter seinen Freunden. Aber Söldnerführer wie Reischach und seine Freunde kannten aus eigener Anschauung die ewigen Kriege und die von Verrat und Korruption geprägte Politik Italiens, die Machiavelli zu seinen Ideen angeregt hatten. Sie könnten zu ähnlichen Schlussfolgerungen gekommen sein wie der ausserordentliche politische Denker und auf seine Art feinsinnige Literat in Florenz. Wie Machiavelli werden auch sie ihre Heimat geliebt und ein friedliches Staatswesen ersehnt haben. Glaubten sie mit ihm, nur ein starkes Heer, eine zielbewusste Politik und eine geschickte Diplomatie und, wenn es darauf ankam, auch Betrug und Ruchlosigkeit könnten diesen Frieden herbeiführen oder erhalten? Teilten sie Machiavellis Grundsätze, dann dürfte für sie ein Fürst mit dem Charakter Herzog Ulrichs von Württemberg der richtige Mann gewesen sein, ein Land gut zu regieren. Auch Zwinglis zielstrebige Rücksichtslosigkeit mag sie beeindruckt haben, sogar wenn sie gegen sie selbst gerichtet war. Ganz sicher schätzten sie seine Willens- und seine Tatkraft.

Das Wirken Heinrich Bullingers

Leo Jud und Heinrich Bullinger machten von ihrem Spielraum guten Gebrauch. Ihr Zwinglibild setzte sich durch und der Rat anerkannte das Prophetenamt als ihre und ihrer Kollegen Aufgabe. Wohl verbat er sich öffentliche Scheltreden gegen die Obrigkeit, aber er gestand den Stadtpfarrern zu, in sogenannten Fürträgen, d. h. schriftlich oder in Verhandlungen hinter geschlossenen Türen, ihre Sicht dem Rat mitzuteilen. Die Pfarrer nutzten diese Gelegenheit, insbesondere Bullinger, mit nicht durchgehendem, aber doch erstaunlichem Erfolg. Heinrich Bullinger konnte sich ganz auf die Leitung der Kirche konzentrieren. Der Rat verteilte die Aufgaben, die Zwingli bewältigt hatte, auf zwei Schultern. Bullinger war Zwinglis Nachfolger für die pfarramtlichen Aufgaben. Die «Professorenstelle» wurde aus dem Aufgabenheft gestrichen und Theodor Bibliander, einem gelehrten Hebraisten, übertragen.

Wie Zwingli hat auch Bullinger über Zürich hinaus zu wirken versucht.[828] Aber ihm waren die Hände gebunden. Denn der Rat hielt sich an den Landfrieden und an den Kappeler Brief. Er ging keine Bündnisse mehr ein, und er hinderte die Mehrzahl der eidgenössischen Orte nicht, ihre wohl vertragskonformen, aber einseitig die katholische Konfession fördernden Beschlüsse durchzusetzen. Diese Politik hat Zürich den Frieden und die Ruhe geschenkt, die Katharina nach der Verzichtserklärung von 1524 fördern wollte. Sie hinderte aber Bullinger daran, wie Zwingli eine grossangelegte proprotestantische Politik zu betreiben. Er konnte nur ratend und durch Vermittlung von Pfarrern in der Eidgenossenschaft und im Reich den bedrängten Protestanten beistehen. Sein weitgespanntes Korrespondentennetz, das er zu knüpfen verstand, verband ihn mehr und mehr mit halb Europa. Manche brisante Information wird auch bis zu Katharina und ihren Vertrauten durchgesickert sein, obwohl sie nicht zum engeren Kreis um Bullinger gehörten.[829]

Was die Kirchenpolitik in Stadt und Landschaft Zürich betraf, war der Rat frei und Bullinger konnte seinen Einfluss geltend machen. Die Mandate mit ihren immer strengeren Sittengeboten entsprachen seinen Vorstellungen. Mit den Synoden, die er jeweils mit dem Bürgermeister präsidierte, konnte er die Pfarrerschaft disziplinieren und auf sein Bekenntnis einschwören. Mit seinen Predigten im Grossmünster – bis 1538 täglich und danach immerhin noch jeden Sonntag und zweimal wöchentlich –[830] erreichte er die Bevölkerung seines Pfarrsprengels, des Pfarrsprengels, in dem die ratsherrliche Elite ihre Häuser hatte. Nach 1536, als Katharina aller Wahrscheinlichkeit nach das Haus zum Bracken erwarb, wird auch sie seine Predigten besucht haben. Die kleine Anna war zu den Katechismuspredigten eingeladen, die Bullinger neu sonntags eingerichtet hatte. Ob Katharina sich wie Bullinger hie und da unter die Hörer an der *Schola Tigurina* mischte, ist nicht überliefert. An den eigentlichen Vorlesungen waren Frauen kaum zugelassen, dagegen sicher erwünscht an der anschliessenden Auslegung auf Deutsch. Bullinger förderte die *Schola Tigurina*, wo er konnte. Hartnäckig, aber nicht immer erfolgreich trat er vor dem Rat für die Hochschule ein.

Theodor Bibliander an der *Schola Tigurina*

Der europaweit anerkannte Hebraist Konrad Pellikan war der Schule treu geblieben und vermittelte seine stark von Erasmus geprägte Theologie.[831] Auch die Griechischlehrer Jakob Ammann und Rudolph Collin unterrichteten weiter. Als Nachfolger Zwinglis berief der Rat den noch jungen Theodor Buchmann mit dem gräzisierten Gelehrtennamen Bibliander.[832] Er war kein Unbekannter in Zürich. Er hatte einige Zeit vor Ende 1525 als Helfer des Fraumünsterschulmeisters Oswald Myconius in Zürich geamtet. Später war er in die Humanistenstadt Basel gezogen, wo Erasmus eine ganze Schar von Gelehrten um sich versammelt hatte. Damals lebte der Zürcher Hebräischprofessor Konrad Pellikan noch in seinem Franziskanerkloster und lehrte an der Basler Universität. Bei ihm vervollkommnete der junge Buchmann seine Kenntnisse der alttestamentlichen Sprachen. Er galt bald als einer der besten Hebraisten. Die Zürcher waren sicher, mit ihm einen hervorragenden Philologen anzustellen, der die noch junge Tradition des Bibelhumanismus an der *Schola Tigurina* fortführen konnte.

Mit seiner Antrittsrede machte er geradezu Furore. Sie war ein Feuerwerk von sprühenden, zu neuen Aufbrüchen weisenden Ideen: Der junge Mann bestach nicht durch Polemik oder Dogmatismus, er bestach durch Bescheidenheit und durch die Kühnheit seiner Gedanken. Gott bleibe für die Menschen immer ein Geheimnis, rief er den Zürchern zu. Denn der Ewige übersteige alles menschliche Fühlen und Denkvermögen. Vor seiner Majestät müsse der Mensch verstummen.[833] Darum bitte er die Hörer, für ihn zu beten, damit er nicht fehlgehe.[834] Diese Erkenntnis, die zu Duldsamkeit und Selbstkritik führen musste, hinderte Bibliander nicht daran, ein umfassendes Programm für die *Schola Tigurina* zu entwickeln, ein Programm, das christlichen Glauben mit den Erkenntnissen aller bekannten Kulturen verband. Schon Zwingli war in dieser Richtung sehr weit gegangen, weiter als der Humanist Erasmus. Zwingli hat, wie schon berichtet, zum Entsetzen Luthers nicht nur die alttestamentlichen Väter und Propheten samt Adam in den Himmel versetzt, nein, auch Heiden wie Herkules, Sokrates und Numa Pompilius.[835] Bibliander führte diesen im Neuplatonismus entwickelten Gedanken nun weiter aus. Gottes ewige Lehre sei immer dieselbe geblieben. So behandelten das Alte und das Neue Testament «übereinstimmend dasselbe, sie sind von einer Autorität, einem Geist, und haben dasselbe Ziel, sie wollen die Geheimnisse des göttlichen Willens den Menschen auslegen, damit diese den einen wahren Gott erkennen, den Schöpfer des Himmels und der Erden, und seine ewige Güte und den, den er gesandt hat: Jesus Christus. Das ist das ewige Leben.»[836] Mit ihnen stimme auch die Weisheit der Heiden überein. Auch die nichtchristlichen Denker seien von Gott inspiriert. Entspreche doch vieles, was sie lehrten, dem christlichen Glauben.[837] Einzelne hätten zu allen Zeiten und in allen Nationen, auch bei den «Barbaren» Gottes Willen verkündigt. Denn Gott lasse, wie schon Platon gesagt habe, «nichts aus seiner Güte und Voraussicht fallen. Er sieht alles voraus und leitet es. Er regiert alles und nichts kann ausserhalb von ihm bestehen.» Er schenkte auch den Heiden «das gemeinsame Gut der Wahrheit, das heisst den Genuss seiner selbst und er prägte ihnen seine Gesetze ein, nicht geschnitten in Erz oder Stein, sondern eingeschrieben und eingedrückt in ihre Herzen».[838] Bibliander war sich gewiss, er dürfe eine solche Naturrechtslehre aus dem Römerbrief herauslesen. Für ihn stimmte das Recht aller Völker mit den zehn Geboten Gottes überein. Gott schenke sich allen Menschen.[839] Insbesondere die Dichter der Antike empfahl Bibliander. Denn sie «versüssen» die gesunde Lehre mit Honig und Zucker.[840] Wohl biete allein die Heilige Schrift Gottes Wort ganz rein,[841] darum glaubten manche Theologen, die Heiden hätten ihre Weisheit aus den Heiligen Schriften von Mose gestohlen und wollten sie ihnen wieder nehmen. Bibliander mahnte dagegen, man solle vielmehr «alle diese Wahrheiten für Geschenke des himmlischen Vaters halten, für Samenkörner des Rechten und Wahren, die in den Acker des menschlichen Herzens gesenkt wurden. Wie Gott nämlich freigiebig und gütig ist und in keiner Weise missgünstig, so will er auch jene Menschen [welche die Bibel nicht kennen] nicht von der Wahrheit,

d. h. von der Teilhabe an dem vortrefflichsten Gute, ausschliessen. Was sage ich da, er will nicht ausschliessen: Er wünscht aufs eifrigste, wie sein Wort lehrt, dass alle Menschen mit grossen Schritten zur Erkenntnis der Wahrheit fortschreiten und Erben des ewigen Heiles werden.» Gerade für die Zürcher, die Gottes Wort hätten, das sie zu ihm führe, gelte es, heidnische Erkenntnisse zurückzuholen und weiter zu empfehlen, «damit sie nicht an ihrem Ort absterben.»[842]

Eben erst war das reformierte Zürich besiegt worden. Für die Gegner war klar: Gott hat Zürichs Irrglauben gestraft. Da entwickelte dieser junge, schüchterne Gelehrte ein weltumspannendes Programm: Die Weisheit aller Völker sei als gottgewirkt zu begreifen, sie sei neu mit dem Evangelium zu beleben und der ganzen Welt zurückzuschenken.

Die Aufgabe sei nicht leicht, aber daran verzweifeln müsse niemand. Denn Gott habe «den Menschen so geformt, dass er vorzüglich zum Teilhaber seiner unendlichen Güte werden kann.» Zwar sei der Mensch in Sünde gefallen, aber Gott verlasse ihn dennoch nicht. «Denn Gott kann nicht sich selbst verleugnen, er ist gütig und milde.»[843]

Zürich war begeistert und Konrad Pellikan sorgte sofort für den Druck der Rede. Bibliander dürfte auch bei Katharina und ihren Freunden Aufsehen erregt haben. Zürich konnte der gealterten Katharina und ihren jungen Töchtern geistig Anregendes bieten.

HOCHZEITEN

Ende 1533 heiratete Sebastian Appenzeller im Fraumünster die reiche Witwe und bereits fünffache Mutter Margarete Rubli, geborene Belzinger.[844] Heinrich Rubli war ein Freund Reischachs gewesen und wie Katharinas Mann und Stiefsohn in Kappel gefallen.[845] Bis 1518 hatte er im Gasthaus zum Schwert gewirtet. Danach führte er ein freies Leben als ausserordentlich reicher Rentner und Söldnerführer. Reischach listete ihn 1518 als einen seiner Gesellen auf, die ihn im Bad beschenkt hatten.[846] Rubli war Ratsherr, seit 1515 im kleinen Rat und Vogt von Baden. Er war einer der Fischesser am Neujahrstag 1529, die aus dem Rat ausgeschlossen wurden.[847] 1530 verliess er Zürich. Denn er hatte mit Regula Nissli, geborene Göldli, Ehebruch begangen. Ehebruch wurde im reformierten Zürich hart geahndet. Seit dem Mandat vom 15. Dezember 1526, das mehrfach wiederholt wurde, sollte ein einmaliger Ehebruch mit drei Tagen Gefängnis, Ausschluss vom Abendmahl und Ämterentzug bestraft werden. Im Wiederholungsfalle verlängerten sich die Haftzeiten und nach dreimaligem Ertapptwerden sollten die Ehebrecher aus der Stadt gewiesen werden. Erregten sie in der Verbannung kein Ärgernis mehr, konnten sie zurückkommen. Wurden sie aber nach der Rückkehr nochmals rückfällig, drohte ohne Gnade Ertränken.[848] Rubli ist denn auch geflohen, zunächst ins Fraumünster, wo er das alte Asylrecht in Anspruch nahm.

Der noch von Katharina eingesetzte «Ammann Frei» verhalf dem Ehebrecher mithilfe von dessen Freunden zur Flucht. Darüber zur Rede gestellt, entschuldigte sich der Ammann so: Die Äbtissin habe ihm das Asyl mit dem Auftrag verliehen, den Asylanten nach bestem Vermögen beizustehen und Fluchtwilligen zu helfen: *«dass er denen, so in die fryheit wychend, das best tuon und, so si es begehrend, inen, wie er mag, darvon helfen solle, dess er sich ouch bisher allweg gebrucht und im niemand nie nützit darin geredt.»* Die Aussage wirft ein bezeichnendes Licht auf die Äbtissinnenzeit Katharinas: sie hat sich selbst um das Asylrecht gekümmert und es grosszügig und menschlich gehandhabt. Der Ammann sollte jedem, der es wünschte, die Flucht ermöglichen. Sicher hat der Ammann mit dieser Aussage sich selbst schützen wollen, aber er hielt es doch für überzeugend, Katharina so darzustellen. Der Rat scheint ihm auch geglaubt zu haben. Er nahm daraufhin auf die Traktandenliste, das Asylrecht zu ändern.[849]

Offenbar hat Rubli sich im Exil gut, *«ane argwon gehalten»*.[850] Jedenfalls konnte er im April 1531 zurückkehren. Ein halbes Jahr später fiel er in Kappel.[851] Es gab also ein paar schwarze Flecken in seiner Biografie, aber seine reiche Witwe Margarete dürfte doch für einen Sebastian Appenzeller eine sehr gute Partie gewesen sein. Appenzeller hätte sie ohne die Beziehungen von Katharina von Reischach-Zimmern kaum heiraten können. Hoffte Katharina mit dieser Heirat, die Kinder ihrer geliebten Regula gut zu versorgen und in ihre Nähe zu ziehen?

Das Jahr 1534 brachte viel Neues. Im April begannen Philipp von Hessen und Ulrich von Württemberg einen Feldzug. Wieder ging es um die Rückeroberung Württembergs wie 1519 und 1525, als Eberhard von Reischach für Herzog Ulrich warb und kämpfte. Wie viele Erinnerungen mögen in Katharina aufgestiegen sein? Der Feldzug war kurz, wie damals 1525, aber diesmal ohne einen Rückruf von Söldnern. Im Mai konnte Ulrich von Württemberg siegreich als Herr in sein Land einziehen. Zwar musste er den inzwischen damit belehnten König Ferdinand I. als Lehnsherrn anerkennen. Sein Herzogtum war also zu einem Afterlehen herabgestuft. Aber er war nun doch unbestrittener Landesherr. Auch hatte er sich im Kaadener Vertrag verpflichten müssen, nicht das reformierte, sondern das reichsrechtlich anerkannte lutherische Bekenntnis einzuführen.

Was bedeutete für Katharina die Rückkehr Ulrichs in sein Land? Hat sie den beiden Töchtern, der erwachsenen und der kleinen Anna erzählt, wie der Vater treu zu Ulrich gehalten hatte und wie der Herzog in grössten Widrigkeiten nicht aufgegeben und immer darauf beharrt hatte: Das Land ist mein Herzogtum und ich komme zurück. Nun sei er zurückgekommen. Freilich hat ihm dabei Zürich, für das der Vater der Reischachtöchter fiel, nicht mehr geholfen. Ulrichs Verwandter, der ehemals mit Zürich verbündete Landgraf Philipp von Hessen, ermöglichte, vereint mit den protestantischen Fürsten des Reiches und nicht zuletzt in Absprache mit der französischen Krone, die Rückkehr.[852]

Die antihabsburgischen Pläne Ulrichs und Zwinglis, die Reischach unterstützt hatte, erwiesen sich im Nachhinein durchaus als realistisch. Der Vater hatte nicht irgendeinem geächteten Fürsten voller irrwitziger Ziele gedient, er diente treu einem – trotz offenkundiger Charakterschwächen – letztlich erfolgreichen Herrn. Herzog Ulrich aber hat seinen Gefolgsleuten ihre Treue schlecht gedankt. Kaum war er in Württemberg wieder eingezogen, liess er auf der Feste Hohentübingen eine Tafel anbringen. Das prächtige Denkmal mit Namen von 70 Adligen suggeriert, die angesehenen Ritter hätten 1519 die Burg mit Ulrichs beiden kleinen Kindern feige übergeben. Unter ihnen waren auch Georg von Hewen, der sich bis zuletzt der Übergabe Hohentübingens widersetzt haben soll, und Eberhard von Reischach.[853] Ulrich war kein Mann der Kompromisse. Willensstark und risikofreudig setzte er sich ohne Rücksichten für seine Sache ein und erwartete das auch von seinen Rittern, die doch wohl ein sinnloses Blutbad hatten verhindern wollen. War es die rücksichtslose Willenskraft, die an Herzog Ulrich so faszinierte?

Die Heirat der Töchter Katharinas

Im gleichen Jahr, 1534, heiratete Stieftochter Anna Reischach Hans Heinrich von Mandach.[854] Die Edlen von Mandach sind seit dem 11. Jahrhundert nachzuweisen. Sie waren ein altes vornehmes Geschlecht, das in Schaffhausen eine Rolle spielte und seit Jahrhunderten eng mit dem Kloster Rheinau verbunden war. Hans Heinrichs Onkel Heinrich war bis 1529 Abt in Rheinau gewesen. Er hielt treu zur überkommenen Religion, war aber auf Anfrage der Inneren Orte Ende 1528 nicht bereit, die altgläubige Allianz im Kriegsfall aktiv zu unterstützen. Aber beten wollten die Mönche für sie, schrieb er.[855] Den ersten Kappeler Landfrieden und die von Zürich unterstützten reformatorischen Wirren mit einem Bildersturm in der Klosterkirche hat er nicht mehr erlebt. Ein anderer Onkel war Sebastian von Mandach († 1546), Vogt des Konstanzer Bischofs zu Neunkirch. Er erwarb 1516 das schöne Wasserschloss Oberstaad am Bodensee, das kirchlich zum bischöflichen Hochstift Konstanz gehörte.[856] Er war begütert in Rheinau und eng mit seinem Bruder, dem Abt, verbunden.[857] Ein weiterer Bruder Hans, Hans Heinrichs Vater, amtete als Klostervogt von Rheinau und besass dort ein Ritterhaus. Hans hatte die Zürcherin Anna Escher vom Luchs geheiratet. Sie war eine Schwester von Hans Konrad Escher, des Freundes von Katharina, der Dorothea Grebel geheiratet hat. Der Vater von Hans Heinrich von Mandach starb früh, vor 1521. Vormund der Kinder war Sebastian von Mandach. Die Mutter vermählte sich ein zweites Mal mit dem Zürcher Ratsherren Jos von Kusen. Kusen fiel 1531 in Kappel. Er war Zunftmeister zur Meisen gewesen und Wirt zum Goldenen Schwert an der Marktgasse, gegenüber dem Roten Haus. Der zu Reichtum Gekommene, er verfügte über ein Vermögen von 3'700 Gulden,[858] hat Zürich an zahlreichen Tagsatzungen vertreten, insbesondere in heiklen Situationen im Bauernkrieg und bei den Versuchen, den Abt von St. Gallen zu entmachten und seine Abtei aufzuheben.[859] Der Rat scheint Jos von Kusen bis zuletzt voll vertraut zu haben, obwohl er und Mitgesandte davon abrieten, den Abt von St. Gallen gefangen zu nehmen.[860] Ein von ihm mitgefälltes Urteil von 1526 über einen Bauern aus dem Klettgau wirft ein bezeichnendes Licht auf die rohe Rechtsprechung der Zeit. Der Bauer hatte über die aus seiner Sicht käufliche oder doch parteiische Haltung Zürichs und Schaffhausens im Bauernkrieg geklagt. Das untersuchten je zwei Abgesandte der Städte, unter ihnen Jos von Kusen. Sie betrachteten die Aussagen des Bauern als ehrverletzend. Obwohl der Bauer sich bussfertig zeigte, wurde er an dem Glied gestraft, mit dem er sich vergangen haben sollte. Der Scharfrichter schlitzte ihm die Zunge.[861]

Hans Heinrich und seine beiden Brüder hatten einen Stiefvater, der die harte antiklösterliche Politik des reformierten Zürich in verantwortlichen Gesandtschaften mittrug und einen mit dem Kloster Rheinau eng verbundenen Vormund in bischöflichen Diensten. Die Mandach verfügten über Landbesitz. Zahlreiche Zins- und Lehensbriefe sind überliefert.[862] In Zürich hatten die Escher und die Kusen einen guten Namen. Stieftochter Anna heiratete in geachtete Familien ein.

Im Zürcher Eheregister ist ihre Hochzeit nicht eingetragen. Hat das Paar im schönen Wasserschloss des Onkels am Bodensee geheiratet oder in einem anderen, vielleicht eigenen Landsitz, möglicherweise in Oberwil oder Rheinau, wo Hans Heinrich begütert war?[863] Eine alte Notiz behauptet gar, ein Hans Heinrich von Mandach sei im 16. Jahrhundert ein «Vasall» des Klosters Rheinau gewesen.[864]

Abb. 74: Zürcher Kleiderpracht: Cleopha Holzhalb mit Hund und Katze, Hans Asper 1538

Abb. 75: Anna Schmid-Schärer, Schwägerin von Anstett von Reischach, Hans Asper 1538

Heiratete das Paar Mandach-Reischach ausserhalb Zürichs, dann konnte es den strengen Sittenmandaten der reformierten Stadt entgehen und eine prächtige, mehrtägige Hochzeit in altem Stil feiern mit Tanz und Jagdvergnügen und mit einer so grossen Gästeschar, wie es wünschte. In Zürich war das kaum mehr möglich, jedenfalls nicht erlaubt. Die Sittenmandate gestatteten nur so viele Gäste, wie die eigene Küche bewirten konnte. Hochzeiten in Gasthäusern waren verboten. Allenfalls durfte, wer beengt wohnte, im Haus des Nachbarn einen Zusatztisch decken.[865] Tanz war nur bis zum Betzeitläuten gestattet und das Fest durfte nicht länger als einen Tag dauern.[866] Die beim Adel so beliebten Jagdvergnügen kamen gar nicht infrage.[867] Ausserhalb Zürichs konnten, wenn sie es wünschten, die ältere Anna von Reischach und Hans Heinrich von Mandach auch, wie es die katholisch gebliebenen Verwandten Mandachs wohl erwarteten, eine Brautmesse feiern mit Chorgesang und Orgelklang. Da konnten sie wohl auch noch üppigere Kleider und Schmuck tragen als in Zürich. Die Porträts von Kleopha Holzhalb-Krieg von Bellingen und von Anstett von Reischachs Schwägerin, Anna Schmid-Schärer, zeigen auch für Zürich einen beachtlichen Kleideraufwand im Jahre 1538.

Ob Hans Heinrich 1534 Zürcher Bürger war, ist fraglich. Einer seiner Brüder liess sich 1537 einbürgern, von Hans Heinrich ist keine entsprechende Quelle bekannt, er war aber von 1537 bis sicher 1541 Mitglied der Konstaffel.[868] Katharina von Zimmern jedoch war Zürcher Bürgerin und sie durfte keine Messe hören. Das heisst aber nicht, dass sie es nicht vielleicht gelegentlich doch tat. Das Mandat von 1530 weiss jedenfalls von Leuten, die in Schlössern und Kapellen Lichter anzündeten und Messopfer feierten. Bereits 1532 musste ein Verbot, die Messe zu besuchen, wiederholt werden.[869] Wie auch immer Hans Heinrich und die Stieftochter Anna ihre Hochzeit feierten, Katharina und ihre leibliche Tochter Anna waren mit dem Schwiegersohn zufrieden. Wird doch auch die jüngere Anna nach dem Tod der Stiefschwester Hans Heinrich heiraten, dem die ältere Anna Jahr für Jahr ein Kind geboren hatte.[870]

Sebastian Appenzeller

Schwieriger gestaltete sich die Ehe von Sebastian Appenzeller mit Margarete Belzinger, verwitwete Rubli, einer Nichte Heinrich Brennwalds, des ehemaligen Propstes von Embrach.[871] Wenn Katharina den baldigen Umzug von Sebastian Appenzeller erwartet hatte und sich schon auf die Kinder freute, dann täuschte sie sich. Anscheinend hat den St. Galler bei seiner zweiten Frau vor allem Geld und Ansehen gelockt. Jedenfalls musste Pfarrer Leo Jud am 27. Dezember 1535 Vadian ernsthaft bitten, doch Sebastian Appenzeller nach Zürich zu beordern, damit der ordentlich mit seiner Frau zusammenlebe. Das Ehepaar gebe ein sehr schlechtes Beispiel und der Rat habe als Sittenwächter Appenzeller zu seiner Frau zurückbefohlen. Darum solle nun Vadian eingreifen: «Die Gattin erwartet von Tag zu Tag den Ehemann, vielleicht wider Willen, aber sie erwartet doch, was der Rat gesprochen hat. Ich will also, gelehrter Herr, dass Ihr Euren Bürger dazu treibt, zu tun, was sich nach göttlichem und natürlichem Recht gehört», so die deutliche Mahnung.[872]

Tatsächlich lebten Ende November 1535 seine und Regulas Kinder, betreut von einer Magd, in St. Gallen. Appenzeller liess ihnen von Bern aus über Vadian den Geldbetrag von einer Sonnenkrone zukommen. Die Betreuerin solle das Beste für die Kinder tun. Am 21. Dezember schrieb er wiederum einen Brief, diesmal aus Lyon.[873] Wie früher Zwingli versuchte nun Bullinger, ihn als Informant zu nutzen. Aber Bullinger war nicht recht mit ihm zufrieden. Wenn er doch «verlässlicher und bescheidener» wäre, seufzte er 1535.[874] Offenbar wollte Sebastian Appenzeller St. Gallen nicht verlassen. Er taucht zwar in den Ratsakten nicht auf, hatte also kaum bedeutende Ämter inne. Er scheint aber, so der oft unzuverlässige Chronist Johannes Rütiner, seine Vaterstadt als städtischer Vertreter im Pfalzrat des Abtes vertreten zu haben, ein Posten, der ihm erlaubt haben mag, Vadian jeweils die neuesten Nachrichten über den «Gegner» zu verschaffen. Auch sonst scheint er in St. Gallen gut informiert gewesen zu sein, jedenfalls konnte er seinen Freund Johannes Rütiner mit allerhand Klatsch aus dem Rat versorgen.[875] Eine Ehefrau in Zürich genügte nicht, um ihn aus seiner Heimatstadt wegzulocken. Da mussten schon Abenteuer und Geld reizen: Pfingsten 1536 zog er mit anderen St. Gallern ins Lager des französischen Königs.[876] Seit Dezember 1537 war er wieder für Vadian unterwegs. Vom Sommer 1538 an verschwindet er aus den Quellen.[877] Im Januar 1539 bemühte sich Vadian bereits um Geld von «der Witwe Rubli», also Sebastian Appenzellers zweiter Ehefrau, für den Sohn Sebastian Uriel in St. Gallen. Der Vater scheint da bereits gestorben zu sein.[878]

Hauskäufe

◀ Seite 314f. Um 1536 muss Katharina sich um ein eigenes Haus bemüht haben. Sie verzichtete gegen den Geldbetrag von 520 Pfund auf ihr Wohnrecht im Fraumünster.[879]

Zunächst besass sie das Haus zum Bracken an der Oberdorfstrasse 17 in Zürich.[880] Zwischen 1537 und 1541 war Hans Heinrich von Mandach Genosse bei den Konstafflern.[881] Dann werden die Mandachs wohl mehrheitlich in Zürich gewohnt haben. Es ist kein Haus von ihnen bekannt. Vielleicht lebten sie bei Katharina oder auch beim Bruder Hans Jakob von Mandach am Neumarkt 15. Die jüngere Anna wird mit ihren kleinen Nichten und Neffen gespielt haben, denen sie später die Mutter ersetzen sollte. Hat Grossmutter Katharina sich mit den Eltern am ersten Lächeln der Säuglinge gefreut? Hat sie die Weinenden singend in den Schlaf gewiegt? Hat sie die Taufen in Zürich ausgerichtet? Die Sittenmandate beklagen den Luxus, der bei den Tauffesten immer wieder einriss. Es dürfte dabei solenn und fröhlich zugegangen sein. Das erste Kind von Hans Heinrich und der älteren Anna, Hans Georg, wurde nicht in Zürich getauft, aber die kleine Küngold im Juli 1537 und Hans Ludwig im September 1538.[882] Es folgte das Kind Hans Heinrich, das wieder keinen Taufeintrag in Zürich hat.

Die wachsende Enkelschar dürfte Katharina bewogen haben, das Haus zum ◀ Seite 315f. Bracken bereits Ende Oktober 1540 gegen das grössere und vornehmere Haus zum Mohrenkopf am Neumarkt 13 einzutauschen.

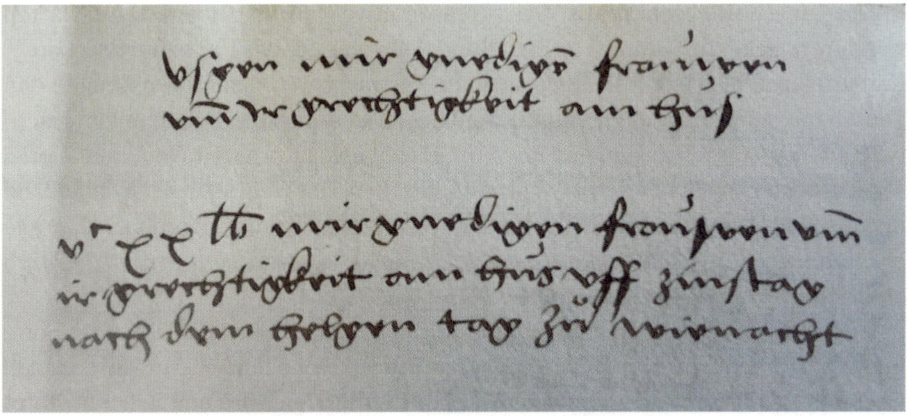

mir gnedige frauwen
vnd ir gerechtigkeit am huß

mir gnedigen frauwen vnd
ir gerechtigkeit am huß uff zinstag
nach dem heiligen tag zu wienacht

Seite 314

Abb. 76: Katharina von Reischach-Zimmern gibt ihre «Gerechtigkeit am Haus», d. h. ihr Wohnrecht, im Fraumünster auf.

Abb. 77: Murerplan der Stadt Zürich von 1576. Rot: Wohnorte Katharina von Zimmerns in Zürich: Abtei Fraumünster, Oberdorfstrasse 17 um 1536–1540, Neumarkt 13 von 1540–1547. Blau: Göldliturm. Grün: Neumarkt 6, Wohnort Eberhard von Reischachs bis 1519

Der Tausch war nicht gratis. Das repräsentative Haus mit Hofstatt und Garten war die erkleckliche Summe von 660 Pfund mehr wert als das Haus zum Bracken.[883] Katharina war also begütert. Begossen die Vertragspartner mit ihren Zeugen den Tausch mit dem exzeptionell süssen Wein des Jahres, der schnell betrunken machte? Bullinger schrieb in seinem *Diarium*: Es habe viel Korn und Wein und allerlei sonst in bester Qualität, «*fürpündig gut*», gegeben. Der Wein sei ins Schwabenland und bis nach München und in noch fernere Länder ausgeführt worden. *«Gott sye eer, lob und dank. Ich verkouft etlich Eimer win von disem jar, etlich umb 8, etlich umd 12 Pfund den Eimer.»*[884]

An Gesprächsstoff fehlte es den Zürchern sicher nicht. Denn die Dürre des Sommers 1540 brachte nicht nur erfreuliche, sie brachte vor allem viele erschreckende Nachrichten in die Stadt. In Norddeutschland verdorrten Korn und Früchte. Tiere und Menschen verendeten und Waldbrände vernichteten ganze Regionen. Es sollen ca. eine Million Menschen in Europa umgekommen sein.[885] Auch Bullinger wusste von Waldbränden und berichtete, die Mühlen seien stillgestanden. Die Limmat sei fast ausgetrocknet. Man habe um den Wellenbergturm laufen können. Im Juli habe er, Bullinger, schon süsse Trauben gegessen. Es habe das ganze Jahr höchstens sechs Mal geregnet. Als Katharina ihr neues geräumiges Haus bezog, war das Klima wieder erträglich. Bis Mitte September habe die Sonnenhitze gedauert, schrieb Bullinger.

Türkenkrieg und Religionsgespräche

Das Klima war kaum das einzige Tagesgespräch. Die Türkengefahr trieb die Leute um. Im Sommer 1540 hatten die Venezianer ihre Besitzungen auf dem Peloponnes an die Osmanen unter Süleyman verloren. Im Juli war König Zápolya, der von Süleyman unterstützt wurde, in Siebenbürgen gestorben. Nach dessen Tod sollte nach einem Vertrag von 1538 dem deutschen König Ferdinand von Österreich, dem Herrscher über Westungarn, auch der östliche Teil des Landes zufallen. Würde Süleyman das zulassen?

Er liess es nicht zu. Die Osmanen anerkannten am 17. Oktober 1540 den Erben Zápolyas, der noch in den Windeln lag, als Herrn über Ungarn an. Das führte erneut zu Krieg. Zürich beteiligte sich nicht mit den Reichsständen an dem zähen Ringen um die Stephanskrone, das erst 1545 mit der Teilung Ungarns endete. Aber die Türkenfrage trieb die Zürcher um. Sollten die Protestanten Kaiser und Papst gegen die Muslime beistehen, oder sich nicht lieber mit dem französischen König gegen den Papst, den Kaiser und dessen Bruder Ferdinand verbünden, diesen gekrönten Häuptern, die «den wahren evangelischen Glauben» verfolgten. Überlegten einige gar, ob es nicht an der Zeit sei, mit dem französischen König die Osmanen gegen den Kaiser zu unterstützen? Franz I. wird 1543 der osmanischen Flotte seinen Hafen Toulon zum Überwintern öffnen und 1544 mit den Türken zusammen die kaiserlichen Schiffe angreifen. Wie dachten die Zürcher über die Türkenpolitik und wie über Religionsgespräche? Seit Jahren forderte der Kaiser ein Konzil, um die Kirche auf seine Weise zu reformieren und dann den einen allgemeinen Glauben für alle durchzusetzen. Weil der Papst nicht darauf einging, drang Karl V. seit 1539 auf offizielle Gespräche in der Hoffnung, vermittelnde Theologen könnten sich auf einen Kompromiss einigen. Wie mag Katharina sich an Diskussionen über die Lage im Reich beteiligt haben? Hoffte sie, die ihre Stieftochter Anna und ihre leibliche Tochter mit einem Schwiegersohn verheiratete, der starke katholische Bindungen hatte, auf eine Einigung der Glaubensparteien? Und wie stand sie zum Islam? Dachte sie wie der junge Gelehrte Bibliander?

Der trug sich eben mit dem Gedanken, den Koran in Basel auf Lateinisch zu veröffentlichen. Er entfachte damit eine erregte Diskussion.[886] War es sinnvoll, den Koran auf Lateinisch im Druck zu verbreiten? Was, wenn die Lektüre Christen ihrem Glauben abspenstig machen würde? Gab es nicht schon genug häretische Schriften, die zu unterdrücken viel Mühe kostete? Der Basler Rat war entsetzt. Er verbot dem Drucker Johannes Oporin die Herausgabe. Aber es gab auch Befürworter. Nicht nur Freunde Biblianders, wie Heinrich Bullinger, setzten sich für die Ausgabe ein. Auch aus Wittenberg kamen positive Signale: Unbedingt solle der Koran gedruckt werden. Der Druck des ketzerischen Buchs könne den Türken nur schaden, erklärte Luther. Denn kennten die Pfarrer den Koran, dann könnten sie ihn leicht widerlegen. Wüssten die Christen, was die Muslime glaubten, dann würden sie viel tapferer gegen sie kämpfen: *«das doch die pfarrher hetten ein gewis zeugnis dem volck fur zu predigen den grewel des Mahmets, damit sie yhm deste feinder wurden, auch ynn unserm Christlichen glauben gesterckt, deste freydiger und manhafftiger streiten, leib und gut wagen kundten, als die heraus unterweiset, gewis weren, wie gar wider grewliche lugen des teuffels und wie gar fur eine reine lere der Christen sie streiten und erbeiten musten, welchs ich acht, solt einem Christen alle drummeln und posaunen ein recht lewen hertz ym felde machen.»*[887]

Bibliander konnte 1543 den Koran dann doch herausgeben und wusste sich zu verteidigen. Nur sehr zurückhaltend sprach er vom bewaffneten Kampf gegen die Osmanen. Sie sollten mit geistigen Waffen überwunden werden. Er erweist sich da als Schüler des Erasmus. Zwar lässt auch Bibliander gelten, dass der Koran ketzerisch sei, und erklärte darum mit Luther, Christen müssten ihn kennen, um ihn zu widerlegen. Er unterstrich aber dabei: Eine Häresie sei nicht durch Waffen oder durch Verbote zu unterdrücken, sie müsse durch Argumente geschlagen werden. Insbesondere betonte Bibliander – und das verbindet ihn mit Erasmus und unterscheidet ihn von anderen Gutachtern –, wie nah der Koran dem Christentum stehe, viel näher als die Klassiker der Antike, die samt den laszivsten Dichtern in den Schulen gelesen würden. Der Islam aber stehe dem Christentum sogar noch näher als das Judentum. Wohl streite der Koran Jesus die Göttlichkeit ab und erwähne die Jungfrauengeburt nicht, aber «er streicht Christus, zwar nicht als Gott, aber mit höchstem Lob als Prophet heraus».[888] Für Bibliander war der Islam eine Abart des Christentums, die durch gute Predigt überwunden werden könne. Bibliander spielte selbst mit dem Gedanken Missionar zu werden. Was im Koran häretisch sei, sei auch von christlichen Häretikern verbreitet worden. Bibliander ordnete den Koran in die Kirchengeschichte ein und machte ihn so «als Teil einer gemeinsamen Kultur verstehbar».[889]

Wachsende Enkelschar

Im Jahr, als der Koran in Basel erschien, liess Hans Heinrich von Mandach nach einer Pause wieder ein Kind in Zürich taufen. War die Mutter bereits die jüngere Anna, Katharinas leibliche Tochter? Sie dürfte dann um siebzehn Jahre alt gewesen sein. Weder das Sterbedatum der Stieftochter Anna noch das Heiratsdatum der jüngeren Anna sind bekannt. Möglicherweise starb die ältere Anna an der Geburt eines Kindes oder im Pestjahr 1541. Sicher ist: Die leibliche Tochter von Katharina war 1548 die Frau von Hans Heinrich von Mandach.[890] Die Kinderschar wuchs. In den Jahren 1543 und 1545 wurden zwei Töchter von Hans Heinrich von Mandach und Anna Reischach ins Taufregister eingetragen: Sybilla, getauft am 5. August 1543 und Regula, getauft am 8. Juni 1545.[891] Die für die damalige Zeit hochbetagte Katharina hat wohl noch erlebt, dass die jüngere Anna Hans Heinrich heiratete und war von 1545 an die Stiefgrossmutter oder Grossmutter aller sechs Kinder von Hans Heinrich. Hat sie die grösseren Kinder zu Grossmuttertagen eingeladen? Hat sie ihnen aus ihrem Leben erzählt, ihnen vorgelesen, ihre ersten Leseversuche überwacht, ihnen das Lautenspiel beigebracht und sportliche Wettkämpfe im Garten veranstaltet, während sie vielleicht schon am Stock ging? Jedenfalls pulsierte um sie Leben. Auch Anstett von Reischachs Sohn Hans Heinrich, der mit seiner
◀ Seite 326
Mutter am Neumarkt 1 wohnte, mag sich als älterer Vetter unter die Kinderschar gemischt haben und Anna Hammer, die Tochter der ehemaligen Nonne Katharina von Reischach aus Katharinental, bisweilen auf Besuch gekommen sein. Jedenfalls hat Vetter Hans Heinrich von Reischach mit ihr verkehrt. Später allerdings wollte er nichts mehr von ihr wissen. Sie habe ihn in seiner Jugend in «liederlicher Weise» um 100 Gulden gebracht, die er selbst nötig gehabt habe. Darum nahm er sie ausdrücklich aus seinem Testament aus.[892] Das Haus zum Mohrenkopf bot jedenfalls Platz
◀ Seite 320
für Familientreffen und Feste. Wurde dann das Silbergeschirr herausgenommen, das Katharina im Gewicht von ca. 1½ Kilogramm vererben konnte?[893]

Abb.78: Ein Silberbecher, den später Zwinglis Sohn besass, getrieben, um 1530

Im Nachbarhaus hatte Schwager Hans Jakob von Mandach die Frauenfelderin Dorothea Locher geheiratet. Achtzehn Mal haben die Nachbarn und Freunde die junge Frau angefragt, Pate zu stehen. Sie muss überaus beliebt gewesen sein. So gern die Zürcher sie zur Gevatterin baten, so wenig hat ihr Mann sie respektiert. Hans Jakob von Mandach war das schwarze Schaf in der Familie. Er hat, so erfahren wir aus einem Streitfall, das väterliche Vermögen vertan und überall Schulden gemacht. Offenbar konnte er sich in Zürich nicht mehr zeigen. Er trieb sich in Wirthäusern herum und seine Brüder bezahlten aus Mitleid die Rechnungen. Seine Frau musste um ihr Leben bangen, wenn sie versuchte, ihn zurechtzuweisen. Die ganze Stadt habe gewusst, heisst es in der Quelle, wie ihr Mann haushalte, wie sie habe fürchten müssen, er bringe sich selbst und sie um das Ihre. Wenn sie ihm das untersagt habe und ihn zu einer richtigen Haushaltsführung angehalten habe, dann habe er sie so roh angefallen, dass sie oft um ihr Leben gefürchtet habe: «*habe er sy mit solicher rüche alwägen angfallen, das sy offtermals müssen besorgen, er brechte sy umb ir leben*». Der Streitfall betraf kurz nach Katharinas Tod das Erbe des verstorbenen Hans Jakob von Mandach. Die Witwe Dorothea erhielt keineswegs als Erste aus dem Nachlass ihr Brautgeld und ihre Morgengabe. Erst nachdem die Brüder Mandach, die, das sei zu ihrer Ehrenrettung gesagt, nicht mitverhandelten und nur durch einen Anwalt vertreten waren, und weitere Gläubiger befriedigt waren, erhielt sie den Rest.[894] Sie musste jedoch nicht ein Leben als verarmte Witwe führen. Sie heiratete 1550 den Drucker Christoph Froschauer.[895] Das hat Katharina nicht mehr erlebt. Aber als Nachbarin wird sie zuvor mit Dorothea mitgelitten haben. Und Gesprächsstoff wird das liederliche Leben ihres Gatten bei den Mandachbrüdern allemal gewesen sein.

Patenschaft mit Jakob Ruf

1545 stand Katharina nochmals Pate. Das war zwanzig Jahre nach der Übergabe der Abtei. Dennoch wird sie im Taufeintrag «Äbtissin» genannt, genauso wie in einem offiziellen Brief des Rates aus dem gleichen Jahr, in dem sie als mögliche Auskunftsperson für Zinsrechte der Abtei genannt wird.[896] Offenbar strahlte sie immer noch die Würde einer Stadtherrin aus. Mitpate war 1545 ihr Nachbar Jakob Ruf, der einst sein Kloster verlassen hatte.

Abb. 79: Taufeintrag von Katharina Wyss mit den Paten Jakob Ruf und «Cathrina Äptissin», 1545

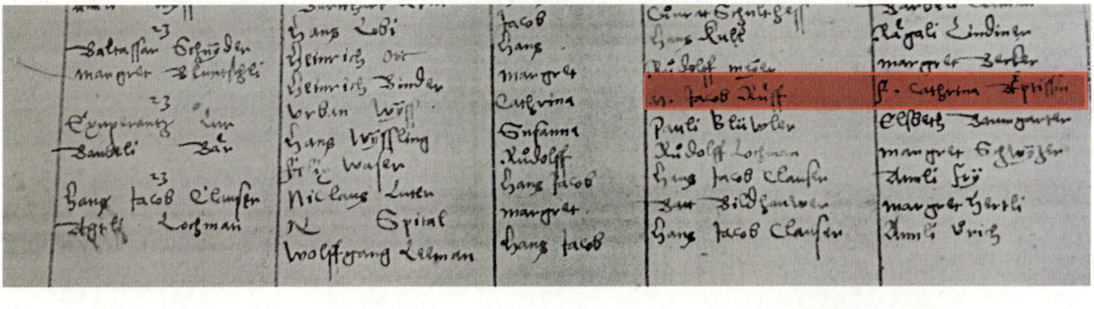

Das gab sicher Berührungspunkte. Der bereits berühmte Stadtchirurg lebte ebenfalls am Neumarkt, im Haus Zur Stelze. Taufvater war Urban Wyss. Es könnte der zwischen 1544 und 1550 in Zürich nachgewiesene Drucker gewesen sein;[897] vielleicht aber auch der schon ältere Pfarrer Urban Wyss, der mit einer Magdalena Göldli verheiratet war. Der hatte ein bewegtes Leben hinter sich. Er hatte in Fislisbach reformiert gepredigt, wurde vom Bischof verhaftet und hatte nach einem Gespräch mit dem Bischofsvikar Johannes Fabri widerrufen, war aber später wieder als reformierter Geistlicher tätig, sicher in Oberwinterthur, Eglisau und Rafz.[898] Möglich, dass der Unstete sich 1545 in Zürich aufhielt und dort ein Kind taufen liess. Wer auch der Vater war, sicher hatte Katharina bei den Feierlichkeiten ausgiebig Gelegenheit, mit Jakob Ruf zu plaudern.

Was hielt sie von seinem *Wilhelm Tell*, einer reformierten Bearbeitung des Urner Tellenstoffs, die wenige Monate zuvor in Zürich am Neujahrstag aufgeführt worden war? Dass Tell, der Widerstandskämpfer, der den Vogt erschoss, nach Ruf ein ausgesprochen frommer Mann war, wird sie kaum gestört haben. Aber was hielt sie von der Schwarz-Weiss-Malerei: Dem durch und durch bösen Vogt und seinen Knechten, dessen Frau selbstverständlich an verpönten Messriten hing, und den frommen Eidgenossen ohne Fehl und Tadel? Wie passte das zu einer Frau, die in ihren Schnitzereien so gern mit Bedeutungen gespielt, ja die Vieldeutigkeit geradezu zelebriert hatte? Und was hielt Katharina vom moralisierenden Prolog und Epilog? Es gelte nur auf Gottes Wort zu hören, bescheiden, arbeitsam, barmherzig, einig zu sein und dem Bösen zu widerstehen, dann werde Gott das Land segnen.[899] War es so einfach? Hatte sie das Leben nicht gelehrt, Kompromisse als notwendig anzuerkennen? Nicht dass sie die genannten moralischen Werte abgelehnt hätte, aber sie sah die Welt sicher differenzierter. Sie, die mit nun 67 Jahren viele Schicksalsschläge und Umwälzungen miterlebt hatte, sie dürfte gezweifelt haben an dem einfachen Kausalzusammenhang: Wo Gott verachtet wird, da geht ein irdisches Reich unter, wo nicht, hat es Bestand. Für sie waren die Wege Gottes, der in seinem Sohn das Leiden in der Welt wählte, wohl unerforschlicher. Wenn er die Strafe der sündigen Menschen auf sich nahm, dann konnten doch irdisches Elend und Verderben keine ursächliche und berechenbare Folge von Gottes Zorn über die Sünde mehr sein.

Wenn Katharina dieses Thema am Taufessen lieber mied, so gab es doch noch anderen Gesprächsstoff. Ruf arbeitete gerade an seiner *Augenheilkunde* und zog dazu nicht nur die üblichen griechischen und römischen, sondern auch arabische Autoritäten bei. Das wird sie und die übrige Taufgesellschaft interessiert haben. Ein Gewährsmann war Jesus Hali.[900] Der Name allein liess wohl allerlei Gedanken aufkommen. War es nicht geradezu Gotteslästerung, wenn ein Mensch, zumal ein Muslim, sich Jesus nannte? Im Deutschen Reich und in der Schweiz war dieser Vorname nicht üblich, aber nannten nicht auch die Eltern im fernen Spanien ihre Kinder Jesus? Und mahnte Bibliander an der *Schola Tigurina* nicht, einen neuen

Blick auf den Islam zu werfen? War es nicht erfreulich, wenn die Muslime Jesus als Propheten anerkannten und ihre Kinder nach ihm nannten, so wie die Zürcher ihre Kinder nach den Erzvätern, Propheten und Aposteln? Wie sollten sie überhaupt zu den Türken stehen, werden sich die Taufgäste gefragt haben. Galt es, sich mit ihnen zu arrangieren, jetzt wo ein Teil Ungarns gerade an sie verloren ging und in deutschen Landen ein Glaubenskrieg drohte?

Der Schmalkaldische Krieg und der Bettel

Die vom Kaiser angeregten Religionsgespräche endeten wegen der Härte Roms und Wittenbergs ergebnislos. Frustriert entschloss sich Karl V., die Einigkeit im Glauben mit Gewalt zu erzwingen. Nachdem der Kaiser im September 1544 mit Frankreich Frieden geschlossen hatte, verfügte er auch über die militärischen Machtmittel dazu. Vom Konzil, das der Papst endlich für 1545 einberief, konnte er sich nicht allzu viel versprechen, tadelte doch Paul III. zugleich die Ausgleichsverhandlungen des Kaisers mit den Protestanten. Die Lage wurde immer bedrohlicher. Der sogenannte Schmalkaldische Krieg brach aus, in dem die Habsburger im Reich dem Bündnis der Protestanten gegenüberstanden. Bullinger hätte gern den Glaubensgeschwistern geholfen. Den Kaiser lehnte er genauso ab wie den Papst. Für ihn konnte kein rechtschaffener Mensch auf Seiten des Kaisers stehen. «Kein anständiger Mensch könne dem Kaiser gewogen sein», schrieb er im Dezember 1545, «denn der ist nicht nur kein ehrenwerter Mann, sondern er ist die Pest, das Unglück und das Verderben nicht nur Deutschlands, sondern des ganzen Europa, das bisher den Namen christlich trug.»[901] Auch befürwortete er den Solddienst für die Schmalkaldener.[902] Dachte Katharina wie Bullinger oder eher wie die Reichsritter, denen sie sich von ihrer Herkunft her verbunden fühlen musste, ganz abgesehen von der Familie Mandach. Die Reichsritter sahen untereinander über konfessionelle Unterschiede hinweg, und auch eifrige Protestanten unter ihnen beriefen sich gern auf den Kaiser als Garanten ihrer Unabhängigkeit, zu der auch ihre freie Glaubensentscheidung gehörte. Ihren Untertanen aber verwehrten sie meist eine freie Glaubenswahl.[903]

Der Zürcher Rat liess sich nicht von Bullinger beeindrucken. Zwar zog sogar ein Bürgermeisterssohn den bedrängten Protestanten zu und niemand hinderte ihn und andere daran.[904] Aber der Rat hielt im Übrigen strikt an seiner vorsichtigen Nichteinmischungspolitik fest. So konnte Bullinger den Protestanten im Reich nur brieflich Mut zusprechen und rief im Juli 1546 nach der offiziellen Kriegserklärung zu Bittgottesdiensten auf.[905] Hat die gealterte Katharina sie besucht? Hat sie die Kriegshandlungen überhaupt mitfiebernd verfolgt? Sie hat noch miterlebt, wie Ulrich von Württemberg vor dem Krieg warnte, dann aber doch als treuer Protestant teilnahm. Württemberg wurde von spanischen Truppen besetzt. Ulrich flüchtete auf den Hohentwiel und musste Anfang Januar den Kaiserlichen seine Festungen öffnen. Im März sah sich der so stolze, nun gealterte und gichtbrüchige Herzog zu einem demütigenden Kniefall gezwungen. Ihm drohte ein Felonieprozess, weil er gegen seinen Lehensherrn, König Ferdinand I., gekämpft hatte.[906] Sollte er nochmals sein Land verlieren? Dass es nicht mehr dazu kam und sein Sohn Christoph die Regierung von ihm übernehmen konnte, hat Katharina nicht mehr erlebt.

Sicher hat sie die soziale Lage in Zürich beschäftigt. Grassierende Armut und Bettelei waren unübersehbar. Seit 1544 verschärfte sich die Not, Missernten brachten grosse Teuerung. Das Almosenamt, das die Klostergüter verwaltete, war überfordert, zumal der Rat nicht nur die Armenfürsorge und die Schulen daraus finanzierte. Viel wurde über Misswirtschaft, ja Korruption geklagt. Das Klostergut werde verschwendet.[907] Was hat Katharina davon gehalten? Konnte sie sich sagen: So schlecht, wie die reformatorische Propaganda behauptete, hätten sie und andere Äbtissinnen und Äbte nicht mit dem ihnen anvertrauten Stifts- und Klostergut gewirtschaftet, vielleicht verantwortungsvoller als die weltliche Obrigkeit nach ihnen. Erhoben sich schon zu ihren Lebzeiten Stimmen, die, wie Bullinger einige Jahre später klagte, sich die Prälaten und Mönche zurückwünschten? Denn die hätten die Armen besser versorgt.[908] Hat Katharina den vielen Bettlern mitleidig etwas zugesteckt?

Bis an ihr Lebensende hat Katharina um ihr väterliches Erbe gekämpft. Sie sah sich als legitime Erbin ihrer Eltern, als immer noch voll zu ihrer Herkunftsfamilie gehörig. Aus ihrer Sicht begehrte sie nichts Ungebührliches. Sie wolle nur als Erbin ein geziemendes Heiratsgut ausgerichtet bekommen. Sich als eine Fremde, als eine, die nicht mehr zur Familie gehöre, anzusehen, sei für sie unerträglich: *«dhein [kein] ubermaß beger sonnder allein zimlich ußsgestürt und abgericht ze werden.»* Und, es wurde schon zitiert: *«Dann mich also fur ein gasterbn anzesehn mir gentzlich swär und unlydenlich je zu verduldn khempt.»*[909]

Seite 316–318, 321–323

Katharina fand genügend treue Freunde, die den Rat veranlassten, sich bei ihren Brüdern für ihr Heiratsgut weiter einzusetzen. Die waren auch erfolgreich. Aber Katharina hat es nicht mehr erlebt. Ihre leibliche Tochter Anna erhielt von Bruder Gottfried Werner im Oktober 1548 eine Abfindung von 100 Sonnenkronen.[910] So hat die Beharrlichkeit der ehemaligen Äbtissin noch über ihren Tod hinaus der Tochter genützt. Auch ihr gutes Haushalten brachte der Tochter Reichtum. Sie

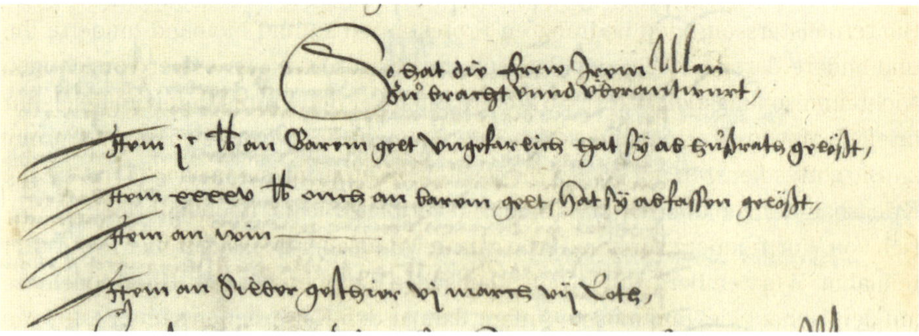

Seite 320

Abb. 80: Auszug aus der Abrechnung über das Erbe von Anna, der leiblichen Tochter von Katharina Reischach-Zimmern erbte das Haus zum Mohrenkopf, das sie für 1068 Pfund, 3 Schilling, 4 Pfennig verkaufen konnte. Dazu kamen noch 45 Pfund bar aus Naturalien und 100 Pfund bar aus dem Hausrat sowie Schuldbriefe im Wert von 195 Pfund und dazu auch noch die erkämpften 100 Sonnenkronen. Auch das schon erwähnte Silbergeschirr ist in der Abrechnung über das Erbe aufgelistet, aber erstaunlicherweise kein Schmuck. Hat die ehemalige Äbtissin keinen Schmuck getragen oder hat sie ihn noch mit warmer Hand verschenkt? Wie schon angeführt, hat Katharina auch Salomea, der Tochter Regulas, ein wenn auch kleineres Erbe hinterlassen, aber immerhin einen Geldbetrag von 100 Pfund, eine Bettstatt und ein Tuch für einen Oberrock, womit Anna auch einverstanden war.[911]

Seite 318–321

Die Nachkommen

Wenn Katharina sich je Sorgen um das Fortkommen ihrer leiblichen Tochter Anna gemacht hat, dann waren sie unnötig. Zwar muss Hans Heinrich von Mandach bald nach Katharina gestorben sein. Aber Anna fand schnell wieder einen Mann und zwar einen Mann aus dem Kreis, in dem die Reischachs in Schaffhausen verkehrt hatten. Sie heiratete 1550 Crescencius Spiegelberg. Er taucht unter verschiedenen Vornamen in den Quellen auf: Crescencius, Cencius oder Vincenz. Als Ehemann von Anna Reischach aus Zürich wird er Vincens oder Crescentius genannt. So kann er als dieselbe Person identifiziert werden. Einige haben wohl seinen Rufnamen Cencius fälschlich als Vincenz aufgelöst.[912]

Crescencius war der Sohn des Schaffhauser Ratsherrn Thomas Spiegelberg, der mit Vater Eberhard von Reischach für Ulrich von Württemberg gekämpft hatte. Die Väter werden sich schon in den italienischen Kriegen kennengelernt haben. Der Schaffhauser Rat büsste Thomas Spiegelberg wegen seiner Werbungen im Jahr 1536, als auch Sebastian Appenzeller dem französischen König zuzog.[913] Thomas Spiegelberg liess also nicht von seinem Beruf. Die Haftstrafe, so die ausführlichen Anmerkungen zur Chronik von Johann Jakob Rüeger, erliessen ihm die Herren gnädig, weil er der Stadt *«vil gedient [habe] und noch wol dienen mag»*. Auch wegen Spielens geriet er in Konflikt mit den neuen reformatorischen Sittengeset-

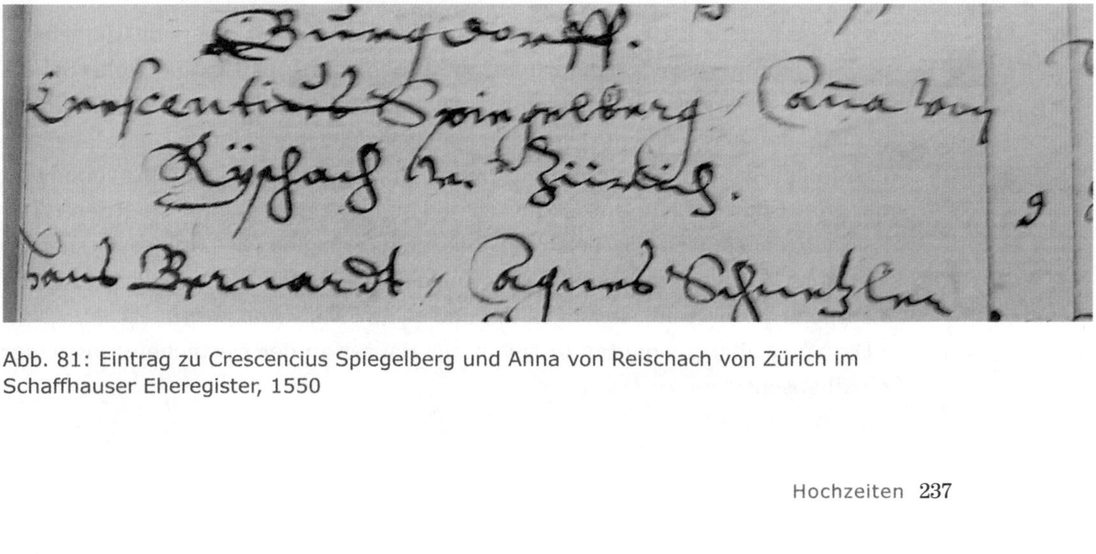

Abb. 81: Eintrag zu Crescencius Spiegelberg und Anna von Reischach von Zürich im Schaffhauser Eheregister, 1550

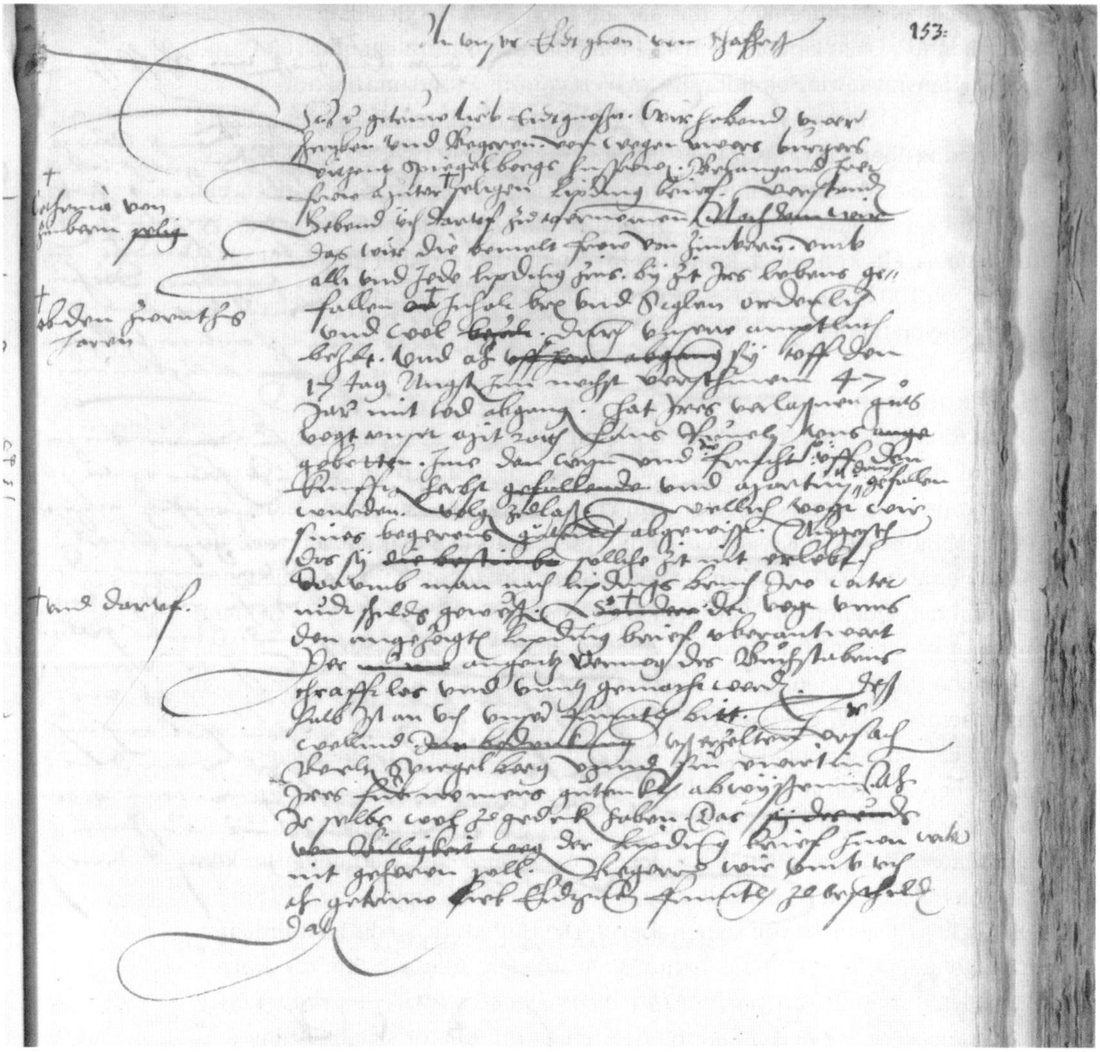

Seite 324

Abb. 82: Der Zürcher Rat weist Forderungen des Ehepaars Spiegelberg-Reischach ab.

zen. Seine Kinder hatte er nicht etwa an die reformierte Universität Heidelberg zum Studium geschickt, sondern auf die renommierte papsttreue Hohe Schule nach Paris. Anna hat einen akademisch gebildeten Mann geheiratet. Crescencius, ebenfalls Ratsherr, scheint dem Vater nachgeschlagen zu sein. Er wurde wegen «Pensionen» gebüsst[914] und kam wegen Beleidigungen vor Gericht.[915] Er versuchte, über seine Frau die Leibrente Katharinas jedenfalls noch zwei Jahre nach deren Tod als «Nachgenuss» weiter zu beziehen – allerdings erfolglos. Die Zürcher Ratsherren baten ihre Kollegen in Schaffhausen, Spiegelberg klar zu machen, dass er keine Ansprüche an sie habe, sie mögen ihn und seine Frau *«abwyßenn»*.[916]

Die Spiegelbergs wohnten in einem der Häuser an der westlichen Ringmauer Schaffhausens.[917]

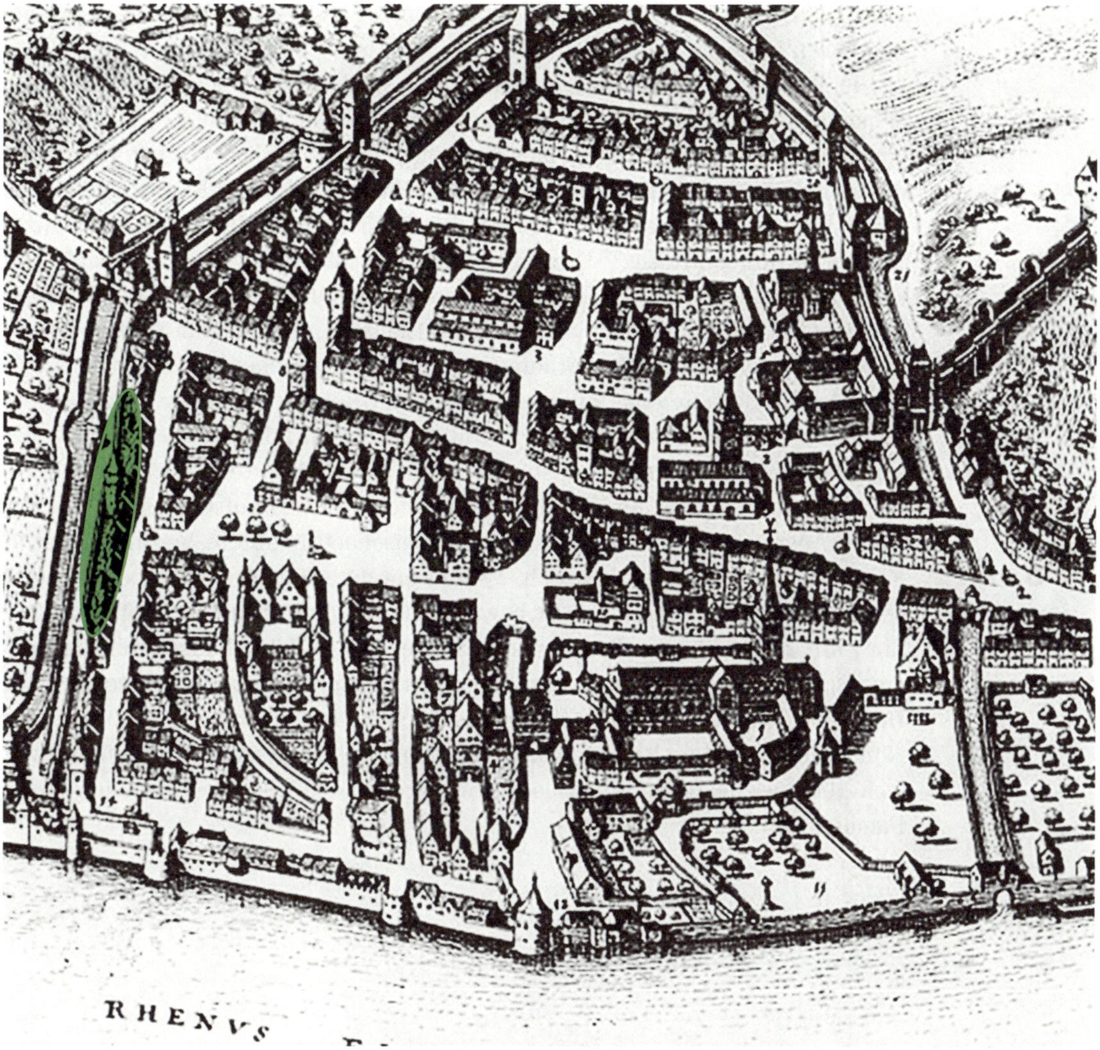

Abb. 83: Merianplan der Stadt Schaffhausen von 1642. Grün: In einem dieser Häuser wohnten Crescencius von Spiegelberg und Anna von Reischach nach 1550

Anna hat in ihrer knapp 20-jährigen Ehe mit Crescencius vier Kinder geboren: Elisabeth am 13. April 1552, Anna am 5. Juli 1554, Hans Gilg am 20. Oktober 1555 und Hans Thomas am 11. Februar 1557.[918]

Nach Spiegelbergs Tod zwischen 1568 und 1571[919] soll Anna nach J. L. Bartenschlager ein drittes Mal und zwar wieder einen Mandach geheiratet haben, diesmal Hans Konrad von Mandach, einen Enkel des Vogtes Sebastian, dem sie die Söhne Heinrich und Hans Georg geboren haben soll.[920] Stimmt die Überlieferung, dann zog sie zu ihm in den *Stuttgard* (Stutenhof) im katholischen Öhningen. Konfessionelle Enge konnte ihr sicher niemand nachsagen. In Zürich und Schaffhausen werden sie im Gegenteil viele leichtfertig und gewissenlos genannt haben, wenn sie sie nicht mit derberen Worten offen oder hinter vorgehaltener Hand verunglimpften, weil sie «dem wahren Glauben» nicht treu blieb.

Die Enkel und Enkelinnen, die Katharina noch erlebte, scheinen ihren Weg gemacht zu haben, soweit ihr späteres Leben bisher bekannt ist: Hans Georg von Mandach (wohl Sohn des Hans Heinrich) heiratete Elisabeth von Hohenlandenberg und scheint 1580 zur katholischen Pfarrgemeinde in Rheinau gehört zu haben;[921] sein Bruder Hans Heinrich war von 1579 bis 1582 für den Konstanzer Bischof als Ammann tätig;[922] Küngold heiratete Bernhard Meyer von Knonau[923] und Regula Hans Peter Röist.[924] Die bekannten Nachkommen blieben in den Kreisen, in denen Katharina sich bewegt hatte, im katholischen Hoch- oder Niederadel und im reformierten junkerlichen Stadtadel Zürichs. Entsprechendes ist von den überlebenden Kindern Regulas zu sagen. Sebastian Uriel machte in der Pfalz Karriere und heiratete eine Quadt von Landskron. Salomea wird die Salomea Appenzeller sein, die 1551 den Pfarrer aus Uster Ezechiel Ramp heiratete.[925] Ihr Gatte gehörte nicht zur adligen oder junkerlichen Elite, aber zum neu aufstrebenden Pfarrerstand. Anstetts Sohn Hans Heinrich von Reischach heiratete Veronika Haas.[926] ◀ Seite 325f. Er lebte «von seiner Hände Arbeit», wie er mit gut reformiertem Arbeitsethos in seinem Testament betonte.[927] Er bewarb sich um eine Pfründe im Spital. Nicht nur Katharinas leibliche Tochter Anna, zu der Zeit in Schaffhausen mit Crescencius Spiegelberg verheiratet, und Heinrichs Mutter, Anna Schmid, sorgten für Heinrichs Pfründe, auch Bilgeri von Reischach auf Hohenstoffeln, der Bruder der Nonnen Küngold und Barbara von Reischach, wurde befragt. Die Verbindung zur weiteren Reischachfamilie war also nicht abgebrochen.[928] Die Nachkommen hatten Familiensinn.

SCHLUSS

Katharina von Zimmern in ihrer Zeit

Dies Buch stellte *viele* Fragen zu Katharina von Zimmern und musste *vieles* offen lassen. Aber allein, dass *viele* Fragen zu stellen waren, sagt *viel* aus. Es zeigt, wie *viel*schichtig die Zeit war, in der Katharina lebte, wie *viel* auf sie einstürmte und wie *viele* Probleme sie meistern musste und auch meisterte.

Sie musste ihre Entscheidungen treffen in einer Stadt, die zwischen dem mitreissenden Ruf nach freier evangelischer Predigt und rigidem Glaubenszwang hin und her taumelte, die Soldbündnisse verpönte und auf Söldnerführer angewiesen blieb, die eine Machtpolitik betrieb, die weit über die Eidgenossenschaft hinausgriff, um nach Kappel auch in der Eidgenossenschaft nur noch vorsichtig lavieren zu können. – Erst so fand Zürich zur von Katharina ersehnten Ruhe.

Aufgewachsen in einem hochadligen Elternhaus mit einer weltoffenen, lebenslustigen, kunstsinnigen, konventionell christlichen und unkonventionell humanistischen Atmosphäre, hat Katharina von Zimmern eine im weitesten Sinne «humanistische» Denkweise nie abgelegt, eine Denkweise, die Frauen als den Männern ebenbürtig betrachtete und ihnen Bildung und Einfluss zubilligte. Katharina hat sich tatsächlich eine beachtliche Bildung angeeignet, Einfluss ausgeübt und ein selbstbestimmtes Leben erkämpft. Sicher, sie musste sich anpassen. Wenn sie – wofür einiges spricht – schon in ihrer Äbtissinnenzeit Eberhard von Reischach liebte, und ihm eine Tochter gebar, dann lebte sie ihre Liebe und

Mutterschaft im Geheimen. Als Zürcher Bürgerin hatte sie sich den einengenden Sittenmandaten und dem Predigtzwang unterzuordnen, aber sie hat es verstanden, die Macht, die sie als Äbtissin besass, nach ihrem Willen zu gebrauchen und etwa das Asylrecht grossherzig zu handhaben. Geheiratet hat sie nach eigener Wahl, als Witwe verfügte sie in einer Zeit, die Frauen in ihren Rechten mehr und mehr einschränkte, frei über ihr Vermögen und trat selbstbewusst für ihr Erbe und ihren guten Ruf ein.

Der Humanismus bot nicht nur ein neues Frauenbild, er lehrte auch, Altes umzudeuten und in neue Sinnzusammenhänge zu stellen, wie es Katharina mit den Sprichworten und Schnitzereien in ihren Äbtissinnenräumen überzeugend gelang. Dabei erwies sie sich als geistreich und humorvoll. Wenn Neues gewagt werden sollte, dann bedachten Humanisten wie Erasmus von Rotterdam Zeit und historische Umstände und warnten davor, mit den Reformatoren die Tradition und das Alte vorschnell zu verdammen und als gottlos zu verwerfen. Dass Katharina sich in einem Rechtsstreit auf das alte Herkommen berief und in den Urkunden zur Übergabe der Fraumünsterabtei – anders als üblich – darauf verzichtete, das überkommene Stiftsleben zu verunglimpfen, passt zur Mahnung des grossen Humanisten.

Auf den «Pazifismus» des Erasmus' liess sie sich indessen nicht ein. Sie hoffte, mit ihrer Übergabe des Fraumünsterstiftes den Frieden in Zürich zu fördern, aber sie heiratete einen notorischen Söldnerführer. Entsprechend haben dessen Freunde sich für einen innereidgenössischen Frieden eingesetzt, aber grundsätzlich vom Kriegshandwerk nicht gelassen. Ritterlicher Kampfesmut, auch kriegerischer, wurde weitherum bewundert.

Die Umbrüche in der ersten Hälfte des 16. Jahrhunderts liessen den Menschen kaum Freiräume, Widersprüche zwischen alten und neuen Werten auszugleichen und zu einem harmonischen Miteinander zu verbinden. Immer unversöhnlicher stiessen Traditionalisten, Reformer und Reformatoren aufeinander. Nicht nur die religiösen Fragen, auch politische und soziale Kämpfe riefen nach eindeutiger Parteinahme für *Freunde* und gegen *Feinde* und rissen Verwandte und gesellschaftliche Gruppen auseinander. Katharina von Zimmern war nicht die Einzige, die in Entscheidungen hineingeworfen wurde, die einen Bruch mit der Tradition bedeuteten, ohne dass die Verantwortlichen einen solchen Bruch oft selbst wollten. Sie mag für viele stehen, die an ihrer Zeit litten – aber nur wenige Frauen werden sich so kraftvoll in ihrer Zeit behauptet haben wie sie.

Katharina berief sich in ihrer wichtigsten Entscheidung, der Aufgabe der Abtei, auf ihren Vater. Dennoch entfremdete sie diese Entscheidung ihrer Familie, genauso wie ihre Heirat mit Eberhard von Reischach, obwohl der dem Württemberger Herzog diente, dem ihre Familie seit alters verbunden gewesen war. Ihr Neffe, Christoph Froben von Zimmern, kritisierte allerdings an Reischach nicht die Parteinahme für Herzog Ulrich, sondern Reischachs Herkunft aus dem Niederadel. Mit ihrer Heirat und auch schon mit der Aufnahme von Selnauer

Schwestern ins Fraumünster zeigte sich die Äbtissin über solch adliges Standesbewusstsein und adlige Vorurteile erhaben. Auch das entsprach humanistischer Denkweise und bezeugt Katharinas Grossherzigkeit.

Die Aufbrüche der Bauern, mit denen sich Herzog Ulrich zeitweise verband, verschärften die schwierige Lage der adligen Grundherren. Drohte der Adel doch sowieso zwischen den aufstrebenden Territorialfürsten und der wirtschaftlichen Macht der Städte zerrieben zu werden. Mit der Übergabe des hochadligen Stiftes unterstützte Katharina die Stadt und wohl zugleich – sicher aber bald auch über ihren Ehemann – den ehemaligen und späteren Territorialfürsten Herzog Ulrich. Sie stellte sich entschlossen auf die Seite der aufstrebenden Mächte der frühen Neuzeit. Nach der Übergabe des Fraumünsters hat Katharina als Ehefrau die politischen Kämpfe eher passiv mitgetragen, aber auch sie belasteten die Familienbande.

Fest hielten die alten Freundschaften, die Verbindung zu ihren Waldburger Kusinen, die das Klosterleben aufgaben, und die Freundschaften mit Männern, die sie schon in der Abtei beraten hatten, und die zu den alten Kriegskameraden ihres Mannes gehörten. Solche Söldnerführer wurden von Zwingli und seinen tonangebenden Anhängern beargwöhnt und verurteilt. Das hat Katharinas Freundschaft zu ihnen nicht getrübt. Die Übergabe des Fraumünsters mag mancher Zeitgenosse als treulos bezeichnet haben, dennoch gehörte Treue, jedenfalls Freundestreue, zu den Werten, die Katharinas Leben prägten.

Die alten Freunde und die Württemberger Politik Zwinglis und des Zürcher Rates verbanden Katharinas Ehemann, den geächteten Eberhard von Reischach, schon in der Schaffhauser und Diessenhofer Zeit des Ehepaars mit dem reformierten Zürich und dessen Reformator, während drei von Reischachs Kindern noch in Klöstern lebten. Die besten Freunde der Reischachs trugen die Reformation loyal mit, verteufelten aber die überkommene Kirche und deren Anhänger nicht. Dazu passt Katharinas Motto. Mit dem Signet, das sie sich als Äbtissin über die Wappen ihrer Eltern hatte setzen lassen, wies sie auf die fünf Wunden Christi. Damit bekannte sie sich zu einer Frömmigkeit, die in Christi Kreuzestod Erlösung suchte. Solche Frömmigkeit konnten Gläubige in allen christlichen Kirchen finden. Katharina hat sich denn auch nicht gescheut, eine ihrer Stieftöchter und ihre leibliche Tochter Anna in eine «katholische» Familie heiraten zu lassen. Wie über Standesdünkel war sie auch über konfessionelle Enge erhaben.

In Zeiten starker Parteibildungen und religiöser Intoleranz fordert eine solch offene Haltung viel innere Kraft, und umso kraftvoller erscheint eine Persönlichkeit, wenn sie sich, wie Katharina, dabei Respekt zu erhalten weiss. Noch 1545 nennen sie die Zürcher in offiziellen Akten ehrerbietig mit dem Titel der ehemaligen Stadtherrin: «Äbtissin».

Das Ansehen, das sie sich erwarb und erhielt, zeugt von ihrer Ausstrahlung und zeigt zugleich, wie bedeutend die Gruppe in Zürich gewesen sein muss, die sich einer ausgrenzenden Konfessionalisierung entzog. Diese und überhaupt von den Hauptströmungen abweichende Gruppen vermehrt zu erforschen, wäre eine lohnende Aufgabe für die Geschichtsschreibung.

Katharina verfügte über einen bewundernswerten Lebensmut und eine ausserordentliche Gesundheit, die ihr erlaubten, im Alter von 47 Jahren noch zwei Kinder zu gebären. Schicksalsschläge blieben ihr nicht erspart. Die des Jahres 1531 hat Irene Gysel in ihrem Geleitwort anschaulich beschrieben. Sie konnten Katharinas Lebensmut nicht erschüttern. Noch als Witwe mit 62 Jahren, was im 16. Jahrhundert bereits ein «Greisenalter» war, schuf sie ihrer Familie mit dem Haus zum Mohrenkopf in Zürich ein neues repräsentatives Heim.

Am Ende steht nochmals eine Frage: Das Liebespaar aus dem Fries ihrer Äbtissinnenstube ziert den Bucheinband. Es versinnbildlicht irdische, aber auch göttliche Liebe, die schon der Epheserbrief mit der ehelichen Liebe verglich. Haben nicht die Krisen, sondern hat Liebe Katharinas Leben bestimmt und sie zu einer – bei aller Eigenwilligkeit – geistreichen, entschlossenen, kraftvollen, weltzugewandten, grosszügigen, mutigen, beharrlichen, humorvollen und treuen Persönlichkeit geformt? Prägte die Liebe ihrer Eltern ihre Kindheit, fand sie in der Liebe zu Eberhard von Reischach Erfüllung und schenkte ihr die Liebe des leidenden Christus Trost und Kraft, in allen Umbrüchen? Lehrte sie die Christusliebe – welche klösterliche Erbauungsliteratur, reformatorische Theologie und der Bibelhumanismus je auf ihre Weise verkündigten – sich, soweit nötig, anzupassen und doch hochherzig ihren eigenen Weg zu gehen?

Katharina liess nicht nur das Liebespaar in ihren Fries schnitzen. Beschwörend blickt die Meerjungfrau den Besucher an. Sie warnt davor, Intimsphären zu verletzen und Tabus zu brechen. So sei hier innegehalten und der Versuchung widerstanden, vorwitzig in das Geheimnis von Katharinas Persönlichkeit eindringen zu wollen.

ANMERKUNGEN

1 Georg von Wyss, Geschichte der Abtei Zürich, Zürich 1851–1858 [= Wyss], Textteil S. 112.

2 Eduard Rübel, Die Übergabe des Stifts an die Stadt – rechtlich gesehen, in: Zürichs letzte Äbtissin. Katharina von Zimmern 1478–1547, hg. von Irene Gysel und Barbara Helbling, Zürich 1999 [= Rübel, in: Gysel/Helbling 1999], S. 119–136, bes. S. 135.

3 Peter Niederhäuser, Alltag in der Abtei. Die letzte Äbtissin Katharina von Zimmern, in: Das Fraumünster in Zürich. Von der Königsabtei zur Stadtkirche, hg. von Peter Niederhäuser und Dölf Wild, Zürich 2012 [= Niederhäuser, in: Niederhäuser/Wild] sowie Regine Abegg, Die Äbtissinnenstuben im Schweizerischen Landesmuseum Zürich, in: A.a.O. [= Abegg, in: Niederhäuser/Wild]. Auch: Judith Steinmann, Die Benediktinerinnenabtei zum Fraumünster und ihr Verhältnis zur Stadt Zürich 853–1524, St. Ottilien 1980 [= Steinmann], bes. S. 96–109.

4 Wyss, Textteil S. 110 und Niederhäuser, in: Niederhäuser/Wild, bes. S. 121f.

5 Peter Niederhäuser hat sie sorgfältig zusammengetragen. Siehe Anm. 3.

6 Mit dem Begriff Humanismus ist in diesem Buch durchwegs die Bildungsbewegung des 15. und 16. Jahrhunderts gemeint, die sich den *studia humanitatis* verschrieb.

7 Die Chronik der Grafen von Zimmern, hg. von Hansmartin Decker-Hauff, I–III, Darmstadt 1964–1972 [= Decker-Hauff], I, S. 365f.

8 Decker-Hauff I, S. 365.

9 Decker-Hauff II, S. 21–24.

10 Walther Köhler, Zürcher Ehegericht und Genfer Konsistorium, Leipzig 1932, S. 73. Was die Zustimmung der Eltern betrifft, konnten junge Leute, denen die Ehe über das 19. Altersjahr hinaus verweigert wurde, diese einfordern. Da stiessen zwei Werte der frühen Neuzeit und insbesondere der Reformatoren aufeinander: Einerseits die Stärkung der elterlichen Autorität und andererseits die neue Hochschätzung der Ehe. Vgl. auch Thomas Max Safley, Canon Law and Swiss Reform: Legal Theory and Practice in the Marital Courts of Zurich,

Bern, Basel and St. Gall, in: Canon Law in Protestant Lands, hg. von Richard Helmholz, Berlin 1992, S. 187–202, hier S. 195.

11 Vgl. u. S. 26.

12 Decker-Hauff II, S. 50–53.

13 Verzichtserklärung, in: Gysel/Helbling 1999, S. 194 / Stadtarchiv Zürich, III.B.961.6.

14 Das bestreitet auch Eduard Rübel nicht, der verschiedene Gründe gesammelt hat, die es Katharina erlaubt haben sollen, die Abtei rechtens zu übergeben. Vgl. Rübel, in: Gysel/Helbling 1999, S. 119–135.

15 Zur Waldburger Familie vgl.: Matthäus Pappenheim, Chronik der Truchsessen von Waldburg, Memmingen 1777, bes. S. 84; 88–99; 172–176 und Joseph Vochezer, Geschichte des fürstlichen Hauses Waldburg, I–III, Kempten, 1888–1907 [= Vochezer], II, S. 59–306.

16 Theodor von Liebenau, Geschichte des Klosters Königsfelden, in: Katholische Schweizerblätter für christliche Wissenschaft und Kunst, Luzern 1868, S. 115. Vgl. zum Kloster in der Reformationszeit auch: Claudia Moddelmog, Die Klarissen von Königsfelden und ihre Verwandten. Beziehungen und Besitz, in: Königsmord, Kloster, Klinik. Königsfelden, hg. von Simon Teuscher und Claudia Moddelmog, Baden 2012 [= Moddelmog, in: Teuscher/Moddelmog], S. 128–169, bes. 164–169.

17 Aktensammlung zur Geschichte der Berner-Reformation 1521–1532, hg. von R. Steck und G. Tobler, Bern 1923 [= AGBR], Nr. 285, 27. Aug. 1523.

18 Huldreich Zwinglis sämtliche Werke, in: Corpus Reformatorum, I–XXI, Berlin u. a. 1905–2015 [= Z], VIII, Ep. 289. Vgl. Die Berner Chronik des Valerius Anshelm, I–VI, Bern 1884–1906 [= Anshelm], V, S. 27f.

19 Milena Svec Goetschi, Apostasie und monastische Mobilität im 15. Jahrhundert, Köln 2015 [= Svec Goetschi], bes. S. 343.

20 AGBR, Nr. 289.

21 A. a. O.

22 Z XIX, S. 142.

23 Desiderii Erasmi Roterodami opera omnia, hg. von Johannes Clericus, Leiden 1703–1706 [= LB], V, c. 729 B.

24 Vgl. S. 135 und zur Diskussion um die Frauen im frühen 16. Jahrhundert: Christine Christ-von Wedel, «Digna Dei gratia clarissima anachorita», in: Gysel/Helbling 1999, S. 137–169, bes. 142 und dies., Erasmus als Promoter neuer Frauenrollen, in: Hör nicht auf zu singen, hg. von Rebecca A. Giselbrecht und Sabine Scheuter, Zürich 2016, S. 29–58.

25 AGBR, Nr. 285.

26 AGBR, Nr. 294, 18. Sept 1523.

27 AGBR, Nr. 303.

28 AGBR, Nr. 322, 20. Nov. 1523.

29 AGBR, Nr. 311, 5. Nov. 1523.

30 AGBR, Nr. 316.

31 AGBR, Nr. 377. Vgl. Tobias Hodel, Das Kloster in der Region. Herrschaft, Verwaltung und Handeln mit Schrift, in: Teuscher/Moddelmog, S. 90–127, hier: S. 124.

32 AGBR, Nr. 389.

33 AGBR, Nr. 414, 20. Mai 1524.

34 AGBR, Nr. 418, 24. Mai 1524.

35 AGBR, Nr. 432.

36 AGBR, Nr. 459, 23. Juli 1524.

37 AGBR, Nr. 450.

38 AGBR, Nr. 459.

39 AGBR, Nr. 463.

40 AGBR, Nr. 515 und 516.

41 Siehe u. S. 44 und 106–108.

42 AGBR, Nr. 516, 1. Dez. 1524.

43 AGBR, Nr. 626.

44 AGBR, Nr. 672, 23. Juni 1525.

45 AGBR, Nr. 673 und 674, 26. Juni 1525.

46 AGBR, Nr. 730, 22. Sept. 1525.

47 AGBR, Nr. 523; 659; 675; 681; 697; 802.

48 Fürstl. Waldburg-Zeil'sches Gesamtarchiv, Schloss Zeil, ZAZ 908.

49 A. a. O.

50 Vgl. z. B. Sybille Knecht, Ausharren oder austreten? Lebenswege ehemaliger Nonnen nach der Klosteraufhebung am Beispiel der Städte Zürich, Bern und Basel, Zürich 2016 [= Knecht], S. 40f. und dies., Lebenswege nach der Klosteraufhebung (Lizentiatsarbeit der Philosophischen Fakultät der Universität Zürich), 2003, S. 89–92.

51 Vgl. Peter Kamber, Reformation als bäuerliche Revolution. Bildersturm, Klosterbesetzungen und Kampf gegen die Leibeigenschaft in Zürich zur Zeit der Reformation (1522–1525), Zürich 2009 [= Kamber], S. 88–97 und 135f.

52 Vgl. Marlis Stähli, Das Zürcher Fraumünster und seine Bibliothek im Mittelalter, in: Niederhäuser/Wild, S. 45–73, hier S. 59f. Siehe die genaue Beschreibung des Bandes durch Marlis Stähli im Anhang, S. 271–274

53 Martin Luther, Ein nützlich vnd fast troestlich predig, Basel 1520.

54 Huldrych Zwingli, Ein predig von der Ewigreinen magt Maria, Zürich 1522.

55 Martin Luther, Wider den falsch genanten geystlichen stand des Babsts vnd der Bischoffen, Zürich 1522.

56 Martin Luther, Das eyn Cristliche versamlung recht habe: alle lere tzu vrteylenn, Zwickau 1523.

57 Ludwig Hätzer, Ein urteil gottes wie // man sich mit allen goetzen vnd bildnussen halten sol, Zürich [1523].

58 [Huldrych Zwingli], Ein früntlich bitt vnd ermanung etlicher priesteren der Eidgnoschafft, [Zürich] 1522.

59 Huldrych Zwingli, Der Hirt, Zürich 1524.

60 Huldrych Zwingli, Von götlicher vnd menschlicher grechtigheit, Zürich 1523.

61 Johannes Zwick, Underrichtung Warumb die ee vß menschlichem gsatz in vyl grad verbotten sey, [Basel 1524].

62 Antwurten so ein Burgermei= // ster / Radt geben / habend, Zürich 1524.

63 A. a. O., fol. B iiijv.

64 Christenlich Antwurt Burgermeisters vnd Radtes zuo Zürich [...] dem Byschoffe zuo Kostantz, Zürich 1524.

65 Im frühen 16. Jahrhundert haben beide Glaubensrichtungen für sich in Anspruch genommen, evangelisch und katholisch zu sein. Die reformatorisch Gesinnten haben indessen insbesondere ihre Evangelizität betont und die an der alten Kirche Festhaltenden ihre Katholizität. Ich erlaube mir darum, der Einfachheit halber auch schon für die frühe Zeit von evangelisch und katholisch zu reden im Sinne des heutigen Sprachgebrauchs.

66 Ein kurtze vnd Christenliche inleitung, Zürich 1523.

67 Johannes Eck, Ad D. Pauli Ricii Israelitae de anima coeli examina [...] responsio, [Augsburg 1519], Zentralbibliothek Zürich, Ms S 3c, 77. Vgl. Emil Egli, Zwei Dedikationen, in: Zwingliana 2 (1906), S. 90f. Egli glaubte, Eck selbst habe den Band Katharina gewidmet (ebenso Barbara Helbling, Katharina im Fraumünster, in: Gysel/Helbling 1999, S. 41–66, hier S. 63). Die Widmung enthält keinen Namen. Zum Streit um die Himmelsseele vgl. Wilhelm Schmidt-Biggemann, Geschichte der christlichen Kabbala, I, 15. und 16. Jahrhundert, Stuttgart-Bad Cannstadt 2012, S. 231–235.

68 Siehe u. S. 57 und 222f.

69 Z II, S. 630–650, bes. S. 650.

70 Z III, S. 7f., S. 15 und bes. 12.

71 Vgl. u. S. 91.

72 Z II, S. 651f.

73 Z II, S. 471–525, bes. S. 498.

74 Kamber, S. 105.

75 Actensammlung zur Geschichte der Zürcher Reformation in den Jahren 1519–1533, hg. von Emil Egli, Zürich 1879 [= Egli], Nr. 375, 376 und 392; Kamber, S. 100.

76 Nach Kamber, S. 212.

77 Vgl. Kamber, S. 88–98.

78 Egli, Nr. 421.

79 Kamber, S. 153; Egli, Nr. 423.

80 Egli, Nr. 497; Kamber, S. 100; 131; 170; 172; 198.

81 Egli, Nr. 415.

82 Egli, Nr. 435.

83 Thomas Platter und Felix Platter. Zwei Autobiographien, hg. von D. A. Fechter, Basel 1840 [= Platter], S. 37f.

84 Z III, S. 408.

85 Ludwig Hätzer, Ein urteil gottes unsers eegemahels / wie man sich mit allen götzen vnd bildnussen halten sol / vß der heiligen geschrifft gezogen, Zürich [1523], fol. b4r–c1r.

86 Vgl. Thomas Aquinas, Summa theologiae (Sth II,2) q. 11, a 1 und 3, in: Opera omnia, I–VII, hg. von Roberto Busa, II, Stuttgart 1980, c. 539–540. Und für die Rezeption: Decr. Greg IX., lib 5, tit 7, c. 9–13, in: Quellen zur Geschichte des Papsttums und des römischen Katholizismus, hg. von Carl Mirbt, Tübingen 1934, Nr. 205,

S. 340–344 und für die Carolina, bzw. die *Peinliche Gerichtsordnung* von 1532, A. a. O., Nr. 423.

87 Niederhäuser, in: Niederhäuser/Wild, S. 151.

88 Curtis H. Shell, Hans Leu d. J. und die Zeichnung einer Pietà im Fogg-Museum Cambridge, USA, in: Zeitschrift für schweizerische Archäologie und Kunstgeschichte = Revue suisse d'art et d'archéologie = Rivista svizzera d'arte e d'archeologia = Journal of Swiss archeology and art history, 15 (1954–1955), S. 81– 86.

89 Johann Rudolf Rahn, Die St. Stephanskapelle und ihre Wandgemälde, in: Anzeiger für schweizerische Altertumskunde, 11 (1909), S. 61–68, bes. S. 62, Anm. 1 und S. 67. Vgl. auch Felix Landolt, Das Glockenhofareal und die Giesser- und Künstlerfamilie Füssli in Zürich, Ein Überblick vom Mittelalter bis zum Beginn des 20. Jahrhunderts, Zürich 2000, S. 2.

90 Niederhäuser, in: Niederhäuser/Wild, S. 151.

91 Niederhäuser, in: Niederhäuser/Wild, S. 131; 142; 145; 148; 149 und bes. 151.

92 Z II, S. 349, 11–23.

93 Niederhäuser, in: Niederhäuser/Wild, S. 131.

94 Z II, S. 350.

95 Vgl. zu Oetenbach: Egli, Nr. 345.

96 Vgl. Wyss, Textteil S. 111.

97 Z II, S. 502.

98 Z I, S. 373.

99 Z III, S. 420–426, vgl. auch Z II, S. 502.

100 Egli, Nr. 378.

101 Egli, Nr. 366.

102 Egli, Nr. 313.

103 Neueste, die Quellen neu analysierende Darstellung zum Ittinger Klostersturm bei Kamber, S. 282–315.

104 Basler Chroniken, Leipzig und Basel 1872–1945, I–VIII, I, S. 49.

105 Peter Blickle, Bauernjörg. Feldherr im Bauernkrieg, München 2015 [= Blickle], bes. S. 13.

106 Egli, Nr. 696 und 699.

107 Egli, Nr. 425.

108 Egli, Nr. 426.

109 Robert Hoppeler, Das Kollegiatstift St. Peter in Embrach, in: Mitteilungen der Antiquarischen Gesellschaft in Zürich, Bd. 29, 2 (86. Neujahrsblatt) 1922, Teil II [= Hoppeler], S. 76.

110 Vgl. zur Zürcher Klosterpolitik: Hans Morf, Obrigkeit und Kirche in Zürich bis zu Beginn der Reformation, in: Zwingliana 13 (1970), 164–205.

111 Vgl. Heinzpeter Stucki, Das 16. Jahrhundert, in: Geschichte des Kantons Zürich [= Stucki], II, Zürich 1996, S. 188.

112 Gerald Dörner, Kirche, Klerus und kirchliches Leben in Zürich von der Brunschen Revolution (1336) bis zur Reformation (1523), Würzburg [1996], S. 45.

113 Wyss, Nr. 489.

114 Wyss, Nr. 453.

115 Staatsarchiv Zürich, C I, Nr. 2860; C I, Nr. 2863; C I, Nr. 2865; C I, Nr. 201.

116 Wie Anm. 113 und Wyss, Nr. 471, S. 437–439.

117 Wyss, Nr. 470, S. 434; Die Benediktusregel, hg. von Basilius Steidle, Beuron 1975^2 [= BR], Kap. 39, S. 133 und Kap. 33, S. 123.

118 Wyss, Nr. 473, S. 440.

119 Wyss, Nr. 479, S. 446f.

120 Wyss, Nr. 486.

121 Joannis Tritemii […] Liber lugubris, Rom 1898, S. 230.

122 Wyss, Nr. 489a.

123 Vgl. Fridolin Jehle und Adelheid Enderle-Jehle, Die Geschichte des Stiftes Säckingen, Aarau 1993, S. 104–113. Berta von Sulz scheint die Schwägerin der 1484 verstorbenen Säckinger Äbtissin, Agnes von Sulz, gewesen zu sein, die 1458 mit neuen Statuten die Aufnahme von Niederadligen ermöglichte (Johannes von Müller, Sämmtliche Werke, XXV, hg. von Johann Georg Müller, Tübingen 1817, S. 451, Anm. 165).

124 Wyss, Nr. 489, S. 462.

125 Niederhäuser, in Niederhäuser/Wild, S. 140.

126 Zu den Kanonissen vgl. das immer noch grundlegende Werk: Karl Heinrich Schäfer, Die Kanonissenstifter im deutschen Mittelalter, Stuttgart 1907 [= Schäfer], S. 223.

127 Staatsarchiv Zürich, C II 4, Nr. 572, vgl. Knecht, S. 75f.

128 Egli, Nr. 239; 240; 250; 303.

129 Stadtarchiv Zürich, III.B.280f.

130 Zu den Kanonissen: Schäfer, bes. S. 9–14; 153; 223 und 231f.; zum Leben im Fraumünster vgl. die Ausgabenbücher mit einer Fülle von entsprechenden Ausgaben (Stadtarchiv Zürich III.B.). Vgl. auch Niederhäuser, in: Niederhäuser/Wild, S. 131, Helbling, in: Gysel/Helbling 1999, S. 44–46 und Peter Vogelsanger, Zürich und sein Fraumünster, Zürich 1994 [= Vogelsanger], S. 249f. sowie insbesondere Steinmann, S. 88–98, bes. 91. Steinmann, auf die die genannte Sekundärliteratur zurückgreifen konnte, interpretiert die Quellen allerdings stark auf ihre These hin, das Fraumünster sei eine regulierte Benediktinerabtei gewesen. Ihre Argumente dafür lassen sich indessen jedenfalls für das 15. und 16. Jahrhundert leicht entkräften, so, wie oben dargelegt, die Behauptung, dass unter Anna von Hewen die Benediktinerregel ernsthaft angenommen wurde oder dass die Ausgaben für Kutten ein Zeichen für benediktinische Nonnenkleidung seien oder, das weitere Argument, dass die Ausgabe im Jahre 1442 für Schloss und Schlüssel am Kreuzgang und eine Wache auf das Einhalten der Klausur deute. Viel naheliegender ist, neues Schloss und Wache mit berechtigten Ängsten im Alten Zürichkrieg in Zusammenhang zu bringen.

131 Wyss, Nr. 479.

132 Gysel/Helbling 1999, S. 195 / Stadtarchiv, I.A.501.

133 Egli, Nr. 589, bes S. 259 und 262f.

134 Egli, Nr. 522.

135 Auch für die folgenden Zitate aus der Verzichtserklärung: Gysel/Helbling 1999, S. 193f. / Stadtarchiv Zürich, III.B.961.6. .

136 Siehe o. S. 48.

137 Wyss, Beilage 490. Vgl. Gysel/Helbling 1999, S. 46.

138 Actensammlung zur Schweizerischen Reformationsgeschichte in den Jahren 1521–1532, hg. von Johannes Strickler, I–II, Zürich 1878–1879 [= Strickler], I, Nr. 743 und 792; Heinrich Bullinger, Reformationsgeschichte, hg. von Johann Jakob Hottinger und Hans Heinrich Vögeli, I–III, Frauenfeld 1838–1840 [= HBRG], I, S. 143f. Vgl. EA IV-1a, S. 410f.

139 Z I, S. 302f. und 321.

140 EA IV-1a, S. 525f.

141 Anna Feyler, Die Beziehungen des Hauses Württemberg zur Schweizerischen Eidgenossenschaft in der 1. Hälfte des 16. Jahrhunderts, Zürich 1905 [= Feyler], S. 184.

142 Z VIII, Nr. 360, S. 296.

143 Z VIII, Nr. 347.

144 Oder eine *Empfehlung zur Vorbereitung auf einen möglichen Krieg*, so der Titel in der guten Übersetzung von Rainer Henrich, in: Huldrych Zwingli, Schriften, hg. von Thomas Brunnschweiler und Samuel Lutz, I–IV, Zürich 1995, III, S. 7. Das Datum der Abfassung ist umstritten. Der Ratschlag, die Gemeinden über die Machenschaften der Miteidgenossen zu informieren und sich ihrer Loyalität zu vergewissern, wurde bereits am 20. November 1524 umgesetzt (vgl. Z III, S. 551f. mit Egli, Nr. 589). Ebenfalls am 20. November beschloss der Rat Kriegsvorbereitungen (Egli, Nr. 591). Darum datiere ich das Werk kurz davor, also anders als Egli und Finsler (Z III, S. 549) nicht kurz nach, sondern kurz vor dem 22. November 1524. Deren Datierung aufgrund des Glaubensmandates vom 22. November halte ich nicht für zwingend, dagegen ihre grundsätzliche Datierung auf Ende 1524 für überzeugend.

145 Alle Antworten sind zitiert aus: Egli, Nr. 589, hier S. 260.

146 A. a. O., S. 261.

147 A. a. O., S. 263.

148 A. a. O., S. 262.

149 A. a. O., S. 258.

150 Ebd.

151 Siehe u. S. 98.

152 Übergabeurkunde, in: Gysel/Helbling 1999, S. 195f. und 200f. / Stadtarchiv Zürich, I.A.501.

153 Verzichtserklärung, in: Gysel/Helbling 1999, S. 199 / Stadtarchiv Zürich, III.B. 961.6.

154 Wyss, Nr. 495.

155 Z VIII, Ep. 341, Brief vom 4. Juli 1524.

156 Vgl. z.B. Egli, Nr. 213; 238; 372 und die Klagschrift der Chorherren bei Theodor Pestalozzi, Die Gegner Zwinglis, Zürich 1918, S. 202–204, bes. Punkt 10–17 und 20–22.

157 Z I, S. 338.

158 Z I, S. 372.

159 Bes. Z I, S. 368.

160 Z I, S. 366–372.

161 Z I, S. 370.

162 Z I, S. 379.

163 Opera omnia Desiderii Erasmi Roterodami, Amsterdam seit 1969 [= ASD], I-1, S. 88f.

164 Vgl.: LB IX, c. 1215 D–1219 A; Opus epistolarum Desiderii Erasmi Roterodami, hg. von Percy S. Allen, I–XII, Oxford 1906–1958 [= Allen], V, Ep. 1384 und 1510; und Christine Christ-von Wedel, Glaubensgewissheit und Gewissensfreiheit. Die frühe Reformationszeit in Basel, Basel 2017 [= Christ-von Wedel 2017], S. 128f. und 132f.

165 Oskar Farner, Huldrych Zwingli, Zürich 1943–1960, I–IV, III, S. 153.

166 Z II, S. 478.

167 Die Chronik des Bernhard Wyss, hg. von Georg Finsler, in Quellen zur Schweizerischen Reformationsgeschichte I, Basel 1901 [= B. Wyss], S. 15–17; Z VII, Ep. 222; vgl. Andres Moser, Franz Lamberts Reise durch die Schweiz im Jahre 1522, in: Zwingliana 10 (1957), S. 467–471.

168 Vgl. dazu Christ-von Wedel 2007, S. 138–141.

169 Z VI-3, S. 106–107.

170 Z VI-5, S. 131f.

171 Siehe o. Anm. 20.

172 Siehe o. Anm. 107.

173 Staatsarchiv Zürich, F II a 128, fol. 8r–v; A 119, Nr. 46. Vgl. Hoppeler, S. 76.

174 Vgl. Christ-von Wedel 2017, S. 134–138 und 211–214; auch Martin Sallmann, Sola scriptura als Grundlage der Einheit? Das frühe Scheitern des Schriftprinzips in Zürich und darüber hinaus, in: konstruktiv. Theologisches aus Bern Nr. 41 (2017), S. 8f.

175 Übergabeurkunde, in: Gysel/Helbling 1999, S. 196 / Stadtarchiv Zürich, I.A.501; Z VIII, Ep. 341.

176 HBRG I, S. 125.

177 Übergabeurkunde, in: Gysel/Helbling 1999, S. 196 / Stadtarchiv Zürich, I.A.501.

178 Vgl. Stucki, S. 241f. und Hans Ulrich Bächtold, Heinrich Bullinger vor dem Rat. Zur Gestaltung und Verwaltung des Zürcher Staatswesens in den Jahren 1531 bis 1575, Bern 1972 [= Bächtold], S. 143–176.

179 Decker-Hauff I, S. 205f.

180 Vgl. Christ-von Wedel, Erasmus of Rotterdam. Advocate of a New Christianity, Toronto (2013) [= Christ-von Wedel 2013], S. 129–131.

181 Vgl. Decker-Hauff I, S. 237f. und 276.

182 Zimmerische Chronik, hg. von Karl Barack, I–IV, Tübingen 1869 [= Barack], I, S. 418, vgl. auch S. 407 und Roswith Günter, Im Strom der Zeit. Katharina von Zimmern. Die letzte Äbtissin des Fraumünsterstiftes in Zürich, Rottweil 1998 (Typoskript) [= Günter 1998], S. 110f.

183 Decker-Hauff I, S. 234f.

184 Vgl. Ursula Kocher, Boccaccio und die deutsche Novellistik, Amsterdam 2005 [= Kocher], S. 291.

185 Felix Heinzer, Handschrift und Druck im Œuvre der Grafen Wilhelm Werner und Froben Christoph von Zimmern, in: Die Gleichzeitigkeit von Handschrift und Buchdruck, hg. von Gerd Dicke, Wiesbaden 2003, S. 141–166, hier 141 und wie Anm. 188, bes. S. 317.

186 Decker-Hauff I, S. 204f. und 237.

187 Kocher, S. 291.

188 Vgl. Wolfgang Achnitz, *Die poeten und alten historien hat er gewist.* Die Bibliothek des Johann Werner von Zimmern, in: Literatur – Geschichte – Literaturgeschichte. Festschrift für Volker Honemann, Frankfurt 2003, S. 315–334, bes. S. 322f.

189 Giovanni Boccaccio, Das Decameron. Übersetzt von Peter Brockmeier, Stuttgart 2012, S. 501–504.

190 Vgl. Kocher, S. 320–329.

191 Barack II, S. 5–29.

192 Barack II, S. 4.

193 Vgl. z. B. Decker-Hauff I, S. 186f. und II, S. 33–35 und 120f.

194 Decker-Hauff I, S. 209.

195 Vgl. Decker-Hauf I, S. 270. Albert Büchi, Albrecht von Bonstetten. Ein Beitrag zur Geschichte des Humanismus in der Schweiz, München 1889, bes. S. 43f.; 57; 60; 64; 76; 82 und für weitere Informationen: Roswith Günter, Herkunft und Jugend, in: Gysel/

Helbling 1999 [= Günter 1, in Gysel/Helbling 1999], S. 19–40, hier 22–40.

196 Übergabeurkunde, in: Gysel/Helbling 1999, S. 195f. und 200f. / Stadtarchiv Zürich, I.A.501.

197 A. a. O.

198 Verzichtserklärung: Gysel/Helbling 1999, S. 198f. / Stadtarchiv Zürich, III.B.961.6.

199 Vgl. Matthias Miller, Mit Brief und Revers. Das Lehnswesen Württembergs im Spätmittelalter. Quellen-Funktion-Topographie, Leinfelden-Echterdingen, 2004 [= Miller], S. 127f. Vgl. auch Barack I, S. 398.

200 Barack I, S. 407f. und 418.

201 Barack II, S. 432f.; 439–446; III, S 4f.

202 EA IV-1a, S. 539.

203 Vgl. u. Anm. 267.

204 Hauptstaatsarchiv Stuttgart, A 121 Bü 31 und EA IV-1a, S. 539.

205 Ludwig Friedrich Heyd, Ulrich, Herzog zu Württemberg, I–III, Tübingen 1841–44 [= Heyd], II, S. 194f.

206 Siehe u. S. 124f.

207 Siehe u. Anm. 234.

208 OBG II, S. 545: Junker Hans von Lupfen, Rat in Schaffhausen 1481, 1490, † 1499, Vetter und Schwager der Anna von Reischach, Witwe des Jacob von Goeberg, Tochter Rosine von Lupfen. S. 547: Agnes von Lupfen ∞ Peter Freiherr von Hewen. S. 548: Heinrich Graf von Lupfen, Landgraf von Stuehlingen, Tochter Katharina † 1521 ∞ Wilhelm Werner Freiherr von Zimmern. S. 549: Lehensleute der von Lupfen: von Reischach 1504. OBG II, S. 60: Peter von Hewen ∞ Agnes Gräfin von Lupfen; Sohn Georg von Hewen ∞ 1522 Elisabeth Gräfin von Hohenlohe; Schwester Sigmunds von Hohenlohe; Bruder ∞ Tochter von Truchsess Georg von Waldburg; Herrschaft Hohentrins, verkauft 1517 Grafschaft Werdenberg und Herrschaft Wartau an Glarus, 1519 Verteidiger Schloss Tübingen gegen Schwäb. Bund, 1534–36 Württemb. Obervogt zu Tuttlingen, † 1542 gegen Türken.

209 Übergabeurkunde, in: Gysel/Helbling 1999, S. 201.

210 Heyd II, S. 150. Leider gibt es kein Protokoll zu der Verhandlung. Es dürfte mit den Ratsmanualen verloren gegangen sein.

211 Hauptstaatsarchiv Stuttgart, H 54 Bü 9.3.

212 HBRG I, S. 240.

213 Vgl. o. Anm. 144.

214 Egli, Nr. 1050, S. 492; HBRG I, S. 239.

215 Hauptstaatsarchiv Stuttgart, H 54 Bü 9.3.

216 Nach Franz Brendle, Dynastie, Reich und Reformation, Stuttgart 1998 [= Brendle], S. 83.

217 Christian Friedrich Sattler, Geschichte des Herzogtums Württemberg unter der Regierung der Herzogen, I–II, Tübingen 1769 [= Sattler], II, Beilagen 105a und 106.

218 EA IV-1a, S. 539f.

219 Vita Rodolphi Collini, in: Miscellanea Tigurina: edita, inedita, vetera, nova, theologica [...], Theil 1, Zürich 1722 [= Collin], bes. S. 13–17.

220 Vgl. Z X, S. 357 und Johann Christian Wibel, Merckwürdige Lebens-Geschichte des weyland hochwürdigsten und hochgebohrenen Grafen Sigmunds von Hohenlohe: gewesenen Dom-Dechant des hohen Stiffts zu Strassburg [...] samt dessen so betitelten Creutz - Büchlein, zur Erläuterung der Reformationsgeschichte ans Licht gestellet, Franckfurt 1748.

221 Stadtarchiv Zürich, I.A.502. Wyss, S. 469, Nr. 498.

222 Staatsarchiv Zürich, A 196.3.15, Nr. 7. Ernst Holthöfer, Die Geschlechtervormundschaft. Ein Überblick von der Antike bis ins 19. Jahrhundert, in: Frauen in der Geschichte des Rechts von der Frühen Neuzeit bis zur Gegenwart, hg. von Ute Gerhard, München 1997 [= Gerhard], S. 390–451, bes. S. 419 und Elisabeth Koch, Die Frau im Recht der Frühen Neuzeit. Juristische Lehren und Begründungen, in: a. a. O., S. 73–93, hier S. 82. Vgl. auch Geschlechtsvormundschaft und Gesellschaft. Die Basler ‹Fertigungen› (1450 bis 1500), in: Zeitschrift der Savigny-Stiftung für Rechtsgeschichte. Germanistische Abteilung 116 (1999), 119–151. Auch immer noch: Eugen Huber, System und Geschichte des Schweizerischen Privatrechts, I–IV, Basel 1893, IV, S. 293f. und S. 510–529.

223 Staatsarchiv Zürich, W I 1, Nr. 1936.

224 Staatsarchiv Zürich, W I 1, Nr. 1935.

225 Siehe o. S. 28f.

226 Egli, Nr. 361; 585; 594.

227 Vgl. Heide Wunder, Herrschaft und öffentliches Handeln von Frauen in der Gesellschaft der Frühen Neuzeit, in: Gerhard, S. 27–54, bes. S. 38–45.

228 AGBR, Nr. 1470.

229 Vgl. André Holenstein, Artikel Säkularisation in HLS, online: http://www.hls-dhs-dss.ch/textes/d/D13102.php.

230 Austrittsurkunde, Staatsarchiv Aargau, U 17/0936d (Kopie in: Sybille Knecht, Lebenswege nach der Klosteraufhebung. Die Nonnen von Oetenbach und Königsfelden, Zürich 2003, Anhang, S. XII).

231 Siehe o. S. 31.

232 AGBR, Nr. 1406, 16. Dez. 1527.

233 Staatsarchiv Aargau, U 17/0936d.

234 Stadtarchiv Zürich, III.B.268.

235 Zu Escher vgl. Egli, Nr. 84; 91; 208; 488; 1050; 1296.

236 Staatsarchiv Aargau, U 17/0936d. Beim schwer aufzulösenden *[..]liancz* oder *[..]lianus* könnte es sich um einen Eigennamen handeln. Als Julianus, was nahe läge, könnten die Buchstaben aber kaum gelesen werden, aber als *Velianus* und es könnte das *senatus consultum Velleianum* gemeint sein. Das war allerdings ein Senatsbeschluss zum Schutz der Frau, der ihre Rechte in Interzessionsgeschäften, etwa von Bürgschaften, gerade einschränkte. (Vgl. Dieter Medicus, Zur Geschichte des Senatus consultum Velleianum, Köln 1957. Er zitiert den Wortlaut auf S. 18. Vgl. auch Max Kaser, Römisches Privatrecht, München 1974[8], S. 225. Auf den Senatsbeschluss hat mich René Pahud de Mortanges aufmerksam gemacht. Ich danke ihm dafür.) Immerhin lässt sich daraus implizit schliessen, die Frau sei grundsätzlich rechtsfähig gewesen. Möglich wäre auch *Aelianus*, der im Mittelalter oft auch als Velianus geschrieben wurde. Einen römischen Gesetzgeber Aelianus habe ich nicht finden können. In der Antike bekannt war ein Jurist Aelius, genauer: Sextus Aelius Paitus Catus, der das archaische Zwölftafelgesetz überliefert und kommentiert haben soll. Dass ihm frauenfreundliche Rechtstexte zugeschrieben worden wären, ist mir nicht bekannt. (Paulys Realencyclopädie der classischen Altertumswissenschaft (RE) I,1, Stuttgart 1893, Sp. 527.) Immerhin gab es eine *Lex Aelia Sentia*, die in römischen Rechtstexten verschiedentlich zitiert wird, so auch im Hans Escher sicher bekannten *Corpus iuris civilis* schon im *Prooemium* zu den *Institutiones*. (Institutiones, Prooemium, lib. I, tit V, online: http://thelatinlibrary.com/ justinian/institutes1.shtml.) Allerdings geht es in der *Lex Aelia Sentia* um die Freilassung von Sklaven. Frauen kommen nur vor, weil sie einem Freigelassenen, der sie geheiratet und mit ihr ein Kind gezeugt hat, zum römischen Bürgerrecht verhelfen konnten. (Vgl. Lex Aelia Sentia, aus Gai institvtionvm commentarivs primvs, §29 und 66, online: Latin library: http://www.thelatinlibrary.com/gaius1. html#29.) Auch beim Historiker Aelian habe ich nichts Passendes gefunden.

237 Institutiones, Prooemium, lib I, tit XII, online: http://thelatinlibrary.com/justinian/institutes1.shtml.

238 Staatsarchiv Aargau, U 17/0936d.

239 ASD, I-3, S. 407.

240 Übergabeurkunde, in: Gysel/Helbling 1999, S. 195f. / Stadtarchiv Zürich, I.A.501.

241 Vgl. u. S. 45 und 104.

242 Vgl. Christ-von Wedel 2017, S. 160–164.

243 Stadtarchiv Zürich, III.B.301, Ausgabenbuch 1527. Wyss, Nr. 498. Vgl. Helbling, in: Gysel/Helbling 1999, S. 65.

244 Vgl. Christa Köppel, Von der Äbtissin zu den gnädigen Herren. Untersuchungen zu Wirtschaft und Verwaltung der Fraumünsterabtei und des Fraumünsteramts in Zürich 1418–1549, S. 344 und 346.

245 Landesarchiv Baden-Württemberg, Abt. Staatsarchiv Sigmaringen, Dep. 30/1 T 3, Nr. 674.

246 Staatsarchiv Zürich, A 119, Nr. 43, F IIa 128, fol. 9.

247 Knecht, S. 16.

248 Knecht, S. 45.

249 Der Wert des Guldens gegenüber dem Pfund Silber ist schwer zu bestimmen und schwankte. In Zürich soll er um 1520 doppelt so viel wert gewesen sein. Für Basel gibt es andere Werte, das Pfund Silber wäre demnach nur um 10 % gegenüber dem Gulden entwertet gewesen. Ich wage da kein Urteil.

250 Zu Lukas Rollenbutz vgl. Beat von Scarpatetti, Die Kirche und das Augustiner-Chorherrenstift St. Leonhard in Basel 11./12. Jh.–1525, Basel 1974, S. 331–344.

251 Christ-von Wedel 2017, S. 161.

252 Decker-Hauff I, S. 365.

253 Vgl. Svec Goetschi, S. 312f.

254 Renate Frohne, Städtische Chronistik zur Zeit der Reformation, in: St. Gallen. Geschichte einer literarischen Kultur, hg. von Werner Wunderlich, I–II, St. Gallen 1999, II Quellen, S. 299–301.

255 Zum ganzen Abschnitt zum Soldwesen vgl.: Georg Gerig, Reisläufer und Pensionenherren in Zürich 1519–1532, Zürich 1947 [= Gerig]. Neuere benutzte Forschung, wo sie über ihn hinausgeht, wird jeweils angegeben.

256 Vgl. die allerdings nicht immer ganz verlässlichen Angaben im Oberbadischen Geschlechterbuch, hg. von Julius Kindler von Knobloch, I–III, Heidelberg 1898–1919 [= OBG] III, S. 457, Tafel Ia.

257 Vgl. Hermann Romer, Herrschaft, Reislauf und Verbotspolitik. Beobachtungen zum rechtlichen Alltag der Zürcher Solddienstbekämpfung im 16. Jahrhundert, Zürich 1995 [= Romer], S. 48. Eine Clara von Reischach soll eine Tante von Eberhard von Reischach gewesen sein. Sie war die dritte Ehefrau vom Bürgermeister Johann (III.) Schwend (1444–1477). Sie starb aber bereits 1480 und ihr Sohn Konrad 1499. Nach 1500 hatte nur noch Felix Schwend politischen Einfluss, er allerdings als Kleinrat bedeutenden (vgl. Ernst Diener, Die Zürcher Familie Schwend c. 1250–1536, Neujahrsblatt, hg. von der Stadtbibliothek Zürich (1901) [= Diener], Nr. 257, S. 24 und 28). Vgl. auch Frey, S. 166.

258 Staatsarchiv Zürich, B V 2, Nr. 112, fol. 119r. Vgl. Emil August Göldi, Göldi. Göldli. Göldlin. Ein Beitrag zur Kenntnis der Geschichte einer schweizerischen Familie, Zürich 1902 [= Göldi], S. 14.

259 Vgl. den Artikel im Historischen Lexikon der Schweiz von Katja Hürlimann zu Göldli, Lazarus: http://www.hls-dhs-dss.ch/ textes/d/D45938.php.

260 Vgl. die wiederholten Einträge in die Rechnungsbücher des Fraumünsters, Stadtarchiv Zürich, III.B, bes. III.B.276.

261 Martin Illi, Die Constaffel in Zürich, Zürich 2003 [= Illi], S. 114.

262 Staatsarchiv Zürich, C I, Nr. 1895 und B V 2, Nr. 112, fol. 119r–120r, 8. 2. 1503.

263 EA III-2, S. 423; Staatsarchiv Zürich, B II 42, S. 14.

264 Eberhard Dobler, Burg und Herrschaft Hohenkrähen im Hegau, Sigmaringen 1986 [= Dobler], S. 216–230.

265 Heyd I, S. 146f.

266 Romer, S. 49.

267 EA III-2, S. 1014; 1037; 1039; 1047; 1062; 1064; 1125. Vgl. Günter 1998, S. 102, Anm. 18. Vgl. auch die bisher unbekannten Stücke: Staatsarchiv Zürich, A 195.1, Nr. 32 und 38.

268 Staatsarchiv Zürich, A 195.1, Nr. 38.

269 Staatsarchiv Solothurn, AH 4,16, Deutschland-Akten, Schaffhausen, 27. 1. 1525.

270 Heyd I, S. 386.

271 Brendle, S. 38.

272 Heyd I, S. 139.

273 Volker Press, Herzog Ulrich von Württemberg (1498–1550), in: ders., Adel im Alten Reich. Gesammelte Vorträge und Aufsätze, hg. von Franz Brendle und Anton Schindling, Tübingen 1998, S. 71–92, hier S. 72.

274 Feyler, S. 38–49.

275 Zum «Armen Konrad» vgl. Der «arme Konrad » vor Gericht. Verhöre, Sprüche und Lieder in Württemberg 1514, bearb. von Peter Rückert unter Mitarbeit von Andrea Heck, Stuttgart 2014.

276 Der Vertrag ist online einzusehen: http://germanhistorydocs.ghi-dc.org/pdf/deu/Doc.19-GER-TübingenTreaty1514_GER.pdf.

277 Vgl. Ulrichs Verteidigungsschrift vom 6. September 1516, gedruckt, in: Ulrich von Hutten, Vlrichi Hvtteni equitis Germani opera/Ulrichs von Hutten Schriften, hg. von Eduard Böcking, Leipzig 1859–1861 [= Böcking], I, S. 64–75, bes. S. 65, 70 und 72–73.

278 Vgl. Heiner Lück, Artikel Feme in Handwörterbuch zur deutschen Rechtsgeschichte, online: https://www.hrgdigital.de/.download/_sid/PJSD-422751-YnhP/pdf/feme_femgericht.pdf.

279 Decker-Hauff I, S. 229.

280 Sattler I, Beilage 46.

281 Vgl. alle Hutten'schen Ausschreiben bei Böcking I, bes. S. 79.

282 Böcking I, S. 55–60, bes. S. 59.

283 Sattler I, Beilagen, S. 226.

284 Ulrich von Huttens Schriften gegen Ulrich von Württemberg erschienen 1519 gedruckt in einem Sammelband: Hoc in Volvmine haec continentur Vlrici Hvtteni Eqv. Super interfectione propinqui sui Ioannis Hutteni Equ. Deploratio [...], [Mainz 1519]. Vgl. Böcking I, Nr. 25–28; 30 Teile 1, 25 und 11; Böcking V, 1–96.

285 Böcking V, S. 23–41, bes. 23–25.

286 Böcking I, S. 68.

287 Böcking I, S. 80.

288 Böcking I, S. 82. Vgl. Heyd I, S. 395.

289 Heyd I, S. 387.

290 Heyd I, S. 409.

291 Vgl. Böcking I, S. 97f.

292 Heyd I, S. 428–431; 458.

293 Vgl. Brendle, S. 40–42 und 59f.

294 Vochezer II, S. 448.

295 Karl Weller, Württembergische Geschichte, Stuttgart 1963^{5}, S. 92.

296 Reischacharchiv, Schloss Schlatt unter Krähen, Mappe Immendingen, vor 1560, Fasc. 2.

297 Sattler I, Beilage 102.

298 EA III-2, S. 1047; 1062; 1064; 1090; 1125; 1137; Heyd I, S. 508.

299 Vgl. Staatsarchiv Zürich, A 195.1, Nr. 77a und 77b sowie A 195.1, Nr. 86 sowie Heyd I, S. 540f.

300 EA III-2, S. 1139f.

301 Staatsarchiv Zürich, B VI 247, fol. 25v (= Egli Nr. 40, 9. 4. 1519), HBRG I, S. 22, Anshelm IV, S. 314. Vgl. Roswith Günter, Ein Leben als Bürgerin, in: Gysel/Helbling 1999, S. 67–96, hier S. 68–74. Vgl. auch Staatsarchiv Zürich, B VI 247, fol. 47v [11. 8. 1519].

302 Vgl. Blickle, S. 334.

303 EA IV-1a, S. 223.

304 Staatsarchiv Zürich, A 195.1, Nr. 77a und 77b sowie A 195.1, Nr. 86.

305 Staatsarchiv Zürich, B V 2, Nr. 119–120.

306 OBG III, S. S. 457, Tafel Ia.

307 Vochezer II, S. 122f.; 128; 140–145.

308 Decker-Hauff II, S. 91f. / Barack II, S. 294.

309 Decker-Hauff II, S. 295f.

310 EA IV-1a, S. 252.

311 Zentralbibliothek Zürich, Ms Car C 28. Vgl. Stähli, in: Niederhäuser/Wild, S. 56f. Die Schriften des Sammelbandes sind teilweise gedruckt, in: Deutsche Volksbücher aus einer Zürcher Handschrift des fünfzehnten Jahrhunderts, hg. von A. Bachmann und S. Singer, Tübingen 1889 [= Bachmann].

312 Österreichische Nationalbibliothek, Cod. 3035 und Cod. 3049.

313 Ich zitiere nach: Das Schachzabelbuch Kunrats von Ammenhausen, hg. von Ferdinand Vetter, Frauenfeld 1892 [= Vetter], c. 225f. Vetter hat nur unbedeutende Abweichungen in der Zürcher Handschrift Car C 28 gefunden (vgl. S. LII). Bachmann verweist denn auch in seiner Ausgabe zu Car C 28 auf Vetter (Bachmann, S. VIII). Für die Prosaübersetzungen von Jacobus de Cessolis vgl.: Das Schachzabelbuch des Jacobus de Cessolis, O. P. in mittelhochdeutscher Prosa-Übersetzung, hg. von Gerhard F. Schmidt, Berlin 1961.

314 Vetter, c. 229–236.

315 Vetter, c. 235.

316 Vetter, c. 235–242, bes. 242.

317 Konrad von Würzburg, Engelhard, hg. von Ingo Reiffenstein, Tübingen 1982^{3}.

318 Vgl. Silke Winst, Amicus und Amelius. Kriegerfreundschaft und Gewalt in mittelalterlicher Erzähltradition, Berlin 2009, bes. S. 5.

319 Bachmann, S. 123f.

320 Zur Rezeption des Willehalm von Wolfram von Eschenbach vgl. Christoph Gerhardt, Der «Willehalm»-Zyklus. Stationen der Überlieferung von Wolframs «Original» bis zur Prosafassung, Stuttgart 2010, S. 93–95.

321 Vgl. o. S. 20f. und 60.

322 Bachmann, S. 150.

323 Bachmann, S. 161.

324 Bachmann, S. 179. Vgl. auch S. 190 u. a. für das immer wiederkehrende Motiv.

325 Vgl. Christ-von Wedel 2017, S. 109.

326 Gesangbuch der Evangelisch-reformierten Kirchen der deutschsprachigen Schweiz, Nördlingen 1998, Nr. 32.

327 Vgl u. S. 37f. und 100f.

328 Bachmann, S. 168. Vgl. auch S. 214.

329 Bachmann, S. 160–172.

330 Vetter, c. 235f. und 243f.

331 Vgl. u. S. 100f. und 181f.

332 Vgl. als einen typischen Beleg, der ganz selbstverständlich die Treue gegenüber dem Fürsten, aber auch die Treue des Fürsten gegenüber Gott einfordert, Erasmus' Mahnung an den Christlichen Fürsten: Er habe sich an die in der Taufe eingegangene Verpflichtung auf die Evangelien zu halten, so wie er selbst von seinen Untergebenen Eidestreue einfordere. (ASD IV-1, S. 147).

333 Vgl. etwa: Staatsarchiv Zürich, A 195.1, Nr. 120; Empfehlung für Eberhard von Reischach, 6. 9. 1525, Staatsarchiv Solothurn, AH 4,16, Deutschland-Akten.

334 Gerig, S. 15.

335 Staatsarchiv Zürich, A 195.1, Nr. 86.

336 Staatsarchiv Zürich, A 195.1, Nr. 77a.

337 Vgl. Friedrich Vogel, Die alten Chroniken oder Denkwürdigkeiten der Stadt und Landschaft Zürich, Zürich 1845, S. 40.

338 Darauf hat Valentin Groebner, Gefährliche Geschenke. Ritual, Politik und Sprache der Korruption in der Eidgenossenschaft im späten Mittelalter und am Beginn der Neuzeit, Konstanz 2000 [= Groebner] überzeugend für das 16. Jahrhundert hingewiesen.

339 Staatsarchiv Zürich, A 195.1, Nr. 77a und 77b.

340 Staatsarchiv Zürich, A 195.1, Nr. 77b.

341 Eberhard von Reischach stammte aus der Linie Neuhewen. Das Geschlechterbuch kennt keine Schwestern, obwohl eine, Margarete, sonst gut bezeugt ist. Barbara aus der Linie Hohenstoffel, vgl. OBG, S. 457 und 479. Zu Barbel vgl. u. Anm. 612.

342 Diener, S. 49f.

343 Adagium II 6, 23, in: ASD II-4, S. 36.

344 Simon Teuscher, Bekannte – Klienten – Verwandte, Köln 1998, S. 157f.

345 Staatsarchiv Zürich, A 195.1, Nr. 86.

346 Vgl. Groebner, S. 142–150.

347 Romer, bes. S. 50.

348 Staatsarchiv Zürich, A 195.1, Nr. 120.

349 EA IV-1a, S. 248.

350 Vgl. Gerig, bes. S. 14–33.

351 Z I, S. 175.

352 Z I, S. 179.

353 Z I, S. 183f.

354 Groebner, S. 244.

355 Egli, Nr. 293.

356 Z III, S. 586–589. Vgl. Groebner, S. 244f.

357 Zum ganzen Abschnitt Christ-von Wedel, Erasmus von Rotterdam. Ein Porträt, Basel 20172, S. 157–164, auch ASD IV-1, S. 148 und 213–219.

358 Allen, Ep. 1030.

359 Vgl. Christ-von Wedel 2017^2, S. 163.

360 Z III, S. 551.

361 Z III, S. 573–578 und 561 und 565.

362 Z III, S. 575.

363 Blickle, S. 68f.

364 Z III, S. 560.

365 Z III, S. 560 und 573.

366 Z III, S. 563. Zwingli spricht nicht von den unmittelbar benachbarten Klettgauern. Aber der Kontext spricht doch dafür, dass Zürich auch bei den Klettgauern seine Hand im Spiel hatte. Anders Christian Dietrich, Die Stadt Zürich und ihre Landgemeinden während der Bauernunruhen von 1489–1525, Frankfurt 1985 [= Dietrich], S. 208f.

367 Z III, S. 551f.

368 Z III, 558–573, bes. 558–560.

369 Siehe o. S. 66f.

370 Z XI, Ep. 1160, zu Jakob May, dessen Familie mit Zwingli und mit Reischach verbunden war, vgl. Amadé von May, Bartholomeus May und seine Familie, in: Berner Taschenbuch, 1874 [= May], S. 125; 129; 145; 155; 158–161; 165f.; 171–176.

371 HBBW XVII, S. 24–35; XVIII, S. 30–37; XIX [im Druck], bes. S. 30–32. Dort sind auch die Nachweise, die die bisherige Geschichtsschreibung zum Thema Krieg und Solddienst berichtigen. Ich danke Reinhard Bodenmann, der mich darauf aufmerksam machte und mir das Vorwort des noch nicht gedruckten Bandes 19 zukommen liess. Ich benutze gern die Gelegenheit, neben ihm auch den anderen

Bearbeitern des Bullingerbriefwechsels zu danken: Alexandra Kess und Judith Steiniger mit den Vorgängern des Teams Hans Ulrich Bächtold und Rainer Henrich. In selbstloser Weise unterstützten und unterstützen sie mich und viele andere mit ihren herausragenden Kenntnissen.

372 Egli, Nr. 980 und 1050, S. 492.

373 Vgl. Gerig, S. 44–52 und Collin, 13–17.

374 Hans Stockars Jerusalemfahrt 1519 und Chronik 1520–1529, hg. von Karl Schib, Basel 1949 [= Stockar], S. 104.

375 Vgl. Jakob Wipf, Reformationsgeschichte der Stadt und Landschaft Schaffhausen, Zürich 1929 [= Wipf], S. 30 (auch weiter für das Folgende). Erich Bryner äussert sich nicht dazu. Er erklärt aber zutreffend in einer Anmerkung, der Abt von Allerheiligen, Michael Eggenstorfer, habe sich «als spätmittelalterlichen Mystiker und Kirchenkritiker, jedoch nicht als Vorreformator» ausgewiesen (Die Reformation in Schaffhausen und ihre Besonderheiten, in: Zwingliana 39 (2012), S. 79–92, hier S. 80, Anm. 2). Bryners Urteil dürfte auf dem Aufsatz von Beat von Scarpatetti beruhen: Michael Eggenstorfer, in: Schaffhauser Beiträge zur Geschichte, 58 (1981), S. 49–61.

376 Stockar, S. 96.

377 Briefwechsel des Beatus Rhenanus, hg. von Adalbert Horawitz und Karl Hartfelder, Leipzig 1886 (ND 1966), S. 313.

378 Nach Wipf, S. 96f.

379 Vgl. Christ-von Wedel 2017, bes. Kap. 18 und 24.

380 Nach Sattler II, S. 113.

381 Vgl. Heyd II, S. 190–193.

382 Barack I, S. 423; Vochezer II, S. 109–116.

383 Heyd, II, S. 194; Blickle, S. 93.

384 Staatsarchiv Zürich, A 195.1, Nr. 157.

385 A. a. O.

386 ASD IV-1, S. 165:930–938.

387 EA, IV-1a, S. 262, vgl. auch S. 255 und 258f.

388 Heyd II, S. 243. Stumpf nennt Georg von Hewen als Hauptmann neben Eberhard von Reischach (Johannes Stumpfs Schweizer- und Reformationschronik, I–II, hg. von Ernst Gagliardi u. a., Basel 1953 und 1955 [= Gagliardi], II, S. 244).

389 Blickle, S. 198. Günther Franz, Der deutsche Bauerkrieg, Darmstadt 1962[6] [= Franz], S. 216–221.

390 Collin, S. 20.

391 Stockar, S. 115.

392 Z VIII, Ep. 341.

393 Leo Jud, Zwinglis Mitstreiter in Zürich, glaubte noch 1537 vor Vadian das Scheidungsrecht verteidigen zu müssen (Vadianische Briefsammlung, hg. von Emil Arbenz, St. Gallen 1890–1913 [= Vadian BS], Nr. 978).

394 Z VIII, Ep. 341.

395 Johannes Rütiner, Diarium 1529–1539, hg. von Gerhard Rüsch, St. Gallen 1996 [= Rütiner], I, Abs. 579. Bei dieser Angabe darf dem oft fragwürdigen Berichterstatter Rütiner wohl geglaubt werden. War Sebastian Appenzeller selbst doch auch ein Informant von ihm (vgl. a. a. O., I, Abs. 592 und 959).

396 Vgl. Hans-Christoph Rublack, Gravamina und Reformation, in: Städtische Gesellschaft und Reformation, hg. von Ingrid Bàtori, Stuttgart 1980, S. 292–313.

397 EA III-2, S. 1242.

398 Vgl. Daniel Wilhelm Hartmann, Zur Geschichte der stadt-sanktgallischen Bürgergeschlechter, Kantonsbibliothek St. Gallen, VadSlg, Ms 350d, S. 24f.

399 HBRG I, S. 354.

400 Z III, S. 561–563.

401 Z VIII, Ep. 358.

402 Z VIII, Ep. 360.

403 A. a. O.

404 Rütiner I, Absatz 66.

405 Vadian BS, Nr. 405 und 415. Vgl. für seine späteren Tätigkeiten u. S. 121f.; 171; 227f.

406 St. Galler Taufbuch: Stadtarchiv St. Gallen, KiA II,1.

407 Wie Anm. 408 und 412.

408 Staatsarchiv Zürich, B VI 336, fol. 114v–115v.

409 Siehe Abb. 33. Vgl. Marlis Stähli, in: Niederhäuser/Wild, S. 45–73, hier S. 59f.

410 Stadtarchiv Zürich, I.A.497. Ob das im Glückshafenrodel von 1504 genannte Töchterlein Regula Schwarz dasselbe ist, bleibe dahingestellt (Der Glückshafen des Freischiessens zu Zürich 1504, hg. von Friedrich Hegi, Zürich 1942 [= Glückshafen], S. 117).

411 Stadtarchiv Zürich, III.B.276, Ausgabenbuch des Fraumünsters. Vgl. Niederhäuser, in: Niederhäuser/Wild, S. 150. Dass sich die Ausgaben auf das zuvor und nachher genannte Fräulein von Leiningen beziehen, für das verschiedene Gebrauchsgegenstände angeschafft wurden, halte ich für unwahrscheinlich.

412 Vadian BS, Nr. 1690.

413 Vgl. Vadian BS, Nr. 1031, bes. 1035 und 1077.

414 Barack IV, S. 287, wo auch die Mütter mit Namen genannt sind.

415 Vadian BS, Nr. 1690.

416 Johannes Kesslers Sabbata mit kleineren Schriften und Briefen, hg. von Emil Egli und Rudolf Schoch, St. Gallen 1902 [= Kessler], S. 643, 649f. und 654.

417 Kantonsbibliothek Vadiana St. Gallen, VadSlg, Ms. S 103 mit Besitzeintrag.

418 Zu Sebastian Uriel Appenzeller vgl. die von Beat Jenny sorgfältig zusammengetragenen Informationen, in: Die Amerbachkorrespondenz, bearb. und hg. im Auftrag der Kommission für die Öffentliche Bibliothek der Universität Basel von Alfred Hartmann u. a., Basel 1942–2010, I–XI in 14 Teilen [Amerbach], VIII, S. XXXIX–XLI und u. S. 271f.

419 Briefe des Pfalzgrafen Johann Casimir mit verwandten Schriftstücken, hg. von Friedrich von Bezold, I–III, München 1882–1903 [= Bezold], I, Nr. 91 und 92.

420 Gemeiner Loblicher Eydgnoschaft Stetten Landen und Völckern Chronic [...] durch Johann Stumpffen beschriben, I–II, Zürich 1586 [= Stumpf 1586], I, fol. 337r (verdruckt 243). Vgl. EA 5–1. Nr. 120, S. 1337.

421 So der Augenschein. Vgl. Die Inschriften der Stadt und des Landkreises Heidelberg, hg. von Renate Neumüllers-Klauser, Stuttgart 1970 [= Neumüllers], Nr. 390. Vgl. auch die Hinweise im Anhang u. S. 271f.

422 Zur Musterung: Bezold, III, Nr. 152.

423 Neumüllers, Nr. 424.

424 Z VIII, Ep. 341 und 360.

425 Niederhäuser, in: Niederhäuser/Wild, S. 131.

426 Staatsarchiv Zürich, B V 2, Nr. 112, fol. 119r.

427 Der Glückshafen des Freischiessens zu Zürich 1504, hg. von Friedrich Hegi, Zürich 1942 [= Glückshafen], S. 6 und S. 216.

428 Privates Familienarchiv Göldli von Tiefenau (Luzern), Urkunden, Nr. 23 (5. 4. 1513).

429 Vgl. Tilmann Walter, Unkeuschheit und Werk der Liebe, Berlin 1998, S. 65.

430 Vgl. u. S. 126f.

431 Vgl. Ludwig Schmugge, Kirche, Kinder, Karrieren. Päpstliche Dispense von der unehelichen Geburt im Spätmittelalter, Zürich 1995, S. 20.

432 Vgl. Elisabeth Koch, Maior dignitas est in sexu virili, Frankfurt 1991, bes. S. 117–127.

433 Z. B. Neumüllers, Nr. 348.

434 Generallandesarchiv Karlsruhe, 67 Nr. 534, III, fol. 11.

435 Die Rangfolge der besuchten Universitäten dürfte in Zürich der Berns entsprochen haben. Untersucht ist sie nur für Bern. Vgl. Beat Immenhauser, ‹Hohe Schule› oder Universität? Zur Pfarrerausbildung in Bern im 16. Jahrhundert, in: Politics and Reformations. Communities, Polities, Nations, and Empires, hg. von Christopher Ocker u. a., Leiden 2007, S. 143–178, bes. S. 165.

436 Im Februar 1525, am 7. und am 26., rief Zürich unter kaiserlichem und eidgenössischem Druck seine Reisläufer zurück, allerdings ohne wirklich durchzugreifen. Erst nach der verlorenen Schlacht von Pavia forderte es sie im März nachdrücklicher heim. Bestraft wurden sie kaum oder gar nicht. Vgl. René Hauswirth, Landgraf Philipp von Hessen und Zwingli, Tübingen/Basel 1968, S. 73f.

437 Stockar, S. 109.

438 EA IV-1a, S. 615, S. 625 und 656.

439 Günther Franz, Aus der Kanzlei der württembergischen Bauern im Bauernkrieg, in: Württembergische Vierteljahrshefte für Landesgeschichte Ser. NF, Bd. 41 (1935) S. 83–108, 281–305.

440 Sattler II, Beilage 115. Vgl. Blickle, S. 198. Franz, S. 218–221.

441 Die Chronik des Laurencius Bosshart von Winterthur 1185–1532, hg. von Kaspar Hauser, Basel 1905 [= Bosshart], S. 119.

442 Vgl. Blickle, S. 194–210. Franz, S. 216–221. Heyd II, S. 211–262.

443 Sattler II, S. 142f. und Staatsarchiv Zürich, A 195.1, Nr. 166.

444 EA IV-1a, S. 772.

445 Z VIII, Ep. 389.

446 Stadtarchiv Schaffhausen, A II 06.01/075-080. Vgl. Karl Schmuki, Steuern und Staatsfinanzen, Zürich 1988, S. 472–475.

447 Decker-Hauff I, S. 365.

448 B. Wyss, S. 68f.

449 HBRG I, S. 125.

450 Stockar, S. 137f.

451 Den Verkauf einer goldenen Kette im Februar 1525 durch Eberhard von Reischach mit der Hochzeit in Verbindung zu bringen (vgl. Niederhäuser, in: Niederhäuser/ Wild, S. 137), wage ich nicht. Als Werber für Ulrich brauchte Reischach auch sonst Bargeld.

452 Staatsarchiv Zürich, B VI 247, fol. 47v. Vgl. Egli, Nr. 407, wo in einer viel späteren Zeugenaussage fälschlich vom Vatergut die Rede ist.

453 Siehe u. S. 151.

454 Vgl. Platon-Handbuch. Leben – Werk – Wirkung, hg. von Christoph Horn, Jörn Müller und Joachim Söder, Stuttgart 2017, S. 310 und Sabrina Ebbersmeyer, Sinnlichkeit und Vernunft. Studien zur Rezeption und Transformation der Liebestheorie Platons in der Renaissance, München 2002.

455 Vgl. Rudolf Voß, Die deutschen Tristan-Romane des Spätmittelalters – Variationen eines problematischen Themas, in: Tristan und Isolt im Spätmittelalter, hg. von Xenja von Ertzdorff, Amsterdam 1999, S. 331–354 und Dorothee Ader, Prosaversionen höfischer Epen in Text und Bild. Zur Rezeption des «Tristant» im 15. und 16. Jahrhundert, Heidelberg 2010, bes. S. 19–25.

456 Vgl. für Zwingli z. B.: Z II, S. 263–269 und 361f.

457 Vgl. im Verzeichnis der Drucke des 16. Jh. (VD 16) die Nummern: V 2461; ZV 31503; E 4743; V 2462; V 2464; V 2465; E 4742.

458 Von dem Eelichen standt, Augsburg [1520] [= Ehestand], fol. Aivf.

459 Ehestand, fol. Aijvf.

460 Ehestand, fol. Biv.

461 Ehestand, fol. Bijv.

462 Ehestand, fol. Aiijv.

463 ASD I-3, S. 301–313, bes. S. 305:153.

464 LB V, c. 702B–704B; vgl. auch LB VII, c. 986F–987A.

465 LB V, c. 620D.

466 Vgl. Maria E. Müller, Naturwesen Mann. Zur Dialektik von Herrschaft und Knechtschaft in Ehelehren der Frühen Neuzeit, in: Heide Wunder, Christine Vanja (Hg.), Wandel der Geschlechterbeziehungen zu Beginn der Neuzeit, Frankfurt 1991, 43–68, hier: 65–68 und S. 54–57.

467 Die autobiographischen Aufzeichnungen Ludwig von Diesbachs, hg. von Urs Martin Zahnd, Bern 1986 [= Diesbach], S. 71; 87; 91–97.

468 Siehe u. S. 205.

469 Siehe o. S. 69 und u. S. 181.

470 Ehestand, fol. Aiijr.

471 D. Martin Luthers Werke. Kritische Gesamtausgabe, Weimar 1883–2009 [= WA] 10–2, S. 304.

472 Vgl. die ganze Schrift: WA 10–2, S. 275–304 und bes. 275f.; 294; 297; 300.

473 ASD I-5, S. 386 und 398. Vgl. Christ-von Wedel 2013, S. 41f.

474 Z III, S. 824f.

475 Z III, S. 828.

476 Glückshafen, S. 6.

477 Die Stuben mit den Schnitzereien und der Korridor mit den Sprüchen sind heute im Landesmuseum Zürich zu sehen.

478 Bayerische Staatsbibliothek München, Cgm 4566, fol. 128r. Ich danke Kristina Domanski, die mich auf Drucke des 16. Jahrhunderts von Heinrichs Passionstraktat hinwies, mir überhaupt manch guten Ratschlag gab. VD16 nennt drei Drucke zwischen 1504 und 1514: Passion zu teutsch, Augsburg 1514 (VD16 B 4761); Passion zu teütsch, Augsburg 1509 (VD16 ZV 30635); Das ist ein schoener Passion von dem leyden vnsers lieben herren Jhesu Christi, Nürnberg 1504 (VD16 B 4753).

479 EA III-2, S. 1163.

480 Vgl. Kurt Ruh, Der Passionstraktat des Heinrich von St. Gallen, Thayngen 1940 [= Ruh], S. 65 und 73.

481 Wilhelm Ludwig Schreiber, Handbuch der Holz- und Metallschnitte des XV. Jahrhunderts, I–VIII, Leipzig 1926–1930, I, Nr. 798 und 806 und IV, Nr. 1786.

482 Walter E. Meyer, Die Entstehung von Huldrych Zwinglis neutestamentlichen Kommentaren und Predigtnachschriften, in: Zwingliana 14 (1976), S. 285–331, hier S. 303.

483 Z XVIII, S. 371. Vgl. Christ-von Wedel, Erasmus von Rotterdam. Anwalt eines neuzeitlichen Christentums, Münster 2003 [= Christ-von Wedel 2003], S. 106f.

484 Gottfried W. Locher, Die Zwinglische Reformation im Rahmen der europäischen Kirchengeschichte, Göttingen 1979 [= Locher], S. 335f.

485 Ein Expostulation oder Klag Jhesu zuo dem Menschen, der uss eygnem Muotwill verdampt würt / Jn Latin durch Erasmum von Roterdam beschriben / durch Meister Leo Jud, Pfarherr zuo Eynsidlen vertütscht, Zürich 1522.

486 ASD V-1, S. 256.

487 Walther Köhler, Das Marburger Religionsgespräch 1529. Versuch einer Rekonstruktion, Leipzig 1929, bes. S. 66–69; 98f.; 103f. Vgl. auch Locher, S. 323–325.

488 LB V, c. 620 B–D.

489 Vgl. im Passionstraktat insbesondere: Ruh, S. 74–76.

490 Sigmund von Hohenlohe, Creutz büchlin, Strassburg 1525, fol. Cir.

491 Staatsarchiv Zürich, B VI 247, fol. 25v / Egli Nr. 40.

492 Adagium I 3.7, in: ASD II-1, S. 319.

493 Vgl. Regine Abegg, Die Äbtissinnenstuben im Schweizerischen Landesmuseum Zürich, in: Niederhäusern/Wild, S. 155–168, hier S. 156–159.

494 Der Physiologos, hg. von Otto Seel, Zürich 1976^3 [= Physiologos], S. 7.

495 Physiologos, S. 6f.

496 Physiologos, S. 8f.

497 Physiologos, S. 26f.

498 Physiologos, S. 3f.

499 1Petr 5,8.

500 Vgl. Repertorium der Sangspüche und Meisterlieder des 12. bis 18. Jahrhunderts, hg. von Horst Brunner u. a., X, Tübingen 1987, S. 270, auch Georg Hirth, Meisterholzschnitte aus vier Jahrhunderten, München 1893 [= Hirth], Tafel 50. Vgl. auch Markus Leo Mock, Kunst unter Erzbischof Ernst von Magdeburg, Berlin 2007, S. 239 mit Anm. 254.

501 Pseudo-Callisthenes, I, 36 und 38.

502 Abegg, in: Niederhäuser/Wild, S. 159–166.

503 Christ-von Wedel, in: Gysel/Helbling 1999, S. 140f.

504 Alte Catholische Geistliche Kirchengeseng / auff die fuernemste Feste / Auch in Processionen / Creutzgaengen vnd Kirchenfaerten: Bey der H. Meß / Predig / in Heusern / vnd auff dem Feld zugebrauchen / sehr nuetzlich / sampt einem Catechismo. Auß Beuelch Deß Hochwuerdigen Fuersten vnd Herrn / Herrn Eberharten Bischouen zu Speir / vnnd Probsten zu Weissenburg / etc. in diese ordnung gestelt, Köln 1599, fol. 29v–32v.

505 Siehe o. Anm. 493.

506 Hirth, Tafel 5. (Spätere Holzschnittkopie eines Neujahrswunsches des Meisters E. S., † um 1468.)

507 Vgl. den Hinweis von Moddelmog zum viel früheren Glasgemälde aus Königsfelden (um 1340), wonach Vater und Tochter bei der Übergabe ins Kloster dargestellt werden. Moddelmog, in: Teuscher/Moddelmog, S. 139, Abb. 74.

508 Vgl. Christ-von Wedel, in: Gysel/Helbling 1999, S. 140f. und Regine Abegg, Christine Barraud Wiener, Die Kunstdenkmäler des Kantons Zürich, II–1, Bern 2002, S. 106 mit Anm. 496; Abegg, in: Niederhäuser/Wild, S. 162.

509 Vgl. Thomas Murner, Ein andechtig geistliche Badenfart, Straßburg 1514. Die Titelillustration bietet die Badeszene. Vgl. auch Simone Loleit, Wahrheit, Lüge, Fiktion: Das Bad in der deutschsprachigen Literatur des 16. Jahrhunderts, Bielefeld 2008, S. 12f.

510 Vgl. besonders Holborn, S. 23f.

511 Vgl. Gottfried W. Locher, «Christus unser Hauptmann». Ein Stück der Verkündigung Huldrych Zwinglis in seinem kulturgeschichtlichen Zusammenhang, in: Huldrych Zwingli in neuer Sicht, Zürich 1969, S. 55–74.

512 LB V, c. 619 E-620 D.

513 Vgl. dazu Christ-von Wedel 2013, S. 61–78.

514 Physiologus Bernensis, komm. von Christoph von Steiger und Otto Homburger, Basel 1964, fol. 13v.

515 Vinzenz von Beauvais, lib. 18, cap 100, 121 und 129. Ich habe die Ausgabe der Basler Universitätsbibliothek benutzt: AK II [Speculum naturale], [Basel?], [um 1481]; am Ende.

516 Barack III, S. 131f.; IV, S. 79 und 242.

517 Diesbach, S. 67f. Vgl. o. S. 96.

518 Thüring von Ringoltingen, Melusine (1456), nach dem Erstdruck Basel, Richel um 1473/74, hg. von André Schnyder in Verbindung mit Ursula Rautenberg, Wiesbaden 2006, I–II [= Ringoltingen], I, S. 23.

519 Ringoltingen I, S. 45.

520 Barack I, S. 26f.

521 Zu Sexualität in Mittelalter und Früher Neuzeit vgl. Rüdiger Schnell, Sexualität und Emotionalität in der vormodernen Ehe, Köln 2002.

522 Für Reischach: Staatsarchiv Zürich, B VI 247, fol. 10r; Glückshafen, S. 5 und 42; für Katharina, vgl. Niederhäuser, in: Niederhäuser/Wild, S. 146.

523 Jedenfalls sind die Briefe Katharinas von einem Sekretär geschrieben. Sie unterschrieb sie nur.

524 Stadtarchiv Schaffhausen, A II 06.01.080, 1526.

525 Barack I, S. 426. Vgl. zum ganzen Abschnitt über Margarethe von Oettingen, Günter 1, in: Gysel/Helbling 1999, S. 29–38.

526 Barack I, S. 441f.

527 Barack I, S. 446.

528 Barack I, S. 465.

529 Barack I, S. 465f.

530 Barack I, S. 480f.

531 Barack I, S. 512–514.

532 Barack I, 520–523.

533 Decker-Hauff I, S. 269.

534 Vgl. Niederhäuser, in: Niederhäuser/Wild, S. 124.

535 Decker-Hauff I, S. 270–273. Vgl auch: http://www.bernergeschlechter.ch/humogen/family.php?id=F27567&main_person=I80471.

536 Decker-Hauff I, S. 215–220.

537 Vgl. Gisela Bock, Frauen in der europäischen Geschichte. Vom Mittelalter bis zur Gegenwart, München 2005^2, S. 32 spricht gar vom Tod jeder siebten Mutter an den Folgen der Geburt.

538 Niederhäuser, in: Niederhäuser/Wild, S. 147 und 148.

539 Vgl. Hubert Steinke, Ein gelehrter Chirurg, in: Mit der Arbeit seiner Hände. Leben und Werk des Zürcher Stadtchirurgen und Theatermachers Jakob Ruf (1505–1558), hg. von Hildegard Elisabeth Keller, Zürich 2008^2, I–V [= Keller], S. 105–117, hier S. 113.

540 Vgl. Hildegard Elisabeth Keller und Hubert Steinke, Jakob Ruf's Trostbüchlein and De conceptu (Zürich 1554). A Textbook for Midwives and Physicians, in: Scholarly Knowledge. Textbooks in Early Modern Europe, hg. von Emidio Campi, Simone De Angelis, Anja-Silvia Goeing and Anthony Grafton, Genf 2008, S. 307–332, bes. S. 308, Anm. 3.

541 Ein Kalender mitt sinem Nüwen und Stunden us des hochgelerten Doctor Iohannis Kungspergers Practic unnd sunst vil subtiler Sachen mit vil Figuren als man am nechsten Blatt lütrer Meldung findt, Zürich [1508] [= Laufenberg]. Vgl. auch: Zentralbibliothek Zürich, Ms. C 102b und Heinrich Laufenberg, Regimen der Gesundheit, hg. von Bernhard Schnell und Marlis Stähli, München 1998.

542 Eucharius Rößlin, Der schwangeren frawen vnd Hebammen Rosegarten, Straßburg 1522 [= Rösslin], fol. Biijr–Cir.

543 Rösslin, fol. Cir–Cijv und Diijv–Eiiijv.

544 Rösslin, fol. Gir–Kiiijv.

545 Rösslin, fol. Ciiijv–Dijr. Laufenberg, fol. Hijv und Hiiijr.

546 Laufenberg, fol. Hiijvf. Rösslin, fol. Dijr.

547 Rösslin, fol. Dijr–Dijv.

548 Rösslin, fol. Lijr.

549 Rösslin, fol. Lijv. Laufenberg, fol. Hvijv–Hviijv und Iiijr. Zu Erasmus: ASD I-3, S. 457–468 und ASD I-2, S. 43.

550 Rösslin, fol. Liijr f.

551 Laufenberg, fol. Iiijr f.

552 Laufenberg, fol. Iiiijr. Rösslin, fol. Liiijr.

553 Rösslin, fol. Liiijv–Piv.

554 Günter 1998, S. 107f., Anm. 35a und b.

555 Barack II, S. 156.

556 Vgl. Linda A. Pollock, Forgotten Children. Parent-child relations from 1500 to 1900, Cambridge 1983, S. 124–142.

557 Brief an Myconius vom 23. 4. 1536, Staatsarchiv Zürich, E II 340, fol. 19.

558 Allen, Ep. 2678 und 2684, vgl. auch 2688.

559 Diesbach, S. 34.

560 Z VII, Ep. 60, S. 139. Vgl. Christine Christ-von Wedel, Erasmus und die Zürcher Reformatoren Huldrych Zwingli, Leo Jud, Konrad Pellikan, Heinrich Bullinger und Theodor Bibliander, in: Erasmus in Zürich. Eine verschwiegene Autorität, hg. von ders. und Urs Leu, Zürich 2007 [= Christ-von Wedel 2007], S. 84.

561 Stadtarchiv Zürich, III.B.276.

562 Vgl. Christ-von Wedel 2013, S. 239–249.

563 ASD I-2, S. 51.

564 ASD I-2, S. 70.

565 Zu Erasmus Erziehungsmethode: ASD I-2, S. 55–78.

566 René Hauswirth, Die Zürcher Obristmeister (Oberstzunftmeister) 1518–1547, in: Zwingliana 12 (1967), S. 596–602, hier S. 602.

567 Gagliardi I, S. 253.

568 Egli, Nr. 702; 703; 708; 710.

569 Egli, Nr. 724–726.

570 Egli, Nr. 748.

571 Egli, Nr. 724–730; 742–749; 751; 754 und 755; 763; 764; 798; 799. Vgl. Dietrich, S. 226–241. Dietrich misst allerdings den Niederlagen der Elsässer und süddeutschen Bauernhaufen keine besondere Bedeutung für die Zürcher zu. Für ihn waren es die vertrauensbildenden Volksanfragen, die die Bauern von einem gewalttätigen Aufruhr zurückhielten. Kamber wertet den Einfluss Zwinglis höher. Erst die Legitimation, die Zwingli dem Rat mit seiner Schrift vom Aufruhr gab, erlaubte ihm, die Bauern, die ihre Freiheitsforderungen mit Gottes Wort begründeten, überzeugend zurückzuweisen. Vgl. auch Kamber, bes. S. 451.

572 Fürstl. Waldburg-Zeil'sches Gesamtarchiv, Schloss Zeil, ZAZ 908. Vgl. den Brief des Bruders, Wilhelm Truchsess von Waldburg, an die Äbtissin, 16. 4. 1526 (Montag nach Misericordia).

573 Egli, Nr. 616.

574 Egli, Nr. 721 und 630.

575 Den Begriff Täufer für die Bewegung zu benutzen, ist umstritten, viele bevorzugen Radikale. Aber auch das ist fragwürdig, besonders für Prediger wie etwa Castelberger in Zürich. Er war m. W. nicht radikal, er war schlicht und einfach fromm und bibeltreu. Da die Anhänger der Bewegung tatsächlich die Glaubenstaufe praktizierten und das besonders an ihnen auffiel, wage ich den Begriff zu benutzen, ohne ihre Theologie auf ihr Taufverständnis reduzieren zu wollen.

576 Egli, Nr. 618.

577 Egli, Nr. 622.

578 Z VII, Nr. 133 mit Anm. 3.

579 Vgl. Dietrich, S. 161 und Andrea Strübind, Eifriger als Zwingli. Die frühe Täuferbewegung in der Schweiz, Berlin 2003, S. 129–146.

580 Egli, Nr. 623.

581 Egli, Nr. 692, S. 309.

582 Z IV, S. 292–298.

583 Vgl. u. S. 162.

584 Christ-von Wedel 2017, S. 200–206 und 211–214.

585 Egli, Nr. 631; 636; 646. Der Rat verurteilte sie wegen Aufruhrs. Wie weit die Eidesverweigerung, die in der Forschung immer wieder als wichtiger Grund für die Täuferverfolgungen genannt wird, dabei tatsächlich eine Rolle spielte, ist zu hinterfragen. Aus Basel jedenfalls sind zwei Fälle bekannt, in denen Täufern der Eidesschwur gnädig erlassen wurde. Ein solcher Umgang mit dem Eidesschwur war also auch denkbar. Vgl. BRA III, Nr. 84 und 139.

586 Egli, Nr. 674.

587 Egli, Nr. 692.

588 A. a. O.

589 Quellen zur Geschichte der Täufer in der Schweiz, I–IV, Zürich 1952–2008 [= QGTS] I, Nr. 101.

590 Aktensammlung zur Geschichte der Basler Reformation in den Jahren 1519 bis Anfang 1534, hg. von Emil Dürr und Paul Roth, I–VI, Basel 1921–1950 [= BRA] III, Nr. 154 auch Nr. 231.

591 Christ-von Wedel 2017, bes. S. 148–152.

592 Adagium I 3.7, in: ASD II-1, S. 319. Vgl. neben Röm 14,5 auch den Timotheusbrief. Erasmus gibt keine Stelle zu Paulus an. Er hat indessen in einer langen Anmerkung zu 1Tim 1,6 entsprechend ausgelegt. Vgl. LB VI, c. 926–928.

593 Siehe u. S. 182.

594 Heyd II, S. 345–353; Feyler, S. 313.

595 Barack I, S. 329f. Weitere Nachweise bei Christoph Friedrich Stälin, Wirtembergische [!] Geschichte, I–IV, Stuttgart 1841–1870, IV, S. 160, Anm. 2.

596 Reischacharchiv, Schloss Schlatt unter Krähen, Mappe Hohenstoffeln, 1501–1531, Fasc. 59–60.

597 OBG III, S. 484.

598 Siehe o. S. 31. Vgl. Claudia Moddelmog, Die Clarissen in Königsfelden und ihre Verwandten. Beziehungen und Besitz, in: Teuscher/Moddelmog, S. 166–169.

599 Vgl. o. S. 31f. und u. S. 298f.

600 Egli, Nr. 338.

601 Egli, Nr. 400; 403; 406–409 (bes. 407); 411; 413; 478; 503; 526; 538; 561; 586; 761; 780; 784.

602 Egli, Nr. 1050.

603 Vgl. Christ-von Wedel 2017, S. 207–216.

604 Z VIII, Ep. 552.

605 Egli, Nr. 1050. Vgl. Gehrig, S. 53–69.

606 Carl Keller-Escher, Fünfhundert und sechzig Jahre aus der Geschichte der Familie Escher vom Glas. 1320–1885, Zürich, 1885, S. 26f.

607 Vgl. OBG III, S. 459.

608 Staatsarchiv Schaffhausen, RP 7, Ratsprotokolle 1526, S. 78–79.

609Vgl. Feyler, S. 205–216.

610 Heyd II, S. 353.

611 Siehe u. Anm. 717.

612 Linie zu Hohenstoffeln, OBG III, S. 478–79, Taf. IX a. Vgl. Svec Goetschi, S. 305f.

613 Vgl. Staatsarchiv Schaffhausen, RP 6, S. 39, 1522. Nach Günter 1998, S. 113.

614 Staatsarchiv Frauenfeld, 7'21'0,11 und Bericht von Barbara von Reischach aus Diessenhofen, 27. 5. 1530, Staatsarchiv Luzern, AKT 13/2077 und EA IV-1b, S. 664f.

615 Willi Rüedi, Geschichte der Stadt Dießenhofen im Mittelalter, Diessenhofen 1947 [= Rüedi], S. 167. Landenberg besuchte Reischach im Bad. Siehe Anm. 616.

616 Alfons Raimann, Die Kunstdenkmäler des Kantons Thurgau V, Bezirk Diessenhofen, Basel 1992, S. 128–132.

617 Bürgerarchiv Diessenhofen, BAD/St 52–54.

618 Das waren Zürich, Luzern, Uri, Schwyz, Unterwalden, Glarus und Zug, also die Alten Orte ohne Bern.

619 Rüedi, S. 141–146 und 150–155.

620 Z IX, Ep. 583.

621 Z IX, Ep. 585.

622 Siehe o. S. 100–102.

623 Z X, Ep. 881.

624 Z IX, Ep. 586.

625 Gemeint ist die schwäbische, in den meisten alten Quellen Randegg geschriebene Familie.

626 EA IV-1a, S. 1180f.

627 Vgl. EA IV-1a, S. 1184; 1193 und 1342, sowie Z IX, Ep. 585, Anm. 1.

628 EA III, S. 1231 und 1258; EA IV-1a, S. 18; 49; 73; 214.

629 Vgl. Rüedi, S. 162f.

630 Vgl. o. S. 101.

631 Vgl. dazu Feyler, S. 315–329. EA IV-1b, S. 340 und 426–429.

632 Ea IV-1b, S. 890. Vgl. Feyler, S. 335f.

633 EA IV-1a, S. 171, 176f. und 657.

634 Vgl. dazu Hauswirth, S. 137–252.

635 Z X, Ep 923.

636 Z X, Ep. 931.

637 Das Marburger Religionsgespräch 1529, hg. von Gerhard May, Gütersloh 1970, S. 17.

638 A. a. O., S. 29.

639 Z X, Ep. 974 und 994.

640 Z X, Ep. 931 und EA IV-1b, S. 340 und 427.

641 Das sind Luzern, Uri, Schwyz, Unterwalden und Zug.

642 Collin, S. 20f.

643 Vadian BS, Nr. 405; 488; 550; 598; 604; 605; 631und 633. Strickler II, Nr. 119, S. 60 und Nr. 300.

644 EA IV-1a, S. 445f. Vgl. auch S. 657f.

645 EA IV-1a, S. 436, Strickler I, Nr. 704 und 710. Vgl. Alfred L. Knittel, Die Reformation im Thurgau, Frauenfeld 1929 [= Knittel], S. 37 und Svec Goetschi, S. 310.

646 EA IV-1a, S. 560 und 755.

647 EA IV-1a, S. 944.

648 EA IV-1a, S. 1312 und 1314f. B. Wyss, S. 93f. Strickler I, Nr. 1970–1973.

649 EA IV-1a, S. 1415 und 1453 und EA IV-1b, S. 85. Sowie Strickler I, Nr. 2032; 2038; 2100; 2106; 2125; 2128; 2108; 2109; 2110; 2187; 2190; 2192; 2193; 2195–2197; 2211; 2222; 2230. Strickler II, Nr. 3; 13; 14.

650 Egli, Nr. 1535 und 1536.

651 HBRG II, S. 26 und Knittel, S. 163 u. a.

652 EA IV-1a, S. 1453–1456 und HBRG II, S. 27–32.

653 Wyss, Nr. 502.

654 A. a. O.

655 ASD V-5, S. 320:190f.

656 ASD IX-1, S. 304. Es lohnt sich, auch den Kontext des Zitates zu beachten: a. a. O., bes. S. 299:455–486.

657 Vgl. Christine Christ-von Wedel 2017², S. 152–156.

658 Staatsarchiv Zürich, A 196.3.15, Nr. 5.

659 Strickler II, Nr. 290.

660 Strickler II, Nr. 88 und 272.

661 Küngold und Barbara von Reischach an den Vater, Donnerstag vor Allerheiligen [29. 10. 1528], Reischacharchiv, Schloss Schlatt unter Krähen, Mappe Hohenstoffeln, 1501–1531, Fasc. 59–60.

662 Küngold und Barbara von Reischach an den Vater [Oktober/November 1528], Reischacharchiv, Schloss Schlatt unter Krähen, Mappe Hohenstoffeln, 1501–1531, Fasc. 59–60.

663 EA IV-1a, S. 1465f.

664 EA IV-1b, S. 39.

665 Strickler II, Nr. 144; 354; 356. EA VI-1b, S. 1482.

666 Nach Strickler II, Nr. 15 (Rechtschreibung angepasst).

667 Vgl. Knittel, S. 211–213.

668 Küngold und Barbara von Reischach an den Vater, Bildersturm [1529], Reischacharchiv, Schloss Schlatt unter Krähen, Mappe Hohenstoffeln, 1501–1531, Fasc. 59–60.

669 Denkschrift der Priorin und Schwestern in Sant Catharina Thal bei Diessenhofen, «wie sie in der zwinglischen uffruor ir Gottshauss so sauer erstritten und erhalten hand», mit Anmerkungen von P. Mauritius van der Meer, in: Archiv für die schweizerische Reformations-Geschichte 3, Solothurn 1876, S. 99–115. Diese Denkschrift sollte neu kritisch analysiert und datiert werden. Das sprengt allerdings den Rahmen dieses Buchs.

670 EA IV-1b, S. 169.

671 EA IV-1b, S. 173.

672 EA IV-1b, S. 175.

673 EA IV-1b, S. 201.

674 Barbara von Reischach an den Bruder Bilgeri d. J. über Katrin von Reischach [um 1529], Reischacharchiv, Schloss Schlatt unter Krähen, Mappe Hohenstoffeln, 1501–1531, Fasc. 59–60.

675 A. a. O.

676 Katharina und Walburga, Truchsessinnen von Waldburg, an ihren Bruder, 3. 9. 1529 und Dreikönigabend [5. 1.]1530, Staatsarchiv Sigmaringen, Dep. 30/1 T 3, Nr. 674.

677 A. a. O., Brief vom 3. 9. 1529.

678 Bosshart, S. 127 und HBRG, S. 223.

679 Leider ist bisher weder das genaue Geburtsdatum der beiden Kinder, noch der Todestag des Sohnes bekannt.

680 EA IV-1a, S. 411.

681 EA IV-1b, S. 194–200.

682 Nach Otto Erich Strasser, Bern am Kreuzweg ökumenischer Begegnung zur Reformationszeit, in Zwingliana 13 (1971), S. 400–406, hier S. 403. Vgl. Locher, S. 357.

683 Zum Ersten Kappeler Krieg vgl. Martin Haas, Zwingli und der erste Kappeler Krieg, Zürich 1965.

684 Feyler, S. 316.

685 Vgl. HBRG II, S. 160.

686 HBRG II, S. 183.

687 Nach Gerig, S. 72.

688 Johannes Kessler, Sabbata, 341a, in: Kessler, S. 322.

689 HBRG II, S. 181; Kessler, S. 318 und 321; Gerig S. 89–91; Haas, S. 172 und 181.

690 Z X, Ep. 858.

691 Strickler II, Nr. 496.

692 EA IV-1b, S. 1479.

693 HBRG II, S. 193 und Gagliardi II, S. 64.

694 Stadtarchiv Zürich, VIII.C.1.

695 Z X, Ep. 932.

696 OBG III, S. 457. Staatsarchiv Zürich, B VI 325, fol. 17r.

697 EA IV-1b, S. 1259.

698 Staatsarchiv Zürich, B VI 249, fol. 22r.

699 Schmid, Anna, getraut mit Anstett von Reischach am 23. 4. 1530 (Stadtarchiv Zürich, VIII.C.1).

700 Vgl. Illi, S. 81.

701 Egli, Nr. 1690.

702 Eberhard von Reischach nannte ihn Schwager. Benedikt May war der Sohn von Bartholomäus May, der mit Zwingli befreundet und ein Förderer der Reformation war. Benedikt May war verheiratet mit Anna Am Stad aus Schaffhausen, Tochter des Konrad Am Stad.

703 Bürgerarchiv Diessenhofen, BAD/Schachtel 2, Brief von Eberhard von Reischach an seinen Schwager Benedikt May, Zürich 8. 7. 1531

704 Vgl. Reischachs Besorgnis über seine Ehre bei einem Rechtshandel, in dem er als Zeuge auftrat (BRA IV, Nr. 425).

705 Vgl. HBRG II, S. 195f. und 208.

706 Die Chronik des Laurencius Bosshart von Winterthur, hg. von Kaspar Hauser, Basel 1905 [= Bosshart], S. 188.

707 Zürcher Kirchenordnungen 1520–1675, hg. von Emidio Campi und Philipp Wälchli, Zürich 2011, I [= Kirchenord.], S. 93– 97, bes. S. 96, vgl. auch S. 122. Vgl. Egli, Nr. 1536 und Nr. 1656.

708 Egli, Nr. 1535 für das Urteil über die «Fischesser»; für die Mandatsbestimmungen Nr. 1536 (20. Jan. 1529) und verschärft erneuert am 26. März 1530: Nr. 1656.

709 BRA III, Nr. 329. Vgl. Christ-von Wedel 2017, S. 266–280.

710 Gottfried Heer, Geschichte des Landes Glarus, I–II, Glarus 1898–99, I, S. 19–142.

711 Strickler I, Nr. 2188.

712 Strickler II, 870. Vgl. auch EA IV-1b, S. 640. Vgl. zum ganzen Hergang: Leonhard von Muralt in Z VI-2, S. 552–561.

713 Z VI-2, S. 567f.

714 EA IV-1b, S. 406; 432f.

715 Salat II, S. 615. Knittel, S. 262.

716 EA IV-1b, S. 423f.

717 Brief von Hans von Reischach an die Stadt Diessenhofen betr. Lehen der Kaplanei St.-Anna-Altar in Diessenhofen, 6. 12. 1529, Bürgerarchiv Diessenhofen, BAD/Schachtel 1. Vgl. zu Johannes Sigg: Knittel, S. 213.

718 EA IV-1b, S. 412.

719 EA IV-1b, S. 464. Der Synodaleid ist abgedruckt bei Knittel, S. 273f.

720 EA IV-1b, S. 495f., vgl. auch S. 512.

721 EA IV-1b, S. 505.

722 Küngold und Barbara von Reischach an den Bruder, [9. 2.]1530, Reischacharchiv, Schloss Schlatt unter Krähen, Mappe Hohenstoffeln, 1501–1531, Fasc. 59–60.

723 EA IV-1b, S. 568f.

724 EA IV-1b, S. 604f.

725 EA IV-1b, S. 608.

726 EA IV-1b, 627f.

727 EA IV-1b, S. 638–644.

728 Barbara von Reischach an den Vater Bilgeri von Reischach, ohne Datum [grössteneils = EA IV-1b, S. 665 unter Diessenhofen 1530, 27. Mai]. Staatsarchiv Luzern, 13/2077, fol. 419r–419v.

729 Bericht aus Diessenhofen ohne Anrede und Unterschrift, 27. Mai 1530, Staatsarchiv Luzern, 13/2077, fol. 421r–421v.

730 EA IV-1b, S. 666.

731 EA IV-1b, S. 665f.

732 Strickler II, Nr. 1353.

733 Stadt Schaffhausen an die Klosterfrauen von Diessenhofen, [4. oder 5. 6.] 1530, Reischacharchiv, Schloss Schlatt unter Krähen, Mappe Hohenstoffeln, 1501–1531, Fasc. 59–60.

734 EA IV-1b, S. 729. Vgl. auch S. 833 und 846.

735 Z VI-2, S. 653. Siehe auch o. S. 203f.

736 Bosshart, S. 189f.

737 HBRG II, S. 322.

738 Hans-Joachim Schmidt, Widerstand von Frauen gegen Reformen, in: Fromme Frauen – unbequeme Frauen? Weibliches Religiosentum im Mittelalter, hg. von Edeltraud Klueting, Hildesheim 2006, S. 143–180, hier S. 154–166.

739 Vgl. Z VI-2, S. 741–756 mit den Einleitungen von Leonhard von Muralt und Fritz Blanke.

740 Z VI-2, S. 795f. Vgl. Röm 8,32.

741 Z VI-2, S. 799; vgl. o. Anm. 170.

742 Z VI-2, S. 815.

743 Christ-von Wedel 2013, S. 174.

744 Stadtarchiv Zürich, VIII.C.15.

745 Vgl. Stammtafel der Familie Rappenstein, genannt Mötteli, in: Der Geschichtsfreund. Mitteilungen des Historischen Vereins Zentralschweiz 48 (1893), online: https://www.e-periodica. ch/cntmng?pid= gfr-001:1893:48::434 und https://gw.geneanet.org/uezuercher? lang=en&p=georg&n= goldlin+von-+tiefenau.

746 August Waldburger, Rheinau und die Reformation. Ein Beitrag zur schweizerischen Reformationsgeschichte, in: Jahrbuch für schweizerische Geschichte, 25 (1900) [= Waldburger], S. 120.

747 Stadtarchiv Zürich, VIII.C.1. Zu Herkules Göldli: Frey, S. 106.

748 Vgl. Oskar Farner, Anna Reinhart, die Gattin Ulrich Zwinglis, in: Zwingliana 3 (1916), S. 239.

749 HBRG II, S. 360.

750 Nach Walter Jacob, Politische Führungsschicht und Reformation. Untersuchungen zur Reformation in Zürich 1519–1528 [= Jacob], Zürich 1969, S. 121 und 167–170 sowie Frey, S. 106 und Artikel Georg Göldli in HBLS und HLS.

751 Vgl. Christ-von Wedel 2007, S. 115–124 und bes. 155–161.

752 Aus der Fülle der Literatur zur Schola Tigurina sei genannt Christoph Riedweg, Ein Philologe an Zwinglis Seite. Zum 500. Geburtstag des Zürcher Humanisten Jacob Wiesendanger, gen. Ceporinus (1500–1525), in: Museum Helveticum 57 (2000), S. 201–219.

753 Arnold Hug, Aufführung einer Griechischen Komödie in Zürich am 1. Januar 1531, Zürich 1873 [= Hug], bes. S. 33–36.

754 Rütiner I, Abs. 528.

755 WA T I, S. 430.

756 Z II, S. 543.

757 Z IV, S. 879.

758 Vgl. Das Zürcher Spiel vom reichen Mann und vom armen Lazarus. Pamphilius Gengenbach, Die Totenfresser, hg. von Josef Schmidt, Stuttgart 1969, S. 7–38, bes. S. 38.

759 Hug, S. 22.

760 Vgl. Zwinglis Abschrift der Epistolae Pauli Apostoli, griechisch, Zentralbibliothek Zürich, RP 15 (Ms C 163), von 1517.

761 Hug, S. 21.

762 Vgl. Hans Rudolf Lavater-Briner, Die Froschauer-Bibel 1531. Entstehung – sprachliche Eigenart – Ausstattung, in: Die Zürcher Bibel von 1531. Entstehung, Verbreitung und Wirkung, hg. von Christoph Sigrist, Zürich 2011 [= Lavater-Briner], S. 64–171, bes. S. 86–93.

763 Urs B. Leu, Reformation als Auftrag: Der Zürcher Drucker Christoph Froschauer, Zwingliana 45 (2018), S. 4.

764 Vadian BS, Nr. 667.

765 Vgl. Die Zürcher Bibel von 1531, Faksimile-Ausgabe, hg. von Hans Rudolf Lavater, Zürich 1983, S. 1390.

766 Lavater-Briner, S. 119.

767 Vgl. Christ-von Wedel 2013, S. 195f.

768 Vgl. Die ganntze Bibel der vrsprünglichen Ebraischen vnd Griechischen waarheyt nach / auffs aller treüwlichest verteütschet, Zürich 1531 [= Bibel 1531], fol. 2r vom dritten Paragraphen an bis fol. 2v in der Mitte und Ratio seu methodus von Erasmus (Desiderius Erasmus Roterodamus. Ausgewählte Werke, hg. von Hajo Holborn, München 1933 [= Holborn], S. 178:19 - 180:34.

769 Vgl. Bibel 1531, fol. 2v dritter Absatz mit Erasmus' Ratio seu methodus (Holborn, S. 196:29 - 201:34) und seinem Enchiridion (Holborn, 33:13 - 34:1 und 70:13 -30; 71:7–11).

770 Vgl. Bibel 1531, fol. 3r zweiter Absatz bis fol. 4r erster Absatz mit Erasmus' Apologia (Holborn, S. 165:6 - 168:7, bes. S. 166:28–34; S. 169:9–23 und 170: 19–21. Vgl. auch die Paraclesis (Holborn 142:10–20).

771 Vgl. Bibel 1531, fol. 5v–6r mit Erasmus' Paraclesis (Holborn 140:8 - 142:36 und 145:27–149).

772 EA IV-1b, S. 882–884.

773 Vgl. Helmut Meyer, Der zweite Kappeler Krieg, Zürich 1976 [= Meyer, Helmut], S. 89–99.

774 Vgl. Niederhäuser, in: Niederhäuser/Wild, S. 133.

775 Staatsarchiv Zürich, A 196.3.15, Nr. 5.

776 Barack II, S. 157.

777 Dobler, S. 203 und 216–230.

778 Vgl. den Brief des Vaters von 1496: Staatsarchiv Zürich, A 196.3.15, Nr. 1. Abgedruckt in Gysel/Helbling 1999, S. 189f.

779 Decker-Hauff I, S. 364–366.

780 Staatsarchiv Zürich, A 196.3.15, Nr. 4.

781 Vgl. Knecht, S. 40.

782 Staatsarchiv Zürich, A 196.3.15, Nr. 6.

783 Meyer, Helmut, bes. S. 124–137 und S. 147f.

784 HBRG III, S. 143.

785 Meyer, Helmut, S. 149–155.

786 Anshelm VI, S. 95f.

787 Platter, S. 77–80.

788 Gerold Edlibach's Chronik, hg. von Johann Martin Usteri, Zürich 1847, S. 277 und Martin Illi, Wohin die Toten gehen, Zürich 1992, S. 109–117.

789 Heinrich Bullinger, Diarium, hg. von Emil Egli, Basel 1904 [= HBD], S. 23.

790 HBRG III, S. 141f.

791 Siehe o. S. 42 und 144. Barack I, S. 176 und 182.

792 Siehe auch o. S. 114–121.

793 Stadtarchiv St. Gallen, KiA II, 1, S. 114.

794 Stadtarchiv Zürich, VIII.C.15.

795 Stadtarchiv Zürich, III.B.322 [26. 12. 1536].

796 Egli, Nr. 1802 und 1804. Vgl. HBRG III, S. 288 und 298 sowie Meyer, Helmut, S. 157–159.

797 Platter, S. 79.

798 Göldi, S. 17.

799 Konstanzer Häuserbuch, Festschrift zur Jahrhundertfeier der Vereinigung der Stadt Konstanz mit dem Hause Baden, Konstanz 1906, S. 270. Vgl. aus dem Stadtarchiv Konstanz: A IV 5 (Einbürgerung am 12. März 1533); Taufbuch, A IV 2, 1531–1547 (Patenschaften von Katharina Göldlini); Steuerbücher: L 113 (1535); L 114 (1536); L 115 (1537) (wohnhaft im Quartier Katz); Häuserbuch: A 1 30. Vgl. auch die Kaufurkunde Edmund Brecht 31. 7. 1538: U 9834.

800 Gagliardi II, S. 241.

801 Gagliardi II, S. 247f.

802 Vgl. Locher, S. 544; Leo Weisz, Nach der Schlacht bei Kappel, in: 137. Neujahrsblatt der Hülfsgesellschaft in Zürich, Zürich 1937 [= Weisz], S. 7f.

803 Escher, S. 27, vgl. Günter B. Escher, Geschichte der Familie Escher vom Glas, Rees am Rhein 1997, S. 153.

804 EA IV-1b, S. 1206; vgl. HBRG III, S. 239.

805 EA IV-1b, S. 1568f.

806 EA IV-1b, S. 1568.

807 Platter, S. 80f.

808 HBRG III, S. 269.

809 HBRG III, S. 283–291; Egli, Nr. 1797, 28. Nov. 1532; vgl. auch 1808, 3. Feb. Vgl. Stucki S. 218.

810 Gagliardi II, S. 315f.

811 Egli, Nr. 1828 und 1830.

812 Egli Nr. 1820, 1821 und 1829.

813 HBRG III, S. 341f.

814 Kirchenord., S. 126–128. Vgl. Egli, Nr. 1832 und 1853.

815 HBRG III, S. 297.

816 Egli, Nr. 1864.

817 Heinrich Bullinger, De prophetae officio, et quomodo digne administrari possit, oratio, Zürich 1532 [= Proph. officio].

818 Proph. officio, fol. 32.r.

819 Proph. officio, fol. 36rf.

820 Vgl. https://gw.geneanet.org/uezuercher?lang=en&v=ESCHER-VOM+LUCHS&m=N.

821 Egli, Nr. 1827; 1854; 1911.

822 Z II, S. 631–633 und 641f.

823 Die Handschrift ist gedruckt bei Weisz, S. 16–25, vgl. bes. S. 19f. und 22f.

824 Siehe o. S. 214f.

825 Hans Rudolf Dütsch, Die Zürcher Landvögte von 1402–1798, Zürich 1994, S. 96.

826 Fronfastenrodel der Constaffel, Staatsarchiv Zürich, W I 15, Nr. 115.1. Vgl. Illi, S. 51 und 54.

827 Vgl. Il principe, bes. cap. 7, 13 und 17.

828 Zu den folgenden Ausführungen über Bullingers politisches Wirken vgl. André

Holenstein, Reformatorischer Auftrag und Tagespolitik bei Heinrich Bullinger, in: Heinrich Bullinger, Life – Thought – Influence I–II, Zürich 2007, I, S. 177–232.

829 Personen, die nachweislich mit Katharina verkehrten, spielen im bisher veröffentlichten Briefwechsel Bullingers keine Rolle, abgesehen von Jakob Ruf, der aber damals im Bullingerkreis ein zweifelhaftes Renommee hatte (HBBW XV, S. 384f.; HBBW XVII, S. 129; S. 188).

830 Vgl. Emidio Campi, Heinrich Bullinger und seine Zeit, in Zwingliana 31 (2004), S. 7–36, hier S. 18.

831 Vgl. Christ-von Wedel 2007, S. 155–161.

832 Zu Theodor Bibliander vgl.: Christine Christ-von Wedel, Theodor Bibliander in seiner Zeit, in: Theodor Bibliander (1505–1564). Ein Thurgauer im gelehrten Zürich der Reformationszeit, hg. von ders., Zürich 2005, S. 19–60.

833 Theodor Bibliander, Oratio ad enarrationem Esaiae, Zürich 1532 [= Oratio], fol. 4v–6r.

834 Oratio, fol. 9v.

835 Z VI-5, S. 131f.

836 Oratio, fol. 12rf.

837 Oratio, fol. 20v.

838 Oratio, fol. 17r.

839 Oratio, fol. 16v–17v.

840 Oratio, fol. 19r–19v.

841 Oratio, fol. 21r.

842 Oratio, fol. 20v.

843 Oratio, fol. 22r–23r.

844 Sie war die Nichte von Heinrich Brennwald, dessen Schwester Margreth Heinrich Belziger geheiratet hatte. Vgl. dazu: Staatsarchiv Zürich, B VI 333, S. 58f.; B VI 336, fol. 194 und C III 22, Nr. 63.

845 HBRG III, S. 143.

846 Siehe u. S. 278.

847 Egli, Nr. 1535.

848 Egli, Nr. 1087; vgl. Kirchenord., S. 47–49 (Ordnung über Ehebruch und Unzucht von 1527) und S. 116–119 (Eheordnung von 1530).

849 Egli, Nr. 1723.

850 Wie Anm. 848.

851 Vgl. Jacob, S. 237–239.

852 Brendle, bes. S. 166–172.

853 Vgl. Sattler II, S. 14–18 und https://de.wikipedia. org/wiki/Datei:Schandtafel_im_Tübinger_ Schloss.JPG.

854 Die Jahreszahl stammt aus einem Lebenslauf zu ihrem Vater Eberhard von Reischach im Göldliarchiv (Privatarchiv Göldli von Tiefenau, Luzern, ohne Signatur) und aus dem Stammbaum der Familie von Spiegelberg im Basler Archiv. Gemäss diesem Stammbaum hatte sie zuvor Cyprian von Spiegelberg aus Schaffhausen geheiratet (Staatsarchiv Basel-Stadt, Stammbäume 239).

855 Waldburger, S. 193. Vgl. P. Moritz Hohenbaum, Kurze Geschichte der tausendjährigen Stiftung Rheinau […], Donaueschingen 1778, S. 135.

856 Historisches Ortslexikon von Baden Württemberg: Öhningen, Wohnplatz Oberstaad. https://www.leo-bw.de/detail-gis/-/Detail/details/ORT/labw_ortslexikon/14503/ort.

857 Waldburger, S. 136f. und Johann Jakob Rüeger, Chronik der Stadt und Landschaft Schaffhausen, hg. vom Historisch-Antiquarischen Verein des Kantons Schaffhausen, I–III, Schaffhausen 1880–1910 [= Rüeger], II, S. 863f.

858 Jacob, S. 205.

859 EA IV-1a, S. 369; 383; 444; 673; 832; 1308; 1321 und EA IV-1b, S. 145; 151; 156; 164; 165; 183; 216; 968; 1063.

860 Strickler II, Nr. 408.

861 EA IV-1a, S. 832f.

862 Rüeger, II, S. 864f. Vgl. auch die dort nicht erwähnte Akte: Stadtarchiv Winterthur AG 94/2/4.

863 Vgl. Rüeger II, S. 865.

864 Georg Wilhelm Zapf, Reisen in einige Klöster Schwabens durch den Schwarzwald und in die Schweiz im Jahre 1781, Erlangen 1786, S. 119.

865 Kirchenord., S. 80 und S. 161f.

866 Kirchenord., S. 155f.

867 Kirchenord., S. 63f.

868 Staatsarchiv Zürich, Fronfastenrodel der Constaffel, W I 15, Nr. 115.1.

869 Kirchenord., S. 99 und S. 126.

870 Vgl. Stadtarchiv Zürich, VIII.C.1 und die Angabe zu ihrem Ehemann, in: Staatsarchiv Zürich, W I 1, Nr 1935.

871 Vadian BS, Nr. 1031.

872 Vadian BS, Nr. 860.

873 Vadian BS, Nr. 852 und 858.

874 HBBW IV, S. 184; 192 und V, S. 269.

875 Rütiner I, Abs. 66; 592 und 959.

876 Rütiner I, Abs. 960.

877 Vadian BS, Nr. 980; 1015; 1018.

878 Vadian BS, Nr. 1031.

879 Stadtarchiv Zürich, III.B.322 (1536).

880 Sie tauschte den Bracken 1540 gegen den Mohrenkopf: Staatsarchiv Zürich, W I 1, Nr. 1935.

881 Staatsarchiv Zürich, Fronfastenrodel der Constaffel, W I 15, Nr. 115.1.

882 Stadtarchiv Zürich, VIII.C.1.

883 Staatsarchiv Zürich, W I 1, Nr 1935.

884 HBD, S. 28.

885 Andreas Frey, Europas vernichtende Jahrtausenddürre, in: Spektrum.de vom 11.8.2018 (https://www.spektrum.de/news/europas-vernichtende-jahrtausendduerre/1584414).

886 Vgl. zum ganzen Abschnitt über den Korandruck Georg Christ, Das Fremde verstehen, Biblianders Apologie zur Koranausgabe im Spiegel des Basler Koranstreites von 1542, in: Theodor Bibliander (1505–1564). Ein Thurgauer im gelehrten Zürich der Reformationszeit. hg. von Christine Christ-von Wedel, Zürich 2005, S. 107–124.

887 WA Br X, S. 162.

888 Theodor Bibliander, Machumetis Saracenorum principis, eiusque successorum vitae, ac doctrina, ipseque Alcoran, [Basel 1543], Apologia, fol. a4r.

889 Wie Anm. 886, dort bes. S. 115.

890 Staatsarchiv Zürich, B VI 336, fol. 114v–115v.

891 Stadtarchiv Zürich, VIII.C.1.

892 Staatsarchiv Zürich, B VI 325, fol. 27r.

893 Staatsarchiv Zürich, B VI 336, fol. 114v–115v und W I 1, Nr. 1936.

894 Staatsarchiv Winterthur, AG 91/3/29.

895 Stadtarchiv Zürich, VIII.C.1.

896 A. a. O. und Staatsarchiv Zürich, C I 217. Vgl. auch die frühere Quelle: Staatsarchiv Zürich, B VI 250, fol. 52v.

897 Andrea Kauer und Seline Schellenberg Wessendorf, Jakob Rufs soziale Netze in Zürich und Konstanz, in: Keller I, S. 123–141, hier S. 125–128.

898 Artikel von Christian Moser zu Urban Wyss, in: HLS: http://www.hls-dhs-dss.ch/textes/d/D41210.php.

899 Jakob Ruf, Wilhelm Tell, in: Keller II, S. 136–205. Vgl. Besonders die Zeilen: 1–16 und 1971–2072.

900 Hubert Steinke, in: Keller I, S. 110.

901 HBBW XV, Ep. 2314,

902 Wie Anm. 371 und o. S. 103.

903 Vgl. Gerrit Walther, Glaube, Freiheit, Kalkül. Zur Frage von ‹Anpassung› und ‹Mobilität› bei adligen Konfessionsbildungen im 16. Jahrhundert, in: Gelungene Anpassung? Adelige Antworten auf gesellschaftliche Wandlungsvorgänge vom 14. bis zum 16. Jahrhundert, hg. von Horst Carl und Sönke Lorenz, Ostfildern 2005, S. 185–200, hier S. 197.

904 Siehe o. S. 103.

905 Bächtold, S. 261.

906 Vgl. Press, S. 88.

907 Bächtold, S. 236–239.

908 Fürtrag Bullingers vom Dezember 1555, abgedruckt bei Bächtold, S. 290.

909 Staatsarchiv Zürich, A 196.3.15, Nr. 5.

910 Staatsarchiv Zürich, A 196.3.15, Nr. 8.

911 Staatsarchiv Zürich, B VI 336, fol. 114v–115v.

912 Stadtarchiv Schaffhausen, C II 06.01.01.01./01 (Eheregister 1540–1592). Dort heisst er Crescentius an anderer Stelle Cencius (Staatsarchiv Schaffhausen, RP 17, S. 118 (von hinten); vgl. auch Anm. 915). Einmal im Taufbuch und in weiteren Zürcher Akten wird er Vincenz genannt (Staatsarchiv Zürich, B VI 336, S. 259; B IV 17, fol. 153r und W I 1, Nr. 1936). Vgl. auch Staatsarchiv Basel-Stadt, PA 132, Nr. 1805.

913 EA IV-1c, S. 679, 694, 868; siehe o. Anm. 876.

914 Alle Angaben nach Rüeger II, S. 954f.

915 Staatsarchiv Schaffhausen, RP 16, S. 335, Cenc Spiegelberg, Straferlass: Freitag vor Katharina = 24. November 1553.

916 Staatsarchiv Zürich, B IV 17, fol. 153r.

917 Stadtarchiv Schaffhausen, A II 06.01/089–097.

918 Stadtarchiv Schaffhausen, C II 06.01.01.01./01.

919 Rüeger, II, S. 955.

920 Stadtarchiv Schaffhausen, B III 10.60.01/05 (J. L. Bartenschlager). Dass sie dieselben Namen trugen wie zwei der Kinder von Hans Heinrich von Mandach, muss nicht unbedingt Verdacht auf eine Verwechslung erwecken. Dieselben Namen bei Stiefgeschwistern kamen auch sonst vor wie bei der Mutter Anna und ihrer Stiefschwester. Vgl. den Stammbaum bei Rüeger II zu S. 864/865 und OBG III, S. 16. Nach dem Oberbadischen Geschlechterbuch soll ein Johann Konrad, geboren 1581, Hans Konrads Sohn sein, dessen Mutter aber eine Euphemia von Menlishofen. Demnach wäre Anna zuvor gestorben.

921 OBG III, S. 17 und Rüeger II, S. 865.

922 Staatsarchiv Frauenfeld, C 0'1, 0/13, 3 und C 0'1, 0/13, 5. Vgl. auch OBG III, S. 16.

923 Vgl. https://gw.geneanet.org/uezuercher?lang=en&p=bernhard&n=meyer+-von+knonau.

924 Vgl. https://gw.geneanet.org/uezuercher?lang=en&p=hans+peter&n=roist. auch OBG III, S. 16.

925 Zu Sebastian Uriel siehe. o. S. 116f.; zu Salomea: Stadtarchiv Zürich, VIII.C.1.

926 A. a. O.

927 Staatsarchiv Zürich, B VI 325, fol. 17r.

928 Staatsarchiv Zürich, B IV 18, fol. 77.

EIN SAMMELBAND UND HANDSCHRIFTLICHE QUELLEN, BESCHRIEBEN UND HERAUSGEGEBEN VON MARLIS STÄHLI

Teil I

Eine Widmung von Zwingli an Katharina von Zimmern in einem Sammelband mit Reformationsschriften von 1520 bis 1524 aus dem Besitz von Sebastian Uriel Appenzeller (1531/33–1589)

Teil II

Handschriftliche Quellen zu Eberhard von Reischach, Zürcher Bürger und Netzwerker vor 500 Jahren: Badenfahrt 1518, Söldnerwerbung und Verbannung 1519

Teil III

Handschriftliche Quellen zu Katharina von Zimmern und ihrer Welt, 1522–1553/1608

Verzeichnis der edierten Quellen

Quellen: Priorität haben gute Lesbarkeit und Verständlichkeit, weshalb die Orthografie behutsam heutiger Schreibweise angepasst ist. Bei wechselndem Gebrauch, Unsicherheiten und individuellen Besonderheiten wird vereinheitlicht. Interpunktion, Getrennt- und Zusammenschreibung, Gross- (Eigen- und Ortsnamen) und Kleinschreibung sind normiert, u/v und i/j nach ihrem Lautwert wiedergegeben. Diakritische Zeichen und o über u (in der Regel bei zu, bruder, burger, gut, hus, muter, suchen, tun, Ulrich, ursach, urteil) sind weggelassen, übergeschriebene e und i oder ü-Zeichen als Umlaut wiedergegeben, Doppelvokale (ui) beibehalten. Streichungen sind so übernommen, wie sie in den Briefen und Dokumenten erscheinen, Ergänzungen als solche gekennzeichnet.

TEIL I – Eine Widmung von Zwingli an Katharina von Zimmern in einem Sammelband mit Reformationsschriften von 1520 bis 1524 aus dem Besitz von Sebastian Uriel Appenzeller (1531/33–1589)

Sammelband mit Reformationsschriften
Privatbesitz
➊ S. 32–34, 37–40, 113–121 (mit Abb.)

Bei Sotheby's kam 1998 ein Sammelband mit 12 Reformationsschriften aus der Zeit von 1520–1524 zur Versteigerung, sechs von Zwingli, drei von Luther sowie je eine von Bürgermeister und Rat der Stadt Zürich, von Ludwig Hätzer und Johannes Zwick. Der Band gelangte in Privatbesitz, doch war es dankenswerterweise möglich, ihn genauer zu studieren. Bemerkenswert ist, dass Zwingli eine der enthaltenen Druckschriften, seine Predigt über göttliche und menschliche Gerechtigkeit, handschriftlich mit einer persönlichen Widmung an die Äbtissin Katharina von Zimmern versah. Er hielt sie 1523, gedruckt erschien sie 1524 im Zürcher Verlag von Christoph Froschauer, im Jahr der Übergabe der Fraumünsterabtei.

Im Sammelband findet sich eine zweite Widmung eines Ungenannten, der Luthers in Basel bei Adam Petri erschienene Predigt über die freudige Vorbereitung auf das Sterben von 1520 der Äbtissin zudachte, die früheste der Schriften. Froschauer verlegte alle sechs Drucke von Zwingli, Luthers Schrift gegen das Papsttum von 1522 und die Schrift von Hätzer gegen die «Götzenbilder», wohl von 1523. Von 1522 stammen ausserdem die zwei Zwinglipredigten über die Vermeidung von Ärgernis durch Heirat der Predigenden und über die ewigreine Magd Maria. 1523 erschienen Luthers Begründung für die Urteilsbefugnis der Christengemeinden nach der Bibel, gedruckt in Zwickau durch Jörg Gastel bei Schönsberger, und die von Zwingli verfasste Anweisung des Rates der Stadt Zürich zur einhelligen Verkündigung der evangelischen Wahrheit, 1524 folgten drei Zwingli-Schriften über wahre und falsche Hirten, über göttliche und menschliche Gerechtigkeit, Zürichs Antwort betreffend Bilder und Messen an den Bischof von Konstanz, die Verteidigungsschrift Zürichs gegenüber den Eidgenossen beim Drucker Hans Hager und wohl auch eine zweite in Basel erschienene Schrift über die Ehe von Johannes Zwick bei Curio/Cratander.

Der Band trägt den Besitzeintrag: *Ex libris Sebastianj Urielis Appenzellerj Sangallensis, Anno MDLV* [1555]. Erstaunlicherweise führte die Suche nach diesem Vorbesitzer wieder zu Katharina von Zimmern, denn in seinem Brief von 1550 an Bullinger bezeichnet Vadian Sebastian Uriel Appenzeller als Sohn der ‹ledigen› Tochter des Bruders der Äbtissin von Zimmern, die mit Sebastian Appenzeller verheiratet gewesen sei (Vadian BS, Nr. 1690). Dies führte zu der Annahme, Sebastian Uriel Appenzeller sei der Sohn einer unehelichen Tochter eines Bruders der Zürcher Äbtissin Katharina von Zimmern, demnach einer ihrer Nichten. Tatsächlich bemühte sich die Äbtissin zusammen mit Zwingli und Vadian um die Verheiratung einer jungen, unter ihrer Obhut stehenden Frau mit Sebastian Appenzeller. Irene Gysel fand im St. Galler Taufbuch den Eintrag zu Sebastian Uriel, Sohn des Sebastian Appenzeller und seiner Gattin Regula [Schwarz] von 1531. Der Nachname *Schwarzin* ist später nachgetragen, ergibt sich aber eindeutig aus den Einträgen zu weiteren Kindern des Paares in den Jahren davor, unter anderem zu Sebastian Uriels Schwester Salomea. Im Stadtarchiv Zürich stöberte Irene Gysel dann die Urkunde vom 21. 11. 1522 auf, in der Regula Schwarz als Verwandte und Base der Fraumünster-Äbtissin bezeichnet wird, die ein Grundstück im Grüninger Amt für 100 Pfund Gold erwirbt.

Sebastian Uriel Appenzeller ist früh verwaist, kann aber in Tübingen studieren, wird kurpfälzischer Rat, 1574 Haushofmeister und stirbt 1589. Seine Grabplatte ist in der St. Peterskirche in Heidelberg erhalten, ebenso die Grabplatte seiner früh verstorbenen Tochter Anna Maria. Die Inschriften auf beiden Grabplatten verweisen auf Sebastian Uriels Grosseltern väterlicherseits, aus den Familien Appenzeller und O[.]men, sowie – weit auffallender – mütterlicherseits, mit den vornehmen Namen von Reischach und Grafen von Zimmern. Damit wird die Mutter Regula zu einer Tochter des Eberhard von Reischach und der Katharina von Zimmern, der einzigen bekannten ehelichen Verbindung zwischen den Familien Reischach und Zimmern. Bestätigt wird diese Ahnenreihe oder Familientradition durch die Grabplatte der zweiten Tochter Sebastian Uriels, Elisabeth, und ihres Ehemannes Karl von Landas, Pfalz-Zweibrückener Rat und Heidelberger Kirchenratspräsident. Deren gemeinsame

Grabplatte überliefert die Wappen von acht Familien, darunter auch das Wappen der Reischach, das auf der Grabplatte ihres Sohnes Johann Friedrich von Landas zusätzlich als kombiniertes Wappen Appenzeller/ Reischach erscheint. Für seine berufliche Karriere und seine eheliche Verbindung mit einer Adelsfamilie brauchte Sebastian Uriel ein eigenes Wappen und einen Wappenbrief, der jedoch bisher nicht nachzuweisen ist. So konnte er 1579 das Schlösschen Luxburg am Bodensee (HLS) erwerben und 1580 Margaretha von Quadt-Landskron heiraten. Im Jahr vor seinem Tod wohnte er *Vorm Obern Thor* (das ältere oder innere obere Tor, am Anfang der Plankengasse) in Heidelberg, laut *Verzeichnus der Inwöhner der Churfürstlichen Stadt Heidelberg, anno 1588, im Mey* (GLA Karlsruhe, Nr. 2669a): *Sebastian Uriel von Appentzel, ald Hauß-Hofmeister mit seinem gesindt* – mit seinem Gesinde, aber offenbar ohne seine Familie, denn das Einwohnerverzeichnis gibt sonst jeweils die Angehörigen an (vgl. Mays/Christ).

Die Druckschriften sind in einen schönen Einband aus einer Zürcher Buchbinderwerkstatt eingebunden, die in der 1. Hälfte des 16. Jahrhunderts vor allem für den Drucker Froschauer tätig war. Verziert ist der Einband mit einem Blütenstempel in geschwungener Ranke und mit dem kunstvollen Rollenstempel eines Armbrustschützen von Urs Graf. Dieselben Stempel trägt die Bibel aus Froschauers eigener Bibliothek (ZB Zürich, Zw 308). Da der Sammelband zwei Druckschriften mit Widmungen an die Äbtissin enthält, ist es naheliegend anzunehmen, sie habe die Reformationsschriften noch in Zürich einbinden lassen. Der wertvolle Band dürfte als Geschenk an die ihr sehr nahestehende «Base» Regula Schwarz den Weg nach St. Gallen und in die Appenzeller'sche Bibliothek gefunden haben. Er muss schon 1535 in St. Gallen gewesen sein, wie ein Vermerk in einem handschriftlich eingetragenen Rezept zeigt. In den vorderen Innendeckel ist das Wappenexlibris eines späteren Besitzers geklebt, in der oberen Wappenhälfte ein Laubbaum, die untere Hälfte durch senkrechte Streifen geteilt, über dem Wappenschild oben rechts eine Krone, darunter eine alte Bibliothekssignatur: *F I 5a-m, No 3903 a-m.* Die Innendeckel und die Vorsatzblätter sind von verschiedenen Händen des 16. Jahrhunderts dicht beschrieben mit Rezepten: Schwirbelblumenkraut in Wein gegen Koller und Gelbsucht oder in Wasser verdünnt gegen Augenausfluss, Hausmittel gegen Blutfluss, Halsschmerzen, Nieren- oder Blasenstein, Beinfuss gegen Frauenkrankheit, aber auch Brotküchlein gegen Würmer. Zwei Rezepte sind in St. Gallen erprobt, das eine auf der Rückseite des Vorsatzblattes, *nacht schatten würtzenn* gegen Würmer, das andere hat sich 1535 an Jacob Kapfmanns Mutter bewährt, und zwar gegen Fleckfieber (Vorsatz hinten). Der St. Galler Jacob Kapfmann erscheint laut Vadians Diarium 1531 als Mitunterzeichner einer Missive aus dem Feld. 1501 ist eine Frau Kapfmann als Begleiterin der Frauen von Geroldseck im Ausgabenbuch des Fraumünsters erwähnt.

(Barbara Helbling, in: Gysel/Helbling 1999, S. 41–66, hier S. 63; Stähli, in: Niederhäuser/Wild zur Bibliothek des Fraumünsters, S. 45–73, hier S. 59f. Drös, Heidelberger Wappenbuch, S. 147–149, 157f., 203–206, 230–234. Neumüllers, Inschriften Heidelberg, Nr. 390 und 424. Mays/Christ, Neues Archiv für die Geschichte der Stadt Heidelberg, Bd. I, S. 47f. und 55, Anm. 7. Vadian, Diarium, S. 300f. Niederhäuser, in: Niederhäuser/Wild, S. 130, 142. Für wesentliche Auskünfte und Hinweise zu Sebastian Uriel Appenzeller und zu den Wappen habe ich Amtsrätin Gabriele Wüst, Generallandesarchiv Karlsruhe, und Harald Drös, Leiter Forschungsstelle Deutsche Inschriften Online/ Inschriftenkommission der Heidelberger Akademie der Wissenschaften, zu danken.)

Die Titel der Reformationsschriften in der Reihenfolge im Sammelband

- [Huldrych Zwingli], Christenlich Antwurt // Burgermeisters vnd Rad= // tes zuͦ Zürich / dem Hochwirdigen etc. Herren // Hugen / Byschoffe zuͦ Costantz / über die // vnderricht beyder articklen der Bil // der vn Messen inen zuͦgeschickt. // Also in goͤtlicher warheit // gründt / das men= // cklich ersehen // mag // was dauon vnder Christenem // volck billich soͤlle ge= // halten wer= // den. M - D – XXIIII. [Das Jahr in Zierrahmen, darunter handschriftlich ergänzt, ebenfalls in Zierrahmen:] X - v [5. Oktober]. [Am Schluss:] Gäben Zürich etc. 18. tags Augusti [...] Getruckt zuͦ Zürich durch Chri= / stophorum Froschouer [Unter dem Titel Eintrag eines späteren Besitzers:] 1546.

- Huldrych Zwingli, Der Hirt. // Wie man die waren Christli // chen hirten / vnd widrumm die valschen erkennen / ouch wie // man sich mit inen halten soͤl

// le / durch Huldrychen Zuin // gli beschriben jm. M.ccccc. // vnd .xxiiii. jar [1524] // Getruckt zuͦ Zürich durch // Christophorum Fro= // schouer. [Unter der Bordüre:] Christus Matth. xi [11]. Kummend zuͦ mir alle die arbeytend vnd bela= // den sind / vnd ich will üch ruͦw geben. Joan: x [10]. Ich bin der guͦt hirt. etc.

- Ludwig Hätzer, Ein urteil gottes un= // sers eegemahels / wie // man sich mit allen goͤtzen vnd // bildnussen halten sol / vß der // heiligen gschrifft gezo= // gen durch Ludwig // Haͤtzer. // Getruckt zu Zürich durch // Christophorum Froschouer [1523?]. [Darunter:] O Got erlös die gfangnen. [Unter der Bordüre handschriftlich:] *Zweyte Herausgabe, die ein wenig geändert ist.* [Ausgabe mit Druckvermerk auf dem Titel, ohne Jahr.]

- [Huldrych Zwingli], Ein kurtze vnd Christenli // che inleitung / die ein ersamer // Rat der statt Zürich / den Seelsorgern vnd Pre // dicanten in iren Stetten / landen vnd gebieten won // hafft / zuͦgesant haben / damit sy die Euange = // lische wahrheit / einheillig / fürhin verkün // dent vnd jren vnderthanen predigent // Vßgangen vff den xvij. // tag Nouembris. M. // D.XXIII. [Am Schluss:] Datum vff den XVII. tag Nouembris. Anno. M D XXIII [1523]. Getruckt zuͦ Zürich. [Rückseitig Holzschnitt-Druckermarke Putto auf Frosch mit Fahne und Monogrammen:] CR[istoph] FR[oschauer], 1521.

- Antwurten so ein Burgermei= // ster / Radt / vnd der groß Radt / die man nempt // die zwey hundert der Statt Zürich / jren // getrüwen lieben Eydgnossen / der ein= // liff Orten / über etlich artickel / // jnen / inhalt einer instructi // on fürgehalten / geben / habend. // Vnd beschehen ist / vff // den. xxj. tag des Monats Mertzen / // Anno. etc. M D xxiiii [1524]. [Letztes Blatt: Vorderseite leer, auf der Rückseite Holzschnitt-Druckermarke mit Monogramm:] Getruckt zuͦ Zürich durch Johansen Hager H H.

- [Huldrych Zwingli], Ein früntlich bitt vnd // ermanung etlicher prieste // ren der Eidgnoschafft / das man das // heylig Euangelium predigen nit ab= // schlahe / noch vnwillen darab em // pfach / ob die predgenden er= // gernus zuͦ vermiden // sich eelich vermaͤch // lind. [Zürich, Christoph Froschauer]. [Auf der letzten Seite:] Geben am xiii. tag Hoeumonats M D xxii [1522].

- Martin Luther, Wider den falsch // genanten geystlichen // stand des Babsts vnd der Bischoffen. // D. Mart. Luther // Ecclesiasten zuͦ Wittenberg. Getruckt zuo Zürich, [Christoph Froschauer] im xxij jar [1522].

- Huldrych Zwingli, Ein predig von der // Ewigreinen magt Maria der muͦter // Jesu Christi vnsers erloͤsers Zü= // rich gethon vonn Huld= // rychen Zwingli imm. // M.D.xxij. Jahr. [Unter dem Titelholzschnitt mit Kreuzigung:] Christus Mathei. XI. // Kumend zuͦ mir alle die arbeitend vnnd // beladen sind / vnd ich wil üch ruͦw geben. [Auf der letzten Seite:] Getruckt in der loblichen statt Zürich [Christoph Froschauer] // Im jar nach Christus gburt M D xxii [1522].

- Huldrych Zwingli, Von götlicher vnd mensch // licher grechtigheit / wie die zemen sehind vnd standid // Ein predge Huldrych Zuinglis. an. S. // Joanns Teuffers tag gethon / jm // M.D.XXIII. [Unter dem Titelholzschnitt mit Christus:] Christus Mat. 11. // Kumend zuͦ mir alle die arbeitend vnnd // beladen sind / vnd ich wil üch ruͦw geben. [Auf der letzten Seite:] Durch Christophorum Froschower / in der // loblychen statt Zürich / getruckt [1524]. [Unter dem Titelholzschnitt eigenhändige Widmung Zwinglis an Katharina von Zimmern:] *Siner Gnädigen Frowen Aebtissinen // Zum Frowen muenster // Huldrijch Zwinglius.*

- Johannes Zwick, Underrichtung Wa // rumb die ee vß menschlichem gsatz // in vyl grad verbotten sey / vnd das // die vereeungen goͤttlich geschehen / // vnd aber von dem menschen // vngoͤttlich zertrent / wi= // derumb soͤllind be // staͤtiget wer= // den. Joannis Zwick von Costentz / an // all Christenlich pfarrher. [Basel, Valentin Curio/Andreas Cratander? um 1524]. [Bordüre datiert 1519.]

- Martin Luther, Das eyn Cristliche // versamlung odder gemeyne: recht vnd // macht habe: alle lere tzu vrteylenn: // vnd lerer zu beruffen. eyn vnd // ab zu setzen. Grund vnd vr // sach auß der schrifft / // Mart. Lutther // Witten= // berg // M.D.XXiii / ZWICKAW. [Auf der letzten Seite:] Getruckt in der Fürstlichen Stadt Zwickaw durch // Jorgen Gastel / des Schönsßpergers Diener am Montag vor dem Heyligen Pfingstag 1523.

- Martin Luther, Ein nützlich vnd fast tro^e^st / // lich predig oder vnderrich / // tung / wie sich ein christen mensch mit freüden // bereyten sol zu° sterben / Beschriben durch // Doctor Martinum Luther // Augustiner. [Auf der letzten Seite:] Getruckt in der loblichen stat Basel // durch Adam Petri. Anno M D xx [1520]. [Unter dem Titelholzschnitt Widmung:] *Meiner genedigen Frowen Ebbtissin / in der Edlen Frowen Münster H. // Benedicten Ordens zu Zurich ze // anntworten.*

TEIL II – Eberhard von Reischach, Zürcher Bürger und Netzwerker vor 500 Jahren: Badenfahrt 1518, Söldnerwerbung und Verbannung aus Zürich 1519

Eberhard von Reischach im Bad, Marienabend, 14. 8. 1518

Staatsarchiv Zürich, A 195.1, Nr. 77a und 77b

◀ S. 94–96 (mit Abb.)

Im Staatsarchiv Zürich sind zwei Verzeichnisse der «Herren und Gesellen» erhalten, die dem Zürcher Bürger, Diplomaten und Söldnerführer Eberhard von Reischach, derzeit Vogt in Tübingen, Geschenke machten, als er 1518 in Baden zur Kur war, darunter je ein Chorherr des Fraumünsters (Abtei) und des Grossmünsters (Propstei), zwei Zürcher Bürgermeister, Ratsherren, Zunftherren, Ritter, Junker, Vögte, Freunde und Verwandte, vor allem aber Söldnerhauptleute und einige Jerusalempilger. In Baden fanden zahlreiche Tagsatzungen der Eidgenossenschaft statt, nicht zuletzt wegen der Bäder, und es war üblich, ins Bad Geschenke zu machen. Die sogenannten Badenfahrten gestalteten sich schon früh zu mehrtägigen Volksfesten (HLS). Der Gasthof «Zum roten Ochsen», einer der ältesten in Baden, ist seit dem 14. Jahrhundert belegt. Friedrich Vogel beschreibt es anschaulich: «Baden-Schenken hiess man früher die Geschenke, welche Magistraten oder andern Honoratioren bei ihrem Aufenthalt zu Baden gleichsam als Ehrenbezeugung dargebracht wurden, so z. B. veranstalteten Ao. 1534, als der Burgermeister [Diethelm] Röist eine Kur in Baden machte, zweihundert Bürger und Landleute, theils zu Pferde, theils zu Fuss, einen Zug nach Baden, sämmtlich mit prächtigen seidenen und sammetnen Kleidern angethan. Ihre Annäherung erschreckte die Badener sehr, dass man sie kaum durchziehen lassen wollte. Sie segneten Herrn Röist das Bad und stellten ihm einen fetten, weiss und blau geschmückten Ochsen, an dessen Hörnern, die vergoldet waren, ein blau sammetner Seckel mit 20 rheinischen Gulden an Gold hing, als ein Geschenk zu. Der Ochs ward sogleich geschlachtet, zugerichtet und verzehrt.» (Vogel, Chroniken, S. 40).

Die Geschenke sorgten für Annehmlichkeiten und dienten der Freundschaftspflege – Reischach selbst nennt es *«den Ochsen inn das Bad schenken»*. Reischach ermöglichte es, im Bad grosse Feste zu feiern und sich damit weitere Beziehungen zu schaffen. Dass seine Bemühungen, für seinen Dienstherrn, Herzog Ulrich von Württemberg Söldner anzuwerben, Erfolg hatten, zeigt die Liste der Hauptleute, die ihm 1519 mit ihren Landsknechten aus der ganzen Eidgenossenschaft zuzogen. Am 17. August 1518, wenige Tage nach der Abfassung seiner Listen, gibt Eberhard von Reischach an der Tagsatzung, die nicht in Baden, sondern im 20 km entfernten Zürich stattfand, Kenntnis von Mandaten des Kaisers gegen Ulrich von Württemberg, die zu Krieg führen könnten. Man will alles unternehmen, um einen Krieg zu vermeiden und dringt auf gütliche Vermittlung. Bis zum nächsten Tag soll beratschlagt werden, wie man *«bei fernerer Entwicklung der Sache sich verhalten wolle»* (EA III.2.2, S. 1125, 756n).

Die erste von Reischachs Listen umfasst 51 Personen, die zweite 34 weitere, insgesamt 85. Die Liste der Schenkenden (1) ist zwar in Reischachs Namen abgefasst, es handelt sich aber um eine Rein- oder Abschrift. Sie gibt nicht an, was für Geschenke gemacht wurden, zeigt jedoch bei vielen der aufgeführten Personen den Stand oder das Amt an, das sie bekleiden. Das Verzeichnis von Reischachs eigener Hand (2) gibt dagegen Namen und Geschenke an und hält auch penibel fest, was die Boten, die die Geschenke ins Bad brachten, als Lohn erhielten. Diese Liste trägt den Vermerk *«Baden schengken»* und ist datiert am *«Marienabend 1518»*, wohl dem 14. August, dem Vorabend des Festes Mariä Himmelfahrt zu Ehren der Patronin der Badener Stadtkirche. Nicht nur einen ganzen Ochsen erhielt Reischach, vielleicht sogar zwei (seine Schrift ist oft kaum leserlich), sondern auch Rehböcke, Läufe von einem Reh, Spezialitäten wie Sauglämmer und Wildbretbraten, einen Karpfen, Lachse, Braunfisch und Plattfisch, einen Auerhahn, vier Enten, zwei Gänse und zwei Haselhühner, aber auch Käse und Schabzieger oder Kuchen, einen Semmelring und Zuckerwerk, wobei hier wie bei Geflügel und Fischen ausnahmsweise auch Frauen beteiligt sind, denen dann der Lohn zukommt, so Barbara von Reischach im St. Katharinenkloster bei Diessenhofen 6 Batzen für zwei feiste Gänse und Kuchenweggen (rund 1 Pfund), die Frau des Alois Gäcker 8 Schilling für vier Entenvögel (nicht ganz 1/3 Pfund), Frau Boner einen halben Gulden (wieder etwa 1 Pfund) für Kuchen mit offenbar seltenen Pomeranzen (Orangen) und mehrere Frauen, die Fische bringen. Die verschwenderische Lebensführung des Suederis Schwend, der mit seiner Frau zusammen *«gscattelt Zugkerärbs»* ins Bad brachte, war bekannt. Auch Wein fehlte nicht, Lienhart Bruner lieferte gleich zwei *«Stirzen mit Wein»* (Sterzlinge = Weingefässe), wohl der Glasmaler Lienhard Brun, der an Reparaturen der Fenster im Grossmünster beteiligt war, ab 1520 Schaffhauser Bürger und 1533 dort in den Grossen Rat gewählt (HLS).

Die meisten Geschenke gelangten durch Boten nach Baden. Wurden sie persönlich überbracht, ist dies ausdrücklich vermerkt: Hans Grüllich bringt einen Auerhahn, Gevatter Thomann zum Rüden gute Fische, Lorenz Brandenberg einen Lachs, auch der ganze Ochse wird von Herren und Gesellen des Freiwilligen-Rodels (freiwillige Reisläufer) nach Baden geschleppt. Er ist 10 Gulden wert, alle werden eineinhalb Tage von Reischach ausgehalten und zum Schluss werden ihm 5 Gulden geschenkt, die offenbar den Zürcher Herren zum Verzehr zugedacht sind. Die Schenkenden stammen meist aus Zürich, aber auch aus Brugg, Diessenhofen, Klingnau und Schaffhausen. Käse und Schabziger kamen aus Zug, wobei die eigenständige Hartkäseproduktion in der Schweiz erst um 1530 aus Italien eingeführt wurde (HLS). Der Botenlohn differiert je nach Geschenk, wo Gulden eingesetzt sind, geht es wahrscheinlich eher um den Gegenwert für Naturalien. Ausser den 10 Gulden für den Ochsen gibt es 2 Gulden für den grossen Karpfen, einen halben Gulden für den Rehbock und einen weiteren halben Gulden für den Kuchen mit Pomeranzen, ansonsten Batzen, manchmal auch nur Kreuzer oder einen Schilling. Wenn man bedenkt, dass der Tageslohn eines Zimmermanns im 15./16. Jh. 3–8 Schillinge betrug (Illi, S. 265), sieht man, welchen Luxus sich Reischach im Bad leistete und wie viel ihm sein Beziehungsnetz wert war, wie umgekehrt den Schenkenden seine Wertschätzung. Die Liste der Schenkenden (1) und die Geschenkeliste (2) sind nicht gleichlautend, nur drei Personen kommen in beiden Listen vor, so der Zürcher Kaplan Heinrich Göldli, der Söldnerhauptmann Stoffel Bodmer (Egli Nr. 350, 1050 u. a.) und Thomann zum Rüden. Nicht immer sind die Personen eindeutig zu bestimmen. Heinrich Göldli dürfte der Cousin von Reischachs Frau Verena sein, 1500–1563 Kaplan am Grossmünster, seit 1504 Familiar von Papst Julius II. Thomann zum Rüden wird in Liste 2 als *«min gfatter Thoman zum Rüden»* bezeichnet, ob aber *«min gfatter zum Rüden»* in derselben Liste oder auch Thomann von Wellenberg mit ihm identisch sind, bleibt offen, wobei Reischach in der Regel vermerkt, wenn ein Schenkender zum zweiten Mal aktiv wird. Ebenso unklar ist, ob es sich bei Hansi Ziegler (Liste 1) und Hennsli Ziegler, Bruder des Ziegler genannt Pfäffli (Liste 2) um ein und dieselbe Person handelt. Die Ziegler sind eine Zürcher Bürgerfamilie, Kleinhans Im Werd führte in Zürich eine Ziegelei ein, worauf der Familienname zurückgeht, und vielleicht ist er der bei Reischach Hansi oder Hennsli Ziegler genannte. Kleinhans Ziegler hatte einen Bruder Heinrich, der an einer Wallfahrt nach Jerusalem teilnahm (HLS). Ein Heinrich Ziegler, vielleicht identisch mit Heini Ziegler in Reischachs Liste, vertritt Jahre später 1547 Hans Heinrich von Mandach, den Ehemann von Katharina Reischach-Zimmerns Tochter Anna, und dessen Bruder Felix in einem Rechtsstreit. *«Hans Ziegler der Alt»* dagegen dürfte ein anderer sein, vielleicht Hans Ziegler, der 1502–1543 Tagsatzungsgesandter war. Seit 1515 Bürgermeister in Schaffhausen, wäre er von Reischach jedoch vermutlich auch so bezeichnet worden. Reischach gehörte ein Haus in Schaffhausen und nach seiner Heirat mit Katharina von Zimmern wohnten die beiden wohl dort. Mit dem Schaffhauser Hans Ziegler hatten die Reischachs auch um 1528/29 zu tun. Er unterstützte die Nonnen von St. Katharinental bei Diessenhofen, als die Aufhebung des Klosters drohte. Ab 1529 war er Oberpfleger des Klosters Paradies bei Diessenhofen. Thomann von Wellenberg und sechs weitere Soldherren begegnen wieder in der Liste der Söldnerführer, die 1519 mit Reischach zusammen Ulrich von Württemberg zuzogen und dafür von den eidgenössischen Orten mit hohen Strafen belegt wurden: Georg Göldli, Renward Göldli und Peter Füssli aus Liste 1, Lorenz Brandenberg, Felix Lang und Alexander Stocker/Stockar aus Liste 2.

Liste 1, das Verzeichnis der Schenkenden in Abschrift, setzt mit Ehrenbezeugungsformeln ein, wie sie für die förmlichen Briefanreden der Zeit üblich sind, und betont damit das vornehme Umfeld, dem sich Reischach zuordnet, der gleichzeitig auch seine Herkunft *«von Zurich»* hervorhebt. Sie fokussiert stärker auf den Stand der Schenkenden und beginnt mit den Honoratioren. Zuerst die Geistlichen, vorab der Chorherr des Fraumünsters Laurenz Clauser, an zweiter Stelle der Chorherr am Grossmünster Hans Heinrich Göldli, wohl der Sohn von Kaspar Göldli, dann der Kaplan Heinrich Göldli, Cousin von Reischachs Ehefrau Verena Göldli, die nicht erwähnt wird, vielleicht weil sie schon länger verstorben ist (ihr genaues Todesdatum konnte bisher nicht eruiert werden). Es folgen Zürcher Ratsherren, Ritter und mehrere Junker, darunter Kaspar, Renward und Georg Göldli, die drei Söhne des 1514 verstorbenen Bürgermeisters Heinrich Göldli, Bruder oder Cousin von Verena von Reischach-Göldlis Vater Lazarus. Die Verwandtschaft mit den Göldli spielte eine besondere Rolle für den Zürcher «Neubürger» Reischach. Sein Haus in Zürich (heute Neumarkt 6) gehörte Verenas Vater Lazarus Göldli, sie war die einzige Erbin des vermögenden Zürchers. Das nach Reischachs Verbannung von 1519 verschlossene Haus wird nach dem Dokument vom 11. 8. 1519 für Reischachs Sohn Anstett und Kaspar Göldli geöffnet, mit dem es 1523 Differenzen wegen Reischachs verlorenem Ehebrief gab. Kaspar Göldli war Reichsvogt, 1523 in einen Soldprozess verwickelt und flüchtete nach Rapperswil. Georg Göldli war einer der grossen Söldnerführer, 1519 führte er Reischach 3000 Knechte zu, sein Bruder Ritter Renward Göldli ebenfalls mehr als die meisten übrigen Hauptleute, nämlich 500. Kaspar Göldli dagegen figuriert nicht in Reischachs Söldnerliste, und im Zweiten Kappeler Krieg standen sich Reischach und Georg Göldli auf der einen und Kaspar Göldli auf der anderen Seite feindlich gegenüber. 1531 heiratete Georg Göldli die ehemalige Königsfelder Äbtissin Katharina Truchsessin von Waldburg und zog mit ihr nach Konstanz.

Nach Renward Göldli steht mit Wernhard Rat ein zweitere Ritter auf der Liste, gefolgt von den drei Zürcher Räten Junker Cornel Schulthess, ein Gegner Zwinglis (Egli Nr. 238, 1522), Meister Niklaus Setzstab und Meister Heinrich Rubli. Dieser, Wirt zum Schwert, Kriegsrat im Zug nach Marignano, Kleinrat und Vogt, Schildner zum Schneggen (HBLS), war 1521 mit Margaretha Belzinger, der Schwester von Heinrich Brennwald, Propst des Stifts Embrach und Anhänger der Reformation, verheiratet. 1529 wurde Rubli als Gegner der Reformation aus dem Rat verstossen, 1530 war er in einen Ehebruch-Skandal verwickelt und musste aus Zürich fliehen, nachdem ihm im Fraumünster Asyl gewährt worden war. Sein Haus wurde geschlossen und über seinen Besitz ein Vormund ernannt. Als Helfer auf der Flucht erscheinen aus Reischachs Liste Peter Füssli und Bernhard Utinger, beschuldigt wurde auch Hans Ziegler (Egli Nr. 1716 und 1723). Am 12. Oktober 1531 erscheint Rubli mit Aeberli von Rischach im Schreiben an Statthalter und Rat in Luzern unter denen, die mit *«dem Lütverfüerer Uolrich Zwingli [...] und ander vil uss der Statt Zürich und der besten»* erschlagen wurden (EA II 4.2, S. 1191). Witwe Rubli heiratete 1533 in zweiter Ehe Sebastian Appenzeller, den Vater von Sebastian Uriel Appenzeller (siehe Anhang I, Sammelband).

Zusammen mit Onophrius Setzstab, Hans Ziegler von Zürich und Hans Selliser von Winterthur stellten Peter Füssli und Junker Ludwig Hösch auf der Tagsatzung in Zürich vom 9. Februar 1519 Ansprüche aus ihrer Teilnahme als freie Hauptleute im Mailändischen (EA II 4.2, S. 1136, 769q). Onophrius Setzstab, ein Gegner der Reformation, war Wirt zum «Elsasser». 1525 warb er anstelle von Reischach Söldner für Ulrich von Württembergs Zug, soll dann aber die Eidgenossen zum Rückzug bewogen haben und im Jahr darauf unter anderem wegen eines Spottliedes über Zwingli für sieben Jahre aus Zürich verbannt worden sein (HBLS). Wie Rubli wurden er sowie Thomann von Wellenberg, Stoffel Bodmer, Cornel Schulthess und Pfäffli Ziegler im Pensionenprozess von 1526 verurteilt.

Auffallend ist, dass sich in Reischachs Listen Gegner und Befürworter der Reformation finden. Niklaus Setzstab und Bernhard Utinger waren 1524 an den Verhandlungen zur Übergabe des Stiftes Embrach beteiligt. Bei Hans Schwyzer dürfte es sich um den Obristzunftmeister zur Schmiden und Vogt handeln.

Er war schon im Schwabenkrieg 1499, beim Kriegszug nach Dijon 1513 und 1515 in der Schlacht bei Marignano dabei (HLS, Egli Nr. 1275). Beim Beschluss im Zürcher Rat über das absolute Stillschweigen in der Angelegenheit Reischach vom 9. 4. 1519 ist Schwyzer als Statthalter anwesend. Der in Reischachs Söldnerliste von 1519 erwähnte Hans Schwyzer erscheint jedoch unter Schaffhausen. Der Hufschmied Hans Thumysen war der Vater Rudolf Thumysens. Der Sohn war Hufschmied und Glockengiesser wie der Vater, Vogt und Zunftmeister, Zürcher Rat und als enger Freund Zwinglis an der Übergabe der Fraumünsterabtei und der Aufhebung der Klöster beteiligt. Beide, Hans Schwyzer und Rudolf Thumysen, kamen ebenfalls im Zweiten Kappeler Krieg um (HLS).

Auf der katholischen Seite blieb Junker Hans Edlibach, der die «Geschichte des Kappelerkrieges» schrieb, in der er den politischen Einfluss Zwinglis verurteilte (HLS). Andere waren altgläubig gesinnt, vertraten aber Zürichs Interessen, wie Georg Göldli. Der Glocken- und Kanonengiesser Peter Füssli, ab 1518 Grossrat von Zürich, unternahm 1523 eine Jerusalemfahrt, verfasste einen Bericht dazu und später eine Beschreibung des Zweiten Kappeler Krieges, in dem er als Artilleriehauptmann diente (HLS). In Füsslis Giesserei wurde 1518/19 eine Glocke im Auftrag Katharinas von Zimmern gegossen (Gysel/Helbling 1999, S. 116). Hans Escher vom Glas, genannt Klotz, wurde 1526 als Pensionenherr und Gegner Zwinglis verurteilt, aber im 2. Kappelerkrieg zum obersten Hauptmann Zürichs ernannt (HLS). Er engagierte sich verschiedentlich mit Reischach zusammen, so kümmerte er sich 1523 um den verlorenen Ehebrief des Verbannten, 1529 um den Einigungsvertrag mit Reischachs Tochter Katharina und war als Vogt der Äbtissin Katharina von Waldburg mit Sigmund Graf von Hohenlohe, Georg von Hewen und Reischach an den Verhandlungen zur Übergabe des Klosters Königsfelden beteiligt.

Der Maler Hans Leu d. J. erscheint zwar in Liste 1, ist aber durchgestrichen und durch Hartmann Sprüngli ersetzt. Nach der Schlacht bei Marignano trat er 1515 in verbotenen Solddienst bei Ulrich von Württemberg. Für Katharina von Zimmern führte er verschiedene Aufträge aus, verliess aber Zürich nach dem Bildersturm 1523, um später wieder zurückzukehren und im Zweiten Kappeler Krieg auf Seiten der Reformierten zu sterben (HLS, Niederhäuser/Wild, S. 131). Hans Stocker/Stockar dürfte der Schaffhauser Chronist sein, der an den Mailänderkriegen beteiligt war und mehrere Wallfahrten unternahm, 1517 nach Santiago, 1518 nach Rom und 1519 nach Jerusalem, ab 1520 zahlreiche städtische Ämter bekleidete und einen Salz-, Pferde- und Weinhandel betrieb (HLS). Im Gegensatz zu seinem Bruder Alexander Stocker/Stockar figuriert er nicht in der Söldnerliste von 1519, nahm aber am Württemberger Zug von 1525 teil. Auch Thomas Stocker aus Zug in Liste 2, der 1509 einen Priester umgebracht hatte, war Hauptmann in den Mailänderkriegen, pilgerte 1519 nach Jerusalem und war ein Gegner der Reformation. Der zweite erwähnte Stocker, *«Ama[n]»*, war wohl der 1517 als Erster seiner Familie in Zug als Ammann eingesetzte Hieronymus Stocker (beide HLS). Bei Vogt Bachmann, der mit Thomas Stocker und Lorenz Brandenberg aus Zug Käse nach Baden schickte, handelt es sich wahrscheinlich um Konrad Bachmann, den Zuger Standesgesandten und Landvogt in Baden (HLS).

Einige wurden später aktenkundig: Rudolf Hedinger stellte 1522 eine Kaution von 100 Gulden für Hans Peter von Wellenberg, den Sohn des Thomann (Egli Nr. 266). Felix Schanold war 1523 Söldnerhauptmann und Hans Siber erscheint im Zusammenhang mit Vorwürfen gegen Reisläufer (Egli Nr. 350 und 336). Von Felix Aberli ist überliefert, dass er am 28. 8. 1525 mit einem Kumpan einen Stein in Zwinglis Fenster warf und sich auf der Flucht in einem Fass versteckte, aus dem er herausgezogen werden musste. Er wurde verurteilt, aber später auf Fürsprache Zwinglis hin wieder begnadigt (Egli Nr. 813). Ein Hans Jenni wirkte 1530 als Wundarzt (Egli Nr. 1703). Ob Hans Nägeli mit Hans Franz oder Hans Rudolf zu identifizieren ist (HLS) bleibt offen, im Bericht der Barbara von Reischach aus Diessenhofen wird *«der Negili von Bern»*, diesmal der Sohn Hans Rudolf, als handgreiflich dargestellt. Heinrich Wyssenbach dürfte der spätere Tagsatzungsgesandte und Obwaldener Landammann sein (HLS).

Obwohl Liste 1 stärker auf Zürcher Honoratioren ausgerichtet ist, erscheinen zwei Bürgermeister nur in Reischachs eigenhändiger Liste 2. Zum einen Bürgermeister Marx Röist (1505–1524), verheiratet mit Dorothea Göldli, der Schwester von Georg, Renward und Kaspar Göldli. Ritter Marx Röist nahm an zahlreichen Tagsatzungen teil, befehligte die eidgenössischen Truppen bei Marignano und hatte auch auf europäischer Ebene bedeutenden Einfluss. Mit Zwingli ging er einig in der Pensionenfrage, war aber dezidiert gegen den Bildersturm. Das Mandat, das diesen auslöste, wurde von Zürich an Röists Todestag erlassen (HLS). Zum anderen Bürgermeister Felix Schmid (1511–1524), Zunftmeister zur Meisen, Truppenführer der Zürcher im Schwabenkrieg 1499 und 1513 bei Novara. Der Reformation stand Schmid wohlwollend gegenüber und war sich mit Zwingli einig über das Verbot von Pensionen (HLS). Reischach hatte Schmids Sohn Andreas 1517 an die Tübinger Universität verholfen, wo er Schulden machte, die der Universitätsrektor vom Zürcher Rat zurückforderte (Illi, S. 81). Im Zweiten Kappeler Krieg war er Bannerträger. Reischachs Sohn Anstett heiratete 1530 die Tochter Anna von Felix Schmid, ihr gemeinsamer Sohn wurde kurz vor Anstetts Tod in der Schlacht geboren.

Albrecht von Landenberg, Anfang Jahrhundert noch Gegner Reischachs und Thomann Wellenbergs in einer Gerichtssache, in der es unter anderem um Vogeljagd im Winterthurer Wald, ein zerschlagenes Wellenberg-Wappen und Schmähreden gegen den Bischof von Konstanz ging, schenkte nun zwei vermutlich eigenhändig erlegte Rehböcke. Er gehörte zu den Dienstleuten Ulrichs von Württemberg und warb für ihn eigene Truppen, ging aber 1520 einen zehnjährigen Dienstvertrag mit den Habsburgern ein, um sich mit den Reischachs wieder in Diessenhofen zu treffen, wo er 1518 den Oberhof erworben hatte und später auch die Nonnen in St. Katharinental unterstützte. Albrecht von Landenberg kommt in derselben Liste auch in einer auf dem Kopf stehenden, später wieder ausgestrichenen Briefanrede vor. Vielleicht sollte dies ein Dankesbrief für das Geschenk werden.

Reischachs eigenhändige Liste umfasst vor allem Verwandte, Freunde und Söldnerkumpane, hier figurieren Barbel von Reischach, die Schwester aus Diessenhofen, und der Neffe Hans Heinrich von Reischach, Sohn des Bruders Hans, später Hauptmann und Vogt zu Hohentwiel, aber auch Personen aus dem persönlichen Umfeld wie die jungen Heggenzer oder Conrad Jestetten. Ein Conrad Heggenzer zu Wasserstelz erscheint als Unterstützer der St. Katharinentaler Reischach-Schwestern Küngold und Barbara 1529/30. Conrad Jestetten, seit 1509 Zürcher Bürger, war der Sohn der Anna, geb. Heggenzer zu Wasserstelz (HBLS). Seine Schwester Ursula heiratete Eberhard d. J., einen Sohn von Reischachs Bruder Hans. Als Schuldner findet sich Conrad Jestetten wieder in den Dokumenten von 1548 und 1551 zum Erbe der Tochter Katharinas und Reischachs, Anna. Zum Schluss der zweiten Liste wird es geheimnisvoll, Reischach erwähnt seinen liebsten und besten Freund, dessen Namen er nicht sagen kann und der ihm so mancherlei Gutes geschenkt habe. Dessen Boten gibt er als einzigem nicht nur Geld, sondern ein rotes Barett mit, eine «um 1480–1570 flache, meist runde Kopfbedeckung aus Samt, Seide oder Tuch [...] für beide Geschlechter meist der oberen Stände» (Loschek/Wolter, S. 117).

Liste 1: Schenkende, Baden [15]18, Rein- oder Abschrift

[77a, S. 1] Diß sind die erwirdigen, edlen, strenngen, vesten, fursichtigen, ersamen, fromen und wysen herren unnd gsellen, die mir Eberhart von Ryschach von Zurich den ochsen inn das bad geschenckt habend, wie dann es hernach stät:

Her Larentz Clauser Chorher zu der Aptye Zurich
Her Hanns Heinrich Göldly Chorher zu der Probsty Zurich
Her Heinrich Göldly Zurich Caplan
Jungker Casper Göldly des Rats Zurich
Her Renwart Göldly Ritter
Her Wernhart Rat Ritter
Jungker Cornell Schulthes des Rats Zurich
Meister Niclaus Setzstab des Rats Zurich
Meister Heinrich Rubly des Rats Zurich
Juncker Allixander Stampa salbander
Juncker Jörg Göldly
Juncker Wilperg Zoller
Juncker Hanns Edlibach
Juncker Cunrat Engelhart vogt zu Kyburg
Juncker Ludwig Höschi
Hans Ziegler der Alt
Petter Füsly

[77a, S. 2] Meister Hartmann Clauser
Michel Setzstab
Ludy Dietschy
Claus Kienast
Hansy Ziegler
Hans Äscher
Bernhart Utinger
Heiny Ziegler
Felix Schanold
Rudolf Hedinger
Offeryen Setzstab
Stoffel Bodmer
Hanns Thumisen
Felix Setzstab
Hans Siber

Hans Stocker
Felix Aberly
Jacob Widmer
Hanns Nägely
Heinrich Wysenbach
Schwitzer Hanns
Hans Liechty
Hans Jenny
Rudolf ~~Setzstab~~ Morgensternn

[77a, S. 3] ~~M Hanns Löw~~ Hartman Sprüngly
Hanns zum Rintfus
Nottules Schwertfeger
Frick von Arbon
Thomen zum Rüden
Anno xviiito
[Rechts kopfstehend flüchtige Notizen Reischachs:]
Item um angken [Butter] geben iii gulden
ze Baden verbringen
Item und einen graurej [Graureiher?] iii gulden
Item und um lieherr? guens [Gänse?]
bollen [Hühner?, Zwiebeln?] und salz auch allerley
ungevarlich x gulden
[Am Rand unten:] Item die altt Frau Äschery
ein hubsch goller vorn
ein [...?]

Liste 2: Geschenke, Baden, Marienabend, 14. 8. 1518, von Reischachs Hand

[77a, letzte Seite von Liste 1, linke Spalte, kopfstehend, von späterer Hand:] 1518. 2. Verzeichnus deßen so dem Herrn von Ryschach [über der Zeile ergänzt: Wirtembergischen Abgesandten] ins Bad geschenckt worden ist. 1518.
[Rechte Spalte:] Item der Brebsen
von Stampffenbach gutt
visch, dem botten
geben iii baczen
Item Jacob Murer viii baczen
Item min gfatter zum
Rüden und die magt
ein grosen ~~ring~~
Simel Ring, dem
botten iȷ̵ [eineinhalb] baczen
Item meister Hans Apn-
tegker ii / gscattel zugker-
ärbs und ein zugker
kuechen hatt mier by
Hans Heinrich von R[i]schach
geschengktt
Item dom[in?]a Boner hatt
mier ein kuchen
mitt bumerancsen
geschengkt, dem botten
½ gulden gebenn
Item Burgermeister Rost
i gulden
Item Her Jacob Äscher
zwen loff von eim Rech
Item Cunratt von Jestetten
i grossen Ochs [?]

[77b, loses Blatt, Vorderseite, rechte Spalte, am Seitenrand oben: Baden schengken]
Item an santt Mariens
abend im xviii bin
ich ingesin ze Baden
Item Adelheitt zum Schlüssell
jetz ein magtt alda
hautt mier iii brunvisch
ys bad geschengktt
item dem botten ½ baczen gen
Thomann Stogker von Zug
Vogtt Bachman und Lorenz
Brandenburger von Zug
hand mier geschenckt
ii käs, vii schaben-
zieger, item dem botten
iiii baczen geben
Item Lang Vellix hautt
mier ein Lachs ge-
schengkt, dem boten
ii baczen geben
Item min gfatter Thoman
zum Rüden hautt mier
gutt visch is bad geschengkt
und selbs bracht, sin?
volgen für iii baczen konnt?
Item Her Heinrich Göldli
hautt mier gutt visch
bin Stoffell Bodmer gen
Baden geschigkt

[77b, Vorderseite, linke Spalte:]
Item Hern und gsellenlutt
des frevilgenden rodels
habend mier ein ochsen

fur x gulden gen baden selbs
brachtt, und hab ich sy frig ij [eineinhalb]
tag mitt aller zerungen
us gehaltten, hand mer [?]
fünff gulden geschengkt den
Herrn Zurich ze verzerend
Item so hautt mier der ama[n]
Stogker aber ein rech-
bogk [Rehbock] geschengktt, dem
boten j [ein halben] gulden geben
Item Thoman Wellenberg
Ein grosen lachs, dem
botten iiii baczen geben
Item der Wis Gäcker mit hern
knechten iiii feister gutter
annt vogkell [Enten] siner frouwenn
viii ß geschigkt
Item aber Lang Vellix gutt
visch
[Darunter auf dem Kopf stehend Briefanrede
(Federprobe):]
~~Dem edlen festen juncker Alberchtt von Landenberg~~
Item Burgermeister Schmid und
sin brueder Klein Heinrich
ii lachs, item dem boten iii baczen
Item Bosharttin iren boten ain
blatten [Plattfisch] und Frenhlin der magtt
i baczen gen

[77b, Rückseite, linke Spalte:]
Item Schwideris Schwend
und sin wib ein
gscattelt zugker ärbs
Item Her Albrecht von
Landenberg ii rech-
buegk [Rehböcke] mier gen baden
geschigkt, x k[rützer] dem
botten gen
Item min schwöster Barbel
zu Diesenhoffen hatt
mier ii feist gens
und und ein grosen
kuech wegken geben,
item dem botten vi bacz-
enn geben
Item die zwen iungen
Hegkencze hand mer
iii spies stangen geschenk-
gktt, item dem boten
vi kruczer geben

Item Hans Grüllich von
Brugk hautt mier
selbst i urhanen
brachtt gen baden
Item Petter Schnel zwei
gsuglemer, dem botten
ii baczen geben
Item aber hatt Lorentz
Brandenburg und Hans
[...?] ein lachs selbs
bracht

[77b, Rückseite, rechte Spalte]
Item Pfäffly Ziegler i grosen
karpffen by sinem brueder
Hennsli Ziegler und
im ii gulden geben
Item Allexander Stogker
von Schauffhusen gutt
visch, dem botten ii baczen
geben
Item Lienhartt Bruner
hautt zwo stirzen [Weingefässe]
mit win, dem
botten vi k[rützer] geben
Item Jörgli von Batrugen
ii haselhenner hautt
min bueb brachtt
Item min der liebst und
best fründ, der nitt
names, hautt mier
erlich geschengkt so
mengerleig guttz
dings unnott [ohne Not] zebeschriben
Item dem botten i rott
barett und vi baczen
geben
Item Harttman Löffer
von Klingnow ein
gutten wilprätt brautten
dem boten iiii k[rützer] geben

Badener Geschenke 1518

Fisch:		
3 Braunfische	½ Batzen	Adelheid Magd zum Schlüssel jetzt alda [in Baden?]
Karpfen, gross	2 Gulden	Ziegler Pfäffli bei seinem Bruder Hennsli Ziegler
Lachs	2 Batzen	Lang Felix
Lachs, gross	4 Batzen	Wellenberg Thomann
Lachs		Brandenberg/Brandenburg Lorenz und Hans …? (zum zweiten Mal, selbst gebracht)
2 Lachse	3 Batzen	Schmid, Bürgermeister und sein Bruder Klein Heinrich
guten Fisch	2 Batzen	Thomann zum Rüden, Gevatter (selbst gebracht)
guten Fisch		Göldli Heinrich bei Bodmer Stoffel
guten Fisch	2 Batzen	Stocker/Stockar Alexander, Schaffhausen
guten Fisch	3 Batzen	Barbara/Brebse von Stampfenbach
guten Fisch		Lang Felix (zum zweiten Mal)
Plattfisch	1 Batzen	Bosshartin, Bote, 1 Batzen an die Magd

Fleisch:		
Ochs	10 Gulden	Freiwilligen Rodel (von Herren und Gesellen selbst gebracht, die von Reischach eineinhalb Tage ausgehalten werden, 5 Gulden werden ihm erlassen, den Zürcher Herren zum Verzehr)
Ochs [?, schlecht leserlich]		Jestetten Konrad von
Rehbock	½ Gulden	Stocker Ammann (zum zweiten Mal)
2 Rehböcke	10 Kreuzer	Landenberg Albrecht von
2 Läufe von einem Reh		Escher Jacob
2 Sauglämmer	2 Batzen	Schnell Peter
Wildbret-Braten	4 Kreuzer	Löffer/Löuffi Hartmann von Klingnau

Geflügel, Käse, Wein:		
Auerhahn		Grüllich Hans von Brugg (selbst gebracht)
4 Enten, feiste	8 Schilling	Gäcker Alois, Knechte, 8 Schilling der Frau geschickt
2 Gänse, feiste	6 Batzen	Reischach Barbara von, Schwester in Diessenhofen
2 Haselhühner		Batrugen Jörgli (von Reischachs Bub gebracht)
2 Käse, 2 Schabziger	4 Batzen	Stocker Thomas von Zug, Vogt [Konrad] Bachmann und Lorenz Brandenberg/Brandenburg von Zug
2 Stirzen mit Wein	6 Kreuzer	Brun(er) Lienhart (Sterzlinge = Weingefässe)

Spiessstangen	6 Kreuzer	Heggenzer, die zwei Jungen
	8 Batzen	Murer Jacob
	1 Gulden	Röist, Bürgermeister

Zuckerwaren:		
Kuchenweggen, gross		Reischach Barbara von, Schwester in Diessenhofen
Semmelring, gross	1 ½ Batzen	Rüden zum [Thomann?], Gevatter und Magd
1 Schachtel? Zuckererbsen		Schwend Suederis und Frau
2 Schachteln? Zuckererbsen		Apotheker Hans
Zuckerkuchen		Reischach Hans Heinrich
Kuchen mit Pomeranzen	½ Gulden	Boner, dom[in]a?

Personen alphabetisch (85)

❖: Personen, die in beiden Listen von 1518 vorkommen

✷: Personen, die auch in der Söldnerliste von 1519 erscheinen

Liste 1: Schenkende, Rein- oder Abschrift (51)

1a) nach Ämtern und Titeln, vorangestellt:

Geistliche:
Clauser Lorenz, Chorherr der Abtei [Fraumünster]
Göldli Hans Heinrich, Chorherr der Propstei [Grossmünster]
❖ Göldli Heinrich, Kaplan [am Grossmünster] in Zürich
Zürcher Räte:
Göldli Kaspar, Junker
Rubli Heinrich, Meister
Schulthess Cornel, Junker
Setzstab Niclaus, Meister
Ritter:
✷ Göldli Renward
Rat Wernhard
Junker:
Edlibach Hans
Engelhart Conrad, Vogt zu Kyburg
✷ Göldli Jörg
Hösch Ludwig
Stampa Alexander salbander [?]
Zoller Wilpert

1b) alphabetisch:

Aberli Felix
Arbon Frick von
Barbara/Brebse von Stampfenbach
❖ Bodmer Stoffel/Christoph
Clauser Hartmann, Meister
Clauser Lorenz, Chorherr der Abtei [Fraumünster]
Dietschi Ludi/Ludwig
Edlibach Hans, Junker
Engelhart Conrad, Junker, Vogt zu Kyburg
Escher, die alt Frau
Escher Hans [gen. Klotz]
✷ Füssli Peter
✷ Göldli Georg/Jörg, Junker
Göldli Hans Heinrich, Chorherr Propstei [Grossmünster]
Göldli Kaspar, Junker und Ratsherr
❖ Göldli Heinrich, Kaplan [am Grossmünster] in Zürich
✷ Göldli Renward, Ritter
Hedinger Rudolf
Hösch Ludwig, Junker
Jenni Hans
Kienast Claus
Leu Hans [d. J. Maler, durchgestrichen, s. Sprüngli Hartmann]
Liechti Hans
Morgenstern s. Setzstab
Nägeli Hans [HLS Hans Franz? Hans Rudolf?]
Rat Wernhard, Ritter
Rindfuss Hanns zum
Rubli Heinrich, Meister und Ratsherr
Schanold Felix
Schulthess Cornel, Junker und Ratsherr
Schwertfeger Nottules
Schwitzer/Schwyzer Hans
Setzstab Felix
Setzstab Michel
Setzstab Niklaus, Meister und Ratsherr
Setzstab Onophrius
Setzstab [gestrichen], Rudolf Morgenstern
Siber Hans
Sprüngli Hartmann
Stampa Alexander, Junker
Stampfenbach s. Barbara
Stocker/Stockar Hans
❖ Thomann zum Rüden (= Gevatter zum Rüden?)
Thumysen Hanns
Utinger Bernhart
Widmer Jacob
Wyssenbach Heinrich
Ziegler Hans, der Alt [von Schaffhausen?]
Ziegler Hansi/Hans [= Ziegler Hennsli, Pfäfflis Bruder?]
Ziegler Heini/Heinrich
Zoller Wilpert, Junker

Liste 2: mit Geschenken, Eberhard von Reischachs eigenhändige Liste (34)

Adelheid, Magd
Apotheker Hans
Bachmann, [Konrad] Vogt
Batrugen Jörgli von
❖ Bodmer Stoffel/Christoph

Boner, dom[in]a?
Bosshartin
✷ Brandenberg/Brandenburg Lorenz von Zug
Bruner/Brun Lienhart
Escher Jacob
Gäcker Alois
❖ Göldli Heinrich [Kaplan am Grossmünster]
Grüllich Hans von Brugg
Heggenzer, die zwei jungen
Jestetten Conrad
Landenberg Albrecht von
✷ Lang Felix
Löffer/Löuffi Hartmann von Klingnau
Murer Jacob
[N. N., namenloser bester Freund]
Pfäffli s. Ziegler
Reischach Hans Heinrich von
[Reischach] Barbel von, Schwester in Diessenhofen
Röist [Marx], Bürgermeister
Rüden zum, Gevatter (= Gevatter Thomann zum Rüden?)
Schmid [Felix], Bürgermeister
[Schmid] Klein-Heinrich, Bruder des Bürgermeisters Felix Schmid
Schnell Peter
Schwend Suederis und Frau
Stampfenbach Brebsen [Barbara] von
Stocker Ammann
✷ Stocker/Stockar Alexander von Schaffhausen
Stocker Thomas
❖ Thomann zum Rüden, Gevatter
✷ Wellenberg Thomann von
Ziegler genannt Pfäffli
Ziegler Hensli/Hans, Pfäfflis Bruder [= Ziegler Hansi?]

Eberhard von Reischachs Söldnerliste für Ulrich von Württemberg, Anfang 1519

Staatsarchiv Zürich, A 195.1, Nr. 86

◀ S. 94–99 (mit Abb.)

In seiner eigenhändigen Liste verzeichnet Eberhard von Reischach, Vogt zu Reichenweier, die Söldnerführer, die ihm aus Städten und Orten der Eidgenossenschaft sowie aus Mühlhausen und dem Hegau für Herzog Ulrich von Württemberg zuzogen, insgesamt 13'900 Reisläufer. Er selbst führt unter seinem Fähnlein 1000 Söldner, drei Hauptleute bringen je 500 Landsknechte, 28 weitere Soldunternehmer je 300, und schliesslich leitet Georg Göldli 3000 anderweitig bestimmte und bei Bern liegende Mann um, die der Kaiser [Maximilian I. † 12. 1. 1519] nicht bezahlt habe. Reischach betont ausdrücklich in der kurzen Einleitung zu seiner Liste, dass die Angeworbenen den Vorbehalt der Eidgenossen, der Zug dürfe sich nicht gegen ihr Land richten, zu befolgen bereit sind. Er schliesst sein Verzeichnis mit: *«Item So habend noch vil gut gsellen Edel und unedel uß der Eidtgnoschafft alls für sich selbs uf g[utwillen] in dißem handel wellen dienen.»* Nicht nur die beiden Brüder Georg und Renward Göldli oder der Glocken- und Kanonengiesser Peter Füssli und Thomann von Wellenberg sind bereits aus den Badener Listen von 1518 bekannt, mit Geschenken warteten Reischach dort ausserdem Lorenz Brandenberg, Felix Lang und Alexander Stocker/Stockar auf. Lorenz Brandenberg aus Zug war 1513 Vogt in Cham und 1522 in französischen Diensten (HBLS). Felix Lang aus dem Aargau ist mit einem besonders grossen Aufgebot dabei. Am 23. Juni 1517 wurde an der Tagsatzung in Baden über Ansprüche beraten, welche die freien Knechte aus Baden, die in Hochburgund waren, ihm gegenüber stellten (EA III 2.2, S. 1061, 711m). Alexander Stocker/Stockar aus der bekannten Schaffhauser Familie war 1512 im Zug gegen Mailand und 1513 kaiserlicher Hauptmann in der Schlacht bei Novara (HLS). Sein Bruder, der Chronist Hans Stocker/Stockar, in Reischachs Geschenkeliste von 1518 noch verzeichnet, ist hier nicht mehr dabei und vielleicht schon auf seiner Jerusalemfahrt, ebensowenig Hartmann Löffer/Löuffi von Klingnau, der am 10. Mai 1519 auf der Tagsatzung in Zürich mit einer doppelt so hohen Geldstrafe belegt wird wie die übrigen *«Hauptleute, Venner, Lütiner und Aufwiegler zum Württemberger Zug»*, nämlich mit 100 Gulden (EA III 2.2, S. 1165, 778x).

Reischach führt in seiner Liste von 1519 nicht nur die Hauptleute auf, sondern er gibt jeweils an, woher die Söldnerfähnlein kommen. So lassen sich die Genannten sicherer ermitteln als in den Geschenkelisten von 1518. Der Rodel zeigt, dass sich Reischachs Basis über die gesamte Eidgenossenschaft erstreckte: die meisten Fähnlein stammten aus den Städten Zürich und Bern, die drei grossen mit 500 Knechten unter Renward Göldli aus Zürich und Felix Lang aus Baden sowie unter *«Schifrun ein[em] Friher us Wallis»* (wohl François de Chevron, HBLS) aus Neuenburg. Einzelne Fähnlein kamen aus Basel, Chur, Freiburg, Luzern, Neuenburg, Schaffhausen, Solothurn, Uri und Zug. Nicht alle lassen sich eindeutig zuordnen, so ist

Melchior Rahn von Unterwalden unter Schaffhausen oder Uli Zart von Mülhausen unter Uri verzeichnet. Ob der unter Schaffhausen aufgeführte Hans Schwitzer identisch ist mit dem Zürcher Hufschmied und Zunftmeister Hans Schwitzer/Schwyzer aus der Badener Liste der Schenkenden, bleibt dagegen offen, obwohl die Nähe zu Reischach bei ihm offensichtlich ist, war er doch wie andere aus der Söldnerliste auch schon im Schwabenkrieg und bei Dijon und Marignano dabei (HLS). Neben Mühlhausen ist auch Reischachs Herkunftsregion, der Hegau vertreten durch seinen Verwandten Bilgeri von Reischach aus der Linie zu Hohenstoffeln.

Das Verzeichnis liest sich wie ein Who is Who der Reisläuferszene des frühen 16. Jahrhunderts, mit wechselnden Allianzen der Soldunternehmer aus der Eidgenossenschaft mit Frankreich, Italien, den Habsburgern, dem Schwäbischen Bund oder Ulrich von Württemberg. Reischachs breit geknüpftes Netzwerk verdankt sich nicht zuletzt den verwandtschaftlichen Beziehungen und seinen ganz persönlichen Freundschaften. Er hielt die Fäden in der Hand und wurde deshalb nach dem Misserfolg des Unternehmens auch härter bestraft als die anderen. Er konnte bei Lebensgefahr für lange Jahre nicht mehr nach Zürich zurückkehren, was sicher auch für seine Beziehung zur Zürcher Äbtissin Katharina von Zimmern sehr belastend war. Die beiden konnten nach der Übergabe der Abtei und ihrer Heirat 1524/25 ohne Begnadigung Reischachs nicht in Zürich Wohnung nehmen, obwohl Katharina bei der Übergabe der Abtei das Zürcher Bürgerrecht erhielt, das sie sich vielleicht in weiser Voraussicht ausbedungen hatte. Die Söldnerhauptleute waren Reischachs Multiplikatoren, nicht wenige hatten grossen Einfluss und Macht, weil sie bedeutenden Familien angehörten, begütert waren, Vogteien und wichtige Ämter besetzten, Zunftherren waren und in Räten sassen, Gesandtschaften oder Diplomatendienste versahen, wie der mit Verena von Diesbach verheiratete Kaspar von Mülinen aus Bern. Etliche waren schon bei Neapel oder im Schwabenkrieg dabei, am Dijoner- und an den Mailänderzügen beteiligt, hatten bei Pavia und Novara oder Marignano gekämpft und später für oder gegen die Reformation Position bezogen. So Ulrich Huser und Werner von Meggen aus Luzern, Rudolf Rahn und Jakob Stapfer aus Zürich, der 1526 Gesandter auf der Badener Disputation war, oder Martin Seger aus Chur, der mit Zwingli, Bullinger und Vadian in Briefwechsel stand und 1521 Zwingli einen Entwurf zur Flugschrift «Die göttliche Mühle» schickte, in der aus den Evangelien das Mehl der göttlichen Wahrheit gemahlen wird (Bundi, S. 157f.). Hans Konrad von Rümlang, Bürger von Winterthur, war in den Pensionenprozess von 1526 verwickelt und wurde 1529 wegen Betrug und Urkundenfälschung in Zürich hingerichtet (HLS).

Auffallend ist, dass einige mit ihren Brüdern oder ihren Söhnen beteiligt waren, so wie auch Reischach 1531 zusammen mit seinem Sohn Anstett in den Zweiten Kappeler Krieg zog, in dem beide den Tod fanden. Als Brüder kamen die Göldlis aus Zürich, aus Bern Albrecht und Jakob vom Stein. Als Söhne figurieren Bilgeri von Reischach d. J. aus dem Hegau, der später mit seinem Vater auch die Diessenhofer Nonnen unterstützte, und der Sohn des Hans Thomann Schmid aus Uri. Aus Chur kamen laut Reischachs Notiz entweder *«Marti Säger oder sin sun»*. Ein gutes Beispiel für die Teilnahme einer ganzen militärisch ausgerichteten Familiendynastie bilden die Berner von Diesbach. Bei Wilhelm muss es sich um den Sohn des grossen, 1517 verstorbenen gleichnamigen Berner Schultheissen handeln, der wie Reischach schon 1499 am Schwabenkrieg beteiligt war. Wilhelm d. J. war Hauptmann in mailändischen Diensten, 1509 Schultheiss von Thun und starb 1531 (HBLS). Ludwig von Diesbach war der Bruder des älteren, bereits verstorbenen Wilhelm und der Onkel des jüngeren Wilhelm. Er begleitete 1496 Kaiser Maximilian auf seinem Romzug, versah verschiedene Vogteien, beschäftigte sich mit Bergwerkskunst und Alchemie und hinterliess autobiografische Aufzeichnungen nach 1488 und 1518, die von hoher kulturgeschichtlicher Bedeutung sind (HLS). Es wird dieser Ludwig von Diesbach gewesen sein, von dem an der Tagsatzung in Zürich am 10. Mai 1519 «von glaubwürdiger Seite» berichtet wird, er habe geflucht, als er hörte, die Knechte aus dem württembergischen Dienst seien abzufordern, weil dafür die grosse Summe von 30'000 Gulden geflossen sei, wobei seine Schimpfrede in Gegenwart zweier Zeugen wörtlich zitiert wird: *«[...] daß sy gotz fünf wunden lyden und schand daheim hinder dem Ofen, sie sygent in räten oder ußerthalb [...]»* (EA III 2.2, S. 1163, 778a). Bei seinem gleichnamigen Sohn Ludwig, Cousin des jüngeren Wilhelm, vermerkt Reischach eigens, dass er persönlich mitziehen wollte, um Ulrich von Württemberg zu dienen. Wie Reischach wurde er 1519 mit dem Todesurteil belegt und aus Bern verbannt, aber schon 1520 begnadigt. Da Reischach am Seitenrand den Namen *«Hanns»* dazusetzte, ist nicht klar, ob es hier um den Sohn Ludwig von Diesbach oder den Bruder Hans geht. Ein Hans von Diesbach, Offizier in französischen Diensten, ist belegt als Bruder des 1531 verstorbenen Wilhelm, und als weiterer Bruder erscheint Gabriel von Diesbach, in Diensten des Herzogs von Mailand, ertrunken 1519 bei Wildegg. Vater Ludwig, Sohn Ludwig und Neffe Wilhelm sowie zwei Gabriel von Diesbach stellten Reischach für Herzog Ulrich von Württemberg jeder ein Fähnlein mit 300 Knechten, insgesamt 1500 Reisläufer zur Verfügung.

Die von Diesbach zeigen über ihre Ämter und diplomatischen Aufgaben die enge Verknüpfung von familiären Beziehungen mit militärischen, politischen und kulturellen Interessen. Dies war auch das Netzwerk, in das Reischach eingebunden war, und nicht zuletzt dürften es diese Komponenten gewesen sein, die ihm seine guten Verbindungen zu Zürcher Familien einbrachten, seine erste Heirat mit der einzigen Erbin des vermögenden Lazarus Göldli und schliesslich auch seine Ehe mit der gebildeten und künstlerisch interessierten Äbtissin Katharina aus der hochadligen Familie von Zimmern, deren Repräsentanten sich mit Bau- und Kunstwerken, Bibliotheken und Sammlungen umgaben.

Dem Württemberger Zug war allerdings kein Erfolg beschieden. Auf der Tagsatzung in Bern hiess es am 21. Februar 1519: *«Man soll heimbringen, was Eberli von Rischach mit Bestellung von Hauptleuten und Anderm zu Bern gehandelt hat und allem Geläuf bestens vorzukommen trachten»* (EA III 2.2, S. 1138, 770s). Am 3. März geben die Eidgenossen dem Gesandten Ulrichs von Württemberg den Bescheid, er soll die Söldner entlassen und diese sollen heimziehen (EA III 2.2, S. 1140, 771a). Am 1. April sind alle Orte aufgefordert, strenge Verbote gegen das Reislaufen zu erlassen, wie das Zürich bereits gemacht habe: *«Das hat Zürich gethan, indem es in unserer Gegenwart durch Kanzelrufe alles Weglaufen bei hoher Strafe an Ehre, Leib und Gut verboten und die sofortige Gefangennahme von Werbern, Hauptleuten u.s.w. verordnet hat»* (EA III 2.2, S. 1145, 775a). Damit war Reischachs Mission gescheitert. Die vorliegende Liste war bekannt geworden, sie wird an derselben Tagsatzung in Zürich in mehreren Absätzen erwähnt, als *«Rodel»* oder auch als *«Zedel, der hinter dem von Rischach ist funden»*:

- *«Jeder Bote weiss, was für Schriften Etliche aus unserer Eidgenossenschaft dem Eberli von Rischach zugeschickt haben, darunter einen Rodel, worin sich etliche Hauptleute verzeichnet finden, jeder mit der Zahl Knechte, die er dem Herzog von Württemberg zuführen sollte, und wie diese Practik schon vor längerer Zeit vorhanden gewesen sein soll»* (EA III 2.2, S. 1147, 775h).
- *«Von den Briefen, welche, wie oben erwähnt, bei Eberli von Rischach gefunden worden sind, hat jeder Bote diejenigen, welche auf Angehörige seines Ortes Anzeige geben, seinen Herren vorzulegen begehrt, mit Zusicherung, dieselben nach gemachtem Gebrauch wieder unseren Eidgenossen von Zürich zuzustellen, damit solche Practiken, die unserer Eidgenossenschaft zu Schmach und Verderben gereichen, abgestellt werden»* (EA III 2.2, S. 1149, 775s).
- *«Die Boten wissen ihren Herren zu sagen, wie Eberli von Rischach zu Hauptleuten bestellt hat Herrn Werner von Megen mit 300 Knechten und Ulrich Huser auch mit 300 [beide aus Luzern], um dem Herzog von Württemberg gegen Jedermann, ausgenommen gemeine Eidgenossen, zuzuziehen, lut des zedels der hinter dem von Rischach ist funden»* (EA III 2.2, 1149, 775t).

Am 9.4.1519 verpflichten sich in Zürich beide Räte, in der Angelegenheit des Eberhard von Reischach und des Zuges zu Ulrich von Württemberg über alles, was in der Sache geredet, beraten oder gehandelt werde, absolutes Stillschweigen zu bewahren. Die meisten kommen mit Geldstrafen davon wie Albrecht von Landenberg, oder sie werden bald begnadigt wie Kaspar von Mülinen oder Ludwig von Diesbach. Eberhard von Reischach dagegen wird bei Lebensgefahr verbannt, sein Haus in Zürich verschlossen. Wenige Tage zuvor, am 4. April, hatte Ulrich von Württemberg von Tübingen aus bei der Eidgenossenschaft für seine beiden Getreuen Albrecht von Landenberg und Eberhard von Reischach sowie für die Hauptleute und Diener, die zu ihm gezogen sind, um Geleit und Sicherheit gebeten. Drei Wochen später, am 25. April musste Reischach auch den Vogteisitz Tübingen, den er mit Jörg von Hewen und anderen Adligen gegen den Schwäbischen Bund verteidigte, aufgeben.

Item die hoptlut, so ich Eberhart von Rischach von gemeiner eidtgnoschaft minem gnedigen Fursten und hern Hertzog Ulrichen zu Wirthenberg vernugt und geworben und verordnet hab, wider mengklichen sin gnaden zu zeziehen, doch ir Hern und Obern inn der Eidtgnoschaft vorbehalten wider ir land nit, und desselben gantz gutwillig geweßen zethund, ~~namlich~~

Namlich des ersten die uß der Stat Zurich:
Ich Eberhart von Rischach vogt zu Richenwil mit M [1000] knechten under minem vendli / Min Schwager Her Renwart vc [500] knecht under sinem vendli / Min Schwager Thoma Wellenberg iiic [300] knecht under sinem vendli / Hanns Cunrat von Rumlang iiic knecht under sinem vendli / ~~Hans~~ Peter Fußli iiic knecht under sinem vendli / Rudolf Ran iiic knecht under sinem vendli / Jacob Stapfer iiic knecht under sinem vendli
Item von Bern: Albrecht vom Stein iiic knecht under sinem vendli / Jacob von Stein sin bruder iiic knecht under sinem vendli / Her Caspar von Mulinen iiic knecht under sinem vendli / [S. 2] Wilhelm von Dießbach iiic knecht under sinem vendli / Gabriel von Dießbach iiic knecht under sinem vendli / Ludwig von Dießbach iiic knecht under sinem vendli / Gabriel von Dießbach iiic knecht under sinem vendli / Ludwig [am Rand: Hanns] von Dießbach iiic knecht under sinem vendli hat minem gnedigen herrn auch wellen ziehen und dienen mit eigner person
Item von Lucern: Her Wernhar von Meggen iiic knecht under sinem vendli / Uli Hußer iiic knecht under sinem vendli
Friburg uß Yechtland: Walther Heid iiic knecht under sinem vendli
Sollothur: Hans Wierman mit iiic knecht under sinem vendli
Nuwenburg: Jacob Glaßer iiic knecht under sinem vendli / Der von Schifrun ein Friher uß Wallis vc knecht under sinem vendli
[S. 3] Zug: Lorentz Brandenberg iiic knecht under [sinem vendli]
Baden: Lang Felix im Ergow mit vc knechten under sinem vendli
Schaffhußen: Schwitzer Hans iiic knecht under sinem vendli / Allexander Stocker iiic knecht under sinem vendli / Melcher von Ran von Underwalden iiic knecht under sinem vendli
Uri: Hans Thoman Schmids sun von Uri iiic knecht under sinem vendli
Marti Säger von Chur oder sin sun iiic knecht under sinem vendli / Uli Zart von Mulhußen iiic knecht under sinem vendli / Item hat sich min Schwager Jorg Goldli Zurich erboten die iiim [3000] knecht zebringen, so der Keißer nit bezalt hat, und zu Bern gelegen, und min gnedigen Hern umb liffrung zu dienen umb ir bezalung in zu ziehen.

[S. 4] So hat mir der vogt Bilgry sin sun mit iiic knechten och wollen schicken / Peter Rubli von Sollothurn iiic knecht / Hanns und sin bruder Uli Wenger? / He...? von Basel iiic knecht / Item so habend noch vil gut gsellen edel und unedel uß der Eidtgnoschafft alls fur sich selbs uf g[utwillen] in dißem handel wellen dienen.

[Darunter von anderer Hand:] Verzeichnuß der haubtlüten Eidtgnoschafft so Hertzog Ulrich zu Würtenberg guttwillig zugezogen sind. 1519.

Söldnerführer nach Städten, Orten und Regionen:

Baden/Aargau:	
Felix Lang	500
Basel:	
Wenger?/He...?, Hans und Uli	300 Brüder
Bern:	
Mülinen Kaspar von	300
Stein Albrecht von	300
Stein Jakob von	300 Bruder von Albrecht
Diesbach Gabriel von	300
Diesbach Gabriel von	300
Diesbach Ludwig von	300
Diesbach Ludwig von	300 [am Rand: Hanns] will auch selbst mitziehen
Diesbach Wilhelm von	300
Chur: siehe Seger Martin unter Uri	
Freiburg im Üchtland:	

Heid Walter	300
Hegau:	
Reischach Bilgeri von d. J.	300 Sohn von Vogt Bilgeri
Luzern:	
Huser Uli	300
Meggen Werner von	300
Mülhausen: siehe Zart Uli unter Uri	
Neuenburg:	
Glaser Jacob	300
Schifrun von, Freiherr von Wallis	500 [wohl François de Chevron]
Schaffhausen:	
Rahn Melchior von Unterwalden	300
Schwitzer/Schwyzer Hans	300
Stocker/Stockar Alexander	300
Solothurn:	
Rubli Peter	300
Wiermann Hans	300
Unterwalden: siehe Rahn Melchior unter Schaffhausen	
Uri:	
Schmid Hans Thomanns Sohn	300
Seger Martin von Chur	300 oder sein Sohn
Zart Uli von Mühlhausen	300
Wallis: siehe Schifrun/Chevron François de unter Neuenburg	
Zürich:	
Füssli Peter	300
Göldli Georg, Schwager	3000 bei Bern, vom Kaiser nicht bezahlt
Göldli Renward, Schwager	500
Rahn Rudolf	300
Reischach Eberhart von	1000
Rümlang Hans Konrad von	300
Wellenberg Thomann, Schwager	300
Schwitzer/Schwyzer Hans? siehe unter Schaffhausen	
Stapfer Jakob	300
Zug:	
Brandenberg Lorenz	300

Söldnerführer, alphabetisch (34):

Brandenberg Lorenz, Zug
Chevron François de ? (Schifrun von Wallis/Neuenburg)
Diesbach Gabriel von, Bern
Diesbach Gabriel von, Bern
Diesbach Ludwig von, Bern
Diesbach Ludwig/Hans von, Bern
Diesbach Wilhelm von, Bern
Füssli Peter, Zürich
Glaser Jacob, Neuenburg
Göldli Georg, Zürich
Göldli Renward, Zürich
He...? Hans und Uli, Brüder, Basel s. Wenger?
Heid Walter, Freiburg i. Ü.
Huser Uli, Luzern
Lang Felix, Baden/Aargau
Meggen Werner von, Luzern
Mülinen Kaspar von, Bern

Rahn Melchior von, Unterwalden/Schaffhausen
Rahn Rudolf, Zürich
Reischach zu Hohenstoffeln Bilgeri von d. J., Hegau
Reischach Eberhard von, Vogt zu Reichenweier, Zürich
Rubli Peter, Solothurn
Rümlang Hans Konrad von, Zürich
Schifrun, Freiherr von s. Chevron François de ?
Schmid Hans Thomanns Sohn, Uri
Schwitzer/Schwyzer Hans, Schaffhausen/Zürich?
Seger Martin, Chur
Stapfer Jakob, Zürich
Stein Albrecht und Jakob vom, Bern
Stocker/Stockar Alexander, Schaffhausen
Wellenberg Thomann, Schwager, Zürich
Wenger? Hans und Uli, Brüder, Basel s. He...?
Wiermann Hans, Solothurn
Zart Uli, Mülhausen/Uri

Ulrich von Württemberg an die Eidgenossenschaft, Tübingen, 4. 4. 1519

Staatsarchiv Zürich, A 195.1, Nr. 120

◄ S. 99

Bittschrift Herzog Ulrichs zu Württemberg und zu Teck, Graf zu Mömpelgard (Montbéliard), an die Bundesgenossen um Geleit und Sicherheit für seine Getreuen Albrecht von Landenberg und Eberhard von Reischach, Vogt zu Tübingen, und für die Hauptleute und Diener aus der Eidgenossenschaft, die zu ihm gezogen sind. Sie befinden sich in Sorgen und Unsicherheit und wollen sich zum Wohlgefallen verantworten. Wenige Tage zuvor, am 1. April 1519 fand in Zürich die Tagsatzung statt, an der in verschiedenen Punkten die Rolle Eberhard von Reischachs bei der Söldnerwerbung zur Sprache kam (EA III 2.2, S. 1145, 1147, 1149, 775a, h, s, t), in Zürich ist das Reislaufen schon verboten worden, die sofortige Gefangennahme der Werber und Hauptleute angeordnet, und die übrigen Orte sind aufgerufen, dasselbe zu tun. Am 9. April verpflichten sich die Räte in Zürich auf absolutes Stillschweigen in der Angelegenheit Reischachs, sein Haus in Zürich wird verschlossen und erst am 11. August wieder geöffnet. Am Ostermontag, 25. April verteidigten Reischach und Jörg von Hewen mit vielen anderen Adligen und einem Fähnlein Knechten erfolglos Schloss Tübingen gegen den Schwäbischen Bund, vgl. die sogenannte Tübinger Schandtafel von 1519 mit den Namen der Beteiligten, die lange im Rittersaal von Schloss Hohentübingen hing und heute im Museum Alte Kulturen in Tübingen zu sehen ist.

[Adresse:] 1519. Den fürsichtigen, ersamen, wysen, unnsern guten Freunden, lieben unnd getruwen pundgnossen von Stetten unnd Lenndern gemeiner Eidgnosschafft Räten yetzo zu Zurich byeinannder versamellt.

[Darunter von anderer Hand:] Anhalten umb mit gleidt für die Eidtg. houbtlüthe, so in Wirtembergische Kriegesdienste sich begeben haben. 1519.

Ulrich vonn Gotes gnadenn Hertzog zu Wirtemberg unnd zu Deckh Grave zu Mümppellgart.

Unnsern freuntlichen grus zuvor fürsichtigen, ersamen, wysen, guten freund, liebe unnd getruwen pundtgenossen, unnsere lieb getruwen unnd besonnder Albrecht von Lanndenberg, Ritter, Eberhart von Rischach, Vogt zu Tuwingen, unnd die houptleut uß der Eidgnosschafft so by unns geweßt, haben unns furgebracht, wie sie inn sorgen unnd unsicherheit steen sollen, mit unnderteniger bitt, wir wöllten inen unnser furgeschrifft an euch mitteilln, syen sie guter hoffnung, sie wöllen sich dermassen veranntwurten, darab ir ein benügen unnd wolggefallen haben werden. Deßhalb an euch unnser freuntlich ansinnen unnd bitt, ir wöllt gedachten unnsern dienern unnd houptleuten Ewer gleit unnd sicherheit zuschicken, sind wir guter zuversicht, sie werden sich laut irs erbiettenns veranntwurten, daran erzögen ir unns sonnder angenem wolgefallen, ganntz freuntlichen zu erkennen. Datum Tuwingen Monntags nach Letare anno xviiii.

Stillschweigen in der Angelegenheit Eberhard von Reischach, 9. 4. 1519

Staatsarchiv Zürich, B VI 247, 25v (= Egli Nr. 40)

◄ S. 99

Der Zürcher Rat beschliesst Stillschweigen über alles, was in der Sache Eberhards von Reischach beziehungsweise des Söldnerzuges zu Herzog Ulrich von Württemberg besprochen, beraten oder gehandelt wird. Anwesend ist Statthalter [Hans] Schwitzer/Schwyzer, 1519 Oberstzunftmeister zu Schmiden, ein Soldherr wie Eberhard von Reischach (HLS). Wer das Schweigen bricht, wird bei Leib und Leben, Ehre und Gut bestraft, je nach Verdienst und Verschulden.

Sambstag vor Judica presentibus M[eister] Schwitzer, Stathalter, Ret unnd Burger. Mine Herren clein und groß Rat haben sich in der sach Eberharden von

Rischachs ~~halb~~ und aller halb, so inn der sach vorgriffen sind [am Rand: des Herzogen von Wurthembergs zug antreffent] erkent zu verschwigen, alles das so inn angezeigter sach geredt, geraten oder gehandelt wirt, es diene zu minderm oder merem, und enandern bi iren erkandtnussen und urtelen zu handthaben, zu schutzen und zu schirmen, sover si mit lib und gut, vermögen, in gstalt, form und maß, alls were semlichs von allen und jeden sonderlich zu Got und den heiligen geschworen, und welcher daruber utzitn wider und uber solch erkandtnis handelt, thut oder usserhalb Rats das seit und ußkundt, [am Rand: heimlich oder offenlich] der oder die selben söllenn gestrafft werden an lib, leben, er und gut, je nach gestalt ~~des verdienens~~ eins jeden verdienens und verschuldens.

Öffnung von Reischachs Haus für Anstett von Reischach und Kaspar Göldli, 11. 8. 1519

Staatsarchiv Zürich, B VI 247, 47v

◀ S. 78f., 126

Auf Bitten von Anstett von Reischach, des Sohnes von Eberhard von Reischach und der Verena Göldli, und von Kaspar Göldli, des Bruders von Georg und Renward Göldli, wird das Haus des Reischach als «ihr» Muttergut wieder geöffnet. Es werde nicht viel zu finden sein, was zum Muttergut gehöre. Sie sollen alle Schuldner des Reischach zufriedenstellen und ebenso die Kosten der Gnädigen Herren, die durch diesen Beschluss entstanden sind, abtragen und Sicherheiten leisten. Die Rolle Kaspar Göldlis ist unklar, denn es geht nicht um sein Muttergut. Sein Vater, Bürgermeister Heinrich Gödli (†1514), bedachte Verena Reischach-Göldli in seinem Testament und erliess ihr und Reischach Schulden (Luzern, Familienarchiv Göldli, Urkunde Nr. 23). Nach Verenas Tod und Reischachs Verbannung vertrat Kaspar Göldli wohl die Ansprüche der Reischach-Göldli-Kinder, vielleicht aber mehr noch die Interessen der Göldli-Familie. 1523 versuchte Eberhard von Reischach über seinen Freund Hans Escher seinen Ehebrief zurückzubekommen, der offenbar an Kaspar Göldli gelangt war. Anstett war 1519 wahrscheinlich schon im Benediktinerkloster St. Blasien bei Engen im Südschwarzwald, nahe beim Frauenkloster Berau, in welches seine Schwester Barbara 1515 eintrat. Während Barbara im Kloster blieb, verliess Anstett nach der Reformation St. Blasien, wie die Schwester Katharina, die aus Diessenhofen weglief, was Eberhard von Reischach wegen Herausgabe des Muttergutes in grosse Geldnöte brachte. Anstett heiratete am 23. 4. 1530 die Tochter Anna von Bürgermeister Felix Schmid, die den Sohn Anstetts und Enkel Eberhards von Reischach zur Welt brachte, kurz bevor beide im Zweiten Kappeler Krieg fielen. Das Haus Zum Rechberg (später Steinberg, Neumarkt 6), gehörte Reischachs vermögendem Schwiegervater Lazarus Göldli. Es lag direkt neben dem Haus Zum Rech des Bürgermeisters Marx Röist (Neumarkt 4), der mit Dorothea Göldli verheiratet war, der Schwester von Renward, Kaspar und Georg Göldli. Bei Diethelm Röist, Bürgermeister ab 1525, waren Schriften für eine Pfründe des Sohnes von Anstett und Enkels von Eberhard von Reischach hinterlegt. Die Häuserzeile gehörte meist Personen mit beträchtlichem Vermögen. Vor dem Haus stand ein Sodbrunnen, noch ohne späteres Gitter und Helm (KDM, Stadt Zürich, Neue Ausgabe III.II, S. 357, 359, 370, 381). Gegenüber befanden sich das Embracher Amtshaus und der Bilgeriturm (Neumarkt 3 und 5), schräg gegenüber der Mohrenkopf (Neumarkt 13), den Katharina von Zimmern 1540 erwarb.

Donstags nach Lorencen praesentibus M[eister] Switzer, Statthallter, Rät und Burger. Des von Rischachs sun und Caspar Göldli ist uff ir pitt des von Rischachs huß ~~und g~~ als ir muter gut wider uff thon, in ansehung dz nit vil möcht funden, dz der muter gut, und die schuldner möchtindt bezalt werden, doch söllint sy all schuldner des von Rischachs ze friden stellen, und ouch min herren und irn costen, der uff des von Rischachs gut dises beschlusses halb ist gangen, abtragen und dz versichern und vertrösten.

TEIL III – Handschriftliche Quellen zu Katharina von Zimmern und ihrer Welt, 1522–1553/1608

Hochzeit Georgs von Hewen – Bundschuh und Warnung vor Anschlägen, 1522

Staatsarchiv Zürich, A 195.1, Nr. 157

◀ S. 107f. (mit Abb.)

Bericht über einen geplanten Anschlag während der Hochzeit von Eberhard von Reischachs Freund und Katharina von Zimmerns Verwandten Jörg von Hewen mit der Schwester Elisabeth Sigmunds von Hohenlohe. Dies in Zusammenhang mit einer Warnung vor Empörung und Anschlägen, die Herzog Ulrich von Württemberg und seine Anhänger in der Eidgenossenschaft praktiziert haben sollen. Nicht nur in Städten, sondern auch auf dem Land kommen Fähnlein aus weissem Damast auf, bemalt mit einer Sonne und einem goldenen Bundschuh [Bewegung aufständischer Bauern] und dem Spruch: «Wer frei will sein / der ziehe vor zum Sonnenschein». In etlichen Orten der Eidgenossenschaft gebe es den Brauch, dass ein Haufen Knaben der Braut entgegenziehen, und dies wollen einige nun auch tun und die Gemahlin Georgs von Hewen zu nachbarlichem gutem Gefallen empfangen. Allerdings will sich eine treffliche Zahl mit dem Fähnlein unter die anderen mischen und sich den Anschein des Guten geben, um weniger Verdacht und Argwohn zu erregen. Es sei darunter aber eine böse List verborgen, versammeln wollen sie sich bei Frauenfeld und dann mit fliegendem Banner des aufgeworfenen Bundschuhs gegen den Hohentwiel und das Fürstentum Württemberg ziehen. Hans Lienhard von Reischach habe es so eingerichtet, dass etliche aus der Landschaft dem Herzog zuziehen wollen, sobald sie sich versammeln. Man soll also gewarnt sein und sich entsprechend vorsehen. Hans Lienhard von Reischach war ein für seine Grausamkeit bekannter Verwandter Eberhard von Reischachs aus der Linie von Grüningen.

Es seyen unns etwas embörung unnd ansläg, so Hertzog Ulrich von Wirtemberg unnd seine anhennger bey ettlichen sonndern personen in der Aiggnosschafft angericht unnd practiciert habenn sollen, nachvolgender gestallt angelangt. Nemlich: So sey ain weiss damasts vendlin gemacht, darinn ain sonn mit ainein gulden Bundtschuch gemalet unnd dabey geschriben mit ainem reimen: welhen frey woll sein, der zwih for zu disem sonnenschein, das auch sollich brattigk unnd pact nit in den stettenn, sonnder den vorhoffen unnd hölzer uff dem lannd geschehen in nachvolgenden anschlag. Nachdem der wolgebornn Herr Jorg von Hewen Freyherr sich kurtzlich mit ainer Gravin von Hohennloe eelichen verheyrat unnd die heimfürung in wenig tagen soll gehaltenn werden, unnd dann ettlichen orten in der Aiggnosschafft der gebruch unnd gewonheit, das sy der braut ettwen mit annein hauffen irer knaben engegen komen, deßhalb vorangen, das ir ettlich gutter meynung willenns, bemelts Herrn von Hewenn gemahell demselben zu nachpeurlichem guttem gefallen engegen zu ziechen unnd die zu empfahen usw. wollenn die gedachten vanenfierer unnd practicieren sich unnder selbigen hauffen, in treffennlicher anzall unnder ainem schein des gutten einmischen unnd umb minder verdachts unnd argwons willen vernemmen lassen, das sy zu angezeigter empfahung zu gefallen unnd eern mitziechen, doch so sey darunder diese geschwind böß listigkeit unnd verkent gemut bey inen verborgen, das sie sich zu Frawenveld sameln, unnd alsdann ungewarnetter sachen, mit obangezeigten fliegenden banier des auffgeworffnen bundtsschuchs den nechsten Hohendwil zu unnd das furstenthumb Wirtemberg zwihen wollenn, so hab Hanns Lenhart von Reischach die brattigk in dem furstenthumb Wirtemberg also angericht, sobald der gedacht anzug beschehe, werden ettlich uß derselben lanndtschafft bemelten Hertzogen engegen zwihen, darnach wist euch in versehung und warnung zu halten [...]

Grundstücksverkauf an Regula Schwarz, Base der Fraumünster-Äbtissin, 21.11.1522

Stadtarchiv Zürich, I.A.497

◀ S. 115 (mit Abb.)

Hans Kunz im Brand, seine rechten Vettern Küni und Kaspar und die Egger Kirchhöri (Kirchgemeindeversammlung) verkaufen an Regula Schwarz, die richtig verwandte Base der Äbtissin zum Fraumünster in Zürich, ein Grundstück im Grüninger Amt für 100 Pfund Gold und Münz Zürcher Währung in bar und 5 Pfund jährlichen Zins. Siegel des Hans Berger,

Bürger und Rat der Stadt Zürich, Sohn des zurzeit abwesenden Vogts Jörg Berger, der Reischachs Haus (heute Neumarkt 6) kaufte und 1532 starb (KDM, Stadt Zürich III.II, S. 381). Auf die rechtmässige Verwandtschaft der Regula Schwarz mit Katharina von Zimmern wird ausdrücklich hingewiesen. Sie wird später Sebastian Appenzeller heiraten und nach St. Gallen ziehen, sie ist die Mutter von Sebastian Uriel und Salomea Appenzeller, beide früh verwaist. Sebastian Uriel kann mit Unterstützung Vadians studieren und macht eine Karriere als kurfürstlicher Rat und Haushofmeister in Heidelberg, Salomea kommt nach Zürich und wird von Katharina von Zimmern mit einem Vermächtnis bedacht.

Ich Hans Kuntz im Brand, Küni und Kasper sine rechten vetern, säshafft in Grüniger ampt, und Egger kilchhöri, vergächent und thund kundt offenlich mitt dissem brieff, das ich von der ersamen und bescheidnen Regglen Schwartzin zu Zurich, yetz uinserer gnädigen frowen der Äpptissinen Zurich zum Frowen munster rechte verwante bass ist, also barr hab ingenomen und enpfangen hundertt pfund löuffiger gold und muntz der zyt Zuricher wärschafft, die in unseren gutten nutz bewendt und komen sind. Und um die genanten hundert pfund hab ich und mine verttern [!] fuir uinß und uinser erben oder nachkomen der obgenanten Jungfrow Regglen Schwartzinen, iren erben und nachkomen oder denen so dissen brieff mitt irem gunst und willen denn zmal innhete, eins stäten redlichen koufs ze kouffen geben, fuinf pfund haller löuffiger muntz Zuricher wärrung rechtz järlichs zinses und sunderlich yegklichs jars uff sant Martis des heiligon bischoffs tag zu richten und wärren, als zu iren so obstand sicheren handen und gwallt hie gen Zurich in die Statt fuir alles mengklichs verbietten, verhefften und entweren und gentzlich ane allen iren kosten und schaden in all wegg, von, usser und abb sächstagwen wysswachs, heyst in ellen wyss, und von, uss und ab ackern und einer weyd, sind ouch by fier taggwerch, und ouch von usser und abb zweyg juchartten holtz alles an und by enandren gleggen, stossent disse gütter und underpfand oben an der Bolleren gütter und näbent an die landstras und zu zweygen syten an unsere gütter, die vor ouch der Bolleren gsin sind, alles im ampt Grünigen geleggen, fuir gantz fryg, ledig und eygen, untz an die gwonlich burgerstuir iiii schilling, so gen Grüningen gehörrent, und sust nutz fuir menklichs intrag, irrung und ansprach. Des ich und mine obgemellten vettern uins fuir uins, uinsere erben und nachkomen recht wärren ze sin und gutt wärschafft ze tun hier um wellent und sölent yetz und hie nach, wie das recht ist in uinserem kosten und ane iren schaden und ouch inen so obstand den genannten zinß die fuinff pfund gelltz järlich hinfuir uff das obgenant zylle und in masen wie obstat richten und wärren und welches jares und tagges. Aber das nutt beschäch so mögent die obgenant Jungfrow Reggel Schwartzin, ire nachkomen oder anwallter und innhaber diss brieffs nach jeden ungewertten zille mich, mine vettern, erben und nachkomen gmeinlich und sunderlich hier um fare, nämen und anlangen, ouch das obgenant underpfand und ob daran abgienge alles anders unser gutt angryfen und suchen, mitt geistlichem oder welltlichem grichten und rechten so vil und lang, untzet das sy ye irs gefallnen ustendign zinses und alles kostes und schades daruff gegangen usgericht und gentzlich bezallt worden sind, und darvor sol uns, unser erben oder nachkomen dhein unser gutt nutz fryden noch schirmen, dhein frygheitt, gnad noch keinerleyg so yeman harwider zu schirm fuirziechen oder erdencken könd alld möcht, dann wir uins deshalb aller hillff und schirms gentzlich enzyggen und begebbent und by gutten truwen gelopt und versprochen hand, dissen brieff und was daran geschriben stadt, war und stät zu hallten und da wider nutz zereden noch zethun, in kein wys noch wegg. Und wie wol diss ein stäter kouff heist und ist, so mögent doch ich und min vettern, erben oder nachkommen den obgenanten zinß, die fuinff pfund gelltz wol wider kouffen und den zins ablösen hinfuir, wenn wir wellent ouch mitt hundert pfund löuffiger muintz oder golld Zuricher wärrschafft und mitt so vil zins als sich am zyt des jars nach anzal ergangen hat ouch allweggen mitt allen gefallnen usstendigen zinsen, kosten und schaden dar uff gegangen, und das zu warem vestem urkund und merer sicherheyt. So hab ich, Hans Kuntz im Brand gebetten und erbetten den fromen, ersamen und wysen Meister Hansen Berrger, burgern und des Radtz der Statt Zurich, das er in namen und an statt sines suns Jörgen Bergers, der zyt nutt anheimsch, aber doch unserer gnedigen lieben Herren von Zurich vogt her zu Grünigen, sin eigen sigel von miner bitt weggen für mich, mine vettern, erben und nachkomen, doch unseren gnädigen lieben Herren von Zurich, ouch dem hus Grünigen an iren vogtyg, herschafft und gwallt sturen oder zinsen und aller gerechtikeitt, ouch im sinem sun, erben und nachkomen gentzlich in all wegg unschädlich, offenlich an dissen brieff gehenckt hat, der geben ist in dem jar do man zallt von der geburt Cristi unsern Herren Gotz thusend fuinfhundert zwentzig und zweyg jar, uff unser lieben frowen tag, als sy in tempel geopfrett ward, was frytag und der ein und zwentzigest tag des wintermonatz 1522, Freitag, Wintermonat.

Eberhard von Reischachs verlorener Ehebrief, ohne Datum, 1523

Staatsarchiv Zürich, B VI 249, 24r

◀ S. 78f., 126

Im Namen und auf Befehl Eberhards von Reischach ist Hans Escher mehrmals vor dem Rat erschienen und hat verlangt, dass etliche Schriften und der Ehebrief ausgehändigt werden. Die Gnädigen Herren hiessen ihre Ratsfreunde und die Schreiber, fleissigst überall suchen, doch konnten sie nach viel Mühe und Arbeit nichts finden, bis sie erfuhren, dass die Schriften vom Ratshaus in Reischachs Haus (heute Neumarkt 6) getragen wurden, im Beisein von Kaspar Göldli. Sie haben daraufhin beschlossen, Hans Escher solle dem von Reischach schreiben, dass sie solche Schriften nirgends in ihren Behältern und in ihrer Gewalt haben, sondern dass diese herausgegeben und in Reischachs Haus gekommen seien. Am Rand ergänzt: dass man sie in Zukunft wegen solcher Schriften in Ruhe lassen solle. Am 5. September 1523 schwor der Läufer Ueli Schmid, dass Kaspar Göldli und Reischachs Sohn Anstett im Rathaus das Vatergut übergeben worden sei, ein Trückli und andere Dinge, in einen Sack zusammengestossen. Er habe das in Eberli von Rischachs Haus getragen, wo es ihm von Kaspar Göldli abgenommen worden sei und er einen Schilling Lohn erhalten habe (Egli Nr. 407). Am 25. Juli 1525 wird Kaspar Göldli mit Bezug auf die Aussage Ulrich Schmids verurteilt, unter anderem wegen des Verdachts, den Ehebrief des Eberhard von Reischach unterschlagen zu haben, da dieser ihn nicht erhalten haben will (Egli Nr. 784). Reischachs Haus gehörte seiner Ehefrau Verena Göldli, der Tochter des vermögenden Zürchers Lazarus Göldli, im Dokument vom 11. 8. 1519 wird es als Anstetts Muttergut bezeichnet. Es lag direkt neben dem Haus des mit Dorothea Göldli verheirateten Bürgermeisters Marx Röist, der Tochter des 1514 verstorbenen Bürgermeisters Heinrich Göldli und Schwester der Göldli-Brüder Renward, Kaspar und Georg. Verkauft wurde es vor 1532 an den Vogt von Grüningen Jörg Berger (KDM, Stadt Zürich, Neue Ausgabe III. II, S. 381).

Alls Hanns Escher mer zu mer malenn vor minen Herren ~~erschinnenn vor~~ in namen und uß befelch Eberharten von Rischachs erschinnen unnd befordret hatt, ettlich E[he]brieff und ander geschrifften, so hinder inen blibenn sin solten, unnd die vermeltenn min Herren daruff ettlich ire Ratsfrund sambt den schribern geheissenn zum flyßigesten ~~in~~ allenthalb suchenn unnd doch ~~nudt~~ nach vil gehepter müyg unnd arbeit nüdt mogen finden, dann allein uff hütt an ettlichenn iren dienern erfaren, das sollich unnd ander brieff ab dem Rathuß in des von Rischachs huß in bysin Her Caspar Göldlis getragenn, habent sy sich hieruff erkent [am Rand: das man sy hinfür sollichen geschrifften halb rüwen lasse] unnd befolchen Hansen Escher dem von Rischach dz zuzeschribenn, das si sollich brieff gar nienderth in iren behaltern unnd gwalt habint, sonders syg das ußhin gegeben worden unnd in des von Rischachs huß komenn wie obstatt.

Artikel zur Übergabe des Stiftes Embrach, 25. 1. 1524

Staatsarchiv Zürich, A 119, Nr. 42. Vgl. F II a 128, 3r–4r

◀ S. 45f.

Der erste von acht Artikeln, die Propst und Kapitel des St. Peterstifts zu Embrach und gleichzeitig der Gemeinde Embrach zur Kenntnis vorgelegt wurden und die sie einen nach dem andern beantworteten. In der Einleitung wird betont, dass nun allenthalben das göttliche Wort «hervorbreche» und im Herrschaftsgebiet der Stadt Zürich klarer und lauterer als zuvor gepredigt werde (vgl. dazu die Formulierung durch die Königsfelder Äbtissin in ihrer Austrittsurkunde, 1. 3. 1528). Deshalb soll auch in Embrach kein Mangel an Ausbreitung der evangelischen Lehre sein. Allerdings hätten in diesem Jahr etliche Priester allerlei zum Zehnten von der Kanzel gesagt, so dass sich ungehorsame Leute vergangen hätten und keinen Zehnten mehr leisten wollten, was der Gemeinde gar nicht gefallen habe. Die Zürcher Räte Niklaus Setzstab und Bernhard Utinger sind auch unter denen, die Reischach 1518 im Bad beschenkten. Zur Verwandtschaft Reischachs mit der Zürcher Familie Schwend und zum politischen Einfluss des Felix Schwend vgl. S. 78 und 94. Konrad Escher gehört zu den vier, die der Äbtissin nach der Übergabe danken und auflisten sollen, was ihr gehört und was für Abgaben bisher eingenommen worden sind.

Hernach volgend ettlich artickel, damit ein gemeind zu Embrach vermeint beschwert ze sind, an Felix Schwenden, Meister Niclaus Sezstab, Cunraten Äscher und Bernharten Utinger von kleinen unnd grossen Räten der Statt Zurich harzu verordnet, gelangt, beschechen und verhandelt, Mentags vor Karoly anno xxiiiio. Und nach dem die selbigen artickel Herrn Bropst und Cappittel fürgehallten sind, hannd sy deren jegklichen insonders verantwürdt dermaß als nachvolgen würdt. Erstlich als dann jetz das gottlich wortt allenthalb harfürbreche und sonnderlich dem gemeinen man in miner Herren von Zürich Statt, deßglich iren herlikeitten, gerichten und gepietten clarer und luterer dann vorhar verkündt und gepredigt werde, syge deßglich inen zu Embrach mit ußspreittung der Evangelischen lere dhein [kein] mangel. Wol hab sich dis hürigen jars zugetragen und begeben, das ettlich sonnder personen sich vergangen, und von allen früchten und und [!] dingen nit zechendet habint wie von allterhar, das hab aber ein gantze gemeind vast ungern von inen gehept, sölich ungehorsam lüt habint ouch inen damit dheins wegs gedient, wie wol etlich priester by inen allerley vom zechenden an den cantzlen geseytt, dadurch solich sonnder personen ein ursach vermeint zu haben, den zechendenn nit mer zu geben wie von allterhar. Aber wie dem allem sy, so sollent entlich mine Herren zu inen als einer gemeind sich anderst nütz dann aller gehorsame, und gutz getrosten hallten und versechen, dann inen gefalle und frowe sy wol, das ein ersamer wyser Rat der Stat Zürich als ir gnedig Herren by dem heiligen göttlichen wort beliben und das under den iren pflantzen, fürdern und ~~ufnemmen~~ [am Rand: uffnen] wellind.

Heinrich Brennwald, Propst zu Embrach bittet Zürich um Schirmherrschaft, ohne Datum [1524]

Staatsarchiv Zürich, F II a 128, 8r. Vgl. A 119, Nr. 46

◀ S. 45f., 58f. (mit Abb.)

Da die weltlichen Missbräuche inzwischen abgestellt sind, sollen die im geistlichen Bereich an die Hand genommen werden. Die Statuten enthalten zweierlei Artikel, von denen etliche von Anfang an nicht eingehalten wurden, auch von den Zürcher Herren nicht mehr gestattet werden. Gegen die andern Kirchenbräuche stehe das Gotteswort. Da man Gott mehr Gehorsam schuldet als den Menschen, begehrt man, von Statuten und Satzungen, die gegen Gott, was ziemlich und billig oder gegen das Recht ist, eingeführt wurden, entledigt zu werden. Das Singen, Lesen, die Messe, Vigilien und Jahrzeiten sollen nach Ordnung des Evangeliums eingerichtet werden, damit sie nicht unnütz sind, sondern zur Ehre Gottes und Liebe der Nächsten dienen. Niemand soll aber denken, man wolle sich aus Mutwillen oder Liederlichkeit von den Aufgaben befreien und ein faules, müssiges Leben führen. Es gibt keine Klagen oder Beschwerden gegen die jetzige Arbeit, den Anweisungen will man folgen. Die Edition des Briefes (siehe Hoppeler, S. 76, nach F II a 128) weicht orthografisch und in der Satzstellung hie und da vom Entwurf ab, wichtigere Abweichungen sind in eckigen Klammern eingefügt.

Herr Burgermeister, strenngen, fürsichtigenn, wysenn, gnedig unnser lieb Herrnn. So nun die mißbrüch, zytliche ding antreffennde, eynns theyls abgestellt, verbessert und zu Ewer eerkhanntnus gesetzt sind, bedunckt unns, die geystlichenn ouch fürhand ze nemenn. Fugent üch hiemit ze wüssen, das die stattuten der Stifftt Embrach [Entwurf: so jeder Chorherr zu Embrach schweren muss] unnder anndern zweyerley articklenn begryffennd, derenn etlich vonn irem annfang har nie gehalten, ouch unns vonn üch, unnsren Herrnn, nitt zugelassenn noch gestatted werdennd. Wider die anndren, dye Ordnung der kilchenn brüch anntreffennde, dermaß sy dann bishar verbracht sinnd, steyt das göttlich wortt heytter. Diewyl man dann Gott mer sol gehorsam syn dann dem menschenn [Entwurf: Satzteil fehlt], deßhalb [Entwurf: Uß disen Ursachen] begerennd wir vonn sölichenn stattuten und satzungenn (wo die wider Gott zimlichs, billichs oder rechts inngefurt) [Entwurf: Einschub in Klammern fehlt], ze enntledigott werdenn, unnd das Singenn, Lesenn, Meßhan, Vygilgenn, Jarzit und was des geschwürnis [Entwurf: dings] ist, nach ordnung des Evangeliums gerichtt, damit sy nitt unnützlich, sonnder zu der eer Gottes unnd liebe des nechstenn möginnd geübt unnd volbracht werdenn. Das aber niemanndt gedennck, das wir söliche übüngenn unnser pfründen betreffennde uß mutwilenn oder liederliche wesenns halb vonn unns schütten und hinfür ein ful, müssig lebenn fürenn wellind, das gar unnser meynung nit ist, dann wir an jetzgedachter arbeytt libshalb gar keinn clag noch beschwerd hannd, darumm begebennd wir, was uß vermög der warheyt und göttlichs worts uns von üch unsern gnedigenn Herrn darfür ufgelegt ze thun oder lassen verschafft wirt, gehorsam ze syn und statt ze thun. [Entwurf: Begerent also, üwer ersam wyßheit welle uns als die üwern hinfur als bishar in schirm und gnad halten. Das begerent wir umb üch sampt und sonders gegen Got und in der zyt, so wyt unser lib und gut reichen mag, ze beschulden]. Euwer gehorsamen Heinricus Brennwald, bropst unnd gemein Cappittel zu Embrach.

Supplikation von Propst und Kapitel zu Embrach, 20. 8. 1524

Staatsarchiv Zürich, A 119, Nr. 43.Vgl. F II a 128, 9rv

◀ S. 45f., 58f., 74

Am 20. August 1524 richten Propst Heinrich Brennwald und das Kapitel zu Embrach eine Supplikation an die Herren von Zürich, die neuen Kastvögte und Schirmherren. Sie übergeben eine vollkommene Abrechnung sowie alle Urbare, Rödel und Dokumente, mit der Bitte, einen Amtmann einzusetzen und ihn angemessen zu besolden. Er soll dem Stift Zinsen und Zehnten einbringen. Den Chorherren sollen ihre Pfründen ausgerichtet werden, solange sie leben. Danach soll die Habe des Stifts Embrach zum Lob Gottes und der Nächstenliebe verwendet werden. Die Einkünfte des Stifts werden für Chorherren und Schaffner in acht Teile geteilt und betragen jährlich: 100 Mütt Kerne, 10 Malter Hafer und 10 Pfund Geld, dazu Wein und Holz aus dem Stiftswald. Der Schaffner wird dagegen nichts an Kernen oder Hafer nach Zürich führen müssen.

Innhalt der Suplication durch Probst und Capitel zu Embrach uff Samstag vor Bartholomey im xxiiii jar [20. 8. 1524] an unnsere Herren gelangt.
Her Burgermeister, strengen fürsichtigen wisen genedig Heren. Wir Heinrich Brennwald Probst, Cunrat Flachslant, Johans Nithart, Jacob Wiss, Johans Lanndenberg, Ulrich Werdmüller, Niclas Enngelhart, Jos Has, Meyster Willhelm Keller und Jos Brennwald, das capittel der Stift Embrach erbiettend uns underteniklich aller gehorsami und fügent üch hie mit zu wüssen, das ietz gemelte Stifti Embrach von den Grafen zu + [Kyburg] mit allerley fryheiten, gerichten, egenlüten, zwing, bänn, zins, zennden, rennt, gült, holtz und feld begabet und bishar mit üwer hilf und rat von uns trülich und erlich geuffnot und erhalten ist. So nun ir unnsere Heren üch in ietzlöffigen henndlen gegen allen üwer priesterschaft so frünntlich und fäterlich erzeigent, uns und andre innhalt üwer bekanntniss im friden wellent lassen absterben, das wir zu dem höchsten begerent, des halb wir uns erbitend um alle hab und gut der stift Embrach volkomne lutere rechnung zu thun, und um das in künnftigem mit sölichem gut von niemant gefärd oder unntrüw moge gebrucht werden, so wellent wir üch unnsern kastvögten und schirmheren urbar, rödel, brief [S. 2] und alle gewarsami überanntwurten und ingäben, mit beger das ir ein getrüwen amptman darüber segint, dem ein erliche besoldung schöpfint, der der Stift zins und zenden inbring, unnser yedem sin pfründ wie wir sy bis har gehebt unnser läben lang usricht und bezale. Nach dem wir aber also im friden abgangen und nüt me sind, das ir als dann alle hab der Stift Embrach zu lob und er Gottes, ouch liebe des nechsten verwenden söllint und mogint, das wir probst und capitel gemeinlich und unferscheidenlich so vil unns dess gebürt und zustat verwilgent und nachlant, bitend hiemit dis unnser anbringen in aller besten (wie es dann beschicht) von uns anzenemen und uns in üwerem schutz und schirm hinfür als bis har trülich erhalten. Herum well Got üwer lon sin. [...] [S. 3] Dise bekumnis ist durch Burkhart Wirtzen, den unterschriber verzeichnot inmass wie nach volgt. Alsdann unnsere Herenn die verordnoten mit Probst und capitel von Embrach irer pfrunden halb ze überkomen gehanndlot hand, ist uff zimlich anbringen und beger gemelts Probsts und der Heren järlicher gült halb hinfür ir läben lang dienende von den verordnotenn für gehallten und fürgeschlagen ein Summ kernnen, haber und gelt, wie hie nach volgt verzeichnot, welicher summ dann gemelter Probst und die Herenn fast wol benügt und darum flissig gedankt, bittende hieby das sy unnsernn Heren befolhen witer söllint werden. Item so sind der teylen viiii sampt dem schaffner und sol yedem dienen:

	kernen	ic müt [100 Mütt]
An	haber	~~i mltr~~ x malter [10 Malter]
	gelt	x lib [10 Pfund]

Darzu söllent sy teylen under einander den win zenden, das nüt vil ist. Item uss der Stift wald dem blawen sollent und mogent si sich zimlich beholtzen. Doch söllent die Heren irer pfrunden gült halb zu Embrach von dem schaffner die bezalung annemen, und ist gemelter schaffner nüt schuldig, der fur [Fuhre] halb gen Zürich ze füeren kernen oder habers ützit schaden ze han. [...]

Ulrich von Württembergs Bitte an Zürich um sicheres Geleit, Basel, 10. 11. 1524

Staatsarchiv Zürich, A 195.1, Nr. 162

S. 50, 66

Bittschrift Herzog Ulrichs zu Württemberg und zu Teck, Graf zu Mömpelgard (Montbéliard), an Bürgermeister und Rat der Stadt Zürich um Sicherheit und Geleit auf den Gebieten unter der Obrigkeit der Stadt für sich selbst, Verwandte und Zugehörige. Ulrich von Württemberg beruft sich auf gutes Einvernehmen seit langer Zeit, freundlichen und treuen Beistand in Nöten zwischen seinen Vorfahren und der Stadt Zürich und bittet, diese Freundschaft zu erneuern und zu mehren. Er erwartet eine freundliche und unabschlägige Antwort durch den Boten. Tatsächlich ritt er schon acht Tage später in Zürich ein und verhandelte mit dem Rat.

[Umschlag:] Den 11. (!) Wintermonat 1524. Den fursichttigen, ersamen, weisen, unnsern sonndern liebenn unnd gutten freunden, Burgermeister unnd Rhatt der Statt Zurich.

[Darunter:] Hertzog Ulrich von Wirtemberg anhalten: Umb sicherheit und Gleit zu ernüfrung der alten früntschaftt 1524.

Ulrich vonn Gottes gnaden Hertzog zu Wirttemberg unnd zu Tegckh Grave zu Mumppellgart.

Unnsern freuntlichen grus zuvor fursichtigen, ersamen, weisen, sonnder lieben unnd gutten freund. Nachdem unnsere vordern unnd wir lannge zeitt her mitt einer Statt Zurich in freuntlichem unnd guttem willenn gestannden, ouch in dero nötten freuntlich unnd treulich fur annder zu euch gesetz, tragenn wir je geneigtten willenn sovil an unns solliche freundtschafft zu erneuweren unnd zu meeren. Deßhalb unnser ganntz freuntlich beger, ir wollenn unns, ouch unnsern verwanndtten unnd zugehörigen, damitt sollichs dester stattlicher unnd bas gefurdert mog werden, in ewer Statt oberkeitt unnd gebietten sicherheitt unnd gleitt gebenn. Das wollenn wir in aller freundtschafft unnd guttem willenn gegenn euch beschulden. Begerennd deß euwer freuntlich unnd unabschlägig anntwurtt bey disem bottenn. Datum Basell, Donnderstag vor Martini anno xxiiii. Ulrich Hertzog zu Wirttenberg.

Bestätigung der Übergabe der Zürcher Abtei, 1. 12. 1524

Staatsarchiv Zürich, B VI 249, 143v (Wyss S. 467, Nr. 496a)

S. 49, 58f.

Einen Tag nach der Verzichtserklärung der Äbtissin vom 30. November 1524 (Stadtarchiv Zürich, III.B.961.6, Gysel/Helbling 1999, S. 193f.) bestätigten Bürgermeister und beide Räte die Übergabe der Abtei. Das Protokoll ist kurz, die Aufteilung der anstehenden Aufgaben klar: Auf diesen Tag hat Katharina von Zimmern, Äbtissin zum Fraumünster, all' ihre Freiheit und Gerechtigkeit, die sie und ihre Vorgänger bisher an dem Gotteshaus, seinen Leuten und Gütern hatten, übergeben. Mit dem Vorbehalt, dass man sie ihr Leben lang mit einer Provision versehen soll, nicht nur nach ihrem Stand und Herkommen, sondern auch zur Ehre der Stadt. Konrad Escher, Rudolf Thumysen, Wegmann und Ulrich Trinkler werden verordnet, der Äbtissin zu danken. Sie sollen aufnehmen und besichtigen, was ihre Freiheit ist, d.h., was ihr gehört, und was für Abgaben sie und die Konventfrauen bisher eingenommen haben. Konrad Escher war auch bei den Verhandlungen mit Embrach dabei. Die Herren Binder, Thumysen, Bleuler, Konrad Gul, Heinrich Werdmüller und Hans Rudolf Lavater sollen sich um die Klöster kümmern, sei es Ordnung schaffen oder anderes, und wieder berichten. Bleuler, wohl Johannes, dürfte derselbe sein, der von Barbara von Reischach in ihrem Bericht aus dem Kloster St. Katharinental bei Diessenhofen als bescheiden und zurückhaltend bezeichnet wird.

Uff S. Andres tag, clein und groß rätt praesentibus H[err] Walder Burgermeister. Uff disen tag hat frow Katerina von Zymbri äbtissin zu dem Frowen münster minen Herren übergeben all ir fryheit und gerechtikeitt so sy und ir vordern bißhar an dem Gotzhuß, deß lüt und güttern gehept hatt, doch mit vorbehaltung, daß man sy ir leben lang mit einer erlichen provision nach ir standß harkomen, und der Stat eere versehen sölle.

M. Conrat Äscher, M. Rudolff Thümysen, M. Wegman, M. Ulrich Trinckler sind verordnet der äbbtissin zu dancken und söllichs von ir uff ze nehmen und ze besichtigen, waß ir fryheit sient: und waß gült sampt den Convent frowen bißhar ingnomen und gehept habent.

[...] M. Binder, M. Dumysen, M. Blüwler, Cunrat Gul, Heinrich Werdmüller, Hans Rudolf Laffater sollent angents von der clöstern wägenn handlen, es syg inn ordnung stellen al in ander weg, unnd das wider an min Her[ren] langen lassenn.

Entscheid des Zürcher Rats über die Zürcher Männerklöster, 3. 12. 1524

Staatsarchiv Zürich, B VI 249, 144r

◀ S. 49f.

Die Ordensherren der drei Klöster, nämlich der Augustiner, Prediger und Barfüsser sollen in das Barfüsserkloster ziehen und abwarten, was die sechs Verordneten berichten. Die Entscheide zur Übernahme der Abtei und zu den Männerklöstern erfolgen zwei Tage später.

Sambstags nach Andree praesentibus Her Burgermeister Walder, Rätt unnd Burger. Es ist erkent das bi dieser tagzit die ~~Hern~~ ordensherren ~~zu~~ der dryg clöstern, namlich zu den Augustinern, Predigern unnd Parfussern in das Parfusser closter ziechenn unnd sich daselbs bis uff witer underrichtung enthalten söllint, unnd in mitler zit unnd angents die sechß, so vormals zur sach geordnet sind, fürfarenn unnd witer ordnungen irthalb unnd der andern clöstern stellenn, unnd so demnach wider hindersich an min Herren lassen langen. Die berurten sechß habent ouch gwalt witer unnd mer lüten zu inen zu nämen nach irem guten beduncken unnd gfallenn, die inen hilfflich syent alles das zu handlen so nutz unnd gutt sin mag.

Entscheide zur Übernahme der Abtei und zu den Männerklöstern, 5. 12. 1524

Staatsarchiv Zürich, B VI 249, 144r–v (Wyss, S. 467, Nr. 496b)

◀ S. 49f., 58f.

Bürgermeister und Rat von Zürich willigen mit Dank ein, das Fraumünster mit all seinen Rechten und Gütern von Äbtissin Katharina von Zimmern zu übernehmen und ordnen die Verurkundung dieser Übertragung an. Der Äbtissin wird das Recht eingeräumt, in ihrem Haus zu bleiben und nach ihren Bedürfnissen und in allen Ehren ihr Leben lang versorgt zu werden. Der von ihr eingesetzte Schultheiss sowie der Amtmann des Fraumünsters bleiben in ihren Stellungen, während für die übrigen Klosterämter eine Aufhebung erwogen wird. Im Anschluss an das Schreiben Bestimmungen zu den Männerklöstern: Diejenigen, die das Kloster verlassen und ein Handwerk lernen wollen, erhalten das, was sie ins Kloster eingebracht haben, zurück. Diejenigen, die nichts mitgebracht haben, aber ebenfalls bereit sind, ein Handwerk zu erlernen, sollen aus dem Klostergut unterstützt werden. Die sechs oder acht Verordneten schlagen den Gnädigen Herren geeignete Pfleger vor, aus denen diese ein, zwei oder drei wählen, die den Gotteshäusern nützlich sind, fromm, ehrlich und die wohl haushalten. Zur Aufhebung der Zürcher Frauenklöster siehe S. 30 Anm. 50 (Knecht).

[144r] Mentag vor Nicolai praesentibus Herr Walder, Rätt und Burger. Alß unser gnädige frow [über der Zeile: Katerina] äbbtissin zu dem Frowen münster ir ampt sampt aller fryheit und gerechtikeit minen Herren Bürgermeister, Rat und dem grossen Rat fry übergeben, deß willens söllichß mit brieff und sigil uff ze richten. Söllichß habent unser Herren zu danck angenommen und lassent beschehen, daß die brieff unverzogenlich gemacht werdent. Deß glych sol genante frow in irem huß blyben und nach aller notturfft och nach allen eeren gnügsamlich ir läben [144v] lang versähen werden. Der ämpter halb laßt man Schultheiß Effinger, deß glychen den ammann Fryen by iren ämptern blyben. Der andern ämter halb wirt man villicht hinfür nitt mer nottorff sin. Alß dann wyter anzogen ist, der dryen mannenclöster halb, wie man sy halten wölle. Ist ein gschrifft gstelt, die sol blyben und den münchen gmeinlich vor gelesen werden. Und ob die zu den Augustinern oder Predigern ettwaß ergen hetten und der Gotzhusern nit were, sol man inen nachlassen. Ob och einer oder mer uß sinem orden gan und ein hantwerck leeren wölte, sol man im daß, so er inß closter gepracht, hinuß geben. Welcher aber nüt hingepracht und ein hantwerck leeren, dem sol man uß deß Gotzhuß güttern helffen. Den bestimpten clöstern pfleger ze geben ist erraten, daß die verordneten sechß oder acht man erwellen, die sy vermeinen zu pflegern gut sin, und die minen Herren so bald eß sin mag fürschlahen. Uß denen söllent mine Herren ein, tzwen oder dry erkiessen und zu pflegern nemen, die den Gotzhüsern nützlich syent, frommlich, erlich und wol hüßhaltent.

Leibgeding für Katharina von Zimmern

Stadtarchiv Zürich, III.B.328

◀ S. 74f. (mit Abb.)

Lebenslange jährliche Pension von 353 Pfund und Naturalien, die Katharina von Zimmern nach der Übergabe der Abtei von der Stadt Zürich zugestanden wurde. Zum Vergleich: die Äbtissin von Königsfelden, Katharina von Waldburg bekam von Bern 100 Gulden, wobei zu der Zeit 1 Gulden ca. 2 Pfund entsprach (HLS). Die Austrittsurkunde vom 1. 3. 1528 und die beiden Briefe der Schwestern von Waldburg an ihren Bruder vom 3. 9. 1529 und 5. 1. 1530 zeigen, wie gering diese Abfindung ihrer Meinung nach war und wie viel sie für ein ihrer Herkunft gemässes Leben veranschlagten, nämlich 1000 Gulden Hauptgut und 100 Gulden jährlichen Zins. Katharina von Zimmern behielt ausserdem ihr Wohnrecht in der Abtei, das sie 1536 für 520 Pfund aufgab. Katharinas Leibgeding wurde 1547 letztmals ausbezahlt, 1548 ging es an Meister Müller bzw. an das Amt für Sonderpfründen am Fraumünster (Niederhäuser, in: Niederhäuser/Wild, S. 151). Nach ihrem Tod versuchten ihre Tochter Anna Spiegelberg, verwitwete von Mandach, und deren Ehemann 1551 das Leibgeding über den Rat von Schaffhausen weiterhin zu erhalten, doch wurde dies von Zürich abgelehnt. Ein Beispiel aus dem Rechnungsbuch des Fraumünsters von 1539:

Usgeben denn pfrunden Mir gnedigen frouwen

An kernnen	c müt [100 Mütt]
An haber	xxiii malter [23 Malter]
An wyn	lxv eimer [65 Eimer]
An gellt	iii c liii lib. [353 Pfund]

Abschied der Eidgenossen auf Botschaft Ulrichs von Württemberg, Baden, 16. 12. 1524

Hauptstaatsarchiv Stuttgart, A 121 Bü 31

◀ S. 65f.

Eberhard von Reischach trägt auf der Tagsatzung in Baden am 16. 12. 1524 eine Entschuldigung Ulrichs von Württemberg vor. Dieser wurde auf dem Tag von Luzern aufgefordert, zwei Prädikanten aus der Herrschaft Mömpelgard (Montbéliard) zu entfernen, die lutherische Sekte auszurotten und abzustellen. Darauf gab er keinen Bescheid, weshalb man den Gesandten auffordert zu antworten. Reischach erwidert, der eine der beiden Prädikanten sei nicht mehr dort, und er sei sicher, der andere werde auch weggeschickt, wenn es den Eidgenossen so wichtig sei. Ulrich von Württemberg soll in der Eidgenossenschaft weder eine kriegerische Empörung noch einen Aufruhr anzetteln und besonders im Thurgau nicht aufwiegeln, auch keinen Aufbruch in Gang setzen wegen der lutherischen Sekte und niemand wegführen. Die Obrigkeit werde das bei diesen schweren Zeiten nicht dulden. Sollte er es doch tun, so werde man so handeln, dass Ulrich von Württemberg den Ernst spüren werde. Vgl. Baden, Montag 12. 12. 1524, EA IV 1a, Nr. 228, S. 539f.

Abscheid von gmeiner Eydgnossen zu Baden in Ergöw, uff unnsers gnedigen Herren Hertzogen zu Württembergs Bottschafft, fürtrag unnd werbung. Uff disem tag ist erschinen unnsers gnedigen Herren von Württemberg bottschafft, der edel vest Eberhart von Rischach, unnd hat nach erscheinter credenntz sin fürtrag gethan unnd sines Fürsten unnd Herren verantwurtung unnd befelch ingeschrifft ingelegt, das wir alles nach der lennge verhördt unnd darinn sin entschuldigung verstannden. Desßhalb so lassend wir es jetzmal by söllicher verantwortung bliben. Diewyl aber unnserm gnedigen Herren Hertzogen zu Württemberg vormals ab einem gehaltnen tag zu Lutzern ernnstlich geschriben, die zwen predicanten usß der herschafft Mümpelgart zethun unnd die Lutterisch sect ußzerütten und abzestellen, daruff aber sin f[ürstliche] gn[aden] in siner verantwurtung kein meldung thutt, desßhalb wir die bottschafft umb antwurt erfordert, hat er daruff gesagt, der ein predicant sye nit mer da unnd er sy ungezwyfflet, wann unnser glediger Herr von im vernemen, alls er im truwlich fürhalten, das wir unnd unnser Obern so groß mißfallen darab hannd, sin gnad werde den anndern predicanten ouch hinweg thun. Uff söllichs habent wir gutter meinung angenomen söllich sin antwurt, der hoffnung, sin gnad werde sich darin schicken und sinem erbietten statt thun. Wir habend siner gnaden botten ouch daby gesagt, das er sinen gnaden sagen well, das er sich fliß unnd dermas darinn schicke, damit sin gnad unns in unnserm lannd kein kriegkliche enbörung noch uffrur beweg noch anfach, unnd bsunder die unnsern im Thurgöw nit uffwiglen, ouch kein uffbruch machen noch hinweg füren, dann unnser Herren unnd Obern das nit gedullden noch erliden mogen noch wöllen, besunder jetz by disen schweren löuffen. Dann wo sin gnad das nit thätt unnd allso ettwas unruw anfieng unnd die unnsern uffwiglete oder sunst unruwig machte von wegen der Lutterischen sect (das wir noch unnser Herren unnd Obern im nit getruwend), so wurden unnser Herren unnd Obern ir nottdurfft nach darzu bewegt unnd geursacht, der maß darinn ze hanndlen, das sin gnad den ernst spüren unnd das söllichs unnsern Herren unnd Obern leid sig empfinden wurde. Unnd des zu warem schine, mit des fromen wysen Heinrichen Fleckensteins des Ratts zu Lutzernn unnsers lanndtvogts zu Baden uff getrucktem insigell in namen unnser aller verwaret. Beschechen Fritag nach Lucia anno xxiiii.

Ulrich von Württemberg, Empfehlung für Eberhard von Reischach, 6. 9. 1525

Staatsarchiv Solothurn, AH 4, 16

◀ S. 65, 81

Mömpelgard (Montbéliard). Eberhard von Reischach, Überbringer dieses Briefes, hat den Auftrag, mit den Bundesgenossen zu verhandeln. Man soll ihm Glauben schenken, wie Ulrich selbst, der auf einen gutwilligen, zustimmenden Bescheid hofft.

Ulrich vonn Gottes gnaden Hertzog zu Wirtemperg unnd zu Tegk, Grave zu Mumppelgart. Unnsern freuntlichen grus zuvor, fürsichttigen, ersamen, wysen, sunder gutten freund, liebenn unnd getruwen pundtgnossen. Wir habenn unserm liebenn getrüwen Eberhartten vonn Ryschach dem Elttern zeigere dis briefs bevelch gebenn, ettwas vonn unnsertwegen mitt uch zu hanndlen, wie ir verrer vernemen werdtt. Deshalb unnser freuntlich beger, ime dißmals gleich unns selbs glauben zu geben unnd in sollichem gutwillig unnd unabschlegig zu erzeugen, wie wir unns der billicheitt nach auch sonnst uß freuntlichem vertruwen zu euch versehen, wollenn wir unns verlassenn unnd freuntlich umb euch beschulden. Datum Mumppelgart Mittwoch nach Egidy anno xxv.

Brief von Wilhelm Truchsess von Waldburg an die Äbtissin von Königsfelden, 16. 4. 1526

Schloss Zeil, Fürstl. Waldburg-Zeil'sches Gesamtarchiv, ZAZ 908 (vgl. Teuscher/Moddelmog, S. 167–169)

◀ S. 31f.

Wilhelm Truchsess von Waldburg fordert seine Schwestern auf, im Kloster zu bleiben. Hinter seinem Rücken hätten sie sich an Bern gewandt, auf Unterstützung der Familie könnten sie nicht rechnen. Er erwähnt einen Brief, den sie ihm geschrieben hätten, und zerpflückt ihre Argumente in seinem zehn Seiten langen Brief mit zahlreichen Bibelzitaten. Er bezweifelt, dass der Anstoss, das Kloster zu verlassen, aus Bern gekommen sei und fragt, ob der diesbezügliche Sinneswandel der Schwestern von Gott oder vom Fürsten dieser Welt, dem Teufel komme. Wer sich mehr an des gemeinen Pöbels Gebet halten wolle als an die althergebrachte löbliche christliche Ordnung, der werde selbst des Pöbels und werde den Lohn am jüngsten Gericht empfangen. Ob geistliches Leben nütz oder unnütz sei, könne kein weltlicher Mensch, sondern nur Gott allein beurteilen. Durch einen Klosteraustritt würden sie ihrem Namen und ihrer Herkunft Schmach und Schande bereiten, und wenn nicht der teuflische Geist der neuen Sekte sie verführt hätte, würde er erwarten, dass sie nicht in sein Haus kommen wollten, sondern in ein anderes Kloster, deren es noch genug gebe.

[S. 1] Schwestern, ich hab von uch ain schrifft uff dornstag nach Quasimodo von uwer hannd ußgangen mit sampt ainem ingeligen zedel empfangen, us welcher schrifft vil iuver vermainten beschwernussen unnd wie ir min herren und frunden von Bern als castvögten zugeschriben, das ir die apty lenngr nit wissen zu verwalten und inen dis uff geschriben, welches sy von uch guttig angenomen haben sollen. Das ich alles wytters innhalts mit schwerlichem gemiet vernomen, unnd insonderhait anfengclichs, das ir sollichs also henderruggk min unnd on min wissenn unnd rat gethan, dann so ir mines rats gepflogenn, hette ich uch dess ~~keins~~ solcher gestalt keins wegs geratten. Wann ir hapt gut wissenn, wie ich vormals uwer und uwers Gotshuß halp gemelten min herren und frunden von Bern geschribenn und nit annderst by inn befunden allen den jhenigen, die in uwerm Gotshuß beliben wolten, helff, bystannd, schutz und schirm mitzutailen. Ich hab och noch nie gehort oder befunden, das die von Bern zu solchem uwerm furnemen ainiche ursach gegebenn. Deßhalp ich mich und wol unngclichen [?] gegen uch betruwt hett, das ir uwerm schribenn, dass ir mir vormals gethan, [am Rand: mit? dem sagen] so nit mer, dann ir min schwöstern und baß von Fromßperg darinnen beliben möchten, so wölten ir darinn lebenndig vrem tod verharren, wie sich aber uwer gaist verwandelt und ob er sig von Got oder von dem fürsten diser welt ist mir nit wissennt. […]

[S. 4] Palus [!] schreypt: Befleyssenn uch guter werck dann die sind nit unutz vor Got. Ich befind och in uwer schrifft, das ir mer ruw diser welt und gsunthait uwers lybs suchen, mer [?] achtung dann die belonung Gottes. Und tragen grossen unwillen, das ir uch umb sunst kostigen sollten. Hetten ir epistolas Pali so vil gelesen, als ir uch villicht umb die weltlichait und wollust dess lybs gesucht und angenommen, so wisten ir wol ob kostigung lybs Gott dem almechtigen gefellig oder nit gefellig wär. Und als ir maynen uch us dem gaistlichen stannd mit eren als wol als ander thun und entladen wollen, kan ich by nit Got nit befinden, das ir weder mit Gott noch eren den gaistlichen stannd, den ir glopt und geschworn hapt und von Got also berufft worden, wie ir anzaigen verlassen mügen und üwer wonung hinfurter by mir und ander fruntschafft zu halten. Dann ir bedärfft nit andrst gedenncken, wo ir das thut, das ir unnserm namen und stamenn och uch selbs wie vor angezaigt schmach und schand uff legt, ~~und ze~~ wiewol ir vermainen vch damit zu ruw zu helffen, ~~so werden ir~~ wirt nit sein, sonder von uns allen schmelicher dann ain jud gehalten. Unnd wo uch nit ain tuffelscher gaist dieser nuwen sect verfiert, so hett uch wol angestanden, das ir nit zu mir [S. 5] oder unnser fruntschafft uwer wonung zu habenn beg[e]rt, sonndr das ich uch geholffen ~~hett~~ in ain ander erlich beschlossen closter, der man noch vil in unnsern landen durch die genad Gottes findet. [...]

Austrittsurkunde Katharinas von Waldburg, Äbtissin von Königsfelden, 1. 3. 1528

Staatsarchiv Aargau, U 17/0936d

S. 72–74

Trotz der eindringlichen Warnung ihres Bruders Wilhelm Truchsess von Waldburg übergibt Katharina von Waldburg das Kloster Königsfelden. Aus besonderer Gnade Gottes ist die evangelische Lehre «ausgebrochen» (vgl. Artikel zur Übergabe des Stifts Embrach, 25. 1. 1524) und die bisherige für göttlich gehaltene Religion dem Wort und Geheiss Gottes ungemäss. Deshalb hat die Truchsessin sich entschlossen, sich in den gemeinen christlichen Stand zu begeben und beauftragt Sigmund Graf von Hohenlohe, Jörg von Hewen, Eberhard von Reischach und ihren Vogt Hans Escher von Zürich, mit Bern zu verhandeln. Ihr zugebrachtes Gut und Leibgeding betragen 150 Gulden, Kleider, Hausrat und Silbergeschirr, ausserdem 100 Gulden für ihre Dienste und 100 Gulden Leibgeding jährlich durch Bern. Sie und ihre Erben haben keine Ansprüche mehr an das Kloster durch Verzicht auf alle Freiheiten und Privilegien. Katharina von Waldburg bezieht sich ausdrücklich auf das Recht, das der römische Gesetzgeber weiblichem Geschlecht verliehen hat.

(Mit bestem Dank an das Editionsprojekt Königsfelden des Historischen Seminars der Universität Zürich)

Ich Katherin Trucksässin von Waltpurg Äpptissin zu Kungsfellden thun kund unnd bekänn offenlich mitt disem brieff, als ich dann gegenwirtig zytt unnd löuff betrachttett, inn denen uß sunderer gnad Gottes die evangelische laer ußgebrochenn unnd so vil geoffenbarett, das ich darab genommenn, das min religion und ordenn, die ich bißhar gutt und göttlich ze sin vermeinnt, dem wortt und geheiß Gottes ungemäß befunden hab, deßhalb ich verursachett, die ze verlassenn, ouch mich inn gemeinen christennlichen stand ze begeben unnd schicken. Uff sölichs so hab ich den edlenn, wolgeporen, frommen, vestenn Herren Sygmund Graffen von Hochenloch, Herrn Jörgenn von Hewenn unnd Eberhartten von Ryschach, minen frunden in bevelch geben, lut uff sy gestellter innstruction mitt den edlenn, frommenn, vestenn, fursichtigen, wyßen Schultheßen unnd Ratt der statt Berrnn, Oberherrn unnd Castenvögt bemelltes klosters Kungsfellden von minentwegen red ze hallten, werbung ze thund gütig urlob ze erlanngen mitt zimlicher abvertigung und zustellung mins zugebrachttenn gutts, lybdings unnd vergelltung miner gutten diennstenn. Das nun uff sölich min ansuchenn beschechen ist, des ich bemelldten minen gnädigen Heren von Berrnn hochen danck sagen. Unnd so nun ich obbemelldte Kathrin Trucksässin mitt gunst, wussen unnd wyllen obberürdter miner frund unnd anwällten, ouch mitt hannd unnd gwallt des ersamenn Hannsen Äscher, burgers zu Zurich, mins recht gegebnen vogts, dem ich ouch in disenn sachenn von minenttwegenn zu handlenn völlingen gwallt geben hab, erstlich mins zubrachtten gutts in bemeldt kloster und lybdings, der anderthalb hundertt guldinen, ouch aller miner kleyder, kleinotter, hußratt, sylbergeschyr, vernügtt, demnach der hundertt guldinen erunngen von wegen miner gehaptten müg, arbeytt unnd gethanner diennsten, durch gedachtt min gnädig Herren von Berrnn mir zugesprochenn, verhollten unnd bezallt, so sammpt hundertt guldinen jerlicher libding min leben lanng, lutt des libdings brieffs, so ich hinder mir hab, versichertt bin. Darumb und von deswägenn ich fur mich, min erbenn, frunden, verwandten, nachkommenn unnd allen denen, die von minentwegen an bemelldt min gnädig Herren von Berrnn ir nachkommenn und genanntt Gottshuß Kungsfellden uberkommenn möchten ganntz quitt, ledig und loß gesagt und gelaßen hab, sag unnd laß ouch inn krafft dis brieffs, dann ich mich mitt hannd unnd gewallt mins obbemellten vogts wussend, wolbedachtt, unbezwungenn, unhindergangen, frymütig und unbetrogen gantz unnd gar unnd ewigklich entzygenn unnd entwertt hab an [ohne] alle vorbehalttnuß, aller und yder vordrungen, ansprachen, zuspruchen, ouch des ammpts unnd wurde der apthye unnd aller anderer rechtungen, so ich an gedachtt Gotshuß haben oder kunfftegklich uberkommenn möchtt, dann mir derhalbenn volkommenn ußrichtung, usßwysung und vernügung begegnott ist, dermaß ich ich [!] darob gutt benügen hab unnd darumb diß quittung unnd ubergebung wie oblutt gethan hab. Geloben hieruff by gutten truwen unnd bemellter min vogt inn minem namenn, disen brieff mit allem sinem inhallt war, stett unnd vest zu hallten, darwyder nitt zu reden, handlen noch thun noch geholen gethan werdenn, heimlich oder offennlich, durch mich noch niemands von minentwägen mit wussenthaffter verzychung aller fryheytten, gnaden, inndulten, previlegienn, geystlicher unnd wälltlicher, damitt ich oder yemands in minem namenn oder von minentwägenn hiewyder thun möchtt oder köndt, uber kurtz oder lanng, unnd besunders des rechtten oder fryheytt, so [unleserlich, verschrieben? vr?liancz?lianus?] der Römsch gesatzgeber wyblichem geschlechtt verlychen hatt, unnd ouch des rechtten, so gemeiner verzichunng an [ohne] vorgang einer sunnderbarenn wydersprychtt des zu urkund unnd ewiger beständigkeytt, so hab ich erpättenn die obbemellten Herren Jörgen von Hewen und Eberhartten von Ryschach, das sy ir eygen innsigell hieran gehenckt haben, des wir erst bemeldt Jörg von Hewen und Eberhartt vonn Rischach bekantlich sind und disern brieff mitt unnsern syglen darumb bewartt haben, das wir unns zu handhabung diser quittung zu burgenn dargestellt unnd by unnsernn gutten truwenn und innsatz unnser gütter gelopt haben dem gnug ze tund, alles eberlich, ungevarlich in krafft dis brieffs, unnd des zu warer sicherheytt hab ich Katherin Trucksässin in sunders erpetten Hannsenn Escher min recht gebnen vogt, der mir mitt recht von einem Burgermeyster und ersamen Rat der Statt Zurich geben ist uß miner beger so ich gethan hab, dz er ouch sin eygen insygel gehenckt hatt an disen brieff. Das ich obgenannter Hans Escher bekänn in vögtlicher wyß gethan hab, doch mir und minen erben in allweg an [ohne] schaden, beschechen uff sunntag der altten Faßnachtt nach Cristi unnsers Heylands gepurtt gezallt tusent funffhundertt zwentzig und acht jar.

Küngold und Barbara von Reischach an den Vater, ohne Datum, wohl 29.10.1528

Schloss Schlatt unter Krähen, Reischacharchiv, Mappe Hohenstoffeln, 1501–1531, Fasc. 59–60

◀ S. 175f. (mit Abb.)

Die Schreiberin des Briefes, Küngold von Reischach, war Subpriorin in St. Katharinental (vgl. Denkschrift der Priorin und Schwestern). Bürgermeister [Hans] Ziegler aus Schaffhausen hat die Nonnen gewarnt, dass die Zürcher nach Diessenhofen kommen sollen, und man wisse nicht, was sie da vorhaben. Die Schwestern sind in grosser Angst und Not und bitten ihren Vater Bilgeri d. Ä. von Reischach zu Hohenstoffeln um Hilfe und Rat, wohin sie das Ihrige tun und wie sie sich verhalten sollen. Sie möchten bei anderen Klosterfrauen bleiben, wollen dem Vater aber gehorchen, wenn er sich in der Sache, von der sie schon dem Bruder Bilgeri und Werner berichtet haben, wie ein Vater verhalten wolle. Er soll mit Geld zu Hilfe kommen und sie wissen lassen, was sie nach Schaffhausen oder zum Vater bringen sollen, sie haben keinen Haller [Geldwährung] mehr auf Erden. Gott gebe es wie es gehen soll, darum soll er das tun, was am besten ist, in grosser Eile.

[Adresse:] Dem edlen vesten Bilgeri von Rischach dem Elteren unsserm hertzlieben Vater tzu Stoffel. [Darunter von späterer Hand:] 28 Octob.

Unsser kintliche truw [Treue] und als gutz vor, hertz lieber Junker. Wissend das wir in grossen angsten und sorgen sind ursach halb, das unss der burger maister Ziegler ain ritenden boten het geschikt und het unss lassen warnen, denn vil verhanden ist, die von Zurich kumend gen Diessenhoffen, nit waist man, was sy da schaffen werdend. Darumm by dem allem ist unsser beger, das ir unss wellind helffen und raten, war [wohin] mir das unßer tun söllind und wie mir unß halten söllind, wie wol unsser mainung ist ze beliben by andren frowen, die wil mir mugend doch, wenn ir och tund als ain vater mit der sach, die mir Bilgerin und vor uss jetz Wernhern klagt hand, so wend mir uch folgen wie bissherr, doch kumend unss tze hilf mit gelt und lond unss wissen war mir floznen [flössen] söllend, gen Schafhussen oder zu uch, mir hand nit ain haller uf ertrich, Got geb wie es gang, darumm tund das best. Totum [datum] uff Donstag vor aller hailgen tag in grosser il [Eile]. Kungolt und Barbel von Rischach.

Küngold und Barbara von Reischach an den Vater, ohne Datum, wohl Okt./Nov. 1528

Schloss Schlatt unter Krähen, Reischacharchiv, Mappe Hohenstoffeln, 1501–1531, Fasc. 59–60

◀ S. 175–177 (mit Abb.)

Der Brief trägt kein Datum, die erwähnten Berneroberländer Reformationsunruhen wurden Ende Oktober/Anfang November 1528 niedergeschlagen. Schreiberin ist Barbara von Reischach. Die Töchter danken ihrem Vater Bilgeri von Reischach d. Ä. zu Hohenstoffeln für das Geld, das er geschickt hat, sie hatten nichts mehr und haben vor Freude geweint. Sie sind wohl zehnmal gewarnt worden, viele Frauen haben ihren Hausrat nach Schaffhausen geschickt. Die Kleinode haben sie auf Anraten des Bürgermeisters [Hans] Ziegler aus Schaffhausen noch behalten, bis man mehr weiss. Ist der Vater anderer Meinung, werden sie nach Hohenstoffeln geschickt. Die von Zürich waren in Diessenhofen und wollen einen guten Prediger dorthin schicken, ihr Hauptanliegen war aber dem Hörensagen nach, dass man den [Schwäbischen] Bund nicht durchlassen soll. Die Lutherischen sind so unsinnig, dass die Schwestern befürchten, auch einen Prediger zu bekommen. Eberhard von Reischach war am Vortag in Baden und berichtet über Aufstände der Oberländer gegen die Stadt Bern. Die Interlakner sollen 40 Mann erschlagen und erschossen haben, die Simmentaler sind auch gegen den teuflischen Glauben. Viele sind von Baden abgereist und man hat bis Schaffhausen davon gehört, die Zürcher sind mit 3000 Mann ausgezogen, um den Bernern zu helfen (am Rand der Vermerk, dies sei nicht die pure Wahrheit). Der Herzog von Lothringen will den Eidgenossen helfen, in 14 Tagen findet eine Tagsatzung in Baden statt. Die Schwestern fürchten den «Bluthharst» und ihre Nachbarn, die es ihnen verübeln, dass sie nicht von ihrem Glauben lassen wollen, sie müssen befürchten, dass das Kloster angezündet wird. Die Priorin und die anderen Nonnen danken Bilgeri von Reischach für seinen guten Rat.

Unser kintlichi truw und als gutz von herczen lieber Junkher. Got der tanck üch ze c [hundert] malen üwers geltz, jer hand warlich almusen ton, denn mier hand ain haller numen kann [ghan=gehabt], mier hand von rechten fröden gewainet. Och so wisend, das mier uff ain tag wol x [10] mallen gewarnet sind worden und hand fil frowen alles, das si von husrat hand gy Schafhusen ton, mier hand aber noch nünt enweg von den klainot, hand mier des Burgermaister Zieglers raht er geschickt, das wil si behalten, biss si witer hört. Maint der vater, das es da nit behalten sy, so wil sis by gewisser botschaft gy Stofel schicken. Die von Zurich sind zu Diessenhoffen xin [gsin=gewesen] und hand xet [gesagt], habind si nit ain guten bredikanten, so wellind si inen ain gen, der inen das goczwort wol bredgen kund. Mier hörend dar nebend, es si die gröst ursach, darum si da syend gsin, das si si beten habind, sin sölend den punt nit tur [durch] lon, denn ess ist an etlichen orten die gantz sag xin, der punt sy zu Diessenhofen tur griten. Hand die Luterschen ton, sob [als ob] si unsinig syend, wenn sie denen inn der Stat ain bredikanten gebind, so gebind si uns och ain. Die acht Ort sind unser schierm heren, so sind die inn der Stat jeren. Ebernhart von Rischach, der ist uf dem tag gsin zu Bad, ist gesternt widder kumen und het ain hinder im glon, der het imm des tag müssen us warten, der ist necht sext komen, het gset das ain raisiger gy Baden, und het xet, die von Hindder laxen [Interlaken] habind mit denen von ber [!] Bern geschlagen und habind inen xxxx [40] man erschlagen und erschossen und habintz gegöcht [sich austoben, überstürzen] bis in die Stat Bern, also sind fil lüt ab demm tag griten, aber die tag heren sind da bliben, also ist das ge [!] [Rückseite] geschray gy Schafhussen komen und dennandern hin und hand die von Zürich iii m [3000] man uszogen und hand hand [!] denen von Bern wellen helfen. Also ist die sag gsin [am Rand: aber es ist nit war pur]. Die Sibentaler [Simmentaler] sänd och wider den tüfelschen globen und der Herzog von Luttringen wil och lib und gut mit jnen btailen und gmainen Agnossen [!] helfen wider de globen kriegen, es ist uff dem tag an gestelt biss von hüt über xiiii tag, so würt ain tag zu Ainsidlen. Mier fürchtend aber wierst [übelst] den blut harscht und unsseri nachburen, si sind so gar übel an uns, das mier nit von unserm globen wend ston, inen ist umm unsseri selen, mier mussend besorgen, das si uns das schloster [!] an zündind, die pryorin und ander frowen tancken üch ze c [hundert] malen üwers guten ratcz, mier hetind üch fil nüwer mer zu schriben, so hand mier der wil nit. Sagend unss Bilgerin und Wierner und Beatrixen ze c [hundert] malen fil gucz. k u b v r u tk az [Küngold und Barbara von Reischach].

[Darunter später:] Barbel Conventsfrau zu Catharinathal an ihren Vater Bilg. v. R. unruhige Zustand für das Kloster; Schweizerische Angelegenheiten; Eberh. v. R.; wollen nicht von ihrem glauben lan.

Barbara von Reischach an den Bruder über Kathrin von Reischach, um 1529

Schloss Schlatt unter Krähen, Reischacharchiv, Mappe Hohenstoffeln, 1501–1531, Fasc. 59–60

◀ S. 179f. (mit Abb.)

Bericht Barbaras an den Bruder Bilgeri d. J. von Reischach zu Hohenstoffeln über Eberhard von Reischachs Tochter Kathrin, die sich bei allen beklagt, dass der Vater ihr nichts geben will. Eberhard sage, er wolle ihr nichts vorenthalten, habe aber im Moment selber nichts, auch habe sie keinen Mangel zu leiden gehabt. Kathrin habe sich beim alten Wellenberg [wohl Reischachs Geselle Thomann von Wellenberg] beklagt, der ihr 10 Gulden gegeben habe, die er bei Reischach wieder einziehen wolle. Kathrin habe einen Mann genommen, der ein Jahr lang Bäckersknecht im Kloster war. Er sei von Wormeringen (Wurmlingen), Barbara habe gehört, dass er gar nichts besitze. Man habe alles mit ihr versucht, um sie im Kloster zu halten, aber es wollte nichts helfen und man befürchte, wenn man ihr zu helfen versuche, wäre sie mit einem anderen weggelaufen, wie nun auch geschehen sei. Sie habe ihre Habe genommen und sei zu ihm nach Stein am Rhein gegangen, wo er diene. Die Kindswehen hätten eingesetzt, es sei gar widerwärtig, viele meinten, sie sei eine von den «unsrigen», sie hätten einen grossen Kummer deswegen. Eines Sommertages seien die Klosterfrauen von Königsfelden dagewesen. Es würden so grosse Lügen verbreitet, es heisse, es gebe 15 Schwestern, die das Kloster verlassen wollten.

Min gantz lieber bruder, wis das Katrin von Rischach allen mensch klagt het, wie si numen hinn mug findenn, der vater geb jer [ihr] noturft nit, und het darmit gemachet, das der vater ain grossen unglibf darvon bracht, und da sis so lang triben het, hand mier zu imm geschickt. Da het ers nit [be]gert, das er jers for well hallten, er hetz aber underdanen nit kan [ghan=gehabt], darzu het jer jer bass kain mangel glon, also het si sich erklagt gegen dem alten Wellenberg und der het jer wellen x Gulden gen, vor das si hinn blib und het ens wellen von Eberharten wider in zühen, so er den schaden besehen het. So het si ain man genumen, der ist ain j [=eineinhalb] jar ünssen pfister knecht xin, er ist von Wurmeringen, ich hör er hab gar nünt, er het nünt anzelegen. Man het fil mit jer versucht, och ob mier si hinn möchtind har behalten, aber da het nünt an jer wellen helfen, so het sich weder der vater noch die anderen fründ jer nünt besunder wellen beladen, denn si hand besorget, wenn man si schon vordemm behalten het, so wer si mit aim anderen enweg gloffen, als och geschechen wer. Also ist si amm Zinstag vor Ockuli [3. Fastensonntag] usse gangen und het jern hussblunder und was si het mit jer gnumen und ist zu im gi Stain gangen, da dienet er. Mier hantz Besinen von Rischach erst pet, da si grad enweg war, also gie[n]gend si die kindli we ann, si ist gar wider wertig, es wenend fil lüt, es sy ünssen aini, mir hand ain grossen kumer daran kan. Margret W. het dich fast uff jer hochzit geladen, si set, es sy jecz an jer, si söt nit vor jer ain man gnumen han. Tochter von der muter Besi von Rischach Margret W. [Rückseite:] und die gantz lytt [?] land uch fil gutz sagen, der brief ist ünss ain samstag worden, und het üns der barfuss empoten mier sötind jnn von stund an usse schicken, so hand mier nit e botschaft kunen überkumen. Die schlosterfrowen von Küngczfelden sind ain sumertag ge Diessenhoffen kumen, Got sy mit dier, man tut so gros lüg über unss, man set es syend unsser xv, die usse wellind, ich het dier fil von Katrinen ze schriben, so wild wissen, het si es geg[en?] alli menschen mit jer umm ---- b v r & tk [Barbara von Reischach].

Küngold und Barbara von Reischach an den Vater über den Bildersturm in Diessenhofen, vor März 1529

Schloss Schlatt unter Krähen, Reischacharchiv, Mappe Hohenstoffeln, 1501–1531, Fasc. 59–60

◀ S. 178f.

Brief an den Vater Bilgeri von Reischach d. Ä. zu Hohenstoffeln, ohne Datum. Schreiberin ist Barbara von Reischach. Auf Anraten Albrechts von Landenberg und Konrad Heggenzers, Obervogt zu Kaiserstuhl (HBLS), und auf Anweisung der Priorin und des Rats des St. Katharinenklosters bitten die Schwestern ihren Vater Bilgeri von Reischach um Hilfe und Rat. Es war noch nie nötiger, die Messe und die Bilder sollen bis zum Johannestag [24. Juni] abgeschafft werden. Jetzt heisst es bis zum Johannestag, es wird aber vor Ostern [28. März] sein, etliche in Diessenhofen meinen noch vor Palmsonntag [21. März]. Wenn die Diessenhofer die Bilder in der Stadtkirche verbrannt haben, so werden sie es mit den Bildern im Kloster ebenso halten und auch das Kirchengestühl auseinanderreissen. Sie sind sehr aufrührig, ihr Prediger tauft kein Kind mehr, keiner lässt Wasser im Taufgeschirr bringen, so tauft er das Kind liegend. Die Diessenhofer mit dem Prediger im Wirtshaus fürchten die Hegauer so sehr, dass die Schwestern meinen, es werden einige ihre Reben ennet dem Rhein nicht selbst anbauen. Am Schluss folgt die Empfehlung für eine gar fromme Jungfrau, die aus Diessenhofen und allen sehr lieb sei. Die Priorin, alle Frauen im Rat und alle Basen lassen grüssen. Auf der Rückseite wird der Prediger verwünscht, er könne nur noch über die Kutten der Nonnen predigen, die Kutten sollen ihm das Herz abstossen. Vgl. EA IV 1b.1, S. 169, 88h, 7.–13. 5. 1529: «Die von Diessenhofen haben das Kloster Katharinenthal mit Gewalt überfallen, die Bilder verbrannt, Altäre und Thüren zerschlagen, wiewohl sie keine Gerechtsame haben, sondern das Gotteshaus laut besiegelter Briefe dem Schirm der VIII Orte anvertraut ist».

Min junckher, mier land üch in gehaim wissen, das üns Her Albrecht von Landenberg und Könrat Heggenzer [am Rand: und ander me] das geraten hand, den die von Diessenhofen entzägend niemand wiers [übler], denn ~~die~~ denn Adel imm Hegi, mier bitend üch früntlich und ernstlich, das jer üch die sach angelegen lasind sin, denn mier den brief nit uss unss selb schribend, sunder uss befelch der pryorinen und aussgangen ratz, die all ünser sachen us richtend. Hand üns gehaisen, si worend üch selb geschriben han umm hilf und rat, also hand si unss beten, ich sag üch, es het üns noch nie nöter ton, si horend das mer gemachet, si wetind die mess und bild und alle ding han biss sant Johans tag, jecz sagend si sant Johans tag, werd inen for Osteren kumen, es mainend etlich von Diessenhofen e das der Balmtag kum, so werdind sy ir bild verbrent han, und mainend darbi, wenn si jere verbrent hetind, so wurdind si von stund an zu unss aber kumen und wurdind uns unssere bild och verbrenen und das gestöl zerzeren, si sind non gar uff rörig, jeren bredikant tofft kain kind me, imm toff kainer lat imm wasser inn aim geschier bringen, darus tofft ers es ligend. Kriegs hir inn der Statt imm wierz huss, die tünd demm bredikanten so eng inn der nasen, er bredget alli malen über si, die von Diessenhoffen fürchtend üch Hegower so übel, das mier mainend, es werdind jeren ain tail jeri rebben nit selb buwen ennent demm Rin. Land üch die junkfrowen befolen sin, si ist gar ain frum mensch, fragenn si. was ier werd, si ist von Diessenhoffen, si ist unss allen fast lieb. [Rückseite:] Der bredikant kan nünt me bredgen, denn über unsseri kutten, ich wet, das imm die kutten das hercz ab stiessind, er het och ain schlosterfrowen, und ich hör iii kind, nit me, denn Got sy mit üch, sagend unss unsser schwöster Beatrixen, fil gucz, die pryori und all frowen im rat lond üch jer bet und fil gucz sagen och unseri basen all. k und b v r u tk a z [Küngold und Barbara von Reischach].

[Darunter später]: Die besorgende stürmung der bilder in Dießenhoven belangend.

Georg von Hewen an Johann Werner und Gottfried Werner von Zimmern, 19. 4. 1529

Staatsarchiv Zürich, A 196.3.15, Nr. 5

◀ S. 204f.

Georg von Hewen, über seine Mutter mit den von Zimmern verschwägert, erinnert die Brüder Katharinas daran, dass er schon vor einem Jahr in der Sache des Heiratsguts ihrer Schwester geschrieben habe und auch persönlich in Konstanz vorstellig geworden sei. Da nun Katharina verheiratet sei, meine ihr Ehemann Eberhard von Reischach, als Brüder seien sie ihrer Schwester rechtmässig verpflichtet, sich gutwillig zu zeigen. Reischach seinerseits wolle sich als Schwager ganz zu ihrem Wohlgefallen erweisen. Die Brüder sollen einen Tag ansetzen, an welchem sich die Angelegenheit zwischen den Betroffenen und in Anwesenheit von beiderseits verordneten Freunden mit angenehmen Verträgen endlich werde richten lassen. Georg von Hewen war ein Freund und Geselle Eberhards von Reischach im Dienst Herzog Ulrichs von Württemberg und handelte oft mit Reischach gemeinsam, so auch bei den Beratungen der Äbtissin Katharina von Waldburg vor der Aufgabe des Klosters Königsfelden 1528, mit seinem Schwager Sigmund von Hohenlohe und Hans Escher aus Zürich, und 1530 bei den Verhandlungen mit den Diessenhofer Nonnen. 1519 war Hewen bei der gescheiterten Verteidigung der Burg Tübingen dabei, wie Reischach steht er auf der sogenannten Tübinger Schandtafel. 1526 war er mit Reischach an einer Bürgschaft für den Hohentwiel beteiligt, und am 17. Februar 1527 teilten die beiden Ulrich von Württemberg mit, dass sie ihren Teil der Bürgschaft für Hohentwiel beglichen hätten. Reischachs Dienstherr fehlten die Geldmittel, er selbst stand finanziell nicht gut da und hoffte auf das Heiratsgut seiner Ehefrau. Da seine Tochter Katharina und sein Sohn Anstett aus der Ehe mit Verena Göldli ihre Klöster verliessen, musste er ihnen das Muttergut ausbezahlen. Katharina von Zimmern ihrerseits war schon kurz nach ihrer Wahl zur Äbtissin an ihren Vater gelangt und hatte kurz vor dessen Tod ihren Erbanspruch geltend gemacht. Dieser nannte sie zwar seine *«hertzliebe frouwe»*, wies aber ihren Anspruch klar zurück, mit Verweis auf ihre gute Stellung als Äbtissin und vor allem auf ihren erst 15-jährigen Bruder Gottfried Werner und dessen Schulden (Brief Johann Werners von Zimmern an Katharina, Ende Januar 1496, s. Barbara Helbling, in: Gysel/Helbling 1999, S. 46f., ediert ebda. S. 189f.). Georg von Hewen war sie verbunden, hatte sie doch um 1500 zwei seiner Schwestern ins Fraumünster geholt. Seit Februar stand ihm der Ehinger Hof in Diessenhofen zur Verfügung. Als keine Antwort auf Hewens Schreiben kam, wandte sie sich über zwei Jahre später an den Zürcher Rat mit der eindringlichen Bitte um Vermittlung, was der Rat gleichentags anging. Sie war nicht gewillt, ihren Erbanspruch aufzugeben und pochte auf ihre angestammten Rechte. Ihr Wohnrecht in der Abtei behielt sie und gab es erst 1536 auf. Wollten Katharina und ihr Ehemann standesgemäss leben, waren sie auf das Heiratsgut angewiesen. Beiden ging es wohl auch darum, im Vorfeld der anstehenden kriegerischen Auseinandersetzungen ihre finanzielle Situation für sich und ihre Nachkommen zu regeln.

Wolgebornnen, früntlichn, liebn heren und vettern, uch sye myn gancz früntlich willig dienst ze vor. Mir zwyvelt nit, ir habn noch inn frischer gedöchtnis, wie ich uch sampt und sonnder vor einem jare geschribn, ouch selbs by uch beidn zu Costentz gewesen und von wegn der wolgebornen frowe Katherinen Fryhin zu Zimbern, uwer liebn swester, myner liebn frown und basen, deßglychn von wegn ihres liebn gemahels Eberhartn von Ryschach des Elltern mit uch schrifftlich und mündtlich gehanndlt habe. Dwyle sich nu, früntliche liebn heren und vettern, myn fröw und baß uwer Swester uß eehafftign ursachn eemaln by uch erzalt sich verhyrät hat, ir als ire lieb heren und brüdere wöllent uch früntlich und brüderlich gegn ir und irem liebn gemahel erzöign, und tag ann gelegne mälstatt furnemen und ernennen, besonder ir jetlich uwer heren und gut fründt, derglychn Eberhart von Ryschach euch syn früntschafft darzu verordnen. Und demnach vor beidersyts fründen des hyratguts halb, so dann Eberhart von Ryschach vermeint, das ir als die brüder syner liebn gemaheln uwer swester rechtmässiger ursachn schuldig syent, uch gutwillig und früntlich vertragen. Wöll er Eberhart von Ryschach gegn uch als synen g[nädige]n heren und swägern ganntz früntlich und unndertheniglich zu uwerm wolgevalln sich erscheinen und bewysen. Haruffe myn ganntz früntlich bitt ann uch, ir wölln uch uff myn vorig hanndlung und diß schrybn guts früntlichs willens nicht üssern, besonder dorinn vil irrung und nachteil ze verhutend tag bestimen und als oblut ansetzn, getröster hoffnung, so ir und Eberhart von Ryschach vor beiderteiln verordneten fründn zesamen khämen, die sach würde zu angenemen verträgn und günstiger neigung endtlich sich richten. Dann ich je gern als ein fründ dorunder gantz begiriger hanndln wölt, sydmals Eberhart von Ryschach sich aller gebür vernemen laßt, das uch im besten je nit wölln verhalten, und mich doby ouch allzit früntlichs willens und hanndels gern finden lassen, begerend uwers ~~gemüts wiewol ich mich dheins abslags versehn will des~~ uwer [am Rand von anderer Hand: früntlich] schrifftlich antwort by disem betten ~~dornach habn ze richtn~~ [Lücke, schlecht leserlich von anderer Hand: wo ich es?] verdienen khan, bin ich bereit. Datum xix Aprilis anno usw. xxviiii. Den wolgebornen Heren Hanns Wernhern und Gotfriden Wernhern Fryheren zu Zimbern, Heren zu Wildenstein und Meßkirch [über der Zeile: gebrüdern], mynen fruntlichn liebn heren und vettern ze hanndn. [Auf der Rückseite Notiz von Reischach:] 1528. Item das ist die jungst messiff, so der von Hewen minen schwägern von Zimbern so geschigkt hautt.

Katharina und Walburga von Waldburg an den Bruder, Diessenhofen, 3.9.1529

Staatsarchiv Sigmaringen, Dep. 30/1 T 3, Nr. 674

◀ S. 180f.

Die Schwestern von Waldburg bedanken sich von Diessenhofen aus bei ihrem Bruder Wilhelm, Habsburger Statthalter in Württemberg, dass er ihnen angeboten habe, bei ihm zu wohnen. Sie täten nichts lieber, aber es sei doch zu bedenken, dass ihre Einkünfte zum Leben gering und schmal seien: 40 Gulden beide zusammen vom Bruder und 15 Gulden Zins aus der Pfründe von 300 Gulden. Obwohl sie, Katharina, das Gotteshaus Königsfelden in jeder Hinsicht verbessert habe, haben Jörg von Hewen und Eberhard von Reischach nicht mehr als hundert Gulden jährlich erjagen können. Auch sei nicht sicher, dass das Geld nach Zeitläufen und Landessitte bezahlt werde, wenn sie ausser Landes ziehen würden. Katharina befürchtet, dass sie als arme, ausgesetzte Frauenpersonen zum höchsten notdürftig sein werden, nicht minder sollten sie auch erfahren dürfen, wo, wie, wann, womit und in welcher Gestalt sie ihr Leben künftig ihrem Herkommen nach, in Ehren und nicht zum Gespött der Verwandten führen sollen. Der Bruder nehme vielleicht an, sie könnten in ein anderes Kloster gehen, nachdem sie aus ihrem gedrängt worden seien, doch sei dies seit je nicht nach ihrem Gemüt. An ihrer Vertreibung trügen sie keine Schuld und wichtig sei die Klärung der Abfindung auch im Hinblick auf die Erben des Bruders. Vier Monate später, am 5. 1. 1530, fordert sie 1000 Gulden Hauptgut für jede der beiden Schwestern und 100 Gulden jährliche Zinsen.

Wolgebornner, rechtt lieber her und bruder, uch syend unser schwesterliche ttrwy [Treue] und frindschafftt, och was wir eren liebs und gutz vermugend on mitel ze vor. Iwer bruderlich unde frintlich erbütten lut buchstablichen inhaltz wir zu hochem danck und gevallen annemenn, ungezwifflетter begierd umb uch gegen Gott und der zitt zu verdinen, aber unser anligen, dz uns beschwerlich ob ligtt, wöllend wir getröster hoffnung zu keinem misvallen uch uch [!] herinn unverhaltten haben. Erstlich als ir uns mit gebürliche behusung ze versechen urbüttig sind, bekenend wir wol und nit unbillich, an keinem ortt erlicher und bas dan by uch, unsrem frintlichen hern und bruder, underhaltten und bewartt zu werden, dargegen nu glich wol zu ermesen kumptt, das unser libgeding xl [40] gulde, so wir beid samentlich von uch habend, des glichen xv [15] gulden zins von dennen iii C [300] guldin, unser pfrund geltz losstt inn suma lv [55] gulde, uns dar von zu leben gnug ring und schmal sin wurd. Und wie wol ich Katterina uss erkantnüs mengklichs dz Gotzhus Kungsvelden in alweg gebessrett, und daby in ansechung sölliche bessrung dennacht hin nit mit kleiner bemuung und arbeitt des wolgebornnen heren Jörg Fryher zu Höwen, unsers lieben heren und vetters, darzu Eberhartten von Rischach des Eltternn, unsers früntlichen lieben Schwagers, nit mer den hundertt gulden jerlichs lipttings erjagen mügen, nicht destweniger, so wir uns der landsartt usserten, ob uns disen löffen nach sölich libgeding volgen wurd, ist gantz ungewis, wie wol sich die heren von Bern, so ich inn iren landen bin, unklagbar erhaltten habend. Zu dem andren möcht villicht iwer vermuttung inträchttig stenn, das ich Katterina by verwaltung der Abty mich befachet haben soltt und etwas da by fur geschlagen, welches mir aber zu der selben zitt in gedanck nie anders kumen, dan solt ich pfennig oder hallers wertt dem Gotzhus endwört haben, Got und der weltt darumb schwer rech[n]ung und antwurtt zu geben pflichtig gewesen. Und demnach als sy von Bern ir anmut in verstreckung zu ziechen undernomend, wen ich schon gernn für min gros mü und arbeitt, übel zitt und ernstlichen flis mir selbs gern gelonet het, ward doch söllichs durch ir unversechenlich handlung aller gewalt inn und an silber, gelt, kleinetter, schlüsel, register, rödel, urbar, bücher mir ains mals genomen und endzogen und in ir stat gefiertt, [S. 2] da mit aller forteil fürkumen, dadurch ich gar blos abgeverttigett bin, dermas wir beid in betrachttung unsers armen und gantz ringen jerlichen ingands sind und, wo wir nit mit anderm und beßer versechen bedacht wurden, liederlich hus zu haltten mercklich befangen wurden. Zu dem dritten woltten ir villichtter vermeinen, diewil wir us dem Gotzhus Kungsvelden gedrungen worden, uns in ain ander kloster zu ordnen, des gemüts wir je nit sind, besunder diewil der almechtig die ding also über uns verhengt hatt, in fryem willen zu beharen, doch mitt der hilff Gotz sömlichen willen nit anders bruchen, dan nach eren zu leben. Hierumb, frintlicher lieber her und bruder, so wir nu söllichs unser erhafftig und getrungenlich anligen in alweg alles disen schwer schwebenden löffen nach betrachtten und erwegend, wil sich je mer und mer zu tragen, unsren künft[gen] nachteil ze bewaren, deshalb wir trostlichs rats, furstands und hilff als arm usgesetzt frowenpersonen zum höchsten nottürfftig sin werden, nit minder och wisen dörfftten, wo, wie, wen, womit und in wölcher gestaltt wir uns volgender zitt underhaltten soltten, uff dz wir uns selbs, unspotlich uch und andern unser erlichen fründen, loblich narung und enthalt erlangen möchtten. Wan alles dz unsrem erlichen harkumen gemes und zu allen eren dinstlich ist, sind wir uns on miteil zu übend begierigs willens zu haltten, habend och nimends in unsrem obligenden nötten und beschwerungen anders dan uch unsren lieben hern und bruder, welcher merung und gebürender ersatzung unsers obbestimpten kleinen und ringen libgedings von uch ingengig och, durch was unser versorgnis und narung sin würd, entlich wissen möchtten, früntlich anzusuchen, uch derselben massen ernst flisig bitten, zum höchsten uns vor allen dingen by disem botten usgerrücktter anzögung, mit was bewysung ir uns bedencken wöllend, eigenlich in geschrifft zu berichtten lasen, diewil wir doch unsers vertribens und abzugs in kein weg ursach geben oder schuld tragen habend, und zum vordersten, ob ir durch götlich verhengen vor uns mit dot abgingen, wes wir uns als dan mit iwren erben, künfftig ir[r]ung [S. 3] zu verhütten, gegen uch brüderlicher und frintlicher entschliesung und bescheids gwislich versechen söltten, in gestaltt fürtterhin uns aller sachen in schwesterlicher getrwyen früntschafftt ze beflisen und mit uch alzitt bereittwilliger neigung früntlich wessend zu erhaltten, dan wir uns je aller trwy früntschafft und lieb in niment anders, dan inn und zu uch als unsrem früntlichen lieben hern und bruder gesetztt, zu billicher und nattürlicher ergötzlicheitt on mitels gantz unverlassenlich getrösten und versechen wöllen. Der almechttig verlich uch und iwerm geliptten gemachel vil selliger glückhafftiger zitt langwirig zu endhaltten, datum uff Frittag nach santt Vrena tag anno xvc und xxix [1529] jar. Katterina und Walppurg Truchsessin zu Walppurg, jetz zu Diessenhoffen usw.

Vertrag zwischen Eberhard von Reischach und seiner Tochter Katharina, 12. 11. 1529

Staatsarchiv Zürich, B VI 249, 22r

◀ S. 184

Am 12. November 1529 kommt ein freundlicher Vertrag zwischen Eberhard von Reischach und seiner Tochter Katharina von Reischach zustande, vermittelt durch Georg Göldli und Hans Escher. Reischach verschreibt der Tochter ihre Pfründe beim Katharinenkloster in Diessenhofen, sie erhält ausserdem 5 Gulden auf liegenden Gütern, 15 Konstanzer Batzen pro Gulden wert. Das Hauptgut soll sie nicht angreifen dürfen, mit dem wieder ausgestrichenen Zusatz: es sei denn aus Leibes Not. Am Rand die Notiz: [nicht ohne] des Vaters Wissen und Willen, sie möge sich gut halten, dann will er seine Hand offen halten. Den Leibgedingsbrief soll sie dem Vater aushändigen. Dann soll er ihr bar geben, was an ihrem Leibgeding noch aussteht, wobei sie keine Ansprüche mehr auf ihr väterliches oder mütterliches Erbe habe bis nach Reischachs Tod, danach sollen ihre Rechte vorbehalten sein. Ihr Vogt ist Hartmann Günthart, Siegler sind Georg Göldli und Hans Escher.

Zwüschent Junckherr Eberharten von Rischach eins und Katherina von Rischach sin tochter anders teils ist durch J[unker] Jörg Göldli und Hannsen Escher ein fruntlicher Vertrag abgeredt, und der von beiden teilen gutlich angenomen. Namlich sol J. Eberhart gemelter siner tochter verfolgen laßen die pfrund, so sy hat vom Kloster zu Diesenhoffen am Rin, darzu sol er iro setzen funff gulden geltz uff gute, ligende gütter, weliche funff gulden losung sind mit hernden gulden, namlich xv Costentzer batzen fur ein gulden, und sol sy nit macht oder gewalt haben, solich hoptgut anzugriffen ~~es tüege dan iro libs not~~ [Am Rand, in anderer Schrift: on des vatters wüses und willen, sy mag sich halten, er will sin hand offen han]. Dagegen sol sy im den lipdings brief hinwider geben. Sodann sol er iro ußrichten und bar geben, was iro an dem lipding zins noch unbezalt ustat, und hiemit ums fatterlich und muterlich erb wyter nutzit anfordern bis nach sinem tod, darnach sol iro ir recht behalten sin. Ist Hartman Günthart ir vogt. Siglet J[unker] Jörg und Hans Escher. Datum Fritag nach Martini. xxviiiito [1529].

Hans von Reischach an Diessenhofen wegen Kaplanei am St. Anna-Altar in der Stadtkirche, 6. 12. 1529

Bürgerarchiv Diessenhofen, BAD/Schachtel 1

◀ S. 188

Schreiben von Hans von Reischach an die Stadt Diessenhofen betreffend Lehen/Pfründe der durch Anna Blarer gestifteten Kaplanei am St.-Anna-Altar in Diessenhofen, 6. 12. 1529. Da der vorherige Inhaber der Pfründe Heinrich Schwaner gestorben ist, soll Johann Sigg als Priester eingesetzt werden. Das Lehen ist an Hans von Reischach übergegangen als dem Ältesten der Linie, und der Priester soll durch die Stadt Diessenhofen wie von altersher der Stiftung gemäss dem Bischof Hugo von Konstanz präsentiert werden. Nach dem Oberbadischen Geschlechterbuch ist Eberhard von Reischachs Bruder Hans 1521 gestorben (OBG III von Reischach, Linie Neuhewen, Tafel Ia, S. 457). In Frage kommt sein Sohn Hans Knobloch (OBG III von Reischach, Linie Neuhewen, Tafel Ib, S. 459). Anna Blarer, geb. Speiler, Witwe des Handelsherrn Heinrich Blarer, stiftete die Kaplanei 1476.

Ersamen, fursychtigenn, wysenn, gunstigenn und gutten frund, es syend uch min gutt willigen dienst bevor allzitt. Demnach und die Capplaney uff sant Anna Altar, welche frow Anna Plorerin gestifft hett in uwer Stat zu Diessenhoffen, zu disser zitt ledig ist worn durch das sterben des wurdigen Herr Heinrich

Schwaners, der solche pfrund besessen hatt, und die lehenschafft der sebbigen pfrund uff mich Hanß von Ryschach gefallen ist als uff den Eltesten von Ryschach der Linien lautt der fundation, und aber ir ein priester solcher pfrund, so ich uch ornen, minem gnedigen Hern von Costantz persentieren sollen, inhalt der fundation vor gemelter pfrund usw. Uff das ist by mir erschinen der wurdig Her Johans Sygck priester und mich gebetten, umb Gotz wyllen und syngen und lesends wyllen, im solche pfrund oder Capploney zu verlihen, das hab ich thon. Uff das ist min flyssyg und ernstlich bitt an ein ersamen, fursychtigen, wysen Schultheysen und Ratt einer Statt Diessenhoffen, solchen priester dem hochwurdigen Fursten und Herrn, Herrn Hugo Byschoff zu Costentz, minem gnedigen Hern oder syner fürstlichen gnaden vicarien zu presentieren, wie und ir das von alter har bracht hend, laut der fundation. Des wyl ich mich gegen uch fursehenn, wo dan ich sollichs kan, und ein ersamen Ratt uir Statt Diessenhoffen sampt und sonder verglichenn und beschulden wil ich alzitt geneigt syn. Datum uff den sechsten tag des monaths Decembris anno domini xv xxix jorr.

Katharina und Walburga von Waldburg an ihren Bruder, Zürich, 5. 1. 1530

Staatsarchiv Sigmaringen, Dep. 30/1 T 3, Nr. 674

◀ S. 180f.

Vier Monate nach ihrem Brief aus Diessenhofen, schreiben die Schwestern von Waldburg ihrem Bruder Wilhelm von Zürich aus. Sie berufen sich auf schwesterliche Treue und akzeptieren, dass er sich mit Georg Truchsess von Waldburg und anderen beraten hat, obwohl er selbst verständig genug sei. Auf das fällige Leibgeding des vergangenen Jahres können sie nicht verzichten, wollen es aber fallen lassen, falls der Bruder bereit ist, jeder Schwester 1000 Rheinische Gulden Hauptgut und davon 100 Gulden jährliche Zinsen zuzugestehen. Dies wollen sie in Ehren und Frömmigkeit verzehren, wo auch immer es ihnen zusagen wird.

[Briefumschlagblatt mit Siegel]: Dem wolgebornnem Herenn Herr Wilham Truchsess Fryher zu Walppurg, Her zu der Schär, unsrem recht lieben Heren un Bruder gehört der brieff.

Wolgebornner rechtt lieber Her und bruder, uch syend unser schwesterliche ttrwy [Treue] und frindschafft, och was wir erenn liebs und gutz vermügend, on mitteil zuvor. Lieber her und bruder, wir haben iwer jüngst schriben und müntlich berichtt, uns by unsrem gsanten Hansen Wepffer von Disenhoffen inhaltz vernomen und glesen, die wil und dan iwer beger, sich uff uns zugeschickten artickel by unsrem vettren her Jörgen Truchses, och andren frinden sich hierin zu beratschlagen, wiewol ir im selbs verstendig gnug sind, mügend wier es wol liden. Die wil aber der ingelegt zedel inhaltt vor und ee von uns ain wisen ze haben, ob unser vor verschriben liptting ab sin söltt oder nit, die wil unser jede tusig gulde begertt. Zu dem andrenn, ob wir uns mit ainandrenn verglichend, ob wir hinus ziechen und unser geltt by unser früntschafftt verzeren oder in der Eignoschafft bliben wöllend. Lieber her und bruder erstlich, dz jetz verfallen liptting, so uns in verschinem jar vervallen ist, kunden wir unser notturfft nach nit vallen lasen. So aber nachfolgend unser jede von uch umb duset rinsch gulde hoptgutt und dar von hundert rinsch gulde alle jar zins der notturfft nach versichret und versorget werden, so wellend wir als billich unser erst verschriben libding vallen lasen. Söllich gebt wellend wir och mit der hilff Gotz in allen eren und frumkeitt verzeren, wo und es uns zu jeder zitt kumlich och ze dun glegen sin will usw. Habend wir uch gutter mening und schwesterlicher trwy im besten nit wellen verhaltten mit flisiger bitt, uns in alweg in brüderlicher trwy ze bedencken, begerend wir alzitt umm uch zu verdinen wil Got, in des gnad und schierm wir uch alzitt bevelchend mit erwünschung ains gnadrichen, glückhafftigen gesunden jars uch und iwrem gemachel. Datum uff der heilgen drykung abend anno xxx. Katterina und Walppurg Truchsessin von Walppurg jwer trwy Schwöstern, jetz zu Zürich.

Küngold und Barbara von Reischach an ihren Bruder, 9. 2. 1530

Schloss Schlatt unter Krähen, Reischacharchiv, Mappe Hohenstoffeln, 1501–1531, Fasc. 59–60

◀ S. 189f.

Schreiberin des Briefs ist Küngold von Reischach. Die Schwestern schicken ihrem Bruder Bilgeri von Reischach d. J. zu Hohenstoffeln frisch gebackene Kräpfli und geweihte Kerzen. Er soll nach Baden reiten und den Eidgenossen-Brief nicht vergessen. Auf Sonntag, so hat der Heggenzer (Konrad Heggenzer, Obervogt zu Kaiserstuhl, HBLS) angeboten, soll er in Wasserstelz über Nacht sein, die Schwestern wollen alle ihre Anliegen am Samstag nach Wasserstelz schicken. Wenn er nicht dahin reiten kann, soll er es mitteilen. Er muss tun, was das Beste ist, die

Klosterfrauen haben grosse Angst und Not und wissen keinen Trost, aber sterben ist leichter, als sich den Leuten zu ergeben. Von den Diessenhofern ist ihnen verboten worden, eine Frau im Kloster zu haben, wie der Heggenzer wohl berichten wird. Sie bedrohen die Schwestern hart, Heggenzer rät dem Bruder ernsthaft, nur bei ihm einzukehren und sonst nirgends. Wenn er nach Schaffhausen komme, finde er das Geld und das schriftliche Anliegen bei Rudolf Huber, sonst müssten sie einen eigenen Boten nach Wasserstelz schicken. Sie müssen warten, wie sich die von Diessenhofen bis Freitag verhalten, sie haben der Frau wiederum verboten zu kommen und drohen, sie im Kloster gefangen zu nehmen. Der Landvogt hat sie wieder auf Montag nach Baden vorgeladen, aber Küngold glaubt nicht, dass die Diessenhofer kommen werden.

Unsser schwesterliche truw und als gutz lieber bruder, mir schikend uch da krepfly, sind erst hüt bachen, hand vergut, die kertzly sind gewiehet. Du must aber gen Baden riten, darumm vergiss der Aidgnossen brief nit, nim inn mit dier, du sot uf jetz suntag zu Wasserstelz uber nacht sin, het dier der Hegatzer [Heggenzer] enboten. Das gelt und all unsser anligen wend wier an Samstag gen Wassersteltzen schiken, ob du aber nit wettist riten, so las es uns wissen, du must das best thun, denn wier vil angst und not erlidend, und niena kain trost wissend, aber sterben ist mir ring ze rechnen, denn mich an die lut ze ergen. Die von Dissenhoffen hand uns ainer frowen im Closter furboten, des dich der Hegatzer wol berichten wiert. Sy trowend unss hert, so sy das recht nit von inen verston wil (der Hegatzer hot dier ernsthlich anboten, du söllist niena inkeren, denn by im, du turist [dürfest] wol riten, darumm las uns nit). Wenn du gen Schafhussen kumst, so findst du das gelt und geschrift unsserss anligens by Rudolfen Huber, darumm schik glich nach im, es ist wegen denn das mir erst ain aignen boten gen Wassersteltzen mustind schiken, mir mussend warten, wie sich die von D[iessenhofen] wellind ankon uf jetz fritag, sy hand der frowen aber furboten, sy trowend als ob sy sy wellind vahen im Closter, der Landvogt het inen aber uf jetz guten tag [Montag] vorkunt gen Baden, aber ich acht nit das sy werdind kumen. Das sag Beatrixen, ir ding well ich ir och schafen als bald ich kunn, da mit bewar dich Got, sag uns dem Junkeren und Beatrixen vil gutz darumm uf sant Apolonigentag im xxx jar. Kunngolt und Barbel von Rischach.

Barbara von Reischach an den Vater, ohne Datum, vor 27. 5. 1530

Staatsarchiv Luzern, AKT 13/2077 [vgl. EA IV 1b.1, S. 665, 329/2, Diessenhofen 27. Mai 1530]

◀ S. 190f.

Barbara berichtet ihrem Vater Bilgeri d. Ä. von Reischach zu Hohenstoffeln über die Einigkeit der Nonnen untereinander, die das Kloster nicht verlassen wollen, und über den Druck und die bedrohlichen Vorgänge rund um die Klosteraufhebung. Sie bittet um Hilfe und Rat, man habe grosse Gewalt gegen sie gebraucht wider alle Rechte. Der Hofmeister müsse Tag und Nacht im Kloster bleiben, wenn sie sich nicht fügen wollten, werde ein anderer eingesetzt, der dann noch böser sei. Der Hofmeister soll die Gülten diesseits und jenseits des Rheins einziehen, denn die Klosterfrauen hätten das Kloster ohne Ehren verlassen. Die Schwestern sollten gezwungen werden, die Priorin und Amtsinhaberinnen noch am selben Tag abzusetzen und Weltliche zu wählen oder diese würden bestimmt und eingesetzt. Da sie wenig Vernunft hätten (ein taktisch eingesetztes Argument), wollten sie sich durch Freunde beraten lassen. Die Antwort war, die Reformierten seien die Herren, nicht «die Freundschaft». Die Ordenskleidung soll abgelegt werden, oder die Nonnen würden sehen, was geschieht. Die weggezogenen Frauen sollen zurückkehren mit dem Gut, das sie mitgenommen haben. Die Nonnen berufen sich auf die acht Orte der Eidgenossenschaft, auf die sie hören wollen, und es wird eine Frist von drei Wochen zugestanden. Vermittelnd waren der Seckelmeister von Solothurn (Urs Starck), der sich für Aufschub einsetzte, und der Bleuler von Zürich, der sehr bescheiden war und kein böses Wort gab (wohl derselbe Bleuler, der für die Zürcher Klöster zuständig war, vgl. oben zur Bestätigung der Übergabe der Zürcher Abtei, 1. 12. 1524).

[418v Später:] Handlung wie die lutrischen Ort mit den Closterfrowen S. Cathrinenthals by Diessenhofen gehandlet. Was sonst wytter hierzu dienstlich, findt man ire Missiven darumb in den trucken der Geistlichen.

[419r] Min kintlichi trüw und als gutz zu for, hertz lieber junckher, wissend das mier unser lebenlang betrübter nie sind gsin, denn man grosen gwalt mit uns brucht het wider alli recht, als ier wol vernemen werdend von Felixen von Obergailingen und von der Müleren von Bötingen. Si hand von ersten dem hofmaister empfollen, er söll nacht und tag in das schloster [sic] go. Des hand mier uns gröstlich erklagt, het wenig beschossend bis hinen nach, es wer ain elen ding, das der unser

foget blib. Mier verstend, es werd bald ain anderen, der fil böser werd. Si hand im empfolen, er söll gülten disend Rins und enend Rins in züchen, gschech im etwas, so söl ers inen sagen, dann unseri frowen syend mit kainen eren enweg und mugintz mit kainen eren verantwurten, si habind eben ton wie die fulen ä[m]bt. Si hand uns wellen zwingen, mier sölind des selben tags [am Rand: ain anderi pryorinen setzen und die anderen ä[m]bter och], aber si wellintz mit weltlichen besetzen. Also hand miers so lang mit inen triben, es syend frum, erlich frowen, habind nit verwürdt, das miers absetzen wellind, handz hoch ermanet, si sölli uns ain verzug gen. Also het der seckelmaister von Solotor das best darzu gret, das uns iii wuchen ain verzug hand. Kumentz aber in den iii wuchen, so sond mier alli e[m]bter besetzen oder si wentz besetzen. Si sond das gut mit inen nen und sond och den orden abton oder warten, was inen darnach gang. Der Schulthas [von Diessenhofen] het mich ernstlich beten, ich söll den frowen schriben, das si mit demm gut inhen kumend, er tu es by demm lyden Gotz imm besten, der tüffel vergelt imm. O min Juncker, helfend und ratend üns, [wie] mier üns halten sölind, ob mier üns mer müsind liden, ich mag numen, mier turend zun fründen gon, wen mier wend, ier sond wisen, das mier so wol ais under ain ander sind gsin, das ich kain sach nie han gsehen, da mier so gar ain mündig syend gsin, hand uns inn kain ding nie ergen. Si hand och uns kain uffzug wellen gen, mier hand gert, das man uns der früntschaft rat laus han, wir habind wenig vernunfft. Da hand si gset, si syend Her und nit die früntschaft. Da hand wir gset, kurtz so [419v] welind mier inen allain nit korsam sin, wen aber die acht Ort mit ainanderen kumid, so wellind mier inen ain früntlichi antwurt gen. Der Blüwel [Bleuler] von Zürich ist der aller beschaidner gsin, hat uns kain bös wort nie gen, ab die von Bern hand fast mit uns täffelet. Sagend ir Bilgerin und siner frowen und unseren frowen ze c [100] mallen fil gutz, ich mag numen, so we ist mier, ain ainzan Got sy mit uns allen, fragend Hansen, b v r u tk [Barbara von Reischach].

[419v Adresse:] Dem edlen festen Bilgeri von Rischach minem hertz lieben vater in sin hand.

Barbara von Reischach, Bericht aus Diessenhofen, 27. 5. 1530

Staatsarchiv Luzern, AKT 13/2077 [vgl. EA IV 1b.1, S. 664f., 329/1, Diessenhofen 27. Mai 1530]

◀ S. 191–193 (mit Abb.)

Der Brief ist ohne Anrede und Unterschrift, aber mit Datum. Schreiberin ist Barbara von Reischach, die berichtet, dass die Herren von Zürich und vier Ratsboten aus Bern kamen, je ein Ratsbote aus Glarus und Solothurn, aus dem Thurgau Bürgermeister Tobler von Steckborn und noch einer, sowie der Schultheiss von Diessenhofen, wohl über hundert Leute. Es wurde zur Predigt geläutet, die Nonnen weigerten sich jedoch, zur Predigt zu gehen und die Ordenskleidung abzulegen. Eberhard von Reischach und Jörg von Hewen sollten sie dazu überreden, erfolglos. Nun wurde eine nach der anderen in einen Raum gerufen, wo man sie mit vielen treuen Worten und Argumenten fragte, ob sie das Gotteswort hören und die Ordenskleidung ablegen wollten. Den anderen wurde gesagt, sie hätten sich gutwillig dazu entschlossen. Die Befragungen gingen weiter, Funk, der Schreiber von Zürich, schrieb die Antworten auf. Alles war gelogen, wie zuvor. Die Nonnen beriefen sich wieder auf die acht Orte, ohne Erfolg, die Antwort war, sie (die Herren von Zürich und die Ratsboten) seien das Recht. Wieder wurden sie einzeln nach derselben Methode befragt, aber keine wollte die Ordenskleidung ablegen. Da wurde ihnen die Kleidung abgenommen, und nun wüssten sie sehr wohl, wie einem Verurteilten zumute ist, denn grimmiger seien sie nie behandelt worden. Wieder waren die Herren sehr zornig und meinten, sie seien von ihren ketzerischen Mönchen beraten worden. Wenn sie Herrn Baschon erwischt hätten, wäre er nicht mit dem Leben davongekommen. Beim *«Negili von Bern»* muss es sich um Hans Franz Nägeli handeln, bernischer Hauptmann und Kleinrat.

[421r] Item uff Frytag nach der ufart unsers Heren imm xxx jar. Item zum ersten sind kumen unseri Heren von Zürich und von Bern iiii ratzboten, ain ratzbot von Glaris und ein ratzbot von Solotorn, uss dem Turgi der Burgermaister von Steckboren, der Tobler und sus ainer, der Schulthass von Diesenhoffen mit fast fil lüten, mier mainend ieren sy fil ob den c [100] gsin, und da si in chor sind kumen hand si zu bredig gelüt und hand uns beten, mier söllind zu bredi gon, das hand mier nit wellen ton. Da hand si gmachet, welligen well, die söll zu in ston und welli nit gon wel, die söll bin uns ston. Allso sind mier all bin ain anderen bliben, da sind si fast [sehr] zornig

worden und hand min Heren von Hewen und Eberharten von Rischach an uns gschickt, das si uns beredind, das mier zu bredi gangind und den orden ab tuegend, aber mier hand es nit wellen ton. Da [hand] si aini nach der anderen be[sen?] und jedi in sunder gefraget, ob si well das gotzwort hören und well den orden ab ton, und das mit fil trüw worten und tischbentieren [disputieren], und wen si ain gfraget hand, so hand si dieselben zun ainer tür uss haisen gon, das sie numen het mogen zu denen frowen kumen, die man noch nit gefraget het, und wenn aini inhin ist gon, so hand si gset, die anderen hab sich mit gutem willen ergen, die vor ier dinen sy gsin, aber es het sich kaini nie ergen, also hand si von ersten ain fraget, wie si hais und wie lang si imm orden sy gsin und ob si das goczwort well hören und den orden ab well ton, und was jedi zu antwurt het gen, das hätt [421v] zu antwurt het gen [sic], das het der Funck von Zürich als uff geschriben. Es ist fast [fest] unser aller antwurt gsin, mier wellind kain pfaffen losen [hören], habind si for glogen, so muesind si unss aber lügen. Wen aber pfaffen ains werdind, so wellind mier inen losen, aber was uns die acht Ort haisind. Do hand si gset, si syend da imm namen der acht Ort, und hand gset, mier wellind kurcz den orden nit ab ton und rüfindz an umm schierm, as vür iii Ort und gerind nünt den vercz[ig? verzug?], do hand si gset, si syend das recht. Darnach hand si aini nach der anderen beschict, hetz Hans Webfer haisen inhin gon und jedi gfraget, ob si bin ier antwurt bliben well, und jedi hoch ermanet, mit fast fil worten, si söl den orden abton. Do het es kaini wellen ton, und hand all ain semlichi klag gfürt, das Got möchte ain ~~antwurt~~ jamer daran han ton. Also het der Negili von Bern uns allen den orden abton, mier wiset tallame [Schimpfwort] wol, wie aim ist, den man zum tod verurtailt, denn grimmer folck ist uns nieme zehanden gangen. Si hand aber ain jedi zu ainer tur [Türe] us gefört, das kaini zu der het mugen kumen, der man den orden ab het ton, und hand aber zun jecklicher gset, die vor ir dinnen sy gsin, die habs mit gutem wilen ton. Sie sind fast [sehr] zornig gsin, hand gset, mier habind ain ratgeber, den mier habind all glich antwurten gen, si mainid unseri ketzerchschen münch tügend es. Wen her Baschon hie bliben, so wer er lebendig nit enweg kumen, man het in ain abend zit gsucht. Klagnendz allen frum brichten sunder zu Stofel, ich han numen wil, ich het wol iii tag von anst [?] ze schriben, mier hand uns taffer gwert und in kaim nie verwilget [eingewilligt].

Bürgermeister und Rat der Stadt Schaffhausen an Klosterfrauen, 4. oder 5. 6. 1530

Schloss Schlatt unter Krähen, Reischacharchiv, Mappe Hohenstoffeln, 1501–1531, Fasc. 59–60

◀ S. 194

Das Schreiben ist ohne Adresse. Bürgermeister und Rat der Stadt Schaffhausen teilen den Klosterfrauen – es dürften die von Diessenhofen sein – mit, dass ihnen leid tue, was ihnen wegen der Reformation Widerwärtiges begegnet sei. Wenn sie aber um Frieden und Geleit für die Ihren bitten, um in oder aus der Stadt zu reiten, sollen sie nichts unternehmen, was wider die Eidgenossenschaft sei. Geleitschutz brauchen sie nicht, denn wer im Guten komme und wer sich geleitlich halte, der sei den Schaffhausern lieb und wert. Sicher haben sie auch nicht vergessen, dass man ihnen und den Ihrigen gern Gutes getan habe, als sie sich in der Stadt aufhielten. Der Brief, eigentlich eine Absage, ist sehr diplomatisch nach allen Seiten hin abgefasst. Bürgermeister von Schaffhausen war Hans Ziegler von 1515 bis 1546. Seit 1529 war er Oberpfleger des Klosters Paradies bei Diessenhofen. Er blieb dem alten Glauben treu, vertrat aber die reformatorische Politik seiner Stadt. Auf Wunsch von Zwingli sass er im Schiedsgericht, das die Differenzen um den Ittingersturm bereinigte (HLS).

Unnser fruntlich und gutwillig diennst voran, wurdigen und ersamen, besonders lieben frowen. Wir haben uwer schriben uwer reformacion belangend mit innhalt verstanden. Und ist uns was uch widerwertigs begegnet laid, und als ir uns aber under anderm biten, uff mainung die uwernn zu beschicken, denen wir frid und glait in und us unnsern Stat zu riten geben, wellind ir nuntz, das wider ain aidtgnoschafft sig handlen. Sagen wir, das sy kains glaitz bedurffen, dann wer in gutem zu uns kumpt, besonder vonn uwenn wegen, und sich ouch glaitlich halt, der ist unns lieb und werd. Ir tragen ouch ongezwiffelt noch gut wüssen, das zu glicher wiß uwer personenn, als ir bi unns in unser Stat gsin, ouch lieb gwesen sind und wir uch gern was wir könden gutz gethonn habenn. Das wollten wir uch guter fruntlicher mainung nit verhalten, dann uch lieb und dienst zu bewisen sind wir gnaigt und gutwillig. Datum uff den Pfingst abent anno xxxto, Burgermaister und Rat der Statt Schafhusenn.

Brief Eberhards von Reischach an Benedikt May, Zürich, 9. 7. 1531

Bürgerarchiv Diessenhofen, BAD/Schachtel 2

◀ S. 185

Eberhard von Reischach schickt Benedikt May fünf Kronen und entschuldigt sich, dass er nicht mehr bezahlen könne, weil er gerade seinen Kindern ihr Muttergut ausrichten musste. Benedikt May, der Sohn oder Enkel des mit Zwingli befreundeten Förderers der Reformation Bartholomäus May, war verheiratet mit Anna Amstad aus Schaffhausen. Reischach nennt Benedikt May seinen Schwager, die Verwandtschaft geht über die Zürcher Familie Schwend, Anna Amstad war eine Grossnichte von Hans Schwend und Klara von Reischach.

[Adresse:] Dem frumenn und vesten Benedigkten Meiger minem rechtten lieben schwauger ze handen. Min früntlich willig dienst vorann, lieber schwauger Bennedigkt, ich schigk deir hen in gschlossenn by din botten fünff kron und mag iecz nitt bas, aber vor sannt frennatag muestu die andern ouch hoben, und zürn nitt, es ist lang gstanden, ober mine kind hand mier der nechst verschinen wochen min segkell aber gar glärtt, um ier mütterlich gutt. Hob sy darum gar us gwissenn, Gott hob lob, wo ich dier lieb und früntschafft bewissen kann, vinstu mich all mins vermögens willig, damitt dich Gott bewar, da[tum] Zürich uff viiii tag heues monat anno xxxito. Din williger schwauger Eberhartt von Rischach der Eltter.

Brief von Katharina von Reischach-Zimmern an den Zürcher Rat wegen ihres Erbes, ohne Datum, vor 12. 9. 1531

Staatsarchiv Zürich, A 196.3.15, Nr. 4

◀ S. 174f., 204–206 (mit Abb.)

Zweieinhalb Jahre nach dem ergebnislosen Bittschreiben Georgs von Hewen an ihre Brüder wendet sich Katharina kurz vor dem Zweiten Kappeler Krieg mit einem langen Brief an den Zürcher Rat und bittet um Unterstützung. Geschrieben ist er wie das frühere Schreiben Katharinas an den Zürcher Rat vom 22. November 1528 wegen etwas «fahrender Habe» ihrer «Vorfahrin» Frau von Weissenburg (vgl. Wyss, S. 472, Nr. 502, Gysel/Helbling 1999, S. 83f., Niederhäuser, in: Niederhäuser/Wild, S. 137, beide mit Abb.) und der Brief an die Brüder Zimmern von Georg von Hewen vom 19. April 1529 in einer charakteristischen, schwungvollen Schrift – vielleicht Hewens eigene oder die eines Schreibers. Es ist anzunehmen, dass der Inhalt des Bittbriefes an den Zürcher Rat gemeinsam besprochen wurde, doch stammt die gut überlegte, klare und bestimmte, aber auch sehr persönliche Ausdrucksweise sicher von Katharina selbst. Sie beschreibt, wie sie von ihrem Vater mit ihrer Schwester wegen seines widerwärtigen Schicksals dem Zürcher Rat übergeben worden und von diesem ins Fraumünster aufgenommen worden sei. Damit nimmt sie die Argumentation ihres Schreibens anlässlich der Übergabe der Abtei wieder auf. Von Jugend an habe der Rat ihren Brüdern und Schwestern und ihr selbst viele gute Taten bewiesen. Auch habe man sie im Kloster unterhalten und ihr später ein nicht kleines Leibgeding zugestanden. Als gehorsame Bürgerin sei sie nie im Stich gelassen worden, weshalb sie ihre Beschwerde vortragen wolle, so kurz wie möglich. Wie ihre Geschwister sei sie ehelich geboren und habe deshalb nach Recht und Billigkeit Anspruch auf ihr väterliches und mütterliches Erbe. Ihre Brüder, die inzwischen wieder gut gestellt seien, verweigerten ihr, was ihr billig zustehe, ohne Achtung aller schwesterlichen Treue und Freundschaft, die sie ihnen in ihren Nöten bewiesen habe. Vor etwa 20 Jahren habe sie sich, durch Bitten und süsse Reden getäuscht, zu einem Verzicht auf ihr Erbe vor Hofgericht in Rottweil drängen lassen, gegen ein jährliches Leibgeding von 20 Gulden für 2000 Gulden Hauptgut. Da dies nie bezahlt worden sei, sei der Verzicht nichtig. Nach der Heirat mit Eberhard von Reischach wollten sie und ihr Ehemann ein geziemendes Heiratsgut bei den Brüdern einfordern, was durch Georg von Hewen erfolgt sei. Die Brüder bestünden aber auf dem Erbverzicht. Ihre Forderung stehe, doch als eine treue Schwester wolle sie gern in friedlichem Wesen beharren. Deshalb die Bitte an den Rat, sich für ihr Anliegen einzusetzen, da sie die ehelich geborene Schwester sei und das Heiratsgut ihr nach Fug und Recht zustehe. Der Rat möge vermitteln, gegebenenfalls durch Anhörung je eines Vertreters beider Parteien. Den Entscheid wolle sie akzeptieren. Zum Schluss erwähnt Katharina noch üble Nachreden in ihrer Abwesenheit, die ihr vorwerfen, sie habe etwas aus dem Gotteshaus entwendet, und bittet um Bestätigung, was ihr gehöre, nämlich nicht nur Ererbtes, sondern auch Erspartes aus ihren Pfründen. Dies dürfte in Zusammenhang stehen mit ihrem Brief an den Zürcher Rat vom 22. November 1528, wobei die dort erwähnte Liste der ihr gehörenden, Stück für Stück verzeichneten Dinge leider nicht mehr beiliegt, ebensowenig wie der im vorliegenden Schreiben angeführte Zettel. Katharinas Forderung an ihre Brüder, für die sie die Unterstützung des Zürcher Rats erwartet, ist damit doppelt so hoch, wie die Ansprüche der beiden von Waldburg-Schwestern an ihren Bruder, um nach dem Austritt aus dem Kloster Königsfelden ein angemessenes Leben führen zu können. Der vorliegende Brief ist ein weiteres, eindrückliches Zeugnis von Katharinas starker Persönlichkeit.

[S. 1] Strenngn, vesten, fromen, fursichtigen und wysen, gnedign libn Herrn. Als uwer ersam wyßheit mynen brudern, swestern und mir von unnser jugend uff gross und vil gutdaten bewyßt, und furnemlich ich, ouch myn swester, von unnserm Herrn vattern selign syns widerwärtign glückhfals uch, mynen Heren, inn getrwn [getreuen] bevel übergebn wordn, dem günstlich wilfarende, unns inn uwer closter Frown Munster versorgt und ingenomen, alda wir nu ettwomänig jaren har unns allein vermelts Gotzhus pfrunden aller annder unnser naturlichn fruntschafft, hanndtreichung und ergötzlicheit (als weisen) verschaltn, beholffn und unnderhaltn. Deß glychen nuwlich inn ervolgtn concordaten myns zugetragnen lybgedings abermals nit klein, gnedig und vätterlich versehung befundn, des niemant billicher dann Got ze vor und uch mynen Herrn lob, eere und dannckh sagend als pflichtig bekanntlich bin und begiriger syn will, allzit ze verdienen. So ich nu wie gehorsame bürgerin von uch mynen Herrn jeder wylen mit rat, trost und schirm nie verlassen, des geherzer inn nachberurtn mynen obligendn beswärungn volgend[er] wyse articuliert, zum khürczisten mir möglich, für uch myne gnedige liebn Herrn als einiger zuflucht im besten ze bringn treffenlich verursacht, gar demutigs vlys bittende, deren lenng in verdruss nicht ze verargn, sonnder mich darinn anligender nodtdorfft nach besser und volligers verstands, dann meldung hieran begryfft, inn vertruten gnadn abermals unverlässlich ze bedennckhen. Erstlich als durch uwern gnedign furschub innhabende versehung zu Frowen Munster wie oblut erlanngt, dohar myn vatterlich und muterlich erbgerechtigkeit, so die uss verhenngn des Allmechtign ze vällen reicht, ouch nach vermög gemeiner rechtn und aller billicheit mit dheinen [keinen] rechtmässign irrungn verwurckht, sonnder mehr glych anndern mynen gswistrign uß eelichenn banndt harkhommen, deren vähig bin und zum teil vervalln.

Item volgends als myne bruder uß götlichn gnadn und verfügungn des glückhs, durch mannhafft hilff edler und gemeiner guten frund und gönnern unnser vätterlichn entseczten erbnennung widerumb inn ruwig posess gesetzt, der ich [S. 2] dann (als oblut) billig teilhafftig, so beginnen doch dieselbn myne bruder eigner bewegnis on einich redlich verursachn, inn vergess und dheiner achtung aller swesterlichn trwn [Treue] und fruntschafftn ergangner jaren inn irn nödtn, uß höchstenn mynem vermögn (meniglichn zu Zurich urkhundig) inen bewyßt, mich vermelter erbnennung ze wägern, ussern und absonndern.

Item sie deby ungesättigt, mich ettlich verruckhter jaren, by zweintzign ungevärlich, mit hohflehelicher bitt, vil und manicherley zusagens, süsser rede und erbietens ouch mercklich widerlegungn, fruntlich bewyßter trwn und ergötzlicheitn, so verr bewegt und hindergangngn, das ich mit inen gein Rotwyl gerittn und vor hofgericht daselbs myner vatterlich und muterlich erbgerechtigkeit verzig gethan habe, innhalt des verzigbriefs, darinn sie (gutlich ze gloubend) irs vorteils an dheinen erben vergessen, uff und umb xx guldin lybgedings järlich fur ii m [2000] guldin hauptguts innhalt versigltn schyns ze bezalend, daran ein örtlin myns empfahens ald innemens biß disr stund besser ist, ouch nach vermög der gegn verschribung, die ich glychwol durch gross verheissen und besserung inen wider hinußgebn, je dhein [kein] buchstab gehalten und deßhalb weder haller noch des werdt dheiner wyse erfrewet noch ingenomen, wie wol ich guter achtung bin, dwyl sie mir an der widerlegung nicht gehaltn, das denn gethaner verzigg mynthalb ouch unbindtlich ald nichtig, doby dem ze leben mich wyter nit pflichtign werd.

Item als ich mich mit Eberhartn von Ryschach eelich verhyrat, hat unns beidersits rätig und gut beducht, an myne bruder ein zimlich hyratgut, dwyl sie mir doch dheins hallers werdt (als oblut) je zugeteilt, swesterlich und fruntlich zu erfordern, welhs durch myn vetter Herrn Jörgen Fryherrn von Höwen als ein gemeinen frund volstreckt und darinne vertrwlich gehanndelt, der aber nit verrer noch annders mögn erlanngn, dann sie wölln by irm verzigg beharrn und blybn. Und syent sie mir ettwas uffgeflogner lybgedingn schuldig, die wölln sie mir ouch gebn, und furter die xx guldin angeregts lybgedings, und sich versehn, ich wird sie uff diß erbietn wyter ruwig lassen. Ob aber ich daran unbemugig, sie deßhalbn an geburlichn endn rechtlich suchen mögn, das ich uß erheischender nodtorfft (lieber vertragn) ze thund gedrungen wurde.

[S. 3] Sydemals nu nach gelegenheit aller ergangner sachn nit annders dann dem rechtn und aller billicheit gmäss myn vorderung stat und myne beswärdn dahär fliessende clärlich vor ougen sweben, und wiewol ich daby all myn bewyßte trwn und gutdaten durch ir verächtlich unbruderlich gegenmäss (jetzt khleiner betrachtung, aber khünfftiger wylen so gar rinng und hinwerfflich nit verlorn), mit treffenlichem nachteil villycht zugetragn und vergelten werden mag (das mir denn wenig fursteendig) by inen also vergebenlicher nichtigheit syn erkhennen muss, je doch als ein getrwe swester, die gern inn fridlichem wesen beharrn wölt, zufällign unrats furtrahtlicher wol gedulden möcht, das vermelt myne bruder irs furgenomenen gmuts durch underhaltung mehr versteendiger, irrungn damit ze verhutend im besten abgewendt wurden.

Hierumb, gnedign liebn Heren, demnach und ich zu u[wern] besten w[yßheit] von jugend uff und nochmals hertzlicher myn einige zuflucht, one mittels deren hilff, rat, trost und furschub mir zu gnediger furderung allwegn obermässig wol erschossen, und furter trostlich hoffend, als unverlassen besonnder inn dieser hanndlung fruchtbarlich und gunstlich erschynen werde. So ist an dieselb u[wer] beste w[yßheit] myn gar demutig, töungenlich und ernstflyssig bitt, inn solhenn eeberurten mynen anligen, angesehn das ich ir eelich swester geboren bin, dohar myns geburenden anteils wurdig, derzu myn mitgeteilt trw nit also unnutz, ouch den vermeinten verzigg im rechtn untogenlich ir betrachtend, alles oberzalter meinung und nit annders dann dorzu ich fug und recht hab, mich unverlässlich underhaltend mit sonndern gnadn zu bedenckhen, vermelt myne bruder fur sich selbs vordern oder durch ire ratsbotten ersuchend, glycher billicher ding harinne ze vermögn, ungezwyvelter achtung u[wer] beste w[yßheit] uff solh ir ansinnen werde nit ungeschafft sie irs nichtign furnemens, gemiltert mit fuglichern mitteln, entsliesslich hanndln ze lassn abstelln. Wann all myn vermutung deßhalbn gutlichs ald rechtlichs ußtragt inn uch myne Heren vollmächtiglich bevolhn han will und geseczt. Obe aber solhs inen (des ich mich je nit versehe) entlegen, das dann jeder parthyen ein versteendiger uß unnser gesipter fruntschafft gezogn und was als denn uff jede furtrag durch uch myne Heren oder die frund entslossen, dasselbig approbiert und bestetigt blybn und syn solt, dwyl ich doch [S. 4] dhein ubermass beger, sonnder allein zimlich ußgestürt und abgericht ze werden. Dann mich also fur ein gasterbn anzesehn mir gentzlich swär und unlydenlich je zu verduldn khempt.

Wyter gnedign liebn Heren ich bericht, wie inn mynem abwesen mir nachgeredt, dem Gotzhus das syn durch mich entfurt, das sich niemer erfinden sol. Nachdem aber myn frow selig von Wyssenburg ir verlasßne habe, wem sie die gegennet hat vermacht, was ich dann nach irm tödtlichn abscheidt inn anstannd der prelatur gefunden, stat an disem bygelegtn zedtel verzeichnet geschribn, miltiglich zu ermessend. Wo sie mir solhs nit gegönnet hett es glychwol mit annderm verschafft, abermals vlyssigst bittend, mir und mynen erbn dieselbn stuckh mit annder myner habe also nachzevolgn gnediglich ze bewillign. Wo aber uch mynen Heren solchs nit gemeint, so wölln (vil nachrede ze vermydn) die angeregten uffgeschribnen stuckh ze besichtign lut dorzu verordnen, so mir denn entlichn bescheidt dorinn ze empfahn, zemaln geliept ist, dann das uberig so vorhanndn ist, ich von niemant harerbt, sonnder an innhabender pfrund ersporet und erkhobert [erworben]. Uwer besten wyßheit wöll sich in oberzalten puncten myns anligens gnedigs willens bewysen, umb die ich rechter erkhantnis und gehorsam (wie obstat) gegn Got und zitlich myns vermögens bereitwilliger pflicht ze beschuldn allerding urbuttig.

[Darunter später:] 2. Austeuherung und underhaltung der frowe Catharina von Zimbern, gewesenen ~~Conventualin~~ Äbbtißin bey dem Frauw Münster alhier.

Der Zürcher Rat an Johann Werner und Gottfried Werner zu Zimmern, 12. 9. 1531

Staaatsarchiv Zürich, A 196.3.15, Nr. 6

◀ S. 206

Ohne Verzug richtet der Rat von Zürich ein Schreiben an die Brüder der ehemaligen Äbtissin, Johann Werner und Gottfried Werner von Zimmern. Gleichentags sei Eberhard von Reischach vor den Rat getreten. Nicht Katharina selbst, sondern ihr lange Jahre aus der Stadt verbannter und mit dem Tod bedrohter Ehemann überbrachte offenbar den wohl gemeinsam verfassten Brief. Reischach, genannt der «edle, feste, getreue, liebe Burger», habe in langen Worten alles vorgebracht, was schon durch Georg von Hewen an die Brüder seiner Ehefrau, Katharina von Zimmern, betreffend deren Heiratsgut in ihrem Namen mündlich und schriftlich herangetragen und auch, was die Brüder darauf geantwortet hätten. Er habe um Hilfe gebeten und angezeigt, dass er und seine Gemahlin in der Sache aus rechtmässigen Gründen nicht länger stillstehen wollten. Der Rat sei seinem Bürger Reischach und dessen Ehefrau besonders wohlgeneigt – sie wird wiederholt als wohlgeboren und ehrenreich bezeichnet – und er bittet die Brüder ernsthaft, sie möchten so bald als möglich sich ein Herz fassen angesichts der Zeitläufe. Der Rat betont vor allem die Tatsache, dass die Schwester mit ihrer ehelichen Verpflichtung nichts getan habe, als was christlich und rechtens sei, und nun unbilliger Weise ihres väterlichen und mütterlichen Erbes entbehren müsse. Damit bekennt er sich zur Aufforderung der Reformatoren an Mönche und Nonnen, die Klöster zu verlassen und eine Ehe einzugehen. Er fordert die Brüder auf, den Eheleuten das ihnen zustehende Heiratsgut auszurichten, unverzüglich und ohne weitere Umstände, damit diese nicht gezwungen seien, etwas zu unternehmen, was unfreundlicher ausfallen könnte. Viel lieber möchten sie den Brüdern als Schwager und Schwester in Treue, Freundschaft und Liebe verbunden bleiben. Der Rat sieht sich den Brüdern gegenüber in aller Billigkeit, erwartet aber in der Sache eine gütige, unabschlägige und wohlgeläuterte Antwort. Eine Antwort der beiden Brüder ist bisher nicht bekannt, erst 16 Jahre später, 1547, wendet sich Gottfried Werner Graf zu Zimmern wieder an den Zürcher Rat.

[S. 1] Wolgebornen günstigen liebenn Herren unnd Fründ, üch sygenntt unnser willig diennst mit erpiettenn aller erenn allezytt bereitt zuvor. Unns hatt der edell vest, unnser getruwer lieber burger Eberhartt von Rischach der Ellter, hütt siner dato, inn langen worttenn fürbringenn unnd erscheinen lassenn, alles das jhenig, so an üch alls sine liebenn Herren unnd schwäger in nammen unnd von wägenn der wolgepornen frawenn Kathryna von Ryschach geboren von Zimbern, siner erentrychen lieben gemachell durch den wollgepornen Herrn Jörgenn von Höwen unnd inn schrifftlich unnd muntlich der berürten [am Rand: siner hußfrowen] Kathrina usstelligenn hyrattgutts halb früntlicher wyß gewachssenn, unnd was dargägenn für anntwurten unnd bescheyd von üch gegebenn worden syen, allhie von unnötten zu erzellenn. Unns unns (!) hieruff von wägenn wie obluthott umb hilff, ratt unnd fürschrifft an üch angesucht unnd gebättenn, mitt anzöug, das ime und siner eerengemachell inn dieser sach lenger allso stillzestannd uß rechtmessigenn redlichenn ursachenn, nitt gemaintt noch gelägenn sin welln. Unnd wann wir den gemelltenn unnsern burger unnd sin erenntriche hußfrow zur billickeytt, ouch allenn eerenn unnd guttem zu fürdern insonders wolgeneigt, so wellannt hiemitt üch wir zum träffennlichosten unnd ernnstlichosten unns jennderth moglich gar früntlichs flysses angesucht unnd vermaint habenn, nochmalen gestalltsamme unnd gelägennheytt diser jetzigenn löuffenn unnd tagenn unnd fürnemlich das üwer schwester (diewyl sy doch eelicher verpflichtung halb nüdt dann göttlichs cristenlichs unnd rechts gehanndlett) umbillicher wyß irs vätterlichenn unnd mütterlichen erb unnd gutts ußliggenn unnd manglen sol zu hertzen [S. 2] ze fassenn, unnd ane wytter uffhalltenn alld umbzüchenn unnserm burger Eberharttenn von Rischach unnd desselbenn erngemachell, üwer schwester uff vorgeübte hanndlung mitt so geschickter unnd zimlicher anntwurtt zu ervolg obangereckts irs vätterlichenn unnd mütterlichen erb unnd gutts zu begegnen. Damit sy billiche ursach habind sich dero zu vernügen unnd nitt genottrengt werdunt ettwas annders fürzunämmen, so sich zu mer unfrüntlickeytt züchen möchte, desß sy aber vil lieber uberhept unnd üch zu jeder zytt schwäger unnd schwesterliche trüw, fründtschafft unnd liebe zu bewysenn geneigt unnd guttwillig sin wellentt, unnd wiewoll wir unns uwerthalb aller billickeyt versächenn, jedoch so begärenntt wir hierüber uwer güttigenn unabschlegigenn, wolgelütretten antwurtt by disem bettenn. Datum Zinstags nach Felicis unnd Regule anno xxxi. Burgermeyster und Ratt der Statt Zurich den wolgebornen Herren Hannsen Wernhernn unnd Gottfridenn Wernhern Fryherren zu Zimbern, Herrenn zu Willdenstein unnd Meßkirch gebrüdernn, unnsern günstigen liebenn Herrenn und fründten. [Auf der Rückseite Notiz von Reischach:] Item miner Hern messifn die ... an mine schwägher von Zimmernn.

Abgeltung des Wohnrechts der Äbtissin in der Abtei, 26.12.1536

Stadtarchiv Zürich, III.B.322 (1536)

◀ S. 228f. (mit Abb.)

Im Gegensatz zum Leibgeding, das Katharina von Zimmern jährlich erhielt, stellte die Abgeltung eine einmalige Ausgleichszahlung für ihr Wohnrecht in der Fraumünsterabtei dar, das sich die Äbtissin wohl bei der Übergabe der Abtei in kluger Voraussicht ausbedungen hatte. Wenn sie Eberhard von Reischach schon zu diesem Zeitpunkt zu heiraten beabsichtigte, was anzunehmen ist, wusste sie, dass sie nicht mit ihm dort wohnen konnte, da er aus Zürich verbannt war, und dass sie die schönen Wohnräume, deren Ausstattung sie selbst in Auftrag gegeben und mitgestaltet hatte, bald verlassen würde. Ob ihre Heiratspläne damals bekannt waren und ob sie versuchte, anlässlich der Übergabe der Abtei Reischachs Begnadigung zu erwirken, ist nicht bekannt. Nach Zürich zurück durfte er erst wieder nach dem Ersten Kappeler Krieg. Das Wohnrecht in der Abtei gab Katharina erst 1536 für 520 Pfund auf, und es liegt nahe, dass sie damit den Bracken erwarb. Reischach war zu der Zeit schon fünf Jahre tot, ihre gemeinsame Tochter um 11 Jahre alt. Den Bracken tauschte sie 1540 gegen den Mohrenkopf an besserer Lage ein. Sie musste einen Aufpreis von 660 Pfund zahlen.

Usgen mir gnedigen frouwen um ir grechtigkeit am hus v c xx lb [520 Pfund], mir gnedigen frouwen umm ir grechtigkeit am hus uff zinstag nach dem helgen tag zu wienacht.

Tausch der Häuser Zum Bracken und Zum Mohrenkopf, 1540

Staatsarchiv Zürich, W I 1, Nr. 1935

◀ S. 70–72, S. 228–230 (mit Abb.)

Katharina von Zimmern, Witwe des Zürcher Bürgers Eberhard von Reischach, tauscht den Bracken (Oberdorfstrasse 17), zwischen den Häusern zum Steinbock und zum Till, den sie nach 1536, der Aufgabe des Wohnrechts in der Abtei erwarb, gegen den Mohrenkopf (Neumarkt 13) des Junkers Friedrich Murer, Gerichtsschreiber und Zürcher Bürger. Jährlicher Zins auf dem Bracken: 10 Pfund an Hans Trumetter auf dem Reyn, jährlicher Zins auf dem Mohrenkopf: 12 Pfund an Frau Schulthess Zum Blauen Himmel und 1 ½ rheinische Gulden an Meister Jacob Funk. Sein Siegel hängt Junker Hans Conrad Escher, des Rats von Zürich und angehender Hauptmann zu St. Gallen, für Katharina von Zimmern an die Urkunde. Er wird neben dem Fraumünsteramtmann Bartlome Koechlin und dem Zürcher Bürger Heinrich Wüst auch unter den Zeugen genannt. Eine Kauf- oder Verkaufurkunde zum Bracken ist nicht bekannt. Der Mohrenkopf war aber um einiges mehr wert, so dass Katharina Friedrich Murer 660 Pfund Zürcher Währung dazuzahlen musste. Beim Verkauf des Mohrenkopfs durch die Tochter Anna 1548 betrug der Kaufpreis 1068 Pfund. Katharina wohnte nun mit ihrer Tochter in der vornehmen Gegend am Neumarkt, schräg gegenüber dem ehemaligen Haus Eberhards von Reischach, dem Rechberg (später Steinberg, Neumarkt 6), das gleich neben dem Haus zum Rech des Bürgermeisters Diethelm Röist lag, Sohn des Bürgermeisters Marx Röist und der Dorothea Göldli, Schwester der Göldli-Brüder Renward, Kaspar und Georg. Der Mohrenkopf lag zwischen dem Haus des Hans Ammann Zur Stelze (Neumarkt 11) und dem Haus des Hans Jakob von Mandach Zur Blauen Lilie (Neumarkt 15), der mit Dorothea Locher verheiratet war, wegen Betrugs und lasterhaften Lebens aus Zürich ausgewiesen wurde und 1547 hoch verschuldet starb. Durch die Heirat Dorotheas mit Christoph Froschauer kam das Haus 1550 in den Besitz des Zürcher Druckers. Hans Jakob war der Bruder des Hans Heinrich von Mandach, Ehemann der Tochter Anna von Reischach, die den Mohrenkopf 1548 verkaufte. Seine Brüder Hans Heinrich und Felix Heinrich kümmerten sich um ihn und übernahmen auch Schulden, weshalb sie am 5. 9. 1547 Anspruch auf ein Erbe erhoben, das ihm erst nach seinem Tod zufiel. Obwohl die Ansprüche der Witwen geschützt waren, bekamen die Mandach-Brüder Recht, vor Dorothea (Stadtarchiv Winterthur, B VI 314, S. 142). Nach hinten grenzte der Mohrenkopf an die Umfriedungsmauer des St. Verenaklosters (KDM, Stadt Zürich, Neue Ausgabe III.II, S. 390f.).

Zu wissen unnd khund sol mencklichem syn mit disem brieff: Das zwüschennd der wolgebornenn tugenntrychen frouwenn frouw Catryna von Zimern, wylund deß edlenn vesten Äberhartens von Ryschach Burgers Zürich säligenn eelicher gelaßner witwenn an eynem, unnd dem frommen vestenn Junckher Fridrichenn Murer, der zyt gerichtschryber und ouch burger Zürich am andern teyl ein früntlicher wolbedachter ouch gutwilliger tusch oder wechsel, wie dann ein sömlicher tusch ald wechsel jetz und hienach vor allenn lütten richtern und gerichtenn gut, krafft unnd macht hat, habenn sol unnd mag, für sy unnd ir erbenn abgeret, beschloßenn unnd uff nachvolgende wys erlüttert ist. Erstlich so hat die obgenandt frouw Catryna von Zimmern gemeltem Junckher Fridrichenn Murer in eins rechtenn tuschs unnd wechselswyse uberantwurt unnd gegäbenn: Namlich ir gnadenn huß unnd hofstatt in der merern Stat Zürich uff dorff gelägenn, genempt Zum Brackenn, stoßt einer syt an das huß zum Steynbock, zur andern syttenn an das Tüll [Zum Till] unnd zur drittenn vor an die gaßenn gägenn der frouw Murerin huß mit tach gemach, sampt was nut unnd nagel begriffen hat, ouch aller gerechtigkeyt unnd zugehört, für fryg, ledig, eigenn. Dann das alle jar dorab gannd zächenn pfund gelts jerlichen zinß Hannsen Trumetter uff dem Reyn, sunst niemantz wyter versezt noch verpfent. Dergägenn unnd hinwidrum so hat der obvermelt Junckher Fridrich Murer der megeseitenn frouw Catryna von Zimmern, ouch obgemellter maßen in tuschs unnd wächselswyß uberantwurt unnd innhendig gemacht syn huß unnd hoffstatt mitsampt dem gartenn derhinder, ouch in der merern stat Zürich ze Nünmerckt gelägenn, stoßt einer syt an Junckher Hanns Jacob von Mandachs huß unnd gartenn, zur andern sytenn an Her Hanns Ammans huß, hindenn an die Samlinger mur unnd vor an die gassenn, würt genempt Zum Morenkopf, ouch mit tach gemach, sampt was nut und nagel begryfft, ouch aller zugehörd unnd gerechtigkeit in aller form, wys unnd maß. Wie dann obgemelte myn gnedige frouw ime ir gnaden hus inhenndig gemacht unnd uberantwurt hat, ouch für fryg, lidig, eigenn, dann das zevor alle jar derab gand zinnß zwölff pfund geltz der frouw Schulthessinen Zum Blawen Himel unnd anderthalbenn Rynnschenn guldin Meyster Jacob Funckenn in syn ampt, sunst niemantz wytter versetzt noch verpfenndt. Uber welichenn tusch unnd wechßel die vilgeseyt frouw Catryna von Zimmern obbestimptem Junckher Fridrichenn Murer zu rechtem ubernutz hinuß gäbenn unnd uberantwurt hat sechshundert unnd sechzig pfund der Stat Zürich müntz unnd wärschafft an barem gelt. Unnd hieruff so sol die vilberürt frouw Catryna von Zimmern unnd ir erbenn ir ingeanndtwurt huß Zum Morenkopf, deßglichenn Junckher Fridrich Murer unnd syn erbenn ir ertuscht huß zum Brackenn innhabenn, besizenn, nutzen unnd bruchenn, ob sy dann wellend versezen, verlychenn, vertuschenn, verkouffen unnd aller gestalt darmit umbgan, thun, hanndlenn, schalltenn unnd walten, wie mit andern iren eignenn gült oder guttern, das ir eines von dem andern unnd irenn erbenn ungesumt unnd ungeirt. Wir obgemelten Catryna von Zimmern unnd Fridrich Murer beckennend unns ouch hiemit sonnderlich für unns unnd unnser erbenn, das wir gemelte unnsere beide hüser also gägeneynander verwechslet unnd vertuscht, ouch alle obverschribne puncten miteynander abgeret unnd beschlossen hannd, wie die oberlüttert unnd beschribenn sind. Ich erstgenempter Fridrich Murer bin ouch von gesagter myner gnedigenn frouwenn der obbestimptenn sechshundert unnd sechzig pfunden uf myn gut benügenn, ußgericht und bezalt, deß ich mich hiemit sonnderlich erkhenn, sagenn sy ouch unnd ir erbenn derohalb ganntz fryg, quit, lidig unnd los. Deßhalb so verzychennd wir unns zebeidenn teylenn unnd jeder teyl insonnders für unns unnd unnser erbenn, aller ansprachen unnd grechtigkeyten, so jeder teyl an deß andern vertust hus unnzhär gehept, ald syne erbenn hinfür vorzu unnd doran gewünnen, gehabenn unnd uberkommen möchtind. Gelobennd unnd versprechennd unns ouch hieruff vestenklich für unns unnd unnser erbenn hinfür an sölichem tusch unnd wechßel eynander niemermer zesumenn, ze irenn noch intrag ze thund, sonnders gut uffrecht unnd redliche wärschafft ze thun unnd ze tragenn allenthalbenn, wo, wenn unnd wie dick ein teyl von dem andern wärschafft bedörfft als notdurfftig wurde. Dann wir unns hiemit zbeidenn teylenn für unns unnd unnser erbenn aller fünd unnd geverdenn hiewider syn mögennde genntzlich verzigenn unnd begäbenn habennd, in krafft diß brieffs, dero zwen von wort zwort glychluttende gemacht unnd jeder teyl eynenn genomenn, unnd deß alles zu merer gwarsame. So hab ich vilbestimpte Catryna von Zimmern mit ernst erbättenn den fromenn vestenn fürnemen wysenn Junckher Hans Conrathen Äscher deß Raats Zürich unnd angennder houptman zu Sannt Gallenn myn guttenn fründe, das der syn eigenn insigel für mich unnd myn erbenn, ime unnd synenn erben unschädlich, offenntlich heran gehennkt hat. So hab ich Fridrich Murer myn eigenn insigel für mich unnd myn erbenn ouch offenntlich gehennckt an disen brieff, der gäbenn unnd abgret ist in bysyn der fromenn, vestenn, fürnemenn, wysenn, des genemptenn Junckher Hanns Conrathen Äschers, Bartlome Köchlins, der zyt Ammans zum Frowenmünster unnd Heinrich Wüstenn Burgers Zürich uff Zinstag nach Sannt Gallenn tag als man nach Cristi unnsers einigenn heylants geburt zalt fünffzächennhundert unnd vierzig jar.

Gottfried Werner Graf zu Zimmern an den Zürcher Rat, 5. 11. 1547

Staatsarchiv Zürich, A 196.3.15, Nr. 7

◄ S. 236f.

16 Jahre nach dessen Brief schreibt Gottfried Werner Graf zu Zimmern an den Zürcher Rat, dass Andres Müller aus Zürich in seiner Abwesenheit im Juli ein Schreiben wegen etlicher ausstehender Leibgeding-Zinsen für seine Schwester Katharina nach Messkirch gebracht habe. Andres Müller ist von Amtes wegen zuständig für Sonderpfründen am Fraumünster. Gottfried Werner nennt Katharina die Witwe Eberhard

von Reischachs, weiss also noch nichts von ihrem Tod am 17. August 1547. Auch Froben Christoph von Zimmern (der Chronist, Sohn Johann Werners und Neffe Gottfried Werners) sei mit Amtleuten weggeritten, in Sachen, an denen ihm nicht wenig gelegen sei. Er habe seinen Organisten Andres Reutter angewiesen, seiner Schwester zu schreiben, dass er beabsichtige auf Martini zu antworten. Er befürchte aber, dass der seiner Schwester verordnete Vogt vielleicht nicht anwesend sein könne und möchte mit den Seinen nicht vergeblich wegreiten. Damit aber nichts versäumt werde, habe er gebeten, ihn nicht nochmals aufzufordern. Er sei bereit, gutwillig einzulenken und deshalb nach Weihnachten an einem beiden Teilen genehmen Tag nach Zürich zu kommen, um den Handel abzuschliessen. Als Graf und Herr des Reichs sei er zwar keinem anderen Richter als dem Römischen Kaiser verpflichtet, wolle aber den Spruch in dieser Sache akzeptieren und hoffe, sich damit gegen die Stadt Zürich so zu erweisen, dass sie guten Gefallen daran finden werde. Auf der Adresse findet sich die Notiz, dass der Tag auf den 9. Januar 1548 angesetzt sei. Von Johann Werner ist kein entsprechendes Schreiben erhalten, auch wird er in den Briefen nicht mehr erwähnt. Er starb 1548 und hatte offenbar in der Zwischenzeit ebenfalls keine Zinsen bezahlt. Eine Antwort seines Sohnes Froben Christoph, an den Zürich ein paar Tage später ebenfalls schrieb, ist nicht bekannt.

[Adresse:] Gottfrid Wernher Gr. zu Zimbern 1547. Den gestrengen, edlen, vesten, auch furnemen, ersamen und wysen, meinen besondren guten frunden Burgermaister und Rhadt der Stat Zurch sampt oder sonders. [Darunter:] Tag ist angesetzt uff Montag nach der heilgen dry küngen tag im xlviii jar [9. 1. 1548].
[S. 1] Mein fruntlich dienst und grus, gestreng, edel, vest, auch furnem, ersam und weyß, lieb und gut frundt. Es hat Endres Muller, eur mitburger, in nechstverschinen Julio ein gewalt, etlich austend leibding zinsgelt, so ich der wolgebornen und edlen fraw Catharinen, geborn Grevin von Zimbern, weilunt Eberhartz von Reischachs verlassene wittibe, meiner Schwester schuldig sein solte, belangenn dasselbig, gutlich oder rechtlich zu erfordern, alher gen Meskirch gebracht, und solchs in mein abwesen mir zugeschickt. Dennoch ich aber, dozumal, nit anheimisch, zu dem auch mein Vetter Graff Frobenius Christoff von Zimbern und sampt meinen Amptleuten, sachen halb daran mir nit wenig gelegen verritten, also das ich der Zeit euch nit schreiben kunden, hab ich mein diener und organisten zu Möskirch, Endresen Reuttern, das ich mein aigne botschafft deshalben zu euch hiezwuschen nechst S. Martins dag zu verordnen gesint, obbemelter meiner Schwester zu schreiben bevolhen, Inhalt desselben geschrifft. Dieweil ich aber fürsorg trag, das obbemelter meiner Schwester verordneter vogt oder andere zu solcher Handlung dienstlich dieser zeit nit anheimisch sein mögten, deshalben ich oder die meinen vergebenlich verreytten, damit nun ich solchen nichts verabsumpt, langt demnach mein fruntlichs bith und begeren an euch, ir welt souvr [S. 2] mein gegenthail, mich nochmals anforderung nit erlassen, des ich mich doch aus ansehenliches ursachen nit versihe, auch der handlung gutwilliglichen annemen und deshalben nach weyenachten nechst kommende zu eur gelegenhait dag zwuschen uns beiden theilen ansetzen. Alsdan wil ich mein volmechtig botschafft zu euch uff den dag ir mir benennen schicken. Und wiewol ich als ein Grave und Her des Reichs, kein richter, dan der Römisch Kayserlichen Majestät meinem aller[höch]sten Hern zugethon, vor euch in solcher handlung, ob schon die viel grosser were, gutlichs oder rechtlichs spruchs gewarten und bemugen lassen, mich auch in solchen allen hierin gegen euch dermassen beweysen, darab ir das ich hoff gut gefallen tragen werden. Und was euch hierinnen gelegenn, mich bey diesem botten geschrifftlichenn berichtenn. Euch hiemit als mein besondren guten frunden fruntlichen und guten willen zubeweisen bin ich ider zeit zu thon geneigt. Datum Meskirch, den fünfften Novembris anno xxxxvii. Götfrid Wernher Grave und Her zu Zimbernn, Herr zu Wildenstain und Mößkirch.

Der Zürcher Rat an Gottfried Werner von Zimmern, 11. 1. 1548

Staatsarchiv Zürich, B IV 17, 6r

◀ S. 204f., 236f.

Bürgermeister und Rat der Stadt Zürich haben den Vogt Gottfried Werners von Messkirch, Mathias Gitterer, in der Sache der Erben seiner Schwester Katharina von Zimmern der Länge nach gehört. Katharina wird als eine «geborene Gräfin von Zimmern» bezeichnet, obwohl die Zimmern den Grafentitel erst 1538 erhielten. Im Schreiben ist von der Bürgerin der Stadt, Katharina von Zimmern, die 1547 verstarb, und ihren Erben die Rede. Der Rat setzt sich damit für die Erbansprüche der Tochter Anna von Mandach-Reischach ein. Es gefällt dem Rat besonders, und er nimmt dankend an, dass Gottfried Werner, obwohl er keinem Richter ausser dem Kaiser untersteht, den gütlichen oder rechtlichen Spruch in dieser Angelegenheit gewärtigen will. Da die gütliche Beilegung des Streits mehr auf Freundschaft, denn auf Recht beruht, wird Gottfried Werner gebeten, gegen die Einwilligung seines Vogtes Gitterer keine Beschwerde einzulegen, sondern in Erwägung aller Umstände die Sache so anzunehmen und auf sich beruhen zu lassen. Zweifellos wird dies Gottfried Werner ein andermal zur Ehre gereichen und nützlich sein. Damit gibt der Rat unausgesprochen zu, dass die Ansprüche rechtlich nicht unbedingt zu begründen sind und die Einwilligung vor allem guten Beziehungen nützt.

Wolgeborner besonders lieber herr und guter frundt, uwer gnaden sygen unser gutwillig dienst, mit erbietung aller eeren alle zyt bereit zuvor. Wir hebend uwer gnaden vogt zu Meßkilch Mateyen Githerer sambt sinem credentz inn der handlung gegen [über der Zeile: u[wer] g[nädigen] schwester] wylands der wolgebornen frow Cathrina geborne Gräfin von Zimberen unserer Burgerinn seligen ~~v. g. schwester~~ erben ~~seligen~~ inn sinem befelch der lenge nach gehört, und ~~danchen~~ u[wer] g[naden] hoch und gut vertruwen, das die selb ~~sich~~ als ein Graf und Her des Richs, so sonst dheinem Richter dann der Röm. Key[serlichen] M[ajestät] unser aller grösten Hern zugethan, ~~zu uns tragt und~~ vor uns sollichen spengen [strittigen] ~~handlung~~ sach gütlichs oder rechtlichs spruchs gewerten wellent, zu sonderem dank und gefallen angenommen. Diewil aber die gutlich handlung me frunnschafft dann dem recht bringt, und dann uwer gnaden gewalt haben, uff unserer verendreten [am Rand: frunntlichen und] ernstlichen anhalten den selben gutlichs spruchs vertruwen [am Rand: den angenommen] hatt, so bitten wir u[wer] g[naden], die welle angedachs irs anwols vogt Githerers gepfleginen handlung unnd verwilgung dhein beschwerd tragen. Sonder ire sollichs in erwegung und bedenkung aller umbstenden glich so wol och uns gefallen und anemlich syn lassen. Das wirt ungezwyflet u[wer] g[naden] inn ander weg löblich, erlich und nutzlich syn. Dero ~~wir~~ fruntlichen und guten willen ~~und dienstlich gefallen~~ zu bewysen wir jeder zyt zechend geneigt und willig sind. Mitwoch den 11. Januarij anno d. xlviii. B. u. R. d. S. Z. [Bürgermeister und Rat der Stadt Zürich].

Dem wolgebornen Her Gotfrid Wernher, Graf und Herr zu Zimbernn, Herr zu Wildenstein und Meßkilch, unserem gunstigen lieben Herren und guten frunden.

Abrechnung von Annas Vogt Hans Rümeli über ihr Erbe, Übergabe an Vogt Jörg Escher, 25. 5. 1548

Staatsarchiv Zürich, B VI 336, 114v–115v

◀ S. 114 (Abb.), 232, 236f. (Abb.)

Meister Hans Rümeli, Vogt von Anna, der Ehefrau von Hans Heinrich von Mandach, legt die Abrechnung über deren Vermögen und die damit verbundenen Zinsen vor und übergibt sein Amt an Jörg Escher. Da die ehemalige Äbtissin vor wenigen Monaten am 17. August 1547 verstorben ist, handelt es sich im Wesentlichen um Katharinas Nachlass, der beträchtlich war. Die Grundstücke brachten 10, manchmal bis 20 Pfund Ertrag, insgesamt 195 Pfund jährlich. Anwesend sind: Schirmvogt Meister Peter Meyer, der Schreiber, Stadtschreiber Escher, Junker Hans Peter Wellenberg und Junker Jörg Escher. Anna von Mandach bleibt ihrem Vogt 72 Pfund, 10 Schilling, 1 Pfennig schuldig, einschliesslich verrechnete 30 Pfund für anderthalb Jahre Vogtlohn und 2 Pfund, 5 Schilling als Schirmgeld. Hans Rümeli wird als Vogt entlassen. Hab und Gut wird auf Bitte der Anna von Mandach-Reischach bei Junker Jörg Escher hinterlegt, der vom Hauptgut nichts ohne ihr Wissen und ihre Bewilligung ausgeben darf. Hans Rümeli übergibt Jörg Escher die zugehörigen Gültbriefe. Es folgt das Verzeichnis der Gülten, die entsprechenden Schuldbriefe hat Hans Rümeli dem neuen Vogt Jörg Escher übergeben. Die 100 Kronen Hauptgut auf den Grafen von Zimmern laut Schuldbrief, den Jörg Escher hat, sind bezahlt und verrechnet. Dies dürften die 100 Sonnenkronen sein, die Gottfried Werner von Zimmern zugestanden und offenbar auch bezahlt hat. Das Haus zum Mohrenkopf Annas von Mandach ist verkauft an Jacob Wirz für 1068 Pfund, 3 Schilling, 4 Pfennig, wobei die Verkaufsurkunde erst am 23. Juni datiert ist. Anna bringt ihrem Mann zu: 100 Pfund Bargeld ungefähr aus dem Hausrat, 45 Pfund ebenfalls in bar aus Fässern, Wein [ohne nähere Angabe] und 6 Mark 7 Lot an Silbergeschirr.

Annas Mutter, Katharina von Zimmern, hat aus ihrem Gut der Salomea Appenzeller 100 Pfund Hauptgut vermacht, auch Tuch zu einem Oberrock und eine Bettstatt, was ihr nach dem Tod Katharinas zukommen soll. Anna von Mandach ist sich dessen bewusst und ist nicht dagegen. Dieses Vermächtnis der Katharina von Zimmern ist erstaunlich, es ist das einzige bekannte, und es erweckt den Eindruck einer Mitgift, zumal es Salomea Appenzeller betrifft, die verwaiste Tochter von Regula Schwarz und Sebastian Appenzeller und Schwester von Sebastian Uriel Appenzeller. Regula Schwarz erwarb als rechtmässig verwandte Base der Äbtissin am 21. 9. 1522 ein Grundstück im Grüninger Amt, wohl im Hinblick auf ihre Verheiratung. Salomea lebte in Zürich, vielleicht bei Katharina von Zimmern und ihrer Tochter Anna im Mohrenkopf. Dass das Einverständnis der Anna von Mandach speziell betont wird, zeigt, dass ihr die näheren Umstände dieser Vergabung bekannt waren.

Hans Rümeli lieh auf Bitte der Frau von Mandach ihrem Ehemann 437 Pfund, 1 Schilling auf dessen 300 Gulden Hauptgut der Geschwister von Kusen. Er verlangt diese zurück bzw. er will dem von Mandach noch 162 Pfund, 19 Schilling ausrichten, so dass ihm dann die 300 Gulden der von Kusen zustehen. Da Anna Meister Rümeli 72 Pfund, 10 Schilling, 1 Pfennig schuldet, soll diese Summe angerechnet werden. Rümeli bleibt 92 Pfund, 8 Schilling, 11 Pfennig schuldig. Frau von Mandach rechnet Hans Rümeli 80 von den 100 Pfund Hauptgut der Salomea Appenzeller an, so dass Rümeli 12 Pfund, 8 Schilling, 1 Pfennig schuldig bleibt. Was Kasten und Oberrock der Salomea Appenzeller betrifft, verweist Anna ebenfalls an Rümeli, der die Appenzellerin bezahlen soll. Anna bleibt Rümeli 8 Pfund, 12 Schilling und 15 Schilling Schirmgeld schuldig. Diese Summe ist verrechnet. Nach Abrechnung gehören die 300 Gulden Hauptgut der Geschwister von Kusen, die Junker Hans Heinrich von Mandach zustanden, nun Rümeli, der dem Mandach nichts mehr schuldig ist. Von diesen 300 Gulden kommen als Nutzen 162 Pfund, 19 Schilling an Anna von Mandach. Mit der Schuldnerliste in dieser Urkunde stimmt das Verzeichnis von Hab und Gut der Anna von Reischach, Ehefrau des Vinzenz Spiegelberg vom 30. 11. 1551 überein.

[114v] Uff fryttag den xxv May Anno xlviii [25. 5. 1548] hat Meyster Hanns Rümeli als ein vogt unnd in namen frow Anna von Ryschach Junckher Hanns Heinrich von Manndachs eelichen husfrowen vor dem einen Herren schirmvogt Meyster Petter Meygern unnd dem schryber Rechnung geben in bysin gemelter frowen, ouch Herren Stattschryber Eschers, Junckher Hanns Petter Wellenbergs unnd Junckher Jorgen Eschers. Unnd nach allem abtzug innemens unnd ußgebens blypt die frow irem vogt schuldig lxxii lb x ß i d [72 Pfund 10 Schilling 1 Pfennig], unnd ist namlich hier inn xxx lb [30 Pfund] für annderthalb jar vogtlon, unnd ii lb v ß [2 Pfund 5 Schilling] für das schirmgelt verrechnet. Unnd alsdann gemelter Meyster Hanns Rümeli dieser vogty von minen gnedigen Herren Burgermeyster unnd Rath uff sin pitt erlassen. Unnd uff obgedachte frowen von Manndach beger von inen daruf erkennt unnd enntschlossen, das all ir der frowen hab unnd gut hinder obgemelten Junckher Jorgen Escher gelegt unnd von demselbigen vom hauptgut on ir wüssen unnd bewilligen nütz hinußgeben werden. Hat Meyster Rümeli haruf Junckher Jorgen Escher umb volgennd gülten gedachter frowen zugehörig die Brieff überantwurt.

Item x lb gelts git Hanns Keller von Oberhaßlen uff Martini

Item x lb gelts git Cristen Wüst von Schaffhusen uff Martini

Item xii lb gelts git Heini Meyer von Meylen uff Martini

Item xx lb gelts git Großjakob Möckli von Kleinenanndelfingen uff Galli

Item x lb gelts git Hanns Beltzinger wirt zum Storchen uff Karoli

Item x lb gelts die von Jestetten uff Letare

Item xx lb gelts git Marti Holenstein von Rickenschwenndi uff Jeörgi

Item x lb gelts git Ulrich Rietzman von Folcken uff Thome

Item x lb gelts git Michel Bräm von Nerach uff Jacoby

Item xx lb gelts git die gemeind von Homlicken by Anndelfingen uff Jacobi

[115r] Item x lb gelts git Heini Sigerist unnd Marti Agarter von Felten by Winterthur uff Felix unnd Regula

Item x lb gelts git Claus Öttiken von Menidorff uff Martini, diser brieff ist von Stapffern versetzt

Item xv lb gelts git Mathyß Tempeler von Folckenschwyl uff Anndrey

Item viii lb gelts git Uli Stucki von Anndelfingen uff Martini, umb disern zins hat die frow von Manndach den brieff by iren hannden

Item x lb gelts git Rudolff Schüchtzer, darumb ist noch kein brieff vorhannden. Er soll aber fürderlich einen ufrichten unnd Junckher Jörgen zustellenn

Item x lb gelts git Kleinwelti Huber von Bonstetten. [In anderer Tinte:] Sind abschöfft uff s. Johannstag im Sumer des 50. jars unnd der frowen wordenn.

Item i c [100] kronen houptgut uff den Grafen von Zimbern luth eins schuld oder vertragbrieffs hat ouch J[unker] Jorg Escher, ist bezalt und verrechnet. Item der frowen von Manndach huß zum

Morenkopff zu Nünmerckt gelegen, ist verkoufft unnd über das so daruff stat, darab gelößt i m lxviii lb iii ß iiii d [1068 Pfund 3 Schilling 4 Pfennig]. Darumb soll Jacob Wirtz, der Köuffer, Junckher Jorgen Escher mit gelt unnd gültbrieffen nach innhalt des kouffs abredung ußrichten unnd vernügen.

So hat die frow irem man zubracht unnd überantwurt:

Item i c lb [100 Pfund] an barem gelt ungefarlich hat sy ab hußraten gelößt. Item xxxxv lb [45 Pund] ouch an barem gelt, hat sy ab fassen gelößt. Item an win [kein Wert eingesetzt]. Item an silber geschirr vi march vii loth.

Es ist ouch hieby zu wüssen, das gemelter frowen von Mandach frow muter selig Salamea Appentzellern von unnd uß irem verlasßnen gut verschafft unnd by irem leben vermachet hat i c lb [100 Pfund] houptgut, ouch thuch zu einem Oberrock unnd ein ufgerüste bettstatt, das alles iro nach irem tod gelanngen unnd werden sölle. Wie dann sy die frow von Manndach des bekanntlich unnd nit darwider ist. Ker umb.

[115v] Unnd als nach söllichem allem Meyster Hanns Rümeli erscheint, das er uff der frowen von Manndach pitte luth syner rechnung, so er harumb gegeben, gemeltem irem eewürt Junckher Hanns Heinrichen von Manndach iiii c xxxvii lb i ß [437 Pfund 1 Schilling] uff die iii c gl [300 Gulden] houptgut so er uff sinen geschwüstergiten, denen von Kusen hat, gelichen, unnd darumb der betzalung begert oder vermeint, so er ime, dem von Manndach noch i c lxii lb xviiii ß [162 Pfund 19 Schilling] ußrichte, das dann ime die gerürten iii c gl. uff denen von Kussen zuston unnd gehören sölten.

Diewyl dann sy, die frow von Manndach Meyster Rümelin by obgemelter irer rechnung lxxii lb x ß i d [72 Pfund 10 Schilling i Pfennig] schuldig beliben, ist sölliche sum an den i c lxii lb xviiii ß [162 Pfund 19 Schilling], so er Rümeli dem von Manndach wie obstat sol abtzogen, unnd nach dem abtzug blypt Rümeli schuldig lxxxxii lb viii ß xi d [92 Pfund 8 Schilling 11 Pfennig].

So nun hieruf gemelte frow von Manndach Salomea Appentzellern obgemelt an ire vermachten i c lb [100 Pfund] xx lb [20 Pfund] houptgut luth eins brieffs uff Jacob Wedischwyler wyß unnde überantwurt, unnd sy umb die übrigen lxxx lb [80 Pfund] an Meyster Rümelin uff die obgemelt irs mans schuld verwyßt, blypt Meyster Rümeli nach diserm abtzug aber schuldig xii lb viii ß xi d [12 Pfund 8 Schilling 11 Pfennig].

Nachdem nun die von Manndach gemelter Appentzellern noch ein Kasten unnd ein Oberrock zegeben schuldig, hat sy sy umb dieselbig ansprach abermalen an gemelten Meyster Rümeli verwyßt. Unnd als hieruf ein zimliche für sölliche beyde stuck verrechnet unnd dasselbig an Meyster Rümelis letsten schuld den xii lb viii ß xi d abtzogen unnd Rümeli die Appentzellerin umb aller so obstat zu betzalen über sich genomen, blypt vilgemelte frow von Manndach Meyster Rümelin by aller Rechnung luter schuldig viii lb xii ß, me xv ß schirmgelt, so er für sy betzalt hat, dise sum ist gegen im wider abtzogn und verrechnet. Unnd sind jetz also die iii c gl [300 Gulden] houptgut so Junckher Hanns Heinrich von Manndach uff sinen geschwüstergiten denen von Kusen als obstat gehept, Meyster Rümelin zugehörig unnd er im darby nütz mer schuldig. Doch soll hieby mengklich wüssen, das von söllichen iii c g[ulden] an des von Manndachs frowen nutz komen i c lxii lb xviiii ß [162 Pfund 19 Schilling], wie das alles hievor gnügsam erlütert ist.

Verkauf des Mohrenkopf im Namen von Anna von Mandach-Reischach, Samstag, 23. 6. 1548

Staatsarchiv Zürich, W I 1, Nr. 1936

◀ S. 70f., 232, 236f.

Obwohl in der Abrechnung anlässlich der Übergabe von Annas Vogt Hans Rümeli an Jörg Escher vom 25. Mai 1548 der Mohrenkopf als verkauft bezeichnet wird, wurde der Verkaufsvertrag erst einen Monat später beurkundet, und zwar noch vom alten Vogt Hans Rümeli. Er verkauft für Anna von Reischach, Ehefrau des Hans Heinrich von Mandach, und ihre Erben das Haus am Neumarkt, genannt Mohrenkopf, mit dem dahinter gelegenen Garten an den Zürcher Bürger Jacob Wirtz und seine Erben (Neumarkt 13). Das Haus stösst auf der einen Seite an Haus und Garten der Dorothea von Mandach[-Locher], auf der anderen Seite an das Haus des Hans Ammann selig, hinten an die Mauer des Verenaklosters und vorn an die Gasse. Jährliche Zinsen gehen an Junker Marx Schultheiss für den Schopf, 1 ½ rheinische Gulden an das Augustinerkloster, 30 Schilling an das Spital und 1 Pfennig Bodenzins an das Grossmünster. Der Kaufpreis für Haus und Hofstatt samt Garten beträgt 1068 Pfund, 3 Schilling und vier Pfennig. Hans Rümeli hat als Vogt Bargeld, Zins und Schuldbriefe erhalten und bestätigt, dass Haus, Hofstatt und Garten seiner Vogtfrau und ihren Erben gehörten, bis auf die erwähnten Zinsen, die darauf stehen. Allfälliger Schaden geht auf Jacob Wirz und seine Erben über, der Vogt verzichtet im Namen seiner Vogtfrau und deren Erben auf alle Forderungen, die sie an dem Haus hatten, gegenüber Jacob Wirz und seinen Erben. Der Bruder Hans Jakob von Mandach, der das angrenzende Haus «Zur blauen Lilie» (Neumarkt 15) bewohnte, starb 1547. Seine Ehefrau Dorothea von Mandach, geborene Locher, der das Haus gehörte, heiratete 1550 Christoph Froschauer, der ein Jahr später die dahinterliegende Liegenschaft des ehemaligen Verenaklosters kaufte und dort seine Druckerei einrichtete.

Ich Hanns Rümeli des Raths zu Zürich bekenn unnd thun khund allermengklichem offembar mit disem brieff, das ich als ein rechter wüssenthaffter vogt des edlenn vesten Junckher Hanns Heinrich von Manndachs eelichen husfrowen, der edlen frow Anna von Ryschach, eines ufrechten, stetten, redlichen, unwiderrüfflichen unnd eewigen kouffs für diesres min vogtfrow unnd ir erbenn verkoufft unnd zu kouffen geben hab dem fromen unnd ersamen Jacob Wirtzen Bürger Zürich unnd allen sinen erben, bemelter miner vogtfrowen huß unnd hoffstatt sampt dem garten darhinder inn der meren statt Zürich zu Nünmerckt gelegen, genant zum Moren Kopff, stoßt einthalb an frow Dorathea von Manndach huß unnd garten, zur anndern sytten an Herr Hanns Amans seligen huß, hinden an die Samlinger mur, unnd fornen an die gassenn. Mit stäg, weg, grundt, grat, aller gerechtigkeyt, fryheyt, erhaffti unnd zugehördt, für fryg, ledig, eigenn, das nütz darab gat noch gen soll, dann järlich zwölff pfundt gelts Junckher Marx Schultheyssen von schopff, me annderthalben guldin rinisch inn das Closter zun Augustinern, item 30 schilling gelts inn Spittal, vnnd ein pfenning boden zins der gestifft zum Grossenn Münster Zürich unnd sunst nütz – Unnd ist der kouff umb söllich huß unnd hoffstatt sampt dem garten über die beschwerd, so als obgeschriben dar uff stat, beschechenn – umb ein thusennt sechtzig unnd acht pfund, dryg schilling unnd vier pfenning, dero ich anstatt bemelter miner vogtfrowen von gedachtem Jacob Wirtzen mit barem gelt, ouch zins unnd schuldbrieffen benügig gemacht bin – Unnd darumb so lobenn unnd versprichenn ich, für gedachte min vogtfrow, ouch ire erben, unnd für mich inn vögtlicher wyse, die kouffs umb obgemelt huß unnd hoffstatt sampt dem garten mit aller zugehördt für ir recht fryg, ledig, unverkümbert eigenn, biß an obgeschribnen zins, so daruff stat, recht wär unnd thröster ze sind – Unnd deßhalb gut, sicher, werschafft ze thund, an wellichenn gerichtenn, stettenn und ennden, der vilgesagt Jacob Wirtz unnd sin erben des iemer notturfftig sind oder werdennt, allweg inn ir unnd irer erbenn tosten unnd on sin unnd siner erbenn schadenn. Ich verzych mich ouch anstatt unnd in namen vilgemelter miner vogtfrowen, aller ir erbenn unnd für mich inn vögtlicher wyß, gegenn dem offtgemelten Jacob Wirtzen unnd sinen erbenn, aller eigennschafft, gerechtigkeit, vordrung unnd anspraach, so sy zu unnd an dem gemeltenn huß, hoffstatt unnd gartenn gehept. – Unnd sy ald ir erbenn daran ald dartzu möchten habenn, mit ald one gericht, oder sünst mit dheinen andern sachen, listen, fünden noch gebärden, inn dhein wyß noch weg alles gethrüwlich unnd ungefaarlich. – Unnd des alles zu warem, vestem urkund. So hab ich obgenanter Hanns Rümeli als ein rechter wüssenntthaffter vogt vilgenanter miner vogtfrowen Anna von Manndach für die selb unnd alle ir erben, ouch für mich inn vögtlicher wyß, doch mir unnd minen erben usserthalb der vogty one schadenn, min eigen insigel, offennlich gehennckt an disen brieff, der gebenn ist uff Samstag vor sannt Johanns des töuffers tag – nach der gepurt Cristi getzalt fünfftzehenhundert viertzig unnd acht jare.

Gottfried Werner von Zimmern an den Zürcher Rat, 16. 10. 1548

Staatsarchiv Zürich, A 196.3.15, Nr. 8

◀ S. 204f., 236f.

Fast ein Jahr nach seinem ersten Schreiben bestätigt Gottfried Werner von Zimmern dem Zürcher Rat, dass mit seiner Zustimmung im Januar desselben Jahres eine gütliche Vereinbarung geschlossen worden sei. Er habe seinen Vogt Matheus Schorrer angewiesen, wie verabredet für die Erben seiner Schwester selig, Frau Katharina, geborene Gräfin von Zimmern, 100 Sonnenkronen auf Martini zu überbringen und die diesbezüglich hinterlegten Briefe und Dokumente mitzunehmen. Es handle sich um 100 gut gewogene Kronen aus Gold, und da die Sonnenkronen zur Zeit selten seien und man nicht viele davon bekomme, sollte dies genügen. Sofern es aber zu Problemen führen sollte, wessen er sich aus besonderem Vertrauen auf die Stadt keineswegs versehe, habe er seinen Vogt angewiesen, alles zu erstatten, wie im Entscheid vorgesehen. In der frühen Neuzeit entsprach die Sonnenkrone 25 Batzen, der Gulden 15 Batzen (HLS), so dass Gottfried Werners Zahlung an die Erben seiner Schwester ca. 166 Gulden oder 333 Pfund betrug. Dies entsprach allerdings nicht den durch Katharina 1531 geforderten nie bezahlten jährlichen Zinsen von 20 Gulden, insgesamt 400 Gulden für die zwanzig davorliegenden Jahre, noch den in der Zwischenzeit hinzugekommenen Zinsen. Gottfried Werner betont jedoch, dass er kein Geld schuldig sei, anerbietet sich aber als «ein guter alter Zürcher» freundlich und nachbarlich alle Schulden zu begleichen und der Stadt seinen guten Willen zu erweisen. Damit spielt er auf die Zeit an, während der er als Kind und Jugendlicher unter der Obhut seiner Schwester im Fraumünster lebte, womit auch zusammenhängen dürfte, dass er sich Katharina stärker verpflichtet fühlte als Johann Werner, der im selben Jahr verstarb, oder dessen Sohn, sein Neffe Froben Christoph, der noch Jahre später seiner Tante die Übergabe der Abtei und ihre Ansprüche übelnahm. Vom Neffen forderte der Zürcher Rat für die Erben Katharinas wenig später 10 Gulden jährlichen Zins für 31 Jahre, insgesamt 310 Gulden, mit dem Hinweis auf die gütliche Einigung mit Gottfried Werner. Nicht zuletzt hatte Gottfried Werner Katharina seine vorzügliche Bildung in den entscheidenden Jahren zu verdanken, die Schule am Fraumünster war eine wichtige Einrichtung in der Stadt. Froben Christoph berichtet in seiner Chronik, wie Gottfried Werner als Knabe die Aufgabe erhielt, einen zum Tod Verurteilten vom Strick zu lösen, sich aber davor fürchtete. Das Asyl- und Begnadigungsrecht lag bei der Äbtissin, unter allgemeinem Beifall kam ihm der Fraumünsteramtmann zu Hilfe und soll gesagt haben: *«Liebs herrlin, nempt in! ich guns euch wol»*. Als er sich zusammen mit anderen Schülern einem Kriegszug nach Mailand anschloss, wurde er wieder in die Abtei zurückgeholt und kam ohne Strafe davon. Nach Meinung Frobens waren ihm die Schwestern nicht gewachsen: *«... dann seine baid schwestern konnten ine nit maistern»* (Barbara Helbling, in: Gysel/Helbling 1999, S. 51, S. 54f. und S. 58, Barack II, S. 109, 374f.). Später sollen beide Brüder, wenn sie in der Nähe zu tun hatten, um Zürich und die Äbtissin gern einen Bogen gemacht haben, aus «etwas Widerwillen» oder gar Angst, wenn auch vielleicht nur vorgeschoben (Günter, S. 75 Anm. 43, Barack II, S. 518, III, S. 624).

[Adresse:] Gottfrid Wernher Gr[af] und Herr zu Zimbern, Den gestrengen, edlen, vesten, auch furnemen, ersamen und weysenn, meinen insonders lieben und guten frunden, Burgermaister unnd Rhadt der loblichen statt Zurich sampt oder sonnders.

[Darunter später:] 4. Gräfl. Gottfrid Wernherr von Zimbern erklährung, daß er wegen des der frowen Catharina von Zimbern, seiner Schwöster, schuldigen Leibding-Zinses der Stadt Zürich Rechten sich underwerfen wolle. 1548.

Mein fruntlich dienst und grus, gestreng, edel, vest, auch furnem, ersam und weyß, insonders lieb unnd gut frundt. Demnach ir nechstverschinen eilfften Januarii dieses werenden acht und viertzigstenn jars entzwüschenn der wolgebornnen, meiner schwester säligen valunt fraw Catharinen, geporn Gravin von Zimbern verlasnen erben und mir, etlicher anforderung halb austendige laipding belangen, uff mein bewilligenn ein gutlichenn spruch gethon, also das ich bemelten erben fur und umb alle zu unnd ansprechenn ein hundert sonnen kronenn uff Martini nechstkonfftig laut eins von euch besigletenn abschidtz zustellen unnd geben soltt.

Hieruff hab ich meinen vogt zu Meskirch, Matheum Schorrer beweyßenn ditz, mit ein hundert guten gewegnen kronen aus golt dieselben vermög bemeltz abschidtz zu erlegenn unnd dargegen die liepdings brieve, auch andere geschrifften unnd acta, so damals hinder euch erlegte, zu entphahenn abgefertiget. Der hoffnung ir werdenn hiemit in anßehung, das dieser zeit der sonnen kronen bey uns wenig gesehenn, derohalber sovil nit bekommen mögen, ein gutz benugen habenn. Sover aber sölchs, das ich mich doch auß sonderm fruntlichem vertrawen zu euch keins wegs versiche, etwas mangels bringen solte, hab ich bemeltem meim vogt alles das im abschidt begriffen uff eur benugen [S. 2] zu erstatten bevolhenn, unnd wiewol ich mich keins ~~wegs~~ geltz dieser handlung halb zu geben versehenn noch dem, nim ich eine deshalb gehapte mühe und arbeytt zu fruntlichem gefallen an, mit erpietung solchs umb euch als ein guter alter Zuricher fruntlich unnd nachpurlich widerumb zuverschulden und zu vergleichenn. Unnd womit ich euch und den eurenn fruntlichen und guten willen erweysen, findt ir mich yder zeit zu thon genaigt. Datum Möskirch, den 16ten Octobris anno xxxxviiisten.

Gotfrid Wernnher Grave und Her zu Zimbern Herr zu Wildenstain unnd Mößkirch.

Der Zürcher Rat an Froben Christoph zu Zimmern, ohne Datum, nach 16. 10. 1548

Staatsarchiv Zürich, B IV 17, 6v

◀ S. 204f., 236

Auch an den Chronisten Froben Christoph, den Sohn von Johann Werner von Zimmern und Neffen Katharinas, schreibt der Zürcher Rat wegen des Erbes von Katharina, geborene Gräfin von Zimmern selig, die am 17. August 1547 verstorben ist. Vom jährlichen seiner Tante Katharina von Zimmern geschuldeten Leibgeding-Zins sei in den letzten 31 Jahren nichts bezahlt worden, d. h., es stehen 310 Gulden unbezahlt aus. Gottfried Werner, der Bruder seines Vaters habe sich mit der ehelichen Tochter Anna von Reischach gütlich geeinigt, deshalb die freundliche Bitte, Froben möge Billigkeit und Art der Angelegenheit bedenken, für seine Cousine förderlich handeln und das Beste tun, damit sie anstelle ihrer Mutter den geschuldeten Anteil seines Vaters ohne Verzug erhalte und zufriedengestellt werde. Der Rat ist ganz dieser Ansicht und erwartet eine positive Antwort. Den Berichten des Chronisten Froben Christoph nach war aber eine solche kaum zu erwarten, hatte er doch hohe Ansprüche von unehelichen Kindern und deren Mutter gegenüber seinem im selben Jahr verstorbenen Vater zu begleichen (1000 Gulden). Auch hatte er ein kritisches Verhältnis sowohl zur ehemaligen Äbtissin als auch zu seinem Vater und dessen Bruder.

An Graf Frobenio Cristoff zu Zimbern. Wiewol die wolgeborn frow Cathrina [über der Zeile: geborne Gräfin] von Zimbern seliger von uwernn Hern Vater Graf Hans Wernhern umb zechen guldin jerlichs lipdings zins verwysst, so ist doch inn den nechsten ein und drisig jaren nudtzit daran gewert. Sonders stat ~~iro~~ [am Rand: uber gethan erforderen und heischen] by sollchen lipding zinsen dru hundert und zechen guldin unbezalt uß. Wann nu sich der wolgeborenn Her ~~Wernher~~ Gotfrid Wernher ~~von~~ Graf zu Zimbern, Her zu Wildenstein und Mößkilch mit gedachter frow von Zimbern verlaßnen eelichen dochter frow Anna von Ryschach umb siner gnaden geburenden teil gutlich und fruntlich verglicht und betragen, so gelangt an ~~uch~~ u[wer] g[naden] unser gantz frunntlich bitt, die welle inn bedenkung der billigkeit und gestalt der sachen ~~an statt~~ gegen gemelt frow Anna von Ryschach furderlich syn und das best thun. Damit sig anstatt irer frow muter fur uwer gnaden Hern vater geburenden teyl on verzug ouch benugige gemacht und zufryden gestelt werde. Wie wir uns des gentzlich versehen ~~und~~ [am Rand: darob] zum furderlichesten einer ~~frunntlichen~~ guten antworten gewarten syn und h[ar?] umb u[wer] g[naden] frunntlichen beschulden und verdienen wellen.

Hab und Gut der Anna Spiegelberg, geb. Reischach, 30. 11. 1551

Staatsarchiv Zürich, B VI 336, 259v–260v

◀ S. 237f.

Jörg Escher bescheinigt im Namen der Anna von Reischach vor den Schirmvögten Peter Meyer und Rudolf Rordorf das Hab und Gut Annas, das laut einem Vertrag beim Abt von Rheinau hinterlegt war. Anwesend sind Anna und ihr Ehemann [hier genannt Vinzenz] Spiegelberg. Abt von Rheinau war seit 1529 Bonaventura von Wellenberg, der Sohn von Eberhard von Reischachs altem Freund Thomann von Wellenberg. Die aufgeführten Einkünfte der Anna von Reischach stimmen mit denjenigen in der Abrechnung anlässlich der Übergabe des Erbes von Vogt Hans Rümeli an ihren neuen Vogt Jörg Escher vom 25. 5. 1548 überein, von den Schuldnern Hans Keller bis Uli Stucki, wobei Klaus Öttiker durch Marx Stapfer ersetzt wurde und Mathis zusammen mit Peter Temperli erscheint. Abgelöst sind Rudolf Scheuchzer und Kleinwelti Huber, was 1550 im Vertrag von 1548 korrekt nachgetragen wurde. Christen Wüst, 1548 mit dem einfachen Zusatz «von Schaffhausen», erscheint hier als Wirt zum Rappen (vgl. Schaffhausen, Stadtarchiv, Onlinerecherche, Unterstadt 15/17: Raben, früher auch Rappen). Neu hinzu kamen in der Zwischenzeit die sieben Schuldner am Schluss der Liste, von Hermann Guyer bis Klaus Kunz, darunter auch Jacob Wirz, der 1548 den Mohrenkopf kaufte. Im Vertrag von 1548 sind die Schulden in Pfund (lb) angegeben, im vorliegenden überwiegend in Gulden (g). Die Beträge stimmen in der Regel überein, wobei für zwei Pfund jeweils ein Gulden angesetzt ist. Der gleiche Vogt und die Übereinstimmung der Schuldner und Schuldbeträge zeigen, dass es sich bei Anna von Reischach, Ehefrau des Spiegelberg, und Anna, der Tochter von Katharina von Zimmern und Witwe des Hans Heinrich von Mandach um ein- und dieselbe Person handelt (vgl. auch unten, Forderung des Ehepaares Spiegelberg von 1551). Nach dem Schaffhauser Eheregister war Anna verheiratet mit Crescencius Spiegelberg (Zunftmeister der Bäcker 1554 und Kleinrat 1559, †1568, Sohn des Thomas Spiegelberg, Hauptmann im Zug Ulrich von Württembergs 1525, HBLS). In anderen Dokumenten erscheint Cencius Spiegelberg, was als Abkürzung sowohl für Vincencius als auch für Crescencius möglich ist.

[259v] Uff mentag den letsten tag wintermonats anno 51 hat Junckherr Jorg Escher in namen unnd von wegen frow Anna von Ryschach vor den Herren schirmvögten M[eister] Petter Meygern unnd Rudolff Rordorffen gemelter frowen hab und gut, so luth eines vertrags hinder herren Apt von Rinow gelegt worden, inn ir der frowen unnd ihres eewürts Vicenntzen [!] Spiegelbergs bysin erscheint [260r] und hiehar von einem zu dem anndern beschriben lassen wie hernach volget:

Item v g[ulden] git Hanns Keller von Oberhaßlen uff Martini

Item v g. git Cristan Wüst wirt zum Rappen zu Schaffhusen uff Martini

Item vi g. git Heinrich Meyger von Meyla uff Martini

Item x g. git Großjakob Möckli von Cleinen Anndelfingen

Item x lb git Hanns Beltzinger wirt zum Storchen Zürich

Item v g. git Junckher Cunrat von Jestetten uff Mitfasten

Item x g. git Marti Holennstein von Rigenschwenndi uff sannt Jorgenn tag

Item v g. git Ulrich Ritzman zu Volckenn uff sannt Thomas tag

Item x lb git Michel Bräm von Nerach uff Jacobi

Item x g. git die Gemeind zu Homlicka uff Jacobi

Item v g. gebenn Heini Sigerist unnd Marti Egeter von Felthen uff sannt Felix und Regula tag

Item x lb git Marx Stapffer Zürich uff Martini

Item xv lb gennd Mathyß unnd Petter die Temperlin zu Guttentschwyl uff sannt Anndrees tag

Item viii lb git Uli Stucki von Anndelfingen uff Martini

Item x lb git Herman Guyer von Uster uff Martini

[260v] Item v g[ulden] r[heinisch] git Heini Müller genant Kuntz? von Dübendorff uff Martini

Item xv lb git Jacob Wirtz Zürich uff Johannes des Teuffers tag

Item xx lb gennd die Grossenn von Bonstetten uff Martini

Item x lb git Pauli Meyer von Höngg uff Martini

Item x lb gennd Niclaus Habersat unnd Michel [?] pur zu Erdtpräst uff Martini

Item x lb git Claus Kuntz von Ober Eßlingen uff Martini

Der Zürcher Rat an Schaffhausen wegen der Forderung von Anna Spiegelberg, geb. Reischach, Tochter der Katharina von Zimmern [1551]

Staatsarchiv Zürich, B IV 17, 153r

◀ S. 238 (mit Abb.)

Entwurf der Antwort auf die Anfrage von Schaffhausen betreffend Anna Spiegelberg, Ehefrau des Vinzenz und Tochter der verstorbenen Katharina von Zimmern. Zürich hat bis zum Tod Katharinas alles und jedes Leibgeding gemäss Brief und Siegel solange sie lebte ordentlich durch die Amtleute bezahlt. Als sie am 17. August 1547 nachts verstarb, hat der Vogt ihres Nachlasses, Hans Rümeli gebeten, dass man ihm den Wein und die Frucht, die auf den kommenden Herbst und auf Martini anstehen, zukommen lasse. Der Vogt sei aber gütlich abgewiesen worden. Da die ehemalige Äbtissin dies nicht mehr erlebt habe, sei man ihr auch nach Leibgedings Gebrauch nichts mehr schuldig gewesen. Der Vogt habe den Leibgedingsbrief übergeben und dieser sei sogleich vermöge des Gesetzes kraftlos und unnütz (wirkungslos) gemacht worden. Zürich bittet Schaffhausen, in diesem Sinn das Ansinnen des Spiegelberg und seiner Frau gütlich abzuweisen. Diesem Schreiben ist das genaue Todesdatum der Katharina von Zimmern zu entnehmen. Auch hier ist Anna als Ehefrau des Vinzenz Spiegelberg bezeichnet, obwohl sie nach Hans Heinrich von Mandachs Tod laut dem Schaffhauser Eheregister seit 1550 mit Crescentius Spiegelberg verheiratet war, der bis 1568/71 lebte.

An unser Eidtgnossen von Schafhußen. Unser getruw lieb eidtgnoßn, wir hebend uwer schryben und begeren von wegen uwers burgers Vitzentz [!] Spiegelbergs hußfrowen, belangend irer frow muter [am Rand: Katharina von Zimbern ~~selig~~] seligen lipding brief verstanden. Gebend üch daruf zu vernemmen ~~Nach dem wir~~ das wir die bemelt frow von Zimbern umb alle und jede lipding zins by zyt irs lebens gefallen [am Rand: … zwentzig?] inhalt brief und siglen ordenlich und wol ~~bezalt~~ durch unsere amptluth bezalt und als ~~uff ihren abgang~~ sy uff den 17. tag Augsten inn nacht verschinen 47. jar mit tod abgangen, hat ihres verlaßnen guts vogt unser Mitrath Hans Rümeli uns ~~ange~~ gebetten, ime den wyn und die frucht uff den kunftigen herbst ~~gefallende~~ und Martini druf gefallen wurden, volgen ze lassen, wellichen vogt wir sines begerens gutenlich abgewißn, angesehen das sy ~~des bestimmten~~ sollchs zit nit erlebt. Darumb man nach lipdings bruch iro witer nudt schulds geweßen, ~~sondern~~ [am Rand: und daruf] der vogt unns den angezeigten lipding brief uberantwort, der [...] angentz vermog des buchstabens chrafftlos und unutz gemacht worden. Deß halb ist an uch unser fruntlich bitt, ir wellend ~~das bedenken~~ uß erzelten ursachen vorb[enannten] Spiegelberg unnd sin ewirtin ires furnemens gutenklich abwyßenn als ir selbs wol ze gedenken geben, das ~~sy des auch von Billigkeit wegen~~ der lipding brief inen witer nit gehoren soll. Begeren wir umb uch als getruwe lieb Eidtgnossen frundtlich ze beschulden. Datum ---

Abrechnung zum Erbe von 50 Pfund von Anstett von Reischachs Sohn, 10. 2. 1551

Staatsarchiv Zürich, B VI 336, 225r

❮ S. 240

Der Vogt des Sohnes von Anstett und Enkels von Eberhard von Reischach rechnet vor den Schirmvögten Meister Meyer und Junker Joachim Göldli über dessen Erbe von 50 Pfund ab, im Beisein der Mutter des Knaben, dessen Name nicht genannt wird. Die Mutter war Anna von Reischach, Tochter des 1524 verstorbenen Bürgermeisters Felix Schmid. Anstett und Anna von Reischach-Schmid heirateten am 25. 4. 1530 im Grossmünster, ihr Sohn wurde am 30. September 1531 auf den Namen Heinrich getauft, kurz bevor Anstett und sein Vater Eberhard im Zweiten Kappeler Krieg das Leben verloren. Pate und Patin waren M. Hans Hagnauer (wohl Magister Johannes Hagnauer?, 1523–1539 Archidiakon am Grossmünster (HBLS) und Magdalena Fries (verwandt mit Chorherr Johannes Fries?). In der Schlussrechnung des Vogts vom 7. 5. 1552 wird der Sohn Hanns Heinrich genannt: *«Uff Sambstag den viiten meygens anno 52 hatt J. Joachim Göldlin in namen unnd als ein vogt Anstett von Ryschachs seligen sons, Hanns Heinrich ...»*, ebenso im Entwurf des Rates an Bilgeri von Reischach 1553 mit der Bitte um Einwilligung zu einer Pfründe, während in seinem Testament von 1603 der Taufname Heinrich steht. Nach der Schlussrechnung 1552 blieben Anstetts Sohn mit 20 Jahren noch 39 Pfund, 7 Schilling und 4 Pfennige. Es war kein grosses Erbe, der Tochter Salomea ihrer geliebten Regula Appenzeller-Schwarz hatte Katharina von Zimmern 100 Pfund vermacht. Regula Schwarzin selbst konnte 1522 ein Grundstück für 100 Pfund in Gold erwerben, ein ansehnlicher Teil ihrer Mitgift.

Uff zinstag den x hornungs anno 51 hat Junckherr Joachim Göldli in namen unnd als ein vogt Anstett von Ryschachs seligenn sonns vor beydenn Herrenn schirmvögten, Meyster Meygern unnd Junckherr Jacob Rordorffen, rechnung geben inn bysin gemelts knaben unnd siner muter, unnd nach allem abtzug innemens unnd ußgebenns blypt der knab sinem vogt schuldig an gelt i lb v d [1 Pfund 5 Pfennig]. So volgt des knaben gut:

Item L lb [50 Pfund] houptgut uff Hanns Wyssen dem tuchman, die verzinset er, unnd ist das houptgut zu erleggen schuldig, wann man des begert. Ist verrechnet vii may anno Lii.

Der Zürcher Rat an Bilgeri von Reischach wegen einer Pfründe für Anstetts Sohn Hans Heinrich von Reischach, 1553

Staatsarchiv Zürich, B IV 18, 77r

❮ S. 240

Der Zürcher Rat erkundigt sich bei Bilgeri von Reischach d. J. zu Hohenstoffeln wegen einer Pfründe für Hans Heinrich, Sohn Anstetts von Reischach. Bilgeri von Reischach d. Ä. hatte seinen Sohn 1519 mit 300 Knechten zu Reischachs Söldnertruppen geschickt, und während der Turbulenzen um das Kloster St. Katharinental bei Diessenhofen richtete Barbara von Reischach, teils mit ihrer Schwester Küngold, Briefe und Berichte an ihren Bruder und den Vater Bilgeri. Der Rat verweist auf Dokumente, die bei Bürgermeister Diethelm Röist (1482–1544) bzw. dessen Sohn Jakob Röist hinterlegt sind und den Anspruch Hans Heinrichs auf die Pfründe belegen. Die Schwester Anna von Hans Heinrichs Vater Anstett habe als dessen rechtmässige und nächste Erbin eingewilligt – es muss sich um Anstetts Halbschwester Anna von Mandach-Reischach, die Tochter Katharinas von Zimmern handeln –, so auch die Mutter des Knaben (Anna, verwitwete von Reischach, geb. Schmid), ungeachtet die Zinsen deren Leibgeding seien. Da Bilgeri von Reischach sicher Kenntnis von den hinterlegten Schriften habe, will der Rat nichts bewilligen, ohne sich zuvor bei ihm als dem Vornehmsten des Geschlechts erkundigt zu haben. Hans Heinrich sei ein armer und bedürftiger Knabe, die Pfründe werde allein zu seinem Lebensunterhalt dienen, und man hoffe auf Bilgeris Einverständnis. Bei dem Brief handelt es sich um einen stellenweise schlecht leserlichen Entwurf mit zahlreichen Streichungen und Ergänzungen am Rand.

Unser fruntlich dientst und alles gutz zuvor edler, vester, besondrer lieber und guter fründt. Hinder wyland unsers Burgermeisters Her Diethelm Roisten seligen erben ligt eins zins verschrybung in [am Rand: by den 400 guldenn hauptguts ungeferlich wesend], so unser burger Anstett von Rischach [am Rand: von siner muter selig ererbt hat] ~~zu gehorten zu gmeinen handen gelegt worden,~~ wellichen brieffen desselben von Rischachs eelichen sun Hans Heinrich zu sinen handen, das er ein pfrund zu siner under ~~handlung~~ haltung koufen konte begert. Desselben sich bemelter unsers Burgermeisters selig elicher sun, unser Mitrat Jacob Roist, das [?] im ~~die revers oder hand~~ geschrifften, so syn Her vater selig deshalb hinuß geben, wider wordint gewidert. Wiewol nu frow Anna von Rischach, gedachts von Ryschachs vaters schwöster ~~als~~, so sin recht ~~erben~~ und nechst erb ~~zu disen [...] irs teils zu sollichen verpfrundung gewilget,~~ ouch des knaben muter ~~welliche die~~ unangesechen das die jerlichen zinß ir libding, irs teils zu sollicher verpfrundung gewilget. Diewil aber [...] du [am Rand: der furnembst und. des geschlechts] (als uns nit zwiflet) von angezeigten Revers ~~oder hands~~ geschrifften wüßen tragst, so habend wir ~~die~~ on din [am Rand: verlangen] ~~als hinder dir als dem furnembsten des geschlechts~~ nudt bewilgen, sonders dir sollichs zuvor anzeigen wellen. Mit frundtlicher bitt und ansuchen, du wellist in anßechen das bemelter Hans Heinrich von Rischach ein armer, durftiger und ~~under sollich~~ [am Rand: den ~~angezeigt~~ vererbt ... gut] ~~dann~~ allein ze under haltung sins libs reichen wirt, ~~daran~~ zu sollicher verpfrundung dinen wellen [am Rand: geben] und die angezeigten geschrifften uns zuschicken [am Rand: damit man inn uß söllichem gut versehen könte], so werdend ~~wir von der~~ unsere Spitalpflegere sich mit der verpfrundung dermaßen zimlich finden laßen, das ein ewren [?] frundtschafft unserthalb dhein [keine] klag noch verwyßen haben wirt. ~~Weil uns nit zwiflet dann das du~~ Und wellist dich harzun unsrer sonders guten vertruwen nach bewysen. Das stat inn aller ~~guten~~ frundschafft zebeschulden. Datum – Dem edlen vesten Bilgeri von Rischach uff Hochenstoflen, unserem lieben und guten frundt.

[Darunter in anderer Schrift ergänzt:] und sind haruber by disem boten einer wilferigen antwort wartend.

Testament des Heinrich von Reischach, Sohn Anstetts, ohne Datum [1603]

Staatsarchiv Zürich, B VI 325, 27r–v

S. 240

In seinem Testament wendet sich Hans Heinrich von Reischach, Sohn Anstetts und Enkel Eberhards von Reischach, gegen seine Base Anna Hammer in Stein, die Tochter der Schwester seines Vaters Anstett. Sein Gut habe er mit seiner Hände Arbeit erspart. Er vermacht 100 Gulden mit den jährlichen Zinsen von 5 Pfund dem Spital, das übrige liegende und fahrende Hab und Gut, auch Hausrat und Kleider sollen seinen Vettern Hans Jacob und Hans gehören, die ihn pflegen sollen, wenn er krank werde. Anna Hammer dagegen, die ihm in seiner Jugend über 100 Gulden liederlich durchgebracht und ihrem Ehemann angehängt habe, soll keine Ansprüche haben. Das Geld habe ihm in der Jugend und im Alter gefehlt. Bei der Cousine handelt es sich um die Tochter der Katharina von Reischach, die das Katharinenkloster Diessenhofen verliess und einen Hammer in Stein heiratete, beziehungsweise um eine Enkelin des Eberhard von Reischach.

Herr Burgermeister, edlenn, vestenn, frommenn, fürsichtigenn, ersammenn unnd wyßenn, innsonnders günstig gnedig Herrenn, Es ist üwer lieber burger [vor dem Namen Lücke] Heinrich vonn Ryschach inn willenn kommenn, synnes zythlichen gutts halber by gutter gsundheit unnd vernunfft ein vermechtnus zu thunn, damitt nit uff synen tödtlichen abganng synes zittlichen guts halber (so er mitt syner hannd arbeit unnd sontst erüberiget unnd erspart) zwüschent syner Baßen Anna Hamer zu Stein, alls synes vatters schwöster thochter [fehlt: Streit] entstan möchte. Und were namlich syn will unnd meinung allso: Das wann er vonn Gott dem Allmechtigen uss dißer zyth berufft wurde unnd nit meer by läbenn, das zuvorderist uss synem hab und gut einhundert guldin houptgut und darvon jerlich uff sannct Marthistag fünff guldin ingents zinnßes uff Rutsch Bader zu Affholtern, die er uss dem lybding unnd sontst mitt syner hand arbeit erüberiget unnd überkommenn, üwernn myner gnedigen Herren Spittal eigenthumblichen zu dienen unnd gehören sölle. In ansehen, das er nun meer etliche jar har söllich lybding uss gemeltem Spittal genoßen, wolle er dasselbig zu danckbarkeit widerumb zu ergetzen. Was aber annder syn überig hab und gut, es syge liggentz unnd varrents, kleins ald großes, item hußrath und kleider, dasselbig alles sölle synen beiden vettern Hans Jacob und Hannß den

Sattlern eigenthumblichen zu dienen und ghören, in betrachtung, daß wan er von Gott dem Allmehtigen mit kranckheit heimbgsucht wurde, er gegen syne beiden vettern alles gutten dess pflägens halber ald sontst zu versechenn habe. Unnd allso obgedachte syn bass Anna Hamer an söllich syn verlaßenschafft dhein ansprach, weder wenig noch vil haben sölle. In ansechung das sy inne inn der zyth syner jugent über die einhundert guldin houptgut liederlicher wyss gebracht und dasselbig irem eeman [27v] angehännckt, allso das er dißerer summa inn der zyth syner jungent unnd synes allters manglen müßen. Hoffe deßhalben gemelte syn bass von jetzt erzelten ursachen wäre zu valls zyth abgewyßen worden, unnd an söllich sy verlaßenschafft dhein ansprach, weder wenig noch vil habe, sonnder obgemelten synen beiden vettern, zu denen er alles guts zu versehen (wie gmelt) habe, eigenthumblichen zu dienen und ghören sölle. Mitt ganntz undertheniger bitt, ir myn gnedig Herren wellend ime diss syn gmacht gnedigklich cunvirmieren unnd bestettigen. Testamenter M[eister] Hans Heinrich Widerker, M[eister] Hans Bertschinger.

Verzeichnis der edierten Quellen

Aarau, Staatsarchiv Aargau

U 17/0936d	Austrittsurkunde Königsfelden 1528, ◀ S. 299f.

Diessenhofen, Bürgerarchiv

BAD/Schachtel 1	Reischach, Anna-Altar, 1529, ◀ S. 306f.
BAD/Schachtel 2	Reischach an Benedikt May, ◀ S. 311

Luzern, Staatsarchiv

AKT 13/2077	Berichte aus St. Katharinental, ◀ S. 308–310

Schloss Schlatt unter Krähen, Reischacharchiv

Mappe Hohenstoffeln	Briefe aus St. Katharinental, ◀ S. 300–303, 307f.
Mappe Hohenstoffeln	Schaffhausen an Klosterfrauen, ◀ S. 310

Schloss Zeil, Fürstl. Waldburg-Zeil'sches Gesamtarchiv

ZAZ 908	Wilhelm von Waldburg, ◀ S. 298f.

Sigmaringen, Staatsarchiv

Dep. 30/1 T3, Nr. 674	Waldburg-Schwestern, ◀ S. 304–307

Solothurn, Staatsarchiv

AH 4, 16	Ulrich von Württemberg 1525, ◀ S. 298

Stuttgart, Hauptstaatsarchiv

A 121 Bü 31	Abschied Eidgenossen 1524, ◀ S. 297f.

Zürich, Staatsarchiv

A 119, Nr. 42, 43, 46	Embrach 1524, ◀ S. 292–294
A 195.1, Nr. 77a–b	Reischach im Bad 1518, ◀ S. 274–283
A 195.1, Nr. 86	Reischachs Söldnerwerbung 1519, ◀ S. 283–288
A 195.1, Nr. 120	Ulrich von Württemberg 1519, ◀ S. 288
A 195.1, Nr. 157	Hochzeit Hewen, Bundschuh, ◀ S. 290
A 195.1, Nr. 162	Ulrich von Württemberg 1524, ◀ S. 295
A 196.3.15, Nr. 4	Katharina von Zimmern an Zürich, ◀ S. 311–313
A 196.3.15, Nr. 5	Hewen an Brüder Zimmern, ◀ S. 303f.
A 196.3.15, Nr. 6	Zürich an Brüder Zimmern, ◀ S. 313f.
A 196.3.15, Nr. 7	Gottfried Werner von Zimmern an Zürich, ◀ S. 316f.
A 196.3.15, Nr. 8	Gottfried Werner von Zimmern an Zürich, ◀ S. 321f.
B IV 17, 6r	Zürich an Gottfried Werner von Zimmern, ◀ S. 317f.
B IV 17, 6v	Zürich an Froben Christoph von Zimmern, ◀ S. 323
B IV 17, 153r	Zürich an Schaffhausen, ◀ S. 324f.
B IV 18, 77r	Zürich an Bilgeri von Reischach, ◀ S. 325f.
B VI 247, 25v	Stillschweigen 1519, ◀ S. 288f.
B VI 247, 47v	Öffnung von Reischachs Haus, ◀ S. 289
B VI 249, 22r	Reischachs Vertrag mit der Tochter, ◀ S. 306
B VI 249, 24r	Reischachs Ehebrief, ◀ S. 292
B VI 249, 143v–144v	Übernahme der Abtei, ◀ S. 295f.
B VI 325, 27r–v	Testament Heinrich v. Reischachs, ◀ S. 326f.
B VI 336, 114v–115v	Erbe der Tochter Anna 1548, ◀ S. 318–320
B VI 336, 225r	Erbe Heinrich von Reischachs, ◀ S. 325
B VI 336, 259v–260v	Vermögen Annas 1551, ◀ S. 323f.
F IIa 128, 3r–4r, 8r, 9rv	Embrach 1524, ◀ S. 292–294
W I 1, Nr. 1935	Tausch Bracken – Mohrenkopf, ◀ S. 315f.
W I 1, Nr. 1936	Verkauf des Mohrenkopfs, ◀ S. 320f.

Zürich, Stadtarchiv

I.A.497	Regula Schwarz, Grundstück, ◀ S. 290–292
III.B.322	Wohnrecht Äbtissin, ◀ S. 314f.
III.B.328	Leibgeding Äbtissin, ◀ S. 296f.

LITERATURVERZEICHNIS

Gedruckte Quellen (mit Abkürzungen)

AGBR	Aktensammlung zur Geschichte der Berner-Reformation 1521–1532, hg. von R. Steck und G. Tobler, I–II, Bern 1923.
Allen	Erasmus von Rotterdam, Opus epistolarum Desiderii Erasmi Roterodami, hg. von Percy S. Allen, I–XII, Oxford 1906–1958.
Amerbach	Die Amerbachkorrespondenz, bearb. und hg. im Auftrag der Kommission für die Öffentliche Bibliothek der Universität Basel von Alfred Hartmann … [u. a.], I–XI in 14 Teilen, Basel 1942–2010.
Anshelm	Anshelm, Valerius, Die Berner Chronik des Valerius Anshelm, I–VI, Bern 1884–1906.
Antwurten	Antwurten so ein Burgermei= // ster / Radt geben / habend, Zürich 1524.
ASD	Erasmus von Rotterdam, Opera omnia Desiderii Erasmi Roterodami, Amsterdam seit 1969.
B. Wyss	Wyss, Bernhard, Die Chronik des Bernhard Wyss, hg. von Georg Finsler, in Quellen zur Schweizerischen Reformationsgeschichte I, Basel 1901.
Bachmann	Deutsche Volksbücher aus einer Zürcher Handschrift des fünfzehnten Jahrhunderts, hg. von A. Bachmann und S. Singer, Tübingen 1889.
Barack	Zimmerische Chronik, hg. von Karl Barack, I–IV, Tübingen 1869.
Bezold	Pfalzgraf von Pfalz-Simmern, Johann Kasimir, Briefe des Pfalzgrafen Johann Casimir mit verwandten Schriftstücken, hg. von Friedrich von Bezold, I–III, München 1882–1903.
Bibel 1531	Die ganntze Bibel der vrsprünlichen Ebraischen vnd Griechischen waarheyt nach/ auffs aller treüwlichest verteütschet, Zürich 1531.
Böcking	Hutten, Ulrich von, Vlrichi Hvtteni equitis Germani opera / Ulrichs von Hutten Schriften, I–V, hg. von Eduard Böcking, Leipzig 1859–1869.
Bosshart	Bosshart, Laurencius, Die Chronik des Laurencius Bosshart von Winterthur, hg. von Kaspar Hauser, Basel 1905.

BR — Die Benediktusregel, hg. von Basilius Steidle, Beuron 1975[2].

BRA — Aktensammlung zur Geschichte der Basler Reformation in den Jahren 1519 bis Anfang 1534, hg. von Emil Dürr und Paul Roth, I–VI, Basel 1921–1950.

Collin — Collin, Rudolph, Vita Rodolphi Collini, in: Miscellanea Tigurina: edita, inedita, vetera, nova, theologica …, Theil 1, Zürich 1722.

Decker-Hauff — Zimmern, Froben Christoph Graf von, Die Chronik der Grafen von Zimmern, hg. von Hansmartin Decker-Hauff, I–III, Darmstadt 1964–1972.

Diesbach — Diesbach, Ludwig von, Die autobiographischen Aufzeichnungen Ludwig von Diesbachs, hg. von Urs Martin Zahnd, Bern 1986.

EA — Amtliche Sammlung der ältern eidgenoessischen Abschiede, I–IX, o. O., 1839–1887.

Egli — Actensammlung zur Geschichte der Zürcher Reformation in den Jahren 1519–1533, hg. von Emil Egli, Zürich 1879.

Ehestand — [Eyb, Albrecht], Von dem Eelichen standt, Augsburg [1520].

Gagliardi — Stumpf, Johannes, Johannes Stumpfs Schweizer- und Reformationschronik, I–II, hg. von Ernst Gagliardi u. a., Basel 1953 und 1955.

Glückshafen — Der Glückshafenrodel des Freischiessens zu Zürich 1504, hg. von Friedrich Hegi, Zürich 1942.

HBBW — Bullinger, Heinrich, Heinrich Bullinger Werke, Zweite Abteilung: Briefwechsel, hg. von Ulrich Gäbler u. a., Zürich seit 1973.

HBD — Bullinger, Heinrich, Diarium, hg. von Emil Egli, Basel 1904.

HBRG — Bullinger, Heinrich, Reformatiosgeschichte, hg. von Johann Jakob Hottinger und Hans Heinrich Vögeli, I–III, Frauenfeld 1838–1840.

Hirth — Hirth, Georg, Meisterholzschnitte aus vier Jahrhunderten, München 1893.

Holborn — Erasmus von Rotterdam, Desiderius Erasmus Roterodamus. Ausgewählte Werke, hg. von Hajo Holborn, München 1933.

Kessler — Kessler, Johannes, Johannes Kesslers Sabbata mit kleineren Schriften und Briefen, hg. von Emil Egli und Rudolf Schoch, St. Gallen 1902.

Kirchenord. — Zürcher Kirchenordnungen 1520–1675, hg. von Emidio Campi und Philipp Wälchli, I, Zürich 2011.

Laufenberg — Ein Kalender mitt sinem Nüwen und Stunden us des hochgelerten Doctor Iohannis Kungspergers Practic unnd sunst vil subtiler Sachen mit vil Figuren als man am nechsten Blatt lütrer Meldung findt, Zürich 1508.

LB — Erasmus von Rotterdam, Desiderii Erasmi Roterodami opera omnia, hg. von Johannes Clericus, Leiden 1703–1706.

Oratio — Bibliander, Theodor, Oratio ad enarrationem Esaiae, Zürich 1532.

Physiologos — Der Physiologos, hg. von Otto Seel, Zürich 1976[3].

Platter — Platter, Thomas und Platter, Felix, Thomas Platter und Felix Platter. Zwei Autobiographien, hg. von D. A. Fechter, Basel 1840.

Proph. officio — Bullinger, Heinrich, De prophetae officio, et quomodo digne administrari possit, oratio, Zürich 1532.

QGTS — Quellen zur Geschichte der Täufer in der Schweiz, I–IV, Zürich 1952–2008.

Ringoltingen — Thüring von Ringoltingen, Melusine (1456), nach dem Erstdruck Basel, Richel um 1473/74, hg. von André Schnyder in Verbindung mit Ursula Rautenberg, I–II, Wiesbaden 2006.

Rösslin — Rößlin, Eucharius d. Ä., Der schwangeren frawen vnd Hebammen Rosegarten, Strassburg 1522.

Rüeger — Rüeger, Johann Jakob, Chronik der Stadt und Landschaft Schaffhausen, hg. vom Historisch-Antiquarischen Verein des Kantons Schaffhausen, I–III, Schaffhausen 1880–1910.

Ruh — Der Passionstraktat des Heinrich von St. Gallen, hg. von Kurt Ruh,Thayngen 1940.

Rütiner — Rütiner, Johannes, Diarium 1529–1539, hg. von Gerhard Rüsch, St. Gallen 1996.

Salat — Salat, Johannes, Johannes Salat. Reformationschronik 1517–1534, I–III, hg. von Ruth Jörg, Freiburg 1986.

Sattler	Sattler, Christian Friedrich, Geschichte des Herzogtums Württemberg unter der Regierung der Herzogen, I–II, Tübingen 1769.
Stockar	Stockar, Hans, Hans Stockars Jerusalemfahrt 1519 und Chronik 1520–1529, hg. von Karl Schib, Basel 1949.
Strickler	Actensammlung zur Schweizerischen Reformationsgeschichte in den Jahren 1521–1532, hg. von Johannes Strickler, I–II, Zürich 1878–1879.
Stumpf 1586	Stumpf, Johannes, Gemeiner Loblicher Eydgnoschaft Stetten Landen und Völckern Chronic […] durch Johann Stumpffen beschriben, I–II, Zürich 1586.
Vadian BS	Vadian, Joachim, Vadianische Briefsammlung, hg. von Emil Arbenz, I–VII, St. Gallen 1890–1913.
Vadian Diarium	Vadian, Joachim, Vadian. Deutsche historische Schriften, hg. von Ernst Götzinger, III, St. Gallen 1879.
Vetter	Kunrad von Ammenhausen, Das Schachzabelbuch Kunrats von Ammenhausen, hg. von Ferdinand Vetter, Frauenfeld 1892.
WA	Luther, Martin, D. Martin Luthers Werke. Kritische Gesamtausgabe, Weimar 1883–2009.
WA Br	Luther, Martin, D. Martin Luthers Werke. Kritische Gesamtausgabe. Briefwechsel, Weimar 1930–1985.
WA T	Luther, Martin, D. Martin Luthers Werke. Kritische Gesamtausgabe. Tischreden, Weimar 1912–1921.
Wyss	Wyss, Georg von, Geschichte der Abtei Zürich, Zürich 1851–1858.
Z	Zwingli, Huldrych, Huldreich Zwinglis sämtliche Werke, in: Corpus Reformatorum, I–XXI, Berlin u. a. 1905–2015.

Weitere gedruckte Quellen

Alte Catholische Geistliche Kirchengeseng / auff die fuernemste Feste / Auch in Processionen / Creutzgaengen vnd Kirchenfaerten: Bey der H. Meß / Predig / in Heusern / vnd auff dem Feld zugebrauchen / sehr nuetzlich / sampt einem Catechismo. Auß Beuelch Deß Hochwuerdigen Fuersten vnd Herrn / Herrn Eberharten Bischouen zu Speir / vnnd Probsten zu Weissenburg / etc. in diese ordnung gestelt. Köln 1599.

Basler Chroniken, I–VIII, Leipzig und Basel 1872–1945.

Bibliander, Theodor, Machumetis Saracenorum principis, eiusque successorum vitae, ac doctrina, ipseque Alcoran, [Basel 1543].

Boccaccio, Giovanni, Das Decameron. Übersetzt von Peter Brockmeier, Stuttgart 2012.

Cessolis, Jacobus de, Das Schachzabelbuch des Jacobus de Cessolis, O. P. in mittelhochdeutscher Prosa-Übersetzung, hg. von Gerhard F. Schmidt, Berlin 1961.

Chronik der Truchsessen von Waldburg, Memmingen 1777.

Das Marburger Religionsgespräch 1529, hg. von Gerhard May, Gütersloh 1970.

Das Zürcher Spiel vom reichen Mann und vom armen Lazarus. Pamphilius Gengenbach, Die Totenfresser, hg. von Josef Schmidt, Stuttgart 1969.

Denkschrift der Priorin und Schwestern in Sant Catharina Thal bei Diessenhofen, «wie sie in der zwinglischen uffruor ir Gottshauss so sauer erstritten und erhalten hand», mit Anmerkungen von P. Mauritius van der Meer, in: Archiv für die schweizerische Reformations-Geschichte 3, Solothurn 1876, S. 99–115.

Die Klosterfrauen in St. Catharinenthal und die Reformation. Nach der zeitgenössischen Handschrift einer Nonne hg. von ungenannt [Moritz Hohenbaum van der Meer], Konstanz 1837.

Eck, Johannes, Ad D. Pauli Ricii Israelitae de anima coeli examina […] responsio, [Augsburg 1519].

Edlibach, Gerold, Gerold Edlibach's Chronik, hg. von Johann Martin Usteri, Zürich 1847.

Erasmus von Rotterdam, Ein Expostulation oder Klag Jhesu zuo dem Menschen, der uss eygnem Muotwill verdampt würt / Jn Latin durch Erasmum von Roterdam beschriben / durch Meister Leo Jud, Pfarherr zuo Eynsidlen vertütscht, Zürich 1522.

Gesangbuch der Evangelisch-reformierten Kirchen der deutschsprachigen Schweiz, Nördlingen 1998.

Hätzer, Ludwig, Ein urteil gottes unsers eegemahels / wie man sich mit allen götzen vnd bildnussen halten sol / vß der heiligen geschrifft gezogen, Zürich [1523?].

Hauff, Wilhelm, Werke I–II, Stuttgart 1959.

Hohenlohe, Sigmund von, Creutz büchlin, Strassburg 1525.

Hutten, Ulrich von, Hoc in Volvmine haec continentur Vlrici Hvtteni Eqv. Super interfectione propinqui sui Ioannis Hutteni Equ. Deploratio [...], [Mainz 1519].

Köhler, Walther, Das Marburger Religionsgespräch 1529, Versuch einer Rekonstruktion, Leipzig 1929.

Konrad von Würzburg, Engelhard, hg. von Ingo Reiffenstein, Tübingen 1982[3].

Lavater-Briner, Hans Rudolf, Die Zürcher Bibel von 1531, Faksimile-Ausgabe, hg. von Hans Rudolf Lavater, Zürich 1983.

Luther, Martin, Ein nützlich vnd fast troestlich predig, Basel 1520.

Luther, Martin, Das eyn Cristliche versamlung recht habe: alle lere tzu vrteylenn, Zwickau 1523.

Luther, Martin, Wider den falsch genanten geystlichen stand des Babsts vnd der Bischoffen, Zürich 1522.

Machiavelli, Niccolò, Il principe, a cura di Mario Martelli u. a., Rom 2006.

Murner, Thomas, Ein andechtig geistliche Badenfart, Strassburg 1514.

Pappenheim, Matthäus, Chronik der Truchsessen von Waldburg, Memmingen 1777.

Physiologus Bernensis, komm. von Christoph von Steiger und Otto Homburger, Basel 1964.

Quellen zur Geschichte des Papsttums und des römischen Katholizismus, hg. von Carl Mirbt, Tübingen 1934.

Repertorium der Sangsprüche und Meisterlieder des 12. bis 18. Jahrhunderts, hg. von Horst Brunner u. a., Tübingen 1987.

Rhenanus, Beatus, Briefwechsel des Beatus Rhenanus, hg. von Adalbert Horawitz und Karl Hartfelder, Leipzig 1886 (ND 1966).

Ruf, Jakob, Wilhelm Tell, in: Mit der Arbeit seiner Hände, Leben und Werk des Zürcher Stadtchirurgen und Theatermachers Jakob Ruf (1505–1558), hg. von Hildegard Elisabeth Keller, I–V, Zürich 20082, II, S. 136–205.

Schiller, Friedrich von, Geschichte von Württemberg, Stuttgart 1859.

Thomas Aquinas, Summa theologiae, in: Opera omnia, I–VII, hg. von Roberto Busa, II, Stuttgart 1980, c. 539–540.

Tritemii, Joannis, Ad monachos dehortationes (Liber lugubris), Rom 1898, S. 230.

Vinzenz von Beauvais, [Speculum naturale], [Basel? um 1481] (Universitätsbibliothek Basel, AK I).

Wibel, Johann Christian, Merckwürdige Lebens-Geschichte des weyland hochwürdigsten und hochgebohrenen Grafen Sigmunds von Hohenlohe : gewesenen Dom-Dechant des hohen Stiffts zu Strassburg ... samt dessen so betitelten Creutz - Büchlein, zur Erläuterung der Reformationsgeschichte ans Licht gestellet, Franckfurt 1748.

Zapf, Georg Wilhelm, Reisen in einige Klöster Schwabens, durch den Schwarzwald und in die Schweiz im Jahre 1781, Erlangen 1786.

Zwick, Johannes, Underrichtung Warumb die ee vß menschlichem gsatz in vyl grad verbotten sey, [Basel 1522].

[Zwingli, Huldrych], Christenlich Antwurt Burgermeisters vnd Radtes zuo Zürich / dem Byschoffe zuo Kostantz, Zürich 1524.

Zwingli, Huldrych, Der Hirt, Zürich 1524.

Zwingli, Huldrych, Ein früntlich bitt vnd ermanung etlicher priesteren der Eidgnoschafft, [Zürich] 1522.

[Zwingli, Huldrych], Ein kurtze vnd Christenliche inleitung, Zürich 1523.

Zwingli, Huldrych, Ein predig von der Ewigreinen Magt Maria, Zürich 1522.

Zwingli, Huldrych, Schriften, hg. von Thomas Brunnschweiler und Samuel Lutz, I–IV, Zürich 1995.

Zwingli, Huldrych, Von götlicher vnd menschlicher grechtigheit, Zürich 1523.

Handschriftliche Quellen und Archivalien

Aarau, Staatsarchiv Aargau
U 17/0936d — Urkunden

Basel, Staatsarchiv Basel-Stadt
PA Nr. 132 — Privatarchive
Stammbäume 239 — Spiegelberg, von

Diessenhofen, Bürgerarchiv
BAD/St 52-54 — Stadt Diessenhofen
BAD/Schachtel 1 und 2

Frauenfeld, Staatsarchiv Thurgau
0'43'1, Nr. 695, 698 — Diessenhofen, Lehen
7'21'0, 11 — Domkapitel Konstanz, Diessenhofen
C 0'1, 0/13, 3 und 5 — Urkunden und Akten

Karlsruhe, Generallandesarchiv
11 Nr. 4845–4847 — Urkunden Berau
67 Nr. 534 — Lehn- und Pachtbuch Dompropstei Konstanz
204 Nr. 2669a — Einwohnerverzeichnis 1588

Konstanz, Stadtarchiv
A I 30 — Stadt- und Familienchroniken
A IV 2 — Taufbücher
A IV 5 — Bürgerbücher
L 113-115 — Steuer- oder Säckelamt, 1535–1537
U 9834 — Urkunden

Luzern, Privatarchiv Göldli von Tiefenau
Lebenslauf Eberhard von Reischach, 20. Jh. (o. S.)
Urkunden, Nr. 23 (5. 4. 1513)

Luzern, Staatsarchiv
AKT 13/2077 — Religionshändel

München, Bayerische Staatsbibliothek
Cgm 4566 — Heinrich von St. Gallen, Passionstraktat

Schaffhausen, Staatsarchiv
RP 6–7 — Ratsprotokolle 1522, 1526
RP 16–17 — Ratsprotokolle 1553, 1557

Schaffhausen, Stadtarchiv
A II 06.01.075-080 — Steuerbücher 1521–1526
A II 06.01.089-097 — Steuerbücher 1550–1590
B III 10.60.01/05 — Bartenschlager (Mandach)
C II 06.01.01.01/01 — Kirchenbücher (Taufen, Ehen 1540–1592)

Schloss Schlatt unter Krähen, Reischacharchiv
Mappe Hohenstoffeln, 1501–1531, Fasc. 59–60
Mappe Immendingen, vor 1560, Fasc. 2

Schloss Zeil, Fürstl. Waldburg-Zeil'sches Gesamtarchiv
ZAZ 908 — Brief, Wilhelm Truchsess von Waldburg

Sigmaringen, Staatsarchiv
Dep. 30/1 T 3, Nr. 674 — Briefe, Katharina und Walburga von Waldburg

Solothurn, Staatsarchiv
AH 4, 16 — Deutschland-Akten 1300–1649

St. Gallen, Kantonsbibliothek, Vadianische Sammlung
VadSlg Ms 350d — Stadt-sanktgallische Bürgergeschlechter
VadSlg Ms S 103 — Modus legendi

St. Gallen, Stadtarchiv der Ortsbürgergemeinde
KiA II, 1 — Kirchenarchiv, Taufbuch

Stuttgart, Hauptstaatsarchiv
A 121 Bü 31 — Schweiz, Akten
H 54 Bü 9.3 — Bauernkrieg, Akten

Wien, Österreichische Nationalbibliothek
Cod. 3035 — Sammelhandschrift (Willehalm u. a.)
Cod. 3049 — Sammelhandschrift (Schachzabelbuch u. a.)

Winterthur Stadtarchiv
AG 91/3/29 — Ratsbücher, Vermögensangelegenheiten
AG 94/2/4 — Ratsbücher, Fertigungen

Zürich, Staatsarchiv
A 119 — Embrach (siehe auch F II a 128)
A 195.1 — Württemberg
A 196.3.15, Nr. 4-8 — Korrespondenzen (Zimmern)
B II 42 — Ratsmanuale
B IV 17–18 — Missiven
B V 2 — Ratsurkunden
B VI 247–250 — Rats- und Richtbücher
B VI 325 — Gemächtbuch
B VI 333–336 — Schirmbuch
C I, Nr. 189–2865 — Urkunden, Stadt- und Landschaft Zürich
C II 4, Nr. 572 — Urkunden Klosterämter
C III 22, Nr. 63 — Urkunden weltliche Ämter, Vogteien
E II 340 — Briefe an Heinrich Bullinger
F II a 128 — Herrschaftsurbare, Embrach (siehe auch A 119)
W I 1, Nr. 1935–36 — Urkundensammlung AGZ
W I 15, Nr. 115.1 — Constaffelarchiv

Zürich, Stadtarchiv
I.A.497–502 — Fraumünster, Urkunden
III.B.276–341 — Fraumünster, Ausgabenbücher
III.B.961.6 und 12 — Fraumünster Akten
VIII.C.1 — Tauf- und Ehenbuch Grossmünster
VIII.C.15 — Tauf-, Ehen- und Totenbuch Fraumünster

Zürich, Zentralbibliothek
Ms C 102b — Heinrich Laufenberg, Regimen der Gesundheit
Ms S 3c, 77 (Dr 11) — Johannes Eck
Ms Car C 28 — Sammelhandschrift (Willehalm, Schachzabelbuch u. a.)
RP 15 (Ms C 163) — Zwingli, Abschrift Paulusbriefe

Nachschlagewerke und Reihen (mit Abkürzungen)

HBLS	Historisch-Biographisches Lexikon der Schweiz, Neuenburg 1921–1934.
HLS	Historisches Lexikon der Schweiz/Dictionnaire historique de la Suisse/Dizionario storico della Svizzera (eHLS/eDHS/eDSS) hls-dhs-dss.ch.
KDM	Die Kunstdenkmäler des Kantons Zürich. Die Stadt Zürich. Neue Ausgabe, III.II, Bern 2007.
Helvetia Sacra	Frühe Klöster. Die Benediktiner und Benediktinerinnen in der Schweiz (Helvetia Sacra III/1.3), Bern 1986.
OBG	Oberbadisches Geschlechterbuch, hg. von Julius Kindler von Knobloch, I–III, Heidelberg 1898–1919.

Paulys Realencyclopädie der classischen Altertumswissenschaft, hg. von Georg Wissowa, Stuttgart 1893–2000.

Schreiber, Wilhelm Ludwig, Handbuch der Holz- und Metallschnitte des XV. Jahrhunderts, I–VIII, Leipzig 1926–1930.

VD16	Verzeichnis der im deutschen Sprachbereich erschienenen Drucke des 16. Jahrhunderts www.vd16.de.

Sekundärliteratur

Abegg, Regine, Christine Barraud Wiener, Die Kunstdenkmäler des Kantons Zürich, II–1, Bern 2002.

Abegg, Regine, Die Äbtissinnenstuben im Schweizerischen Landesmuseum Zürich, in: Das Fraumünster in Zürich. Von der Königsabtei zur Stadtkirche, hg. von Peter Niederhäuser und Dölf Wild, Zürich 2012. S. 155–168.

Achnitz, Wolfgang, *Die poeten und alten historien hat er gewist.* Die Bibliothek des Johann Werner von Zimmern, in: Literatur – Geschichte – Literaturgeschichte. Festschrift für Volker Honemann, Frankfurt 2003.

Ader, Dorothee, Prosaversionen höfischer Epen in Text und Bild. Zur Rezeption des «Tristant» im 15. und 16. Jahrhundert, Heidelberg 2010.

Bächtold, Hans Ulrich, Heinrich Bullinger vor dem Rat. Zur Gestaltung und Verwaltung des Zürcher Staatswesens in den Jahren 1531 bis 1575, Bern 1972. [= **Bächtold**]

Blickle, Peter, Bauernjörg. Feldherr im Bauernkrieg, München 2015. [= **Blickle**]

Bock, Gisela, Frauen in der europäischen Geschichte. Vom Mittelalter bis zur Gegenwart, München 2005.

Brendle, Franz, Dynastie, Reich und Reformation, Stuttgart 1998. [= **Brendle**]

Bryner, Erich, Die Reformation in Schaffhausen und ihre Besonderheiten, in: Zwingliana 39 (2012), 79–92.

Büchi, Albert, Albrecht von Bonstetten. Ein Beitrag zur Geschichte des Humanismus in der Schweiz, München 1889.

Bumiller, Casimir, Bernhard Rüth, Edwin Ernst Weber (Hg.), Mäzene – Sammler – Chronisten. Die Grafen von Zimmern und die Kultur des Schwäbischen Adels, Stuttart 2012.

Bundi, Martin, Der Reformpolitiker Martin Seger (ca. 1470–1532) von Tamins/Maienfeld: Reisläufer, Staatsmann und Publizist im Reformationszeitalter, in: Zwingliana 44 (2017), S. 157–178.

Campi, Emidio, Heinrich Bullinger und seine Zeit, in: Zwingliana 31 (2004), S. 7–36.

Christ-v. Wedel, Christine, «Digna Dei gratia clarissima anachorita», in: Zürichs letzte Äbtissin. Katharina von Zimmern 1478–1547, hg. von Irene Gysel und Barbara Helbling, Zürich 1999, S. 137–169.

Christ-von Wedel, Christine, Erasmus als Promoter neuer Frauenrollen, in: Hör nicht auf zu singen, hg. von Rebecca A. Gieselbrecht und Sabine Scheuter, Zürich 2016, S. 29–58.

Christ-von Wedel, Christine, Erasmus und die Zürcher Reformatoren Huldrych Zwingli, Leo Jud, Konrad Pellikan, Heinrich Bullinger und Theodor Bibliander, in: Erasmus in Zürich. Eine verschwiegene Autorität, hg. von ders. und Urs Leu, Zürich 2007. [= **Christ-von Wedel 2007**]

Christ-von Wedel, Christine, Erasmus of Rotterdam. Advocate of a New Christianity, Toronto 2013. [= **Christ-von Wedel 2013**]

Christ von-Wedel, Christine, Erasmus von Rotterdam. Anwalt eines neuzeitlichen Christentums, Münster 2003. [= **Christ-von Wedel 2003**]

Christ-von Wedel, Christine, Erasmus von Rotterdam. Ein Porträt, Basel 2017[2]. [= **Christ-von Wedel 2017[2]**]

Christ-von Wedel, Christine, Glaubensgewissheit und Gewissensfreiheit. Die frühe Reformationszeit in Basel, Basel 2017. [= **Christ-von Wedel 2017**]

Christ-v. Wedel, Christine, Theodor Bibliander in seiner Zeit, in: Theodor Bibliander (1505–1564). Ein Thurgauer im gelehrten Zürich der Reformationszeit, hg. von ders., Zürich 2005.

Christ, Georg, Das Fremde verstehen, Biblianders Apologie zur Koranausgabe im Spiegel des Basler Koranstreites von 1542, in: Theodor Bibliander (1505–1564). Ein Thurgauer im gelehrten Zürich der Reformationszeit. hg. von Christine Christ-von Wedel, Zürich 2005, S. 107–124.

Diener, Ernst, Die Zürcher Familie Schwend c. 1250–1536, Neujahrsblatt, hg. von der Stadtbibliothek Zürich (1901). [= **Diener**]

Dietrich, Christian, Die Stadt Zürich und ihre Landgemeinden während der Bauernunruhen von 1489–1525, Frankfurt 1985. [= **Dietrich**]

Dobler, Eberhard, Burg und Herrschaft Hohenkrähen im Hegau, Sigmaringen 1986. [= **Dobler**]

Dörig, Barbara, Betreuung von Schwangeren, Wöchnerinnen und Kleinkindern in Heinrich Laufenbergs Regimen der Gesundheit, Lizentiatsarbeit der Philosophischen Fakultät der Universität Zürich, 2011.

Dörner, Gerald, Kirche, Klerus und kirchliches Leben in Zürich von der Brunschen Revolution (1336) bis zur Reformation (1523), Würzburg [1996].

Drös, Harald, Heidelberger Wappenbuch. Wappen an Gebäuden und Grabmälern auf dem Heidelberger Schloss, in der Altstadt und in Handschuhsheim, Heidelberg 1991.

Dütsch, Hans Rudolf, Die Zürcher Landvögte von 1402–1798, Zürich 1994.

Ebbersmeyer, Sabrina, Sinnlichkeit und Vernunft. Studien zur Rezeption und Transformation der Liebestheorie Platons in der Renaissance, München 2002.

Egli, Emil, Zwei Dedikationen, in: Zwingliana 2 (1906), S. 90f.

Escher, Günter B, Geschichte der Familie Escher vom Glas, Rees am Rhein 1997.

Farner, Oskar, Anna Reinhart, die Gattin Ulrich Zwinglis (Schluss), in: Zwingliana 3 (1916), S. 229–245.

Farner, Oskar, Huldrych Zwingli, I–IV, Zürich 1943–1960.

Feyler, Anna, Die Beziehungen des Hauses Württemberg zur Schweizerischen Eidgenossenschaft in der 1. Hälfte des 16. Jahrhunderts, Zürich 1905. [= **Feyler**]

Franz, Günther, Der deutsche Bauerkrieg, Darmstadt 1962[6]. [= **Franz**]

Franz, Günther, Aus der Kanzlei der württembergischen Bauern im Bauernkrieg, in: Württembergische Vierteljahrshefte für Landesgeschichte Ser. NF, Bd. 41 (1935) S. 83–108, 281–305.

Frey, Stefan Fromme feste Junker. Neuer Stadtadel im spätmittelalterlichen Zürich, Zürich 2017. [= **Frey**]

Frohne, Renate, Städtische Chronistik zur Zeit der Reformation, in: St. Gallen. Geschichte einer literarischen Kultur, hg. von Werner Wunderlich, I–II, St. Gallen 1999.

Fuhrer, Hans Rudolf und Christian Moser, Der lange Schatten Zwinglis. Zürich, das französische Soldbündnis und eidgenössische Bündnispolitik, 1500–1650, Zürich 2009.

Gerhard, Ute, Frauen in der Geschichte des Rechts von der Frühen Neuzeit bis zur Gegenwart, München 1997. [= **Gerhard**]

Gerhardt, Christoph, Der «Willehalm»-Zyklus. Stationen der Überlieferung von Wolframs «Original» bis zur Prosafassung, Stuttgart 2010.

Gerig, Georg, Reisläufer und Pensionenherrn in Zürich 1519–1532, Zürich 1947. [= **Gerig**]

Göldi, Emil August, Göldi . Göldli . Göldlin. Ein Beitrag zur Kenntnis der Geschichte einer schweizerischen Familie, Zürich 1902. [= **Göldi**]

Groebner, Valentin, Gefährliche Geschenke. Ritual, Politik und Sprache der Korruption in der Eidgenossenschaft im späten Mittelalter und am Beginn der Neuzeit, Konstanz 2000. [= **Groebner**]

Günter, Roswith, Herkunft und Jugend, in: Zürichs letzte Äbtissin. Katharina von Zimmern 1478–1547, hg. von Irene Gysel und Barbara Helbling, Zürich 1999, S. 67–96. [= **Günter 1**]

Günter, Roswith, Im Strom der Zeit. Katharina von Zimmern. Die letzte Äbtissin des Fraumünsterstiftes in Zürich, Rottweil 1998 (Typoskript). [= **Günter 1998**]

Günter, Roswith, Ein Leben als Bürgerin, in: Zürichs letzte Äbtissin. Katharina von Zimmern 1478–1547, hg. von Irene Gysel und Barbara Helbling, Zürich 1999, S. 19–40.

Gysel, Irene und Helbling, Barbara (Hg.), Zürichs letzte Äbtissin. Katharina von Zimmern 1478–1547, Zürich 1999. [= **Gysel/Helbling 1999**]

Haas, Martin, Zwingli und der erste Kappeler Krieg, Zürich 1965. [= **Haas**]

Hauswirth, René, Die Zürcher Obristmeister (Oberstzunftmeister) 1518–1547, in: Zwingliana 12 (1967), S. 596–602.

Hauswirth, René, Landgraf Philipp von Hessen und Zwingli, Tübingen/Basel 1968. [= **Hauswirth**]

Heer, Gottfried, Geschichte des Landes Glarus, I–II, Glarus 1898–1899.

Heinzer, Felix, Handschrift und Druck im Oeuvre der Grafen Wilhelm Werner und Froben Christoph von Zimmern, in: Die Gleichzeitigkeit von Handschrift und Buchdruck, hg. von Gerd Dicke, Wiesbaden 2003.

Helbling, Barbara, Katharina im Fraumünster, in: Zürichs letzte Äbtissin. Katharina von Zimmern 1478–1547, hg. von Irene Gysel und Barbara Helbling, Zürich 1999, S. 41–66.

Helmholz, Richard (Hg.), Canon Law in Protestant Lands, Berlin 1992.

Heyd, Ludwig Friedrich, Ulrich, Herzog zu Württemberg, I–III, Tübingen 1841–1844. [= **Heyd**]

Hirsch, Fritz (Hg.), Konstanzer Häuserbuch, Festschrift zur Jahrhundertfeier der Vereinigung der Stadt Konstanz mit dem Hause Baden, Konstanz 1906.

Hodel, Tobias, Das Kloster in der Region. Herrschaft, Verwaltung und Handeln mit Schrift, in: Königsmord, Kloster, Klinik. Königsfelden, hg. von Simon Teuscher und Claudia Moddelmog, Baden 2012, S. 90–127.

Hohenbaum, P. Moritz, Kurze Geschichte der tausendjährigen Stiftung Rheinau [...], Donaueschingen 1778.

Holenstein, André, Reformatorischer Auftrag und Tagespolitik bei Heinrich Bullinger, in: Heinrich Bullinger, Life – Thought – Influence I–II, Zürich 2007, I, S. 177–232.

Holthöfer, Ernst, Die Geschlechtervormundschaft. Ein Überblick von der Antike bis ins 19. Jahrhundert, in: Frauen in der Geschichte des Rechts von der Frühen Neuzeit bis zur Gegenwart, hg. von Ute Gerhard, München 1997, S. 390–451.

Hoppeler, Robert, Das Kollegiatstift St. Peter in Embrach, in: Mitteilungen der Antiquarischen Gesellschaft in Zürich, Bd. 29, 2 (86. Neujahrsblatt) 1922, Teil II. [= **Hoppeler**]

Horn, Christoph, Müller, Jörn und Söder, Joachim (Hg.), Platon-Handbuch. Leben – Werk – Wirkung, Stuttgart 2017^2.

Huber, Eugen, System und Geschichte des Schweizerischen Privatrechts, I–IV, Basel 1893.

Hug, Arnold, Aufführung einer Griechischen Komödie in Zürich am 1. Januar 1531, Zürich 1873. [= **Hug**]

Illi, Martin, Die Constaffel in Zürich, Zürich 2003. [= **Illi**]

Illi, Martin, Wohin die Toten gehen, Zürich 1992.

Immenhauser, Beat, ‹Hohe Schule› oder Universität? Zur Pfarrerausbildung in Bern im 16. Jahrhundert, in: Politics and Reformations. Communities, Polities, Nations, and Empires, hg. von Christopher Ocker u. a., Leiden 2007, S. 143–178.

Jacob, Walter, Politische Führungsschicht und Reformation. Untersuchungen zur Reformation in Zürich 1519–1528, Zürich 1969. [= **Jacob**]

Jehle, Fridolin und Adelheid Enderle-Jehle, Die Geschichte des Stiftes Säckingen, Aarau 1993.

Kamber, Peter, Reformation als bäuerliche Revolution. Bildersturm, Klosterbesetzungen und Kampf gegen die Leibeigenschaft in Zürich zur Zeit der Reformation (1522–1525), Zürich 2009. [= **Kamber**]

Kaser, Max, Römisches Privatrecht, München 1974^8.

Kauer, Andrea und Seline Schellenberg Wessendorf, Jakob Rufs soziale Netze in Zürich und Konstanz, in: Mit der Arbeit seiner Hände. Leben und Werk des Zürcher Stadtchirurgen und Theatermachers Jakob Ruf (1505–1558), hg. von Hildegard Elisabeth Keller, I–V, Zürich 2008^2, I, S. 123–141.

Keller-Escher, Carl, Fünfhundert und sechzig Jahre aus der Geschichte der Familie Escher vom Glas. 1320–1885, Zürich, 1885.

Keller, Hildegard Elisabeth und Hubert Steinke, Jakob Ruf's Trostbüchlein and De conceptu (Zürich 1554). A Textbook for Midwives and Physicians, in: Scholarly Knowledge: Textbooks in Early Modern Europe, hg. von Emidio Campi, Simone De Angelis, Anja-Silvia Goeing and Anthony Grafton, Genf 2008, S. 307–332.

Knecht, Sybille, Ausharren oder austreten? Lebenswege ehemaliger Nonnen nach der Klosteraufhebung am Beispiel der Städte Zürich, Bern und Basel, Zürich 2016. [= **Knecht**]

Knecht, Sybille, Lebenswege nach Klosteraufhebung (Lizentiatsarbeit der Philosophischen Fakultät der Universität Zürich), 2003.

Knittel, Alfred L., Die Reformation im Thurgau, Frauenfeld 1929. [= **Knittel**]

Koch, Elisabeth, Die Frau im Recht der Frühen Neuzeit. Juristische Lehren und Begründungen, in: Frauen in der Geschichte des Rechts von der Frühen Neuzeit bis zur Gegenwart, hg. von Ute Gerhard, München 1997, S. 73–93.

Koch, Elisabeth, Maior dignitas est in sexu virili, Frankfurt 1991.

Kocher, Ursula, Boccaccio und die deutsche Novellistik, Amsterdam 2005. [= **Kocher**]

Köhler, Walther, Zürcher Ehegericht und Genfer Konsistorium, Leipzig 1932.

Köppel, Christa, Von der Äbtssin zu den gnädigen Herren. Untersuchungen zu Wirtschaft und Verwaltung der Fraumünsterabtei und des Fraumünsteramts in Zürich 1418–1549, Zürich 1991.

Landolt, Felix, Das Glockenhofareal und die Giesser- und Künstlerfamilie Füssli in Zürich. Ein Überblick vom Mittelalter bis zum Beginn des 20. Jahrhunderts, Zürich 2000.

Laufenberg, Heinrich, Regimen der Gesundheit, Farbmikrofiche-Edition der Handschrift Zentralbibliothek Zürich, Ms C 102b, hg. von Bernhard Schnell und Marlis Stähli, München 1998.

Lavater-Briner, Hans Rudolf, Froschauer-Bibel 1531. Entstehung – sprachliche Eigenart – Ausstattung, in: Die Zürcher Bibel von 1531. Entstehung, Verbreitung und Wirkung, hg. von Christoph Sigrist, Zürich 2011. [= **Lavater-Briner**]

Leu, Urs B., Reformation als Auftrag: Der Zürcher Drucker Christoph Froschauer, Zwingliana 45 (2018), S. 1–80.

Liebenau, Theodor von, Geschichte des Klosters Königsfelden, in: Katholische Schweizerblätter für Kirchengeschichte, Luzern 1868, S. 1–192.

Locher, Gottfried W., Die Zwinglische Reformation im Rahmen der europäischen Kirchengeschichte, Göttingen 1979. [= **Locher**]

Locher, Gottfried W., «Christus unser Hauptmann». Ein Stück der Verkündigung Huldrych Zwinglis in seinem kulturgeschichtlichen Zusammenhang, in: Huldrych Zwingli in neuer Sicht, Zürich 1969, S. 55–74.

Loleit, Simone, Wahrheit, Lüge, Fiktion. Das Bad in der deutschsprachigen Literatur des 16. Jahrhunderts, Bielefeld 2008.

Loschek, Ingrid, Reclams Mode- und Kostümlexikon, 6. Aufl. vermehrt und bearbeitet von Gundula Wolter, Stuttgart 2011. [= **Loschek/Wolter**]

Maurer, Helmut, Das Archiv der Freiherren von Reischach im Schloss zu Schlatt unter Krähen. Inventar der Urkunden, Bände und Akten Singen 1969 (Hegauer Archive und Quellen 3).

Amadé von May, Bartholomeus May und seine Familie, in: Berner Taschenbuch, 1874. [= **May**]

Neues Archiv für die Geschichte der Stadt Heidelberg und der rheinischen Pfalz, hg. von Albert Mays und Karl Christ, Bd. I, Heidelberg 1890. [= **Mays/Christ**]

Medicus, Dieter, Zur Geschichte des Senatus consultum Velleianum, Köln 1957.

Meyer, Helmut, Der zweite Kappeler Krieg, Zürich 1976. [= **Meyer, Helmut**]

Meyer, Walter E., Die Entstehung von Huldrych Zwingiis neutestamentlichen Kommentaren und Predigtnachschriften, in: Zwingliana 14 (1976), S. 285–331.

Miller, Matthias, Mit Brief und Revers. Das Lehnswesen Württembergs im Spätmittelalter. Quellen – Funktion – Topographie, Leinfelden-Echterdingen 2004. [= **Miller**]

Mock, Markus Leo, Kunst unter Erzbischof Ernst von Magdeburg, Berlin 2007.

Moddelmog, Claudia, Die Klarissen von Königsfelden und ihre Verwandten. Beziehungen und Besitz, in: Königsmord, Kloster, Klinik. Königsfelden, hg. von Simon Teuscher und Claudia Moddelmog, Baden 2012, S. 128–169. [= **Moddelmog**]

Morf, Hans, Obrigkeit und Kirche in Zürich bis zu Beginn der Reformation, in: Zwingliana 13 (1970), 164–205.

Moser, Andres, Franz Lamberts Reise durch die Schweiz im Jahre 1522, in: Zwingliana 10 (1957), S. 467–471.

Müller, Maria E., Naturwesen Mann. Zur Dialektik von Herrschaft und Knechtschaft in Ehelehren der Frühen Neuzeit, in: Wandel der Geschlechterbeziehungen zu Beginn der Neuzeit, hg. von Heide Wunder, Christine Vanja, Frankfurt 1991, S. 43–68.

Neumüllers-Klauser, Renate, Die Inschriften der Stadt und des Landkreises Heidelberg, Stuttgart 1970. [= **Neumüllers**]

Niederhäuser, Peter, Alltag in der Abtei. Die letzte Äbtissin Katharina von Zimmern, in: Das Fraumünster in Zürich. Von der Königsabtei zur Stadtkirche, hg. von dems. und Dölf Wild, Zürich 2012, S. 121–155. [= **Niederhäuser**]

Niederhäuser, Peter und Dölf Wild, Das Fraumünster in Zürich. Von der Königsabtei zur Stadtkirche, Zürich 2012. [= **Niederhäuser/Wild**]

Pestalozzi, Theodor, Die Gegner Zwinglis, Zürich 1918.

Pollock, Linda A., Forgotten Children. Parent-child relations from 1500 to 1900, Cambridge 1983.

Press, Volker, Herzog Ulrich von Württemberg (1498–1550), in: ders., Adel im Alten Reich. Gesammelte Vorträge und Aufsätze, hg. von Franz Brendle und Anton Schindling, Tübingen 1998, S. 71–92.

Rahn, Rudolf, Die St. Stephanskapelle und ihre Wandgemälde, in: Anzeiger für schweizerische Altertumskunde, 11 (1909), S. 61–68.

Raimann, Alfons, Die Kunstdenkmäler des Kantons Thurgau, V, Bezirk Diessenhofen, Basel 1992.

Riedweg, Christoph, Ein Philologe an Zwinglis Seite. Zum 500. Geburtstag des Zürcher Humanisten Jacob Wiesendanger, gen. Ceporinus (1500–1525), in: Museum Helveticum 57 (2000), S. 201–219.

Romer, Hermann, Herrschaft, Reislauf und Verbotspolitik. Beobachtungen zum rechtlichen Alltag der Zürcher Solddienstbekämpfung im 16. Jahrhundert, Zürich 1995. [= **Romer**]

Rübel, Eduard, Die Aufhebung der Klöster im Kanton Zürich und die Verwendung ihrer Güter, in: Zürcher Taschenbuch, Neue Folge, Jg. 119 (1999), S. 51–88.

Rübel, Eduard. Die Übergabe des Stifts an die Stadt – rechtlich gesehen, in: Zürichs letzte Äbtissin. Katharina von Zimmern 1478–1547, hg. von Irene Gysel und Barbara Helbling, Zürich 1999, S. 119–136. [= **Rübel**]

Rublack, Hans-Christoph, Gravamina und Reformation, in: Städtische Gesellschaft und Reformation, hg. von Ingrid Bàtori, Stuttgart 1980, S. 292–313.

Rückert, Peter, Der «arme Konrad» vor Gericht. Verhöre, Sprüche und Lieder in Württemberg 1514, Stuttgart 2014.

Rüedi, Willi, Geschichte der Stadt Dießenhofen im Mittelalter, Diessenhofen 1947. [= **Rüedi**]

Safley, Thomas Max, Canon Law and Swiss Reform. Legal Theory and Practice in the Marital Courts of Zurich, Bern, Basel and St. Gall, in: Canon Law in Protestant Lands, hg. von Richard Helmholz, Berlin 1992, S. 187–202.

Sallmann, Martin, Sola scriptura als Grundlage der Einheit? Das frühe Scheitern des Schriftprinzips in Zürich und darüber hinaus, in: konstruktiv. Theologisches aus Bern Nr. 41 (2017), S. 8f.

Scarpatetti, Beat von, Die Kirche und das Augustiner-Chorherrenstift St. Leonhard in Basel (11./12. Jh.–1525), Basel 1974.

Scarpatetti, Beat von, Rudolf Gamper, Marlis Stähli, Katalog der datierten Handschriften in der Schweiz III, Textband und Bildband, Dietikon-Zürich 1991.

Scarpatetti, Beat von, Michael Eggenstorfer, in: Schaffhauser Beiträge zur Geschichte, 58 (1981), S. 49–61.

Schäfer, Karl Heinrich, Die Kanonissenstifter im deutschen Mittelalter, Stuttgart 1907.

Schmidt-Biggemann, Wilhelm, Geschichte der christlichen Kabbala, I, 15. und 16. Jahrhundert, Stuttgart-Bad Cannstadt 2012.

Schmugge, Ludwig, Kirche Kinder, Karrieren. Päpstliche Dispense von der unehelichen Geburt im Spätmittelalter, Zürich 1995.

Schmuki, Karl, Steuern und Staatsfinanzen. Die bürgerliche Vermögenssteuer in Schaffhausen im 16. und 17. Jahrhundert, Zürich 1988.

Schneider, Karin, Die deutschen Handschriften der Bayerischen Staatsbibliothek München. Die mittelalterlichen Handschriften aus Cgm 4001–5247, Wiesbaden 1996.

Schnell, Bernhard, Heinrich Laufenbergs Regimen, in: Heinrich Laufenberg, Regimen der Gesundheit, Farbmikrofiche-Edition der Handschrift Zentralbibliothek Zürich, Ms C 102b, München 1998, S. 7–27.

Schnell, Rüdiger, Sexualität und Emotionalität in der vormodernen Ehe, Köln 2002.

Shell, Curtis H., Hans Leu d. J. und die Zeichnung einer Pietà im Fogg-Museum Cambridge, USA, in: Zeitschrift für schweizerische Archäologie und Kunstgeschichte = Revue suisse d'art et d'archéologie = Rivista svizzera d'arte e d'archeologia = Journal of Swiss archeology and art history, 15 (1954–1955), S. 81–86.

Signori, Gabriela, Geschlechtsvormundschaft und Gesellschaft. Die Basler ‹Fertigungen› (1450 bis 1500), in: Zeitschrift der Savigny-Stiftung für Rechtsgeschichte. Germanistische Abteilung 116 (1999), 119–151.

Stähli, Marlis, Das Zürcher Fraumünster und seine Bibliothek im Mittelalter, in: Das Fraumünster in Zürich. Von der Königsabtei zur Stadtkirche, hg. von Peter Niederhäuser und Dölf Wild, Zürich 2012, S. 45–73. [= **Stähli**]

Stähli, Marlis, Die Handschrift Ms. C 102b der Zentralbibliothek Zürich, in: Heinrich Laufenberg, Regimen der Gesundheit, Farbmikrofiche-Edition der Handschrift Zentralbibliothek Zürich, Ms C 102b, München 1998, S. 29–60.

Stälin, Christoph Friedrich, Wirtembergische [!] Geschichte, I–IV, Stuttgart 1841–1870.

Steinke, Hubert, Ein gelehrter Chirurg, in: Mit der Arbeit seiner Hände, Leben und Werk des Zürcher Stadtchirurgen und Theatermachers Jakob Ruf (1505–1558), hg. von Hildegard Elisabeth Keller, I–V, Zürich 2008[2], S. 105–117.

Steinmann, Judith, Die Benediktinerinnenabtei zum Fraumünster und ihr Verhältnis zur Stadt Zürich 853–1524, St. Ottilien 1980. [= **Steinmann**]

Steinmann, Judith, Zürich, in: Frühe Klöster. Die Benediktiner und Benediktinerinnen in der Schweiz (Helvetia Sacra III/1.3), Bern 1986, S. 1977–2019.

Strasser, Otto Erich, Bern am Kreuzweg ökumenischer Begegnung zur Reformationszeit, in Zwingliana 13 (1971), S. 400–406.

Strübind, Andrea, Eifriger als Zwingli. Die frühe Täuferbewegung in der Schweiz, Berlin 2003.

Stucki, Heinzpeter, Das 16. Jahrhundert, in: Geschichte des Kantons Zürich, II, Zürich 1996, S. 172–244. [= **Stucki**]

Svec Goetschi, Milena, Apostasie und monastische Mobilität im 15. Jahrhundert, Köln 2015. [= **Svec Goetschi**]

Teuscher, Simon und Moddelmog, Claudia (Hg.), Königsmord, Kloster, Klinik. Königsfelden, Baden 2012. [= **Teuscher/Moddelmog**]

Teuscher, Simon, Bekannte – Klienten – Verwandte, Köln 1998.

Thomas Max, Canon Law and Swiss Reform. Legal Theory and Practice in the Marital Courts of Zurich, Bern, Basel and St. Gall, in: Canon Law in Protestant Lands, hg. von Richard Helmholz, Berlin 1992, S. 187–202.

Vannotti, Barbara, «Monasterium exivit, et ad seculum est reversa …». Die Flucht der Schenkin von Erbach aus der Fraumünsterabtei in Zürich, in: Strenarum lanx, 2003, S. 187–207.

Vannotti, Barbara, Monacazione forzata. Klosterzwang und Klosterflucht adliger Frauen im Spätmittelalter. Drei Frauenschicksale aus dem Gebiet der heutigen Schweiz, Lizentiatsarbeit der Philosophischen Fakultät der Universität Zürich, 2004.

Vannotti, Barbara, Von der entlaufenen Nonne zur Schlossherrin: Magdalena Payer. Zum Schicksal adliger Apostatinnen im Spätmittelalter, in: Schriften des Vereins für Geschichte des Bodensees und seiner Umgebung 124 (2006) S. 93–110.

Vochezer, Joseph, Geschichte des fürstlichen Hauses Waldburg, I–III, Kempten, 1888–1907. [= **Vochezer**]

Vogel, Friedrich, Die alten Chroniken oder Denkwürdigkeiten der Stadt und Landschaft Zürich, Zürich 1845.

Vogelsanger, Peter, Zürich und sein Fraumünster, Zürich 1994. [= **Vogelsanger**]

Voß, Rudolf, Die deutschen Tristan-Romane des Spätmittelalters – Variationen eines problematischen Themas, in: Tristan und Isolt im Spätmittelalter, hg. von Xenja von Ertzdorff, Amsterdam 1999, S. 331–354.

Waldburger, August Rheinau und die Reformation. Ein Beitrag zur schweizerischen Reformationsgeschichte, in: Jahrbuch für schweizerische Geschichte, 25 (1900). [= **Waldburger**]

Walter, Tilmann, Unkeuschheit und Werk der Liebe, Berlin 1998.

Walther, Gerrit, Glaube, Freiheit, Kalkül. Zur Frage von ‹Anpassung› und ‹Mobilität› bei adligen Konfessionsbildungen im 16. Jahrhundert, in: Gelungene Anpassung? Adelige Antworten auf gesellschaftliche Wandlungsvorgänge vom 14. bis zum 16. Jahrhundert, hg. von Horst Carl und Sönke Lorenz, Ostfildern 2005, S. 185–200.

Weisz, Leo, Nach der Schlacht bei Kappel, in: 137. Neujahrsblatt der Hülfsgesellschaft in Zürich, Zürich 1937. [= **Weisz**]

Weller, Karl, Württembergische Geschichte, Stuttgart 1963[5].

Winst, Silke, Amicus und Amelius. Kriegerfreundschaft und Gewalt in mittelalterlicher Erzähltradition, Berlin 2009.

Wipf, Jakob, Reformationsgeschichte der Stadt und Landschaft Schaffhausen, Zürich 1929. [= **Wipf**]

Wunder, Heide, Herrschaft und öffentliches Handeln von Frauen in der Gesellschaft der Frühen Neuzeit, in: Frauen in der Geschichte des Rechts von der Frühen Neuzeit bis zur Gegenwart, hg. von Ute Gerhard, München 1997, S. 27–54.

Internetnachweise

(alle nochmals abgerufen am 27. 6. 2019)

Familie Bonstetten in Berner Geschlechter, online: http://www.bernergeschlechter.ch/humo-gen/family.php?id=F27567&main_person=I80471

Familie Escher vom Luchs im Geneanet, online: https://gw.geneanet.org/uezuercher?lang=en&v=ESCHER+-VOM+LUCHS&m=N

Familie Göldli im Geneanet, online: https://gw.geneanet.org/uezuercher?lang=en&p=georg&n=goldlin+von-+tiefenau

Familie Meyer von Knonau im Geneanet, online: https://gw.geneanet.org/uezuercher?lang=en&p=bernhard&n=meyer+von+knonau

Familie Rappenstein genannt Mötteli, online: https://www.e-periodica.ch/cntmng?pid=gfr-001:1893:48::434

Familie Röist im Geneanet, online: https://gw.geneanet.org/uezuercher?lang=en&p=hans+peter&n=roist

Feme, Artikel in Handwörterbuch zur deutschen Rechtsgeschichte von Heiner Lück, online: https://www.hrgdigital.de/.download/_sid/PJSD-422751-YnhP/pdf/feme_femgericht.pdf

Frey, Andreas, Europas vernichtende Jahrtausenddürre, in: Spektrum.de vom 11. 8. 2018, online: https://www.spektrum.de/news/europas-vernichtende-jahrtausenddurre/1584414

Institutiones, Prooemium, lib I, tit XII, latin library online: http://thelatinlibrary.com/justinian/institutes1.shtml

Institutiones, Prooemium, lib. I, tit V, latin libbrary, online: http://thelatinlibrary.com/justinian/institutes1.shtml

Lazarus Göldli, Artikel im HLS von Katja Hürlimann, online: http://www.hls-dhs-dss.ch/textes/d/D45938.php

Lex Aelia Sentia, aus Gai institvtionvm commentarivs primvs, latin library, online: http://www.thelatinlibrary.com/gaius1.html#29

Öhningen im Historischen Ortslexikon von Baden-Württemberg, online: https://www.leo-bw.de/detail-gis/-/Detail/details/ORT/labw_ortslexikon/14503/ort.

Säkularisation, Artikel im HLS von Andreas Holenstein, online: http://www.hls-dhs-dss.ch/textes/d/D13102.php

Tübinger Schandtafel, online: https://de.wikipedia.org/wiki/Datei:Schandtafel_im_Tübinger_Schloss.jpg

Tübinger Vertrag (1514) in DGDB, online: http://germanhistorydocs.ghi-dc.org/pdf/deu/Doc.19-GER-TübingenTreaty1514_GER.pdf

UrbanWyss, Artikel im HLS von Christian Moser, online: http://www.hls-dhs-dss.ch/textes/d/D41210.php

BILDNACHWEIS

Abb. 1 Hans Leu d. Ä., Altarbild (Ausschnitt), Schweizerisches Nationalmuseum, AG 7.1

Abb. 2 Zimmernchronik, Württembergische Landesbibliothek Stuttgart, Cod. Don. 580a, 370v–371r

Abb. 3 Königsfelden (Ausschnitt), Ehrenspiegel des Hauses Österreich, Österreichische Nationalbibliothek Wien, Cod. 8613, 162r

Abb. 4 Stifterbild von Waldburg, Wikimedia Commons

Abb. 5 Klarisse (nach Dürer, 20. Jh.), The Metropolitan Museum of Art, New York, Inv. DP221628

Abb. 6–7 Zürcher Einband, Widmungen, Privatbesitz, Fotos: Irene Gysel

Abb. 8 Jörg Schweiger (zugeschr.), Lesende, Kunstmuseum Basel, Amerbach-Kabinett, Inv. U.VII.27

Abb. 9 Widmung, Zentralbibliothek Zürich, Ms. S 3c, 77 (Dr 11)

Abb. 10 Widmung Zwinglis, Privatbesitz, Foto: Irene Gysel

Abb. 11 Hans Leu d. J., Pietà, Harvard Art Museum/Fogg Museum, Cambridge USA, Acc.Nr. 1936.125, © President and Fellows of Harvard College

Abb. 12 Niklaus Manuel, Junge Frau, Kunstmuseum Basel, Amerbach-Kabinett, Inv. U.X.10

Abb. 13 Embrach, Staatsarchiv Zürich, F II a 128, 8r

Abb. 14 Übergabeurkunde, Stadtarchiv Zürich, I.A.501

Abb. 15 Urs Graf, Bewaffneter, Kunstmuseum Basel, Amerbach-Kabinett, Inv. U.X.121

Abb. 16 Tausch Bracken, Staatsarchiv Zürich, W I 1, Nr. 1935

Abb. 17 Siegel, Stadtarchiv Zürich, I.A.501

Abb. 18 Leibgeding 1536, Stadtarchiv Zürich, III.B.322

Abb. 19 Münzen, Schweizerisches Nationalmuseum, AZ 355 und LM GU 131

Abb. 20 Ulrich von Württemberg, Kunstmuseum Basel, Museum Faesch 1823, Inv. 184

Abb. 21 Brief, Staatsarchiv Zürich, A 195.1, Nr. 38

Abb. 22 Brief, Staatsarchiv Solothurn, AH 4, 16

Abb. 23 Dürer, Ritter Tod und Teufel, Kunstmuseum Basel, Kupferstichkabinett, Inv.Aus K.10.143

Abb. 24 Schachzabelbuch, Zentralbibliothek Zürich, Ms Car C 28, 402r

Abb. 25 Badenfahrt, Staatsarchiv Zürich, A 195.1, Nr. 77b

Abb. 26 Söldnerliste, Staatsarchiv Zürich, A 195.1, Nr. 86

Abb. 27 Urs Graf, Söldnerwerbung, Kunstmuseum Basel, Amerbach-Kabinett, Inv. U.IX.17

Abb. 28 Bauernartikel, Titelblatt, Zentralbibliothek Zürich, 18.1433, Nr. 10

Abb. 29 Bundschuhfahne (Ausschnitt), Petrarca, Trostspiegel, Kap. 34, Augsburg 1532, Bayerische Staatsbibliothek München, Rar. 2266, 43v

Abb. 30–31 Taufeinträge, Stadtarchiv der Ortsbürgergemeinde St. Gallen, KiA II, 1

Abb. 32 Schirmbuch, Staatsarchiv Zürich, B VI 336, 115r

Abb. 33 Reformationsschriften, Besitzeintrag, Privatbesitz, Foto: Irene Gysel

Abb. 34 Regula Schwarz, Grundstückskauf, Stadtarchiv Zürich, I.A.497

Abb. 35–37 Grabplatten und Wappen, © Inschriftenkommission der Heidelberger Akademie der Wissenschaften (Fotos: Ernst Cucuel), Details (Fotos: Irene Gysel)

Abb. 38 Urs Graf, Schlachtfeld, Kunstmuseum Basel, Amerbach-Kabinett, Inv. U.X.91

Abb. 39 Merianplan 1642, Stadtarchiv Schaffhausen

Abb. 40 Steuerbuch, Stadtarchiv Schaffhausen, A II 06.01.080

Abb. 41 Flachschnitzerei, WW V WW, Schweizerisches Nationalmuseum

Abb. 42 Passionstraktat mit Signet, Bayerische Staatsbibliothek München, Cgm 4566, 128r

Abb. 43 Andachtsbild, © Albertina Wien, Inv. DG1930/82

Abb. 44 Anonym, Kunstmuseum Basel, Amerbach-Kabinett, Inv. U.III.40

Abb. 45 Leo Jud, Expostulation, Zürich 1522, Zentralbibliothek Zürich, 18.268, Nr. 14

Abb. 46–48 Flachschnitzereien, Schweizerisches Nationalmuseum

Abb. 49 Laufenberg, Regimen sanitatis, Zentralbibliothek Zürich, Ms 102b

Abb. 50 Urs Graf, Kalender 1508, Zentrabibliothek Zürich, 5.165a

Abb. 51 Rösslin, Augsburg 1530, Bayerische Staatsbibliothek München, Rar. 1502 Beibd. 9

Abb. 52 Jörg Schweiger, Mädchen, Kunstmuseum Basel, Amerbach-Kabinett, Inv. U.VII.52a

Abb. 53 Urs Graf, Bauer, Kunstmuseum Basel, Amerbach-Kabinett, Inv. U.X.106

Abb. 54 Wellenberg, Schweizerisches Nationalmuseum, AG 11912

Abb. 55–56 Diessenhofen, Stumpf-Chronik 1548, Zentralbibliothek Zürich, AW 40:2, 73v

Abb. 57 Hohentwiel, Kupferstich aus Riegel, um 1700 (Foto Antiquariat Clemens Paulusch, Berlin)

Abb. 58 Brief Katharinas, Staatsarchiv Zürich, A 196.3.15, Nr. 4, S. 4

Abb. 59–61 Diessenhofer Nonnen, Briefe, Schloss Schlatt unter Krähen, Reischacharchiv, Mappe Hohenstoffeln 1501–1531, Fasc. 59–60

Abb. 62 Carl von Aegeri, Dame, Kunstmuseum Basel, Kupferstichkabinett, Inv. Nr. U.I.137

Abb. 63 Holbein d. Ä., Dominikanerin, Pinakothek München, WAF 377, © pbk-Bildagentur, Bayerische Staatsgemäldesammlungen

Abb. 64 Bericht aus Diessenhofen, Staatsarchiv Luzern, AKT 13/2077, 421v

Abb. 65 Heiratseintrag Göldli-von Waldburg, Stadtarchiv Zürich, VIII.C.15

Abb. 66 Göldli-Turm, Emil Schulthess, 1836, Baugeschichtliches Archiv Zürich

Abb. 67 Hans Leu d. J., Titelblatt Froschauer-Bibel 1531, Grossmünster Zürich, e-rara 7469

Abb. 68 Brief Katharinas, Staatsarchiv Zürich, A 196.3.15, Nr. 4, S. 4

Abb. 69 Kappeler Schlacht, Stumpf-Chronik 1548, Zentralbibliothek Zürich, AW 40:2, 186v

Abb. 70 Fraumünster, H. Keller 1830, Zentralbibliothek Zürich, Zürich H1 Fraumünster I,15

Abb. 71 Eintrag Göldli-von Waldburg, Stadtarchiv Konstanz, A IV 5, S. 14

Abb. 72 Tettikoferhof, Rosgartenmuseum Konstanz, T 572

Abb. 73 Bullinger-Medaille, Schweizerisches Nationalmuseum, BZ 352

Abb. 74 Hans Asper, Cleophea Holzhalb-Krieg, Kunsthaus Zürich, Inv. Nr. 158

Abb. 75 Hans Asper, Anna Regula Schmid-Schärer, Schweizerisches Nationalmuseum, LM 4766

Abb. 76 Abfindung Wohnrecht 1536, Stadtarchiv Zürich, III.B.322

Abb. 77 Murerplan 1576, Baugeschichtliches Archiv Zürich

Abb. 78 Silberbecher, Schweizerisches Nationalmuseum, Dep. 398

Abb. 79 Taufbuch Grossmünster, Stadtarchiv Zürich, VIII.C.1

Abb. 80 Erbe Annas, Staatsarchiv Zürich, B VI 336

Abb. 81 Ehe Spiegelberg-Reischach, Stadtarchiv Schaffhausen, C II 06.01.01.01/01

Abb. 82 Zürichs Absage, Staatsarchiv Zürich, B IV 17, 153r

Abb. 83 Merianplan 1642, Stadtarchiv Schaffhausen

PERSONENREGISTER

Nicht im Register berücksichtigt sind Zeittafel und Stammbäume und nicht aufgenommen Hinweise zu Katharina von Zimmern und zu biblischen Personen. Zu den beiden Listen von Eberhard von Reischach, die auf S. 282f. und 287f. alphabetisch erschlossen sind, sind nur Personennennungen aus den Kommentaren aufgeführt.

Aberli, Felix 277
Adelheid (Magd) 94
Aegeri, Carl von 181
Aesop 56, 152
Affenstein, Margarete von, siehe Zimmern
Agarter, Martin 319
Alexander I., der Grosse 138
Amberg, Joseph (Montanus) 171
Amerbach, Bonifacius 151
Ammann, Hans 315f., 320f.
Ammann, Jakob 198, 221
Am Stad/Amstad, Anna 264, 310 f.
Anshelm, Valerius 207
Antigonus 57
Apotheker, Hans 94
Appenzeller, Anna Maria 117, 271
Appenzeller, Elisabeth (von Landas) 117, 271
Appenzeller, Margarete, siehe Belzinger
Appenzeller, Margarete/Katharina, siehe Quadt von Landskron
Appenzeller, Regula, siehe Schwarz
Appenzeller, Salome(a) (Ramp) 113, 114, 228, 240, 271, 291, 318–320, 325
Appenzeller, Sebastian 54, 109–114, 116, 118f., 121, 170f., 209, 223f., 227f., 237, 256 (Anm. 395), 271f., 276, 291, 318
Appenzeller, Sebastian Uriel 114–121, 209, 228, 240, 271f., 276, 291, 318
Aristides 57
Aristophanes 199
Asper, Hans 226
Augustinus 129, 202f.
Aischylos 216
Bachmann, [Konrad] 277
Baumann, Konrad 161
Beltzinger, Hanns 319, 324
Belzinger, Margarete (Rubli) 223f., 227f., 267 (Anm. 844), 276
Benedict von Nursia 46f.
Berger, Jörg 291f.
Berger, Hans 290f.

Bertschinger, Hans 327
Bibliander, Theodor 151, 220, 221–223, 231f., 234
Binder, [Rudolf] 295
Blarer, Anna 306
Blarer, Margarete 126
Bleuler, Johannes 191, [295], [308f.]
Bleuler, Ulrich 219
Boccaccio, Giovanni 61
Bodmer, Stoffel/Christoph 161, 276
Boner, dom[in]a 94, 275
Bonstetten, Albrecht von 63, 146
Borgia, Cesare 220
Bosshart, Laurencius 122, 186, 194
Bräm, Michel 319, 324
Brandenberg/Brandenburg, Lorenz 275–277, 283
Brennwald, Felix 161
Brennwald, Heinrich 45, 227, 276, 294
Brennwald, Jos 294
Breuning, Konrad 82, 85
Bruner/Brun, Lienhart 275
Bullinger, Heinrich 58, 60, 67, 103, 111, 116, 125, 182–184, 195, 209, 212f., 215f., 219–221, 228, 230f., 235f., 271, 284
Camillus 57
Capito, Wolfgang 162
Castelberger, Andreas 156f.
Cato, Marcus Porcius d. Ä. 57
Cato, Marcus Porcius d. J. 57
Chevron, François de 283
Christoph von Württemberg 84, 236
Clauser, Hartmann 278
Clauser, Laurenz 276
Collin, Rudolf 67–69, 103, 108, 170f., 198, 200, 221
Cranach d. Ä, Lukas 79
Darius 138
Diesbach, Gabriel von 285
Diesbach, Ludwig von 86, 129, [132], 142, 151, [284f.]
Diesbach, Ludwig/Hans von 284f.
Diesbach, Wilhelm von 284f.
Dürer, Albrecht 29, 88,
Eberhard I., im Barte 65
Eck, Johannes 34, 36, 111, 158, 162
Edlibach, Hans 277
Effinger, [Johannes] 296
Eggenstorfer, Michael 256 (Anm. 375)
Ehingen, Rudolf von 67
Einhard 23
Engelhard, Heinrich 53, 57f., 85
Engelhard, Niklaus 294
Erasmus von Rotterdam 26, 55, 60, 73, 93, 96, 100f., 104, 108, 127–130, 132, 134f., 137, 140f., 151–153, 159, 165, 174, 196, 198, 201–203, 221f., 231, 242
Escher, Anna (von Mandach, von Kusen) 225
Escher, Dorothea, siehe Grebel
Escher, Hans [Klotz] 66, 69, 70, 72f., 163, 182–184, 204, 210–213, 216f., 277, 289, 292, 299f., 303, 306
Escher, Hans Konrad 71f., 216f., 219, 225, 315f.
Escher, Jörg 318–320, 323
Escher, Konrad 292f., 295
Euripides 216
Eyb, Albrecht von 127f.
Faber Stapulensis 201
Fabri, Felix 60
Fabri, Johannes 234
Farel, Guillaume 51, 55
Ferdinand I. 24, 26, 70, 86, 99, 166, 169, 171, 181, 224, 230, 236
Ficino, Marsilio 126f.
Fischart, Johann 129
Flachsland, Conrad 294
Fleckenstein, Heinrich 298
Franz I. 57, 65f., 69, 80, 85, 87, 99, 102, 121, 166, 169, 171, 195, 228, 230, 237
Frey, [Niklaus] (Amtmann) 224, 296
Friedingen, Benedikt von 80, 205
Fries, Johannes 325
Froschauer, Christoph 134, 200–202, 233, 265 (Anm. 763), 271f., [273], 315, 321
Froschauer, Dorothea, siehe Locher
Fry, Caspar 34
Fries/Frysin, Magdalen 11, 325
Fuchsstein, Johann von 122, 168
Funk, Jacob 315
Funk, Ulrich 190–192, 309
Füssli, Peter 276f., 283
Gäcker, Alois 275
Gaisberg, Franz, Abt 110f., 172f.
Gastel, Jörg 271, 273
Georg von Württemberg 160
Gessner, Konrad 199
Gitterer, Mathias 317
Göldli, Dorothea (Röist) 79, 277, 289, 292, 315
Göldli, Georg 12, 19, 66, 79, 86, 96, 154f., 161, 182, 184, 196–198, 202, 204, 206, 210–212, 216, 276f., 283–285, 289, 292, 306, 315
Göldli, Hans Heinrich 276
Göldli, Heinrich 79, 119, 275f., 289, 292
Göldli, Herkules 197
Göldli, Joachim 197, 325
Göldli, Kaspar 79, 161, 197, 211, 276f., 289, 292, 315
Göldli, Katharina, siehe Waldburg
Göldli, Lazarus 79, 276, 285, 289, 292

Göldli, Magdalena (Wyss) 234
Göldli, Regula (Nissli) 223
Göldli, Renward 79, 86, 96, 99, 161, 197, 211, 276f., 283f., 289, 292, 315
Göldli, Verena (Reischach von) 78f., 99, 119, 126, 130, 179, 275f., 289, 303
Graf, Urs 68, 98, 123, 148, 155, 272,
Grebel, Dorothea (Escher) 216, 225, 277
Grebel, Jakob 161, 163, 216
Grebel, Konrad 112, 157, 159, 163, 216
Gregor I., der Grosse 38
Grüllich, Hans 275
Gul, Konrad 295
Günthart, Hartmann 306
Guyer, Herman 323f.
Haas, Veronika (Reischach) 240
Habersat, Niklaus 324
Hadrian VI. 111
Hagnauer/Hagnower, Johann 11, 325
Hali, Jesus 234
Hammer, Anna 184, 232, 326f.
Hammer, Katharina, siehe Reischach
Hammer, Ulrich 184
Has, Jos 294
Hätzer, Ludwig 34, 41, 271, 273
Hauff, Wilhelm 84
Heggenzer, Conrad 278, 302f., 307f.
Heidegg, Laurentius von, Abt 187
Heinrich von St. Gallen 131f.
Helfenstein, Sybilla von 46
Hewen, Anna von 46
Hewen, Berta von (von Sulz) 46f.
Hewen, Elisabeth von, siehe Hohenlohe
Hewen, Georg von 66, 69, 70, 86, 107f., 122f., 136, 164, 181, 191, 194, 204f., 225, 256 (Anm. 388), 277, 285, 288, 290, 299f., 303–305, 309–311, 313
Hofmeister, Sebastian 104, 158
Hohenlandenberg, Elisabeth von 240
Hohenlandenberg, Hugo von 306f.
Hohenlohe, Elisabeth von (von Hewen) 107, 290
Hohenlohe, Sigismund von 69f., 135f., 169, 181, 277, 290, 299f., 303
Hohenmut, Georg 92
Holbein, Hans d. Ä. 191
Holbein, Hans d. J. 201f.
Holenstein, Martin 319, 324
Homer 199, 216
Hösch, Ludwig 276
Hottinger, Jakob 159
Hottinger, Niklaus 40
Huber, Kleinwelti 319, 323
Huber, Rudolf 307f.
Hubmaier, Balthasar 51
Huser, Uli 284f.
Hutten, Hans von 82–84
Hutten, Ulrich von 83
Hutten, Ursula von, siehe Thumb von
Innonzenz VII. 46
Innozenz VIII. 46f.
Isidor von Sevilla 142
Jenni, Hans 277
Jestetten, Conrad 278, [319], 324
Johann Casimir von der Pfalz 116f.
Joner, Wolfgang, Abt 189
Jud, Leo 43, 132, 134, 152, 198, 200, 212–215, 219f., 220, 227, 256 (Anm. 393)
Julius II. 275
Jüntalar, Urban 125
Kaiser, Jakob, Prädikant 182
Kapfmann, Jacob 272
Karl I, der Grosse 23, 82
Karl V. 50f., 57, 65f., 69, 86f., 96, 99f., 102, 121, 163, 166, 169, 195f., 206, 230f., 235
Keller, Anna 197
Keller, Hans 319, 323f.
Keller, Wilhelm 294
Kilian, German, Abt 190, 194, 203
Klingenberg, Hans Heinrich von 164
Kobalt, Nikolaus 211
Köchlin, Bartolome 315f.
Koller, Elsbeth (Ringlerin) 48, 50
Koller, Margarethe (Ringlerin) 48, 50
Konrad von Würzburg 89f.
Krieg von Bellingen, Cleopha (Holzhalb) 226f.
Kunrad von Ammenhausen 87f., 92f.
Kunz, Hans im Brand 290f.
Kunz, Klaus 323f.
Kusen, Anna, siehe Escher
Kusen, Jos von 225f.
Lambert, Franz 56f.
Landas, Friedrich Johann von 272
Landas, Karl von 271
Landenberg, Albrecht von 85f., 96, 99, 164f., 171, 178, 278, 285, 288, 302f.
Landenberg, Johannes 294
Lang, Felix 276, 283
Laufenberg, Heinrich von 147–151
Lavater, Hans Rudolf 206, 210f., 295
Lavater, Wolfgang 103
Leiningen, Frl. von 256 (Anm. 411)
Leu, Hans d. Ä. 21
Leu, Hans d. J. 41f., 161, 201f., 277
Locher, Dorothea (Mandach von, Froschauer) 233, 315, 320
Löffer/Löuffi, Hartmann 283
Luchsinger, Konrad 184

Ludwig I., der Fromme 20, [57]
Ludwig VI. von der Pfalz 116
Luther, Martin 32–34, 49, 55, 91, 105f., 111, 129, 134, 157, 162, 170, 196, 199–201, 231, 271, 273f.
Machiavelli, Niccolò 219f.
Mandach, Anna von, siehe Reischach
Mandach, Anna von, siehe Escher
Mandach, Dorothea von, siehe Locher
Mandach, Felix Heinrich von 315
Mandach, Hans (Hamann) von 225
Mandach, Hans Georg von 228, 240
Mandach, Hans Heinrich, von, d. J. 228, 240
Mandach, Hans Heinrich von, Ehemann der Anna von Reischach 151, 225–228, 231–233, 237, 275, 315, 318–321, 324
Mandach, Hans Jakob von 226, 228, 233, 315f., 320
Mandach, Hans Konrad von 239
Mandach, Hans Ludwig von 228
Mandach, Heinrich von, Abt 225
Mandach, Küngold von (Meyer von Knonau) 228, 240
Mandach, Regula von (Röist) 232, 240
Mandach, Sebastian von 225, 239
Mandach, Sybilla von 232
Mantz, Felix 157
Manuel, Niklaus 47, 182f.
Maximilian I. 81–84, 85, 283f.
May, Bartholomäus 310
May, Benedikt 185, 263 (Anm. 702), 310f.
May, Jakob 102, 255 (Anm. 370)
Mechthild von der Pfalz 61
Medici, Gian Giacomo (Müsser) 197, 206
Meggen, Werner von 96, 284
Meiss, Jakob 219
Melanchthon, Philipp 106
Merian, Matthäus 125, 239
Meyer von Knonau, Bernhard 240
Meyer/Meiger, Hans 219
Meyer/Meiger, Heinrich 319, 324
Meyer/Meiger, Paul 324
Meyer/Meiger, Peter 318, 323f.
Möckli, Großjacob 319, 324
Mötteli, Emerita 197
Mülinen, Kaspar von 86, 96, 284f.
Müller, Andres 316f.
Müller, Heinrich 324
Murer, Friedrich 71f., 315f.
Murer, Jos 229
Murner, Thomas 140
Mykonius, Oswald 41, 67, 152, 208f., 213, 221
Nägeli, Hans Franz 192, [277], [309f.]
Niklaus von Flüe 63
Nissli, Regula, siehe Göldli
Nithart, Johannes 294
Numa [Pompilius] 57, 222
Oekolampad, Johannes 51, 111, 158, 162, 167, 170
Oettingen, Anna von (von Waldburg) 105
Oettingen, Margarete von (von Zimmern) 105, 144–146
Oporin, Johannes 231
Öttiker, Klaus 319, 323
Paul III. 230f., 235
Pellikan, Konrad 198, 221, 223
Petrarcameister 107
Peyer, Elisabeth 125f.
Peyer, Hans 125
Pfleghar, Hans 41
Philipp [IV., der Schöne] 57
Philipp von Hessen 160, 166, 169f., 195, 219, 224
Pindar 199
Pipin 57
Pirckheimer, Caritas 76f.
Platon 36, 57, 62, 126f., 222
Platter, Thomas 41, 208f., 211, 213
Plautus 198
Quadt von Landskron, Margarete/Katharina von (Appenzeller) 240, 272
Rahn, Melchior 284
Rahn, Rudolf 99, 161, 284
Ramp, Ezechiel 240
Rat, Wernhard 276
Rebhuhn, Paul 129
Reinhard, Anna 219
Reischach, (Hans) Heinrich von, Sohn von Anstett von Reischach 232, 240, 278, 289, 325–327
Reischach, Anna von (von Mandach, Spiegelberg) 70f., 151, 207, 210, 221, 224, 232, 237–240, 243, 275, 315, 318–326.
Reischach, Anna von (von Mandach) 126, 151, 207, 210, 224–227, 232, 243
Reischach, Anna von, siehe Schmid
Reischach, Anstett von 126, 151, 185, 206f., 209, 232, 240, 276, 278, 284, 289, 292, 303, 325f.
Reischach, Barbara von (Tochter von Bilgeri d. Ä.) 164, 175f., 178–180, 189–194, 240, 278, 295, 300–303, 307–310
Reischach, Barbara von (Nonne in Berau) 126, 151, 289
Reischach, Barbel von 94, 164, 275, 278
Reischach, Besine von 302
Reischach, Bilgeri d. J. von 179, 189, 240, 284, 300–302, 307f., 325
Reischach, Bilgeri d. Ä. von 175, 179, 189, 284, 300–303, 308f., 325
Reischach, Eberhard von 10–12, 18f., 21f., 65–67, 69, 70f., 73, 78–81, 83, 85–87, 89, 91, 93–100, 103–106, 108f., 116–119, 121–126, 129f., 136, 142–144, 146, 151, 159–161, 164–173, 175,

179–185, 191, 194, 202, 204–207, 209, 219f., 223f., 237, 241–244, 258 (Anm. 451), 270f., 274–278, 283–285, 288-292, 297–304, 306, 309–315, 323f., 326
Reischach, Hans von (Patronatsherr) 188, 278, 306f.
Reischach, [Hans] Heinrich von (Neffe von Eberhard von Reischach) 164
Reischach, Hans Lienhard von 160, 164, 290
Reischach, Katharina (Hammer) von 126, 164, 179f., 184, 232, 277, 289, 302, 306, 326
Reischach, Klara von 78, 253 (Anm. 257), 311
Reischach, Küngold von (Tochter von Bilgeri d. Ä.) 164, 175f., 178, 189–194, 240, 278, 300–303, 307f., 325
Reischach, Margarete von 255 (Anm. 341)
Reischach, Ruof, von 160
Reischach, Verena von, siehe Göldli
Reischach, Werner von 300
Reuter, Andres 316f.
Ricius, Paulus 36
Rietzman, Ulrich 319, 324
Ringlerin, siehe Koller
Ringoltingen, Thüring von 142f.
Röist, Diethelm 274, 289, 315, 325f.
Röist, Jakob 325f.
Röist, Marx 79, 94, 277, 289, 292, 315
Röist, Hans Peter 240
Rollenbutz, Lukas 76
Rordorf, Jakob 325
Rordorf, Rudolf 323
Rösslin, Eucharius 146–151
Rubli, Heinrich 161, 172, 223f., 276
Rubli, Margarete, siehe Belzinger
Ruf, Jakob 149, 233f.
Rümeli, Hans 71, 318–321, 323f.
Rümlang, Hans Konrad von 284
Rütiner, Johannes 110, 228, 256 (Anm. 395)
Sabina von Bayern (von Württemberg) 81, 84f.
Salat, Johannes 188
Schalt, Magdalena 171
Schanold, Felix 277
Schärer, Anna (Schmid) 226f.
Schellenberg, Hans von 167f.
Schiller, Friedrich 84
Schmid, Andreas 185, 278
Schmid, Anna (von Reischach) 185, 232, 240, 278, 289, 325f.
Schmid, Felix 185, 278, 289, 325
Schmid, Hans Thomann 284
Schmid, Ulrich 292
Schorrer, Matheus 321f.
Schüchtzer, Rudolf 319
Schulthess, Cornel 161, 276
Schultheiss, Marx 320f.
Schulthess, Emil 197
Schwaner, Heinrich 306f.
Schwarz, Regula (Appenzeller) 12, 109–121, 126, 146, 149, 151, 171, 208–210, 224, 228, 237, 256 (Anm. 410), 271f., 290f., 318, 322, 325
Schweiger, Jörg 35, 153
Schwend, Felix 253 (Anm. 257), 292f.
Schwend, Hans 311
Schwend, Konrad 253 (Anm. 257)
Schwend, Suederis 94, 275
Schwitzer/Schwytzer, Hans 154, 276f., [284], [288]
Seger, Martin 284
Selliser, Hans 276
Setzstab, Niklaus 276, 292f.
Setzstab, Onophrius 161, 276
Siber, Hans 277
Sigerist, Heinrich 319, 324
Sigg, Johann 188, 306f.
Sigismund von Tirol 63, 145, 165
Sokrates 57
Speiler, Anna (Blarer) 306
Spiegelberg, Anna, siehe Reischach
Spiegelberg, Anna (Tocher von Anna von Reischach 239
Spiegelberg, Crescencius/Vinzenzius 237–240, 319, 323f.
Spiegelberg, Elisabeth 239
Spiegelberg, Hans Gilg 239
Spiegelberg, Hans Thomas 239
Spiegelberg, Thomas 125, 237, 323
Sprüngli, Hartmann 277
Stampfer, Jakob 215
Stapfer, Jakob 284
Stapfer, Marx 323f.
Starck, Urs 190, 308f.
Stein, Albrecht vom 96, 284
Stein, Jakob vom 284
Stockar/Stocker Hans 103f., 109, 121, 125f., 277, 283
Stocker, [Hieronymus] 277
Stocker, Jakob 177f.
Stocker, Thomas 277
Stocker/Stockar, Alexander 276f., 283
Stoller, Hans 219
Stucki, Ulrich 319, 323f.
Stumpf, Johannes 154, 165, 167, 183f., 207, 212, 214
Stumpf, Simon 157, 159
Süleyman I. 169, 230
Sulz, Agnes von 248 (Anm. 123)
Sulz, Berta von, siehe Hewen
Temperli, Mathis 319, 323f.

Temperli, Peter 323f.
Terenz 137, 198
Thumb, Konrad von 84
Thumb, Ursula von (von Hutten) 84
Thumisen/Thumysen, Rudolf 189, 277, 295f.
Thumysen, Hanns 277
Tremp, Leonhard 166
Trinkler, Ulrich 295
Trithemius, Johannes 46f.
Trumetter, Hans 315
Ulrich von dem Türlin 87, 90
Ulrich von Türheim 87
Ulrich von Württemberg 18, 42, 50–52, 55, 65–70, 72, 78–87, 89, 93, 96, 99f., 102–109, 112, 121–123, 160, 164, 166, 167–171, 181f., 184f., 194, 204f., 219f., 224f., 235–237, 242f., 274, 276–278, 283–285, 288–290, 295, 297f., 303, 323
Utinger, Bernhard 276, 292f.
Vadian, Joachim 51, 54, 109, 110–113, 116–118, 171, 202, 227f., 271f., 284, 291
Valla, Lorenzo 201
Vinzenz von Beauvais 141f.
Vives, Ludovico 152
Volland, Ambrosius, Dr. 85
Waldburg, Anna von, siehe Oettingen
Waldburg, Georg, Truchsess von 18, 24, 69f., 85, 101, 105, 121f., 155f., 164, 302, 304–307
Waldburg, Johannes d. Ä. Truchess von 105
Waldburg, Katharina Truchsessin von (Göldli) 12, 18, 24f., 28–32, 50, 57, 66f., 69f., 72f., 76, 84, 105, 129, 156, 160, 180f., 186, 196–198, 206, 200, 206, 210, 216, 243, 266 (Anm. 799), 276f., 298–300, 302, 304–307, 311
Waldburg, Walburga Truchessin von 160, 180f., 243, 298f., 302, 304–307, 311
Waldburg, Wilhlem Truchsess von 18, 24, 26f., 31f., 50, 67, 70, 86, 105, 160, 164, 180f., 297–299, 304–307, 311
Walder, Heinrich, Bürgermeister 295f.
Waldmann, Hans 51, 79
Wegmann, [Hans] 295
Wehrli, Marx 172
Weissenburg, Elisabeth von 173f., 175
Weitingen, Barbara von, siehe Zimmern
Wellenberg, Bonaventura von, Abt 323f.
Wellenberg, Hans Peter von 161, 163, 277, 318–320
Wellenberg, Thomas von 96, 161, 179, 275f., 278, 283, 302, 323
Wepfer, Hans 178, 180, [191], 310
Werdenberg, Haug, Graf von 145
Werdmüller, Heinrich 295f.
Werdmüller, Jacob 190
Werdmüller, Ulrich 294
Widerkehr, Hans Heinrich 327
Wilhlem IV. von Bayern 84
Winkelsheim, Wolf von 167–169
Wirz, Jacob 318–321, 323f.
Wiss, Jacob 294
Wolfram von Eschenbach 87, 89f.
Wüst, Christen 315, 319, 323f.
Wüst, Heinrich 315f.
Wyss, Bernhard 56, 124
Wyss, Felix 186
Wyss, Katharina 233
Wyss, Urban (Drucker) 234
Wyss, Urban (Prädikant) 234
Wyssenbach, Heinrich 182, 277
Zàpolya, Johann 169, 230
Zart, Uli 284
Ziegler, Hans 86, 175, 275f., 300f., 310
Ziegler, Hansi [Pfäffli] 161, 275f.
Ziegler, Heini/Heinrich 275
Zigerli, Heinrich 186
Zimmern, Anna von 46, 63, 145
Zimmern, Anna von (von Waldburg) 105
Zimmern, Barbara von (von Weitingen) 22f.
Zimmern, Froben Christoph Graf von 20, 23, 26, 60f., 63, 76, 83, 86, 116, 124, 142f., 144, 146, 151, 205, 242, 316f., 322f.
Zimmern, Gottfried von 23, 145, 205
Zimmern, Gottfried Werner (Graf) von 65, 70, 87, 116, 204–206, 236, 303f., 311–314, 316– 318, 321–323
Zimmern, Johann Werner d. Ä. 60–65, 136, 144, 205, 242
Zimmern, Johann Werner d. J. (Graf) von 23, 204f., 303f., 313f., 316f., 322
Zimmern, Wilhem Werner 65
Zimmern, Margarete von (von Affenstein) 22f.
Zimmern, Werner von 65, 144, 165
Zwick, Johannes 34, 271, 273
Zwickhoff, Sigmund von 108, 121
Zwingli, Ulrich/Huldrych 9, 18f., 25f. 32–34, 36–45, 49–51, 53–58, 65–69, 76, 91, 93, 98–103, 105f., 108–113, 118f., 123, 130, 134f., 140, 145, 156–160, 162f., 166–171, 182–184, 187f. 192, 194–200, 202, 204, 206f., 209–217, 219, 220–222, 224, 228, 232, 243, 271–273, 276–278, 284, 310

STAMMBÄUME

| *geboren (getauft) | ∞verheiratet | †gestorben

von Zimmern

Werner 1423–1483
∞ Anna von Kirchberg
Johann Werner der Ältere 1455–1496
∞ Margarethe von Öttingen † 1528, Schwester von Anna, der Frau von Truchsess Johannes I. von Waldburg
Anna 1475–1521, Klosterfrau im Fraumünster
Kunigunde 1476, stirbt früh
Verena 1477, stirbt früh
Katharina 1478–1547, Äbtissin im Fraumünster bis 1524
Regula Schwarz (?)
∞ *Sebastian Appenzeller, Heirat 1524/1525*
Anna *23. 9. 1527
Hans Bastian *27. 11. 1528
Salomea *9.2.1530
∞ *Ezechiel Ramp, Pfarrer in Uster, Heirat 1551*
Sebastian Uriel 2. 11. 1531–30. 12. 1589
∞ *Margaretha (Katharina?) Quadt von Landskron, Heirat 1580*
Anna Maria 1583–1586
Elisabeth
∞ Karl von Landas
Ameli Dorothea
∞ Eberhard von Reischach, 1466(?)–1531, wohnhaft bis 1519 am Neumarkt 6, gefallen in der Schlacht bei Kappel, Heirat ca. 1525 (siehe auch Stammbaum von Reischach)
Sohn NN, stirbt früh
Anna *1526/28
∞ I. Hans Heinrich von Mandach
∞ II. Crescencius/Vincencius von Spiegelberg, Heirat 18. 2. 1550 in Schaffhausen
Elisabeth *13. 4. 1552
Anna *5. 7. 1554
Hans Gilg *20. 10. 1555
Hans Thomas *11. 2. 1557
∞ III. Hans Konrad von Mandach
Zwei Söhne
Veit Werner 1479–1499
Johann Werner der Jüngere 1480–1548
∞ Katharina Schenkin von Erbach † 1549, Heirat um 1510
Christoph Werner 1514–1517
Johann Christoph 1516–1556, Domherr in Strassburg
Froben Christoph 1519–1566, (schrieb die Zimmern-Chronik)
∞ Gräfin Kunigunde von Eberstein, Heirat 1544
10 Töchter und ein Sohn
Gottfried Christoph 1524–1570, Domherr in Strassburg und Konstanz
Barbara 1526
Margarethe 1481–1513
∞ Wolf von Affenstein, Heirat 1512
Barbara 1482–1515
∞ Johann Wilhelm von Weitingen, Heirat 1506
Gottfried Werner 1484–1554
∞ Apollonia von Henneberg 1496/97–1548
Anna
Barbara
Wilhelm Werner 1485–1575
∞ I. Katharina von Lupfen 1486–1521, Heirat 1521
∞ II. Landgräfin Amalia von Leuchtenberg 1469–1538, Heirat 1525

von Reischach

Eberhard † 1483
∞ Anna von Hornstein, Heirat 1463, † nach 1504 in Zürich
- **Eberhard von Reischach** 1466(?)–1531, wohnhaft bis 1519 am Neumarkt 6, gefallen in der Schlacht bei Kappel
- ∞ I. Verena Göldli, Tochter des Lazarus Göldli und der Susanna von Ast, Heirat ca. 1500
  - **Anstett** *vor 1504–1531, ehemals Mönch in St. Blasien, gefallen in der Schlacht bei Kappel
  - ∞ Anna Schmid, Heirat 23. 4. 1530 im Grossmünster
    - **Hans Heinrich** *26. 9. 1531– ca. 1596
    - ∞ Veronika Haas, Heirat 7. 5. 1569 im Grossmünster
  - **Barbara** *vor 1504, Nonne in Berau
  - **Katharina**, Nonne in Diessenhofen
  - ∞ Ulrich Hammer von Thättingen, Heirat 9. 4. 1530
    - **Anna**
  - **Anna**
  - ∞ I. Cyprian von Spiegelberg (?)
  - ∞ II. Hans Heinrich von Mandach, Heirat 1534
    - **Hans Georg** *ca. 1536
    - **Küngolt** *8. 7. 1537
    - **Hans Ludwig** *5. 9. 1538
    - **Hans Heinrich**
    - **Sybilla** *5. 9. 1543 } evtl. Töchter von Anna. *1526/28
    - **Regula** *8. 6. 1545–1610 } evtl. Töchter von Anna. *1526/28
    - ∞ Peter Röist
- ∞ II. Katharina von Zimmern, ehemals Äbtissin im Fraumünster, Heirat ca.1525 (siehe auch Stammbaum von Zimmern)
  - **Sohn N. N**, stirbt früh
  - **Anna** *1526/28
  - ∞ I. Hans Heinrich von Mandach
  - ∞ II. Crescencius/Vincencius von Spiegelberg, Heirat 18. 2. 1550 in Schaffhausen
    - **Elisabeth** *13. 4. 1552
    - **Anna** *5. 7. 1554
    - **Hans Gilg** *20. 10. 1555
    - **Hans Thomas** *11. 2. 1557
  - ∞ III. Hans Konrad von Mandach
    - **Zwei Söhne**

| *geboren (getauft) | ∞verheiratet | †gestorben

von Mandach

Heinrich (in Rheinau) † 1497

  Heinrich † 1529, Abt von Rheinau

  Sebastian † 1546, zu Oberstad, Vogt zu Neunkirch

    Hans Heinrich zu Oberstad

      Hans Jakob in Ermatingen

    Wolfenus

    Hans Kaspar

    Chrysostomus

    Christoph

    Katharina

  Quiteria, bis 1518 Klosterfrau zu St. Agnes Schaffhausen

  Hans Hamann † vor 1521

  ∞ Anna Escher vom Luchs, Heirat 1512 (zweite Ehe mit Jos von Kusen)

    Hans Heinrich *nach 1512, † vor 1550

    ∞ I. Anna von Reischach, Tochter der Verena Göldli, Heirat 1534

      Nachkommenschaft siehe Stammbaum «von Reischach»

    ∞ II. Anna von Reischach, Tochter der Katharina von Zimmern, Heirat vor 1548

    Hans Felix *nach 1512, † vor 1550

      Hans Jakob

      Burkhardt

      Hans

      Anna

    Hans Jakob *nach 1512, † 1547

    ∞ Dorothea Locher (6. 12. 1550 zweite Ehe mit Christoph Froschauer)

Göldli

Heinrich Göldli † 1514, Oberdorfstrasse 10,
Bürgermeister bis 1485, von Hans Waldmann aus dem Amt gedrängt
∞ Barbara Payer

Heinrich Göldli, «Bastard» genannt, † 1518
Roland Göldli 1464–1518, Chorherr im Grossmünster, Probst zu Lindau
Georg (Jörg) Göldli 1466–1537/38, im Göldliturm am Hirschenplatz, ab 1533 in Konstanz
∞ I. Emerita Mötteli von Rappenstein

Herkules
Joachim
Hektor
Hans
Anna
Elisabeth
Margerita, Nonne im Kloster Oetenbach
∞ Kaspar Grossman (Megander), Heirat 1530
Lura
Küngolt
Niklaus

∞ II. Anna Keller, ehemals Nonne im Kloster Ötenbach, Heirat am 25. 4. 1529
∞ III. Katharina Truchsess von Waldburg, ehemals Äbtissin von Königsfelden, Heirat am 3. 8. 1531 im Fraumünster
Kaspar Göldli 1468–1542, 1523 Flucht nach Rapperswil
∞ Ursula von Breitenlandenberg
Rennward Göldli, Brunngasse, ab 1507 Bürger von Luzern, ab 1522 in Luzern
Dorothea Göldli
∞ Marx Röist, Bürgermeister, † 1524
Karl Göldli 1475–1504, Domherr in Chur, † in Rom

Lazarus Göldli † 1505, wohnhaft am Neumarkt 6, Bruder oder Cousin des Bürgermeisters Heinrich Göldli, mitverantwortlich für den Sturz von Hans Waldmann, Mitglied des Hörnernen Rates
∞ Susanna von Ast † 27. 4. 1490

Heintz Göldli † 1488, gefallen in der Schlacht bei Saint Aubin de Cormier.
Verena Göldli
∞ Eberhard von Reischach, Heirat ca. 1500

Nachkommenschaft siehe Stammbaum «von Reischach»

von Waldburg

Johannes II. 1361–1414
Eberhard I. † 1479
Jakob I. «der goldene Ritter», Truchsess von Waldburg, † 5.5.1460
∞ I. Magdalena von Hohenberg-Nagold † 1433
Ursula † 1464
∞ II. Ursula von Hachberg-Rötteln
Johannes I. «der Ältere», Truchsess von Waldburg, 1438–25.12.1504
∞ Anna von Oettingen 1450–1517, Schwester der Margarete, der Frau von Johann Werner d. Ä. von Zimmern, Heirat 3.1.1464 auf der Veitsburg in Ravensburg
Ursula, † nach 1517
∞ Thomas von Frundsberg
Jakob II., Truchsess von Waldburg, † 11.2.1505
∞ Walpurg von Kirchberg
Barbara
∞ Kaspar Nothafft von Wernberg † 1520
Wilhelm «der Ältere», Reichsfreiherr (Konstanz 16.6.1507) und Truchsess von Waldburg, Erbtruchsess in Trauchburg (1519–31), Regent von Württemberg (1521–24)
∞ Sibylle von Waldburg zu Sonnenberg, Heirat 1507, † 6.11.1536
Katharina 1470–1536, ehemals Äbtissin von Königsfelden
∞ Jörg (Georg) Göldli, Heirat 3.8.1531 im Fraumünster
Elsbeth, Nonne in Baindt
Walburga, Nonne in Königsfelden
Friedrich 1484–1554, Deutschordensritter
Georg I. von Waldburg-Zeil † 1467
∞ Eva von Bickenbach
Ursula,
∞ I. Ber von Rechberg zu Babenhausen
∞ II. Stephan von Schwangau
Georg II. von Waldburg-Zeil † 1482
∞ Anna von Kirchberg † 1484
Anna
∞ Wolfgang von Öttingen
Johannes † 1511
∞ Helena von Zollern
Elisabetha † 1503
Dorothea † 1513
Emerentiana, Nonne zu Intzikofen
Johannes † 1494
Christoph † 1494
Georg III. von Waldburg-Zeil (*Bauernjörg*) 1488–1531
∞ I. Appollonia zu Wolfegg
∞ II. Maria von Öttingen

ZEITTAFEL

Personen

1455–1496	Johann Werner d. Ä. von Zimmern
1458–1528	Margarethe von Oettingen
1459–1519	Kaiser Maximilian
vor 1463–1531	Eberhard von Reischach
1466–1536	Erasmus von Rotterdam
1466–1537/38	Georg Göldli
1469–1557	Truchsess Wilhelm von Waldburg
um 1470–1538	Hans Escher, genannt Klotz
um 1470–1536	Truchsessin Katharina von Waldburg
vor 1476–1551	Heinrich Engelhard
1477–1515	Hans von Hutten
1478–1547	Katharina von Zimmern
1480–1548	Johann Werner d. J. von Zimmern
1482–1531	Johannes Oekolampad
1483–1546	Martin Luther
1484–1554	Gottfried Werner von Zimmern
1484–1531	Huldrych Zwingli
1484–1551	Vadian
1485–1534	Sigismund von Hohenlohe
1486–1543	Johannes Eck
1487–1550	Herzog Ulrich von Württemberg
1488–1523	Ulrich von Hutten
1488–1552	Oswald Myconius
1488–1531	Truchsess Georg von Waldburg
um 1490–1538/39	Sebastian Appenzeller
um 1490–1542	Georg von Hewen
1490–1556	Hans Stockar
1494–1547	König Franz I.
1500–1558	Kaiser Karl V.
um 1500–1572	Hans Konrad Escher
1504–1575	Heinrich Bullinger
1505–1564	Theodor Bibliander
um 1505–1531/33	Regula Appenzeller-Schwarz
1512–vor 1550	Hans Heinrich von Mandach
1519–1566	Christoph Froben von Zimmern
um 1526–vor 1581	Anna von Reischach, leibliche Tochter von Katharina von Zimmern
um 1527–1568/71	Crescencius von Spiegelberg

Ereignisse

1488	Johann Werner von Zimmern, der Vater Katharinas, wird geächtet.
1491	Aufnahme von Katharina und Anna von Zimmern ins Fraumünster.
1494	Einkleidung der Schwestern Katharina und Anna von Zimmern.
1496	Katharina von Zimmern wird Äbtissin.
	Katharina beruft Heinrich Engelhard als Leutpriester an die Abtei.
1499	Schwabenkrieg.
1500	Eberhard von Reischach erhält das Zürcher Bürgerrecht.
	Renovation des Frauenchors im Fraumünster.
vor 1503	Eberhard von Reischach heiratet Verena Göldli.
1504	Zürcher «Glückshafen».
1507/8	Einbau der Äbtissinnenstuben in die Abtei.
1513	Schlacht von Novara.
1515	Renovation der Marienkapelle im Fraumünster.
	Schlacht von Marignano.
	Ulrich von Württemberg ermordet Hans von Hutten.
1516	Ulrich von Württemberg wird geächtet.
1518	Eberhard von Reischach wird von seinen Freunden im Bad besucht.
1519	Zwingli wird Leutpriester des Grossmünsters in Zürich.
	Tod Kaiser Maximilians.
	Eberhard von Reischach wirbt in der Eidgenossenschaft für Ulrich von Württemberg und Zürich verurteilt ihn in Abwesenheit zum Tode.
	Herzog Ulrich wird vom Schwäbischen Bund aus Württemberg vertrieben.
1519–22	Wiedererrichtung der Abteischule am Fraumünster.
1521	Reichstag von Worms.
1522	Hans Leu d. J. erhält den Auftrag für ein Vesperbild.
	Die Osmanen erobern Rhodos.
1523	Erste Zürcher Disputation.
	Neue Ordnung für das Chorherrenstift am Grossmünster.
1523/24	Erste Bilderstürme
	Myconius wird an die Fraumünsterschule berufen.
1524	Bauernunruhen und Bilderstürme.
	Neue Ordnung für das Stift Embrach.
	Ulrich von Württemberg verhandelt mit dem Zürcher Rat.
	Verzichtserklärung Katharina von Zimmerns.
	Aufhebung der Zürcher Klöster.
	Offizielle Übergabe des Fraumünsterstiftes.
1524/25	Sebastian Appenzeller und Regula Schwarz heiraten.
1525	Eberhard von Reischach und Katharina von Zimmern heiraten in Schaffhausen.
	Bauernkrieg und Zug nach Württemberg.
	Schlacht bei Pavia, Franz I. wird von den Kaiserlichen gefangengenommen.
	Täuferprozess in Zürich.
1526	Badener Disputation.
	Grosser Zürcher Pensionenprozess.
	Die Osmanen besetzen Teile Ungarns.
1526–29	Erneuter Krieg zwischen Frankreich und Habsburg.
	Burgrechtsverträge Zürichs und weitausgreifende Bündnispläne Zwinglis.
1527	Umzug des Ehepaars Reischach-Zimmern nach Diessenhofen.
	Sacco di Roma.
1529	Vertragsverhandlungen Zürichs mit Ulrich von Württemberg.
	Eberhard von Reischach zieht mit in den Ersten Kappeler Krieg.
	Erster Kappeler Landfriede.
	Zürich fördert die Reformation im Thurgau.

	Ein osmanisches Heer steht vor Wien.
1530	Das Kloster Katharinental wird gewaltsam reformiert.
	Die ehemalige Nonne Katharina von Reischach, Tochter Eberhards, heiratet.
	Der ehemalige Mönch Anstett von Reischach, Sohn Eberhards, heiratet.
	Reichstag von Augsburg.
1531	Schmalkaldischer Bund.
	Heirat von Georg Göldli mit der ehemaligen Königsfelder Äbtissin, Truchsessin Katharina von Waldburg.
	Zürcher Bibel.
	Eberhard und Anstett von Reischach fallen wie Zwingli in der Schlacht von Kappel.
	Zweiter Kappeler Landfriede.
	Heinrich Bullinger und Theodor Bibliander werden als Nachfolger Zwinglis berufen.
1534	Anna von Reischach, Katharinas Stieftochter, heiratet Hans Heinrich von Mandach.
	Herzog Ulrich von Württemberg erobert sein Land zurück.
1536	Katharina gibt ihr Wohnrecht am Fraumünster auf.
um 1536–1540	Katharina kauft das Haus zum Bracken.
1536–38	Karl V. führt Krieg gegen Franz I., der sich mit den Osmanen verbündet hat.
um 1540/48	Anna von Reischach, Katharinas leibliche Tochter, heiratet ihren Schwager Hans Heinrich von Mandach.
1540	Katharina tauscht den Bracken gegen das Haus Zum Mohrenkopf.
1541	Die Osmanen erobern Ofen.
1546/47	Schmalkaldischer Krieg.
1547	Tod Katharinas.
1550	Katharinas Tochter Anna heiratet in zweiter Ehe Crescencius von Spiegelberg.